하나님의 운동 (Motus Dei)

열방을 제자화하는 하나님의 운동

Motus Dei: The Movement of God to Disciple the Nations
© 2021 by Warrick Farah. All rights reserved.

Published by William Carey Publishing
10 W. Dry Creek Circle
Littleton, CO 80120 | www.missionbooks.org
William Carey Publishing is a ministry of Frontier Ventures
Pasadena, CA 91104 | www.frontierventures.org

하나님의 운동(Motus Dei): 열방을 제자화하는 하나님의 운동

초판 1쇄 인쇄: 2024년 3월 20일
초판 1쇄 발행: 2024년 3월 29일

저자: 워릭 파라 외
번역자: 김경래, 김경환, 김송식, 김종일, 문모세, 박스마엘, 박택수,
        양덕훈, 이천, 정빌립, 조이든, 진토롱, 한성호(가나다순)
펴낸이: 김종일
발행: 도서출판 라비사(Rabisa Books)
출판등록: 제399-2015-000003호
주소: 경기도 남양주시 덕소로97번길101. 114-505
인쇄: 세줄기획
주문전화: 010-9290-8851
이메일: rabisa.books@gmail.com

ISBN 979-11-980120-7-4   93230

값 19,000 원

추천서

하나님은 세계 곳곳에서 놀라운 방식으로 일하고 계시지만 교회 개척 운동(CPM)이나 교회개척을 위한 제자화 운동(DMM)같은 용어에 있어서는 선교 신학계에서 뜨거운 논쟁을 불러일으켰다. 이러한 운동은 "뜻하시는 곳에 바람을 불게 하시는" 성령님에 대한 이야기인가 아니면 기술과 전략, 속도 그리고 규모에 한정된 문화적 이야기인가? 아니면 또 다른 제3의 이야기인가? 운동이라는 용어를 어떤 관점에서 보든 본 서가 중요한 서적이라는 것은 명백한 사실이다. 하나님께서 역사의 여러 시점에서 하나님의 운동을 통해 일하시기로 선택하셨다는 사실에도 불구하고 선교학 측면에서 조명해 볼 때 하나님의 운동은 현저하게 발전된 것은 아니다. 본 서에서 여러 저자는 우리의 외침과 행동에서 한 발짝 물러나 "실제로 무슨 일이 일어나고 있는가?"라고 질문하도록 도와준다. 우리가 겸손하고 담대하게 하나님이 변화시키는 사역에 동참하고 그 제3의 이야기를 찾으려면 이러한 질문을 통해 성찰하는 자세가 필요하다.

폴 벤더-사무엘, PAUL BENDOR-SAMUEL, MRCGP, MBE | (Oxford Centre for Mission Studies, Executive Director)

미국에는 30만 개가 넘는 교회가 있으며, 이는 스타벅스 하나가 있는 지역에 23개의 교회가 있는 셈이다. 안정된 교회에서 사역하는 대부분의 미국 목회자는 수천 명의 비기독교인이 기독교인으로 변화하는 하나님의 운동을 본 적이 없을 것이다. 그래서 일부 교회 지도자가 이 하나님의 운동에 반대하는 목소리를 내는 것은 아닌지 궁금하다. 나는 어떤 비평가가 하나님의 운동을 "악마적"이라고 말하는 것을 들었을 때 나는 그를 용서했지만 사실 그는 그렇게 말하지 말았어야 했다. 또 다른 비평가는 일부 선교사의 사역을 "속임수"라고 언급했다. 나는 그 또한 용서했다. 하지만 우리는 비기독교 국가에서 하나님의 운동이 일어나기를 위해 기도하고 있다. 하나님의 운동은 항상 기도에 대한 응답이다. 나는 "이슬람 선교의 사도"로 불리는 사무엘 즈웨머(Samuel Zwemer)를 생각할 때, 그가 일생 동안 다섯 명의 회심자를 낳은 것에 대해 하나님께 감사했다는 것을 기억한다. 즈웨머(Zwemer)의 기도는 누가복음 5장 5절의 기도 "선생님, 우리들이 밤이 새도록 수고하였으되 잡은 것이 없지마는 말씀에 의지하여 내가 그물을 내리리이다"라는 기도였다. 기적처럼 수많은 물고기가 그물을 가득 채웠다. 오늘날 우리는 비기독교 세계의 몇몇 지역에서 즈웨머(Zwemer)가 간절히 바라던 것을 보고 있다. 추수의 주인이신 주님께 계속 기도하자. 이것이 바로 본 서 "하나님의 운동"(Motus Dei)이 말하는 바이다. 워릭 파라(Warrick Farah)는 탁월한 이 본서를 통해 하나님의 운동에 대한 이야기를 들려준다.

로버트 A. 블린코, 박사-ROBERT A. BLINCOE PhD | President emeritus, Frontiers US

추수가 무르익은 밭에 일꾼을 준비시키고 파송하고자 하는 지역 교회 선교 목회자로서 나는 하나님의 운동에 관한 많은 문헌이 단순하게 공식적인 방법론만을 전달한다는 것을 알게 되었다. 하지만 본 서 "하나님의 운동"(Motus Dei)에서는 그렇지 않다. 나는 하나님의 운동이라는 중요한 주제를 중심으로 신학자와 역사가, 선교학자, 선교실행자를 한자리에 모은 본 서에 흥분된다.

데이브 C. 목사 – REV. DAVE C. | global pastor, Park Community Church, Chicago, IL

하나님의 운동을 둘러싼 이슈가 선교학의 최전선으로 떠오르면서 보다 강력한 하나님의 운동 신학에 대한 필요성이 대두되고 있다. 본 서 "하나님의 운동"(Motus Dei)은 세계 교회가 지상 명령을 수행하는 방식을 재편하고 있는 역동적인 논의를 들여다볼 수 있는 창이다. 현재 '하나님의 운동 선교학의 현황'을 가장 명확하게 보여주는 책이 있다면 바로 본 서이다.

테드 에슬러, 박사 | **TED ESLER, PhD** | president, Missio Nexus

능력과 규모로 나타나는 하나님의 운동의 어떤 현상은 관심과 비판을 모두 불러일으킨다. 본 서는 뛰어난 학자-선교 실행자로부터 나온 포괄적이고 이성적인 응답이다. 본 서는 하나님 나라의 가장자리에서 일어나는 이러한 교회 운동의 타당성을 입증할 뿐만 아니라 독자가 자신의 이웃과 도시 또는 사람에게 어떻게 새로운 하나님의 운동이 일어날 수 있는지 구상할 수 있도록 도와준다.

브래드 길–BRAD GILL| editor, International Journal of Frontier Missiology

영국과 미국의 초기 감리교인과 인도 남부의 달리트(Dalit) 집단 그리고 인도-미얀마 국경 산악지대 사람 등 과거에 일어난 그리스도가 중심이 된 운동을 탐구하는 데 많은 선교학적 에너지가 소비되었다. 오늘날에도 이러한 하나님의 운동이 일어날 수 있을까? 오늘날에도 이러한 하나님의 운동이 일어나는가? 워릭 파라(Warrick Farah)와 그의 팀은 2020년 모투스 데이(Motus Dei-하나님의 운동) 컨설팅을 바탕으로 최근의 그리스도가 중심이된 하나님의 운동의 실제를 탐구하는데 중요한 합작품을 제공한다. 노련한 일부 기고자의 필요한 비평을 가미한 문서와 설명 그리고 분석 및 성찰을 통해서 우리는 이해의 수준을 높이게 된다. 이 중요한 개요서를 진심으로 추천한다.

데이비드 그린리 박사–DAVID GREENLEE, PhD | Operation Mobilization, missiologist and author

명확성과 정보 그리고 격려. 하나님의 나라 운동에 관한 이 편집은 이 세 가지를 모두 제공한다. 국제적인 기고자는 광범위한 사역 경험과 예리한 학문적 전문성을 보여준다. 성경적 역사적 선교학적 신학적 분석적 그리고 실천적 등 광범위한 주제를 실제적으로 다루고 있다. 무엇보다도 가장 좋은 점은 선교학적 긴장과 의문을 인정하는 동시에 예수님을 따르고자 하는 현대인의 급증하는 열망을 긍정하는 지혜로운 접근 방식이다. 이 시기 적절하고 건설적인 책을 출간한 모투스 데이(Motus Dei-하나님의 운동) 네트워크에 깊은 감사를 드린다.

J. 넬슨 제닝스 목사, 박사 | Rev. J. Nelson Jennings, PhD | mission pastor, consultant, and international liaison, Onnuri Church, editor, Global Missiology

본 서 "하나님의 운동"(Motus Dei)은 교회가 교회를 개척하는 하나님의 운동의 현상에 절실히 필요한 실증적 연구를 제공함으로써 선교계에 신선한 바람을 불어넣고 있다. 기본 정의 작업과 선교 신학 및 운동의 역동성 탐구 그리고 사례 연구가 한 권에 모두 담겨 있는 본 서와 앞으로 미래의 책에서 계속될 지속적인 연구에 대한 약속은 성령께서 전 세계에서 행하시는 일에 지혜롭게 참여하기 위해 하나님의 운동을 더 잘 이해하기 위한 출발점이 될 것이다.

앨런 존슨, 박사 | Alan Johnson, PhD | associate professor of anthropology, Assemblies of God Theological Seminary; coeditor of Missiological Research: Interdisciplinary Foundations, Methods, and Integration

고등 교육과 교회 개척 분야에서 수십 년을 보낸 사람으로서 나는 본 서 "하나님의 운동"(Motus Dei)을 적극 추천한다. 잘 연구되어 있고 매우 유익하며 매우 실용적이다. 본 서 "하나님의 운동"(Motus Dei)은 교회 개척 운동에 관한 수업 교재 또는 현장 핸드북으로 활용할 수 있을 것이다.

빌 존스, DMin | Bill Jones, DMin | cofounder, Crossover Global; chancellor, Columbia International University

본 서 "하나님의 운동"(Motus dei)은 선교 지도자와 학자로 구성된 학습 공동체가 성령께서 그들 가운데서 어떻게 움직이셔서 믿음의 가정과 새로운 세대의 제자 그리고 전 세계 교회와 구도자를 증식시키셨는지에 대해 교류한 첫 번째 보고서이다. 이 공동체의 목표는 이러한 교류의 대화를 계속하고 하나님과 함께 하나님의 운동에 참여하는 다른 사람을 초대하여 그들과 함께하도록 하는 것이다. 본 서는 탁월한 입문서이다.

셔우드 링겐펠터, 박사 | Sherwood Lingenfelter, PhD | provost emeritus, Fuller Theological Seminary, senior professor of Anthropology; coauthor of Breaking Tradition to Accomplish Vision: Training Leaders for a Church-Planting Movement

"나올 때가 되었다"고 생각하는 책이 있다면 다른 종교적 배경을 가진 사람을 그리스도께로 인도하는 데 관여한 지도자의 성찰을 모은 본 서가 그 책일 것이다. 대다수 세계에서 대규모 하나님의 운동이 일어나고 있다는 검증 가능한 사실을 진지하게 받아들이고 축하할 필요가 있다. 본 서는 그리스도의 세계 교회의 일부로서 출현하여 그들의 목소리를 내고 그리스도 안에서 하나님에 대한 토착적인 경험을 통해 우리 모두를 가르치도록 하는 무대를 마련하고 있다.

제이 마텐가, DIS | Jay Matenga, DIS | director of Global Witness, World Evangelical Alliance; executive director, WEA Mission Commission

전 세계 인구의 3분의 1이 복음을 접하지 못하고 있다! 3분의 1 이렇게 많은 사람에게 복음을 전할 수 있는 유일한 방법은 하나님 중심의 하나님의 운동을 통해서이다. 본 서에는 현대 하나님의 운동의 중요성과 역동성에 정통하게 할 모든 정보가 담겨 있다. 이 주제에 대해 가장 잘 알고 있는 사람이 쓴 글로 구성된 본 서는 유익할 뿐만 아니라 유용한 사례 연구와 함께 교훈적인 내용도 담고 있다. 앨런 허쉬(Alan Hirsh)가 후문에서 언급했듯이 본 서 "하나님의 운동"(Motus dei)은 오늘날 미전도 종족에게 복음을 전하기 위해 무엇이 필요한지 이해하는 데 꼭 필요한 "하나님의 운동의 지혜로 가득 차 있다"고 할 수 있다.

마빈 J. 뉴웰, DMiss | Marvin J. Newell, DMiss | executive director, Alliance for the Unreached/ A Third of Us

본 서를 강력히 추천한다. 본 서 "하나님의 운동"(Motus Dei)은 교회개척을 위한 제자화 운동에 관한 최고의 최신 연구를 모두 담고 있다. 본 서는 이 분야의 역사적 발전을 되돌아보고 앞으로 다가올 미래를 예측한다. 본 서 "하나님의 운동"(Motus dei)은 최고의 학자가 모여 교회개척을 위한 제자화 운동에 대한 성경적으로 기민하고 신학적으로 견고하며 문화적으로 정교한 분석을 제공하는 편집된 책이다. 이 주제에 관해서는 내가 "꼭 읽어야 할" 책이 될 것이다.

그레그 A. 오케슨, 박사 | Gregg A. Okesson, PhD | interim provost and VP for academic affairs, Asbury Theological Seminary; author of A Public Missiology: How Local Churches Witness to a Complex World

1974년 랄프 윈터(Ralph Winter)의 "숨겨진 민족"은 선교계를 뒤흔들었다. 그 후 30년 동안 '추수 현장' 연구는 선교학을 신학 분야로 발전시켰다. 이에 따라 20세기 후반에 전 세계적으로 선교학이 발전한 것은 부인할 수 없는 사실이다. 2004년에 데이비드 개리슨(David Garrison)이 제시한 '10가지 보편적 요소'도 마찬가지로 큰 반향을 일으켰다. 21세기로부터 20년이 지난 지금 우리는 '추수할 일꾼' 연구와 관련하여 선교학의 성숙을 다시 목격하고 있다. 본 서 "하나님의 운동"(Motus Dei)은 청소년기부터 성인기에 이르는 증식 운동에 대한 관찰을 학문으로 발전시켰다. 이에 상응하는 전 세계적인 발전이 현재도 진행중이다.

나단 섕크, 박사 과정 | Nathan Shank, PhD candidate | affinity global strategist—South Asian peoples, International Mission Board

한국어 추천서

하나님의 운동 "모투스 데이"의 한국어 번역본이 출판된다는 것은 교회 개척 운동의 탁월한 선교 현장 실제 사례를 세계에서 가장 강력한 복음주의 선교 세력 중의 한 곳인 한국 기독교인의 손에 넘겨준다는 것입니다. 이 강력한 조합을 통해 하나님께서 미래에 어떤 일을 하실 지 기대가 됩니다!

데이비드 개리슨(David Garriosn) 박사 | 저자, "이슬람 세계에 부는 바람"

저는 "모투스 데이: 열방을 제자화하는 하나님의 운동"의 한국어 번역판을 추천하게 되어 영광스럽게 생각합니다. 여러 저자들과 함께 다양한 관점에서 깊이 있게 편집한 이 합작품은 예수님께서 제자 삼기 운동과 교회 개척 운동을 통해 모든 민족 특히 무슬림과 힌두교도들에게 복음을 전하기 위해 적극적으로 일하고 계신 혁신적인 방법을 밝혀줍니다. 한국 교회는 여전히 주요한 선교사 파송 국가인 만큼 이 번역 본이 촉진자가 되어 한국의 기독교인들이 전 세계에서 잃어버린 영혼을 구원하시는 하나님의 운동을 진 전시키는 데 중요한 역할을 할 수 있도록 영감을 주고 준비시켜 줄 것입니다.

웨스 왓킨스(Wes Watkins) 박사 | Facilitator of the Motus Dei Network

하나님의 운동(Motus Dei)은 하나님께서 세계 각지에서 펼치시는 놀라운 작업에 대한 깊이 있는 통찰을 제공하는 책입니다. 이 책은 선교학, 신학, 역사학적 관점을 통해 교회 개척 운동과 제자화 운동의 본질과 영향을 탐구합니다. 다양한 문화와 지역에서의 사례 연구를 통해, 이 운동들이 어떻게 지역 공동체에 긍 정적인 영향을 미치고 있는지를 보여줍니다. 이 책은 또한 하나님의 운동에 참여하는 개인과 공동체가 직 면하는 도전과 기회들을 솔직하게 다루며, 이를 통해 독자들이 자신의 사역에서 실질적인 지침을 얻을 수 있도록 돕습니다. 교회 지도자, 선교사, 신학도들에게 귀중한 자료가 될 것입니다. 특히 목회자로서 선교 적인 측면에서뿐 아니라, 목회적 관점에서 하나님 나라를 이해하는데도 큰 도움이 되고, 실제적인 영감을 많이 얻게 됩니다. 전반적으로 "하나님의 운동"은 하나님의 일하심을 이해하고자 하는 모든 이들에게 깊 이있는 통찰과 실천적 지침을 제공하는 필독서로 추천합니다. 이 책은 하나님 나라를 이해하고자 하는 독자들에게 특히 하나님 나라를 위해 살고자 하는 모든 성도들과 지도자들에게 많은 도전과 도움을 줄 것 으로 확신합니다.

김대환 목사, DMin | 총신대학(BA), 총신대 신대원(M.Div), 총신대 일반대학원(Th. M), Fuller Theological Seminary, 현 부산성시화 기획단장, 총회GMS 이슬람 전문위원 및 아시아 이슬람 소위원 임원 및 서기, 부산 덕 천제일교회 담임목사(2009.3 – 현재)

한 권의 책을 만들어 내는 일은 필요하고 귀한 일이지만 많은 인내가 필요한 일입니다. 이번에 김종일 교수를 포함한 10명의 필진이 뜻을 모아 'Motus Dei'를 한국어로 번역하여 출판하는 것은 갈채를 받아 마땅한 일입니다. 『하나님의 운동』은 선교사나 선교학을 공부하는 이들에게 좋은 내용이라 생각되어 꼭 일독을 권하고 싶은 책입니다.

김종구 선교사, PhD | (전) 아신대학교 교수, BM 선교연구원장

사람들은 세계복음화가 교회와 교회가 파송한 사역자들에 의하여 이루어진다고 생각합니다. 그러나 사도행전에서 볼 수 있듯이 복음화는 성령께서 친히, 그리고 부르심에 순종한 사람들을 통하여 이루어집니다. 사람들이 구원을 받게 되는 것도 교회들이 세워지는 것도 모두 하나님의 사역, 곧 하나님의 운동에 의하여 이루어집니다. 하나님의 운동에 참여하는 교회와 사역자들은 부르심에 충성하여야 합니다. "하나님의 운동"(Motus Dei)이 한국어로 번역 출판되게 됨을 기뻐하며 한국교회와 한국선교 성장에 큰 도움이 되는 책이 되길 바랍니다.

박기호 교수, PhD | Timothy K. Park, Ph.D Senior Professor of Asian Missions at Fuller Theological Seminary

종말적 대 추수기에 '전도되지 않는 7만명의 사람들'이 매일 증가하고 있는 현실은 매우 치열한 상황을 반영하고 있습니다. 이 즈음에 서로 연합하고 격려로 세워갈 네트워크적 "하나님의 운동"을 시대가 요청하고 있다고 봅니다. "하나님의 운동"의 본 리포트는 선교의 제 영역은 물론, 문화예술, 소셜 네트워크까지 총체적으로 포괄할 뿐 아니라 제3세계로의 선교적 현장까지 사례를 실은 소중한 교범입니다. 이 시대의 하나님의 운동가들에게 거룩한 항해의 나침반이 되리라 확신합니다.

박인용 목사 | 월드와이드교회 담임목사

풀러 신학교의 교회사 교수 폴 피어슨은 기독교 선교운동사에 나타난 교회의 부흥 이면에는 반복적으로 나타나는 신학적 원리들이 존재한다고 주장하는데, 그것은 교회의 부흥과 확장은 대부분 그 시대 교회 권력구조 변두리에서 시작되며 그 부흥 운동들을 주도한 핵심인물(A key leader)은 대부분 평범한 인물들이라는 것입니다. 이 책에 소개된 31명의 〈하나님의 운동〉의 주역들 역시 폴 피어슨이 제시한 부흥의 원리를 벗어나지 않습니다. 지금 전세계에서 일어나고 있는 하나님의 운동은 전통적인 교회에서는 변두리 사역으로 여기는 소그룹운동, 가정 교회 운동, 제자훈련, 평신도 사역을 통해 일어나고 있으며, 세상에 잘 알려지지 않은 평범한 지도자들에 의해 일어나고 있습니다. 이 책은 시대가 바뀌어도 하나님이 일하시는 방식은 항상 동일하다는 진리를 우리에게 알려줍니다.

신재혁 목사, DMin | 수원 반석중앙교회 담임, 감리회 신학교 학장, IMI(이슬람사역연구소) 실행 이사, 코헨신학교 Th.D , Fuller Theological Seminary

20세기 말 하나님께서 시작하신 놀라운 운동은 아직도 진행중입니다. 복음 전파가 가장 어렵다고 알려진 지역에서의 돌파는 성령 하나님의 역사라고 밖에 설명할 수 없습니다. 주님께서 우리 가운데 그분의 강력한 복음의 역사를 진행하고 서술 중이십니다. 이러한 다양한 종족들 가운데 일어나는 복음의 돌파에 관한 개별 책이나 이러한 돌파의 방법론을 다루는 책들은 간헐적으로 출판되었습니다. 그렇지만, 이 운동을 다양한 각도-신학적, 선교적, 그리고 실천적-에서 종합적인 분석이나 이해에 대한 책은 없었습니다. 여러분이 손에 들고 있는 책은 그런 종합적인 각도에서 하나님의 운동을 다룬 최적의 산물이라고 봅니다. 이러한 총체적 이해를 운동의 건강과 보편성을 지속하는 중요한 요소라고 믿으며 강력히 추천하는 바입니다.

이현수 선교사 | 프론티어스 대표, 이슬람파트너십 대표 코디

이 책은 20명 정도의 여러 분야에서 활동하는 선교사들과 학자들의 현장중심의 사례연구들과 이론들을 종합한 책입니다. "하나님의 운동은 선교의 무덤으로 알려졌던 지역에서 일어났는데 외국의 것들이 사라지자 사람들은 복음을 받아들이기 시작했습니다." 이것이 하나님의 운동(Motus Dei)의 핵심입니다. 이 책은 선교의 패배의식과 식민주의의 반성에서 자유롭지 못했던 서구 기독교계에 다시 한번 하나님의 선교(missio Dei)를 상기시킵니다. 맞습니다! 이 책은 현장의 선교 이야기를 아주 생생하게 다루고 있습니다. 힌두교, 불교, 이슬람 등 다양한 종교들과 문화 상황 가운데 어떻게 하나님의 운동이 일어나고 있는지 보여줍니다. 선교이론과 실제가 균형이 잡혀 있습니다. 이 하나님의 운동의 특징은 신학을 공부하지 않은 평신도들, 그리고 새신자들이 중심이 된 운동입니다. 이 책은 선교사, 목회자뿐만 아니라 선교에 대해서 관심이 있는 모든 크리스챤들이 읽어야 하는 책입니다. 다만 약간은 전문적인 용어들이 많고 통계치를 반영한 논문형식으로 생소함을 느낄 수도 있습니다. 이 책을 강력하게 추천합니다.

정재우 교수, PhD | 홍콩 루터란 신학교 M.Div, 중국 회족 사역(2002), Fuller Theological Seminary 선교학 석사(M.A)(2008), Concordia Theological Seminary(2017), Western Theological Seminary 구약학 Th.M.(2023), 현 아시아 지역 선교사.

하나님의 일하심은 깊은 바다와 같아서, 그 행하심을 이해하기 어렵고 때로는 아주 얕은 강가와 같아서 매우 이해하기 쉬울 때도 있습니다. 한국계 호주인으로서 호주 현지에서 목회를 하는 저는 이 책이 주는 깊이와 명확함에 깊은 인상을 받았습니다. 이 책에서는 하나님의 일하심이 어떻게 진행되어 가는지에 대한 연구가 명확하고 유기적인 구성으로 잘 이루어져 있습니다. 책을 읽으면서 제 자신의 사역에 대한 이해를 다시금 깊이 해보는 시간이 되었으며, 하나님 나라의 확장에 관심이 있는 사람 누구에게나 어떻게 새로운 하나님의 나라가 확장되어 갈 수 있는지 방법을 고민할 수 있도록 도와줄 것이라고 확신합니다.

Joshua Jung 목사 | Diploma in Divinity and Mission (SMBC), Bachelor of Theology, Master of Art in Theology in Christ College, 현 Wollondilly Presbyterian Church 목회

본서는 하나님의 운동(Motus Dei)에 관해 신학적, 성경적, 그리고 선교학적으로 종합적인 연구가 이루어졌습니다. 그렇지만 본서는 이론서에 그치지 않고, 여러 저자들의 풍부한 선교 경험과 다양한 사례 분석을 통해 매우 실제적이고 현장 중심적입니다. 그로 인해 본서는 학자와 실천가 모두에게 하나님의 거대한 운동을 이해하는 데 도움을 줍니다. 즉 본서는 학교에서 선교학 교재로는 물론이고, 현장에서 제자훈련을 위한 필독서라 할 수 있습니다. 특히 본서의 여러 저자들은 이슬람 현장에서 오랫동안 교회 개척 운동(CPM)과 제자훈련을 감당했었기에, 더욱 현장감이 느껴집니다. 본서가 한국 교회와 선교에 크게 이바지할 것으로 확신하며 적극 추천합니다.

정승현 교수, PhD I Fuller Theological Seminary, 전 인도네시아 선교사, 현 주안대학원대학교 선교학 교수

하나님의 나라는 온 우주에 충만합니다. 아니 언제나 그 나라는 우리가 생각하는 것보다 훨씬 더 충만합니다. 역학적으로 에너지의 양과 일의 총량은 항상 같습니다. 그 에너지가 운동을 만들고 그 결과 일이 생기는 것입니다. 하나님의 그 충만한 에너지가 운동을 만들고 그 운동은 역사를 변화시키는 일이 됩니다. 저는 하나님 당신께서 직접 그 운동의 주인이 되어 우리 가운데 생명 구원의 역사를 만들고 계시다고 믿습니다. 그것이 바로 하나님의 운동(모투스 데이 - Motus Dei)입니다! 이 글 속에는 우리 예수님으로부터 시작하여 사도 요한, 사도 바울 등의 초대 교회를 거쳐 지금 현재까지 이어지는 놀라운 이야기를 하고 있습니다. 크고 단단하게 굳어진 바위보다는 잔잔하게 부서진 돌멩이들이 더 세상 속으로 들어가기 쉽습니다. 그러기에 지금도 내가 가진 전문성을 가지고 미전도 종족 가운데 들어와 그들과 호흡하며 살아가기로 결단하며 이 낯선 곳에 나온 것에 후회가 없습니다. 이 책을 통해 많은 분들, 특별히 젊은 하나님의 사람들이 도전을 받았으면 합니다.

카멜 제이(Kamel J), PhD I 공학박사(PhD), M국 무슬림 대상 전문인 선교사, H중공업, D중공업 연구소, 현지 대학교 겸임교수 역임, 현재 현지 무슬림들과 함께 글로벌 기업에서 공학 전문가로 근무중

예루살렘에서 출발한 하나님의 선교운동은 서구(west) 기독교 세계를 넘어 지금 아시아, 아프리카, 그리고 남미를 포함하는 나머지 세계(rest)에서 폭발적으로 일어나고 있습니다. 본래 하나님의 운동은 성경 전체를 포괄하는 운동으로서 신구약 성경의 핵심이며, 하나님 백성의 정체성을 규정하고 공동체를 형성하는 본질입니다. 이 점에서, 본서에서 여러 저자가 주장하는 내용의 정수는 교회가 "하늘과 땅의 모든 권세"를 가진 예수 그리스도의 주되심을 선포할 뿐 아니라 보냄 받은 세상에서 구현하는 성육신적 제자도를 품성을 통해 드러내는 것입니다. 본서는 온 교회가 그리스도를 선포하고 나타내자는 제4차 로잔대회의 주제를 담아내는 예수 그리스도의 대위임령이 고난받는 교회의 삶을 통해 일어난 사도행전의 이야기와 맞닿아 있습니다. 제자 삼기(Making Disciples)와 제자 성숙하기(Maturing Disciples)와 제자 동원하기(Mobilizing Disciples)라는 제4차 로잔운동의 지향점은 교회가 모든 사람을 위한 복음을 전파하고, 그리스도를 닮은 지도자를 양성하며, 모든 공적 영역에 미치는 하나님 나라의 영향력을 확산하는 추동력입니다.

본서를 통해 한국교회가 하나님의 운동으로서 선교적 본질을 재발견하므로 복음으로 무장한 새로운 세대를 일으키고 기도운동과 새로운 교회개척 운동의 확산이 일어나기 바랍니다. 또한, 하나님의 운동이 한국교회 신학 교육의 변화를 가져올 뿐 아니라 그리스도인의 삶의 놀라운 변화를 초래하기 바랍니다. 본서는 하나님의 선교운동에 참여하기를 원하는 모든 그리스도인에게 요구되는 필독서입니다.

최형근 교수, PhD | Asbury Seminary, 현 서울신학대학교, 선교학교수, 제4차 로잔대회 준비위원회 부위원장 및 국제로잔 신학위원

세계 안에서 활동하시는 하나님의 선교를 "하나님의 운동"의 단어로 표현하는 것이 신선하고 새롭게 느껴집니다. 선교는 운동성을 가진 하나님의 활동입니다. 교회는 결코 제도 속에 안주하거나 정적으로 머물지 않습니다. 이 책을 통해서 교회와 그리스도인이 살고 있는 곳은 어디든지 하나님의 운동성이 나타나는 곳이며, 하나님의 선교 운동성의 관점에서 성경과 세계를 새롭게 이해하고 경험할 수 있기를 기대합니다.

한국일 교수, Dr. theol. | 장로회신학대학교 은퇴교수, 선교학

하나님의 운동(Motus Dei)은 선교의 파노라마를 보여줍니다. 성경, 신학, 역사, 실천 등을 두루 섭렵하며 세계선교를 조망합니다. 신학의 목적은 학문 그 자체를 위한 게 아니라 교회를 섬기고 복음 전파에 기여하는 것입니다. 그런 점에서 모든 신학 분야, 특히 선교학의 경우는 실천을 전제로 해야 마땅합니다. 하나님 운동이 고무적인 것은 비기독교 지역, 특히 미전도종족이나 무슬림이 집중된 지역에서 괄목할 만한 성장의 사례들이 다수 존재한다는 사실입니다. 제자화 사역, 소그룹, 가정 교회, 교회 개척 사역 등을 통해 복음이 확산되는 실증적 사례는 그 누구도 부인할 수 없는 삼일위체 하나님의 역사임을 알 수 있습니다. 이 책은 탄탄한 이론적 연구의 바탕 위에 세계 각처에서 실행되고 있는 사례 보고가 있다는 것이 강점입니다. 주의 재림이 가까운 이 시대에 마지막 과업(마24:14)이 하나님의 운동을 통해 성취될 수 있다는 기대와 흥분을 감출 수 없습니다. 복음의 추수꾼이라면 마땅히 읽어야 할 책이라 사료됩니다.

홍문수 목사, DMin | 서울대학교 불문과 B.A. M.A. 총신대학교 신학대학원 M.Div. 미국 리폼드 신학교, 한국 오엠선교훈련원 이사장, GMP선교회 이사, 한국 불어권 선교회 명예이사장, 미션파트너스 위원장, 신반포교회 담임목사(1992-현재)

하나님의 운동(Motus Dei)

열방을 제자화하는 하나님의 운동

워릭 파라(Warrick Farah) | 편집자

데이브 콜스(Dave Coles), 제임스 루카스(James Lucas)

조나단 앤드류스(Jonatahan Andrews)

| 부 편집자

김경래, 김경환, 김송식, 김종일, 문모세, 박스마엘,

박택수, 양덕훈, 이천, 정빌립, 조이든, 진토롱, 한성호

| 번역자

ONLY Jesus , WITH Muslims

RABISA
BOOKS

imi
ISLAMIC MINISTRY INSTITUTE

목차

그림과 도표

헌 정

타밈(Tameem)에게

서문

25년 전 교회 개척 운동이 처음 등장했을 때 많은 사람은 이를 저 너머의 어두운 곳에서 들려오는 상상의 선교 이야기로 치부하며 회의적인 시각으로 바라보았다. 이러한 보고를 더 면밀히 조사할 수 있었던 미국 남침례교단 해외선교부가 첫 번째 하나님의 운동 조사를 이루었던 것은 아마도 하나님의 섭리일 것이다. 그 후 몇 년 동안 남침례교 해외선교부(IMB)의 연구팀은 이러한 보고된 움직임을 조사하기 위해 수천 마일을 이동하면서 수백 건의 설문조사와 수천 건의 인터뷰, 현장 조사 그리고 폭넓은 이해를 수집했다. 2004년에 제가 "교회 개척 운동"(Church Planting Movements)이라는 책을 출간했을 때는 이 교회 개척 운동 현상은 전 세계적으로 잘 문서화되었고 이러한 운동에 대한 추가 연구의 분위기는 무르익었다.

지난 30년간 이러한 운동과 관련된 저술은 이러한 운동의 방법론을 전파하기 위한 서적부터 이 하나님의 운동에 대한 풍자를 담은 논쟁적인 글까지 다양했다. 그리고 이 운동을 경험한 선교사들이 쓴 대학원 논문도 산재해 있었다. 이 선교사들은 하나님의 운동을 신학적 선교학적 범주와 그들 신앙 전통의 제약에 맞추면서 박사 학위 논문을 작성하기 위해 고군분투했다.

워릭 파라(Warrick Farah)와 그의 동료는 코로나19 팬데믹을 헤쳐 나가면서 2020년 가을에 모투스 데이(Motus Dei -하나님의 운동)에 대한 온라인 국제모임을 개최하여 이 교회 개척 운동에 대한 새로운 이해의 단계를 마련했다. 더 이상 이 하나님의 운동의 실제를 필사적으로 논쟁하는 고립된 목소리가 아니었다. 또한 이러한 운동을 주도하는 선교사들은 단순히 하나님의 운동에 도움이 되는 방법을 공유하고자 자신의 경험을 간증하는 데 그치지 않았다. 모투스 데이(Motus Dei-하나님의 운동)는 사회과학과 민족학, 인류학, 커뮤니케이션 이론, 리더십 이론 그리고 통계 분석 등 다양한 분야의 학문을 통해 교회 개척 운동을 하나님의 사역으로 승화시켰다. 그 결과로 하나님께서 그리스도의 왕국을 발전시키기 위해 하나님의 운동을 어떻게 사용하시는지를 바라보고 더 잘 이해할 수 있는 렌즈의 개요서인 본 서가 여러분 손에 들려 있다.

중요한 것은 모투스 데이(Motus Dei-하나님의 운동)가 오랜 전통을 자랑하는 기독교 고등 교육의 전당에 과감하게 등록되어 마땅히 받아야 할 관심을 받는 것이다. 하나님의 운동이 20세기 후반과 21세기 초반의 주요 선교학적 특징으로 인식되겠지만 저는 이 운동이 주후 1세기까지 거슬러 올라가는 역사적 선례를 가지고 있다고 믿는다.

전 세계적으로 천 개가 넘는 교회 개척 운동을 통하여 7억 3천만 명 이상의 신자들이 출현하고 있는 오늘날 이 운동은 사람들의 호불호에 상관없이 사라지지 않을 것이라고 말할 수 있다. 만약 이 운동이 하나님께서 이 세상에서 일하시며 수많은 사람을 자신과 구원의 관계로 이끄시는 유효하고 중요한 방법이라면 우리는 이 운동을 더 잘 이해해야 할 의무가 있다. 그렇게 함으로써 우리는 모투스 데이(Motus Dei-하나님의 운동)를 이해를 추구하는 신앙이라는 위대한 기독교 신학 전통 안에 포함시킨다. 우리는 하나님의 사역을 축소하거나 조작하기 위한 수단이 아니라 잃어버린 세상을 구속하는 하나님의 사역에 더 충실하고 효과적으로 참여할 수 있기 위한 이해를 추구한다.

데이비드 개리슨, 박사 David Garrison, PhD
　선교사, 저술가

서론

모투스 데이(Motus Dei-하나님의 운동)는 하나님께서 운동을 통해 이 세상에서 어떻게 일하시는지를 설명한다. 하지만 어떤 종류의 운동일까? 공동의 목표를 위해 함께 일하고 성장하는 사람들의 무리를 말할 때 사람들은 운동이라는 용어를 사용한다. 그러나 본 저서의 저자들(우리)은 모든 종류의 운동에 대해서 이야기하려는 것이 아니다.

우리는 하나님 나라의 운동에 대해 이야기하고 있다. 교회 개척 운동과 교회개척을 위한 제자화 운동을 말한다. 예수님이 널리 알려지고 복음으로 삶과 공동체가 변화되는 하나님의 운동이다. 궁극적으로 우리는 모투스 데이(Motus Dei-하나님의 운동)에 대해 이야기하고 있는데: 라틴어로 모투스 데이(Motus Dei)는 "하나님의 운동"을 의미한다.

이 책의 제목을 "하나님의 운동"(Motus Dei)으로 정한 이유는 무엇보다도 생명을 주시는 하나님의 실재와 성품에 뿌리를 내리고 근거를 두기를 바라기 때문이다. 우리는 단순히 열매 맺는 사역의 가속화와 제자의 증식을 목표로 하는 것이 아니라 궁극적으로 예수님께서 모든 열방으로부터 예배를 받으시는 것을 목표로 한다. 우리는 그리스도를 통해 열방을 다시 하나님께로 돌아오게 하려는 하나님의 운동에 동참하고자 한다.

하나님의 운동의 의미론과 담론

하나님의 운동에 대해 이야기할 때 어떻게 정확하게 정의를 내려야 할까? 인간의 의사소통은 종종 단어에 대한 정확한 정의 없이도 충분히 잘 이루어진다. 예를 들어 문화라는 단어를 생각해 보라. 성경에는 문화에 대한 단어가 없으며 선교계에서도 문화에 대한 보편적인 이해가 부족하다. 하지만 우리는 여전히 문화라는 단어를 사용하여 꽤 잘 소통할 수 있다.

"하나님의 운동"에 대한 우리의 대화에서도 마찬가지이다. 본 서 "하나님의 운동"(Motus Dei)에서 우리는 지난 수십 년 동안 세계에서 관찰된 특정 종류의 하나님의 운동에 주로 초점을 맞출 것이다. 최근 몇 년 동안 제자를 만드는 교회 개척을 위한 제자화 운동이 다양한 상황에서 관찰되었다. 하나님의 운동에는 제자가 빠르게 재생산되고 성경공부에 참여하거나 성경의 가르침에 순종하려고 하는 새 신자 또는 구도자 그룹이 증식되는 것이 포함된다. "교회 개척 운동"(CPM)에 대한 구체적이고 유용한 정의 중 아래의 정의는 24:14 연합(마태복음 24:14의 지상명령을 모든 미종족 가운데 실현하기 위해 형성된 네트워크 단체, 역주)에서 나온 것이다:

교회 개척 운동(CPM)은 제자가 제자를 만들고 지도자가 지도자를 키우는 증식 사역이다, 그 결과 토착 교회 (보통 가정 교회)가 형성되고 더 많은 교회를 개척하게 된다. 이렇게 새로운 제자와 교회는 사람의 영적, 육체 적 필요를 충족시키며 한 종족 집단 또는 인구 집단에 빠르게 퍼져 나가기 시작한다. 그들은 새로운 그리스

도의 몸으로서 하나님 나라의 가치를 실천하면서 지역 사회를 변화시키기 시작한다. 이 같은 운동이 지속될 때, 재 생산적인 4세대 교회가 탄생하며 교회 개척은 지속 가능한 운동이 되기 위한 문턱을 넘어서게 된다(콜스-Coles와 팍스-Parks 2019, 315).

하지만 역사적으로 볼 때 위의 정의에는 정확히 부합하지 않지만 한 "운동"을 통해 그리스도께서 많은 민족과 장소에 영향을 주었음을 우리는 관찰하게 된다. 하나님의 운동에 대한 우리의 논의는 아직 성숙해 가고 있으므로 더 광범위하고 분석적인 정의가 나올 수도 있다. 하나님의 운동(Motus dei-모투스 데이)에서 우리는 다른 유형의 하나님의 운동으로부터 배울 수 있을 만큼 구체적이고 충분히 폭넓게 다루고자 한다. 현재로서는 24:14 연합사역에서 나오는 이 정의가 이 책에서 논의하는 내용의 본질을 가장 잘 포착하고 있다. 하나님의 운동은 부흥과 전도운동, 집단 회심, 그리고 이전 세대의 소위 "교회 성장 운동"과는 다르다(개리슨-Garrison 2004, 23~25). 이들 중 어느 것도 4세대 이상의 교회가 새로운 교회를 개척하고 제자가 새로운 제자를 세우는 교회 개척 운동(CPM)의 기대와는 관련이 없다. 이들은 증식의 방법이 아닌 추가하는 방식으로 확장된다.

본서를 포함한 하나님의 운동에 관한 모든 논의에는 일반적으로 자주 사용되는 단어와 문구가 반복된다. 다음은 우리가 진행하는 특별한 대화에서 자주 사용하는 중요한 몇 가지 용어들이다:

- **교회 개척을 위한 제자화 운동(DMM) /훈련자를 위한 훈련(T4T) /선교사의 네가지 삶의 주기 훈련(Four Fields) 등** : 이러한 용어는 하나님의 운동이 일어나는 것을 가장 잘 이해하도록 돕는 전략이나 접근 방식이다. 다른 말로 하면 이러한 것은 과정이고 하나님의 운동은 그 결과이다.

- **오이코스(Oikos):** 이 그리스어 단어는 "가정"으로 가장 잘 번역된다. 왜냐하면 신약성경 상황에서 가정은 종종 핵가족 이외의 사람을 포함하며 이 용어는 대가족 또는 영향력이 미치는 영역이라는 의미로 사용되었다. 성경은 대부분의 사람들이 그룹으로 신앙을 갖게 되었음을 보여준다. 하지만 그룹이 항상 그들의 세계에서 오이코스의 구성원이었던 것은 아니다(예: 고넬료의 친척과 친구들). 오늘날 많은 사람들이 현대적으로 확장된 오이코스를 사용하며 그것에 주목한다. 이러한 그룹이 응답하고 함께 제자화되면 종종 그들은 교회가 된다(예를 들어 오이코스나 가정을 중심으로 세워진 교회 행 16:15, 고전 16:19, 골 4:15에서 볼 수 있다). 이 성경적 접근 방식은 수치적으로나 사회학적으로도 의미가 있다.[1]

- **세대(Generation):** 본 서에서 이 단어는 제자가 새 제자를 만드는 것 그리고 새로운 교회를 개척하는 것을 묘사하기 위해 사용되었다. 교회가 새로운 교회를 낳을 때 그 새로운 교회는 두 번째 "세대"가 된다. 그러나 때때로 이 단어는 19장에서 설명된 이란(Iran)과 알제리(Algeria)의 경우처럼 생물학적 세대라는 좀 더 일반적인 정의로도 사용된다.

- **평화의 사람(Person of Peace):** 이 개념을 제안한 사람들은 누가복음 10장 5-7절에서 묘사된 "평화의

---

1) 이 정의와 "평화의 사람"은 콜스(Coles)와 팍스(Parks) 2019, 320-21에서 수정되었다.

사람"을 참조하였다. 이 평화의 사람은 복음을 전하는 자와 복음을 받아들이는 사람으로서 자신의 소셜 네트워크에 복음을 흘러가게 하는 자이다.

하나님의 운동 연구

하나님의 운동은 세상에서 일어나고 있는 실재 그리고 제자 삼기와 교회 개척, 총체적인 공동체 변혁을 위한 접근 방식 등 이 두가지 측면에서 살펴볼 수 있다. 본 서에서 다루고 있는 하나님의 운동은 중요한 현상이며 다양한 상황에서 발생하기 때문에 연구할만한 가치가 있다. 하지만 본 서 "하나님의 운동"(Motus Dei)에서는 오늘날 세상에서 제자 훈련 운동이 증가하는 데 기여하는 요인에 대한 심층 있는 답변을 주고자 한다. 그리스도의 몸인 우리가 모든 열방 가운데에서 하나님의 운동이 더 효과적으로 촉진되도록 하기 위해 무엇을 배울 수 있을까? 우리는 적절한 질문을 할 것이나 단순히 정답을 발견하는 것을 목표로 하지 않는다. 이를 위해 본 서는 모투스 데이(Motus Dei-하나님의운동) 학습 공동체의 첫걸음에 불과하다.

우리는 여러분이 참여하는 다년간에 걸친 참여형 대화를 구상하고 있다. 어떤 한 사람이나 이론도 우리가 던지는 질문에 적절하게 답할 수 없다. 선교에서 우리는 때때로 하나님의 운동을 불러일으킬 영웅적인 촉진자나 확실한 해결책(Silver Bullet)을 찾는다. 하나님의 운동 전략이 전문가에 의해서만 제안되고 실행될 수 있다고 잘못 가정될 수 있는데 우리는 전문가만이 할 수 있는 단순한 기술적 해결책을 찾고 있지 않다. 대신에 우리는 전 세계의 남성과 여성 즉 그리스도의 몸을 동원하여 하나님의 운동의 배후에서 무슨 일이 일어나고 있는지를 알고 싶어하는 신뢰와 호기심으로 가득 찬 학습 공동체를 구축하기 위해 함께 일하는 것을 목표로 한다.

책에 대한 간략한 개요

본 서 "하나님의 운동"(Motus Dei)은 최근 진행되는 하나님의 운동에 대한 최고의 이론과 연구를 제시하는 것을 목표로 한다. **1부에서는 "하나님의 운동의 큰 그림"**을 제공한다. 본 서는 워릭 파라(Warrick Farah)의 입문서에서 시작하여 역사와 신학 특히 교회론의 관점으로 옮겨진다. 파라(Farah) 또한 사회학과 선교 실천의 렌즈를 사용하여 선교학에서 하나님의 운동 이론의 일부를 더 깊이 살펴본다. 이를 통해 오늘날 우리의 세계와 신약 성경에 있는 하나님의 운동을 동시에 관찰하면서 다양한 관점이 어떻게 우리의 대화를 성숙시키는 데 도움이 될 수 있는지 살펴본다.

다음으로 사무엘 케브랩(Samuel Kebreab)은 10년 이상 다양한 상황에서 진행된 교회개척을 위한 제자화 운동을 연구하면서 얻은 결과들을 공유한다. 비(非) 서구권 연구자이자 하나님의 운동 실행자로서 케브랩(Kebreab)의 관찰은 중요한 토대를 마련한다. 여기서 중요한 점은 하나님의 운동(Motus Dei-모투스 데이)에 대한 논의가 단지 서양인 사이에서만 일어나는 것이 아니라 포괄적이라는 점이다.

아시다시피, 하나님의 운동과 하나님의 운동 전략은 여러 가지 이유로 때때로 비판을 받는다. 데이브 콜스(Dave Coles)는 가장 일반적인 반대 의견에 대해 건설적이고 강력한 답변을 제공한다.

앞서 우리가 언급했듯이 지난 20년 동안 대부분의 세계에서 하나님의 운동의 놀라운 성장이 목격되었다. 현재 전 세계 78억 인구의 1퍼센트 이상이 제자 훈련 운동의 일환으로 예수님을 따르고 있는 것으로 보고되고 있다.[2] 오늘날 일어나고 있는 하나님의 운동의 숫자와 엄청난 규모를 어떻게 이해해야 할까? 진 다니엘스(Gene Daniels)와 저스틴 롱(Justin Long)은 이러한 지표와 비기독교 환경에서의 교회 증식 보고와 관련된 중요한 문제를 명확하게 설명한다.

다음으로 2부 "하나님의 운동의 선교 신학" 부분에서는 제자 훈련 운동을 성경적 관점에서 살펴본다. 데이비드 림(David Lim)은 오이코스(Oikos) 교회 네트워크가 어떻게 하나님 나라 변혁에 기여하는지를 보여준다. 선교학에서 때때로 분리되어 있는 주제를 조화시키려고 시도하는 림(Lim)은 오늘날 세계 교회를 위한 통찰력을 가지고 있다. 크레이그 오트(Craig Ott)는 사도행전을 통해 하나님의 운동에 대해 구체적으로 무엇을 이해할 수 있는지 보여준다. 하나님의 운동 이론에서 중요한 문제 중 하나는 교회를 구성하는 요소에 대한 우리의 이해이다. 트레버 라센(Trevor Larsen)은 자신이 연구하고 이끌어온 하나님의 운동에서 에클레시아('교회'라는 뜻의 그리스어)가 어떻게 형성되는지 보여준다.

다음으로, 마이클 쿠퍼(Michael Cooper)는 요한복음을 통해 요한의 선교 신학이 1세기 소아시아에서 예수 운동의 놀라운 성장에 어떻게 기여했는지 설명한다. 마지막으로 제임스 루카스(James Lucas)는 성경적인 가정과 하나님의 운동 선교학에서 중요한 개념인 '평화의 사람'에 대한 이야기 신학(Narrative theology)을 다룬다.

3부 "하나님의 운동의 역동성" 장에서는 오늘날 하나님의 운동의 중요한 현실과 관점을 고려한다. 수십 년 동안 하나님의 운동에 관한 글을 써온 스티브 애디슨(Steve Addison)은 하나님의 운동의 수명 주기와 하나님 운동의 흥망성쇠에 기여하는 요인에 대해 논의한다. 하나님의 운동에 대한 선교학적 담론은 대체로 남성의 목소리가 지배적이었다. 팸 알룬드(Pam Arlund)와 레지나 포드(Regina Foard)가 적절하게 보여주듯이 하나님의 운동에 대한 여성의 관점은 너무 오랫동안 무시되어 왔다.

폴 쿠이비넨(Paul Kuivinen)은 음악과 예술이 하나님의 운동의 선교학에서 얼마나 중요한 역할을 하는지 보여준다. 음악과 예술을 보완하는 것은 디지털 기술의 세계이다. 마지막으로 프랭크 프레스턴(Frank Preston)은 하나님의 운동과 관련하여 대중 매체의 중요성을 보여준다. 많은 사람은 현재 대부분의 하나님의 운동이 남반부(제3세계)에서 발생하는 것을 목격한다. 이민과 관련된 쟁점들이 북반부(선진국)내의 난민과 망명 신청자들 사이에서 진행되는 하나님의 운동에 어떻게 영향을 미칠 것인가? 브래들리 코카너(Bradley Cocanower)와 주앙 모르도모(Joao Mordomo)가 디아스포라의 운동을 촉진하는 것과 관련된 통찰력을 공유한다.

그런 다음 본 서는 4부 "사례 연구"로 넘어간다. 하나님의 운동들은 공통점이 있어 보이지만 제자를 삼

---

2) 예를 들어 다음을 참조하라 https://2414now.net/resources/#global-movement-statistics 및 http://www.missio -nfrontiers.org/issue/article/1-of-the-world-a-macroanalysis-of-1369-movements- to-christ.

는 제자 운동은 사역에 대한 판에 박힌(Cookie Cutter) 접근 방식을 사용하지 않기 때문에 모두 똑같아 보이지 않는다. 사례 연구 부분은 하나님의 운동의 다양성과 대화에서 상황의 중요성을 보여준다. 이러한 관점에서 동아프리카 하나님의 운동에서 영적 DNA의 전수와 북인도의 놀라운 '보즈푸리 돌파구(Bhojpuri Breakthrough)', 태국의 증식 운동 그리고 알제리와 이란을 휩쓸었던 이전 하나님의 운동의 세대별 결과를 살펴본다. 보시다시피 사례 연구 부분은 서구 작가와 비 서구 작가가 함께 짝을 이루도록 특별히 고안되었다.

5부 "하나님의 운동의 리더십과 다음 단계"를 고려하지 않으면 지금까지의 모든 논의가 공허하게 끝날 것이다. 엠마누엘 프린츠(Emanuel Prinz)는 자신의 실증적 연구를 통해 효과적인 하나님의 운동 촉진자의 특성과 역량을 설명한다. 이는 리더십 개발과 훈련을 고려하는 사람에게 도움이 될 것이다. 많은 선교단체가 사역에 있어서 하나님의 운동 철학을 채택하기 시작하였는데 에릭(Eric)과 로라 아담스(Laura Adams)는 자신들의 선교단체가 어떻게 하나님의 운동 사고로의 패러다임 전환을 수용하게 되었는지 설명한다. 마지막으로 이 21개의 장은 우리의 대화가 실제로 첫 번째 단계에 불과하다는 것을 보여준다. 이 장들의 대부분의 내용은 모투스 데이(Motus dei-하나님의 운동) 네트워크가 2020년에 가상으로 주최한 하나님의 운동 연구 심포지엄에서 축약된 형태로 발표되었었다. 리처드 그레이디(Richard Grady)는 심포지엄 청취 팀과 함께 마지막 장에서 하나님의 운동에 대한 우리의 대화가 발전하고 성숙하게 하기 위해 선교 공동체가 필요로 하는 추가 연구를 위한 주제들을 명확히 하였고 생각하도록 하였다.

"하나님의 운동" 운동에 동참하라

모투스 데이(Motus Dei-하나님의 운동)는 학습 공동체이다. 하나님의 운동에 대한 의견이 항상 일치하는 것은 아니다. 다른 장에서 집필자의 관점 사이에 약간의 긴장과 심지어 모순이 있을 수도 있음을 인지했을 수도 있다. 우리는 이것을 약점이 아니라 강점으로 본다. 하나님은 다른 방식으로 움직이시며 창조의 다른 많은 측면과 마찬가지로 하나님의 운동도 다르다. 철이 철을 날카롭게 하듯이(잠 27:17) 우리는 이러한 대화와 공동체의 참여가 중요하다고 여기는데 이것은 서로 소통하고 서로에게서 배우게 한다.

하나님의 운동에 경험이 많고 모투스 데이(Motus Dei-하나님의 운동)에 참여하여 대화를 원하거나 공유하고 싶은 연구가 있다면 http://motusdei.network 을 통해 서로 교류하기를 원한다. 또한 본 서를 중심으로 설계된 저렴한 공인 온라인 신학교 과정을 수강하고 싶으면 "하나님의 운동 선교학의 기초"를 다음의 링크에서 확인해 보라

https://masterclasses.ephesiology.com/courses/foundation-movement

본 서를 읽고 묵상하면서 경이로움과 기쁨으로 오늘날 모든 열방을 향한 하나님의 구속의 역사에 동참하게 되기를 바란다.

참고 문헌

Coles, Dave, and Stan Parks, eds. 2019. 24:14 – *A Testimony to All Peoples: Kingdom Movements Around the World*. Spring, TX: 24:14.

Garrison, David. 2004. *Church Planting Movements: How God Is Redeeming a Lost World*. Monument, CO: WIGTake Resources.

약어

ABMB: Algerian believer from a Muslim background 무슬림 배경 알제리인 신자

BDAG: Bauer, Danker, Arndt, and Gingrich 신약 그리스어-영어 사전

BJB: believer from a Jewish background 유대교 배경 신자

BMB: believer from a Muslim background 무슬림 배경의 신자

CLC: community learning center 지역 학습 센터

CPM: church planting movement 교회 개척 운동

CQ: cultural intelligence 문화지능

CSV: comma-separated value (a computer file format) 컴퓨터 파일의 한 종류 명칭

DBS: Discovery Bible Study Discovery 성경 공부

DMM: disciple making movement 교회개척을 위한 제자화 운동

EMDC: Eurasia Media and Distribution Consultation EMDC(Eurasia Media and Distribution Consultation) 선교 대회

ESV: English Standard Version (of the Bible) ESV 영어 성경

FJCCA: Free in Jesus Christ Church Association FJCCA (Free in Jesus Christ Church Association) 선교회

GEN: Global Ethnodoxology Network 세계 민족예배학 네트워크

HC: house church 가정 교회

HCN: house church network 가정 교회 네트워크

HoP: household of peace 평화의 가정

HUP: homogeneous unit principle 동질집단 원리

IBMB: Iranian believer from a Muslim background 무슬림 배경 이란인 신자

IMB: International Mission Board (of the SBC, see below) 미국남침례교단 해외선교부

IQA: internal quality assessment 내부 품질 평가

MBB: Muslim background believer 무슬림 배경 신자

MMO: movement-multiplication organization 교회배가운동 단체

MTDMM: media to disciple making movements MTDMM(media to disciple making movements) 선교회

NAME: North Africa and Middle East 북아프리카와 중동

NG: New Generations 다음세대

NGO: nongovernmental organization (usually a charity) 비정부 단체(자선단체)

NKJV: New King James Version (of the Bible) 새흠정역(New King James Version) 영어 성경

NT: New Testament 신약 성경

OFW: overseas Filipino workers 해외 필리핀 근로자들

PMA: Philippine Missions Association 필리핀 선교 협회

PoP: person of peace 평화의 사람

PPOP: potential persons of peace 잠재적 평화의 사람

PTSD: post-traumatic stress disorder(post-traumatic stress syndrome in some sources) 외상 후 스트레스 장애(일부 출처에서 외상 후 스트레스 증후군) (외상 후 스트레스 증후군으로도 불림)

SBC: Southern Baptist Church 미국 남침례교단

SSA: sub-Saharan Africa 사하라 사막 이남 아프리카

T4T: training for trainers (has other meanings in different contexts) 훈련자를 위한 훈련

UNHCR: United Nations High Commission for Refugees (The UN Refugee Agency) 유엔난민 고등 판무관 사무실(유엔난민기구)

UPG: unreached people group 미전도 종족

US: United States 미국

UUPG: unengaged unreached people group 미접촉 미전도 종족

Ⅰ부
하나님의 운동의 큰 그림

1장
최근에 진행되는 하나님의 운동: 다양한 관점에서 바라본 입문서
워릭 파라(Warrick Farah)

20세기 한세기 동안 전세계 인구는 4배가 늘었다. 전체적으로 기독교는 이러한 세계적 인구 성장에 발맞추어 전세계 인구의 약 30퍼센트를 꾸준히 유지하고 있다. 북반구(유럽과 북미 대륙을 지칭, 역주) 교회 숫자가 감소하고 남반구(아프리카와 아시아 그리고 남미등 제3세계를 지칭, 역주) 지역의 교회 숫자가 급격하게 증가한 것은 이미 알려져 있다(로버트-Robert 2000; 존슨-Johnson과 정-Chung 2009). 하지만 매년 수 만명의 무슬림이 그리스도를 믿는 반면 또 다른 3,550만 명의 무슬림들이 태어난다(퓨 리서치센터-Pew Research Center 2017). 수만명과 수백만명은 엄청난 차이다. 이러한 상황은 힌두교도 사이에서도 비슷하고 불교도 사이에서는 그 수의 차가 더욱 심각하다. 세계 기독교연구센터(The Center for the Study of Global Christianity)는 전도되지 않은 7만명의 사람이 매일마다 전 세계에서 증가하고 있다고 추정한다(존슨-Johnson과 줄로-Zurlo 2019). 열방 가운데서 예수님께서 경배 받는 것을 보고자 하는 예수님의 신실한 사람들에게 가혹한 현실은 전 세계가 매년 급속하게 더 "미전도(unreached)" 상태가 되고 있다는 것이다(팍스-Parks 2017). 이러한 상황에서 "하나님의 운동" 패러다임은 복음주의 선교계에서 중요한 대세가 되었다. 이와 관련된 여러 논문과 책 그리고 훈련이 다양한 선교계에서 지속적으로 나오고 있다. 선교 단체마다 큰 꿈을 꾸는데 어느 단체는 지난 2018년 무슬림 인구의 10퍼센트가 다음 10년 안에 "전도화"되기를 기도하자는 계획을 출범시켰다.[1]

그리고 때로는 세계 모든 기독교인이 하나님의 운동에 대해 이야기하는 듯이 생각되기도 한다. 연구자들은 7,700만 명 이상의 신자로 구성된 1,000개 이상의 그리스도 운동이 존재한다고 기록했는데(롱-Long 2020) 이 운동 대부분은 이전에 교회가 없던 곳에서 일어났다. 우리는 이러한 "하나님의 운동"이 발생하는 시대에 살고 있다(히긴스-Higgins 2018, 21).

그러나 우리는 이 모든 활동의 한 가운데서 잠시 멈추어 서서 이 모든 현상을 반추해 보면 좋겠다. 실제로 이 하나님의 운동은 무엇인가? 우리는 어떻게 하면 특수한 지역의 다양함과 복잡성속에서 발생하고 있고 또한 그들 지역의 구체적인 사역속에서 발생하고 있는 이러한 하나님의 운동을 더 잘 이해할 수 있을 것인가? 선교학자와 신학자, 하나님의 운동을 실행하는 선교사, 그리고 심지어 이런 주제를 처음 접하는 사람도 이 간결한 소개의 글을 통하여 많은 유익을 얻을 수 있을 것이다. 이 글은 이 하나님의 운동의

---

1) https://1010prayerandfasting.com/을 참조하라. 이것은 실질적으로 매년 1,900만명의 무슬림이 10년동안 예수 그리스도를 믿어야 한다는 의미이다. 이 수치를 의식하든 안 하든지 그 같은 담대한 기도를 한다는 것은 하나님의 운동이라는 방향성이 전제되어 있는 것이다.

존재 자체를 비판하지 않을 뿐만 아니라 그들의 출현을 과도하게 과장하지도 않는다.

필자는 한 논문에서 다양한 이름으로 소개되었던 교회 개척 운동(CPM-Church Planting Movements)과 교회 개척을 위한 제자화 운동(DMM- Disciple Making Movements)[2]의 선교학적인 관점에 대하여 대략적으로 설명하였다(파라-Farah 2020b).[3] 필자는 본 장에서 이 부분을 더 깊이 다루고 더 나아가 하나님의 운동을 교회사적, 교회론적, 사회학적 그리고 선교실제적 측면에서 소개하고자 한다. 필자의 의도는 최근에 진행되고 있는 하나님의 운동에 대한 비판적 사고를 이루기 위한 선교학적인 틀을 개발하는 것이다.

역사적 관점(Historical Perspective)

여러 가지 방법으로 설명할 수 있겠지만 기독교는 본질적으로 정체되어 있지 않고 끊임없이 변화하는 운동이다. 범세계적 운동으로서 기독교는 역사상 가장 거대하고 성공적인 운동이다. 예수님께서는 열두 제자로 시작하여(눅 6:12~16) 칠십 명을 파송하셨고(눅 10:1~24) 오순절에 삼천 명이 더해졌으며(행 2:41) 그 수가 날마다 계속해서 늘어났다(행 2:47). 예수님을 그리스도로 믿는 유대인들의 운동으로 시작한 기독교는 사도들이 사역에 대한 접근 방식을 새롭게 하면서 이방인에게 흘러 들어갔다(행 15장; 고전 9:21). 사도행전 19장 10절에 보면 바울이 에베소에 2년 동안 있을 동안 "아시아에 사는 유대인과 헬라인이 다 주의 말씀을 들었다"고 기록되어 있다. 앤듀르 월스(Andrew Walls)가 말했듯이 "문화적 경계를 넘어간 것은 역사적 기독교의 생명줄이 되어왔다"(2002, 32). 다양한 변환을 거쳐 형성된 다양성 속에서 "땅 끝까지"(행 1:8)라는 사명은 다른 어떤 운동보다 더 많은 장벽을 넘었고 더 많은 문화들의 "본거지(home)"가 되었다.

초대교회의 증식

씨 뿌리는 비유에서 예수님께서는 "하나님의 말씀"이 어떤 상황에서는 최대 "백 배"까지 기하급수적으로 성장할 것이라고 가르치셨다(눅 8:4~8, 11~15). 사도행전에서 누가는 초대 교회의 극적인 성장을 강조하면서 "크게"(6:7), "날마다"(16:5), "힘있게"(19:20)와 같은 수식어들을 사용했다. "누가는 복음서의 중요한 주제인 하나님 나라의 확장이 실제로 성취된다는 측면에서 의도적으로 복음이 놀랍게 널리 퍼져가는 것을 기록하려고 노력했다"(오트-Ott 2019, 112).

마이클 쿠퍼(Michael Cooper)는 사도행전과 바울 서신이 가정 교회를 통하여 제자가 급속하게 확장되는 초창기 예수 운동을 기록하고 있다고 믿는다. "사도행전에서의 교회 개척 운동은 가정 교회에 모이면서 더 많은 제자를 생산하도록 사도로부터 위임받은 신실한 예수님 제자들의 사역을 통하여 형성된 것이지

---

2) 어떤 사람은 교회개척을 위한 제자화 운동(DMM) 또는 훈련자를 위한 훈련(T4T)과 같은 전략으로 나타난 결과로서 교회 개척 운동(CPM)이라고 명칭한다(콜스-Coles와 팍스-Parks) 2019, 314-15). 이 장에서 제자도에 초점을 맞추었지만 교회개척을 위한 제자화 운동(DMM)이나 훈련자를 위한 훈련(T4T)의 원리를 적용하지 않는 교회 개척 운동(CPM)(교회 개척 운동(CPM)으로 이어지는 전략)과 웨슬리안 부흥과 같은 다른 운동(베빈스-Bevins 2019)을 제자화 운동이라는 큰 흐름으로 사용하는 것을 주저한다. "제자도"라는 용어가 수동적인 과정이나 종교적으로 소비주의적인 교회론과 연관될 때 건강하지 않은 짐이 될 수가 있기 때문이다.

3) 다음의 링크에서 확인 가능하다: http://ojs.globalmissiology.org/index.php/english/article/view/2309/5306

처음부터 복음 확장을 위한 전략을 세워서 된 것이 아니다"(2020, 19). 즉 하나님의 운동은 전략의 결과가 아니라 먼저 제자를 만드시는 본을 보여주신 예수님에 대한 열정의 결과이다.

로마서에서 바울은 예루살렘에서 일루리곤(오늘날의 알바니아)까지의 지역에 "더 이상 일할 곳이 없고"(15:23)라고 했고 로마를 거쳐 스페인으로 가고자 했다(15:24). 바울이 "그리스도의 복음을 편만하게 전하였노라"(15:19)라고 단언한 유일한 이유는 자신이 개척한 교회가 그 지역에서 계속해서 증식하여 자신이 시작한 사역을 완성할 것이라고 바울이 가정했기 때문이라고 크레이그 오트(Craig Ott)는 생각하며 다음과 같이 진술한다: "이것 외에는 1세기 동안 기독교의 극적인 수적 성장과 확산을 설명할 수 있는 다른 방법은 없다"(2019, 114).

로드니 스타크(Rodney Stark)는 서기 300년까지 로마 제국에 630만 명의 기독교인이 있었다고 추정하는데(1996a, 7) 쿠퍼(Cooper)는 약 550만 명(2020, 32)이었다고 추정한다. 이 두 사람의 추정치 모두 로마 전체 인구의 약 10퍼센트 정도였으니 혹자는 이것이 전체 로마 사회에 극적인 영향력을 미치는 시작점이었다고 한다(씨에-Xie와 그외 2011; 쿠퍼-Cooper 2020, 29). 초점은 예수 운동의 속도가 아니라 더 많은 지도자가 더 많은 봉사 활동을 위해 더 많은 신자를 준비시킨 것이다(엡 4:11-12). 바울이 데살로니가 후서 3장 1절의 기도제목에서 언급한 것처럼 "복음을 위하여 앞으로 달려가는 것"과 "주의 말씀"을 존중하는 것은 초대 기독교에서 보여주는 성경적 패턴이다. 여러 면에서 건강하지 않는 성장은 성경적이지 않다. "복음 전도의 긴박성과 건전하면서 성숙한 성장 사이에 반드시 균형이 있어야 한다"(오트-Ott 와 윌슨-Wilson 2010, 77).

오늘날 일부 교회 개척 운동(CPM) 이론가들이 초대 기독교 운동이 반드시 "교회 개척 운동(CPM)"은 아니었을 것이라고 주장한다는 점을 우리는 인식해야 한다. 현대의 교회 개척 운동(CPM)/교회개척을 위한 제자화 운동(DMM) 전략을 가지고 성경의 내용을 읽고 분석하는 것은 시대 착오적인 것이다(우-Wu 2014). 역사가 필립 젠킨스(Philip Jenkins)는 초기 예수 운동이 서기 200년쯤까지는 우리가 기독교 교회로 간주하는 형태로 통합되지 않았다고 지적한다(2018). 2세기의 예수 운동은 여전히 매우 다양했고(나중에 초기 교회 공의회에서 이단으로 정죄된 많은 "기독교" 집단을 포함하여) 로마 제국에서 산발적으로 발생한 핍박과 전염병이 창궐했던 시대의 변화 흐름에 따라 급속하게 변동하였다.

초대 기독교 가정 교회는 성경의 복음서와 서신서를 신실하게 읽었다. 복음서와 서신서의 본문을 연구하고 다양하게 인용한다는 점에서 초대 기독교 운동은 분명히 "학구적인" 운동이었다(후르타도-Hurtado 2016, 105). 그러나 27권의 신약성경은 4세기 말까지 공식적으로 정경화되지 않았다. 이 "예수 운동"은 2세기와 3세기에 조직적인 전도와 교회 확장 전략을 통해서 진행된 것이 아니다. 고통과 박해에 직면하여 끝까지 인내하면서 반문화적으로 보였지만 그리스도를 닮기를 원하였던 삶의 방식을 통해 진행되었다(크레이더-Kreider 2016, 9). 기독교 운동이 항상 모든 지역에 있었던 것은 아니다. 일부 운동은 종종 쇠퇴하였고 때로는 소멸되었다. 전반적으로 기독교 운동은 지속적인 성장 보다는 성장과 쇠퇴의 과정을 반복하면서 진행되는 연속적인 확장이다(월스-Walls 2002, 67).

현대 선교학의 하나님의 운동 정신

현대 선교학에서 바라보는 하나님의 운동 정신이라는 관점에서 하나님의 운동에 대한 선교학이 어떻게 현대 선교 전략과 목표에 흡수되기 시작했는가? 1793년 윌리엄 캐리(William Carey)가 인도(India)로 떠난 지 한 세대 후 선교단체는 "기독교 세계(Christendom)"의 외부 세계 즉 많은 비기독교적 상황속에서 설립된 새로운 교회를 관리하는데 큰 어려움을 겪었다. 행정 원칙으로서 일반적으로 선교 지도자 루퍼스 앤더슨(Rufus Anderson)과 헨리 벤(Henry Venn)이 주창한 것으로 알려진 "삼자 원칙"은 외국 선교 단체가 아닌 자치적인 토착 교회가 "세계 선교 발전의 수단이 될 것"이라는 것을 의미한다(셍크-Shenk 1981, 171). 이 삼자원칙은 교회가 스스로 자립하고 자전하며 자치해야 한다고 가르쳤다. 즉 식민주의의 영향과 의존에서 벗어나야 한다는 것이다.

이 삼자 원칙을 받아들인 존 네비우스(John Nevius)는 1890년 과거와는 급진적으로 다른 이 삼자 원칙을 조선 선교에 채택해야 한다고 가르쳤다. 또한 그는 기독교인은 회심하기 전의 사회적 네트워크에 머물러 있어야 하며 체계적인 성경공부에 기초한 제자훈련 프로그램이 있어야 한다는 원칙을 첨가했다(핸디-Handy 2012, 6-7). 그 이후 한국 기독교 운동에 기폭제가 된 이 삼자원칙은 네비우스 방법(로-Ro 2000, 677)으로 알려졌다. 그러나 전통적인 "선교 기지(mission station) 접근 방식" 은 여러 지역과 상황에서 지속되었다(맥가브란-McGavran 1955, 68).

20세기 초에 롤랜드 알렌(Roland Allen)은 유명했던 그의 책 "선교사의 방법: 바울의 방법인가 우리의 방법인가?"(Missionary Methods: St. Paul's or Ours?)(1912)를 통하여 네비우스(Nevius) 방식을 더욱 발전시켰다. 알렌(Allen)은 동시대인에게 전통적인 접근 방식에서 벗어나 토착 교회를 탄생시킬 수 있는 성경적 원리에 다시 초점을 맞출 것을 주장했다. 그 시점에 여러 상황에 있는 많은 수의 사람이 기독교 신앙을 갖는 일이 발생하였고 그것이 책으로 기록되었는데 그 예가 와스콤 피켓(Waskom Pickett)의 "인도의 집단 회심 운동"(Christian Mass Movements in India)(1933)이다.

선교 인류학자인 폴 히버트(Paul Hiebert)는 이 책을 평론하면서 다음과 같이 말했다. 다중적 개인 회심(Multi-Individual Conversions)을 형성케 한 이 하나님의 운동은 지속적으로 교회를 형성하고 지역사회의 변혁을 이루게 했다. "피켓(Pickett)은 사람의 삶이 변했을 뿐만 아니라 그들 삶의 많은 결정도 새로운 기독교 공동체에 의해 강화된다는 사실을 발견했다. 새롭게 믿은 신자는 그들이 속한 지역사회 공동체로부터 분리되지 않았고 오히려 공동체 전체가 변화되었다"(2008, 328).

소위 "교회 성장 운동"[4]의 아버지라 불리는 도널드 맥가브란(Donald McGavran)도 피켓(Pickett)의 영향을 많이 받았다(갤러거-Gallagher 2016, 66). 맥가브란(McGavran)은 현상학적 관찰을 기초로 하여(맥가브

---

4) 맥가브란의 교회성장의 원래 목적 즉 사례비를 받지 않고 지역사회 내에서 가정 교회를 통하여 교회성장운동을 지향한다는 원리는 후에 서구 교회에서 구도자의 필요에 민감하고 매력적인 교회를 통하여 교회확장을 이룬다는 목적으로 적용되었다. 자체 교회성장에만 관심을 갖는 이러한 사실들을 한탄하면서 맥가브란(McGavran)은 교회성장이라는 용어보다 교회증식이라는 용어를 더 선호하였다(피트-Fitts 1993, 12). 교회성장운동은 다양한 신학교와 학회의 중요한 주제가 되었다. 건설적인 비판뿐만 아니라 실용주의적 마케팅 프로그램일 뿐이다 종교적 소비주의를 확산한다 숫자와 형식에 너무 집착하고 있다 등등의 많은 비판을 받게 되었다.

란-McGavran 1955, 76), 피켓(Pickett)의 생각을 한 단계 더 발전시켜 "동일종족 집단회심운동"(히버트-Hibbert 2012, 190)이라는 이론을 제시하였다. 알렌 티펫(Alan Tippett)은 맥가브란(McGavran)이 "동일종족 집단회심운동(People Movement)"라는 용어를 만들었고 또한 종족 그룹들의 연계성이 집단회심운동을 주도할 수도 있고 아니면 제한할 수도 있음을 강조했다고 하였다(1987, 253). 맥가브란(McGavran)은 "하나님의 가교"(The Bridges of God)라는 책에서 "개인뿐 아니라 종족과 부족 그리고 카스트 계층 등의 사람이 어떻게 기독교인이 되는가?"라는 질문에 답하려고 했다(1955, 1). 그는 논란의 여지가 있는 "동질집단원리"(Homogeneous unity principle-HUP)라는 이론을 만들었는데 이것은 "사람은 인종과 언어 그리고 카스트 계층의 장벽을 넘지 않고 그리스도인이 되기를 원한다"는 것이다([1970] 1990, 163).

전략으로서 르네 파딜라(René Padilla)는 동질집단원리(HUP)를 다음과 같은 이유로 비판했는데 즉 카스트 계층 간의 조화와 화해의 사역을 심각하게 고려하고 있지 않고 또한 그러한 것에 대한 "성경적 근거가 없기 때문에" 예수와 사도의 모범에 따르지 않는다는 것이다(1982, 29). 그러나 파딜라(Padilla)와는 반대로 문제는 사람이 자신의 문화 속에서 하나님을 예배할 수 있어야 하고 외국적인 신앙의 다양한 표현을 강요받아서는 안 된다는 것이다. 복음에 대하여 현지인이 자신의 방법과 표현으로 반응한다면 서로 다른 다양한 문화를 표현하는 교회를 개척하게 될 것이고 이것은 세계 기독교의 성숙함을 위해 적합할 뿐만 아니라 필수적인 것이다.

즉 전 세계 교회의 다양한 특징은 성경적 신앙을 위협하지 않고 오히려 기독교의 연속성이라는 특징을 실현한다(플렛-Flett 2016, 19). 맥가브란(McGavran)의 동질집단원리에 대한 현상학적 관찰은 집단회심운동이 한 동질 민족-언어 단위에서 시작될 수 있지만 "거기서 멈추지 않는다"는 사실에 의해 더욱 균형을 이룬다(개리슨-Garrison 2004, 23). 앞서 언급한 바와 같이 하나님의 운동으로서의 기독교는 경계를 넘어 다양성을 통합하기 때문이다(행 11:20; 13:1; 갈 3:28).

최근 몇 년 동안 빌 스미스(Bill Smith)와 빅터 존(Victor John)(2019), 데이비드 왓슨(David Watson)(2014), 잉(Ying), 그레이스 카이(Grace Kai) 및 스티브 스미스(Steve Smith)(2011)와 같은 리더들은 이러한 하나님의 운동 전략을 바탕으로 엄청난 수의 교회를 개척하였고 또한 그 지역 사회를 변화시켰다.

오늘날 데이비드 개리슨(David Garrison)과 같은 연구자는 그의 저서인 "교회 개척 운동"(Church Planting Movements)(2004)과 "이슬람 세계에 부는 바람"(A Wind in the House of Islam)(2014)을 통해 남반구에서 일어나는 예수 운동을 기록하였다. 개리슨(Garrison)에 따르면 "교회 개척 운동이라는 용어를 누가 처음으로 만들었는지 기억하는 사람은 아무도 없지만 이는 도널드 맥가브란(Donald McGavran)의 획기적인 동일종족 집단회심운동의 원리를 수용하여 다양한 토착교회 증식을 강조한 일종의 변형으로 보인다(2011, 9)"고 하였다.

하지만 교회 개척 운동(CPM)은 동일종족 집단회심운동과는 다르다고 생각한다. 집단회심운동은 사회 정치적 상황과 긴밀하게 연결되어 그러한 하나님의 운동을 용이하게 하는 경향이 있다(몽고메리-Montgomery 2020 참조). 교회 개척 운동(CPM)은 "평신도가 주도하는 소그룹 제자화 운동"으로 더 잘 분류된다. 소그룹 자체는 증식하고(적어도 최대 4세대까지) 또한 그들이 속한 지역사회속에서 진행된다. 유리한 사회 정치적 요인이 있든 없든 교회 개척 운동(CPM)은 공동체적이고, 활발한 참여식 성경공부를 그들의 예배의식으로 삼아서 자연스럽게 재 생산적인 교회가 되게 하는 경향이 있다(파라- Farah 2020b, 3).

하나님의 운동(Motus Dei)의 특징

성경내의 자료와 교회사의 증언은 기독교가 본질적으로 하나의 운동(하나의 운동 그 이상이다)임을 드러낸다. 실제로 어느 시점에서 든 그들 사이에 하나님의 운동이 일어나지 않으면 어떤 종족이나 국가도 그리스도와 상관이 없다(루이스-Lewis 2020, 8). 복잡한 전도 전략 없이도 처음 3세기 동안 신실한 제자가 증식되었고 그들의 증식으로 인해 더 많은 교회가 개척되었다. 1800년에서 2000년 사이의 현대 선교 시대에 남반구에서 기독교가 폭발적으로 증가하고 20세기 말 서구에서 교회가 쇠퇴하였다. 바로 이 때에 하나님의 운동(Motus Dei)을 성경적 신앙으로 간주하면서 진행한 연구에 대한 관심이 크게 증가하였다.

하나님의 운동은 본질적으로 성경적이기 때문에 현대신학과 기독교 전통속에서 하나님의 운동을 방해할 수도 있는 요소들에 대하여 반드시 선교학적인 검토가 필요할 것이다. 하나님의 운동을 방해하는 비성경적인 교리나 전통을 배우지 않아야 하는가? 그 질문에 비추어 이 장에서 6개의 반복되는 선교학적인 주제는 다음과 같다. 이 주제는 오늘날 우리가 다시 배워야 할 제자도 운동의 역사를 요약하는 것이다.

1) 성령님을 통하여 예수님과 관계를 즉각적으로 맺을 수 있는 것, 이 부분 때문에 사역을 위해 "일반" 신자에게 권한을 위임한다.
2) 리더의 혁신을 위한 의지;
3) 선교 방법에 대한 성경적 원리에 대한 강조;
4) 소셜 네트워크 내에서의 다중적 개인 회심의 현상;
5) 제자를 삼는데 있어서 성경 공부의 중심성;
6) 외부의 통제와 의존으로부터 자율적인 지역 교회의 토착성
이제 우리는 이 문제를 교회론적 관점에서 더 깊이 살펴보겠다.

교회론적 관점(Ecclesiological Perspective)

교회론을 논할 때 신학자 하워드 스나이더(Howard Snyder)는 교회가 삼위일체의 신비와 예수님의 성육신 사명의 신비 그리고 하나님 주권의 신비에 참여하기 때문에 교회 자체는 총체적인 신비임을 상기시킨다. 그는 계속해서 이렇게 말한다. "역사속에서 교회의 여정 자체는 모호하지만 분명하게 드러나기 때문에 교회는 신비 자체이다. 그러므로 성경이 "교회"에 대한 깔끔한 정의를 제공하는 대신에 다양한 이미지를 제공한다는 사실은 놀랄 일이 아니다"(스나이더-Snyder 2010, 1).

폴 미네아(Paul Minear)의 옛 문서에 의하면 신약성경([1960] 2004)에서 발견된 96개의 교회와 관련된 이미지를 파악하고 설명했다. 미네아(Minear)의 이미지 중에서 가장 탁월한 4가지는 1) 하나님의 백성 2) 새

로운 피조물 3) 믿음안에서의 성도의 교제 4) 예수 그리스도의 몸이다. 이러한 각각의 이미지는 역사 전반에 걸쳐 서로 다른 시기와 장소에서 다시 나타났다. 비록 완벽한 교회는 없지만 온전한 교회론은 모든 성경적 주제를 교회의 "신비성" 안에 잘 통합시킨다(안토니오-Antonio 2020, 176).

깊은 신학적 정체성에 기반을 둔 교회론

이 본질적인 교회의 신비에는 성경적 교회론의 다양한 특징이 내재되어 있다. 선교 운동 이론가인 앨런 허쉬(Alan Hirsch)는 "교회론(특히 교회의 문화적인 형태와 관련된)은 성경의 핵심 교리 중에서 가장 유동적" 이라고 지적한다(2016, 143). 신약 초대교회에서 교회행정이 복음 전파와 교회 형성을 방해할 때마다 조직 변화가 일어났다. 따라서 "신약 초대교회 리더십의 다양성과 유연성 때문에 교회 행정과 리더들이 만들어 내는 결정들을 현명하지 못한 것으로 보이게 하는 것 같다"(피. 쇼-P. Shaw 2013, 138).

교회론을 가장 잘 이해할 수 있는 것은 기능적 교회를 정의하는 것이 아니라 교회가 새로운 시도와 자유로운 표현을 할 수 있도록 하게 하는 신학적 정체성을 견고하게 할 때이다(반 겔더-Van Gelder와 즈셰일-Zscheile 2011, 165). 예수님께서 세상에 보내심을 받은 것 같이 우리도 그러하다(요 20:21). 교회는 보내심을 받은 그리스도의 보내심을 받은 몸이기 때문에 교회론의 신학적 정체성은 본질적으로 선교적이다. 즉 세상에 보내심을 받은 것이다. "성령이 이끄는 이 교회라는 공동체는 새 하늘과 새 땅의 창조로 이어질 악의 최종 심판을 기다리는 동안에도 하나님의 임재의 모든 능력을 소유하고 있다"(반 겔더-Van Gelder 2000, 32).

기독교와 후기 기독교 그리고 비 기독교 상황에서의 수용적인 교회론

신학적 정체성에 기반을 둔 성경적 교회론의 유연성에도 불구하고 대부분의 교회론은 목회자 주도와 프로그램 지향 그리고 건축 중심 등등의 오랫동안 확립된 기독교 맥락속에서 교회에 대한 전반적인 모습을 약화시킨다. 여기서 우리에게 더 긴급한 질문은 비기독교적 상황이나 과거에 교회가 전혀 없었던 미전도 지역이나 전방개척과 같은 환경속에서 새롭게 출현하는 교회론에 대한 것이다. 이러한 격차를 해소하기 위한 가교역할을 "선교적 교회"(missional church) 문헌에서 하고 있는데 그들은 후기 기독교 상황에서의 교회론을 제시한다(예: 반겔더-Van Gelder 및 즈셰일-Zscheile 2011).

마이클 모이나(Michael Moynagh)에 따르면 후기 기독교 시대의 교회론은 이 시대의 신학 연구에 중요한 주제라고 한다. 그는 새로운 상황적 교회라는 용어를 사용하는데 이는 교회 밖에 있는 믿지 않는 사람들을 섬기는 교회의 출생과 성장에 대한 것이다. 그들은 그들의 문화속에서 살고 제자도를 가장 우선순위로 삼으며 그들이 섬기고 있는 사람들 사이에서 새로운 교회를 형성한다(2014, x). 모이나(Moynagh)는 "가정 교회와 선교: 초기 기독교에서 가정 교회의 중요성"(House Church and Mission: The Importance of Household Structures in Early Christianity)(게링-Gehring 2004)과 같은 책과의 대화를 통해 신약 초대교회가 어떻게 가정을 통해 네트워크를 형성하고 민족적 동질성과 다양성이 어우러진 "혼합 경제"를 발전시켰는지 그리고 신생 가정 교회가 어떻게 그들의 사회학적인 상황에 맞는 구조를 반영했는지를 보여준다.

에드 스미더(Ed Smither)도 마찬가지로 초대 교회 교회론의 이러한 특징을 다음과 같이 지적한다.

> 오이코스(가정을 뜻하는 그리스어) 구조는 고대 사회에서 소셜 네트워크를 위한 자연스러운 매체였고 예수와 바울도 의도적으로 가정에서 가정으로의 사역을 강조하였다. 그래서 4세기 초반 동안 가정 교회 모델은 선교전략의 중심이었다. 비록 우리가 그 당시 거대한 기독교 공동체였던 로마(Rome)와 카르타고(Carthage) 그리고 안디옥(Antioch)을 고려한다 해도 가정 교회 네트워크가 그곳에 있었다고 여겨야 한다(2014, 154).

비기독교 상황속에서 출현하는 신생 교회론을 다루는 한권의 책이 나왔는데, "교회를 찾다: 하나님 나라를 위한 새로운 전도법"(Seeking Church: Emerging Witnesses to the Kingdom)(듀크센-Duerksen과 다이르네스-Dyrness 2019)이다. 저자는 위기이론(emergence theory)을 사용하는데 이는 사회공동체가 구체적인 역사적, 문화적, 역동성과의 상호작용을 하고 또한 반응을 하는 시간과 함께 출현한다는 것이다(2019, 25).

많은 교회가 단순히 기존 교회가 사용하던 문화적 표현을 사용하면서 형성되는 반면에 교회는 특정 문화적 상황안에서 비기독교인 맥락안에서도 출현할 수 있다. 즉 교회의 구성원은 서로에게 연관될 뿐만 아니라 그들이 살고 있는 공간 안에서 하나님과도 연관된다. 하나님의 창조 질서 안에서 그들이 살고 있는 상황과 그들이 받은 은사로 만든 것(즉 그들의 문화)"과도 연관되는 것이다(2019, 154).[5]

따라서 초기 유대인 신자 교회가 유대인 회당(스카르사우네-Skarsaune 2008, 186)과 비슷한 장소를 사용하였던 것처럼 초기 이방인 교회도 로마의 가정 교회 오이코스의 형태를 수용하였다(예: 롬 16:5; 고전 16:9; 골 4:15; 몬 2장).[6] 문화적 상황에 따라서 오늘날 비기독교 상황에서 새롭게 출현하는 신생 교회는 이러한 모델을 채택할 것이다.

소형 교회를 증식시키고 교회를 정의하기

유동적인 가정 교회 또는 "소형 교회"[7](샌더스-Sanders 2019) 모델은 하나님의 운동적인 교회론을 발전시키기 위해 필수적인 요소이다. 단순한 교회를 지지하는 사람은 1세기 교회가 오늘날의 교회의 표본이기 때문에 "원시적인" 단순한 교회 구조가 하나님의 운동에서 가장 자주 발견된다고 믿는다(스나이더-Snyder

---

5) 그러나 이 논의에는 "형태와 의미"의 관계에 대한 저자의 인식론적 가정이 내재되어 있다. 저자는 다음과 같이 논지를 편다. 선교학이 추상적인 커뮤니케이션에 담겨있는 의미를 역동적 등가(dynamic equivalence)를 사용하여 표현하기 위해서 주로 언어학적 이론을 사용한다. 그런데 그렇게 사용된 기준은 특정 지역 상황속에 있는 현지인을 위한 대체적인 교회 형태를 만드는데는 실패하였다(2019, 21). 그렇게 함으로써 형태와 의미는 임의로 연관되거나 완전히 분리된다고 암시하는 것 같다. 그래서 교회가 취할 수 있는 사회 문화적인 형태를 상대화 시켜 버린다. 폴 히버트(Paul Hiebert)와 같은 다른 사람은 형태가 의미와 일치한다고 믿는다. 그 일치하는 정도는 경우에 따라 달라진다. 히버트(Hiebert)의 경우 형태-의미를 분리시키는 것은 서구 문화로부터 유입된 것이고 이분법적인 사고 방식으로부터 나온 것이다. 어떻게 형태-의미가 서로 작용하는 가를 이해하는 것은(파라-Farah 2020a) 비기독교 상황속에서의 교회론에 큰 역할을 한다.

6) 이 교회론 발전의 실제 역사는 이 두 가지 형태보다 더 복잡하지만 말하고자 하는 논지는 여전히 유효하게 존재한다.

7) 작지만 재생산하는 교회가 반드시 가정에서 만날 필요가 없기 때문에 "소형교회"라는 용어가 가정 교회라는 용어보다 더 정확할 것이다.

2010, 10). 비슷하게 마이클 쿠퍼(Michael Cooper)는 "신약성경은 교회의 토착적인 본질을 보여주며 의심할 여지없이 이것은 로마 제국 전역에서 가정 교회의 운동의 급속한 확장에 기여했다"(2020, 184-85)고 결론 짓는다.

앨런 허쉬(Alan Hirsch)는 그리스도의 몸이 (교회의 본질은 선교적이다) 내부에 구축된 하나님의 운동의 보이지 않는 잠재력을 가지고 있지만 종종 교회의 신학과 가치 및 구조는 그 잠재력을 억제하거나 억압한 다고 제안한다. 허쉬(Hirsch)에 따르면 하나님의 운동을 유지하기 위해 신약성경 교회론에서 사도가 탁월 하게 보여준 방법은 다음과 같다.

1) 인격자이신 예수 그리스도에 대한 절대적 중심성;

2) 제자 만들기에 우선 순위;

3) 세계를 향한 선교적 성육신적인 자세;

4) 하나님의 운동을 시작할 수 있는 리더십(사도, 예언자, 전도자)과 하나님의 운동을 유지하기(목자, 선 생);

5) 계층적 조직 대신 유기적인 시스템;

6) 위기 상황을 맞이하고 그것을 극복할 수 있는 외부 지향적이고 포괄적인 공동체(2016, 78ff).

이런 종류의 "하나님의 운동으로서의 교회" 교회론은 기독교 국가의 교회론을 암시하는 상업적이고 복 잡한 교회론과 대조된다(우드워드-Woodward 와 화이트-White Jr. 2016, 24). 초대 교회의 생명력을 회복하기 위 해서는 신약성경과 성령의 생명이 넘치는 역할이 가장 중요한 원천이 되어야 하는데 또한 제도적인 교회 론의 모델과 교회 개척 운동(CPMs)의 교회론을 비교할 때에도 그러하다. 기존 대형 교회와 교단은 하나 님의 운동을 촉진하는 데 도움이 될 수 있다(샬롬-Shalom2019;라센-Larsen 2019). 또한 "대형 교회 기독교 재 고"(Megachurch Christianity Reconsidered)(기타우-Gitau 2018)와 같은 선교학적 연구지에서는 어떻게 남반구의 대형 교회가 단순히 서구 교회로부터 수입하지 않고 변동성이 심한 도시 환경속에서 사람들에게 안정성 을 제공하였는지를 보여준다.

이 같은 교회의 중요한 형태가 또한 다양한 도심에서 증가하고 있다. 그러나 요점은 교회 개척운동 (CPMs)에서의 하나님의 운동적 교회론은 큰 기관에서가 아니라 더 작고 유연한 구조에서 더 잘 묘사된다 는 것이다. 크고 안정적인 기관은 하나님의 운동을 진행하면서 때때로 더 작고 더 취약한 교회를 지원하 기 위해 필요할 수 있다(트루스데일-Trousdale 2012, 116; 트루스데일 -Trusdale 과 선샤인-Sunshine 2018, 1298).[8]

앞서 논의한 바와 같이 신약성경은 유연한 교회론을 제시하고 제공하지만 교회형태에 대한 정교한 정 의를 주지는 않는다(반 엔겐-Van Engen 2000, 193). 그러나 사도행전 2장 42절-47절에서 보여 주듯이 교회 에 대한 성경적 기준이 있어야 하는데 그렇지 않으면 "교회"라는 개념 자체가 실질적으로 무의미해진 다. 이 문제를 완화하기 위해 제이디 페인(J. D. Payne)은 교회를 정의하기 위해 "축소할 수 없는 교회론 의 최소치"(irreducible ecclesiological minimum)의 필요성을 논의한다. 축소할 수 없는 교회론의 최소치를 주

---

8) 제도화와 분권화와 관련하여 논의해야 할 다른 중요한 교회론적 문제가 있지만 이곳에서는 다루지 않는다.

장하는 자들의 교회론의 정의 또한 도움이 된다. 왜냐하면 어떤 성경 외의 요구사항을 추가하는 것은 아마도 토착 교회의 증식을 방해할 것이기 때문이다(2009,32). 다시 말해서 대체 성경적 교회론(Sub-biblical ecclesiology) 과 성경 외 교회론(extra-biblical ecclesiology) 모두 하나님의 운동을 지속하게 할 수 없다.

선교학자 엘디 워터맨(L.D. Waterman)은 교회를 다음과 같이 정의한다.

"교회(에클레시아)로서의 정체성을 가진 예수님의 추종자가 지속적인 기반속에서 정기적으로 함께 모이며 예수 그리스도의 머리되심의 권위하에 공인된 리더십과 함께 하나님을 경배하고 서로가 그의 모든 명령에 순종하도록 서로 서로를 격려하는 중요한 집단이다(세례(침례)와 성만찬을 포함하지만 이것 때문에 제한되지 않음)"(2011, 467).

축소할 수 없는 교회론의 최소치를 주장하는 자(Minimalist)의 교회론은 교회론 자체의 신학적 정체성 보다는 교회의 기능에 초점을 맞추는 경향이 있다는 점에 주목할 필요가 있다. 어떤 시대 어떤 환경에서도 축소할 수 없는 교회론의 최소치는 다음과 같다.

그리스도 안에 있는 한 무리의 신자가 "교회"로서 자기 정체성을 확인하기 시작하고 성경을 배우고 순종하며 세례와 성찬을 지키고 영적 지도자를 인정하며 그리스도를 따르는 다른 사람들과의 영적인 통합을 실현하는 것이다. 그러나 중요한 것은 결국에는 성경적인 교회가 되어가는 제자의 모임이 하루 아침에 되는 것이 아니라는 것이다. 성숙한 교회론을 위해서 성숙한 제자가 필요하다. 특히 하나님의 운동에서 초창기 교회 개척의 형태가 완숙한 교회로 성장하는데는 시간이 필요하다.

전방 개척 지역에서의 하나님의 운동적 교회론(movemental ecclesiology)을 지향하며

요약하면 대부분의 교회론은 교회를 기독교 또는 후기 기독교 맥락에서 설명한다. 심지어 오늘날에도 특히 아프리카(라워리-Lowery 2018)와 아시아에 대한 교회론은 "적절하게 표현"되지 않았다(마-Ma 2018, 53). 선교학에서 더 많은 연구 발전이 필요한 분야는 비기독교적 맥락에서의 교회론 특히 하나님의 운동의 현장속에서 발견되는 교회의 교회론이다(이 책의 라센-Larsen의 글 8장 참조). 이 하나님의 운동적 교회론의 핵심 요소 중 하나는 비기독교 맥락에서도 나타났으며 재생산이 가능한 것으로 입증된 신생 신약교회 형태의 교회에 대하여 우선 순위를 두는 것이다.

우리는 신약 초대교회를 다음과 같이 관찰했다.

1) 주로 유연하고 토착적인 소형 교회 또는 가정 교회 네트워크로 구성되었다.

2) 문화적 및 사회적 환경의 구조를 반영한다;

3) 오늘날 일부 교회처럼 목사에 의해 주도되는 것이 아니라 그 당시에는 사도와 예언자와 전도자 그리고 목사와 교사(엡 4:11)를 통하여 주도되었다.

4) 신학적으로는 성령에 의해 창조된 예수 제자의 선교적 공동체로서 정체성을 갖는다.

이런 종류의 성경적 교회가 큰 기관보다는 오늘날 가장 쉽게 재생산이 가능하고 또한 제자화를 통한 교회개척 운동에 가장 널리 퍼져 있는 교회의 형태라는 것을 발견하는 것은 놀라운 일이 아니다. 비록 전통적인 교회가 그들의 권위 아래 있다고 여겨지는 작은 교회를 관리하고 통제하려고 할 수도 있으나 큰 기관이 주는 지원과 리더십은 작은 교회에게 건강한 안정성을 제공할 수가 있으며 이것은 교회 개척 운동에 유익이 될 것이다.

사회학적 관점(Sociological Perspective)

하나님의 운동은 사람이 모인 집단에서 일어나기 때문에 그것들은 또한 사회학적인 렌즈를 통해 볼 수 있다. 사실 사회학은 개인이 어떻게 집단이 되는지를 묘사한다. 적절한 성경적 분별력을 갖춘다면 사회과학은 성경과 오늘날 우리 세상에서 하나님이 자신의 목적을 성취하기 위해 사용하는 몇 가지 수단을 설명하는데 도움이 된다. 하나님은 그리스도에 대한 믿음을 전달하실 때 사회적 조건을 통해 일하시고 이러한 조건은 사회학적으로 연구될 수 있다(몽고메리-Montgomery 2012, xvi). 이 장에서는 소셜 네트워크를 통하여 신앙이 전파되는 하나님의 운동의 역동성을 검증하기 위해서 간략한 사회학 이론을 소개한다.

회심과 소셜 네트워크 그리고 "평화의 사람"

회심에 대한 대부분의 선교학적 연구가 개인의 미시적 수준에 초점을 맞추고 있다(파라-Farah 2013, 17). 그러나 집단 또는 사회적 수준에 대한 연구는 사회속에서 일어나는 현상을 이해하도록 돕는 통찰력을 준다(양-Yang과 아벨-Abel 2014, 150). 수많은 사회학적 연구는 소셜 네트워크가 종교공동체의 삶에 상당한 영향력을 행사한다는 것을 보여준다(에버튼-Everton 2015).

예를 들어 소셜 네크워크는 종종 교리를 전달하는 것을 통한 것보다 더 많은 개인을 신앙공동체로 이끄는 역할을 한다(스타크-Stark 와 배인브리지-Bainbridge 1980). 소셜 네트워크는 신앙을 더 넓은 세계로 전파하는 중요한 매개체의 역할도 한다(칼라-Collar 2013). 선교학 연구에 따르면 자연스러운 소셜 네트워크를 통해 복음을 전파하는 것이 더 많은 교회를 개척하는 것과 상관 관계가 있는 것으로 나타났다(그레이-Gray 와 그레이-Gray 2010, 94). 개인이 예수님을 따를 수 있는 개인적 선택권을 가지고 있다는 점을 감안할 때 소셜 네트워크는 종종 그들이 깨닫지 못하는 방식으로 강력한 영향을 미친다.

하나님의 운동 선교학의 중요한 측면 중 하나는 "평화의 사람(person of peace)"이라는 개념이다. "평화의 사람"(마 10:11; 눅 10:5-6) 교회 개척 운동(CPM)/교회개척을 위한 제자화 운동(DMM)문헌에서 이 평화의 사람은 커뮤니티 또는 소셜 네트워크로 들어 가게 하는 다리 또는 통로의 역할을 한다. 제리 트루스데일(Jerry Trousdale)은 "평화의 사람은 그들의 가족과 친구 그리고 직장에 복음을 전하게 하기 위해 하나님이 미리 정해 놓은 대리인이라고"(2012, 90) 기록한다. 그러나 평화의 사람이라는 아이디어는 성경에서 서술적인지 규정적인지에 대해서 논란의 여지가 있다. 평화의 사람을 정확히 어떤 사람들로 구성되는지에 대한 이해가 모호하기 때문에 교회 개척을 위한 단순한 전략으로 이어질 수 있다고 우려하는 사람도 있다(마태-Matthews 2019). 그럼에도 불구하고 평화의 사람에 대한 원리는 하나님의 운동에서 현상적으로 잘 묘사되어 있다(개리슨-Garrison 2004, 45, 213).

이 평화의 사람 원리는 사회적 기업가 또는 중개인이 구조적 구멍을 매우는 다리 역할을 한다고 하는 소셜 네트워크 이론의 핵심 측면과 일치하는 것으로 보인다.(버트-Burt 1992). 이러한 중개인이 소셜 네트워크 사이에 있는 틈새로 들어갈 때 그들은 "변화와 운동"을 창출한다(카두신-Kadushin 2012, 66). 이 "다리를 놓는 사람" 또는 "평화의 사람"은 사람들을 서로 연결하여 새로운 아이디어가 새로운 네트워크로 확산될 수 있도록 촉진한다. 성경적 원리일 수도 있고 아닐 수도 있지만 역동적인 하나님의 운동 가운데서 관찰되어지는 현상이다. 이런 종류의 사람을 찾는 것은 잘못된 것이 아니다.

사회학자 로드니 스타크(Rodney Stark)는 다음과 같이 요약한다. "성공적인 하나님의 운동은 개방된 네트워크 안에 남아 있게 할 뿐만 아니라 주변의 새로운 소셜 네크워크에 접근할 수 있게 하는 기술을 찾게 한다. 여기에는 장기간에 걸쳐 기하급수적인 성장률을 유지할 수 있는 하나님의 운동의 힘이 있다"(1996a, 20).

적절한 상황 설정과 사회 구조

기독교인은 열매 맺는 사역의 궁극적인 원천은 성령이라고 믿는다. 그러나 돛단배가 항해를 하기 위해 적절하게 준비되어야 하는 것처럼 우리는 다음과 같은 질문을 할 수 있다. 나의 사역은 하나님이 바람을 부는 방향에 제대로 정박해 있는가? 그래서 출항과 동시에 하나님의 운동을 향해 항해하고 있는가(스미스-Smith 2013, 29)? 그리고 성령이 역사하시고 나의 사역이 바른 곳에 "위치"해 있다면 정말 어떤 상황에서도 하나님의 운동이 일어날 수 있는가를 질문할 수도 있다. 분명한 것은 선교지에 있는 많은 사람들이 여전히 기독교 사역에 대하여 반감을 갖고 대적한다는 것이다(우드베리-Woodberry 1998).

이런 종류의 질문에 답하기 위해 사회과학자는 종종 "적절한 상황 설정"을 요구하는 사회 운동에 대하여 말한다(콘리-Conley 2011, 606). 즉 적절한 혁신과 함께 적절한 리더가 적시에 적절한 장소에 있을 때 운동이 촉진된다는 것이다. 성공적인 운동은 종종 예측할 수 없는 복잡한 상황속에서 확산되는 경우가 많다. 기하급수적으로 성장하고 도약하는 하나님의 운동의 변곡점(tipping points)은 예측이 거의 불가능하고 시간이 흐른 뒤에야 잘 발견된다(카두신-Kadushin 2012, 210).

예를 들어 오늘날 기록되어 있는 대부분의 하나님의 운동은 남반구 내의 시골 지역이거나 도시화가 되어가는 지역들에서 발견되고 대부분 소형 교회다. 다시 말하자면 하나님의 운동이 일어나는 대부분의 상황은 농촌 지역이다(히버트-Hiebert 2008, 123). 그곳에서의 대가족은 서로 관여하지 않고 다양한 부류에 소속되는 문제라든지 사회속에서의 정체성 문제와 같은 일에 신경을 쓰지 않는다. 교회 개척 운동(CPMs)은 또한 소박한 교회로 구성될 가능성이 가장 높으며 때때로 더 큰 기관에 의해 지원을 받지만 통제되지는 않는다. 따라서 하나님의 운동은 1) 위계적 또는 제도적 교회론 그리고 2) 도시 및 복잡한 후기 산업화 사회 같은 한가지나 두가지 한계에 의해 제약을 받는 것 같다. 그러나 아시아에서 벌어진 몇개의 하나님의 운동은 도시에서 발판을 마련했다(예: 카이-Kai와 카이-Kai 2018, 킨들-Kindle 151, 존-John과 콜스-Coles 2019, 8장).

그러나 아시아의 운동은 도시 전체가 아니라 도시 내의 소수 민족 또는 그들이 사는 구역내에서 이루어지는 경향이 있다. 사실 농촌 지역에서 시작된 여러 하나님의 운동은 그 사람들이 도시로 이주했던 것처럼 결국 점차적으로 도시내의 소수 민족이 사는 구역내로 이동했다. 이는 하나님의 운동이 일어날 가능성이 가장 높은 지역에 대한 추가적인 질문이 제기된다. 점점 더 개인주의가 심화되는 후기 기독교 사회 그래서 가족공동체가 붕괴되어 가는 서구에서는 이러한 하나님의 운동이 제약을 받고 있을까? 서구 세계는 기독교 국가가 드러낸 어두운 그림자로부터 벗어나 이 새롭게 진행되는 하나님의 운동에 들어갈 예방 접종이 되었는가? 합리주의적인 계몽주의 세계관으로 가득 차 있는 서구 세계가 초자연적인 것이 핵심적인 역할을 하는 이 하나님의 운동의 가능성을 억압하고 있는가?(트루스데일-Trousdale 과 선샤인-Sunshine 2018, 226) 세속화된 개인주의와 코로나 19 팬데믹과 같이 생명보호를 위해 진행된 사회적 거리 두기가 이루어진 시기에 민간 미디어는 어떤 역할을 할 수 있을까?

실제로 이러한 형태의 구조적이고 상황적이며 사회학적인 문제에 대한 선교학적인 연구는 많이 이루어지지 않았으나 이것으로부터 배울 점이 많이 있다. 하지만 하나님의 운동에 있어서 중요한 것은 문맥과 상황이 모두 중요하다는 것이다. 마지막으로 예측할 수 없는 성령의 역사하심이 궁극적인 결정 요인이다 (요 3:8).

DISCOVERY 성경공부와 예식 그리고 에너지

분명히 하나님의 운동에는 그것에 참여하고 그 운동을 더욱 발전시키는 사람으로부터 나오는 많은 에너지가 필요하다. 긍정적이고 정서적인 에너지의 관점에서 보면 하나님의 운동은 에너지를 만들어 내기도 하고 참가자의 에너지를 필요로 한다. 이를 달성하기 위해서 많은 제자훈련 운동에서 사용되는 도구 중 하나가 바로 DISCOVERY 성경공부(DBS)이다. 사회학적인 관점에서 볼 때 DISCOVERY 성경공부(DBS)는 제자훈련 그룹과 하나님의 운동에 에너지를 생성하고 유지하는 전례 예식으로 생각할 수 있다. DISCOVERY 성경공부(DBS)와 풍부한 기도는 교회개척을 위한 제자화 운동(DMM)과 교회 개척 운동(CPM) 전략에서 그룹 멤버십 됨의 상징으로서 행해진다.

예식으로서 DISCOVERY 성경공부(DBS)와 공동체의 기도는 귀납적 학습과 적극적인 참여를 강조하기 때문에 매우 상호작용적이다. 정기적으로 수행되는 DISCOVERY 성경공부(DBS)는 참여자들의 정서적 만족감을 주면서 서로를 묶어주며 성장하게 하는 "상호 작용 예식 사슬(Interaction ritual chain)"이 된다(콜린-Collins 2014, 158). 이것은 단순히 참석자들이 DISCOVERY 성경공부(DBS) 예식을 반복하면서 열정을 갖게 되는 것이 아니라 제자들이 지역 커뮤니티에서 활발하게 사역하고 또한 신약의 예수님을 따르는 패턴을 실천할 때 성령님이 생기를 불어넣어 주신다.

하나님의 운동의 역동성 안에서 지역사회에서 기대하는 바는 지도자를 포함하여 모든 사람이 그 사역에 책임을 져야 한다는 것이다. 비기독교 전통안에서는 기독교 예식이 없기 때문에 DISCOVERY 성경공부(DBS)와 공동체안에서 거룩하게 표현되는 기도와 금식 그리고 현지화 된 예배음악이 그러한 비기독교적 상황속에서 살아가는 새 신자들에게 긍정적인 경험을 만들어 준다.

성령은 살아있고 활발하게 역사하는 하나님의 말씀(히 4:12)을 중심으로 서로 상호 관계하는 그룹들을 통하여 참신하고 흥미로운 에너지를 만들어 준다. 초대교회의 모임도 참여도가 상당히 높았던 것처럼(고전 14:26-33) 다른 형태의 제자화 운동도 성령과 성경(DISCOVERY 성경공부를 통하지 않고라도)과 상호 관계하면서 지역사회 안에서의 하나님의 운동을 촉진하였다. 원리는 다음과 같이 보인다. 진정한 제자화 운동은 복음에 대한 깊은 체험적인 영성을 포함하며 마찬가지로 복음에 대한 깊은 영성은 제자화 운동으로 이어질 수 있다.

순종에 기초한 제자도와 "엄격함"

하나님의 운동이 성공적으로 성장하는 이유는 참가자로부터 나온 열정이 실제화 되기 때문이다. 특별히 제자화 운동의 경우 교회개척을 위한 제자화 운동(DMM)/훈련자를 위한 훈련 (T4T)의 전략은 지식에 기반을 둔 제자훈련보다는 순종에 기반한 제자훈련을 우선시한다(스미스-Smith 2011, 71; 왓슨-Watson 과 왓슨-Watson 2014, 39). 순종에 기반한 제자훈련은 제자화에 대한 서구 교육 형태에 내재되어 있는 개인주의와 합리주의를 대항하기 위해 시작된 것으로 보인다(프라트- Pratt 2015, 5).

순종에 기반을 둔 제자훈련을 지지하는 사람은 전도와 경건한 행동과 같은 성경적 명령에 대한 책임감을 갖으며 이 책임감은 단순히 정보 전달에 중점을 둔 인지적 제자훈련보다 더 성경적이라고 한다. 이러한 책임감은 예수님을 따르는 것이 심각한 삶의 변화와 관련된 문제라고 하는 분위기를 만든다. 저자 왓슨은(The Watsons) 현대 교회가 기독교인의 삶을 교인에게 너무나 쉬운 것으로 만들었다고 지적한다(2014, 39). 마이크 브린(Mike Breen)에 의하면 예수님은 그 제자에게 가장 고귀하고 높은 소명과 헌신을 요구하셨는데 이것은 선교적 운동에 필수적인 요소이다. 이는 훈련받은 기독교인이 신앙의 수동적 소비자가 아니라 적극적인 생산자가 되어야 하기 때문이다(2017, 킨들-Kindle 260ff).

흥미롭게도 잘 알려진 사회학적 역설에 따르면 "구성원에게 많은 것을 요구하는 종교는 종종 가장 빨리 성장하지만 종교가 커지고 성공하면서 덜 엄격해지는 경향이 있다"(콘리-Conley 2011, 583). 사람이 생각할 때 많은 헌신을 요구하는 공동체에 가입하는 것이 합리적으로 보이지 않을 것이다. 그러나 "엄격한" 교회는 구성원에게 상호 이익을 제공하는 높은 수준의 헌신을 이루어 내기 때문에 강력한 교회가 된다(이안나콘-Iannacone 1994). 엄격함은 또한 공동체에 거의 기여하지 않는 "무임 승차자"의 수를 줄이는데 이들은 공동체의 평균적인 참여도와 열정 에너지 수준을 줄이는 자이다(에버튼-Everton 2018, 19). 하나님의 운동이 성장하면서 생기는 도전은 책임감과 지식 그리고 신실함에 대하여 적절한 균형을 유지하는 것이다.

정체성과 내부자화(Identity and Insiderness)

앤드류 월스(Andrew Walls)가 한 유명한 말이 있다. 역사속에서 예수님의 제자들은 그들이 속해 있는 사회적 상황이 마치 집에 있는 것 같은 편안함을 주는 토착화를 이루지만 역설적으로 동시에 그들은 늘 순레자로서 살았다(1996). 이것은 성경적인 역설을 반영하는 것인데 세상에 있지만 동시에 세상에 속하지 않은 것이다(요 17: 15-18). 다시 말해서 자신이 속한 사회적 상황속에서 지나치게 이국적이지 않지만 독특한 특성을 갖는 "중간 상태의 긴장"이 있어야 한다(스타크 -Stark 1996b, 137). 이 긴장은 특정한 사회적 상황속에서 성장을 이루는 하나님의 운동의 방식과 연관이 된다. 새로운 신자는 어떤 모습으로 든 자신이 속한 사회적 상황속에 내부자(세상 안에서)로 있지만 어떤 면에서는 외부자로 살아가는(세상에 속하지 않은) 그 양자 사이의 균형을 찾아야 한다.

사회학자 로버트 몽고메리(Robert Montgomery)는 종교의 신앙 내용을 최소화하지 않으면서도, "사람은 새로운 종교가 자신들이 중요하게 가치를 두는 사회적 정체성의 한 측면을 강화시킬지 아니면 훼손할지에 대하여 살펴보면서 새로운 종교를 수용하든지 아니면 거부하게 된다"라고 했다(2012, 268). 이러한 거시적 차원의 분석을 살펴보면 복음에 강력하게 저항하는 지역적 상황에서는 성경적 신앙이 부정적으로 인식되는 곳일 가능성이 높고 반면에 중요한 하나님의 운동을 목격한 지역에서는 그리스도에 대한 신앙의 새로움을 긍정적으로 인식하는 곳일 가능성이 높다.

하지만 이것은 단순히 이분법적인 문제가 아니다. 리더십과 상황화는 이러한 대화에 있어서 불가피하게 보인다. 하나님의 운동을 이해하는 한가지 방법은 복잡한 내부자화(Insiderness)의 모델이다. 이는 미전도 지역이라는 상황속에서 그들이 과거에 가졌었던 신앙 전통과 관계맺는 방식의 다양성을 보여준다(표 1.1).

"모든 모델은 틀렸지만 일부는 유용하다"라는 격언이 있다. 이를 염두에 두고 표 1의 열은 종교적 맥락의 다양한 측면을 나타낸다. 예를 들어 추방자와 문화적 내부자는 그들의 맥락에서 내부자가 아니지만 하나님의 운동이 일어나기 위해 필요한 모든 관계를 충분히 유지한다. 마찬가지로 혼합주의 내부자는 신학적으로 그들의 사회적 맥락에서 벗어나지 않지만 성경적으로 정통 하나님의 운동을 이루기에 충분한 자격을 갖는다.

	내부자화의 다섯표현	문화적	사회적	공동체적	예식적	신학적
	0. 추방자 (또는 난민)	o	o	o	o	o
	1. 문화적 내부자	i	o	o	o	o
하나님의 운동	2. 사회문화적 내부자	i	i	o	o/?	o
	3. 이중소속 내부자	i	i	i	?/o	o
	4. 재해석 내부자	i	i	i	i	o
	5. 혼합적 내부자	i	i	i/?	?	i

i = 내부자 o = 외부자;? = 간간이 예외적 또는 모호함

도표 1.1 내부자화의 복잡성 (파라-Farah 2015)

하나님의 운동은 표 1.1에서 표시된 세가지 종류의 내부자화에서 찾을 수 있다. 사회문화적 내부자와 이중 소속적 내부자 그리고 재해석 내부자라는 것이다(현실은 이 모델에서 제시하는 것보다 더 복잡하다). 지면 관계상 여기서는 더 자세하게 다루지는 않지만[9] 이러한 운동은 그들의 사회적 상황과 다양한 방법으로 연결되어 있고 내부자화는 단일한 현상이 아니다. 하나님의 운동은 또한 본질적으로 변화하는 것이고 시간이 지나면서 사회적 상황과 관련한 역동적인 관계이다.

내부자 운동과 교회 개척 운동(CPM)을 구별하는 것도 특히 중요한데 그들은 동일하지 않다. 그러나 정체성과 내부자화의 주제는 수백개의 하나님의 운동을 발생하게 할 수도 있고 방해할 수도 있는 중요한 주제이다. 하나님의 운동은 다양하고 다각적인 방식으로 그들 종족 집단이나 상황에서 내부적으로 발생하며 단순히 외부에서 수입된 이국적인 것으로 인식되지 않는다. 이 장에서는 다섯가지의 하나님의 운동의 특징을 사회학적인 관점에서 살펴보았다. 그리고 오늘날 하나님의 운동에서 발견되는 요소가 어떻게 그리고 왜 기하급수적인 성장을 이루게 하는데 기여하는지를 살펴보았다. 이제 이 장의 남은 부분에서는 선교실천적 측면에서 하나님의 운동에 대한 전반적인 개요를 제시하겠다.

실제적 관점(Practical Perspective)

리더십에 대한 실제적인 격언 중에 "약점은 남용된 강점이다"라는 말이 있다. 많은 하나님의 운동의 선교학적인 적용은 성경적이고 또한 영감을 준다. 그러나 전략을 실행할 때 하나님의 운동 실행자들과 하나님의 운동의 이론 자체가 강점을 지나치게 강조하면서 불균형을 이룰 수 있다. 경험이 적은 사역자가 하나님의 운동을 잘못 적용할 때도 이런 일이 발생한다. 이 마지막 장에서는 멘토링이 부족하거나 그들에 대한 이해가 충분하지 못한 서구의 신임 선교사가 종종 저지르는 몇 가지 하나님의 운동의 선교학적인 남용 사례들을 제시하겠다.

행동주의와 인내

데이비드 베빙턴(David Bebbington)에 의하면 복음주의의 네가지 특징(즉 성경중심주의, 십자가 중심주의, 회심주의, 행동주의)중에 하나인 행동주의는 "의무적으로 반드시 일어나서 행동해야" 하는 것이다(1989, 12). 하나님의 운동은 행동주의라 묘사될 정도로 수많은 활동이 홍수와 같이 많다. 하나님의 운동을 주도하는 리더의 끈기와 근성은 존경받아야 한다. 정치적인 혼란이나 자연 재해가 발생했을 때 선교 실행자는 그 고통으로부터 도망가지 않고 오히려 그 고통의 현장으로 뛰어 들어가는 모습을 자주 볼 수 있다. 하나님의 운동을 진행하는 리더에게 리더십 코칭을 할 때 선교 실행자가 하나님의 운동의 어떤 단계에서는 무엇을 하여야 하는가에 대한 진단도 진행된다. 분명한 것은 행동주의는 결점이 아니라 그리스도를 따르는 제자의 핵심 역량중의 하나이다(딤후 4:5).

그러나 성숙한 하나님의 운동 실행자는 대책이 있는 실천과 가치에 의해 행동주의가 균형을 이루지 못

---

9) 이곳에 전체 소논문의 내용이 있다. https://www.ijfm.org/PDFs_IJFM/32_2_PDFs/IJFM_32_2- Farah.pdf.

하면 잘못될 수 있다는 것을 알고 있다. 그 중의 한 활동이 신학적 성찰이다. 우리는 다음과 같이 늘 질문을 던져야 한다. 지금 일어나고 있는 일의 배후에 어떤 일이 진행되고 있는가? 지금 내가 하고 있는 사역에 대하여 성경은 무엇이라 말하는가? 이런 종류의 멈춤과 성찰은 우리로 하여금 경건한 인내심을 이루고 성령을 의존하도록 한다.

하나님의 운동을 촉진하려고 하는 미성숙한 서양 선교사에게 행동주의는 사역에 있어서 일중심이 되게 하고 평화의 사람이 아닐 지라도 또는 그 사회에 큰 영향력을 미치지 않을 지라도 소중한 현지인들을 상처를 입혀 떠나게 할 수 있다. 모든 하나님의 운동의 원 시작자이신 예수님은 모두를 보고 계셨고 사회에서 소외된 사람은 그의 특별한 관심 대상이었다. 하나님의 운동은 사회적으로 억압받는 사람을 위해 놀라운 사역을 한다. 마지막으로 행동주의는 건강하지 않은 실용주의로 이어질 수 있다. 물론 어떤 실용주의에는 성경적인 근거가 있기도 하다(고전 9:19). 경험이 많은 하나님의 운동 촉진자는 관계보다는 사역중심 그리고 신학 보다는 실용주의를 우선시하는 행동주의가 하나님의 운동이 우리의 것이 아니라 하나님의 것이라는 인내심 있는 신뢰와 반추적인 깨달음으로 교정될 수 있다는 것을 알고 있다(시 46:10).

순종과 은혜로 충만한 전인적인 영성 형성

성경적으로 말하자면 제자화는 전 인격에 영향을 미치는 과정이다. 이러한 전인적 과정을 볼 수 있는 한 가지 방법은 인간의 행동과 인지 그리고 정서적 차원의 변화를 살펴보는 것이다(히버트- Hiebert 2006, 29). 그리스도를 따르는 것은 이 세 가지 영역 즉 신앙과 행동 그리고 감정의 세 가지 영역에서 구속적이고 총체적인 변화를 수반해야 한다. 앞서 언급한 바와 같이 순종에 기반한 제자도는 행동적 차원에 초점을 맞추고 있다. 정통신앙(바른 신앙)도 분명 중요하지만 순종은 제자를 만드는 데 있어 정통실천(바른 행동)의 중요성을 상기시키는 데 도움이 된다.(믿음과 행동 외에도 성경은 통합적인 영성 형성을 위한 정통감정(바른 감정)의 필요성도 언급하고 있다[케이 쇼-K. Shaw 2013]).

실제적인 하나님의 운동에 익숙하지 않은 사람은 다음과 같은 추측을 한다. 즉 순종을 강조하는 것이 위험한 것은 그것 때문에 새신자가 그리스도의 복음에 표현된 하나님의 측량할 수 없는 은혜를 이해하지 못할 것이라는 것이다. 정통 신앙과 정통 감정 그리고 정통 실천들이 사역 실제에 통합되어 있기 때문에 새신자가 율법주의에 갇힐 위험은 최소화된다. 물론 이것은 어디에서 든 사실이다. 건강한 하나님의 운동에서 볼 수 있듯이 순종은 복음이 모든 제자훈련과 선교의 기초가 되는 은혜와 총체성의 환경에서 작동한다.

형태와 상황화

많은 하나님의 운동 전략이 제자 만드는 사역에 있어서 선교 실행자가 따를 수 있는 분명한 단계별 이행안을 제공한다. 교회개척을 위한 제자화 운동(DMM)과 훈련자를 위한 훈련(T4T), 선교사의 네가지 삶의 주기 훈련(Four Field), 그리고 이들과 비슷한 다른 방법이 목표와 실천강령에 대한 간단한 "큰 그림"을 제공하였는데 이것은 선교 실행자가 실제 적용하는데 큰 도움이 되었다. 그러나 이러한 전략은 틀에 박힌 공식으로 오해될 수 있다. 예를 들어 왓슨(Watsons)에 따르면 "그룹이 한 세대를 지나 다음 세대에 동일한 것을 복제하는데 필요한 최소 DNA가 있다"(2014, 145). 신임 선교사는 교회개척을 위한 제자화 운동(DMM)을 단순히 하나님의 운동을 발전시키기 위해 반드시 따라야 하는 단순한 DNA 공식으로 잘못 적용할 수 있다.

마찬가지로 훈련자를 위한 훈련(T4T)도 때때로 "지나치게 경직된 방법론"으로 또는 사회적 상황을 신중하게 고려하지 않는 것으로 오해될 수 있는 "유연하지 않은 전도 방식"으로 비판을 받는다(테리-Terry 2017, 352). 그러나 DISCOVERY 성경공부(DBS)와 같은 전략의 요소는 하나님의 운동이 상황에 적합하도록 도와주고(파라-Farah 2020b, 5-6) 성숙한 선교 실행자가 사회적 상황의 중요성을 이해하는 데 도움을 준다. 어느 하나님의 운동도 다른 하나님의 운동과 동일하지 않다. 하나님의 운동을 자세히 관찰하면 성경적 신앙의 성육신적인 본질을 반영하는 거대한 다양성과 복잡성을 볼 수 있을 것이다. 하나님의 운동의 단순한 전략에는 복잡하고 정교한 전략에서는 없는 강력한 힘이 있다. 선교 실행자가 사역을 시작하고 발전시키기 위한 도구를 하나님의 운동 전략으로부터 제공받았지만 이것은 처음에는 부족한 것이 많았고 잘 정의되지 않은 접근법이었다.

지도자를 위한 간단한 방법과 견고한 신학 훈련

지도자의 개발은 하나님의 운동의 가장 큰 강점이며 이는 부분적으로 풍부한 현장훈련 때문이다. 잠재적 지도자를 교실에서가 아니라 그들이 실제 사역하는 현장에서 훈련을 시키는 것이 훨씬 더 효과적이다 (로잔운동-Lausanne Movement 2004,29). 분명히 영적 성숙을 위한 지름길은 없지만 양질의 멘토링과 도제 과정을 제공한다면 하나님의 운동은 따르고 경험하고 행동하는 예수님의 교육법에서 하는 것처럼 지도자를 개발할 수 있다. 마찬가지로 하나님의 운동에 있어서 (특히 교회개척을 위한 제자화 운동-DMM) 리더는 DISCOVERY 성경공부 과정 중에서 성경을 펼쳐 놓고 인도하는데 많은 시간을 할애한다. 구전 사회에서 하나님의 운동은 리더 중심이 아니라 성경중심인 경우가 많다. 개리슨(Garrison)은 "하나님의 운동을 주도하는 두 개의 주요한 축"은 교회 개척 선교사가 아니라 하나님의 말씀의 권위와 그리스도의 주되심이라고 했다(2004,182).

그러나 경험이 많은 하나님의 운동의 촉진자가 인식하듯이 DISCOVERY 성경공부(DBS)와 자주 진행되는 성경공부(공식적이든 비공식적이든)는 신학 훈련을 대체하는 것이 아니다. 예를 들어 DISCOVERY 성경공부(DBS)는 성경 본문에 대한 지식(본문이 무엇을 말하는가)과 이해(그것은 무엇을 의미하는가?) 그리고 적용(어떻게 내가 순종하고 누구에게 나눌 것인가?) 등등 모든 과정을 포함한다. 블룸(Bloom)의 교육목표 분류체계에서는 이러한 과정이 학습의 과정에 있어서 낮은 수준에 해당되는 과정이다(피. 쇼-P. Shaw 2014, 75). 이해 후에는 분석(이 가르침과 다른 가르침의 연결점은 무엇인가?)과 종합(이 가르침과 다른 가르침의 통합점은 무엇인가?) 그리고 마지막으로 평가(우리는 지금 우리의 사회적 상황에서 어떻게 살아갈까?)가 이루어진다.

DISCOVERY 성경공부(DBS)만이 성경공부 인도자에게 요구되는 사회적 상황의 복잡한 문제를 다루고 건강하고 강력한 "지역 신학화(local theologizing)"(히버트-Hiebert 1985)를 할 수 있는 비판적 또는 분석적 심리 과정의 유형을 촉진하는 과정은 아니다. DISCOVERY 성경공부(DBS)는 신학 훈련이 부족한 지역에서 제 대로 역할을 할 수도 있고 그 반대의 경우에도 그러하다. 중요한 것은 균형의 문제가 아니라 통합의 문제 이다. 강의실(온라인 또는 대면으로 하든)에서는 모든 답을 얻을 수 있지만 깨어져 버린 세상에서 모든 것은 더 복잡해져 간다. 하나님의 운동의 촉진자는 현장에서 리더십 개발을 하는 것과 리더를 위한 깊은 신학적 훈련을 같이 통합한다(카이-Kai와 카이-Kai 2018, 113: 2018, 113; 존- John 과 콜스-Coles 2019, 11장)(리더가 공식적 학 위와 안수받는 것이 필요하다는 의견은 따르지 않는다). 하지만 슬프게도 지난 1세기 반 동안 현대 선교 역사는 시간 이 흐르면 발전된 신학적 사고를 배출할 수 있는 하나님의 운동의 정신과 복음의 능력을 제시하면서 시작 하기 보다는 성경대학과 신학교와 같은 기관을 설립하여 비판적 사고를 위한 도구를 제공하는 것으로 시 작된 경우가 많았다. 하나님의 운동과 신학훈련은 반대적인 것이 아니다. 이것은 "이해를 추구하는 믿음" 이라는 측면에서 믿음이 우선이다.[10]

결론

제자화의 어떤 방법은 다른 접근법보다 하나님의 운동에 더 도움이 되지만 그렇다고 해서 이것이 사회 적 맥락이 중요하지 않거나 전통적인 교회론이 이단적이라는 의미는 아니다. 더욱이 규모가 크다고 해서 더 좋은 것도 아니고 숫자가 반드시 성공의 척도라는 의미도 아니다. 사역의 기준은 항상 그래왔듯이 바 로 예수 그리스도의 계시이고 또한 진정한 제자화 운동은 오로지 예수님이 앞서고 모든 것의 중심에 있을 때 발생하는 것이다. 결론적으로 하나님의 운동과 관련한 새로운 선교학적인 담론이 발전하고 성숙하고 있다.

오늘 날 하나님의 세계에서 하나님의 운동은 흥미로운 현실이고 모든 열방 가운데서 삶과 공동체가 변 화되는 것을 보게 하는 촉망되는 접근법(파라-Farah 2020b)이지만 우리는 아직도 배워야 할 것이 많다. 성숙 한 선교학은 면책 조항이 풍부해야 한다.[11]

우리는 변화하는 세상과 하나님의 다양한 선교의 역동성에 필수적인 비판적 성찰을 위한 도구를 사람 에게 제공하고 토론에 있어서 그 미묘한 차이를 인정할 수 있어야 한다. 동시에 하나님의 운동 선교학을 주변부로 몰아내거나 하나님의 운동이 과장되었다고 하거나 일시적인 유행이라 지나간다고 하는 생각은 지혜롭지 못하다. 선교현장에서 그리스도를 높이고 예배하기를 원하는 사람에게 하나님의 운동은 전통 적인 접근보다 더 큰 규모로 성경적 변화가 일어나는 것을 볼 수 있게 하는 방법일 수 있다.

이 장에서 살펴본 바와 같이 하나님의 운동은 역사적 신학적 사회학적 그리고 실제적 연구의 통합을 필 요로 하는 방대한 연구 분야이다. 이러한 도전에 적절하게 부응하기 위해서는 신학자와 선교학자 사회 과

---

10) 이 깨달음은 데이비드 개리슨(David Garrison)과의 대화에서 얻은 것이다.
11) 이 아이디어는 벤자민 헤게만(Benjamin Hegeman) 과의 이메일 서신에서 나온 것이다.

학자 그리고 선교 실행자가 참여하는 다 단계적이고 여러 전문 분야에 걸친 연구 접근방식이 필요하다. 열방의 구속 사역을 이루는 하나님의 선교에 동참하는 우리는 어떻게 하나님의 운동이 형성되며 어떻게 하나님의 운동이 더 효과적으로 강화될 수 있는지에 대해 더 잘 이해할 필요가 있다. 우리의 목표는 학문 적인 호기심을 만족시키는 것이 아니라 하나님이 세상에서 어떻게 역사하고 계시는지에 대한 질문을 불 러 일으키는 것이다. 하나님의 운동에 대한 우리의 연구는 오늘날 하나님의 운동을 강화하는 사람을 어떻 게 좀더 나은 방법으로 훈련할지 그리고 무엇을 가르칠 것인가에 대하여 주님 앞에서 이러한 지식에 대하 여 책임감 있게 관리하려는 것이다. 이어지는 다음 장은 하나님의 운동(Motus Dei)이라고 부르는 이 흥 미 진진한 새로운 대화와 개념에 대한 최고의 선교학적 사고를 제공한다.

참고 문헌

Allen, Roland. 1912. *Missionary Methods: St. Paul's or Ours?* London: R. Scott.

Antonio, S. T. 2020. *Insider Church: Ekklesia and the Insider Paradigm.* Littleton, CO: William Carey.

Bebbington, David W. 1989. *Evangelicalism in Modern Britain: A History from the 1730s to the 1980s.* London: Unwin Hyman.

Bevins, Winfield. 2019. *Marks of a Movement: What the Church Today Can Learn from the Wesleyan Revival.* Grand Rapids: Zondervan.

Breen, Mike. 2017. *Building a Discipling Culture: How to Release a Missional Movement by Discipling People Like Jesus Did.* 3rd ed. Greenville, SC: 3DM.

Burt, Ronald S. 1992. *Structural Holes: The Social Structure of Competition.* Cambridge, MA: Harvard.

Coles, Dave, and Stan Parks, eds. 2019. 24:14 – *A Testimony to All Peoples: Kingdom Movements Today.* Spring, TX: 24:14.

Collar, Anna. 2013. *Religious Networks in the Roman Empire: The Spread of New Ideas.* Cambridge: Cambridge University Press.

Collins, Randall. 2014. *Interaction Ritual Chains.* Princeton, NJ: Princeton University Press.

Conley, Dalton. 2011. *You May Ask Yourself: An Introduction to Thinking Like a Sociologist.* 2nd ed. New York: W. W. Norton.

Cooper, Michael T. 2020. *Ephesiology: The Study of the Ephesian Movement.* Littleton, CO: William Carey.

Duerksen, Darren, and William A. Dyrness. 2019. *Seeking Church: Emerging Witnesses to the Kingdom.* Downers Grove, IL: InterVarsity.

Everton, Sean F. 2015. "Networks and Religion: Ties That Bind, Loose, Build Up, and Tear Down." *Journal of Social Structure* 1 (16).

———. 2018. *Networks and Religion: Ties That Bind, Loose, Build-up, and Tear Down.* Cambridge: Cambridge University Press.

Farah, Warrick. 2013. "Emerging Missiological Themes in MBB Conversion Factors." *International Journal of Frontier Missiology* 30 (1): 13–20.

———. 2015. "The Complexity of Insiderness." *International Journal of Frontier Missiology* 32 (2): 85–91.

———. 2020a. "Hermeneutical Hinges: How Different Views of Religion and Culture Impact Interpretations of Islam." *In The Religious Other: A Biblical Understanding of Islam, the Qur'an and Muhammad*, edited by Martin Accad and Jonathan Andrews, 189–202. Carlisle, UK: Langham.

———. 2020b. "Motus Dei: Disciple-Making Movements and the Mission of God." *Global Missiology* 2 (17): 1–10.

Fitts, Bob. 1993. *Saturation Church Planting: Multiplying Congregations through House Churches*. Self-published.

Flett, John G. 2016. *Apostolicity: The Ecumenical Question in World Christian Perspective*. Downers Grove, IL: InterVarsity.

Gallagher, Sarita D. 2016. "Seeing with Church-Growth Eyes: The Rise of Indigenous Church Movements in Mission Praxis." In *The State of Missiology Today: Global Innovations in Christian Witness*, edited by Charles Van Engen. Downers Grove, IL: InterVarsity.

Garrison, David. 2004. *Church Planting Movements: How God Is Redeeming a Lost World*. Monument, CO: WIGTake Resources.

———. 2011. "10 Church Planting Movement FAQS." *Mission Frontiers* 33 (2): 9–11.

———. 2014. *A Wind in the House of Islam: How God Is Drawing Muslims around the World to Faith in Jesus Christ*. Monument, CO: WIGTake Resources.

Gehring, Roger W. 2004. *House Church and Mission: The Importance of Household Structures in Early Christianity*. Peabody, MA: Hendrickson.

Gitau, Wanjiru M. 2018. *Megachurch Christianity Reconsidered: Millennials and Social Change in African Perspective*. Downers Grove, IL: InterVarsity.

Gray, Andrea, and Leith Gray. 2010. "Attractional and Transformational Models of Planting." In *From Seed to Fruit: Global Trends, Fruitful Practices, and Emerging Issues among Muslims*, edited by Dudley Woodberry, 2nd ed. Pasadena, CA: William Carey.

Handy, Wesley L. 2012. "Correlating the Nevius Method with Church Planting Movements: *Early Korean Revivals as a Case Study*." *Eleutheria* 2 (1).

Hibbert, Richard. 2012. "Missionary Facilitation of New Movements to Christ: A Study of 19th Century and Early 20th Century China." *International Journal of Frontier Missiology* 29 (4): 189–95.

Hiebert, Paul. 1985. "The Fourth Self." *In Anthropological Insights for Missionaries*, 193–224. Grand Rapids: Baker.

———. 2006. "Worldview Transformation." In *From the Straight Path to the Narrow Way: Journeys of Faith*, edited by David Greenlee. Waynesboro, GA: Authentic Media.

———. 2008. *Transforming Worldviews: An Anthropological Understanding of How People Change*. Grand Rapids: Baker Academic.

Higgins, Kevin. 2018. "Measuring Insider Movements? Shifting to a Qualitative Standard." *International Journal of Frontier Missiology* 35 (1): 21–27.

Hirsch, Alan. 2016. *The Forgotten Ways: Reactivating Apostolic Movements*. 2nd ed. Grand Rapids: Brazos.

Hurtado, Larry W. 2016. *Destroyer of the Gods: Early Christian Distinctiveness in the Roman World*. Waco, TX: Baylor University Press.

Iannaccone, Laurence R. 1994. "Why Strict Churches Are Strong." *American Journal of Sociology* 99 (5):

1180–1211.

Jenkins, Philip. 2018. "When the Jesus Movement Became the Christian Church." *The Anxious Bench blog*, March 9, 2018. https://www.patheos.com/blogs/ anxiousbench/2018/03/end-beginning-jesus-movement-became-christian-church/.

John, Victor, and Dave Coles. 2019. *Bhojpuri Breakthrough: A Movement That Keeps Multiplying*. Monument, CO: WIGTake Resources.

Johnson, Todd M., and Sun Young Chung. 2009. "Christianity's Centre of Gravity, AD 33–2100." In *Atlas of Global Christianity*, edited by Todd M. Johnson and Kenneth R. Ross, 50–55. Edinburgh: Edinburgh University Press.

Johnson, Todd M., and Gina A. Zurlo, eds. 2019. "Status of Global Christianity, 2020, in the Context of 1900–2050." In *World Christian Database*. Boston: Brill. https://www.gordonconwell.edu/center-for-global-christianity/wp-content/uploads/ sites/13/2020/02/Status-of-Global-Christianity-2020.pdf.

Kadushin, Charles. 2012. *Understanding Social Networks: Theories, Concepts, and Findings*. Oxford: Oxford University Press.

Kai, Ying, and Grace Kai. 2018. *Training for Trainers: The Movement That Changed the Wor*d. Monument, CO: WIGTake.

Kreider, Alan. 2016. *The Patient Ferment of the Early Church: The Improbable Rise of Christianity in the Roman Empire*. Grand Rapids: Baker.

Larsen, Trevor, and A Band of Fruitful Brothers. 2019. "A Two-Rail Model for Existing Churches to Reach the Unreached." In *24:14 – A Testimony to All Peoples: Kingdom Movements Today*, edited by Dave Coles and Stan Parks. Spring, TX: 24:14.

Lausanne Movement. 2004. "Future Leadership." In *Lausanne Occasional Paper No. 41*, 41:1–50. Pattaya, Thailand: Lausanne Committee for World Evangelization.

Lewis, Rebecca. 2020. "Patterns in Long-Lasting Movements." *Mission Frontiers* 42 (3): 8–11.

Long, Justin. 2020. "1% of the World: A Macroanalysis of 1,369 Movements to Christ." *Mission Frontiers* 42 (6): 37–42.

Lowery, Stephanie A. 2018. "Ecclesiology in Africa: Apprentices on a Mission." In *The Church from Every Tribe and Tongue: Ecclesiology in the Majority World*, edited by Gene L. Green, Stephen T. Pardue, and K. K. Yeo. Cumbria, UK: Langham.

Ma, Wonsuk. 2018. "Two Tales of Emerging Ecclesiology in Asia: An Inquiry into Theological Shaping." In *The Church from Every Tribe and Tongue: Ecclesiology in the Majority World*, edited by Gene L. Green, Stephen T. Pardue, and K. K. Yeo, 53–73. Cumbria, UK: Langham.

Matthews, A. 2019. "Person of Peace Methodology in Church Planting: A Critical Analysis." *Missiology: An International Review* 47 (2): 187–99.

McGavran, Donald. 1955. *Bridges of God: A Study in the Strategy of Missions*. Eugene, OR: Wipf and Stock.
———. 1990. *Understanding Church Growth*. Grand Rapids: Eerdmans.

Minear, Paul S. 2004. *Images of the Church in the New Testament*. 2nd ed. Louisville, KY: Presbyterian Publishing Corporation.

Montgomery, Robert L. 2012. *Why Religions Spread:* The Expansion of Buddhism, *Christianity and Islam with Implications for Missions*. 2nd ed. Black Mountain, NC: Cross Lines Publishing.
———. 2020. "Missions and Movements." *Sociology of Missions Project*(blog), March 23, 2020. https://

sociologyofmissionsproject.org/2020/03/23/missions-and- movements/.

Moynagh, Michael. 2014. *Church for Every Context: An Introduction to Theology and Practice*. London: SCM Press.

Ott, Craig. 2019. *The Church on Mission: A Biblical Vision for Transformation among All People*. Grand Rapids: Baker.

Ott, Craig, and Gene Wilson. 2010. *Global Church Planting: Biblical Principles and Best Practices for Multiplication*. Grand Rapids: Baker.

Padilla, C. René. 1982. "The Unity of the Church and the Homogeneous Unit Principle." *International Bulletin of Missionary Research* 6 (1): 23–30.

Parks, Kent. 2017. "Finishing the Remaining 29% of World Evangelization." *Lausanne Global Analysis* 6 (3).

Payne, J. D. 2009. *Discovering Church Planting: An Introduction to the Whats, Whys, and Hows of Global Church Planting*. Downers Grove, IL: InterVarsity.

Pew Research Center. 2017. "The Changing Global Religious Landscape." *Pew Research Center's Religion & Public Life Project* (blog), April 5, 2017. https://www.pewforum.org/2017/04/05/the-changing-global-religious-landscape/.

Pickett, Waskom. 1933. "Christian Mass Movements in India." In *Christian Mass Movements in India*. Nashville: Abingdon.

Pratt, Zane. 2015. "Obedience-Based Discipleship." *Global Missiology* 4 (12): 1–10.

Ro, Bong Rin. 2000. "Nevius Method." In *Evangelical Dictionary of World Missions*, edited by A. Scott Moreau, 677. Grand Rapids: Baker.

Robert, Dana L. 2000. "Shifting Southward: Global Christianity Since 1945." *International Bulletin of Missionary Research* 24 (2): 50–58.

Sanders, Brian. 2019. *Microchurches: A Smaller Way*. UNDERGROUND Media.

Shalom. 2019. "The Role of Existing Churches in an African Movement." In *24:14– A Testimony to All Peoples: Kingdom Movements Today*, edited by Dave Coles and Stan Parks, 263–66. Spring, TX: 24:14.

Shaw, Karen. 2013. "Divine Heartbeats and Human Echoes: A Theology of Affectivity and Implications for Mission." *Evangelical Review of Theology* 37 (3): 196–209.

Shaw, Perry. 2013. "The Missional-Ecclesial Leadership Vision of the Early Church." *Evangelical Review of Theology* 37 (2): 131–39.

———. 2014. *Transforming Theological Education: A Practical Handbook for Integrative Learning*. Carlisle, UK: Langham.

Shenk, Wilbert R. 1981. "Rufus Anderson and Henry Venn: A Special Relationship?" *International Bulletin of Missionary Research* 5 (4): 168–72.

Skarsaune, Oskar. 2008. *In the Shadow of the Temple: Jewish Influences on Early Christianity*. Downers Grove, IL: InterVarsity.

Smith, Steve. 2011. T4T: *A Discipleship Re-Revolution*. Monument, CO: WIGTake Resources.

———. 2013. "CPM Essentials on a Napkin." *Mission Frontiers* 35 (6): 29–32.

Smither, Edward L. 2014. *Mission in the Early Church: Themes and Reflections*. Cambridge, UK: James Clarke.

Snyder, Howard A. 2010. "Models of Church and Mission: A Survey." Center for the Study of World Christian Revitalization Movements, 1–24. Edinburgh, UK. https://www. academia.edu/6940376/

Models_of_Church_and_Mission_-_A_Survey.

Stark, Rodney. 1996a. *The Rise of Christianity: A Sociologist Reconsiders History*. Princeton, NJ: Princeton University Press.

———. 1996b. "Why Religious Movements Succeed or Fail: A Revised General Model." *Journal of Contemporary Religion* 11 (2): 133–46.

Stark, Rodney, and William Sims Bainbridge. 1980. "Networks of Faith: Interpersonal Bonds and Recruitment to Cults and Sects." *American Journal of Sociology* 85 (6): 1376–95.

Terry, George A. 2017. "A Missiology of Excluded Middles: An Analysis of the T4T Scheme for Evangelism and Discipleship." *Themelios* 42 (2): 335–52.

Tippett, Alan. 1987. *Introduction to Missiology*. Pasadena, CA: William Carey Library.

Trousdale, Jerry. 2012. *Miraculous Movements: How Hundreds of Thousands of Muslims Are Falling in Love with Jesus*. Nashville: Thomas Nelson.

Trousdale, Jerry, and Glenn Sunshine. 2018. *The Kingdom Unleashed: How Jesus' First-Century Kingdom Values Are Transforming Thousands of Cultures and Awakening His Church*. Murfreesboro, TN: DMM Library.

Van Engen, Charles. 2000. "Church." In *Evangelical Dictionary of World Missions*, edited by A. Scott Moreau, 192–95. Grand Rapids: Baker.

Van Gelder, Craig. 2000. *The Essence of the Church: A Community Created by the Spirit*. Grand Rapids: Baker.

Van Gelder, Craig, and Dwight J. Zscheile. 2011. *The Missional Church in Perspective: Mapping Trends and Shaping the Conversation*. Grand Rapids: Baker Academic.

Walls, Andrew. 1996. "The Gospel as Prisoner and Liberator of Culture." In *The Missionary Movement in Christian History: Studies in the Transmission of the Faith*. Maryknoll, NY: Orbis.

———. 2002. *The Cross-Cultural Process in Christian History: Studies in the Transmission and Appropriation of Faith*. New York: Orbis.

Waterman, L. D. 2011. "What Is Church? From Surveying Scripture to Applying in Culture." *Evangelical Missions Quarterly* 47 (4): 460–67.

Watson, David, and Paul Watson. 2014. *Contagious Disciple Making: Leading Others on a Journey of Discovery*. Nashville: Thomas Nelson.

Woodberry, Dudley, ed. 1998. *Reaching the Resistant: Barriers and Bridges for Mission*. Pasadena, CA: William Carey Library.

Woodward, JR, and Dan White Jr. 2016. *The Church as Movement: Starting and Sustaining Missional-Incarnational Communities*. Downers Grove, IL: InterVarsity.

Wu, Jackson. 2014. "There Are No Church Planting Movements in the Bible: Why Biblical Exegesis and Missiological Methods Cannot Be Separated." *Global Missiology* 1 (12). http://ojs.globalmissiology.org/index.php/english/article/ view/1711.

Xie, J., S. Sreenivasan, G. Korniss, W. Zhang, C. Lim, and B. K. Szymanski. 2011. "Social Consensus through the Influence of Committed Minorities." *Physical Review E* 84 (1).

Yang, Fenggang, and Andrew Stuart Abel. 2014. "Sociology of Religious Conversion." In *The Oxford Handbook of Religious Conversion*, edited by Lewis R. Rambo and Charles E. Farhadian. Oxford: Oxford University Press.

2장

15년간 교회개척을 위한 제자화 운동 관찰
사무엘 케브렙(Samuel Kebreab)

필자가 교회개척을 위한 제자화 운동(DMM)의 원리를 처음 들은 것은 2006년 열매 없는 사역의 결과로 인하여 낙담의 시기를 겪고 있을 때였다. 필자는 우리 교단에서 남부 에티오피아(Southern Ethiopia)의 미전도 종족인 요마(Yoma)[1]족을 대상으로 시작한 교회 개척 활동의 선교 진행자로 봉사하고 있었다. 우리는 15년 안에 100개의 마을 교회를 개척하는 것을 목표로 삼았다.[2] 하지만 7년째인 2006년까지 우리는 겨우 7개의 교회만 개척했다. 필자는 낙담했고 목표 달성이 요원해 보였다.

그러던 중 데이비드 왓슨(David Watson)과 데이비드 헌트(David Hunt)의 교회개척을 위한 제자화 운동(DMM)[3] 훈련에 참석하면서 그들의 자료가 매우 의미 있다고 느꼈다. 두 사람은 자신의 개인적인 경험을 바탕으로 수만 명의 그리스도를 따르는 수천 개의 다세대[4] 교회가 개척된 교회개척을 위한 제자화 운동(DMM)의 결과를 공유했다. 필자는 그들이 설명한 교회개척을 위한 제자화 운동(DMM) 원칙을 실행하려고 시도하면 우리 상황에서도 이런 일이 일어날 수 있겠다는 희망을 갖기 시작했다. 그 후 얼마 지나지 않아 필자는 교회 개척자를 훈련하고 지도하기 시작했다. 우리 사역을 통해 주님을 알게 된 소수의 젊은 요마(Yoma) 남녀가 교회개척을 위한 제자화 운동(DMM) 원리를 사용하여 사역을 시작했다. 이 사역은 느리지만 꾸준히 성장하기 시작했고 특히 요마(Yoma) 공동체의 일원이었던 젊은 요마 남녀가 부모와 다른 가까운 친척에게 복음을 전하기 시작했다. 2009년 3월까지 이 요마(Yoma) 남녀는 가까운 친척과 지역 사회의 다른 많은 사람들에게 세례(침례)를 베풀었다. 그 결과로 마을 교회의 수는 54개로 늘어났다.

이 장을 쓰는 시점에서 요마(Yoma)족의 교회개척을 위한 제자화 운동(DMM)은 14년 동안 계속되었다. 현재 364개의 마을 교회에 5,672명의 그리스도를 따르는 사람이 있으며 7세대에 걸친 교회로 구성되어 있다. 또한 2020년 4월에는 요마(Yoma)족 사역자를 인근의 미접촉(unengaged) 미전도종족(unreached)[5]에 파송하여 그들을 교회개척을 위한 제자화 운동(DMM)에 참여하도록 했다. 한 미전도 종족에서 시작된 하나님의 운동이 이전에 복음을 접하지 못했던 또 다른 미전도 종족에 대한 교회개척을 위한 제자화 운동

---

1) 가명
2) 교회개척을 위한 제자화 운동(DMM)에서 교회는 세례(침례)를 받은 제자가 정기적으로 모여 예배를 드리고 성경을 공부하며 교제와 봉사를 한다. 하지만 그 당시 필자는 아직 교회개척을 위한 제자화 운동(DMM)의 원리를 접하지 못했다.
3) 트루스데일(Trousdale)은 교회개척을 위한 제자화 운동(DMM)을 하나님의 말씀에 순종하는 법을 배우는 제자를 삼아 복음을 전파하고, 그 제자가 다른 제자를 빨리 만들어 그 과정을 반복하는 것으로 정의한다(2012,16).
4) 교회개척을 위한 제자화 운동(DMM)에서 '세대(generation)'는 제자와 교회가 더 많은 제자와 교회를 생산하여 증식시키고 이들이 더 많은 제자와 교회를 생산하여 증식하는 것이다. 그리고 교회는 다시 번성하여 더 많은 제자와 교회를 낳는다. 이 지속적인 증식은 여러 세대의 제자 운동과 계보를 확인할 수 있는 교회를 발생시킨다.
5) 제자 삼기나 교회 개척이 일어나지 않았던 종족이다.

(DMM) 참여로 이어지는 것을 목격하면서 우리는 큰 기쁨을 누렸다.

필자의 개인적인 이야기는 수천 개의 교회개척을 위한 제자화 운동(DMM) 이야기 중 하나에 불과하지만 이 이야기는 사도행전의 이야기처럼 하나님의 백성이 하나님의 나라가 확장하는 것을 배우고 경험하면서 하나님을 찬양하도록 영감을 준다. 필자는 지난 9년 동안 뉴 제너레이션(New Generations) 선교회의 아프리카(Africa) 연구 대표로 봉사했다. 이를 통해 아프리카(Africa) 5개 지역을 직접 방문하여 그곳에서 발생한 하나님의 운동을 면밀히 관찰할 수 있는 기회를 얻었다. 또한 아프리카(Africa) 지역뿐만 아니라 교회개척을 위한 제자화 운동(DMM)이 활동하는 전 세계 다른 지역에서도 교회개척을 위한 제자화 운동(DMM)에 대한 보고서를 받고 있다. 이 장에서는 지난 15년간의 여정에서 우리 조직이 관찰한 것 중 일부 몇 가지를 설명하겠다. 2005년부터 우리 단체는 아프리카(Africa)와 남아시아(South Asia), 동남아시아(South East Asia) 그리고 극동(Far East) 지역의 56개국에서 교회개척을 위한 제자화 운동(DMM)을 촉진하기 위해 노력해 왔다. 우리가 목격한 하나님의 운동에는 예수님의 흔적이 남아 있다. 하나님 나라를 생각하는 사람이 예수님의 명령을 따를 때 하나님은 종종 위대한 하나님의 운동을 탄생시키신다.

특히 이 장에서는 아프리카(Africa) 31개국과 남아시아(South Asia) 1개국에서 관찰한 결과에 초점을 맞춘다. 이러한 주도성을 통해서 우리는 연구팀과 함께 충분히 통합적인 연구 초안을 확보할 수 있었다. 이 연구 초안은 전도를 시작한 656개의 종족과 도심내의 소수 군집집단(clusters) 그리고 사회의 소집단(segment groups) 등등에 대한 정보를 분석하여 결국에는 전도의 열매를 얻도록 하려는 것이다. 우리는 하나님이 하시는 일을 측정하고 설명하며 우리가 놓치고 있거나 제대로 하지 못하는 것을 알기 위해 양적 및 질적 측정 도구를 모두 활용한다. 지난 15년간의 연구를 통해 우리는 많은 용기를 얻었고 다른 단체도 개선될 수 있도록 지원하는 일을 도왔다. 지난 수년간 하나님과 동역하면서 교회개척을 위한 제자화 운동(DMM) 사역을 통해 섬긴 700여개 사역의 데이터와 결과를 공유하기 전에 우리가 연구한 교회개척을 위한 제자화 운동(DMM)의 특징에 대해 설명하고자 한다.

교회개척을 위한 제자화 운동의 특징

교회개척을 위한 제자화 운동(DMM)은 하나님의 말씀에 순종하는 법을 배우는 제자를 세우고 이들이 다시 다른 제자를 세우는 과정을 반복하여 많은 교회가 개척되는 것을 목표로 한다. 그 결과로 복음이 확장되는 것을 설명하기 위해 뉴 제너레이션(New Generations) 선교회가 만든 용어이다. 교회개척을 위한 제자화 운동(DMM)은 주로 전략이나 프로그램이 아니라 성경의 복음서에서 예수님을 모델로 한 하나님 나라의 가치에 기반한 삶의 방식과 사역 철학이다.

교회개척을 위한 제자화 운동은(DMM)은 기도에 크게 의존하며 종종 기적적인 표적들이 발생한다.

우리가 목격하고 있는 모든 교회개척을 위한 제자화 운동(DMM)은 강력한 중보기도와 금식으로부터 시작한다.[6] 우리는 믿음에 충만하여서 하나님의 나라가 사람의 삶과 마을과 도시 전체에 임하게 해달라고 하나님께 간구한다. 그 결과로 삶과 공동체 마을과 도시가 변화되었다. 예수님은 제자에게 하나님 나라가 임하도록 기도하라고 가르치셨고 이 기도는 응답되어 하나님 나라가 임하게 하였다. 예수님의 제자들이 마을마다 다니며 하나님 나라의 도래를 선포할 때 예수님은 제자들에게 권능을 주셔서 하나님 나라가 임재하는 표징을 사람들에게 보여줄 수 있게 하셨다. 그들은 치유와 구원을 동반한 좋은 소식을 선포했다. 교회개척을 위한 제자화 운동(DMM)에서 우리는 복음 선포와 함께 치유 구원 및 기타 기적적인 표징을 통해 하나님 나라의 임재가 드러나는 것을 보았다. 우리는 하나님의 운동이 시작된 경우의 50~70퍼센트[7] 에서 기적적인 표적이 동반된 것으로 추정한다.

교회개척을 위한 제자화 운동(DMM)은 평범한 성도가 불가능 사역을 할 수 있도록 구비시킨다.

교회개척을 위한 제자화 운동(DMM)은 대개 헌신적이고 순종적인 평범한 사람들을 통해 시작되기 때문에 간단하고 확장 가능하며 지속 가능하다. 성공적인 하나님의 운동 리더 중에는 주부와 가난한 과부, 자전거 택시 기사, 석공, 농부 그리고 전직 성매매 종사자였던 사람도 있다. 교회개척을 위한 제자화 운동(DMM)은 메시지를 선포하기 위해 고도로 숙련되고 교육받은 외부인에게 의존하지 않는다. 그들은 어떤 형태의 기술이나 교육도 받지 않은 순종적인 내부자에게 의존한다. 외부에서 보내온 자원에 의존하지 않고 지역 주민이 감당할 수 있고 생산할 수 있는 자원을 통해 진행되기 때문에 이 하나님의 운동은 지속될 수 있다(마 10:9-10). 추수 밭 자체에서 일꾼이 스스로 충당되기 때문에 파송할 일꾼이 부족하지 않다.

하지만 그렇다고 해서 하나님의 운동의 시작 홍보 또는 촉진에 재능 있고 숙련된 외부인이 필요 없다는 의미는 아니다. 교회개척을 위한 제자화 운동(DMM)에서 외부인은 주로 평범한 사람을 준비시키는 역할을 하며 이들은 다시 하나님의 운동의 일을 시작하고 홍보하며 촉진하는 일을 한다(엡 4장). 고학력 고액 연봉의 성직자에 의존하는 사역 모델은 단순하고 확장 가능하며 지속 가능한 하나님의 운동을 만들어내지 못한다.

교회개척을 위한 제자화 운동(DMM)은 총체적이다: 변혁적인 하나님의 나라 복음에 긍휼과 치유를 병합시킨다.

우리는 예수님의 지상 사역에서 하나님 나라 선포와 긍휼 사역이 분리되어 있지 않다고 본다. 복음서 기자는 예수님이 치유와 선포를 위해 오셨다고 말한다. 예수님은 열두 제자를 마을로 보내 하나님 나라의 메시지를 선포하도록 하셨을 때 사람을 치유하고 사탄의 억압에서 구출할 수 있는 권한을 주셨다. 교회개척을 위한 제자화 운동(DMM)은 긍휼 사역안에서 표현되는 진정한 사랑으로 지역사회에 들어가는 원칙을 따른다. 우리가 제공하는 긍휼 사역은 치유와 회복으로부터 깨끗한 물과 씨앗, 더 나은 건강, 더 나은 교

---

6) 우리 조직에는 남반부에 수천 명의 헌신적인 기도 중보자가 있어서 전 세계에서 가장 미접촉된 종족 사이에서 교회개척을 위한 제자화 운동(DMM)이 번성할 수 있도록 기도하고 있다.

7) 교회개척을 위한 제자화 운동(DMM) 보고서에서 수집한 정보를 기반으로 한다.

육 그리고 기술 개발 등 지역 사회 전체의 복지에 도움이 되는 수단을 제공하는 것까지 다양하다. 긍휼 사역은 그 자체로 목적이 아니라 사람이 하나님과 화해하는 것을 보고자 하는 우리의 열망과 통합되어 있다. 또한 긍휼 사역은 우리가 지역 사회에 수용되는데 도움이 되고 지역 주민이 우리의 메시지를 기꺼이 듣도록 만들어 준다.

교회개척을 위한 제자화 운동(DMM)은 현지에서 자원을 공급해 주실 하나님을 신뢰할 것을 요구한다.

누가복음 10장과 마태복음 10장에는 교회개척을 위한 제자화 운동(DMM)이 새로운 분야에 진출할 때 문화적 장벽과 재정적 장벽을 모두 극복할 수 있도록 하나님께서 제공하시는 두 가지 중요한 자원이 묘사되어 있다. 첫 번째 자원은 복음을 그들의 가족과 친구 그리고 지역 사회 또는 직장에서 전할 수 있도록 하나님께서 미리 준비시켜 놓으신 사람이다. 성경은 이런 사람을 "평화의 사람"(PoP)이라고 부른다.[8] 이런 사람은 일반적으로 복음 간증을 잘 받아들이고 친절하며 기꺼이 가족들이 복음을 들을 수 있도록 개방한다. 남성이든 여성이든 평화의 사람은 문화의 장벽을 허문다. 문화 내부자로서 그들은 첫날부터 가족과 지역 사회 그리고 부족에게 복음을 전할 때 내부적으로 복음사역을 촉진시키는 역할을 한다.

두 번째 자원은 현장에서 필요한 비용에 관한 것이다. 예수님은 제자에게 추수 밭에 갈 때 필요한 모든 것이 현장에서 제공될 것이기 때문에 돈을 가지고 가지 말라고 하셨다. 이 접근 방식은 제자를 삼고 교회를 개척하는데 필요한 현금을 크게 최소화한다. 제자를 삼고 교회를 개척하는 전통적인 방식은 많은 돈을 외부에서 조달해야 한다. 많은 경우 한 사람을 그리스도로 제자 삼는 데는 큰 액수의 돈이 필요하다. 예를 들어 데이비드 바렛(David Barrett)과 토드 존슨(Todd Johnson)은 미국에서 세례(침례) 한 건당 총 비용이 155만 달러(한화로 약 20억원, 역주)(2001, 520-29)라고 추산한다. 우리의 경우 모든 교회개척을 위한 제자화 운동(DMM) 비용을 합하면 일반적으로 세례(침례) 받는 개인당 100달러(한화로 약 13만원, 역주)가 채 되지 않으며 이러한 자원의 대부분은 현지에서 제공된다.

교회개척을 위한 제자화 운동(DMM)은 예비 신자가 스스로 성경에서 하나님을 발견하도록 돕고 또한 모든 성경 구절에서 발견한 하나님의 뜻에 순종하기를 선택한다.

우리는 하나님께서 이미 사람의 마음을 준비시키기 위해 미리 일하고 계신다고 믿는다(특히 평화의 사람의 경우). 따라서 추수할 일꾼의 임무는 예비 신자가 성경에서 진리를 스스로 발견하고 그 말씀에 순종하도록 돕는 것이다. 우리는 이 방법을 DISCOVERY 성경 공부(DBS)라고 부른다. DISCOVERY 성경공부(DBS)는 일반적으로 그룹 환경에서 진행되며 네 가지 구성 요소로 이루어져 있다: 1) 모인 그룹이 각자의 언어로 성경 구절이나 이야기를 듣거나 읽고 2) 그룹에 속한 각 사람이 자신의 말로 그 메시지를 다시 말하고 3) 각자가 그 구절에 반응하여 어떻게 해야 한다고 생각하는지 설명하고 순종하기로 결단하는 "나는 하겠다"

---

8) 신약 성경에는 우물가의 여인과 삭개오, 고넬료 그리고 루디아 등이 있다. 예수님은 도시나 마을에 평화의 사람이 없는 경우 제자가 그 마을에 머물러서는 안 된다고 말씀하셨다(마 10:14).

는 말을 나누고 4) 배운 구절을 함께 나눌 사람을 나열하는 것이다. 이런 식으로 우리는 첫날부터 하나님께 순종하고 스스로 증식하는 생활 방식을 가진 제자를 양성하기 시작한다. [9]

사람들은 개인 수준에서 또는 그룹이나 공동체로 하나님께 순종하기 시작할 수 있다. 우리는 하나님의 말씀을 듣고 순종하려는 의도로 정기적으로 모이는 그룹을 "발견 그룹"(discovery group)이라고 부른다. 발견 그룹은 함께 성경을 공부하는 것 외에도 함께 하나님을 예배하고 자신과 공동체의 필요를 위해 기도하고 중보하며 서로를 지지한다. 또한 회원이 "나는 하겠다"는 결심을 실천했는지 이전 공과에서 배운 것을 다른 사람과 나누었는지 확인하는 책임 그룹(accountability group)으로서의 역할도 한다. [10]

교회개척을 위한 제자화 운동(DMM)은 일반 제자가 제자를 삼고 교회가 교회를 개척한다.

교회개척을 위한 제자화 운동(DMM)의 가장 중요한 측면은 여러 세대에 걸쳐 제자가 증식하여 교회를 증식시키는 것으로 더 많은 발견 그룹이 지속적인 다음 세대의 교회로 전환하는 것이다. 이것은 의도적으로 일어나며 지역사회와 집단, 친목 그룹, 마을 그리고 도시에 장기적으로 전도하고 변화시키는 결과를 가져오는 하나님의 운동을 만든다. 이는 복음의 선포와 시연 그리고 체험을 통해 일어난다. 교회개척을 위한 제자화 운동(DMM)이 진행됨에 따라 대부분의 하나님의 운동은 자체적인 유기적 구조를 만드는데 이는 동시에 하나님의 나라 확장 운동을 조직하고 지속할 수 있게 하는 것이다. 이는 교회 개척자가 모교회나 교단이 수용할 수 있는 형태와 구조로 새로운 교회를 조직하는 전통적인 방법과는 다르다.

교회개척을 위한 제자화 운동(DMM)에는 용기와 희생이 필요하다.

마태복음 10장 16~42절은 고난과 핍박 그리고 순교가 하나님 나라 전진 운동에 수반된다는 것을 가르쳐 준다. 우리는 15년간의 교회개척을 위한 제자화 운동(DMM) 여정에서 이루 말할 수 없는 희생의 이야기를 들었다. 그러나 이런 일들이 이 하나님의 운동에 참여하는 기독교인을 낙담시키지 않았고 오히려 그들을 용감하게 만들었다. 대부분의 경우 핍박은 하나님의 운동을 소멸시키는 대신 사람이 제자 훈련의 대가를 다시 계산하고 가장 어려운 곳에서 변화를 가져올 새로운 기회를 향해 나아가게 했다.

자료 수집 방법과 자료 검증 과정

자료 수집 전략과 방법론

---

9) 교회개척을 위한 제자화 운동(DMM)에서 우리는 사람이 회심하도록 제자화한다. 이는 예수님께서 그를 따를 열두 제자를 선택하신 것을 모델로 한다. 그러나 제자는 예수님이 돌아가시기 직전에야 비로서 예수님을 주님이자 메시아로 고백하고 죽기까지 따르는 것을 받아들였다. 일부 사역 모델에서 사람은 첫 만남에서 자신의 죄를 회개하고 예수님을 주님으로 고백하도록 요청받고 그후에 제자 훈련 수업에서 그들이 어떻게 제자가 될 것인지를 가르치기 시작한다. 필자는 이 제자 양육 사역 모델이 지식에 기반한 것이라 생각한다 (제자가 되는 방법을 가르친다). 그러나 교회개척을 위한 제자화 운동(DMM)의 제자훈련은 순종에 기초한 것이다.

10) 발견 그룹이 어떻게 작동하는지에 대한 심층적인 이해는 왓슨(Watson)과 왓슨(Watson)(2014), 특히 15장을 참조하라.

우리 조직에는 8명으로 구성된 자료 팀과 연구 팀이 있다. 팀원은 매 분기마다 자료를 수집하고 교회개척을 위한 제자화 운동(DMM) 활동의 결과를 분석한다. 또한 매 분기마다 각 지역의 교회개척을 위한 제자화 운동(DMM) 현장 이야기들을 수집한다. 수집된 숫자 자료는 지역 자료 책임자에 의해 지역 수준에서 수집과 정확성 검증을 거쳐 숫자 자료를 취합하고 정확성을 검증하여 자료 팀으로 보낸다. 분기별 자료 수집 양식에는 14가지 요소가 포함되어 있다. 숫자 정보는 쉼표로 구분된 목록(CSV) 용지에 입력되고 클라우드 기반 데이터 분석 소프트웨어인 챠티오(Chartio)를 통해 수집되고 분석된다. 우리는 현장 이야기와 활동 보고서를 취합하고 분석하여 하나님의 운동의 성격과 하나님의 운동에 참여한 사람의 삶의 변화를 평가한다. 2020년 1분기 현재 아프리카(Africa) 30개국과 남아시아(South Asia) 1개국의 655개 종족집단과 77개 도시 중심지 그리고 사회의 소집단(segment groups)에 대한 교회개척을 위한 제자화 운동(DMM) 자료를 보유하고 있다.

양적 자료와 질적 자료 모두에 대한 자료 검증 과정

각 지역에서 받은 자료의 신뢰성과 유효성을 판단하는 지속적인 방법이 있다. 교회 개척자가 현장에서 보낸 자료는 자료 팀에 전달되기 전에 지역 코디네이터와 국가 대표 그리고 지역 자료 책임자 등 최소 3명의 검토자를 거친다. 각 사람은 자료의 신뢰성과 정확성을 검토한다. 의심스러운 자료는 확인될 때까지 제출되지 않는다.

내부 감사와 외부 감사

2012년부터 우리는 현장에서 실시하는 다음의 2가지 사항에 대한 내부 감사[11]를 지속적으로 실시하고 있다: a) 교회와 그리스도 추종자 수를 파악하는 양적인 평가 b) 잠재적 또는 실제 하나님의 운동의 DNA를 평가하는 질적인 평가. 2015년에는 괄목할 만한 성과를 거둔 국가를 평가하기 위해 외부 감사를 의뢰했다. 미국 남침례교단(SBC) 해외선교부(International Mission Board)의 세계 연구사무소가(Global Research Office)가 2016년에 그 감사를 수행했다. 감사를 받은 아프리카(Africa) 국가에서는 교회개척을 위한 제자화 운동(DMM)이 놀랍게 많이 일어나고 있었다. 미국 남침례교단 해외 선교부(IMB) 연구팀은 9개 종족(그 중 7개 그룹은 무슬림 배경을 가진 사람)을 선정하여 평가했다.

연구팀은 이 종족사이에서 강력한 교회개척을 위한 제자화 운동(DMM)이 일어나고 있음을 확인했다. 131페이지에 달하는 이 보안 평가 문건은 기독교 연구자와 선교학자를 위해 제공된다. 이 단계에서 우리는 내부 질적 평가(IQA)라고 부르는 3년 간의 포괄적인 내부 감사 과정을 시작했다. 우리는 1세대 제자 양육자에서 5세대 제자 또는 교회로 교회개척을 위한 제자화 운동(DMM)의 DNA가 얼마나 많이 전달되었는지 알아보기 위해 내부질적평가(IQA)를 설계했다.

---

11) 내부 감사는 우리의 조직과 사역 동역자가 수행한다.

아프리카(Africa) 5개 지역과 남아시아(South Asia) 1개 지역의 2005-2020년 3분기 요약 결과

뉴 제너레이션(New Generations) 선교회는 700개 이상의 아프리카(Africa) 및 남아시아(South Asian)의 여러 단체들과 동역한 결과로 605개 종족과 51개 도시 그리고 사회의 소집단(segments)에서 79,862개의 교회가 개척된 하나님의 역사를 목격했다. 개척된 79,862개 교회 중 29퍼센트는 교인 대다수가 무슬림 출신인 것으로 나타났다. 그리스도를 따르는 신자의 수는 1,858,531명이며 이 중 32퍼센트는 무슬림 배경을 가지고 있다. 총 129개의 종족과 사회의 소집단 그리고 도시에서 교회개척을 위한 제자화 운동(DMM)의 기준에 도달했으며 이들 가운데서 100개 이상의 교회가 개척되어 4세대 이상 성장했다. 놀랍게도 지금까지 한 종족에서 가장 많은 다음 세대에 도달한 것은 34세대이다.

2005년 3월 ~ 2020년 3월, 15년간 뉴제네레이션 선교회의 교회개척을 위한 제자화 운동(DMM)의 성과						
지역의 검증된 자료	교회개척이 시작된 국가의 수	전도가 시작된 종족의 수	전도가 시작된 도시와 사회의 소집단	100여개의 교회들과 4세대까지 진행된 교회개척을 위한 제자화 운동 (DMM)의 전체 수	개척된 교회의 전체 수	예수님을 따르는 제자의 총 수
아프리카 (AFRICA)	30	349	64	115	57,057	1,601,815
남아시아 (SOUTH ASIA)	1	306	13	13	18,874	181,917
지역의 검증된 자료의 총 수	31	655	77	128	75,931	1,783,732

도표 2.1 뉴 제너레이션 선교회의 15년 동안의 교회개척을 위한 제자화 운동(DMM)의 총 성과

지난 몇 년 동안 우리는 "예수님을 믿을 선택권"이 없는 미전도 종족 또는 미접촉(unengaged) 종족에 우선적으로 복음을 전했다. 그 결과 아프리카(Africa) 5개 지역과 아시아(Asia) 1개 지역에서 교회개척을 위한 제자화 운동(DMM)이 사역한 종족집단 중 대다수(61퍼센트)가 미전도 종족이었다. 우리는 의도적으로 예수 그리스도의 제자가 없거나 적은 개척지와 같은 종족 가운데서 제자를 삼았다.

교회개척을 위한 제자화 운동(DMM) 단계에 도달한 129개 하나님의 운동 분석

개척된 교회와 그리스도를 따르는 신자들의 대다수는 교회개척을 위한 제자화 운동(DMM) 단계에 도달한 129개 하나님의 운동에서 발견된다. 이들 교회개척을 위한 제자화 운동(DMM)에 속한 교회 수는 60,767개로 전체 개척된 교회 수의 76퍼센트에 해당한다. 이들 교회개척을 위한 제자화 운동(DMM)의 그리스도를 따르는 신자 수는 1,602,195명으로 전체 그리스도를 따르는 신자 수의 86퍼센트이다. 따라서 129개의 교회개척을 위한 제자화 운동(DMM)은 아프리카(Africa)와 남아시아(South Asia)에서 진행된 우리

단체의 교회개척을 위한 제자화 운동(DMM)의 촉진적인 역할을 잘 보여준다. 이 대표적인 하나님의 운동을 좀 더 자세히 살펴보겠는데 우리는 다음과 같은 사실을 발견했다:

1. 교회개척을 위한 제자화 운동(DMM) 단계에 도달하는데 필요한 기간.

평균적으로 교회개척을 위한 제자화 운동(DMM) 전도사역이 시작된 후에 하나님의 운동 단계에 도달하는데 평균 3년 6개월(42개월)이 걸리는 것으로 나타났다. 기간은 최소 3개월에서 최대 135개월(11년 3개월)까지 다양했다. 하지만 129건의 하나님의 운동 중 70퍼센트가 4년 이내에 교회개척을 위한 제자화 운동(DMM) 단계에 도달했다. 복음주의 신자 인구가 2퍼센트 이상인 그룹과 복음주의 신자 인구가 2퍼센트 미만인 그룹 간에 큰 차이는 발견되지 않았다.

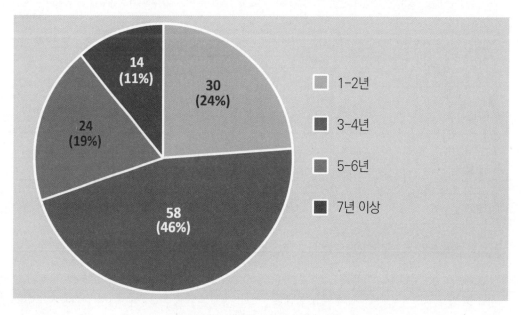

그림 2.1 교회개척을 위한 제자화 운동(DMM) 임계치에 도달한 종족의 수

2. 평화의 사람과 DISCOVERY 성경공부 그리고 개척된 교회 사이의 양적 관계

129개 교회개척을 제자화 운동(DMM)에서 분석한 요소 중 하나는 DISCOVERY 성경공부 그룹에 대한 평화의 사람 비율이었다. 우리는 하나의 DISCOVERY 성경공부 그룹이 형성되기 위해 얼마나 많은 평화의 사람이 필요한지 알아보고자 했다. 2011년부터 2017년까지 사하라 사막 이남 아프리카(sub-Saharan Africa-SSA) 3개 지역의 제한된 데이터를 통해 하나의 DISCOVERY 성경공부 그룹이 시작되기 위해서는 1.3명의 평화의 사람이 필요하다는 사실을 발견했다. 즉 4명의 평화의 사람이 발견될 때마다 3개의 DISCOVERY 성경공부 그룹이 형성된 것이다.

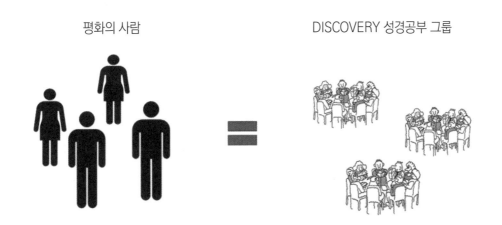

평화의 사람　　　　　　　DISCOVERY 성경공부 그룹

그림 2.2 DISCOVERY 성경공부에 대한 평화의 사람 비율

지역	필요한 DISCOVERY 성경공부 그룹의 수
영어권 서 아프리카 지역 (Anglophone West Africa Region)	1개 교회당 2.64 DISCOVERY 성경공부 그룹
불어권 중앙 아프리카 지역 (Central Francophone Africa Region)	1개 교회당 0.99 DISCOVERY 성경공부 그룹
동 아프리카 지역 (East Africa Region)	1개 교회당 1.9 DISCOVERY 성경공부 그룹
아프리카의 뿔 지역 (Horn of Africa Region)	1개 교회당 1.2 DISCOVERY 성경공부 그룹
불어권 서 아프리카 지역 (West Francophone Africa Region)	1개 교회당 1.4 DISCOVERY 성경공부 그룹
남 아시아 지역 (South Asia Region)	1개 교회당 1.7 DISCOVERY 성경공부 그룹
평균	1개 교회당 1.64 DISCOVERY 성경공부 그룹

도표 2.2 각 지역 DISCOVERY 성경공부 그룹의 수

둘째, 개척된 교회 수에 대한 DISCOVERY 성경공부 그룹의 비율을 분석했다. 한 교회가 개척되려면 몇 개의 DISCOVERY 성경공부 그룹이 설립되어야 할까? 사하라 사막 이남 아프리카(sub-Saharan Africa-SSA) 5개 지역과 남아시아 지역을 기준으로 한 결과 교회 한 곳을 개척하기 위해서는 1.64개의 DISCOVERY 성경공부 그룹이 필요한 것으로 나타났다. 즉 대략 3개의 DISCOVERY 성경공부 그룹이 두 개의 교회가 되는 셈이다.

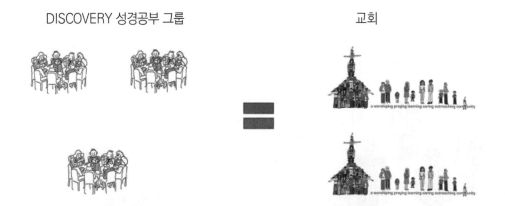

DISCOVERY 성경공부 그룹   교회

그림 2.3 DISCOVERY 성경공부 대(對) 교회 개척 비율

3. 훈련받은 지도자 수와 개척된 교회 수 사이의 상관관계 그리고 활동 중인 인도자(coach) / 훈련자 수와 개척된 교회 수 사이의 상관관계.

사하라 사막 이남의 아프리카(sub-Saharan Africa) 5개 지역에서 훈련받은 지도자 수와 개척된 교회 수 사이에 상관관계가 있는지 분석했다. 또한 그리스도를 따르는 사람을 적극적으로 훈련하고 부지런히 지도하는 인도자/훈련자 수와 개척된 교회 수 사이의 상관관계도 분석했다. 두 경우 모두 높은 정도의 상관관계를 발견했다. 훈련받은 지도자 수와 개척된 교회 수 사이의 상관 관계 계수는 0.85629였다. 활동 중인 인도자/훈련자 수와 개척된 교회 수 사이의 상관 계수는 0.887808 이었다.[12] 이는 활동 중인 인도자/훈련자 수가 많을수록 더 많은 교회가 개척된다는 것을 의미한다. 두 경우 모두 통계적으로 상당히 긍정적인 관계($p < 0.001$)가 있는 것으로 나타났다.

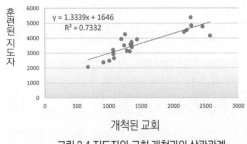

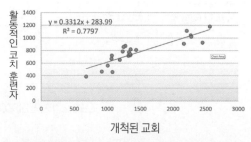

그림 2.4 지도자와 교회 개척과의 상관관계   그림 2.5 활동적인 코칭, 훈련과 개척된 교회 수와의 상관관계

분석 요약

교회개척을 위한 제자화 운동(DMM)의 15년 여정에서 우리는 복음서에 나타난 예수님의 가르침을 진지하게 받아들이고 어떤 대가를 치르더라도 그분께 철저히 순종하기로 결단할 때에만 하나님 나라의 진전

---

12) 결과가 0에서 -1 또는 1로 멀어지면 상관관계의 강도가 강하다는 뜻이다.

이 실현될 수 있다는 것을 배웠다. 이는 많은 부족과 언어, 민족 그리고 국가에서 온 수많은 사람들이 그리스도의 제자가 되고 이전에는 미전도 종족으로 분류되었던 지역과 종족에 그리스도의 교회가 형성되는 결과를 통해 확인되었다.

129개 하나님의 운동에서 교회개척을 위한 제자화 운동(DMM)이 전도를 시작하면서 하나님의 운동 단계(100개 교회들과 4개 세대)에 도달하는 데 필요한 시간을 분석했다. 대부분의 경우 4년이 채 걸리지 않은 것으로 나타났다. 또한 DISCOVERY 성경공부(DBS) 그룹들에 대한 평화의 사람들의 비율과 교회들에 대한 DISCOVERY 성경공부(DBS) 그룹들의 비율을 분석했다. 그 결과 각 DISCOVERY 성경공부(DBS) 그룹이 결성되기 위해서는 평균 1.3명의 평화의 사람을 찾아야 한다는 사실을 발견했다. 한 교회가 설립될 때마다 평균 1.6개의 DISCOVERY 성경공부(DBS) 그룹이 형성되어야 했다. 즉 대략 네 명의 평화의 사람을 찾으면 세 개의 DISCOVERY 성경공부(DBS) 그룹들이 만들어지고 세 개의 DISCOVERY 성경공부(DBS) 그룹이 결국 두 개의 교회로 전환된다는 뜻이다. 우리의 경우 이 "4 ⇒ 3 ⇒ 2" 유형이 규칙으로 보인다.

그림 2.6 4 ⇒ 3 ⇒ 2 모델

우리가 분석한 또 다른 사항은 훈련과 코칭 그리고 멘토링을 받은 사람의 수와 개척된 교회 수 사이의 상관 관계였다. 일반적으로 교회개척을 위한 제자화 운동(DMM)에서 훈련과 코칭 그리고 멘토링을 받는 사람이 많을수록 더 많은 교회가 개척된다는 사실을 발견했다. 새로운 세대의 하나님의 운동에서 일련의 리더가 등장할 때 그 리더는 교회개척을 위한 제자화 운동(DMM)에서 훈련과 코칭을 받는다. 이런 식으로 하나님의 운동의 DNA는 계속 이어진다.

결론

릭 우드(Rick Wood)에 따르면 "기독교 역사는 한 가지 확실한 사실을 보여 주었는데 사람이 복음으로 전도될 수 있는 유일한 방법은 하나님의 운동을 통해서만 가능하다"(2018, 4)고 하였다. 복음서와 사도행전도 이 진리를 증명하며 과거 15년 동안의 우리의 경험도 마찬가지이다.

마태복음 28:18-20에서 예수님은 제자에게 모든 민족을 제자로 삼으라고 명령하셨다. 사도행전은 제자가 이 명령을 어떻게 수행했는지 알려준다. 우리는 성령의 능력과 순종하는 제자의 헌신으로 작게 시작한 한 움직임이 어떻게 "세상을 뒤집어엎는"(행 17:6 NKJV) 하나님의 운동이 되었는지를 읽고 있다. 제자 삼기 과정을 통해 세대별 지도자와 제자 그리고 교회가 생겨나 곳곳에서 제자 삼기 운동을 이어가면서 로마제국 전역에서 강력한 하나님 나라의 영향력이 느껴졌다.

우리는 교회개척을 위한 제자화 운동(DMM)이 신약 성경의 사역전략이라고 주장하지 않는다. 그러나 교회개척을 위한 제자화 운동(DMM)은 사도행전의 원리와 같은 방식으로 사역하기 위해 노력한다. 우리는 많은 종족 그룹에서 수많은 사람이 그리스도를 따르는 것을 보며 경외심을 느끼며 모든 열매의 결과에 대하여 하나님께 영광을 돌린다. 우리는 추수는 하나님의 것이며 추수를 모으는 수단과 원칙은 하나님으로부터 오고 하나님께서 추수지역에 일꾼을 보내시며 심지어 그 추수지역에서도 사용하실 일꾼을 일으켜서 보내신다는 것을 직접 배웠다. 우리는 하나님의 이름이 모든 민족 가운데 영광을 받도록 일하면서 성령의 인도하심에 응답하는 가르침과 순종하는 마음을 유지하는 것이 우리의 역할이라는 것을 배웠다.

우리는 아직 초보자이며 하나님과 그분의 백성으로부터 배울 것이 많다는 것을 알고 있다. 하나님의 백성인 우리는 교회개척을 위한 제자화 운동(DMM) 과정을 통해 우리 눈앞에 펼쳐진 하나님의 강력한 구원의 역사를 수많은 잃어버린 사람에게 전해야 할 의무가 있다고 믿는다. 우리는 그 일이 방대하고 수확이 크다는 것을 알고 있다. 그러므로 우리는 더 많은 그리스도의 몸 된 교회가 교회개척을 위한 제자화 운동(DMM) 여정에 동참하기를 소망한다. 우리는 "물이 바다를 덮음 같이 여호와를 아는 지식이 땅에 충만"(사 11:9)할 때까지 전 세계에 교회개척을 위한 제자화 운동(DMM)이 확산되기를 간절히 소망한다.

참고 문헌

Barrett, David B., and Todd M. Johnson. 2001. *World Christian Trends, AD 30–AD 2200*. Pasadena, CA: William Carey Library.

Robertson, Patrick, and David Watson. 2013. *The Father Glorified*. Nashville: Thomas Nelson.

Trousdale, Jerry. 2012. *Miraculous Movements: How Hundreds of Thousands of Muslims Are Falling in Love with Jesus*. Nashville: Thomas Nelson.

Trousdale, Jerry, and Glen Sunshine. 2018. *The Kingdom Unleashed: How Jesus' First-Century Values Are Transforming Thousands of Cultures and Awakening His Church*. Murfreesboro, TN: DMM Library.

Watson, David, and Paul Watson. 2014. *Contagious Disciple-Making: Leading Others on a Journey of Discovery*. Nashville: Thomas Nelson.

Wood, Rick. 2018. "Will We Hinder or Accelerate Movements? The Choice Is Ours." *Mission Frontiers* March/April 2018.

3장
교회 개척 운동(CPM)/교회 개척을 위한 제자화 운동(DMM)에 대한 신학적, 선교학적 반대

데이브 콜스(Dave Coles)

최근 수십 년 동안 "교회 개척 운동"(CPM) 및/또는 "교회 개척을 위한 제자화 운동(DMM)"이라는 이름으로 훌륭한 연구들이 많이 발표되었다. 이러한 연구 보고서에 대한 반응은 매우 흥분되는 것에서부터 심각한 신학적 그리고 선교학적 반대에 이르기까지 다양했다. 이러한 연구와 이 주제에 대한 논쟁을 면밀히 조사하면서 필자는 교회 개척 운동(CPM)과 교회 개척을 위한 제자화 운동(DMM)의 패러다임에 대한 8가지 주요 반대 유형을 확인했다. 어떤 유형의 반대가 가장 광범위하고 강하게 느껴지는지를 평가하기 위해 필자는 다양한 신학 및 선교학적 관점을 포용하는 선교사 및 선교학자 네트워크 중 네 개를 상대로 설문 조사를 실시했다. 설문 조사에서 응답자는 아래 제시된 각 반대 의견에 대해 1~5점 척도로 자신의 의견을 제시했다.

1=매우 동의하지 않음, 2=동의하지 않음, 3=의견 없음, 4=동의, 5=매우 동의함.

102명의 응답자로부터 다음과 같은 결과가 나왔다.

1. "성경은 급속한 재생산을 지지하지 않으며 이러한 재생산은 종종 피상적인 제자도를 초래한다. 급속한 성장을 목표로 삼는 것은 사역자를 좌절시키고 수치를 과장하도록 유혹할 수 있다." 평균 점수 - 2.9/5

2. "교회 개척 운동(CPM)/교회 개척을 위한 제자화 운동(DMM) 패러다임은 성경에서 언급된 영적으로 성숙한 지도자에 의한 가르침을 포함하지 않는다." 평균 점수 - 2.7/5

3. "교회 개척 운동(CPM)은 지도자의 부적절한 신학 훈련으로 인해 거짓 가르침의 가능성을 열어 두고 있다." 평균 점수 - 2.6/5

4. "교회 개척 운동(CPM)의 교회론은 부적절하다.(이 하나님의 운동의 '교회'는 실제 교회가 아닐 수도 있다.)" 평균 점수 - 2.5/5

5. "'평화의 사람(Person of Peace)' 전략은 사실 마태복음과 누가복음 그리고 사도행전에 나와 있지 않다." 평균 점수 - 2.28/5

6. "'순종에 기초한 제자도(Obedience-based discipleship)'는 은혜를 말하지 않고 율법주의를 가르칠 위험을 갖고 있는 위험한 패러다임이다. 평균 점수 - 2.22/5

7. "DISCOVERY 성경공부(DBS)는 전도에 대한 성경적인 접근 방식이 아니다. 성경적 방식은 선포이다." 평균 점수 - 2.2/5

8. "성숙한 기독교인이 인도하지 않는 불신자의 성경 공부는 선교학적으로 현명하지 못하고 심지어 위험하기까지 하다." 평균 점수 —2.18/5

이러한 각각의 반대 의견을 다루면서 필자는 가장 일반적인 용어인 교회 개척 운동(CPM)을 사용할 것인데 교회 개척 운동(CPM)은 "제자가 제자를 낳고 지도자가 지도자를 양성하여 토착 교회(보통 가정 교회-house churches)가 더 많은 교회를 개척하는 결과를 낳는 재생산이며, 4세대 교회 재생산이 발생하면 교회 개척은 지속 가능한 하나님의 운동이 되기 위한 단계에 진입한다"(콜스-Coles 와 팍스-Parks 2019, 315)는 것을 의미한다.

교회 개척을 위한 제자화 운동(DMM)은 때때로 교회 개척 운동(CPM)과 동의어로 사용되지만 더 정확하게는 교회 개척 운동(CPM)을 향한 여러 과정(process) 중 하나로 이해된다.[1] 교회 개척 운동(CPM)과 교회 개척을 위한 제자화 운동(DMM)에 대해 반대를 할 때 이 두 용어를 어느 정도 같은 의미로 사용하는 경우가 많기 때문에 필자도 이 둘 사이의 차이를 최소화하고 광의의 용어인 교회 개척 운동(CPM)을 사용할 것이다. 하나님은 교회 개척 운동(CPM)이나 교회 개척을 위한 제자화 운동(DMM) 정의에 맞지 않는 그리스도를 향한 다른 운동(본 서에서 설명된 일부 사례 포함)에서도 역사하고 계신다. 하지만 이 장에서는 교회 개척 운동(CPM)/교회 개척을 위한 제자화 운동(DMM)과 이러한 패러다임을 겨냥한 반대 의견에만 중점을 둘 것이다.

반대 1. 성경은 급속한 재생산을 지지하지 않으며 이러한 재생산은 종종 피상적인 제자도를 초래한다. 급속한 성장을 목표로 삼는 것은 사역자를 좌절시키고 수치를 과장하도록 유혹할 수 있다.

이러한 우려에는 네 가지 중요한 요소가 포함되는데 필자는 이 우려에 대해 차례로 다룰 것이다. 첫째 "성경은 급속한 재생산을 지지하지 않는다." 이것은 사실이다. 누구든지 올바른 활동을 하면 빠르게 성장하는 운동이 일어날 것이라고 약속한다면(또는 그러한 인상을 준다면) 그것은 잘못된 것이다. 요한복음 15:5-8과 마태복음 13:23과 같은 성경 구절의 약속은 빠른 열매보다 풍성한 열매에 초점을 맞추고 있다. 그러나 하나님의 영은 누가에게 다음과 같은 긍정적인 보고를 하도록 영감을 주셨다. "예루살렘에 있는 제자의 수가 더 심히 많아지고 허다한 제사장의 무리도 이 도에 복종하니라"(행 6:7). 사도 바울은 데살로니가 사람 사이에서의 빠른 부흥(성장)을 회상했을 뿐만 아니라 다른 지역에서도 빠른 부흥을 위해 기도해 달라고 요청했다. "주의 말씀이 너희 가운데서와 같이 속히 전파되고 영광을 받도록 우리를 위하여 기도하라"(살

---

1) 교회 개척을 위한 제자화 운동(DMM)은 "잃어버린 영혼에게 사역하는 제자가 가족이나 영향력 있는 사람을 모아 DISCOVERY 성경 공부를 시작할 수 있는 평화의 사람(persons of peace)을 찾는데 초점을 맞춘다. DISCOVERY 성경 공부는 창조에서 그리스도까지 귀납적으로 성경을 공부하는 과정으로 성경을 통해 하나님으로부터 직접 배우는 성경 공부이다. 이러한 그리스도를 향한 여정은 보통 몇 달이 걸리며 이 과정에서 구도자는 배운 내용에 순종하고 성경 이야기를 다른 사람과 나누도록 격려 받는다. 이 성경 공부는 가능하다면 가족이나 친구와 함께 시작하며 초기 학습 과정이 끝나면 새 신자는 세례(침례)를 받는다. 그 후 몇 달 동안의 DISCOVERY 성경 공부 교회 개척 단계가 시작되는데 이 과정을 통해 교회가 형성된다"(콜스-Coles 와 팍스-Parks 2019, 315-16). 교회 개척 운동(CPM)으로 이어지는 다른 주목할 만한 과정은 훈련자를 위한 훈련(T4T)과 선교사의 네가지 삶의 주기 훈련(Four Fields) 그리고 줌(Zume) 등이 있다.

후 3:1).

그러므로 급속한 재생산은 성경의 약속은 아니지만 신약에서 나타난 하나님 나라의 진보라는 긍정적인 가치로 여겨진다. 급속한 재생산에 대해 우리가 무엇을 말하든 우리는 신약성경 저자가 묘사한 긍정적인 견해를 숙고하는 것이 좋겠다.

둘째 "빠른 재생산은 종종 천박한 제자도를 초래한다." 피상적인 제자도는 기독교 역사 전체와 오늘날 기독교 세계의 많은 부분에서 나타나는 슬픈 현실이다. 제자도가 부적절하게 되는 데에는 종종 여러 가지 요인이 영향을 미치는데 다음의 네 가지가 포함된다.

1. 그리스도의 주권과 거의 또는 전혀 관련이 없는 초기의 빈약한 헌신.
2. 진정한 회개가 아닌 단순한 지적 동의에 기초한 신앙 고백.
3. 성경적 명령과 양립할 수 없는 자신의 죄성이나 문화의 패턴을 고수하는 것.
4. 지속적으로 이루어지지 않는 활동적이고 성장하는 신자와의 교제(관계).

이러한 요인은 다양한 문화와 상황에서 교회에게 해를 주어 왔다. 제자화 사역을 하는 많은 사역자가 위의 4가지 요인이 그들의 고국에 있는 교회에게 영향을 미치는 것을 쉽게 간과하고 있다. 그러나 그들은 이러한 요인이 과거 선교사의 노력의 결실인 대다수 세계(Majority World, 흔히 비(非)서구 또는 제3세계로 불리는 지역을 뜻함, 역주)의 일부 교회에 어떤 영향을 미치는지 너무도 분명하게 알고 있다. 이러한 많은 사례의 경우에 피상적인 제자도를 초래한 급속한 성장은 급속한 재생산의 열매가 아니다. 제자가 제자를 낳고 교회가 교회를 재생산하는 그러한 영적 세대가 이어지는 상황에서 발생한 것이 아니었다.

급속한 성장으로 인해 발생한 피상적인 제자도의 사례는(일반적으로 위에 언급된 요인 중 최소 한가지 이상이 발생한) 부적절한 제자도에서 수적으로 크게 성장한 1세대 교회와 신자에서 나타나는 경향이 있다. 이러한 제자도가 재생산한 두 번째와 세 번째 세대의 생물학적 기독교인은 첫 세대의 제자도와 유사하거나 그보다 못한 제자도를 갖게 된다. 이와는 대조적으로 (4세대 이상의 교회를 재생산하는) 건강한 교회 재생산 운동에서 발생한 빠른 성장은 지속적으로 매우 열정적이고 전염성이 있는 신앙을 가진 제자를 배출한다. 이는 우리 대부분이 익숙하게 알고 있는 느린 성장으로 인해 발생하는 제자도 와도 다소 대조되는 것이다.

일반적으로 교회 개척 운동(CPM)은 위에서 언급한 네 가지 요인 모두를 다루려는 경향이 있다. 귀납적 성경 공부를 통한 제자화로 인해 하나님의 말씀을 정기적으로 연구하고 하나님의 말씀에 순종하며 다른 신자와 함께 성장하는 방식이 확립된다. 이는 성경의 근본적인 진리를 고수하기 위해 노력하는 과정과 옛 삶에서 벗어나 새 삶을 받아들여야 할 필요성에 기반한 신앙적 헌신을 가져온다.

교회 개척 운동(CPM)에는 일반적으로 후속 조치와 제자도에 대한 방식들이 있으며 이러한 여러 방식들은 신자들이 그리스도 안에 있는 삶을 위한 확고한 교리적 기초를 갖추기 위해 면밀하게 고안된 커리큘럼을 가지고 있다. 여러 하나님의 운동에서 종종 목격되는 급속한 재생산은 건강한 제자가 건강한 제자를 낳는 데서 자연스럽게 발생한다. 이미 언급했듯이 피상적인 제자는 (생물학적 재생산을 제외하면) 거의 재생산을 하지 못하는 경향이 있다.

셋째, "급속한 성장을 목표로 삼는 것은 사역자를 좌절시킬 수 있다." 급속한 성장은 그 자체로 목표가 아니며 목표가 되어서도 안 된다. 크레이그 오트(Craig Ott)가 언급한 것처럼 "우리의 관심은 속도보다는 장기적으로 지속가능한 하나님의 운동을 지역에서 시작할 수 있는 재생산이 가능한 방법에 관한 것이다"(오트-Ott 와 윌슨-Wilson 2010, 99).

교회 개척 운동(CPM)에서 볼 수 있는 급속한 성장은 제자를 삼고 교회를 개척하기 위한 적절한 수단을 사용할 때 자연스럽게 나온 하나님의 축복의 결과이다. 일반적으로 이러한 수단에는 개인 보다는 가족 또는 공동체적인 접근, 풍성한 기도와 모든 신자의 일관된 전도, 모든 신자의 하나님의 말씀 연구와 적용 참여 그리고 지역 지도자에게 권한을 부여함 등이 포함된다. 그러나 이러한 수단을 적용한다고 해서 교회 개척 운동의 발생이 보장되는 것은 아니다. 하나님께서는 직접적인 원인과 결과를 약속하지 않으시며 우리도 그럴 수 없다. 하지만 적절한 수단을 신실하게 사용하는 것은 하나님 아버지의 기쁘신 뜻에 따라 주권적으로 일하시는 하나님의 성령을 실제적으로 초대하는 것이다.

단순한 저비용 방식은 대규모 자원 투자가 필요한 방식보다 훨씬 더 빠르게 성장할 수 있다. 이러한 방식과 다른 교회 개척 운동(CPM)을 지향하는 방식을 적용하면 자연스럽게 빠르게 성장하는 경우가 많다. 그러나 실제로 교회 개척 운동(CPM)을 촉진하는 초기 단계가 빠르게 발생하는 경우는 거의 없다. 새로운 언어와 문화를 배우고 평화의 사람(person of peace)을 찾으며 지도자를 양성하고 DISCOVERY 성경 공부 그룹이 그리스도를 따르겠다는 결정을 내릴 때까지 지속하는 것과 같은 일이 나오기에는 수년이 걸릴 수 있다. 교회 개척 운동(CPM) 원칙은 빠른 성공을 위한 비결과는 거리가 멀다.

교회 개척 운동(CPM)은 빠르게 성장하지만 이는 속도에 중점을 두기 때문이 아니다. 교회 개척 운동은 즉각성(immediacy)에 초점을 맞춘다. 예수님이 제자들에게 "나를 따르라 내가 너희로 사람을 낚는 어부가 되게 하리라"고 부르셨을 때 그들은 주님의 말씀에 즉시 순종하여 그물을 버리고 그분을 따랐다(막 1:17-18 ESV). 교회 개척 운동(CPM)의 제자는 지체하거나 망설임 없이 주님의 말씀에 반복적으로 순종한다. 이러한 순종은 급속한 삶의 변화 그리고 신자와 교회의 급속한 성장을 가져온다. 교회 개척 운동(CPM)에서는 그런 현상이 일반적이다.

한 선교 지도자는 교회 개척 운동(CPM) 훈련자가 사역자들에게 "비현실적인 기대"를 갖고 사역하도록 만들었다고 주장했다. 그러나 교회 개척 운동(CPM) 훈련은 일반적으로 사역자들이 성경적 방식을 따르도록 최선을 다해 격려하지만 그러한 하나님의 운동이 일어날 여부와 시기는 오직 하나님께서 만이 결정하신다는 점을 인정한다. 급속한 성장을 약속하지 않기 때문에 사역자를 실망시킬 수 있다는 점을 두려워할 필요가 없다. 크고 열정적인 비전을 향한 기도와 노력은 작고 달성하기 쉬운 비전보다 더 많은 발전을 불러일으킨다. 예수님은 산을 옮길만한 믿음을 격려하고 계신다. 따라서 특정 사역이 급속도로 성장하는 하나님의 운동으로 이어지지 않더라도 하나님께서는 그러한 믿음과 기도와 노력을 기뻐하실 것이다.

넷째, "급속한 성장을 목표로 삼는 것은…… (사역자들이) 숫자를 과장할 유혹에 빠질 수 있다. 숫자를 과장할 유혹은 전 세계 모든 사역자들 사이에 존재하며, 그들이 사용하는 사역 방식이 교회 개척 운동

(CPM)이든, 전통적이든, 그 밖의 다른 방식이든 간에 마찬가지다. 이 문제는 보고된 숫자와 재정이 연결된 경우 가장 크게 발생한다. 여기에는 서구의 후원자들이 선교 현장의 현지 교회 개척 사역자를 후원하는 경우가 포함된다(질스트라-Zylstra 2019; 트록모턴-Throckmorton 2020). 예외가 있기는 하지만 교회 개척 운동 (CPM)은 일반적으로 교회 개척자에게 임금을 지불하기 위해 외국 자금을 사용하는 것을 피한다. 그리고 많은 교회 개척 운동(CPM)은 검증자들을 사용하여 보고 문제를 방지하려고 노력하며 그룹들이 언제 만나는지 묻기도 하고 때로는 예상치 못한 방문을 하기도 한다.

반대 2. 교회 개척 운동(CPM)/교회 개척을 위한 제자화 운동(DMM) 패러다임은 영적으로 성숙한 교사가 가르치는 성경적 역할을 적절하게 포함하지 않는다.

이러한 우려를 해결하기 위해 우리는 먼저 영적으로 성숙한 교사의 "적절한" 가르침을 구성하는 것이 무엇인지 그리고 하나님께서 우리가 어떻게 그것을 가능하기를 바라시는지 질문해야 한다. 필자는 성경적 가르침의 타당성을 다음 다섯 가지 요소로 측정할 수 있다고 제안한다.

1. 사람들이 참된 구원의 믿음에 다가가고 있는가?
2. 사람들은 그리스도 안에 뿌리를 내리고 그 안에서 굳건하게 거하는 제자로서 성숙해지고 있는가?
3. 그 가르침은 사람들이 예수께서 명령하신 모든 것에 순종하도록 인도하는가?
4. 그 가르침은 재생산하는 성장을 위한 견고한 기초가 됨으로써 다른 사람들을 가르칠 수 있는 능력을 갖춘 지도자로 양성하는가?
5. 교회는 건강하고 성경적인 에클레시아로 되어가고 있는가?

24:14 연합(www.2414now.net)에서 인정한 신뢰할 수 있는 사람들이 교회 개척 운동(CPM)을 조사한 만큼 필자는 다섯 가지 질문에 대해서 모두 '예'라고 믿는다. 그 열매가 확실히 성경적일 경우에 그 가르침은 적절하다. 그러나 여전히 몇 가지 질문은 남아 있다.

하나님의 운동에는 영적으로 성숙한 교사가 가르치는 역할이 있는가? 그렇다. 특히 신자를 가르치는 데에는 그렇다. 많은 교회 개척 운동(CPM)은 모든 수준의 새로운 신자와 지도자를 집중적으로 가르친다. 예를 들어 "교회 개척 운동에서 가르치고 설교하는 역할은 무엇입니까?"라는 질문에 대한 대답으로 보즈푸리(Bhojpuri) 운동 지도자들은 다음과 같이 말하고 있다. "말씀을 가르치고 설교하는 것은 신자들의 모임에서 정규적인 부분입니다. 또한 이 가르침은 교회 개척 운동의 세대를 거쳐 전달되는 고급 리더십 훈련을 통해 매달 이루어지며 컨퍼런스와 세미나에서도 가르침과 설교가 포함됩니다"(존-John 과 콜스-Coles 2019, 189).

보즈푸리(Bhojpuri) 운동의 지도자는 또한 이러한 일관된 훈련 방식을 다음과 같이 설명했다. "우리는 인도(India) 북부의 많은 지역에서 교육을 하고 있는데 훈련은 먼저 주(州) 사무소에서 한 달에 며칠 그 다음에는 지역과 구역, 하위 구역 그리고 마을 순으로 진행됩니다. 그러므로 모든 사람이 훈련을 받게 되니다"(2019, 163).

사람들이 성경을 통해 효과적으로 가르침을 받으려면 성경적으로 항상 인간 중재자가 필요한가? 수세기에 걸쳐 대부분의 개신교인은 성경의 명료성(명확성)에 관한 다음의 웨스트민스터 신앙고백(1.7장)에 동의해 왔다: "성경 안에 있는 모든 말씀은 그 뜻이 한 결 같이 명백하게 나타나 있거나 모든 사람이 똑같이 분명하게 이해할 수 있는 것은 아니다. 그러나 구원을 얻기 위해서 꼭 알아야 하고 믿어야 하며 지켜야 할 진리는 성경 곳곳에 명확하게 제시되어 있기 때문에 유식한 자만이 아니라 무지한 자까지도 일상적인 수단을 적절하게 사용한다면 그것을 충분히 이해할 수 있다."

우리는 하나님의 영이(원어에서 적절하게 번역된 경우) 성경을 조명함으로써 그분의 백성들에게 직접 말씀하실 수 있다고 믿는다. 인간 교사는 도움이 될 수 있지만 중재자로서 인간 사제직은 필요하지 않다. 종교개혁자들은 로마 가톨릭(Roman Catholic) 교회의 주장에 맞서 이 성경적 원칙을 강력하게 주장했다. 그러나 일부 현대 개신교인들은 교단에서 승인한 중재자를 은밀하게 만들기도 했다.

성경의 잘못된 적용으로 중재자로 대표되는 옛 방식이 지지를 받은 반면 기록된 하나님의 말씀을 직접 듣는 더 생산적인 방식에 대한 의심이 발생했다. 예를 들어 에스라가 하나님의 백성에게 율법을 가르치기 위해 높은 나무 단에 올랐을 때(느 8:1~8), 대부분의 사람들은 문맹이었고 문자로 기록된 성경은 거의 존재하지 않았다. 사도행전에서 사도들이 가르치고 설교할 때에도 당시의 대부분의 사람들도 문맹이었고 신약성서의 대부분은 아직 기록되지 않았으며 더욱이 하나님의 백성이 개인적으로 사용할 수 있도록 성경이 편집되어 있지도 않았다. 성경의 대량 인쇄는 1,400년 후의 일이고 성경의 디지털 문자화와 배포는 1,900년 후의 일이다. 하나님의 진리를 최대한 많은 사람에게 전달하는 데 사용할 수 있는 가장 효과적인 방법은 잘 훈련되고 글을 읽고 쓸 줄 아는 사람이 청중에게 말하는 것이었다.

독백 형식의 설교는 우리 시대에도 여전히 가치가 있지만 이제 우리는 놀랍게도 수백만 명의 사람이 하나님의 말씀을 직접 개인적으로 접할 수 있도록 만드는 수단을 갖게 되었다. 세상 모든 민족에게 하나님의 메시지를 선포하려는 진지한 의도는 우리에게 구원의 소식을 알리기 위해 "가능한 모든 수단"(고전 9:22)을 최대한 활용하도록 요구한다. 지속되는 영적 성숙으로 인해 우리는 영적 양식을 위해 특정 전문가에게 의존하지 않게 된다. 많은 교회 개척 운동(CPM)에 사용되는 DISCOVERY 성경 공부 접근 방식은 하나님의 목적을 달성하기 위해 살아 있고 활동적인 하나님의 말씀을 배우고 적용하는 것을 우선시한다.

성경이 강조하는 점은 메시지가 특정 사람을 통해 불충분하게 전달되는 것을 걱정하기보다는 모든 사람이 하나님의 말씀에 최대한 접근할 수 있도록 하는 것이다. 우리의 최우선 순위는 가능한 한 많은 사람이 성령의 인도를 받아 성경을 적용하는 것이다. 성숙한 교사의 해석은 큰 가치가 있지만 성숙한 교사의 부재 때문에 하나님의 말씀이 사람들에게 전달되는 것이 방해되어서는 안 된다.

다른 사람을 가르치는 데 있어 영적 성숙의 성경적 표준은 무엇인가? 공간의 제약으로 인해 필자는 가장 기본적인 두 가지 본문 즉 디모데 전서 3:2-7과 디도서 1:5-9에 나오는 장로에 대한 기준을 제안한다. 디도서 1장 5절과 사도행전 14장 21~23절은 이러한 기준을 충족하는 사람에 대해 말하고 있는데 이들은 여러 사람 가운데에서 복음을 처음 듣는 사람 다음 단계에 있는 이들로 성숙한 교회를 세우는 과정의 한 단계에 해당된다. 이러한 사람의 자격 요건은 "그는 최근에 회심한 사람이 아니어야 한다"(딤전 3:6)인데 이 요건은 복음이 새로운 사람과 새로운 장소에 들어갈 때 각 지역 상황에 맞게 적용되어야 한다.

한 지역의 모든 신자가 비교적 최근에 회심한 경우 이 요건은 다른 기준보다 우선시되지 말아야 한다. 필립 타우너(Philip Towner)는 바울이 그레데인을 위해 디도에게 지시한 내용에 대해 다음과 같이 언급했다. "최근 회심자 중에서 장로를 임명하는 디도의 임무(이 경우 바울은 최근 회심자를 제외하지 못했다)는 쉽지 않았을 것이다"(2010, 229). 교회 개척 운동(CPM)에서 가장 영적으로 성숙한 신자는 그들의 영적 리더십으로 식별된다.

가르친다는 것은 무엇을 의미하는가? 이 두 번째 반대 의견 중 일부는 교회 개척 운동(CPM) 지지자들이 '가르치다'라는 단어를 사용하는 방식에서 기인한다. DISCOVERY 성경 공부 접근 방식에서 발견의 중요성을 설명하면서 성경 공부 인도자들은 종종 "외부인은 가르치기보다는 돕는다"[2]와 같은 말을 한다. 이 발언의 맥락에서 보면 "텍스트의 의미를 권위 있게 설명하는" 일반적 접근 방식을 피하려는 의도가 분명히 있다. 그러나 DISCOVERY 성경 공부를 돕는 것은 비 지시적인 성경적 "가르침"의 한 형식을 만드는 것이다.

신약에서 200번 이상 사용된 헬라어 단어 기노스코(ginōskō)는 단순한 사실의 축적이 아니라 경험적 지식을 포함한다. 가르친다는 것은 "사람에게 무엇인가를 알게 한다 … 가르치고 지시하고 훈련한다는 것은 지식이나 기술을 얻게 한다는 뜻이다 … 가르치는 것은 다른 사람이 배울 수 있도록 정보나 기술을 전달하는 모든 방법에서 사용될 수 있다"(메리암-Merriam-웹스터Webster 2020). 이 과정은 어떻게 이루어질까? 교실과 교회에서의 개인적인 경험에 비추어 볼 때 우리 대부분은 "가르친다"는 것은 한 사람이 말하고 다른 사람은 조용히 경청하며 듣는 내용을 어느 정도 흡수하는 일방적인 강의를 의미한다고 생각하는 경향이 있다. 그러나 사람들은 다양한 방식으로 학습하며 일방적인 강의는 기억력과 삶의 변화 모두에서 가장 효과가 낮은 것으로 밝혀졌다. 신약성경에 묘사된 대부분의 가르침은 대화식으로 이루어져 있는데 이는 예수님과 제자와의 상호작용 그리고 신약성경에서 13번 사용된 (토론하다, 대화하다는 의미의) 헬라어 단어 디알레고마이(dialegomai)에서 확인할 수 있다. 사도행전에는 바울의 선포 방식을 설명하는 10번의 디알레고마이가 등장한다(행 17:2, 17; 18: 4, 19: 19:8, 9).

교회 개척 운동(CPM)은 다양한 교육 방법을 사용한다. 많은 교회 개척 운동이 귀납적 성경 공부 방식을 사용하는데 일부는 더 지시적인 가르침을 사용하지만 상호작용 형식 안에서 사용한다. 대부분의 하나님의 운동에서 동료 사이의 지도(peer coaching)와 상호 학습을 위해 인도자 무리 안에서 지도자를 세운다. 모

---

2) 이것에 대한 예는 왓슨(Watson)과 왓슨(Watson)의 책 73페이지를 참조하라.

든 하나님의 운동은 제자 훈련에 사용하는 다양한 수준의 구체적인 커리큘럼을 가지고 있다.

교회 개척 운동(CPM)에서 교사의 역할은 없는가? 그렇지 않다. 역할이 있지만 교사들은 일상적인 삶과 씨름하며 처음부터 끝까지 지역 주민에게 힘을 실어주어야 한다. 교사의 역할을 선택하는 기준은 가르치고 싶은 사람의 욕구를 가장 충족시키는 것이 무엇인가가 아니라 하나님의 나라를 확장시키는 것이 무엇인가이다. 우리는 성경에서 교사와 가르침에 대한 많은 설명과 예를 분명히 볼 수 있다. 교회 개척 운동(CPM)은 성숙하고 활동적이며 재생산하는 제자를 잘 배출할 수 있는 방식으로 이 가르침의 은사를 적용하는 것을 목표로 한다.

반대 3. 교회 개척 운동(CPM)은 지도자에 대한 부적절한 신학적 훈련으로 인해 거짓 가르침의 가능성을 열어 두고 있다.

이 반대 의견은 다음의 두 가지 핵심 개념에 집중된다. 첫째는 적절한 신학 훈련과 부적절한 신학 훈련에 대한 정의이고 둘째는 거짓 가르침에 대한 일차적이고 유일한 예방은 신학 훈련이라는 가정이다. 적절한 신학 훈련을 위한 우리의 표준이나 기준은 무엇인가? 제도화된 교회의 배경을 가진 사람에게 이 질문에 대한 분명한 대답은 성경적으로 건전하고 인가를 받은 신학교의 공식 학위이거나 적어도 성경적으로 건전하고 인가를 받은 성경 학교의 졸업장이나 수료증일 것이다. 그러나 이러한 전통적인 대답들은 적어도 다음 세 가지 중요한 측면에서 볼 때 여전히 부족함이 있다.

첫째, 이러한 기준 중 어느 것도 성경 어디에도 언급되어 있지 않다. 그렇다고 해서 틀린 답이 되는 것은 아니지만 하나님이 주시는 답을 얻으려면 위의 직감적인 대답을 훨씬 뛰어넘어 생각해야 한다. 신약 성경의 적절한 훈련은 다양한 방식과 상황에서 이루어졌다. 사도 바울은 자신의 훈련 모델은 방대한 책과 자원에 크게 의존하는 현대의 학문적 훈련 모델과는 달리 여러 세대에 걸쳐 쉽게 재현할 수 있다고 설명했다: "또 네가 많은 증인 앞에서 내게 들은 바를 충성된 사람들에게 부탁하라. 그들이 또 다른 사람들을 가르칠 수 있으리라"(딤후 2:2).

바울이 디모데 전서 3장에서 교회 지도자에 대해 나열한 기준에는 12가지가 넘는 다른 기준과 함께 "가르칠 수 있는 능력"이 포함되어 있다. 그리고 디도에게 주어진 특성은 다음과 같다: "미쁜 말씀의 가르침을 그대로 지켜야 하리니 이는 바른 교훈으로 권면하고 거스려 말하는 자들을 책망하게 하려 함이라"(딛 1:9).

이러한 능력은 성숙한 교사 그리고 하나님의 말씀과의 상호 작용을 통해 다양한 방법으로 훈련될 수 있다. 하나님의 운동의 지도자는 성경 교육을 중요하게 생각하지만 그들의 신뢰할 만한 제자가 학위를 마칠 때까지 기다린 후에 제자에게 하나님의 진리를 맡길 수 있도록 준비시키지 않는다. 그들의 신뢰할만한 제자는 하나님의 미쁜 복음의 메시지를 다른 사람에게 전한다.

예를 들어 빅터 존(Victor John)은 이렇게 말한다. "우리는 일상생활 수업을 통해서도 가르칩니다. 신명기

6:7 이러한 가르침은 단지 교실에 앉아 있을 때가 아니라 일상생활에서 함께 있음을 통해 일어납니다"(존-John 과 콜스- Coles 2019, 161). 그는 또한 아래와 같이 말한다.

많은 사역은 성경대학 등을 통해 이론적인 훈련을 하지만 이론적 가르침은 사람에게 배운 것을 실천할 기회를 주지 않습니다. 반면 우리는 한 가지를 가르친 다음 "가서 해 보세요"라고 말합니다. 그래서 배운 것은 무엇이든 즉시 생활에 적용합니다. 그들이 더 많은 것을 배우는 이유가 이것입니다. 우리는 적은 것을 가르치지만 그들은 우리의 가르침뿐만 아니라 자신의 경험을 통해 배웁니다. 이를 통해 그들은 실제적이고 효과적으로 사역할 수 있습니다. 그들이 우리에게서 배울 때 이러한 과정이 시작됩니다. 그들이 배운 것을 실천하기 시작하면 하나님께서 그들을 가르치시기 때문에 그들은 더 많은 것을 배우게 됩니다(존-John 과 콜스- Coles, 165).

교회 개척 운동(CPM)은 신학(하나님의 진리에 대한 지식)이 지속적으로 삶의 적용으로 이어지는 것을 목표로 한다. 정통 신학은 지속적으로 정통실천과 연결된다. 오트(Ott)는 다음과 같이 지적한다: "교회의 증식은 신학 교육과 안수를 받은 목회자를 필요로 하는 교회 개척이 아니라 평신도 또는 이중직 사역자의 팀에 의해 주도되는 교회 개척에서 가장 빠르게 발생한다… 이것이 신약성경의 방식이다"(오트-Ott 와 윌슨-Wilson 2010, 385).

둘째, 대부분의 교회 개척 운동(CPM)은 그 하나님의 운동의 신자에게 전달되는 "건전한 가르침의 패턴"을 가지고 있다. 성경을 공부하려는 제자의 열의는 종종 점점 더 실질적이고 유기적인 신학 훈련의 발전으로 이어진다. 예를 들어 쇼단커 존슨(Shodankeh Johnson) (2021)은 시에라리온(Sierra Leone)에서 교회 개척 운동(CPM)의 교육 과정이 처음에는(1998년) 성경 공부로 시작하여 1년 자격증 과정으로 성장했고 몇 년 안에 정부의 승인을 받은 4년제 학위 과정으로 발전했다고 말한다. 현재 이 학교는 신학 및 기타 다양한 분야에서 4년제 학위를 제공하고 있다. 확장되고 발전된 성경 훈련은 많은 교회 개척 운동(CPM)에서 중요한 역할을 한다.

셋째, 잠시 생각해 보면 신학 교육(theological education)이 반드시 거짓 가르침을 예방하는 것은 아니라는 점을 알 수 있다. 예를 들어 필자가 성장한 개신교 교단에서 필자는 신학교 졸업 후 이전보다 성경적으로 덜 건전한 신앙을 지니게 된 목사들의 안타까운 이야기를 많이 들었다. 풍부한 신학 지식은 매우 유용할 수 있지만 그것이 다른 사람의 건전한 성경적 믿음을 북돋는 능력을 보장하지는 않는다. 현대의 많은 이단은 신학교에서 박사학위를 취득한 신학자에게서 나온다. 이단적인 움직임은 종종 매우 재능 있는 교사로부터 발생하여 그의 추종자는 그가 말하는 것은 무엇이든 무비판적으로 받아들이고 반복하는 습관을 갖게 된다. 이러한 사례로 주목할만한 경우는 여호와의 증인, 크리스천 사이언스, 몰몬교 등이 있다. 역사적으로 많은 이단 집단은 잘못된 해석을 효과적으로 가르친 재능 있는 교사의 이름을 따서 명명되었다. 그 예가 아폴리나리주의(Apollinarism), 아리우스주의(Arianism), 사벨리아주의(Sabellianism), 마르키온주의(Marcionism), 몬타누스주의(Montanism), 헨리키아주의(Henricians), 펠라기우스주의(Pelagianism) 등이다.

하나님의 운동의 지도자는 하나님의 말씀을 상호 연구하고 적용함으로써 건전한 성경적 신앙을 육성한다. 모든 제자는 성경과 그 적용을 스스로 다루도록 훈련을 받는다. 그들은 또한 서로에게 성경에서 그런 내용을 어디서 볼 수 있는지를 묻는 훈련을 받는다. 이것이 이단을 예방하는 최선의 방법 중 하나이다. 또한 하나님의 운동 지도자는 일반적으로 역사적이고 세계적인 그리스도의 몸(교회)과 어느 정도 연관되어 있다. 이것은 하나님의 운동 내에서 성경을 폭넓게 해석하고 적용하는 데 있어서 비교점과 안전점을 제공한다.

거짓 가르침을 피하기 위해 교회 개척 운동(CPM)의 제자는 주님의 방법 안에서 서로에 대한 책무를 제공하며 "서로에게"라는 성경의 원리를 지속적으로 적용한다. 그들은 "서로 가르치고 권면하면서 그리스도의 말씀이 너희 가운데 풍성히 거하게 하라"(골 3:16) "그러므로 너희가 하고 있는 것 같이 서로 권면하고 서로 덕을 세우라"(살전 5:11) 그리고 "오직 오늘이라 일컫는 동안 날마다 서로 권면하여 너희 중에 누구든지 죄의 유혹으로 완고하게 되지 않게 하라"(히 3:13)와 같은 성경 구절을 정기적으로 실천한다.

많은 기독교 지도자는 올바른 설교가 청중의 올바른 신학이 된다고 여긴다. 그러나 연구에 따르면 이는 잘못된 생각이다(웨버-Weber 2018). 청중석에 있는 성도는 잘못된 신학에 직면할 필요가 없다. 교회 개척 운동(CPM)에서 신자는 단지 말씀을 듣는 것보다 더 깊은 차원에서 하나님의 말씀과 씨름한다. 성경을 배우는 소그룹 토론에서는 문제가 더 빨리 드러나는 경향이 있다. 사람은 성화되거나 떠나거나 둘 중 하나이다. 한 연구 프로젝트는 열두개의 하나님의 운동 가운데 심각한 이단 유형을 찾지 못했다고 결론을 내렸다(서전트-Sergeant, Loc 2019, 2730-41).

우리는 이 시대의 타락한 세상에서 하나님의 백성이 항상 거짓 가르침의 유혹에 노출되어 있다는 사실을 인정해야 한다. 아무리 많은 양의 신학 훈련도 하나님의 백성을 "오류로부터 보호"할 수 없다. 우리는 신약 성경에서 최고의 가르침이 모든 거짓 가르침을 막지는 못했다는 것을 보았다. 바울의 접근 방식에는 그의 "건전한 가르침의 방식"이 포함되어 있다(딤후 1:13; 참조, 롬 6:17). 또한 다양한 문제가 발생하면 이를 해결하기 위해 멀리 떨어져 있더라도 (편지를 통해) 지속적인 관계를 유지해야 했다. 그리고 바울은 양떼를 지키는 지역 목회자에게 크게 의존했다(참조, 행 20:28-31; 딛 1:9). 교회 개척 운동 지도자는 일반적으로 거짓 가르침을 막기 위해 이러한 유사한 예방 조치를 취한다.

반대 4. 교회 개척 운동(CPM)은 부적절한 교회론(ecclesiology)을 가지고 있다.(그들의 "교회"는 실제 교회가 아닐 수도 있다.)

흥미롭게도 오트(Ott)와 윌슨(Wilson)은 다음과 같이 말한다.

바울이 개척한 많은 교회는 오늘날 많은 사람이 교회가 되기 위한 최소한의 표준으로 간주하는 수준을 충족하지 못할 것입니다. 그럼에도 불구하고 그는 가장 문제가 있는 교회까지도 "교회"라고 불렀습니다. 이는 우리로 하여금 성경적 의미에서 지역 교회를 진정으로 구성하는 것이 무엇인지 더 주의 깊게 생각하게 만듭니다.(2010, 4)

"그들의 '교회'가 실제 교회가 아닐 수도 있다"는 이 반대 의견은 교회 개척 운동(CPM)의 현실에 대한 정확한 정보가 부족함을 반영한다. 어떤 경우에도 필자는 실제 교회 개척 운동(CPM)에 대한 분석이 "진짜 교회"에 대한 기준과 관련되어 부정적인 결론을 도출했던 것을 본 적이 없다. 이러한 이의 제기는 다음 세 가지 요인 중 하나 이상에 근거한 것으로 보인다.

1. 실제 교회 개척 운동(CPM)에 대한 정보 부족

2. 서구 교회 전통에 지나치게 의존하는 "교회"의 기준

3. 교회 개척 운동(CPM)과 "내부자 운동(Insider Movement)"을 혼동하는 경우가 많다. 필자는 이러한 생각을 가진 이들 중 상당수가 부적절한 교회론(ecclesiology)을 갖고 있다고 생각한다. 내부자 운동(Insider Movement), 패러다임의 교회론(ecclesiology)과 성경적 에클레시아의 특성에 대한 워터맨(Waterman)의 비판을 참조하라(Waterman 2011, 460-67; Waterman 2016).

많은 교회 개척 운동에서 사용되는 패턴은 "교회 집단(circles)"으로 알려져 있다(스미스-Smith 2012, 22-26). 이러한 방식을 사용하면 개척 운동 지도자가 사도행전 2장 36~47절과 기타 관련 신약 본문에 나오는 성경적 설명을 사용하여 신자의 그룹이 교회로 발전하고 성숙하는 과정을 추적할 수 있다. 이 집단에는 일반적으로 세례(침례)와 하나님의 말씀, 성만찬, 교제, 헌금과 사역, 기도, 찬양, 전도 그리고 리더십이 포함된다.[3]

신약 시대와 교회 역사의 처음 200년 동안 예수님을 따르는 사람들은 가정에서 예배를 드리는 것이 가장 일반적이었다. 이러한 가정 모임 패턴이 지금은 더 이상 가장 일반적이지는 않지만 가정 교회를 "진짜 교회가 아닌" 것으로 보는 사람은 아무도(명시적으로 든 암묵적으로 든) 없기를 바란다. 교회의 다양한 기준이나 표징(mark)을 조사한 연구는 일부 사람이 교회 개척 운동(CPM)에 부족하다고 주장할 수 있는 주요 "표징(mark)"은 단 하나만 존재한다는 결론을 내렸다. 예를 들어 1561년 초안이 작성된 벨직 신앙고백(Belgic Confession)은 "참된 교회를 식별하는 표식" 중 첫 번째 항목을 "순수한 복음의 교리가 그 안에서 설교 된다면"(벨직 신앙고백, 년도 불명)으로 적시했다.

이것은 비판가에게 교회 개척 운동(CPM) 교회론(ecclesiology)을 교회로 간주하는 것에서 제외시키는 이유로 사용될 수 있다. 만일 그들이 "설교"를 안수받은 남성 목사가 강단 위에서 수동적인 평신도 회중에게 일방적인 메시지를 전달한다는 전통적인 의미로 해석한다면 말이다. 그 맥락에서 보면 이것이 벨직 신앙고백서를 작성한 사람의 의도였을 것이다. 일부 현대의 교회 지도자가 교회 개척 운동(CPM)이 부적절한 교회론을 갖고 있다고 비난할 때 이 기준을(의식적으로 든 무의식적으로 든) 적용하고 있는지 물어봐야 할 것이다. 어떤 사람들은 강대상도 없고 강단 위에서 마이크로 긴 독백을 하는 전문가도 없고 수동적인 청중도 없기 때문에 교회 개척 운동(CPM)에는 말씀에 대한 "설교"가 없다고 말할 수도 있을 것이다.

교회 개척 운동(CPM)에서 하나님의 말씀을 제시하는 방식은 종종 다른 방식으로 행해진다. 어떤 경우

---

3) 일부 교회 개척 운동은 성경에 나와 있는 이러한 항목들을 다른 방식으로 해석할 수 있으나 이들은 그들이 처한 다양한 상황에서 신약의 본문들을 적용하며 성경적 교회를 실현하려고 헌신하는 것은 사실이다.

에는 지도자가 대부분 침묵하는 청중에게 성경적 진리를 설명할 수도 있다. 그러나 성경에 대한 더 깊은 참여는 대화형 방식(예를 들어 DISCOVERY 성경 공부 에서와 같이)으로 더 자주 이루어지며 이 방식으로 모든 사람이 성경의 진리를 생각하고 토론하고 적용하는 데 적극적으로 참여한다. 그들에게는 강대상도 없는 경우가 많으며 또 그들은 한 사람이 모든 정답을 갖고 있다고 가정하지도 않는다. 그들은 종종 자신이 받은 것에 순종하는 데 대해 서로에게 분명한 책임감을 갖고 하나님의 말씀을 적용하는 데 초점을 맞춘다.

하나님의 운동은 매주 세련된 독백을 수동적으로 듣는 사람보다 하나님의 말씀을 일관되게 적용하는 제자를 선호한다. 그러나 많은 교회 개척 운동(CPM)에서 매주 일요일 "설교"가 부족하기 때문에 암묵적으로 든 명시적으로 든 일부 사람은 교회 개척 운동(CPM)의 주간(또는 더 빈번한) 모임이 "진짜 교회"가 아니라고 결론을 내리게 된다고 필자는 생각한다. 이 반대의 다른 변형은 "건강한 교회의 9가지 표징"(9 Marks 년도 불명) 논문에서 찾을 수 있으며 그 첫 번째 표징은 설교이다. "강해 설교는 성경 구절의 요점을 취하여 그것을 설교의 요점으로 만들고 그것을 오늘날의 삶에 적용한다."

비록 강해 설교는 필자가 선호하는 설교 스타일이지만 하나님의 백성에게 성경을 적절하게 제시하는 유일한 방법이 강해 설교인가? 만약 그렇다면 수많은 교회 개척 운동(CPM) 뿐만 아니라 전 세계 대다수의 전통교회(복음주의 교회 포함)가 "건강한 교회"의 기준을 충족하지 못할 수도 있다. 필자는 우리가 그 목표를 달성하기 위한 하나의 구체적이고 제한된 수단보다는 하나님의 목표(하나님의 말씀이 이해되고 삶에 적용되는 것)에 초점을 맞추는 것이 더 낫다고 제안한다.

이 8가지 반대 의견에 대한 필자의 설문 조사에 응답한 한 응답자는 다음과 같이 말했다.

진지한 성경 연구생은 아마도 사도행전 2장과 4장에 나타난 초기 교회의 특성과 바울의 서로에 대한 많은 명령이 자신의 개척 운동에서 일어나고 있는지 물을 것입니다. 그리고 의심할 바 없이 그들이 찾은 대답은 '예'일 것입니다. 그런 다음 그들은 장로가 있는지 질문할 것이며 그에 대한 대답도 '예'일 것입니다. 그리고 그들은 초대 교회에 대한 진실이 그들의 교회 개척 운동에서 잘 파악되고 있는지 물을 것이며 그 대답도 '그렇다'일 것입니다. 그런 다음 그들은 그리스도의 몸의 다른 부분과 연합을 구축하고 있는지 묻는데 그 대답도 '예'일 것입니다. 그렇게 각각의 상태로 발전하는데 충분한 시간을 투자한다면 아마도 그 시간은 1~2년으로 추정할 수 있습니다.[4]

이 응답자가 지적한 바와 같이 그룹이 교회가 되는 과정에는 시간이 걸린다. 그러나 각 교회 개척 운동(CPM)은 그들이 생각하는 교회(에클레시아)에 대한 개념을 가지고 있으며 일반적으로 신약에서 발견되는 특성과 일치하는 기준을 사용한다(워터맨-Waterman 2011).

반대 5. "평화의 사람"[5] 전략은 사실 마태복음과 누가복음 그리고 사도행전에 나와 있지 않다.

---

4) 위 응답이 제시된 시점은 2019년 10월 25일이다.
5) 콜스와 팍스(Coles and Parks)에 의하면, "누가복음 10장은 평화의 사람을 묘사했는데, 이는 복음을 전하는 자와 복음을 영접하고, 자신의 가족/집단/공동체를 복음의 메세지에 개방한 사람을 일컫는다"(2019, 321).

물론 일부 교회 개척 운동(CPM) 옹호자는 신약성경 본문에서 명시적으로 가르치는 것보다 "평화의 사람(Person of Peace)" 전략에 대한 세부사항을 더 명확하게 주장하기도 한다. 이에 대한 증거는 다양한 교회 개척 운동(CPM) 강사가 제공하는 평화의 사람(Person of Peace)에 대한 약간은 다른 설명(또는 기준)에서 볼 수 있다. 그러나 관련 성경 본문을 함께 고려하면 사도가 새로운 장소로 들어가는 데 자주 사용되는 독특한 방식이 드러난다. 예수님은 열두 제자를 보내시면서 "거기서 합당한 자를 찾아 너희 떠나기까지 그 집에 유하라"(마 10:11)고 명령하셨다.

신약 학자 D. A. 카슨(D. A. Carson)은 마태복음 주석에서 이 파송에 대해 다음과 같이 말한다.

"열두 사도에게 주어진 이 예수님의 이 명령이 단기 파송 여정이나 후에 발생한 장기 선교 여행 패러다임 모두에게 적용되는 것이라고 여기는 것은 자연스러운 것이다. 열두 사도는 오순절 이후 발생한 다른 제자의 전도 방식의 패러다임이 되었다"(1984, 242).

누가복음 10장에서 예수님께서 70인을 보내실 때에도 매우 비슷한 명령이 있었다는 것을 볼 수 있다. "어느 집에 들어가든지 먼저 말하되 이 집이 평안할지어다 하라. 만일 평안을 받을 사람이 거기 있으면 너희의 평안이 그에게 머물 것이요 그렇지 않으면 너희에게로 돌아오리라 … 이 집에서 저 집으로 옮기지 말라"(눅 10:5-7) 이 방식은 사도행전의 많은 이야기에서도 다시 나타난다. 고넬료(행 10장)와 루디아(행 16:14~15) 그리고 빌립보 간수(행 16:31~32) 등이 그 예이다. 마음이 열린 영향력 있는 사람은 가족을 그리스도에 대한 믿음으로 인도하기 위해 계속해서 문을 연다.

신약성서는 이것을 새로운 지역의 사람에게 다가갈 수 있는 유일한 방법으로 제시하지는 않지만 하나님의 명령과 사도의 모범을 통해 이러한 접근 방식을 제시하였다. 교회 역사 전반에 걸쳐 하나님께서는 주요 인물을 사용하여 그들의 영향권 내에 있는 사람에게 복음을 위한 문을 효과적으로 여셨다. 수천 개의 일상적인 사례가 역사의 안개 속으로 사라졌지만 우리는 회심을 통해 (어떤 방식으로 든) 영향력의 영역을 그리스도께로 인도한 수많은 주요 인물에 대한 기록을 갖고 있는데, 악숨(Axum)의 에자나(Ezana) (4세기 에티오피아(Ethiopia) 북부와 다른 4개 국가의 일부, 이베리아(Iberia)의 미리안(Mirian) 3세, 동(東) 앵글리아(East Anglia)의 시게베르트(Sigeberht), 머시아(Mercia)의 피다(Peada), 올로프 스쾨트코눙(Olof Skötkonung) (스웨덴왕), 라나발로나(Ranavalona) 2세(마다가스카르(Madagascar)의 왕비), 포마레(Pōmare) 2세(타히티(Tahiti)의 왕)가 그러한 예로 언급될 수 있다.[6]

하나님께서는 지금 개인주의적 성향인 서구인으로 하여금 성경적 진리를 상기하도록 하기 위해 특별히 대다수 세계(Majority World, 비 서구 세계를 지칭, 역주)에서 성장하는 하나님의 운동을 사용하신다. 모든 비기독교 배경을 가진 사람들이 주위의 사람들과 대립하는 고립된 개인으로서 신앙을 받아들이지는 않는다. 오히려 그들은 신앙 여정에 참여하는 가족이나 중요한 사람들과 함께 신앙을 갖게 되는 경우가 많다. 우

---

6) 이러한 예의 많은 경우는 이방인이 집단 회심한 사례이며 이 회심은 피상적인 기독교인이 되는 수준이다. 하지만 의심할 여지없이 여기서 주요 인물은 자신의 영향력을 미칠 수 있는 주변 사람에게 그리스도의 복음의 메시지를 전달한 사람이다. 사람이 복음을 향해 문을 열도록 하나님께서 주요 인물을 사용하신 다는 점이 이러한 회심의 공통된 핵심 사항이다.

리는 21세기의 대다수 세계의 상황뿐만 아니라 신약성경의 묘사(오이코스(oikos)라는 단어가 빈번한 사용되는 것에 주목)에서 이를 볼 수 있다. 오히려 이러한 전 세계적으로 일반적인 신앙 여정 방식에서 가장 주목할만한 예외는 최근 몇 세기 동안의 서구 문화이다.[7]

슬프게도 이러한 개인주의적 예외는 대부분의 교회 개척 운동(CPM) 비판가의 경험과 관점에 강한 영향을 미친 것 같다. 평화의 사람(person of peace)에 대한 묘사의 세부 사항에 대해 논쟁을 벌일 필요가 없다고 필자는 생각한다. 또한 우리는 평화의 사람(person of peace)을 찾는 것이 미전도 지역이나 성도의 무리에서 사도직을 시작하는 유일한 올바른 방법이라고 주장해서도 안 된다. 그러나 예수님의 가르침과 사도행전의 예 그리고 "핵심 인물"의 전략적 중요성에 대한 역사적이고 현대적 증거를 고려할 때 하나님의 운동을 촉진하는 자가 훈련을 받고 또 평화의 사람(person of peace)을 찾도록 격려 받는 것을 반대하는 것은 도움이 되지 않고 또 비생산적인 것이라고 여겨진다.

반대 6. "순종에 기초한 제자도"는 은혜를 말하지 않고 율법주의를 가르칠 위험을 갖고 있는 위험한 패러다임이다.

만약 "순종에 기초한 제자도(Obedience-based discipleship)"가 순종을 통해 구원을 얻으려는 것을 의미한다면 그것은 심각한 문제가 될 것이다. 그러나 이 문구는 단순히 "제자를 삼으라"는 예수님의 명령의 기본 요소 중 하나 즉 "내가 너희에게 분부한 모든 것을 가르쳐 지키게 하라"(마 28:19-20)를 반영하기 위한 것이다. 워릭 파라(Warrick Farah)는 다음과 같이 말한다.

> 현대 제자도 형태의 많은 부분은 사람에게 올바른 교리와 신학이 부족하다고 가정하는 서구 교회 교육 모델에 기반을 두고 있습니다. 이것은 확실히 중요하지만 불완전하기도 합니다. 마태복음 28장에서 예수님의 초점은 행동에 중점을 두는 듯합니다. 예수님께서 "명하신" 모든 것을 행하는 법을 배우는 것은 필연적으로 삶에 대한 성경적 관점을 수반하며 여기서 말과 행동은 물론이고 영적인 것과 사회적인 것이 하나의 일관된 통일체로 결합됩니다(2020, 6).

교회 개척 운동(CPM)은 일반적으로 "창조에서 그리스도까지" 구절을 연대순으로 연구함으로써 신앙의 기초를 다진다.[8] 이것은 하나님께서 수천 년의 구약 역사를 통해 사용하신 방식을 (축약된 형태로) 모방한 것이다. 우리는 "하나님이 … 아브라함에게 미리 복음을 전하셨다"(갈 3:8)는 것과 믿음으로 받은 하나님의 은혜가 율법을 뒷받침한다는 것을 알고 있다(창 15:6; 출 19:4-8). 또한 "율법은 그리스도께서 오실 때까지 우리를 지켜 주셨으니 이는 우리로 믿음으로 의롭다 하심을 얻게 하려 함"(갈 3:24)이다. 신약의 복음 선

---

7) 현대 서구의 개인 회심 방식은 주로 피상적인 기독교인이 피상적인 기독교 신앙에서 진정한 기독교 신앙으로 회심하는 상황에서 발생했다는 점을 주목해야 한다.

8) 일부 교회 개척 운동에서는 창조에서 그리스도까지의 다른 성경 구절을 사용한다. 이러한 좋은 사례는 아래 링크에 있는 "창조에서 그리스도까지"와 아래 링크에 있는 "DISCOVERY 성경 공부 방법" 2페이지를 참조하라. http://www.accelerateteams.org/index.php/our-guidebook https://intent.org/wp-content/uploads/2017/04/DBS.pdf.

포는 수세기에 걸쳐 순종을 요구하는 토대 위에 굳건히 세워졌다. 하나님은 그리스도를 통한 구원에 대한 분명한 계시와 그의 이름으로 세례(침례)를 받으라는 명령을 내리기 전에 사람에게 순종을 촉구하는 데 수천 년을 사용하셨다.

몇 주(또는 몇 달)에 걸쳐 창조부터 그리스도까지의 구절의 간략한 연대순 연구를 통해 하나님의 참 본질과 죄 그리고 죄를 용서하기 위한 피의 희생의 필요성 등에 대한 중요한 기초 이해를 갖출 수 있다. 누구나 성경을 읽고 읽은 내용을 바탕으로 하나님께 순종하려고 노력하는 것은 좋은 일이라는 데 동의한다. 물론 내주하시는 성령(Holy Spirit)의 능력만이 하나님을 기쁘시게 하는 일관된 순종을 가능하게 한다. 불신자의 순종 시도는 결코 구원을 가져오거나 얻을 수 없다.

그러나 성경적인 관점에서 볼 때 하나님의 말씀에 적절하게 반응하는 것이 성경의 가르침을 적용하는 것이라는 사실을 사람이 처음부터 배우는 것은 유익한 것으로 보인다. 이는 하나님의 말씀에 대한 올바른 반응은 단순히 말씀을 분석하고 설명하며 지적으로 이해하는 것이라는 너무 일반적인 방식과 극명한 대조를 이룬다. 정확한 이해는 순종으로 이어질 때 매우 가치가 있다. 그러나 정확한 이해가 목적이 된다면 이는 예수님께서 우리를 부르시는 제자도에 훨씬 못 미친다.

"순종에 기초한 제자도(obedience-based discipleship)"라는 문구는 결코 "은혜에 기초한 제자도"나 "사랑에 기초한 제자도"를 대체하는 용어로 제시된 적이 없다. 실제로 데이비드 왓슨(David Watson)과 폴 왓슨(Paul Watson)은 사랑과 순종 사이의 본질적인 연관성에 대한 예수님의 가르침을 광범위하게 설명한다(왓슨-Watson 과 왓슨-Watson 2014, 39-45). 그들은 "너희가 나를 사랑하면 나의 계명에 순종하리라"(요 14:15) 그리고 요한복음 14:16-25과 요한 1서 5:3-4에서 나오는 요한의 반복 사이의 상호 작용에 대한 분명한 관계에 주목한다. 그러나 "예수님은 요한복음에서 '순종'을 '사랑'과 동일시하셨다"(왓슨-Watson과 왓슨-Watson, 39)는 왓슨(Watson)의 도움이 되지 않는 표현과는 반대로 필자는 예수님께서 순종을 사랑의 결과로 제시하셨다는 점을 분명하게 강조한다. 왓슨(Watson)이 설명한 지점에서 불과 수 페이지 뒤에 왓슨(Watson)은 다음과 같은 더 정확한 연결점을 제시했다: "순종에 대한 그리스도인의 동기는 우리가 사랑에서 순종하는지 아니면 율법주의에서 순종하는지를 결정한다"(왓슨-Watson과 왓슨- Watson 2014, 45).

"순종에 기초한 제자도(obedience-based discipleship)"라는 문구는 적극적인 순종을 특징으로 하는 제자도와 단순한 지식이나 인지적 동의를 특징으로 하는 제자도 사이의 대조를 강조하기 위한 것이다. 기독교인은 하나님의 진리에 대한 더 큰 지식이 지속적으로 더 큰 순종으로 이어진다는 사실을 받아들이기보다는 종교적 지식 자체를 목적으로 취급하는 경우가 너무 많다. 성경은 단지 지식을 더하는 것만으로도 죄가 늘어날 위험이 있다는 엄연한 경고를 하고 있다! "그러므로 누구든지 자기가 마땅히 행할 선한 일이 무엇인지 알면서도 행치 아니하면 죄니라"(약 4:17). 이러한 이유로 교회 개척을 위한 제자화 운동(DMM)은 단순한 지식이 아닌 제자도에 있어서 순종의 중요성을 강조한다.

순종에 기초한 제자도는 좋은 의도에도 불구하고 은혜를 무시하고 율법주의를 가르치는가? 필자가 분별할 수 있는 한 이 우려는 율법을 준수함으로써 의롭게 되려고 하는 제자의 시도가 있었는지에 대한 증거를 찾고자 교회개척을 위한 제자화 운동(DMM) 자체내에서 실시한 연구에서 나온 것이 아니다. 또한 믿음을 통한 은혜에 의한 구원이 교회 개척을 위한 제자화 운동(DMM)에서 가르치거나 적용되지 않는다는 증거도 나타나지 않는 듯하다. 실제로 DISCOVERY 성경 공부를 위해 선택된 이야기 묶음들은 율법을 준수함으로써 하나님을 기쁘시게 할 수 없으므로 구원자가 필요하다는 점을 강조한다. DISCOVERY 성경 공부 이야기의 한 예시는 헌신과 제자도에 대한 명확한 교훈을 제공하는 다음과 같은 연구가 포함되어 있다.

- 예수님은 누구인가? 요한복음 1:1-18
- 예수님께서 당신에게 무엇을 제안하시고 묻고 계시는가? 요한복음 14:1-7, 23-27
- 예수님을 믿음으로 얻는 결과는 무엇인가? 요한복음 3:3~21
- 당신의 반응은 무엇인가? 사도행전 2:36~41; 시편 32:1~5; 로마서 10:9-10
- 세례(침례)란 무엇인가? 로마서 6:1-4; 갈라디아서 3:26~28; 사도행전 10:44~48

반대 의견은 주로 두 가지 우려에서 비롯되는 것 같다. 첫째는 순종보다는 하나님의 은혜가 제자도의 기초(토대)가 되어야 한다는 진리이다(예: 프랫-Pratt 2015, 9-10). 이러한 이유로 필자는 "순종에 기초한 제자도"라는 표현이 이상적이지 않다는 점을 인정한다. 한 가지(단순한 지식이 아닌 순종)를 전달하려는 시도에서 의도하지 않은 것(제자도의 기초인 은혜나 사랑보다는 순종)을 암시하는 듯한 인상을 의도치 않게 주어 혼란을 야기했다. 교회 개척 운동(CPM)들 사이에서 발생한 현실이 아닌 개념이 모호하게 표현됨으로써 이러한 우려가 나온 것으로 보인다.

둘째, 은혜의 복음이 제시되기 전에 순종이 제자도의 초기 단계로서 연대순으로 제시되는 것에 대한 우려로 인해 반대가 제기되었다(예: 코크만-Kocman 2019). 이 우려는 제자가 예수님의 신성한 본성을 깨닫거나 자신의 죄를 위한 예수님의 대속적 죽음을 알기 전에 예수님께서 제자와 수년간 상호 작용하신 예에 근거하여 개척 운동에서 "회심(conversion)을 하기 위해 제자를 삼으라"(트루스데일-Trousdale, 43)라는 문구를 사용함으로써 더욱 악화된 것으로 보인다. 불신자들을 "제자화"한다는 말은 오해를 불러일으킬 수 있다. 왜냐하면 어떤 사람이 예수님에 대해 알고 그분을 따르겠다고 결심할 때까지는 예수님의 제자가 될 수 없기 때문이다. 그러한 이유로 필자는 헌신으로 이어지는 교회 개척을 위한 제자화 운동(DMM)의 과정이 성경에 기반한다는 사실을 인정하지만 "제자에서 회심(conversion)"이라는 혼란스러운 문구는 피하는 것을 선호한다.

중요한 점은 대부분의 사람이 구원받는 믿음을 갖게 되는 데에는 단지 순간적인 결정이 아니라 과정이 필요하다는 것이다. 이 과정은 사전 성경 지식이나 배경이 부족한 사람에게 특히 중요하다. 우리는 사람을 구원하는 믿음으로 인도하기 위해 그 과정에 어떤 필수 요소가 포함되어야 하는지 고려해야 한다. 확실히 성령의 역사(요 6:44)와 하나님의 말씀이 사람을 이끄신다: "그러므로 믿음은 들음에서 나며 들음은 그리스도의 말씀으로 말미암았느니라"(롬 10:17).

그래서 우리는 "믿지 않는 사람이 하나님의 말씀을 듣고 고심하게 되기를 원하는가?"라고 묻는다. 그렇다! 우리는 또한 묻는다: 아직 믿지 않는 사람이 하나님의 말씀을 듣고 고심할 때 우리는 어떤 반응을 기대하는가? 하나님의 영이 사람을 인도하는 과정을 완성하고 그 사람이 신앙적 헌신을 할 때까지 우리는 단지 수동적으로 듣기만을 바라는가? 아니면 그 과정 중에도 그것이 부적절할 수 있음에도 불구하고 하나님의 말씀이 삶의 반응을 불러일으키기를 바라는가?

예를 들어 창조에서 그리스도까지 DISCOVERY 성경 공부는 결코 믿음에 앞서 하나님의 말씀을 적용함으로써 구원을 제안하거나 약속하지 않는다. 그리스도를 믿는 믿음으로만 주어지는 칭의의 문제는 (위에서 언급했듯이) 구원의 역사를 연대기적으로 개관할 때 그 시점에 도달하면 다루어지기 시작한다. 특히 어떤 종류의 기독교적 배경을 갖고 신앙을 갖게 된 서구인의 경우 우리는 비기독교 배경을 가진 사람이 신앙을 갖는 데 일반적으로 요구되는 과정(짧든 길든)을 인식할 필요가 있다. 우리가 이 필요한 과정을 인식하는 만큼 우리는 예수 그리스도의 인격과 사역에서 구원의 은혜가 완전히 계시되기 전에 개인이나 무리가 이 구원의 은혜의 기초를 점차적으로 이해하는 것이 포함된 비(非)구원적 단계에 대해 우려를 덜게 된다.

어떤 사람들에게는 "순종에 기초한 제자도"라는 표현이 걸림돌이 되었기 때문에 필자는 교회 개척 운동(CPM)의 이러한 놀라운 특성을 강조하는 "순종이 정상적인 제자도(obedience-normal discipleship)"[9]라는 표현을 선호한다. 신자들은 순종을 정상적인 것으로 생각하는데 실제로 사람이 예수님을 그들의 주님으로 여겨 따르고 사랑할 때 그렇다! 제자도의 근간은 순종이 아니라 은혜이다. 제자도의 정상적인 방식은 하나님 말씀에 대한 단순한 지식이 아니라 하나님 말씀에 대한 순종이다.

반대 7. "Discovery 성경공부(DBS)는 전도에 대한 성경적인 접근 방식이 아니다. 성경적 방식은 선포이다."

상당수의 응답자가 이 반대 의견에 잘못된 이분법이 포함되어 있다고 언급했다. 동남아시아의 한 하나님의 운동 단체의 리더는 이렇게 말했다,

성경적 맥락에서 이해되는 성경적 방식은 선포입니다. 성경에서 볼 수 있는 많은 예는 대규모 그룹이 아닙니다(우리는 선포하면 대규모 무리를 떠올리는 경향이 있습니다). 대규모 그룹을 향한 선포보다 개인과의 대화로 시작하는 소규모 그룹과 하는 토론이 더 많습니다.

우리가 DISCOVERY 성경 공부를 강조하는 사실이 대규모 무리에서 행해지는 선언에 대해 말하는 것은 아닙니다 … 대규모 무리를 향한 선포는 매우 일반적인 것이지만 DISCOVERY 성경 공부 그룹 외부를 잇는 것과는 다른 전략적 다리입니다....

우리가 DISCOVERY 성경 공부를 강조하는 사실이 DISCOVERY 성경 공부 그룹에 앞서서 하는 변혁적 대화(Transformation Dialogs)에 대해 말하는 것은 아닙니다. 이러한 대화는 개인에서 시작될 수 있지만 우

---

9) 어떤 이들은 "순종을 믿는 제자도(believing-obedience discipleship)" "사랑과 순종 제자도(love and obey discipleship)" 그리고 "사랑과 순종에 기초한 제자도(love and obedience-based discipleship)"를 제안하기도 하였다.

리는 이 대화가 영적 진리에 대한 그룹의 대화로 옮겨가도록 노력하며 또한 이러한 노력이 DISCOVERY 성경 공부로 이어집니다.[10]

다시 말해 신약성경은 다양한 방식과 맥락에서 선포가 이루어지고 있음을 보여준다. 그리고 현대의 하나님의 운동에서도 선포는 다양한 방식으로 이루어질 수 있으며 실제로 일어나고 있다. DISCOVERY 성경공부는 하나의 접근 방식일 뿐이다. "성경적이지 않다"는 것이 "성경에 명시적으로 언급되지 않았다"는 의미라면 기도해주기 위한 강대상 앞으로의 초청과 전도지, 성경 배포, 라디오, TV, 위성 방송, 예수 영화 그리고 교회로 지정된 건물에도 동일한 비난이 적용될 수 있다. 이 비난은 반대자가 의도하는 것보다 훨씬 더 광범위하게 적용될 수 있다.

"성경적이지 않다"는 것이 성경의 가르침에 위배된다는 의미라면 이 반대 의견은 다음번의 반대 의견을 표현하는 또 다른 방법이 될 뿐이다.

반대 8. "성숙한 기독교인이 인도하지 않는 예비 신자의 성경 공부는 선교학적으로 지혜롭지 못하고 심지어 위험하기까지 하다."

이 우려에 대한 첫 번째 대응은 성경의 관점에 대해 이미 언급된 내용을 참조하는 것이다. 하나님의 메시지를 정확하게 전달하기 위해서는 인간 중개자가 필수적이라고 생각하는 이 관점은 하나님의 말씀과 하나님의 영이 하나님의 진리를 전달하기에 충분하지 않다는 잘못된 가정에 근거한 것으로 보인다.

반면에 예수님은 구원의 믿음으로 가는 문으로서 하나님께 직접 가르침을 받는 사람에 대해 호의적으로 말씀하셨다. "선지자의 글에 그들이 다 하나님의 가르치심을 받으리라 기록되었은즉 아버지께 듣고 배운 사람마다 내게로 오느니라"(요 6:45). 아버지께서 아직 믿지 않는 사람을 예수님께로 인도하는 가장 중요한 방법은 그들이 하나님의 말씀을 듣고 따르도록 하는 것이다. 메릴 테니(Merrill Tenney)는 "45절은 하나님께서 성경을 통해 그분의 이끄심을 행하실 것이며 성경에 계시된 하나님의 뜻에 순종하는 사람이 예수님께로 올 것임을 나타냅니다"(테니-Tenney) 1981, 76)라고 말한다.

카슨(Carson D. A)은 이 구절에 대해 다음과 같이 논평한다: "고별 담화에서 예수님은 가르치는 역할 (14:26-27; 16:12-15)과 함께 성령(Holy Spirit)의 오심을 약속하셨습니다"(1991, 293). 그리고 풀핏(Pulpit) 성경 주석은 이 구절에 대해 다음과 같은 통찰을 제공한다: "하나님의 직접적인 가르침은 모든 영적 깨달음 심지어 계시자 그리스도의 신비에 대한 깨달음에 있어서도 가장 중요한 전제 조건이다....... 아버지와 아들의 영에 의한 신성한 가르침은 그리스도를 믿기 위한 예비 단계이다"(엑셀과 스펜스(Exell and Spence) 1950, 265).

이 반대 의견은 하나님의 말씀과 영으로 말씀하시는 하나님의 능력에 대한 신뢰가 너무 적다는 것을 반영하는 것으로 보인다. 이것은 동시에 인간 교사에 대한 지나친 신뢰와 그들이 하나님의 진리를 정확하게 중재할 수 있다는 전제가 깔린 것으로 보인다. 또한 DISCOVERY 성경 공부 과정에 대한 오해를 반영한

---

10) 위 응답이 제시된 시점은 2019년 10월 25일이다.

다. 아마도 DISCOVERY 성경 공부 과정에서 성숙한 신자의 정상적인 역할이 때때로 불충분하게 설명되었을 것이다. 예비 신자는 성경을 공부할 때 아무런 안내 없이 전적으로 혼자 남겨지는 것이 아니다. 일반적으로 더 성숙한 신자는 신자의 그룹이 성경과 상호 작용할 때 어느 정도의 역할을 한다.

이러한 역할은 공부할 성경 본문(예: 창조에서 그리스도까지의 순서 또는 그룹의 특정 필요와 관련된 본문)을 선택할 때 드러날 수 있다. 그런 다음 일반적으로 그룹 구성원 한두 명을 정기적으로 멘토링(그림자 목회-shadow pastoring)하는 것에서도 이러한 역할이 드러날 수 있다. 대부분의 경우 신자는 이러한 지도자와 정기적으로 만나 다음에 공부할 본문을 논의하고 이전 공부에서 발생한 우려 사항이나 질문을 듣는다. 이런 식으로 그룹의 신앙 여정은 신앙이 더 성숙한 사람에 의해 인도되지만 "모든 진리 가운데로 인도하시는" 성령을 신뢰하면서 그 그룹이 성경 진리를 스스로 상황화 할 수 있는 방식으로도 진행된다.

결론과 권고

교회 개척 운동(CPM)에 대한 가장 일반적인 반대 유형 8가지를 모두 살펴봄으로써 필자는 몇 가지 결론과 권고 사항을 제시한다.

1. 교회 개척 운동(CPM)으로 인한 많은 문제는 실제로 교회 개척 운동(CPM)의 기준에 맞지 않는 사역(일관되고 여러가지 방식의 4세대 토착교회 재생산)에 대한 관찰이나 이단적이라는 사실이 아닌 소문에 근거한 것이다. 어떤 경우에는 내부자 운동(Insider Movement)이나 다른 비(非) 교회 개척 운동(CPM) 접근 방식과 함께 교회 개척 운동(CPM)/교회 개척을 위한 제자화 운동(DMM)을 부적절하게 같이 한 통속으로 묶어 버리는 방식으로 비난이 증폭되기도 했는데 그러한 비난은 다음과 같다: "교회 개척 운동과 제자 삼기 운동, 내부자 운동(Insider Movement) 그리고 단기 교회 개척 및 그 동류의 사역에서 속도와 실용주의를 지나치게 강조하는 것은 잘못된 신학의 위험한 결과이다"(버서-Buser 와 베가스- Vegas 2020).

2. 교회 개척 운동(CPM) 패러다임에 대한 많은 반대는 교회 개척 운동(CPM)에서 실제로 어떤 일이 일어나는지에 대한 정보가 부족하기 때문에 발생한다. 많은 경우 교회 개척 운동(CPM)에 참여하는 사람은 지나치게 열성적인 기독교인이나 적대적인 비기독교인이 몰려와 그들의 사역에 피해를 줄 수 있다는 염려로 그들에 대한 많은 정보를 더 넓은 세상과 공유하는 것을 주저해 왔다. 최근에야 보안 처리를 한 보고서를 통해 하나님의 운동의 역동성에 대한 정확한 정보가 더 널리 알릴 수 있게 되었다. 더 많은 연구가 필요하며 우리 모두는 열린 자세를 유지하여 교회 개척 운동(CPM)에서 실제로 일어나는 일(또는 일어나지 않는 일)에 대해 더 많은 것을 배우는 것이 좋을 것이다.

3. 일부 반대는 기독교 세계(Christendom)의 전통적인 교회 방식에 근거한 가정에서 비롯된 것이다. 성경이 실제로 말하는 것과 이전에 성경이 그렇게 말하였다고 해석한 것 또는 서구의 상황적 적용에 의해 그렇다고 선택한 것 사이의 차이점을 발견하기 위해 우리가 기독교 세계의 전통 교회 방식을 모욕하거나 그것에 대해 비난할 필요는 없다. 교회 개척 운동(CPM)은 복음의 메시지가 단순하고 놀랍도록 재현 가능한 방식을 통해 초대 교회의 기간 동안 복음이 누룩처럼 번성했고 오늘날 많은 곳에서도 같

은 종류의 번성이 가능하다는 사실을 새로운 눈으로 보도록 우리를 초대한다.

4. 일부 교회 개척 운동(CPM) 옹호자와 훈련자의 표현은 때때로 신중하지 못했다. 어떤 경우에는 근거가 빈약한 해석 그리고/또는 그러한 성경에 대한 자기 해석(eisegesis)이 교회 개척 운동(CPM)에 대한 정당성과 교회 개척 운동(CPM)을 위한 훈련을 변색시켰다. 다른 경우에는 교회 개척 운동(CPM)에 대한 지나친 옹호로 인해 개척 운동의 역학을 부정확하게 설명하거나 전통적인 교회와 교회 개척 모델에 대한 도움이 되지 않는 모욕을 반영하는 언급이 나오기도 했다. 그러나 지지자의 부정확하거나 도움이 되지 않는 언급이 전 세계적으로 알려진 1,000개가 넘는 교회 개척 운동(CPM)을 통해 수백만 명의 예비 신자가 그리스도의 제자가 되었다는 검증된 현실을 무효화할 수는 없다.

하나님 나라는 우리 시대에 교회 개척 운동과 교회개척을 위한 제자화 운동을 통해 크게 전진하고 있다. 특히 지난 위대한 세기의 선교사역에도 거의 손길이 닿지 않았던 많은 미전도 종족 사이에서 이러한 진전을 목격할 수 있다. 많은 곳에서 순종하는 제자가 제자를 낳고 토착 교회가 토착 교회를 재생산하면서 추수가 일어났던 곳이 추수를 담당하는 역사가 일어나고 있다. 하나님의 운동은 종종 오해를 받지만 성경의 명령과 예화와 상응하는 현대 교회 개척 운동(CPM)의 현실을 바라볼 때 우리는 이러한 명백한 하나님의 역사에서 큰 용기를 얻으며 이러한 하나님의 운동이 앞으로 어떻게 지속되고 어떻게 하나님의 나라를 드러낼 지를 기대하게 된다.

참고 문헌

9Marks. n.d. "9 Marks of a Healthy Church," 9Marks website, www.9marks.org/about/the-nine-marks.

Belgic Confession. n.d. "Belgic Confession." Christian Reformed Church website. https://www.crcna.org/welcome/beliefs/confessions/belgic-confession.

Buser, Brooks, and Chad Vegas. 2020. "Why Unreached People Groups Still Matter in Missions." In *The Gospel Coalition*, January 10, 2020, https://www.thegospelcoalition. org/article/why-unreached-people-groups-still-matter-in-missions/.

Carson, D. A. 1984. "Matthew," in *The Expositor's Bible Commentary*, Vol. 8. Grand Rapids: Zondervan.

———. 1991. *The Gospel According to John*. Grand Rapids: Eerdmans.

Coles, Dave, and Stan Parks. 2019. "Definitions of Key Terms," in *24:14—A Testimony to All Peoples*. Spring, TX: 24:14.

Exell, Joseph, and H. D. M. Spence, eds. 1950. *The Pulpit Commentary* (set of 23 volumes). https://biblehub.com/commentaries/pulpit/john/6.htm.

Farah, Warrick. 2020. "Motus Dei: Disciple-Making Movements and the Mission of God." In *Global Missiology*, 2:17.

John, Victor, with Dave Coles. 2019. *Bhojpuri Breakthrough: A Movement That Keeps Multiplying*. Monument, CO: WIGTake Resources.

Johnson, Shodankeh. Forthcoming. *Same God Here!* Chicago: Moody.

Kocman, Alex. 2019. "Is 'Obedience-Based Discipleship' Biblical?" https://www.abwe.org/ blog/ obedience-based-discipleship-biblical.

Merriam-Webster. "Teach." https://www.merriam-webster.com/dictionary/teach.

Ott, Craig, and Gene Wilson. 2010. *Global Church Planting*. Ada, MI: Baker.

Pratt, Zane. 2015. "Obedience-Based Discipleship." In *Global Missiology*, July 2015.

Sergeant, Curtis. 2019. *The Only One*. Pasadena, CA: William Carey Publishing.

Smith, Steve. 2012. "The Bare Essentials of Helping Groups Become Churches: Four Helps in CPM." In *Mission Frontiers*, September-October 2012.

Tenney, Merrill. 1981. "The Gospel of John," in *The Expositor's Bible Commentary*, Vol. 9. Grand Rapids: Zondervan.

Throckmorton, Warren. 2020. "Gospel for Asia Invades Africa." www.wthrockmorton.com/category/k-p-yohannan.

Towner, Philip, 2010. *1-2 Timothy and Titus*. Downers Grove, IL: IVP Academic.

Trousdale, Jerry. 2012. *Miraculous Movements*. Nashville: Thomas Nelson.

Waterman, L. D. 2011. "What Is Church? From Surveying Scripture to Applying in Culture," in *Evangelical Missions Quarterly*, 47:4.

———. 2016. "A Book Review of *Understanding Insider Movements*," at http://btdnetwork. org/ a-book-review-of-understanding-insider-movements/ https://btdnetwork.org/wp-content/uploads/ Blogs/2016/Review%20-%20 Understanding%20Insider%20Movements.pdf.

Watson, David, and Paul Watson. 2014. *Contagious Disciple Making*. Nashville: Thomas Nelson.

Weber, Jeremy. 2018. "Christian, What Do You Believe? Probably a Heresy About Jesus, Says Survey." In *Christianity Today*, October 16, 2018. https://www. christianitytoday.com/news/2018/october/what-do-christians-believe -ligonier-state-theology-heresy.html.

Westminster Confession of Faith. bpc.org/wp-content/uploads/2015/06/ D-ConfessionOfFaith.pdf.

Zylstra, Sarah. 2019. "Gospel for Asia Settles Lawsuit with $37 Million Refund to Donors." In *Christianity Today*, March 01, 2019. www.christianitytoday.com/ news/2019/march/gospel-for-asia-gfa-settles-class-action-refund-donors.html.

4장
하나님의 나라 운동에 대해 우리가 알고 있는 것을 얼마나 정확히 알고 있는가?
진 다니엘스(Gene Daniels)

복음주의 선교계는 논쟁을 통해 발전하는 것처럼 보인다. 최근의 한 가지 예는 무슬림 사이에서 교회가 엄청나게 성장하고 있다는 보고에 대해 우리가 가장 넓은 의미에서 집단적으로 대응하는 방식에서 볼 수 있다.

이 분야에 관한 첫 번째 책 중 하나는 제리 트루스데일(Jerry Trousdale)의 "기적의 하나님의 운동"(Mirac-ulous Movements)(2012)이었다. 곧이어 데이비드 개리슨(David Garrison)의 잘 알려진 "이슬람의 세계에 부는 바람"(A Wind in the House of Islam)(2014)을 비롯한 다른 책도 등장했다. 이 저자들은 사역 현장 조사에 서로 다른 접근 방식을 사용했지만 전 세계에서 수많은 무슬림이 그리스도께로 돌아오고 있다는 비슷한 결론을 내렸다. 오늘날 출간되지 않은 수많은 보고서가 현장에서 나오고 있으며 그 중에는 적지 않은 통계 수치들이 포함되어 있다. 이 보고서에 의하면 이러한 추세가 계속되고 있으며 심지어 가속화되고 있다고 주장한다.

처음에는 빠르게 확장되는 하나님의 나라 운동에 대한 보고가 호평을 받았지만 서서히 반발이 일어났다. 트루스데일(Trousdale)의 책에 대한 리뷰에서 한 가지 관심을 가질 만한 예가 있다:

> 이 책은 우리가 이러한 하나님의 운동을 직접 연구할 수 있는 수단을 제공하지 않고 이러한 놀라운 사건이 일어나고 있다고 믿도록 요구한다. 이것의 최종 결과는 기적적인 사건은 우리 편에서 기적적인 믿음을 필요로 한다는 것이다.... 이제 저자의 진실성을 의심하지 않지만 좋은 학문이 되기 위해서는 어떤 유형의 문서가 필요하다. 그렇지 않으면 "그가 말했다"와 "그녀가 말했다"의 문제가 된다(모튼- Morton 2012).

하나님의 나라 운동의 보고 건수가 증가함에 따라 보고서들에 대한 회의론 특히 보고서들이 제시하는 증거의 성격에 대한 회의론도 커지고 있다. 하지만 증거의 문제 또는 증거의 부족에 대해 논의하기 전에 이 논쟁적인 대화에 실제 수치를 제시하는 것이 좋을 것 같다.

무슬림 가운데서의 교회 성장

우리는 현재 무슬림 사이에서 하나님의 운동에 대한 보고를 역사적 맥락에서 고려하는 것이 좋겠다. 교회는 이슬람 세계와의 오랜 만남의 역사를 가지고 있지만 데이비드 개리슨(David Garrison)의 연구(2014, 12-14)에 따르면 1850년은 개신교가 무슬림 회심을 드문 예외 사례로 보고하기 시작한 시점으로 보이기 때문에 우리의 목적을 위해 좋은 출발점이 될 수 있다.

그림 4.1은 1850년부터 1980년까지 무슬림 배경 신자(MBBs)의 수를 보여준다.

몇 가지 설명이 필요하다. 첫째, 19세기 내내 회심자에 대한 보고는 잘 집계가 되지 않았는데 특히 식민지 세력이 선교 활동을 후원했을 때 더욱 그러했다. 여기에는 이집트의 샤키(Egypt-Sharkey 2009)와 북아프리카(North Africa)의 모타델(North Africa-Motadel 2012), 서아프리카(West Africa)의 월스(West Africa-Walls 1999) 그리고 인도네시아의

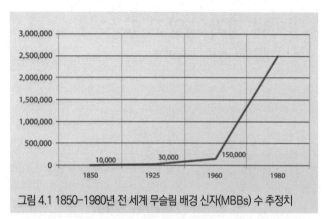

그림 4.1 1850-1980년 전 세계 무슬림 배경 신자(MBBs) 수 추정치

아리토낭과 스틴브링크(Indonesia-Aritonang, Steenbrink 2008) 등이 포함된다. 그러나 가장 많은 회심자가 보고된 인도네시아(Indonesia)와 서아프리카(West Africa)의 경우 이들이 실제로 무슬림이었는지 아니면 부족 종교에서 회심한 것인지는 명확하지 않다. 따라서 1850년 무슬림 배경 신자의 총 수를 매우 보수적으로 추산하여 약 1만 명으로 추정해야 한다.[1]

둘째, 개리슨(Garrison)의 자료에 따르면 1925년경에는 약 1만 8천 명에서 2만 8천 명 사이의 숫자가 나온다. 그는 이러한 성장이 주로 에티오피아(Ethiopia)의 크럼미(Ethiopia-Crummey 1972)와 북아프리카의 카빌족(North Africa-Kabyle)(개리슨-Garrison 2014, 15)에서 일어났다는 것을 확인했다.

셋째, 1960년 직후부터 증가세를 보이는데 이는 인도네시아(Indonesia)에서 무슬림 배경 신자(MBBs)의 수가 급격히 증가했기 때문이다(개리슨-Garrison 2014, 13; 아리토낭-Aritonang 과 스틴브링크-Steenbrink 2008). 1960년과 1980년 데이터의 최종 출처는 획기적인 연구인 "그리스도안의 무슬림 배경 신자"(Believers in Christ from a Muslim Background): 세계적 조사(밀러-Miller and 존스턴-Johnstone 2015)에서 가져온 것이다.

그림 4.2는 21세기로 이동하여 이 장의 주요 관심사인 하나님의 운동의 데이터를 포함하고 있다. 2005년과 2010년의 데이터는 밀러(Miller)와 존스톤(Johnstone)의 연구에서 다시 가져온 것이다.[2] 참고로 2010년에 약 1,000

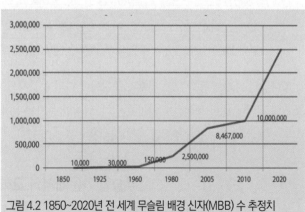

그림 4.2 1850~2020년 전 세계 무슬림 배경 신자(MBB) 수 추정치

---

1) 이 보고서의 근거로 어떤 연구 방법을 사용했는지는 불분명하지만 선교사와의 인터뷰가 중요한 역할을 했다.
2) 밀러(Miller)와 존스톤(Johnstone)은 2005년과 2010년 사이의 성장률 변화는 전환율의 실제 감소가 아니라 데이터를 매우 조심스

만 명으로 추정되는 무슬림 배경 신자(MBBs)중 약 700만 명이 인도네시아(Indonesia)에만 있었다! 마지막으로 2020년의 무슬림 배경 신자(MBBs) 추정치는 몰타(Malta)에서 열린 Vision 5:9(전 세계 무슬림을 대상으로 사역하는 선교단체들의 네트워크, 역주) 24:14 네트워크 총회에서 24:14 네트워크를 대표하여 저스틴 롱(Justin Long)이 발표한 프레젠테이션에서 가져온 것이다(롱-Long 2019).

이 책에서 저스틴 롱(Justin Long)은 "하나님의 운동 집계 방법"이라는 장에서 하나님의 운동이 신자 수를 계산하는 데 사용하는 방법에 대해 설명한다. 이를 통해 2005~2020년 데이터의 대부분이 어떻게 생성되었는지 알 수 있다. 그러나 보안상의 문제로 인해 대부분의 사람이 이 데이터에 접근할 수 없다는 문제가 남아 있다. 이들 데이터는 신뢰할 수 있는 관계를 기초로 하며 누군가가 그 관계의 진의를 파악하기 위해 수년 동안 직접 조사하지 않는 다면 원래의 선교현장의 데이터의 진정성을 확인할 수 없다.

필자는 이러한 하나님의 운동의 지도자들과 함께 일하고 그들의 사역 보고서의 일부 원본 데이터를 검토할 수 있는 특권을 누렸다. 필자가 본 것은 선교 커뮤니티에 공유되는 그림이 사실임을 확인시켜 준다. 그러나 이러한 특정 보고서의 진정성에 대한 필자의 개인적인 의견은 사람들이 우려하는 부분인데 기본 실증적 데이터를 검증할 방법이 없다는 것이다.

신앙에 적대적인 환경에서 그리스도를 영접하는 신자는 사회학자가 "숨겨진 인구" 더 구체적으로는 "사회적 일탈자"라고 부르는 일종의 숨겨진 인구이다. 기독교로 회심한 무슬림이 대표적인 예인데 이들은 기독교로 회심할 당시 사회적으로 용인되는 규범에서 벗어났기 때문이다. 사회적 일탈자에 대한 연구는 항상 문제가 되는데 이들은 일반적으로 낙인이 찍히거나 심지어 적극적으로 박해를 받기 때문에 숨어 지낸다. 또한 이러한 데이터를 공식적으로 검증하려면 알려진 표본 크기 또는 최소한 매우 근접한 근사치가 필요한데 이는 회심자의 은밀함의 특성으로 인해 불가능한 작업이다(살가닉-Salganik 과 헤카톤-Heckathorn 2004).

이 보고서를 비판한 사람을 만족시키지는 못하겠지만 이 문제가 무슬림 세계의 하나님의 운동에 대한 연구에만 국한된 것이 아니라는 점을 상기시켜 준다. 여러 이유로 사회적 주류 밖에서 일탈 되어 살아가는 사람을 연구할 때 데이터 "검증" 또는 "확인"이라는 기준은 만족될 수 없다.

그렇다면 우리는 무엇을 해야 할까? 여기서 말하는 우리란 연구자와 현장 선교사, 재정 지원자, 그리고 기타 이해관계자 등등 선교 공동체의 가장 넓은 의미의 집합체를 의미한다. 우리는 이러한 놀라운 보고서를 맹목적으로 믿거나 경험적으로 거부하는 이분법적 선택을 강요받고 있을까? 필자는 우리가 보고 있는 것을 평가하기 위해 다른 렌즈를 사용하여서 해답을 제시하겠다.

럽게 추정한 결과라고 지적한다. 2010년의 경우 전 세계적으로 7백만에서 1,700만 무슬림 배경 신자(MBBs)의 범위가 제시되었다. 이 범위의 중간을 사용하여 그래프를 만들었다면 하락세가 사라졌을 것이다.

인식론의 영향(The Impact of Epistemology)

당면한 문제는 인식론의 문제 즉 "지식의 창조와 관련된 철학의 영역으로 지식이 어떻게 얻어지는지에 초점을 맞추고 진리에 도달하기 위한 가장 타당한 방법을 조사하는 것"(트룬첼리토 -Truncellito 날자 미상)이다. 인식론은 서커스 코끼리가 풀려난 것처럼 우리 대화를 가로막는 근본적인 문제를 직접적으로 다룬다. 무슬림 세계에서 대규모 하나님 나라 운동에 대한 보고가 사실이고 믿을 만한 것인지 어떻게 알 수 있을까?

많은 사람이 이 질문에 대해 검증 가능한 실증적 증거가 있을 때에야 사실에 대한 결정을 내리는 것 같다. 이는 무언가를 증명하거나 반증할 수 있을 때까지 증거를 축적하는 연역적 추론의 한 형태이다. 그러나 각 개인이 진리의 중재자라고 가정하기 때문에 매우 개인주의적인 추론 유형이기도 하다. 그러나 앞서 언급한 보안 문제로 인해 이러한 방식은 하나님의 운동에 대한 지식을 만들어 가는데 문제가 된다. 따라서 개별적으로 추론할 수 있는 데이터가 공개적으로 부족하다는 이유로 씨름하기보다는 이러한 보고서에 대해 완전히 다른 사고 방식으로 전환할 것을 제안한다.

귀납적 추론(Inductive Reasoning)

실증적으로 검증하기 어려운 보고를 접할 때 사람들은 연역적 논리가 아닌 다른 논리 즉 귀납적 추론을 직관적으로 사용하는 경우가 많다. 연역적 추론과 귀납적 추론은 서로 다른 정보의 근거를 제공한다. 연역적 추론은 특정 사례와 관련된 실증적 증거를 연구하여 사실을 증명하거나 반증하려는 것이고 귀납적 추론은 사실을 관찰하여서 결론을 도출하려는 것이다.

많은 사람들이 연역적 추론을 기본으로 사용하는 이유는 연역적 추론에서 도출된 결론에 대해 전적인 지지를 하기 때문이다[3](호손-Hawthorne 2018). 반면 귀납적 추론은 어떤 것을 증명하는 것을 목적으로 하지 않는다. 오히려 귀납적 추론은 어떤 것을 믿는 것이 합리적인지 여부를 결정하는 것이다. 귀납적 추론은 문제와 관련이 있는 모든 사실이나 관찰을 고려함으로써 이루어진다. 이것이 귀납의 논리적 전제가 된다. 좋은 귀납적 추론은 강력한 전제를 사용하여 보고서를 믿거나 믿지 않는 것과 같은 결론에 도달할 수 있는 좋은 이유를 제공한다(호손-Hawthorne 2018). 한 가지 예를 들어보겠다.

미국 남동부 해안선에서 13피트 길이의 백상아리가 발견되었다고 가정해 보자. 그 지역에서 여름 휴가를 계획하고 있다면 이 소식은 여러분의 관심을 끌 것이다. 아마도 상어 목격에 관한 모든 뉴스를 읽었을 것이고 상어 공격 가능성에 대해 읽어보았을 것이다. 하지만 보고된 상어의 크기나 목격 장소를 확인할 필요성을 느끼지 못할 수도 있다. 왜 그럴까? 백상아리가 실제로 그렇게 큰 크기에 이른다는 것은 꽤나 상식적인 사실이고 과거에도 특정 연안 해역에서 백상아리가 자주 목격되었기 때문이다.

따라서 귀납적 추론을 사용하면 큰 상어가 그곳에서 다시 목격되었다고 믿는 것이 매우 합리적으로 보인다. 귀납적 추론은 대형 포식자의 존재를 증명하지 못하며 실제로 상어가 있었다고 해도 상어의 정확한 크기를 확인하지 못한다. 하지만 귀납적 추론은 여러분이 들은 신고를 믿을 만한 근거라고 생각하게 만든

---

3) 이는 무수히 많은 실제적이고 이론적 문제를 무시하는 매우 문제가 있는 주장이다. 그러나 이는 이 장의 범위를 벗어난다.

다. 이를 "표본 기반 귀납적(Sample-based induction)"이라고 한다(파리쉬-Parrish 2018). 이 논리 모델에서는 특정 상어에 대한 실증적 증거에 근거하여 결론을 내리는 것이 아니라- 이것은 연역적 추론이라 할 수 있는데 과거에 확인된 보고를 통해 일반적으로 백상아리에 대해 알려진 내용을 바탕으로 결론을 내린다.

이러한 형태의 논리는 소크라테스만큼이나 오래되었으며 우리의 사고 패턴에 매우 보편화되어 있어 연역적 추론에서 귀납적 추론으로 전환할 때 거의 인식하지 못한다. 결론을 내릴 수 있는 확실한 근거가 되는 사실이나 관찰을 이미 알고 있기 때문에(연역적 추론) 무언가를 검증할 필요성을 느끼지 못하는 경우가 많다(귀납적 추론). 이러한 형태의 논리를 사용하면 특정 보고서를 받아들이는 것이 합리적인지 여부를 결정하는 데 도움이 된다(파리쉬-Parrish 2018).

물론 이것은 이런 질문을 던진다: 지금 우리가 듣고 있는 무슬림 세계의 보고에 대한 결론을 내리는 데 도움이 될 만한 사실이나 선교 역사에서 관찰할 수 있는 것이 있는가?

전방 개척 선교(Frontier Missions)에서의 성장 예화

우리가 하나님의 운동에 대하여 알고 있는 것을 활성화하는 수단으로서 표본기반 귀납적 추론(Sample-based inductive reasoning)이 필요하다. 실증적 증거에서 표본 기반 귀납적 추론을 사용하여 사실의 진정성을 정당화하기 위해서는 현재 무슬림 세계에서 보고되고 있는 교회 성장과 상당히 유사한 선교 역사 속에서 진행되었던 교회 성장 이야기가 있어야 한다.

우리가 참고할 수 있는 잘 알려진 사례는 적어도 두 가지가 있다고 생각한다.

첫 번째는 로마 제국(AD 40~2 50년)에서 초기에 교회가 확장된 시기이다. 교회가 적대적인 환경에서 선교를 추구한 적이 있다면 이 시기가 가장 모범적인 사례일 것이다.

이 그래프는 약 200년을 보여준다. 이 그래프는 로드니 스타크(Rodney

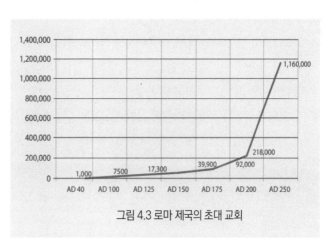

그림 4.3 로마 제국의 초대 교회

Stark)가 그의 저서 "기독교의 부상"(The Rise of Christianity)(1997, 13)에서 추정한 내용에 근거한 것이다. 또한 서기 311년 갈레리우스(Galerius)가 발표한 관용 칙령(Edict of Toleration)(윌리암스-Williams 1997, 899) 이전이기 때문에 서기 250년을 기준점으로 삼았다. 따라서 그래프에 표시된 모든 성장은 교회가 여전히 다양한 지역적 제한을 받고 다양한 박해의 물결에 시달리는 동안 발생한 것이다. 박해속의 성장이라는 측면에서 이것은 무슬림 세계의 성장과 비교하는 데 도움이 된다.

두 번째로 살펴볼 수 있는 전방개척 선교 성장률은 중국(China) 개신교회의 성장률이다. 아래는 약 140년 동안의 성장 그래프이다. 이 그래프에 대해 몇 가지 주목해야 할 점이 있다. 첫째, 이 그래프의 기초 데이터의 특성은 무슬림 세계의 교회 성장 그래프와 훨씬 더 유사하다.

로마 시대 초기 교회의 데이터는 역사적 회고에 근거하여 추정된 것

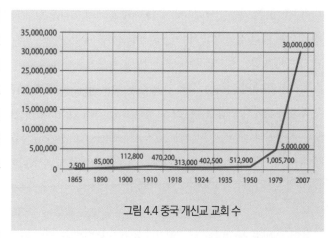

그림 4.4 중국 개신교 교회 수

이지만 중국의 데이터는 대부분 실제적인 데이터이다. 스타크(Stark)와 왕(Wang)의 저서 "동방의 별"(A star in the East)(2015)에서 수집한 1860년부터 1950년까지의 데이터는 선교사가 기관 보고서를 위해 실시간으로 기록한 것이다.[4]

따라서 지금 우리가 무슬림 세계의 보고서에 대해 듣는 것과 동일한 의문과 정확성에 관한 문제가 제기될 수 있었다. 그러나 중국(China) 데이터의 경우 우리는 뒤늦게나마 그 데이터가 대체로 정확하다는 것을 확인할 수 있었다. 1979년과 2007년의 데이터는 각각 배이스(Bays)(2012)와 스타크(Stark) 그리고 왕(Wang)(2015)이 추정한 것이다.

이 그래프의 바로 다음 해인 1979년은 중국 전역의 감옥에서 많은 중국 성직자가 석방되고 기독교 예배에 대한 제한이 전반적으로 완화되었던 해라는 점도 주목하라(스타크-Stark 와 왕-Wang 2015, 69). 따라서 우리는 이 해를 AD 311년의 관용 칙령(Edict of Toleration)과 대략 비슷한 시기라고 볼 수 있다. 따라서 그림 4.4는 교회가 여전히 심각한 박해에 직면하고 있는 동안 일어난 성장을 시각화 한 것이다.

---

4) 데이터의 배경이 된 특정 기관 보고서에 대한 참조 정보는 "동방의 별"(A Star in the East) 127페이지에서 확인할 수 있다.

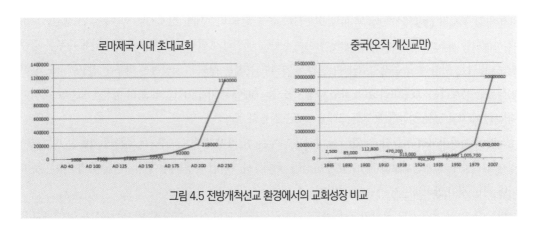

그림 4.5 전방개척선교 환경에서의 교회성장 비교

이 차트들이 보여주는 유사성들을 놓칠 수가 없다. 모두 기하급수적 성장의 원리 즉 시간에 비례하여 변화율이 비례하는 성장을 그래픽으로 보여준다. 기하급수적 성장 차트는 느리게 시작하여 상당 기간 동안 거의 평평하게 유지되다가 빠르게 상승한다(첸-Chen 2020). 각 시나리오에서 우리는 수십 년 동안의 느린 성장에 이어 극적인 상승을 볼 수 있다.

이제 귀납적 추론의 틀을 적용해 보겠다. 첫째, 세 그래프는 모두 개척 선교 환경에서의 교회 성장을 나타낸다. 둘째, 이 그래프들은 모두 새로운 교회에 대한 박해가 반복되는 기간 동안의 성장을 보여준다. 셋째, 이 두 그래프는 역사가 증명해 주었기 때문에 비교에 높은 신뢰도를 가질 수 있다. 따라서 선교 역사에서 이러한 관찰이 우리가 결론을 도출할 수 있도록 돕는 논리적인 전제를 제공한다. 비록 두 가지 역사적 관찰 결과만 조사했지만 현재 우리가 무슬림 사역 현장에서 현장 실행자로부터 받고 있는 보고서와 유사하다는 것을 알 수 있다. 이러한 귀납적 추론에 입각하여 무슬림 세계에서 보고되고 있는 전반적인 성장 패턴이 정확하다고 믿는 것이 합리적이다.

이 마지막 진술에는 두 가지 요점이 있다. 첫째, 우리가 말하는 것은 특정 보고서가 아니라 무슬림 세계에서 기하급수적으로 교회가 성장하고 있다는 전반적인 상황을 믿는 것이 합리적이라는 것이다. 둘째, 어떤 것을 "합리적"이라고 묘사하는 것은 "증명"되었다고 주장하는 것과는 다르다. "증명"이라는 언어는 실증주의(empiricism)의 인식론에 뿌리를 두고 있으며 이는 당면한 문제에 접근하는 데 적합하지 않다고 나는 주장해 왔다. 반면에 이성(Reason)은 샘플 기반 귀납적 추론을 통하여 무슬림 세계에서의 보고가 견고한 논리에 기반하고 있음을 입증한 것이다. 그러므로 우리가 귀납적 추론으로 전환하면 무슬림 세계의 교회 성장 패턴을 직접 확인할 수 없더라도 믿을 수가 있다는 것이다.

요약

하나님의 운동(Motus Dei)의 목표는 전 세계에서 보고되는 복음 운동에 관한 활발한 학문적 대화를 장려하는 것이다. 탄탄한 학문적 토론의 한 가지 특징은 우리가 본능적으로 대화에 가져온 인식론적 틀을 신중하게 고려한다는 것이다.

우리는 무슬림 세계에서 대규모 하나님의 나라 운동의 보고에 대한 선교계의 회의론적인 쟁점으로부터 시작했다. 또한 이러한 보고서를 뒷받침하는 실증적 데이터가 합법적인 보안 문제로 인해 대부분 검증할 수 없다는 것이 주요 논쟁점임을 확인했다. 이러한 문제는 사회적 일탈자를 다루는 연구에서도 흔히 발생하는 문제라는 점에 주목했다. 그런 다음 무슬림 세계에서 약 170년간의 교회 성장을 도표로 작성하여 논란이 되고 있는 성장률 보고를 그래픽으로 표현했다.

사람이 실증적으로 검증할 수 없는 데이터를 다루는 한 가지 방법 즉 귀납적 추론에 기반한 평가로의 직관적 전환에 대해 살펴보았다. 귀납적 논리는 실증적 증거처럼 특정 사실이나 사건을 증명하지는 못하지만 어떤 것이 합리적인지 아닌지는 알려줄 수 있다.

다른 두 가지 개척 선교 상황인 로마 제국과 현대 중국의 교회 성장 그래프를 살펴보았다. 이 그래프들은 모두 기하급수적인 성장의 전형적인 예이기 때문에 오늘날 무슬림 세계에서 보고되고 있는 성장 패턴과 놀라울 정도로 유사했다. 따라서 우리는 선교 역사에 근거하여 이러한 보고서가 제시하는 전반적인 그림이 현재 "증명할 수 있는" 것은 아니더라도 실제로 합리적이라고 주장했다.

어떤 사람들은 실증적 증거의 인식론에서 합리성의 인식론으로의 전환을 받아들이기 어려울 수 있다는 것을 알고 있다. 그러나 우리가 일상 생활에서 이러한 형태의 논리를 흔히 사용한다는 점을 기억한다면 오늘날 무슬림 세계에서 하나님이 하시는 일과 관련하여 그 타당성을 받아들이는 것이 더 쉬울 수 있다.

참고 문헌

Aritonang, Jan Sihar, and Karel Steenbrink. 2008. *A History of Christianity in Indonesia*. Leiden: Brill.

Bays, Daniel H. 2011. *A New History of Christianity in China*. Malden, MA: Wiley-Blackwell.

Chen, James. "2020. Exponential Growth." *Investopedia*. https://www.investopedia.com/terms/e/exponential-growth.asp.

Crummey, Donald. "Shaikh Zakaryas: An Ethiopian Prophet." *Journal of Ethiopian Studies*. Vol. 10, no. 1 (January 1972): 55–66.

Long, Justin. "Movements to Christ." 2019. Vision 5:9 Network Assembly, Malta, February 21.

Hwthorne, James. 2018. "Inductive Logic." *Stanford Encyclopedia of Philosophy*, https://plato.stanford.edu/entries/logic-inductive/.

Kreeft, Peter, and Trent Doughtery. 2010. *Socratic Logic*. Homer Glenn, IL: St Augustine's Press.

Miller, Duane Alexander, and Patrick Johnstone. 2015. "Believers in Christ from a Muslim Background: A Global Census." *Interdisciplinary Journal of Research on Religion*. Vol. 11, Article 10.

Morton, Jeffry. 2012. Book review of Miraculous Movements. *Journal of Biblical Missiology*, October 8, 2012. https://biblicalmissiology.org/2012/10/08/book- review-miraculous-movements-how-hundreds-of-thousands-of-muslims-are- falling-in-love-with-jesus/.

Motadel, David. 2012. "Islam and the European Empires." *The Historical Journal.* Vol. 55, no. 3: 832–56.

Parrish, Shane. 2018. "Deductive vs. Inductive Reasoning: Making Smarter Arguments, Better Decisions, and Stronger Conclusions." *Farnam Street Blog*, May 2018, https://fs.blog/2018/05/deductive-inductive-reasoning/.

Salganik, Matthew J., and Douglas D. Heckathorn. 2004. "Sampling and Estimation in Hidden Populations Using Respondent-Driven Sampling." *Sociological Methodology*. Vol. 34: 193–239. https://www.jstor.org/stable/3649374.

Sharkey, Heather J. 2009. "An Egyptian in China: Ahmed Fahmy and the Making of 'World Christianities.'" *Church History*. Vol. 78, no. 2: 309–26.

Stark, Rodney. 1997. *The Rise of Christianity*. San Francisco: HarperColins.

Stark, Rodney, and Xiuhua Wang. 2015. *A Star in the East*. West Conshohocken, PA: Templeton Press.

Truncellito, David. n.d. "Epistemology." *Internet Encyclopedia of Philosophy*, ISSN 2161-0002. https://iep.utm.edu/.

Walls, Andrew. 1999. "Africa as the Theatre of Christian Engagement with Islam." *Journal of Religion in Africa*. Vol. 29, Fasc. 2 (May 1999): 155–74.

Williams, Robert Lee. 1997. "Persecution." In *Encyclopedia of Early Christianity*, edited by Everett Ferguson. London: Routledge.

5장
하나님의 운동 계산방법
져스틴 디 롱(Justin D. Long)

1,020개 이상의 교회 개척 운동(여러 개의 방식에서 4세대 이상의 교회 개척을 통해 빠르게 성장하는 그룹)이 보고되었다.[1] 이들은 4백3십만개 이상의 교회 그리고 7,300만 명 이상의 교인으로 구성됐다. 이 사실을 듣고 사람들은 종종 질문한다. 어떻게 계산한 것인가? 이 질문의 함축적인 의미는 다른 사람이 신뢰할 수 있는 방식으로 계산한 것인가이다? 이 질문의 대답이 되는 근본적인 근거에 대한 더 폭 넓은 질문으로부터 시작해 보자. 일반적으로 기독교 교단에서는 어떻게 교인 숫자를 계산하는가? 예를 들어 미국의 교단은 어떻게 계산하는가?

미국 교단에서 교인의 숫자를 계산하는 방법

미국의 교단 또는 교회는 교인 통계를 수집하기 위해 다양한 방법을 사용한다. 이러한 방법은 교단의 규모에 따라 크게 다르다. 대부분 교단에서는 두 가지의 방법 중 하나 혹은 둘을 다 사용하여 계산한다. 예배출석자 통계는 일반적으로 구도자와 어린이 그리고 등록교인의 자격은 아직 안되는 새 신자 등등으로 구분되는 복잡한 것이다. 이것이 정규 예배출석자를 계산하는 일반적인 방법이다. 세례(침례)교인은 이 숫자보다 적다.

예를 들면 미국 알바니아 정교회(Albanian Orthodox Diocese America) 교구에서는 예배 출석자 평균 숫자를 매주 정규 예배에 참석하는(어린이 포함) 수를 계산한다. 특별한 부활절이나 크리스마스 예배 출석자는 포함하지 않는다. 미국 알레게니(Allegheny) 지역 웨슬리안(Wesleyan) 감리교 교단에서는 출석자를 "주일 오전 예배 평균 출석자"로 교인을 "출석명부에 이름이 있는 사람"으로 추산한다. 모든 교단이 예배 출석자와 세례(침례) 교인을 구별하여 계수하지는 않는다.

교단 통계는 일반적으로 각 교회가 직접 작성하여 교단 본부에 제출하는 종이 또는 전자식 설문조사 도구를 통해 수집된다. 다음은 미국의 다양한 규모와 교파적 성향을 아우르는 네 가지 예이다. 하나님의 성회 교단(Assemblies of God)(320만 명의 교인)은 각 교회에 12월 31일 기준으로 연령에 관계없이 각 교회가 교인으로 간주하는 총수를 보고하도록 요청한다.

연구자는 필자에게 "이 정의는 지역 교회에 많은 여유를 줍니다"라고 말했다. 신자는 "세례(침례) 교인으로 등록되어 있는지 상관없이 자신이 출석하는 교회를 모 교회로 생각하는 사람이 다 포함된다." 설문조사는 인쇄본과 온라인 옵션을 통해 수집된다. 응답에 상당한 불일치가 있는 것으로 보이는 경우 일반적으

---

1) 이 장은 2019년 11월 Accel Voume 1, 2호 16~20페이지에 처음 게재되었다. www.accelmag.org 허가를 받아 재인쇄되었다.

로 전화 통화 또는 목회자와 더 긴밀한 업무 관계를 맺고 있는 담당 지역 직원에게 확인하여 응답을 확인한다.

나사렛교단(Church of Nazarene)(교인 수 80만 명)의 보고서는 교회에서 자체적으로 제출하며 누구도 검사하지(audit) 않는다. 조사원은 전년도 각 교회의 세례(침례) 교인 숫자에서 시작하여 증가된 수는 더하고 빠져나간 수는 빼서 새로운 세례(침례) 교인 숫자 총계를 낸다. 세례(침례) 교인 숫자에 포함되지 않았을 경우 이메일을 보내거나 전화해서 정확히 할 수 있다.

남침례교단(Southern Baptist Convention) 세례(침례) 교인 수(1,600만 명)는 연례 교회 프로필 양식을 사용하여 모든 세례(침례) 교인 교회에 대한 통계 데이터를 수집한다. 양식은 종이 또는 온라인 옵션을 통해 보고한다. 모든 교단과 마찬가지로 모든 교회가 매년 이 양식을 작성하여 보고하지 않는다. 보고된 데이터는 전년도와 비교하여 특이치가 있는지 확인하고, 불명확한 데이터는 일반적으로 주 총회에 다시 문의하여 명확히 한다.

연합감리교단(The United Methodist Church) (교인 수 600만 명)은 교회를 연회와 총회로 나눈다. 각 교회는 일반적으로 온라인 양식을 사용하여 자체 보고한다. 교회는 소속 연회에 데이터를 제출하고 연회는 총회에 총회는 취합된 데이터를 전국 총회에 보낸다. 통계팀이 데이터를 검토하고 큰 차이가 발견되면 총회에 연락해 명확히 한다. 일반적으로 연회 또는 개 교회에 전화로 문의한다.

거의 모든 미국 교단의 교회는 두 가지 형태다. 작은 교회는 작기 때문에 전체 교인의 구체적인 명단(교인 명부)을 보유한다. 큰 교회는 커서 통계치를 대략적으로 산출하도록 교단에서 요청하고 각 교회가 산출한 통계치를 신뢰하고 믿는 명예제도(Honor system)를 사용한다. 불분명한 데이터는 전화나 이메일을 통해 명확히 한다. 한 교단 연구원은 "우리는 IRS[국세청]가 아닙니다. 무작위로 교회를 선택하여 팀을 파견하며 감사하여 숫자를 파악하지 않습니다. 주일예배 출석을 확인하는 것만으로 전체 세례(침례) 교인 수를 파악하는데 충분하지 않기 때문에 모든 교인에게 전화를 걸어 확인하여야 할 것입니다"라고 말했다.

이는 교단 통계의 복잡성을 보여준다. 출석은 주일 오전 예배에 참석한 사람의 수를 대략적으로 세어보면 알 수 있듯이 정확하지는 않더라도 추정하기 매우 쉬운 숫자이다. 반면에 세례(침례) 교인은 헌신을 의미하며 미묘한 차이가 있을 수 있다. 세례(침례) 교인은 언제 시작되고 언제 종료되는가? 누군가가 교회 출석을 중단하고 다른 교회로 옮기는 경우 이 사실을 항상 알리는 것은 아니다. "세례(침례)교인 명단에서 제외"되기 전에 몇 번이나 결석해야 하는가? 세례(침례) 교인 명단에서 삭제된 적이 있는가? 사망한 사실이 반영되려면 얼마나 걸리는가? 사람들이 주일 오전에는 한 교회에 가고 토요일 밤에는 다른 교회에 가면 어떻게 되는가? (예를 들어 어린이가 다른 교회의 청소년 그룹에 참석할 때 이런 일이 발생한다). 이러한 상황은 통계를 어렵게 만든다.

또한 일반적으로 누가 세례(침례) 교인이 되는지에 대한 논쟁은 계속된다. 이에 대한 한 가지 예는 "의미 없는 세례(침례) 교인(Meaningless Membership)"[2] 이라는 글에서 찾을 수 있다. 저자는 출석률과 세례(침례) 교

2) 알 잭슨 (Al Jackson), 9 Marks, http://bit.1y/2MPDJ6u,April 28, 2011.

인을 비교하며 "남침례회(Southern Baptists Convention) 총회 전체에 1,600만 명의 세례(침례) 교인이 있다. 하지만 주일예배에 6백만 명만 출석한다. 나머지 천만 명의 남침례교인(Southern Baptists)은 어디에 있는가?"라고 묻는다. 하나님의 섭리적인 이유로 출석을 못할 수도 있지만 그렇다고 천만명이 그런 것은 아닐 것이다.

하나님의 운동의 계산 방법

하나님의 운동도 미국의 교단이 하듯이 하나님의 운동을 구성하는 신자들의 숫자를 알기를 원한다. 숫자를 세는 데에는 몇 가지 이유가 있지만 네 가지 이유가 대부분의 하나님의 운동에 공통적인 것 같다. 첫째, 하나님의 운동은 성장을 강조하고 그들이 성장하고 있는지 보기를 원한다. 둘째, 다양한 흐름의 교인 수를 집계함으로써 다세대 성장 부족의 상관관계를 통해 부분적으로 파악할 수 있는 문제를 확인하고 해결할 수 있다. 셋째, 하나님의 운동은 일반적으로 자체 성장의 관점에서 자신을 측정하는 것이 아니라 오히려 주변의 비기독교인 인구와 비교하여 자신을 측정하기 위해 집계한다. 그들이 답하려는 질문은 "우리가 믿지 않는 사람에게 전도하는데 진전을 보이고 있는가?" 하는 것이다. 넷째, 일부 하나님의 운동은 이 숫자를 사용하여 후원자에게 기도와 프로젝트 그리고 재정을 보고한다.

일반적으로 세 가지 형태의 계산방법이 있다.

1. 작은 규모의 하나님의 운동

방법 1 - 우리는 회원 명부에 기록되어 있든 있지 않든 하나님의 운동에 참여하는 모든 사람을 알고 있다. 하나님의 운동이나 하나님의 운동이 발생하기 바로 직전에는 규모가 작아서(예를 들어멤버 수가 천 명 미만) 모든 그룹과 리더 심지어 멤버들까지 알 수 있다. 개별 지도자의 이야기를 통해서도 신자 숫자를 파악할 수 있다(예를 들어 "이 남자는 할머니가 자신의 치유를 위해 기도해 주어서 믿음을 갖게 되었고 치유를 받았다. 그 후 그는 동생에게 전했고 온 가족이 믿게 되었다"). 숫자가 적기 때문에 수작업 또는 종이에 도표로 쉽게 적어서 볼 수 있다. 이는 실제로 미국(US)의 소규모 교단의 세례(침례) 교인 명부와 비슷하다.

2. 적당히 큰 규모의 하나님의 운동

방법 2 - 하나님의 운동내의 각각의 다양한 갈래들은 그들의 멤버들을 잘 알고 있으며 그 수를 합산하여 전체를 계산한다. 일부 하나님의 운동이나 하나님의 운동이 발생하기 바로 직전에는 규모가 너무 커서 수작업에 모든 구성원을 쉽게 나열할 수 없다. 이 너무 크다는 한계 값은 하나님의 운동이 수천명의 회원 규모로 성장할 때 종종 도달하며 회원수가 1만명 수준에서는 확실하게 도달한다. 하나님의 운동의 어떤 특정한 흐름이나 부분에서는 위의 작은 하나님의 운동과 비슷할 정도로 개별적으로 충분히 작을 수 있다. 그들 각자의 숫자를 합산한 다음 각각의 갈래의 총계를 합산하여 전체 하나님의 운동의 총계를 산출할 수 있다.

이 과정은 교회를 지역으로 나누는 미국의 대형 교단과 유사하다. 일부 갈래는 개별적으로 집계하기에는 규모가 너무 커서 더 세분화해야 할 수도 있다. 그러나 수천 또는 수만 명의 신자가 있는 하나님의 운동의 경우 개별 갈래는 대부분 '소규모'이기 때문에 쉽게 집계할 수 있다. 하나님의 운동의 규모가 커지면 데이터 수집을 하기에 위험하거나 어렵게 만드는 보안 및 기술적 문제에 직면할 수 있다. 접근이 제한된 지역에서는 수천 명에 달하는 대규모 데이터 세트가 실제로 매우 위험할 수 있다. 기술이 거의 없거나 문맹률이 높은 곳에서는 단지 몇 장의 종이에 해당하는 정보를 얻는 것도 힘들 것이다.

이러한 요인으로 인해 하나님의 운동은 "지도자가 제자 훈련하는 평균 인원 수" 또는 "한 그룹의 평균 인원 수"와 같은 데이터 포인트를 기반으로 그 수를 추정하기도 한다. 이러한 종류의 추정치는 정확도는 떨어질 수 있지만(아래에서 정확도와 정밀도에 대한 논의 참조) 미국 교단 집계(예: "우리 교단은 10개의 교회가 있고 각 교회에는 약 200명이 있다.")만큼이나 정확하다. 예를 들어 필자는 한 하나님의 운동에서 총 교인 수를 800만 명에서 1,200만 명으로 추산하는데 도움을 준 적이 있다. 이 추정은 지도자의 수와 평균적으로 각 지도자에게서 배우는 제자 숫자, 각 갈래의 지도자 세대 수에 대한 설문조사 그리고 개별 지역의 퍼져가는 이 하나님의 운동의 지리적 확산을 기반으로 이루어졌다. 수백만 명에 이르는 이 추정치는 사실에 입각한 정확한 수치였지만 매우 부정확한 것이 분명하다.

3. 대규모 하나님의 운동

방법 3 - 우리는 복잡하고 정기적인 집계에 투자할 수 있는 자원을 확보할 만큼 규모가 크다. 일부 하나님의 운동은 매우 커서 수백만 단위로 조직화되어 있다. 미국이나 다른 지역의 모든 국가 교단(남침례교(Southern Baptists)과 하나님의 성회(Assemblies of God) 등과 동등한 규모이다. 규모가 크기 때문에 교인 수를 집계하고 정기적으로 인구 조사를 실시하는 데 많은 투자를 할 수 있는 자원을 보유하고 있다(사실 미국에서는 소수의 교단만이 정기적으로 교인수를 집계하고 있다). 이를 달성하기 위해 연구팀은 대부분 지도자를 직접 방문하고 설문조사를 실시하여 양적, 질적 데이터를 모두 수집한다. 이 수치는 매우 정확하며 자주 업데이트한다. 이런 대규모 교인 조사는 소규모 그룹이 실행하기에는 어려운 복잡한 과정이다.

신뢰성

우리는 하나님의 운동에서 하는 통계가 세계 다른 지역에서 하는 통계 방식과 유사하다는 것을 알 수 있다. 이러한 유사성은 자연스러운 현상이다. 세례(침례) 교인의 수를 세고 합산하여 기록하는 것이 유사하므로 세계적으로 비슷한 문제가 발생하며 비슷한 방법으로 해결된다. 이 통계는 신뢰성이 있는가? 이 질문에 답하기 위해서는 누군가가 어떤 숫자를 보고 "틀렸을 거야"라고 반응하는 다양한 이유에 대하여 우리는 고려할 필요가 있다.

실수의 정의

누군가가 숫자가 무엇인지 설명하지 않고 숫자를 제시하면 오해가 생길 수 있다. 예를 들어 예배 참석자 수인가 아니면 교인의 수인가라는 질문이 생긴다. 특히 교회와 구도자 그룹이 모두 있는 하나님의 운동의 경우 더욱 그렇다. 이러한 하나님의 운동은 영적으로 갈급한 예비 신자를 그룹으로 모아 성경이야기를 탐구한다. 결국 이러한 "구도자 그룹"(하나님의 운동마다 이름이 다른 경우가 많음)은 관심 부족으로 인해 해체되거나 혹은 신자가 되어 교회를 형성한다.

따라서 "구도자 그룹"은 서구 교회에서는 "출석자"에 더 가깝다. 일반적인 하나님의 운동에서는 이러한 숫자를 보고하지 않는다. 이 숫자는 끊임없이 유동적이다. 하나님의 운동에서는 보고할 때 일반적으로 "교회"와 "신도"의 숫자를 제공하지만 "신도"의 정확한 정의는 지역마다 다를 수 있다. 일반적으로 세례(침례) 교인은 세례(침례)를 받은 신자이다. 그러나 일부 하나님의 운동에서는 여러 가지 이유로 신자가 세례(침례)를 받는 데 오랜 시간이 걸릴 수 있다. 일부 하나님의 운동에서는 유아 세례를 보고하지만 일부 미국 교단에서는 그렇지 않은 때도 있다. 어떤 통계에서는 일반적인 미국 교단보다 훨씬 적은 나이를 성인으로 간주한다. 모든 통계에서 수치를 조사하거나 비교할 때는 그 정의를 아는 것이 중요하다.

정확도, 정밀도 및 반올림

"세계 기독교 백과사전"(The World Christian Encyclopedia)에서 일부 교단은 세례(침례) 교인 수를 마지막 자리까지 보고하고 다른 교단은 숫자를 반올림한다(보통 가장 가까운 천 단위로). 정확한 숫자와 반올림된 숫자의 차이는 정확성이 아니라 정밀도이다. 한 교단의 세례(침례) 교인 수가 952명, 950명 또는 1,000명이라고 말하는 것은 정확도 수준은 다르지만 동일한 범위 내에서 사실에 근거한 정확한 표현을 하는 것이다.

다른 예를 들어 보면: 딸이 지금 몇 시냐고 물었을 때 "9시 43분인데 10시 15분 전"이라고 대답하면 거짓말을 하는 것이 아니라 정확하지 않지만 충분히 근접한 것이다. 정밀도의 차이는 모든 종류의 계산에서 나타난다. 2,100만과 2,000만 사이의 차이는 2,000만과 20만 사이의 차이보다 덜 중요하다. 마찬가지로 주어진 숫자가 수천만 개라고 생각되지만 정밀도를 파악하기 어려운 경우 낮은 쪽(10,00만~20,00만) 인지 높은 쪽(7,000만~8,000만)인지를 아는 것으로 충분할 수 있다.

교단이 정보를 보고하는 방식에 관계없이 우리는 우리 자신의 편견을 염두에 두어야 한다. 매우 정확한 숫자는 정확하다는 잘못된 인상을 줄 수 있다. 많은 교단 특히 하나님의 운동의 경우 멤버의 수는 끊임없이 변화하고 있다. 새로운 사람이 가입하고 다른 사람이 탈퇴하며 어떤 사람은 태어나고 어떤 사람은 죽는다. 따라서 우리는 단일 숫자를 느슨하게 잡고 가급적이면 반올림된 형태로 보고할 필요가 있다(전 세계에 7,300만 명이 넘는 세례(침례) 교인이 있다고 말할 때처럼).

과장

　간혹 하나님의 운동에 있어서 어떤 숫자가 과장된 것 같다고 말하는 사람이 있다. 하나님의 운동에 있어서 통계 숫자를 과장하는 주된 동기는 재정적 이유일 것이다. 높은 숫자는 헌금을 독려하는데 사용될 수 있기 때문이다. 하지만 우리가 만든 하나님의 운동 자료에서 이런 증거는 발견되지 않는다. 실제로 의도적으로 통계 숫자를 적게 계산하는 하나님의 운동도 종종 보았다. 때로는 하나님의 운동에서 충분히 조사되지 않았거나 숫자가 확실하지 않다고 생각되는 부분을 집계에서 제외하는 때도 있다. 일부 하나님의 운동에서는 계산방법의 오류율을 우려하여 계산 숫자를 일정 비율로 줄이기도 한다.

　또한, 연구 결과에 따르면 대부분 하나님의 운동에서 사역 기금은 내부적으로 조달하는 것으로 나타났다. 특히 대규모 하나님의 운동의 규모에 비례하여 고려할 때 외부 기금의 비율은 미미하다. 다시 말해 숫자를 과장하여 모금하는 것이 목표였다면 제대로 된 일을 하고 있지 못한 것이다. 대부분 하나님의 운동은 규모가 작으므로 과장이 문제가 되지 않는다.

　대부분의 개별적인 하나님의 운동의 멤버는 약 1,000명 수준이며 위에서 강조한 것처럼 멤버는 서로 알 수 있다. 마지막으로 1990년부터 2020년까지 5년 단위로 성장하는 하나님의 운동을 기록했다. 이 기간 동안 하나님의 운동은 다양한 성장 패턴을 따라 정체와 종료를 반복했다. 하나님의 운동은 인위적인 숫자를 나타내는 고정된 성장 패턴을 따르지 않았다.

속임수

　때때로 하나님의 운동에 대해 제기되는 마지막 주장은 통계가 노골적인 속임수의 결과라는 것이다. 고발자 또는 고발자가 아는 사람이 그 지역에 다녀왔는데 그곳에서는 아무 일도 일어나지 않는다는 주장을 한다. 이러한 고발에 대해 조사해본 결과 속임수라고 하는 사례를 나는 전혀 발견하지 못했다. 하나님의 운동 일부에서 속임수가 발견되었을 때 하나님의 운동 지도자가 공개적으로 이를 인정하고 보고서를 수정한 경우가 몇차례 있었다. 나의 경험상 하나님의 운동 지도자는 속임수를 찾아내려는 의지가 강하다.

　종종 외부에서 속임수를 썼다고 고발하는 경우 그 근거가 없는 경우가 많다. 고발자나 그 동료가 해당 지역에 갔다가 비슷한 결과나 하나님의 운동의 증거를 보지 못했다는 것 외에 다른 증거가 없는 경우가 많다. 그들은 이러한 하나님의 운동이 일어난 지역이 일반적으로 매우 위험한 지역이라는 사실을 무시한다. 개척 교회가 살아남으려면 정부와 종교 지도자로부터 자신의 존재를 숨겨야 한다. 많은 하나님의 운동 지도자가 기존 교회 지도자에게 지도자를 "도둑질" 당했으며 종종 많은 사례비를 준다는 방식으로 지도자를 빼앗겼다. 일부 단체는 다른 신자에 의해 이단으로 분류되어 정부에 신고되기도 했다.

　서구 사람은 "정보를 입수"한 후 신중하지 못한 채 자신이 알고 있는 정보를 공유했으며 때로는 매우 해로운 결과를 초래하기도 했다. 그리고 무엇보다도 이러한 하나님의 운동 대부분이 매우 상황화 되어서 외부인이 종종 그들을 기독교인으로 인식하지 못하였다. 지역적인 방식으로 옷을 입고 지역적인 방식으로 모여서 식사하며 지역 음악을 사용하는 사람의 공동체는 외부인이 생각하는 "교회"와 같이 보이지 않는다. 이 모든 이유들로 인해 하나님의 운동은 외부인에게 잘 보이지 않는다.

우리가 문서화한 천 개 이상의 하나님의 운동들은 신뢰할 수 있는 현지인 친구들이 속한 선택된 그룹과의 여러 접촉을 통해서 이루어졌다. 이 네트워크에는 여러 국가와 선교 단체 그리고 교단 배경을 가진 사람이 포함되어 있다. 우리 팀은 대개 이런 신뢰할 수 있는 관계를 통해서 이들을 만난다(그렇지 않으면 우리도 그들에 대해 알지 못할 것이다).

대부분의 큰 하나님의 운동에 있어서 우리는 심각한 보안 위험과 적은 돈으로 매우 어려운 상황에서 일하고 있는 다양한 수준의 지도자를 개인적으로 만났다. 우리는 박해의 상처가 있는 신실한 교회 개척자와 함께 식사를 같이했다. 그들은 도저히 지어낼 수 없는 구체적인 그들의 실수와 실패를 포함한 이야기를 우리에게 들려주었다. 서로 연결되지 않은 하나님의 운동들 가운데서 나오는 비슷한 패턴과 세부적인 이야기가 진정성을 강화하여 주었다.

결론

전 세계적으로 천 개가 넘는 하나님의 운동이 확인되었다. 각 하나님의 운동은 일반적으로 소규모(교인 수 천 명 내외)와 중규모(수천 명에서 수만 명) 그리고 대규모(10만명이상에서 수백만 명)로 분류된다. 하나님의 운동은 어떤 식으로 든 일정한 규칙을 가지고 세례(침례) 교인 수를 집계한다. 이들은 서구의 교단과 유사한 방법을 사용하며 정확도도 비슷하다. 규모가 커지면 정확도가 떨어지는 것은 당연한 일이다.

이러한 정보는 오용될 수 있고 심각한 보안 위험을 초래할 수 있기 때문에 하나님의 운동은 외부인과 공유하는 것을 꺼린다. 하나님의 운동은 외부인에게 숨겨져 있는 경우가 많으며 보안 위험으로 인해 제3자가 해당 정보를 검증하는 것이 불가능하지는 않더라도 어려운 경우가 많다.

그러나 일반적으로 서구 교단의 정보는 외부인이 심사하거나 조사할 필요성을 느끼지 못한다는 점을 유의해야 한다. 일반적으로 서구 교단에 적용되는 같은 방법이 하나님의 운동에도 적용되며정확성에 대한 평가도 비슷하게 이루어져야 한다.

II 부
하나님의 운동의 선교 신학

6장
가정 교회 네트워크의 제자 증식 운동을 통한 하나님 나라 만들기에 대한 성경적 선교학

데이비드 S 림(David S. Lim)

하나님의 뜻이 하늘에서 이루어진 것 같이 땅에서도 이루어지이다와 같은 하나님의 나라를 실현하기 위해 세계 교회는 하나님의 선교(missio Dei)를 어떻게 이해하고 실천해야 할까(마 6:9-10)? 우리의 성경적 비전과 선교 전략은 어떤 모습이어야 하는가? 필자는 하나님께서 세계 복음화와 변혁을 위한 단순한 계획을 성경을 통하여 계시하신다고 믿는다. 성경은 하나님께서 모든 사람이 구원을 받으며(벧후 3:8-9) 진리를 아는데 이르기를(딤전 2:3-5) 원하신다고 명백하게 말한다. 필자는 모든 것을 사랑하시고 전지하신 하나님께서 전 세계에 있는 타락한 인류에게 복음이 전해지도록 가장 단순한 종합계획을 만들었다고 믿는다. 그분은 아들 예수님을 보내셔서 구원의 길을 제공하셨을 뿐만 아니라(갈 4:4 참조) 이 전략적 계획의 모델이 되게 하시고(눅 7:20-23) 그의 제자에게 어떻게 로마 제국과 세상을 가로질러 성령의 능력으로 이 계획을 실행할 것인가를 훈련했다(행 1:8; 8:4; 11:19-21; 19:1-10; 롬 15:18-20).

이 장에서 필자는 성경에 계시된 대로 하나님의 선교(missio Dei)를 어떻게 보는지 목표와 구조 그리고 전략의 측면에서 설명할 것이다. 필자는 지배적인 기독교화(Christianization)모델 대신 하나님의 단순한 계획이 하나님 나라 만들기(Kingdomization)라는 것을 보여 줄 것이다. 필자는 오늘날 아시아에 있는 주요 가정 교회 네트워크의 현지인 지도자들 중 한 사람으로서 이 내용을 공유한다.[1] 하나님의 운동에 대한 선교학의 대부분은 서양인에 의해 쓰였고 그 결과 이분법적이고 복잡한 경향이 있다. 필자는 동양인으로서 다양한 전략을 조화시키고 그것들을 총체적이면서도 종합적으로 전달하려고 노력하면서 글을 쓸 것이다. 하나님의 운동이 복잡할 필요는 없지만 그런 일들이 쉽게 일어난다고 생각하지는 않는다.

단순한 목표: 기독교화가 아닌 하나님 나라 만들기

하나님은 모든 민족이 그분의 아들 예수 그리스도를 믿는 믿음을 통하여 그분을 창조주-왕(Creator-King)으로서 순종하는 가운데 하늘에 있는 그의 영원한 나라(통치)를 상속하고 그분의 풍성한 삶을 경험하기를 원한다. 하나님의 목표는 개인과 가족, 공동체 그리고 기관이 하나님 나라의 규범과 가치관을 가지고 서로 관계를 맺고 또한 다른 공동체와도 관계를 맺을 수 있도록 하는 "하나님 나라 만들기 (kingdomization)" 또는 "사회 변혁(Societal transformation)"이다.

---

1) 아시아에 있는 가정 교회 네트워크에 대해서는 다음의 저서를 참조하라. (On HCNs in Asia), 참조하라 림(Lim) 2013, 2013b, 그리고 2016; cf. 파쿠다(Fukuda) 2005, 추드리(Choudhrie) 2007, 그리고 신(Xin) 2016.

이 시대에 이런 일이 완벽하게 일어나지는 않지만 자주 발생하고 있으며 이것은 그리스도 중심의 공동체 건설을 포함한다. 그 공동체는 의와 공의 가운데 성장하고 자기를 내어주는 사랑(agape)으로 특징지어진다. 그곳에서 모든 가정(oikos) [2]이 축복을 받을 것이다(참조, 창 12:1-3). 의로움은 정의로운(올바른) 관계를 말한다. 그것은 한 단어로 요약하자면 사랑이다. 그 사랑은 하나님과 자기 자신과 그리고 모든 사람과 특히 이미 하나님 나라에 속한 사람과 더불어 함께한다(갈 6:10). 그것은 창조와의 올바른 관계도 포함한다. 이러한 관계는 하나님의 평강(shalom)으로부터 초래되고 발생한다.[3]

하나님은 이사야 65:17-25(흔히 "이사야 65장의 환상"이라고 일컬어지는)에서 당신의 나라의 목표를 명확하게 묘사한다. 그것은 새 하늘과 새 땅에 대한 환상이다. 첫 번째 세 구절은 새 예루살렘을 성도들이 축제를 벌이고 하나님이 기뻐하는 "기쁨의 도성"으로 묘사한다. 20절은 아마도 건강한 생활습관과 깨끗한 환경 그리고 훌륭한 정치와 더불어 장수하는 사람을 보여준다. 그것은 지도자가 경건하고 유능하다는 것을 의미한다(참조, 딤전 2:1-2).

21-22절은 사회 정의가 승리하고 각자의 노동이 그에 따라 보상 받는 사회를 보여준다. 다음에는 두려워할 것이 없는 "각 사람이 자기 포도나무와 무화과 나무 아래 앉아 있을 것"이라는 예언적 이상(미 4:4)과 모세의 이삭줍기 율법과 희년이 시행될 것이라는 예언적 이상을 보여준다("너희 중에 가난한 자가 없느니라", 신 15:4, 참조, 1-11절; 레 25). 다음 구절은 한 세대에서 다음 세대로 이어지는 번영을 묘사하고 마지막 구절은 동물과 인간 그리고 모든 창조물사이의 조화를 묘사한다. 그리고 24절은 종교적으로든 다른 방식으로든 축복을 획득하거나 간청할 필요가 없는 그런 은혜로운 하나님에 대한 성숙한 형태의 믿음을 암시한다(참조, 사 58; 계 21:22-27).

그러나 역사적으로 교회는 슬프게도 "기독교화(Christianization)" 비전을 추구해 왔다. 특히 교회는 그 사명을 종교적 사업으로 그리고 그 목표를 종교 기관을 건설하는 것으로 여겼다(간단히 말하자면 기독교 세계(Christendom)를 설립하기 위하여).[4] 기독교 주류는 제도와 문화에 침투하고 전복하기보다는 그 자체 제도를 확립하려고 노력했다. 따라서 세계의 이교도와 종교, 문화 및 사회 질서와 분리된 하위 문화를 유지했다. 이 글은 하나님 나라에 대한 이해와 특히 거룩한 백성과 거룩한 장소 그리고 거룩한 관습에 대한 개념에 있어서 세 가지 주요 변화에 기초를 두었다.

거룩한 백성(Holy People)

첫째, 하나님의 나라는 모든 믿는 자를 왕 같은 제사장이라 하지만(벧전 2:9-10, 참조. 출 19:5-6; 계 5:10) 이것이 안수받은 성직자만이 성찬 즉 의식을 집행할 수 있는 "거룩한 사람"이라는 일반적인 기독교 세계

---

2) 오이코스(Oikos)는 "가정(household)"으로 가장 잘 번역된다. 왜냐하면 그것은 대가족뿐만 아니라 친구, 소작인, 노예로 구성되어 있기 때문이다. 그것은 엡 5:22-6:9과 골 3:18-4:1의 가르침에 나타나 있다(참조. 림-Lim 2017). 이것은 각 오이코스 교회가 같은 테이블에서 모이고 떡을 떼는 가운데 많은 문화적 장벽, 특히 성별, 연령, 계층, 민족을 넘어섰다는 것을 의미한다.
3) 변혁적 선교에 대해서는 사무엘(Samuel)과 수그덴(Sugden)의 책 (1999)을 참조하라
4) 기독교 세계(Christendom)와 섬기는 교회와의 비교에 대해서는 림(Lim)의 책(1989)을 참조하라.

(Christendom) 관습으로 바뀌었다. 신약교회는 평신도 운동이었다. 그들은 안수받은 목회자를 필요로 하지 않았다.[5] 성령의 은사를 받은 지도자들의 사명은 모든 성도를 온전하게 하여 봉사의 직무를 행하게 하는 것인데, 그것은 제자를 삼는 사역 또는 영적인 재생산과 열매를 맺는 사역을 할 수 있도록 성도를 준비시키는 것이다(엡 4:11-13). 그리스도를 따르는 각 사람은 그 도시의 장로(an elder of the city)가 되도록 제자화될 수 있다. 그는 이웃과 더불어 예수께서 주님으로서 통치할 수 있는 일터를 축복하고 변화시키기 위해 하나님의 도구로 사용될 수 있다. 그리고 예수가 다스리는 곳에 하나님의 나라(이 땅 위에)가 실현된다.

이 개념은 효과적인 하나님 나라 확장을 위해 중요하다. 하나님 나라 만들기(Kingdomization)는 "예산이 전혀 없는 선교활동"(zero-budget missions)을 하는 그저 평범한 사람과 가정에 의해서 실현되어야 한다(눅 10:4a; 행 3:6). 초점은 예수님의 이름으로 그리고 성령의 능력으로 이루어지는 하나님의 영광(어떤 재능 있는 인간이 아니라)에 있다(행 1:8; 슥 4:6 참조). 그리스도를 따르는 사람은 누구든지 하나님께 직접 접근할 수 있는 단순한(그러나 성숙한) 신앙을 발전시킬 수 있다. 그는 또한 하나님께서 그를 세상에서 어떤 공동체나 어떤 직업 그리고 어떤 상황에 두시든지 하나님을 대표할 수 있다.

거룩한 장소(Holy Places)

둘째, 모든 자연적(하나님이 창조하신) 장소와 자산, 재능, 문화적(인간이 만든) 사상, 유물, 장치, 전통, 관습 그리고 세계관 등을 포함하여 지구상의 모든(세속적) 사물은 예수님의 이름으로 하나님께 기도하고 그분의 말씀에 순종하는 믿음을 통해 구속되고 성화될 수 있다(딤전 4:4-5). 그리스도를 따르는 사람은 하늘에서 그리스도와 함께 통치한다(엡 2:6). 그러나 그들은 자체 모임과 관련된 물리적 뼈대를 만들 필요가 없이 그 시대의 사회 문화적 구조 속에서 소금과 빛(별들)으로 뿌리를 내리게 된다. 그러므로 그리스도를 따르는 사람의 모든 재산은 그분의 나라에 속하고 그분의 나라를 위해 사용될 수 있기 때문에 종교 시설을 지을 필요가 없다(행 7:48; 17:24-28).[6] 예배는 언제 어디서나 행해질 수 있다(요 4:21-24, 고전 10:31 참조; 롬 12:1-8).

목표는 모든 사람이 하나님 나라의 세계관을 받아들이고 하나님 나라의 생활 방식을 따르는 것이다. 이러한 생활 방식은 상황에 따라 법과 정책 및 구조로 제도화될 수 있다. 이곳은 복음화와 제자 양육을 통해 달성될 수 있다. 다시 말하자면 주거지(이웃)나 직장, 공부 장소(학교, 공장, 관공서, 은행, 상점 등) 어느 곳에서나 그리스도 중심의 공동체를 형성하는 것이다. 모든 장소에서 하나님의 말씀은 기도하는 마음으로 논의되고 적용되며 사람들의 일상생활 속에서 적절하게 실천될 수 있다. 사람들이 의식적으로 그리고 지속적으로 하나님의 영광을 위해 살아갈 때 창조 세계의 모든 영역이 거룩해지고 거룩한 땅으로 변화될 수 있다.

거룩한 실천(Holy Practices)

---

5) 사도 시대 이후의 교회에서 안수 및 성직주의의 역사적 발전에 대해서는 림(Lim)의 책(1987a)을 참조하라.
6) 이스라엘에는 각 마을이나 도시 그리고 지역에 성전이 하나도 없었고 오직 하나의 성전만 있었다. 회당의 다양한 기능에 대해서는 림(Lim)의 책(1987b)을 참조하라.

세 번째 하나님 나라 특징은 종교적 의식과 예식(마 6:1-18; 15:1-20; 사 58:1-12 참조; 암 5:21-24; 호 6:6)을 행하는 대신 이웃 사랑을 통해 하나님을 사랑함으로 표현되는 신앙(예배)이다(마 22:37-39; 7:12).[7]

믿음의 증거는 사랑과 선행(히 10:24; 엡 2:8-10; 약 2:14-26)이며 미가서 6:8의 삶의 방식을 실천하는 것이다: "공의를 행하고 인자를 사랑하며 겸손히 네 하나님과 함께 행하라." 나사렛에서의 취임사에서, 예수님은 하나님의 선교(mission Dei)가 "가난한 자에게 좋은 소식을 전하고 … 주의 은혜의 해를 전파하는 것"(=희년)이라고 가르쳤다(눅 4:18-19). 그분은 사람들이 "매일 매일의 희년(everyday Jubilee)"을 경험할 수 있도록 이 사명을 완수하기 위해 오셨다(림-Lim 2019a 참조). 그분은 세례 요한과 그의 제자에게 메시아로서의 정체성을 증명하기 위해 선한 일을 행하셨다(7:20-23).

그러므로 하나님 나라의 눈에 보이는 표현은 "내가 너희를 사랑한 것처럼 서로 사랑하라"(자기 희생적으로)는 것이다(요 13:34-35, 요일 3:16-18 참조). 마태복음 25:31-46에서 예수님은 최후의 심판에서 양들이 영생에 들어가는 데 대한 하나님의 표준은 그들의 믿음이 사랑 안에서 역사하는지 여부일 것이라고 가르쳤다(갈 5:6). 그것은 특히 그 가족 중 가장 작은 자(주린 자, 목마른 자, 나그네 된 자, 헐벗은 자, 병든 자, 갇힌 자)에게 행하는 믿음이다. 하나님의 나라는 그분의 축복이 관대하게 나누어지고 향유되는 상향식의 하나님 나라이므로 그 누구도 가난 가운데 버려지지 않는다(마 6:19-33; 19:21; 눅 6:20-26; 행 2:44-45 참조; 4:34-37; 고후 8:14-15).

단순한 구조: 가정 교회 네트워크(HCN: House Church Networks)

그렇다면 하나님의 나라가 세상 어느 곳에서 드러날 때 그 하나님의 나라는 어떤 형태를 취하게 될까? 둘째 아담으로서 예수님은 완전한 사람의 성품뿐만 아니라 하나님 나라를 위한 경건하고 의로운 사람의 소명의 본보기도 보여주셨다(행 10:36-38). 하나님 나라를 위해 일하기 위해 그분은 제자들에게 가정 교회 네트워크(HCN)를 형성하여 외부 자원을 지역 사회에 가져오지 않고 단순히 나아감으로써 갈릴리 마을을 변화시키도록 훈련했다(눅 10:4a). 예수님은 제자들에게 "평화의 사람"(5-6절)을 찾고 집 안밖에서 그들을 제자 삼으라고 가르쳤다(4b-9). 만일 그들이 공동체에서 그런 가정을 찾지 못하면 그냥 떠나서 다른 집으로 가라고 했다(10-16절).

작은 크기(가정-Oikos)

예수님께서 12명을 제자로 부르셨고 그들을 사도로 삼았다(선교사= 제자 삼는 자; 막 3:13-15). 그들은 결국 제자를 삼도록 열방으로 파송되었다. 이런 방식으로 사도와 초대 교회는 가정(oikos) 교회를 통해 로마 제국과 그 너머로 하나님 나라를 확장했다. 가정 교회의 형성은 만인제사장직의 실제적 결과였다. 그리스도를 따르는 각 사람은 자신이 더불어 살고 있는 이웃을 축복하기 위해 자신의 집을 사용할 수 있는 능력을 부여받았다(딤후 2:2 참조).

---

7) 성경적 예배 신학에 대해서는 림(Lim)의 책(2008a)을 참조하라.

모든 신자는 자신의 가정 안에서 그리고 가정을 통해 하나님의 제사장(사역자)으로 섬길 수 있다는 확신을 가지고 그리스도 안에서 온전하고 성숙하게(골 1:28-29) 되도록 제자화 되었다(종교개혁은 만인 제사장 교리를 회복했으나 실행하는데 실패했다).[8] 신약성경은 소그룹 안에서 만들어지는 제자에 대하여 묘사한다. 각 사람은 서로 가르치고 바로잡으며 사랑하고 죄를 고백하는 가운데 각자 사랑 안에서 자라야 하며 친밀한 관계를 실천하고 경험해야 한다.

세포 조직(Cellular System)

그렇다면 하나님의 나라가 사회 속에서 소그룹으로 이식되면서 하나님의 나라는 어떻게 조직되는가? 예수님은 공식적인 구조를 형성하지 않으셨지만 사회 구조 속에서 "새 가죽 부대"(막 2:22)의 지속적인 재생산으로 구성된 세포 조직(cellular system)을 도입하셨다. 초대 교회는 세포 조직을 가지고 있었는데, 세상에서 선한 일과 함께 그리스도의 사랑을 나누고(히 10:24; 마 5:13-16) 서로의 덕을 세우기 위해(고전 14:26-40 참조) 교회가 존재했다(림-Lim 1987; 스타크-Stark 1996 와 2006 참조). 각 세포 조직은 이드로가 모세에게 만들라고 조언한(출 18:21) 지도자가 자원하여 봉사하는 탈(脫)중앙화 된 조직(decentralized system)(예산 없음 zero-budget)과 유사한 가정 교회 네트워크의 일부를 만들었다. 여기서 권위는 상위 조정 단위의 지원을 받는 가장 낮은 단위(10명의 리더)에 있다. 지상에서 그리스도의 몸의 사역과 구조는 감독제와 장로제 그리고 회중제 구조를 지닌 지역 교회의 교단적 계층 구조와는 다르다.[9]

책임은 어떠한가? 각 사람은 왕이신 예수님께 직접 책임을 져야 한다. 그분은 추종자 각자에게 열방을 제자 삼으라는 사명을 주셨다. 각 신자의 집은 다른 사람의 가정을 사랑하고 섬기며 축복하고 개선하는데 사용되는 열방을 위한 기도의 집이다. 각 신자는 또한 서로에게 죄를 고백하고 서로의 죄를 용서하는 것을 포함하여 제자 삼는 자들과 제자들에게 상호 책임을 져야 한다.

네트워크 평면 구조 (Network(Flat) Structure)

하나님 나라의 유기적 구조는 제자와 섬기는 지도자 사이의 우정의 네트워크 형태로 탈(脫)중앙화 되어 있다. 어떤 계층도 교회에 허락을 해주거나 교회를 통제하지 않는다. 오직 예수님만이 성령을 통하여 교회의 주인이시며 기초가 되시기 때문이다. 가정 교회의 모든 리더는 자신을 하나님의 종으로 여기며 그의 유일한 임무는 모든 성도가 제자 삼는 일을 할 수 있도록 준비시키는 것(엡 4:11-13; 딤후 2:2)과 각각 성령이 주권적으로 나눠주시는 영적인 은사에 따라 한 몸(고전 12:1-13)과 한 성전(벧전 4:10-11) 그리고 하나의 나

---

8) 마르틴 루터(Martin Luther)는 독일 미사 서문에서 이렇게 썼다. "진정으로 그리스도인이 되기를 원하고 말과 행동으로 복음을 고백하기를 원하는 사람은 이름을 등록하고 어떤 집에 모여서 기도하고, 읽고, 세례를 주고, 성찬을 받고, 비슷한 기독교 사역들을 해야한다. 그러한 체제에서는 그리스도인처럼 행동하지 않는 사람을 발견하고 처벌하고 시정하고 배제하는 것이 가능할 것이다. 그리고 마태복음 18장에 나오는 그리스도의 통치를 따라 그들을 파문하는 것도 가능할 것이다. 여기서 또한 고린도후서 9장에 나오는 바울의 모범을 따르면, 공동으로 모은 자선금을 그리스도인에게 자발적으로 베풀고 가난한 사람들에게 분배하도록 명할 수 있다 … . 여기서는 세례와 성찬이 간단하고 단순한 방식으로 집행될 수 있으며 모든 것이 말씀과 기도와 사랑에 집중될 수 있다."
9) 아마도 심슨(Simson)의 책(2001) 5장에서 가장 잘 표현되었다.

라를 세우는 것이다. 그것은 지도자가 자신을 동등한 사람 중 첫 번째로 여기고 다른 사람이 자신보다 더 나아질 수 있도록 권한을 부여하는 수평적 구조이다(빌 2:3-4).

가정 교회 네트워크는 평신도 운동이며 그들의 지도자(텐트메이커)는 성직자 주도의 기독교 세계 (Christendom)의 조직과는 다르게 사회의 다양한 부문에서 섬긴다. 그리스도를 따르는 각 사람은 생계 수단을 통해 자립할 수 있도록 훈련을 받는다(엡 4:28). 기독교 세계(Christendom)(및 불교) 환경에 있는 가정 교회 네트워크 지도자는 만인 사제직에 대해 배우면서 성직자(및 수도원) 조직을 위한 필요를 점차적으로 폐지해야 할 것이다. 처음에는 십일조와 헌금으로 계속해서 지원을 받을 수 있지만[10] 대부분은 철학과 윤리를 가르치는 교사로서 생계나 직업(본보기가 되기 위해, 살후 3:6-12)으로 전환하게 될 것이다. 리더십 자질을 갖춘 사람은 문자 그대로 도시의 원로로서 지역 사회와 시장에서 관리 및 운영자 위치로 자연스럽게 올라갈 것이다.

단순한 사명: 제자 증식 운동

그렇다면 하나님 나라를 전 세계로 확장하기 위한 가정 교회 네트워크의 선교 전략은 무엇인가? 예수님이 하신 일은 제자를 준비시키고(처음에는 둘 씩 짝지어) 세상으로 보내고 나중에는 열방으로 제자 증식 운동을 촉진하는 것이었다.[11] 그들은 평화의 사람(눅 10:5-6)을 찾아 그들이 가는 곳마다 가족과 친척과 친구와 이웃을 제자 삼을 수 있도록 그들을 제자화해야 했다(4b-9절). 모든 신자는 자신이 살고 일하는 곳에서 제자를 증식할 수 있도록 훈련을 받고 권한을 부여받을 수 있다. 이것이 세상을 속히 복음화하고 변화시키려는 하나님의 단순한 계획이다. 이상적으로 각 제자 증식 운동은 다음과 같은 특징을 가져야 한다.

제자화 사역

첫째, 가정 교회는 실제로 단순한(또는 유기적인) 교회와 기본 교회 공동체(보프-Boff 1986 참조), 하나님 나라 셀, 돌봄 그룹 등으로 불릴 수 있는 제자를 삼는 그룹이다. 각각의 가정 교회는 정기적으로 모임을 갖기로 약속하고 그리스도 중심의 삶에 대해 서로 기꺼이 책임을 지는 소규모(10가족 이하)의 그리스도를 예배하고 성경을 존중하는 신자들의 모임이어야 한다. 목표는 각 제자가 연중무휴 24시간 내내 그리스도처럼 자기를 부인하며 자기를 내어주는 사랑으로 하나님과 모든 인간을 사랑하는 하나님 나라의 생활 방식을 발전시키는 것이다(24/7/365).

삶은 관계이다. 나머지는 단지 세부 사항일 뿐이다. 제자가 된다는 것은 그리스도를 따르는 사람들이 세 가지 주요 관계적 거룩의 습관을 갖추는 것을 의미한다. (a) 기도와 묵상을 통해 하나님의 말씀(로고스)을 순종할 말씀(레마)으로 바꾸기 위해 하나님의 말씀을 듣는다(딤후 3:16-17); (b) 성경과 삶의 나눔으로 가

---

10) 예수님처럼, 어떤 사람은 가정 교회 네트워크 안에 그들의 필요를 돌볼 수 있는 부유한 제자가 있을 때 전임으로 일할 수 있다.

11) 예수님의 제자 삼기 전략에 대해서는 콜먼(Coleman)의 책(1964)을 참조하라. 제자 증식 운동의 개념은 1933년 도슨 트로트맨 (Dawson Trotman) 과 네비게이터(Navigators) 선교회에 의해 처음 대중화되었다.

정 교회를 이끌어 가는 것을 통해 제자를 삼는다. 그 결과 각자가 동료 신자가 함께 개인적인 헌신(또는 QT 시간)을 같이 하는 방법을 배운다(히 10:24; 고전 14:26). (c) 하나님과 그분의 뜻에 대해 배운 것을 믿지 않는 자와 나누기 위해 우정 전도를 한다.

가정 교회는 (a) 회원이 집에서 만나 이웃에서 또는 특히 도시화되고 산업화된 중심지에서 신앙을 실천하는 거주지(엡 5:21-6:4)일 수 있고; (b) 모든 사회 문화적 구조의 변혁을 위해 구성원들이 직장이나 학업 장소에서 자신의 신앙을 증거하기 위해 만나는 전문적 환경(엡 6:5-18)일 수 있다.

영적인 증식(Spiritual Multiplication)

둘째, 제자는 더욱 더 그리스도와 같은 성품을 형성하기 위해 멘토링을 받고 자신의 영적 은사를 발견하고 사역할 수 있는 능력을 갖추고 있을 뿐만 아니라 복음을 전하고 자신의 가정 교회를 이끌 수 있도록 준비된 사람이다. 그들은 자신의 가정 교회와 가정 교회 네트워크를 이끌 수 있도록 능력을 부여받은 제자를 양성하는 자가 되어야 한다. 그들은 우정 전도를 통해 그들이 접촉한 사람을 친구와 회심자로 바꾸고, 또한 그들을 준비시키고 그들 자신의 가정 교회 네트워크를 형성하도록 파송함으로써 제자를 삼는 자로 바꾸려고 노력할 것이다.

제자를 양성하는 초기 단계는 일반적으로 1년 이내에 완료되어야 한다. 그래야 제자를 양성하는 자가 떠나서 더 많은 제자를 만들고 더 많은 가정 교회 네트워크를 시작할 수 있다. 가정 교회 구성원들은 새로운 (자신의!) 가정 교회에서 새로운 신자를 제자화 하거나 가능한 한 빨리 다른 상황에서 새로운 가정 교회를 시작하기 위해 짝을 이루도록 권장되므로 이는 의도적으로 이루어져야 한다. 각 가정 교회가 시작될 때(예: 첫 번째 달) 그들은 가능한 한 자주 만나는 것이 가장 좋다(가능하다면 매일). 몇 달(최대 1년) 후에 가정 교회는 덜 정기적으로 만날 수 있다. 예를 들어 월별과 분기별로 나중에는 매년 또는 가능한 경우 단지 서신 및 소셜 미디어를 통해서도 만날 수 있다.

성육신적 접근(Incarnational Approach)

셋째, 특히 다문화와 다종교 상황에서 영적 증식은 실제로 어떻게 시작될 수 있는가? 예수님은 그의 간단한 전략을 효과적으로 수행하도록 제자를 훈련하셨다(눅 9:1-6; 10:1-17). 그분은 또한 사마리아인(요 4장)과 데가볼리 이방 사람(막 5:1~20; 7:31~8:10) 사이에서 문화를 초월하여 이를 설명하셨다. 다른 문화권에 들어갈 때 바울은 모든 사람에게 모든 것이 되(고전 9:20-23)고 그 자신을 그들 가운데서 종으로 삼는(19절) 연습을 했다. 현지 회심자사이에서 그의 단순한 전략은 성육신적 운동이라고 불릴 수 있다. 성육신적 운동은 세 가지 차원 즉 성육신적(고전 7:11-17) 차원과 상황적(18-20절) 차원 그리고 변화적(21-24절) 차원을 포함한다.[12] 예수님처럼 바울과 초대교회도 제자가 그들이 살고 일하는 공동체와 상황에서 분리된 구조를 세우도록 훈련하지 않았다.

---

12) 바울은 이것을 모든 교회에서 가르치기 때문에 이것이 보편적인 원칙이라고 생각한다(17b절).

하나님 나라 만들기는 대피(evacuation) 계획이 아닌 점령(occupation) 계획이다(고전 15:24-25; 빌 2:9-11). 왜냐하면 그리스도는 모든 것의 통치자이시기 때문이다(골 1:16-17)(테일러-Taylor 2015, 377). 그리스도를 따르는 사람은 믿지 않는 자를 거룩하게 하고(고전 7:14) 우상에게 바치는 음식을 거룩하게 한다(10:20-26). 왜냐하면 모든 것이 기도와 말씀으로 정결하게 될 수 있기 때문이다(딛 1:15, 딤전 4:4-5). 예수 그리스도께서는 유럽의 이교 우주론에 들어가셔서 그들을 그리스도 쪽으로 변화시켰다. 새롭게 그리스도를 따르는 사람은 깨끗한 양심을 가지고 계속해서 그들의 공동체의 많은 활동과 축제에 참여할 수 있다. 그들이 불신자들과 직면하여 그들의 동기에 대해 질문을 받을 때 그들은 비록 그것이 박해를 초래할지라도 그리스도에 대해 설명하고 증거할 수 있다. 한편 그런 갈등이 일어나기 전에 관계적으로 자연스럽게 제자를 삼도록 훈련을 이미 받았어야 한다.

성육신 운동은 특히 아시아에서 예수님이 공격적이고 낯설며 무관하게 보이도록 만드는 기독교세계(Christendom)의 제국적(imperial) 선교의 접근 방식과 대조된다(림-Lim 2011). 아마도 기독교 세계의 패턴이 새로운 신자와 교회 특히 가난한 사람에게 부과하는 무거운 짐이 가장 나쁜 것일 수 있다. 그들은 성직자의 사례와 신학 연구를 지원하는 데 필요한 부동산 구입과 대성당 건축 그리고 종교 활동 자금 조달 등에 매우 제한된 자원을 투자해야 한다고 생각한다. 이 모든 것은 그들이 가난한 동네의 주택과 시설과 관련하여 무감각하게 또한 부유하게(그리고 무관하게) 보이게 만든다. 이러한 대부분의 프로젝트는 오늘날까지 해외로부터 특히 교단 동역자에 의해서 많은 보조금을 받아왔다. 일부 기독교 개발 단체와 협력하지 않는 한 그들 대부분은 지역 사회 봉사를 위한 적은 예산조차 가지고 있지 않다.

반면에 예수님께서 제자로부터 기대하신 풍성한 수확은 오늘날 가정 교회 네트워크(HCN)의 단순한 성육신적 접근 방식을 통해 거둬지고 있다. 예산이 없는 선교(눅 10:4a)에서 예수님의 가르침을 따름으로써 모든 제자들은 누군가(보통 평화의 사람이라고 불리는 친척이나 새로운 친구)를 사랑과 선한 일 안에서 왕이신 예수님을 신뢰하고 순종하도록 이끈다. 제자들이 서로 봉사할 때 그들 주변 사람들(특히 지역 사회 지도자)은 제자들이 서로(그리고 이웃)를 어떻게 사랑하는지를 주목하고 곧 제자들에게 도움을 요청한다. 적절한 멘토링이 이루어지면 그들은 자연스럽게 지역 사회의 리더가 된다.

상황적 영성(Contextual Spirituality)

넷째, 문화적 형태 특히 그들 가족과 공동체의 종교의식과 축제는 어떠한가? 그리스도를 따르는 사람은 상황에 맞는 종교 관습을 개발하고 그 중 많은 것을 유지하고 그것을 그리스도 중심적이고 그리스도를 지향하는 관습으로 재정의하는 동시에 우상 숭배적이고 신비로운 신앙과 가치에 대한 기능적 대체물을 찾을 수 있어야 한다(고전 7:18-20 참조). 예를 들어 조상과 공덕을 쌓는 관행을 포함하여 업보의 문화에서 가장 대중적인 관행은 단순화될 수 있다. 일부는 그리스도를 따르는 제자들로서 기도하는 마음으로 말씀을 묵상하면서 비(非)윤회적(non-samsaric) 후기 정령숭배적(post-animistic) 세계관의 논리를 실천함에 따라 일부는 결국 단계적으로 폐지될 수 있다(림-Lim 2019; 후쿠다-Fukuda 2012, 183-92).

제자 증식 운동은 때때로 오늘날의 상황화 되지 않고 서구화된 기독교 세계에서 전통이 깃든 전례 중심의 교단보다 더 성경적이며 더 그리스도 중심적이 된다. 그들은 점진적으로 우상 숭배와 개인주의, 부도덕 그리고 불의 등 죄악 된 어떤 것이라도 제거하는 방법을 배운다. 상황적 특성은 모든 구성원과 긴밀히 협의하여 리더에 의해서 정해진 대로 참가자의 필요와 재능에 따라 활동을 자유롭게 혼합하여 가정 교회 모임에도 나타나야 한다.

고린도전서 14:26-40의 모임 패턴에 따라 모든 구성원은 그들의 육체적인 생활을 통해 서로 사랑과 선행을 격려(히 10:24)할 준비가 되어 있어야 한다. 글을 읽고 쓰는 문화에서 그리스도를 따르는 사람은 참석한 사람의 필요와 관심에 따라 어떤 성경 본문이라도 읽을 수 있다. 구전 문화에서 그들은 이야기와 노래 그리고 드라마를 통해 예수님과 그분의 가르침에 대해 배울 수 있으며 이는 더 쉽게 세계관 변화로 이어질 수 있다(에반스-Evans 2008). 요즘에는 www.jesusfilm.org 및 www.indigitube.tv에서 예수 영화와 영화 클립을 다운로드할 수도 있으며 1,600개 이상의 언어로 번역이 제공된다.

물 세례(침례)와 성찬에 관하여 우리는 제자가 성경을 읽으면서 이 부분에 대한 명령을 발견하기를 바란다. 우리는 제자가 그들의 가족과 지역사회에서 축출 또는 추방을 초래하지 않기를 바라면서 이러한 성경적 관행(신약 성경 에서와 같이)에 대하여 조심스럽게 소개한다. 여성과 젊은 회심자는 가족의 가장을 그리스도께로 인도하는 방법에 대한 훈련을 필요로 한다.

변혁적 발전(Transformational Development)

다섯째, 매일 희년을 실현하기 위한 예수님의 제자 증식 운동을 완수하는 것의 궁극적 이상은 무엇인가? 가정 교회 네트워크는 궁극적으로 그리스도께서 우리를 사랑하신 것처럼(요 13:34-35; 요일 3:16-18) 하나의 대가족의 구성원으로서 그들의 사회가 서로 사랑하는 단순하면서도 깊은 종교성의 표식을 갖도록 도울 것이다. 이는 누구도 소외되지 않고 지속 가능하며 사회 경제적 발전을 위한 초대 교회의 돌봄과 공유 경제라는 공동 지갑(common purse)에서 가장 구체적으로 표현될 수 있다(행 2:42-47; 4:32-37; 6:1-7; 고후 8-9 참조).

각 제자가 그리스도를 닮아가면서 죄와 이기심에서 해방되어 더욱 관대해지고 이웃을 더욱 배려하고 나누는 사람이 될 것이다. 이것이 그리스도의 아가페 법이다(갈 5:13-23; 6:1-2; 롬 13:8-10). 그들은 지역적으로나 세계적으로 친절하고 정의로운 행동을 하도록 훈련받는데 요즘은 이를 변혁적 발전(transformational development) 또는 통합적 사명(integral mission)이라고 부른다(림-Lim 2019a).

이러한 영성은 또한 세계 경제 시스템을 훈련하고 변화시키게 한다. 많은 가정 교회 지도자는 이미 연대 경제(solidarity economy)라고 불리는 제3의(자본주의와 사회주의 이외의) 대안 경제 질서 건설을 주도하고 있는 기독교 개발 조직에 참여하고 있다. 이는 사회적 기업가 정신과 공정 무역을 통해 가난한 사람을 준비시키고 힘을 실어준다. 그래서 각 사람은 다음 세대에게 물려줄 자신의 땅(레 25장)과 자신의 포도나무와 무화과나무(미 4:4)를 소유할 수 있다(사 65:21~23).

예를 들어 중국의 6개 큰 성(한국의 도, 역주)에서 전도 폭발을 일으킨 가정 교회 네트워크는 이웃/공동체에서 봉사하고 돌보며 열심히 일하는 것으로 알려진 평범한 그리스도를 따르는 자의 증인의 삶을 통해 마을에서 마을로 퍼졌다. 심지어 공산주의 간부와 지도자조차 이러한 가정 교회 네트워크에서 비밀 신자가 되었다(해터웨이-Hattaway 2003 참조).

최소한의 종교성(Minimal Religiosity)

여섯째이자 마지막으로 제자 증식 운동은 최소한의 공적 종교 활동을 요구하는 영성을 지닌 가정 교회 네트워크를 낳게 될 것이다. 그리스도를 따르는 것은 종교적인 모습을 공개적으로 보여주는 것을 요구하지 않는다. 사실 예수님은 그런 것을 낙담시켰다(마 6:1-18). 그것은 자선과 기도와 금식을 포함하는데 하나님께서는 은밀하게 행할 때 보상해 주신다. 그리스도를 따르는 각 사람이 하나님의 영광을 위해 쉬지 않고 겸손하고 순전하게 행할 때(고전 10:31; 미 6:8) 그들의 지역사회 지도자는(이상적으로) 확고하게 평화를 세울 것이다. 그 안에서 그들의 구성원은 사랑과 정의로 생명을 누린다(딤전 2:1-2). 그들의 영성은 정교한 전례나 계층 구조를 발전시킬 필요가 없다(암 5:21-24; 시 131 참조). 내가 생각하기에 제자는 위에서 언급한 세 가지 거룩한 습관을 유지하기만 하면 된다.

우리 세계가 현대화되고 세계화됨에 따라 과학과 기술이 급속히 발전하고 그리스도를 따르는 이들이 가정 교회 네트워크를 유기적으로 형성함에 따라 그들이 물려받은 사회종교적 전통은 두려움과 죄책감을 극복한 채 축소 및 / 또는 더 단순한 형태로 변형될 수 있다. 그런 두려움과 죄책감은 미신적인 관습과 행운의 부적 그리고 정교한 의식의 뿌리가 되었다. 공동체가 이미 좋은 공동체 섬김을 한다면 가정 교회는 리더십의 일부가 되어 기존 구조에 헌신(기도와 말씀)을 도입하는 것을 목표로 할 수 있다. 공동체에 그러한 사역이 없다면 제자는 비공식적으로 자원봉사자로 봉사를 시작할 수 있으며 나중에는 공동체 지도자의 축복 속에 특별한 필요 사항을 해결하기 위해 사람의 조직이나 비정부 기관을 설립하는 것을 도울 수 있다.

결론

하나님의 은혜로 지난 25년 동안 모든 대륙 특히 아시아와 북미 그리고 호주의 대부분의 가정 교회 네트워크는 제자 증식 운동을 촉진해 왔다. 중국과 필리핀에서 가정 교회 네트워크는 "개미, 벌, 지렁이"[13]로서 수많은 제자 양성자를 파견해 왔다. 그들은 다른 사람의 삶을 축복(발전시키고 풍요롭게)하기 위해 평범하고 유기적인 방법을 사용하는 평범한 사람이다. 가정 교회 네트워크는 이름도 없고 얼굴도 없는 (명백히) 무력한 하나님의 종을 통해 복음을 전파하고 있다. 2005년부터 필리핀 선교협회(PMA)의 주력 동

---

13) 중국의 가정 교회 네트워크 백 투 예루살렘(Back to Jerusalem) 운동에 대해서는 해터웨이(Hattaway) 2003을 참조하라. 동물의 왕국에서 이 곤충들은 토양과 그들이 살고 있는 땅의 식물을 비옥하게 하는 데 도움을 주기 때문에 수확량을 풍부하게 한다는 점에서 "작지만 끔찍해 보인다".

원 프로그램은 해외 필리핀 노동자(OFW)가 열방을 축복하기 위해 제자 증식 운동을 촉진하는 텐트메이커(tentmaker)가 되도록 준비하고 파견하는 데 초점을 맞춰왔다(림-Lim 2009 및 2013a).[14]14

인도 일부 지역에서는 이 노동자가 유기농업 기술을 가지고 농부를 풍요롭게 하기 위해 마을에서 마을로 이동하고 있다. 일본에서는 사업가들이 비즈니스 코칭을 통해 동료 기업인과 직원이 예수님을 따르도록 이끌고 있다. 그곳의 한 최고 지도자는 현재 자신의 지역구 국회의원 사이에서 성육신 운동을 촉진하기 위해 도시 공학 박사 학위를 추진하고 있다. 태국에서는 주요 지도자가 사회 다양한 분야의 문제에 대해 사회 문화적 논평을 제공하는 위성 TV 프로그램을 운영하고 있다.

이러한 가정 교회 네트워크는 현지 그리스도 제자가 이끄는 변혁적인 공동체를 형성하기 위해 제자 증식 운동을 촉진하고 있다. 이들은 관계적 종교-문화적 공동체에서 추출되지 않은 사람들이다. 이러한 성육신 운동은 단순히 그리스도를 따르는 사람을 늘리기 위해 가정 교회 네트워크를 형성하는 것을 목표로 한다. 이들은 사회를 그리스도를 따르는 공동체와 일터로 제자화하고 변화시킬 수 있는 사람들이다. 이러한 상황화 되고 전체론적이며 변혁적인 단순한 교회는 진정으로 토착적이다. 즉 자치하고 자립하며 자가 전파하고 자기 신학을 실천한다. 그들은 미래 세대의 그리스도를 따르는 사람이 본받을 수 있는 가정 교회를 개척하고 있다. 그래서 그들은 의도적으로 교파적인 교회와 선교(=복잡한 기독교)를 피한다. 그것은 너무 자주 상황화 되지 않았으며(= 실제로 외국인은 아니더라도 외국인처럼 보임) 거의 항상 공동체에서 분리되고 소외된 그리스도 제자를 만들어냈다. 그들은 복음 때문이 아니라 성경 이외의 형태 때문에 가족과 친구로부터 멸시받고 거부당했다.

그러므로 토착 가정 교회 네트워크를 기독교계의 교단 구조로 강요하지 않고 세계적인 그리스도의 몸 안에서 우리의 연합을 확인하는 방법을 배우자. 모든 그리스도를 따르는 사람을 제자화 하여 예수님을 전하고 이웃과 직장에서 그들의 친구와 친척 사이에서 가정 교회 네트워크를 증식시키도록 하자. 마을에서 마을로, 도시에서 도시로, 지역에서 지역으로 그리고 나라에서 나라로 복음의 영적인 네트워크 마케팅을 하자. 세상의 모든 가정과 직장이 예수님을 왕으로 알고 순종할 기회를 갖게 될 때까지 하자. 하나님께서 우리 세대에 전 세계 모든 민족의 모든 사회 구조 속에서 성육신적이고 상황적이며 그리고 변혁적으로 하나님 나라를 효과적으로 실현하기 위해 제자 증식 운동을 통해 함께 일할 수 있는 신실한 우리를 사용하시기를 기도한다!

---

14) PMA가 사용하는 주요 모델은 "Company 3"의 형성이다. 여기서 그리스도를 따르는 사람들은 두 명의 (지역) 제자를 삼도록 훈련 받고 그 제자들은 차례로 두 명의 제자를 삼을 수 있도록 준비가 된다. 클레로(Claro) 2013을 참조하라. 또 다른 모델은 "효과적이고 단순한 전문인 사역(Effective Tentmaking Made Simple)"이다. 림(Lim) 2012를 참조하라.

참고 문헌

Arterburn, Stephen, and Jack Felton. 2006. *More Jesus, Less Religion*. Colorado Springs: Waterbrook.

Banks, Robert. 1979. *Paul's Idea of Community*. Sydney: Anzea.

Banks, Robert, and Julia Banks. 1986. *The Church Comes Home*. Sutherland: Albatross.

Boff, Leonardo. 1986. *Ecclesiogenesis*. London: Collins; Maryknoll, NY: Orbis.

Chaojaroenrat, Sinchai. N.d. (in Thai) *House Network Church*. Bangkok: Christian Leadership Institute.

Choudhrie, Victor. 2007. *Greet the Ekklesia in Your House*. greettheekklesia@gmail.com. 2010. Mega Church to Meta Church. Self-published.

Claro, Robert. 2003. *A Higher Purpose for Your Overseas Job*. Makati City, Philippines: Church Strengthening Ministries.

Coleman, Robert. 1964. *The Master Plan of Evangelism*. Old Tappan, NJ: Revell.

Dyrness, William. 2016. *Insider Jesus*. Downers Grove, IL: IVP Academic.

Evans, Steven. 2008. From the Biblical World to the Buddhist Worldview: Using Bible Narratives to Impact at the Heart Level. In *Communicating Christ through Story and Song: Orality in Buddhist Contexts*, edited by Paul De Neui, 12850. Pasadena, CA: William Carey Library.

Fitts, Robert. 2001. *The Church in the Home: A Return to Simplicity*. Salem, OR: Preparing the Way Publishers.

Fukuda, Mitsuo. 2005. Incarnational Approaches to the Japanese People Using House Church Strategies. In *Sharing Jesus Effectively in the Buddhist World*, edited by David Lim, Steve Spaulding, and Paul De Neui, 35362. Pasadena, CA: William Carey Library.

———. 2010. *Upward, Outward, Inward: Passing the Baton of Discipleship*. Gloucester, UK: Wide Margin.

———. 2011. *Mentoring Like Barnabas*. Gloucester, UK: Wide Margin.

———. 2012. *Developing a Contextualized Church as a Bridge to Christianity in Japan*. Gloucester, UK: Wide Margin, 2012.

Garrison, David. 2013. *A Wind in the House of Islam*. Monument, CO: WIGTake Resources.

Hattaway, Paul, et al. 2003. *Back to Jerusalem*. Carlisle, UK: Piquant. 91

Higgins, Kevin. 2004. The Key to Insider Movements: The 'Devoted's' of Acts. *International Journal of Frontier Missiology* 21 (4): 15660.

Hoefer, Herbert. 2001. *Churchless Christianity*. Pasadena, CA: William Carey Library.

Kraft, Charles. 1979. *Christianity in Cultures*. Maryknoll, NY: Orbis.

Lim, David. 1987. The Servant Nature of the Church in the Pauline Corpus. PhD diss., Fuller Theological Seminary. Ann Arbor, MI: University Microfilms International.

———. 1987a. The Development of the Monepiscopate in the Early Church. *Studia Biblica et Theologia* 15 (2): 16395.

———. 1987b. "The Origin, Nature and Organization of the Synagogue". *Studia Biblica et Theologia* 15 (1): 2351.

———. 1989. "The Servant Church". *Evangelical Review of Theology* 13 (1): 8790.

———. 2003. "Towards a Radical Contextualization Paradigm in Evangelizing Buddhists". In *Sharing Jesus in the Buddhist World*, edited by David Lim and Steve Spaulding, 7194. Pasadena, CA: William Carey

Library.

―――. 2008. Catalyzing 'Insider Movements' Among the Unreached. *Journal of Asian Mission* 10 (12): 12545.

―――. 2008a. "Biblical Worship Rediscovered: A Theology for Communicating Basic Christianity". In *Communicating Christ through Story and Song: Orality in Buddhist Contexts*, edited by Paul De Neui, 2759. Pasadena, CA: William Carey Library.

―――. 2011. "Towards Closure: Imperial or Incarnational Missions?" *Asian Missions Advance* 33: 2022.

―――. 2012. "Effective Tentmaking Made Simple." In *Blessing OFWs to Bless, the Nations*, edited by Ana M. Gamez, 10811. Makati, Philippines: Church Strengthening Ministry.

―――. 2013. "Asian Mission Movements in Asia Today". *Asian Missions Advance* 41: 29-36.

―――. 2013a. "History and Ministry of Philippine Missions Association: Leading the Global Shift to Tentmaker Missions." *Asian Missions Advance* 41: 26.

―――. 2013b. "The House Church Movements in Asia." *Asian Missions Advance* 38: 3-7.

―――. 2014. "Missiological Framework for the Contextualization of Christ-Centered Communities." *Asian Missions Advance* 44: 2022.

―――. 2016. "Asia's House Church Movements Today." *Asian Missions Advance 52*: 7-12. Also at www.asiamissions.net/asias-house-church-movements-today/.

―――. 2017. "God's Kingdom as Oikos Church Networks: A Biblical Theology." *International Journal of Frontier Mission* 34 (1-4): 2535.

―――. 2019. "Appreciating Rituals and Festivals from within Buddhist Christward Movements." *In Sacred Moments: Reflections on Buddhist Rites and Christian Rituals*, edited by Paul de Neui, 10521. New Delhi: Christian World Imprints.

―――. 2020. "Jubilee Realized: The Integral Mission of Asian House Church Networks in Contexts of Religious Pluralism." *In Jubilee: God's Answer to Poverty?* edited by Hannah Swithinbank, Emmanuel Murangira, and Caitlin Collins, 79-95. Oxford: Regnum.

Richard, H. L. 1999. *Following Jesus in the Hindu Context*. Pasadena, CA: William Carey Library.

Samuel, Vinay, and C. Sugden. 1999. *Mission as Transformation*. Oxford: Regnum.

Stark, Rodney. 1996. *The Rise of Christianity: How the Obscure, Marginal Jesus Movement Became the Dominant Religious Force in the Western World in a Few. Centuries*. New York: HarperCollins Publishers.

―――. 2006. *Cities of God: The Real Story of How Christianity Became an Urban Movement and Conquered Rome*. New York: HarperCollins Publishers.

Taylor, David. 2015. "Contextualization, Syncretism, and the Demonic in Indigenous Movements." In *Understanding Insider Movements*, edited by H. Talman and J. J. Travis, 37583. Pasadena, CA: William

Walls, Andrew. 1996. *The Missionary Movement in Christian History*. Maryknoll, NY: Orbis.

Xin, Yalin. 2016. "The Role of the Host Families in the Missional Structure of a House Church Movement." In *Evangelism and Diakonia in Context*, edited by Rose Dowsett, et al, 31524. Oxford: Regnum.

7장
말씀이 온 지역으로 퍼져 나갔다:
사도행전과 교회 개척 운동
크레이그 오트(Craig Ott)

일반적으로 개신교인 특히 복음주의자는 성경의 사람으로 알려져 있다. 따라서 성경에 비추어 교회와 선교 관행을 검토하는 것은 옳고 당연한 일이다. 교회 개척 운동(CPM)과 이와 관련된 전략은 이런 꼼꼼한 검토가 진행되었으며 그 결과는 열광적 지지부터 가혹한 비난에 이르기까지 다양하다. 이런 하나님의 운동과 그들의 주장은 1세기 이래로 관찰된 그 어떤 것과도 비교할 수 없는 극적인 것이다. 이들은 해외 선교사와 외국 자금 또는 공식적인 신학 훈련에 대한 의존도를 최소화하면서 선교 현장의 새 신자를 동원하여 교회를 이끌 수 있는 간단하고 재현 가능한 방법을 제안한다. 요컨대 이 방법은 논란의 여지가 있으며 이에 대한 찬반양론의 반응은 종종 극단적이었다. 이번 장에서 우리 앞에 놓인 질문이 있다: 성경 특히 사도행전은 이런 하나님의 운동에 대해서 어떻게 조명하고 있는가?

이 장에는 교회 개척 운동(CPM) 전략에 대한 성경적 정당화나 비판을 시도하지 않는다. 또한 DISCO-VERY 성경공부와 같은 특정 방법을 평가하지도 않는다. 그보다는 사도행전에서 복음이 빠르게 전파되고 교회가 개척되고 성장하며 지역 전체에 복음이 전해진 사례를 연구하는 데 목적이 있다. 이런 사례를 통하여 현재 교회 개척 운동(CPM) 전략과 실행에 전달되어야 할 역동성은 무엇인가에 대하여 우리는 질문을 할 것이다.

오늘은 사도행전을 읽고 적용하는 것에 대한 말씀으로 시작하겠다. 그런 다음 사도행전에 기록된 구체적인 사례를 간략하게 살펴보겠다. 그리고 마지막으로 이 역동성과 이런 역동성이 오늘날 교회 개척 운동(CPM)에 어떤 영향을 미칠 수 있는지 생각해 보는 것으로 마무리하겠다.

사도행전 읽기와 적용

선교학자는 때때로 자기의 전략에 대한 신학적 정당성이 부족하다는 비난을 받아왔다. 성경의 가르침을 출발점으로 삼기보다는 전략을 개발하거나 하나님이 세상에서 하시는 일을 관찰하고 관찰한 것을 신학적으로 역 설계(reverse engineer)하여 자기의 방법을 정당화하려고 시도했다는 주장이 그것이다. 얄팍한 증거자료는 당연히 비판받을 수 있지만 관찰된 현상을 신학적으로 성찰하는 작업은 사도행전에서도 그렇게 진행된 바이다.

사도들은 처음에는 하나님께서 할례를 받지 않은 이방인에게 성령의 은사를 주신 것 단순히 이스라엘의 연장선이 아닌 새로운 백성 즉 교회를 창조하신 신학적 의미를 완전히 이해하지 못했다.[1] 이러한 현상은 초대 교회안에 갈등을 일으키는 요소가 되었고 이것은 오순절 이후 17년이 지난 예루살렘 공의회에서 비로소 해결될 수 있었다(행 15장). 그곳에서 사도와 장로는 구약 선지자의 가르침을 새롭게 살펴봄으로써 하나님께서 이미 행하신 일을 신학적으로 성찰하고 급속도로 확장되는 예수님의 운동의 발전을 위한 시사점을 도출했다. 이방인을 향한 하나님의 예상치 못한 그러나 틀림없는 은혜를 관찰한 후에야 그들은 성경을 재검토하여 하나님이 하시는 일을 이해하고 미래를 위한 방향을 찾아야 했다.[2]

현대의 모든 선교 전략이나 방법을 성경적으로 증명하거나 성경에서 뚜렷한 정당성을 찾으려는 시도는 해석학적으로 모호한 작업이다. 그러나 현대의 복음 운동에 대해 신학적으로 성찰하는 것은 초대 교회의 모범에 부합하는 것이다. 우리는 오늘날의 그런 하나님의 운동이 사도행전에서 발견되는 것과 같은 지를 묻는 것이 아니라 사도행전에서 발견되는 하나님의 운동의 궤적과 신학에 부합하는지를 질문한다. 따라서 이 장에서는 방법보다는 사도행전에 기록된 전도와 교회 개척 그리고 복음의 지역적 확산의 역동성에 초점을 맞추고자 한다.

사도행전의 목적

누가가 사도행전을 기록한 목적을 이해하는 것이 사도행전을 해석하는 지침이 되어야 한다. 신약학자들은 이 질문에 관해 토론을 벌여 왔다(스트라우스-Strauss 2011 참조). 사도행전의 목적에 대한 다양한 이론 중 하나는 다음과 같다. 누가는 주로 이방인 신자에게 초대 교회의 발전에 대한 신뢰할 만한 역사적 기록을 제공할 뿐만 아니라 특히 성령의 능력으로 땅끝까지 복음이 역동적으로 전파되는 것을 보여주기 위해 사도행전을 기록했을 가능성이 가장 높다. 동시에 나타나는 주제는 열방을 향한 하나님의 목적의 성취로서 이방인이 새로운 하나님의 백성에게 포함되는 것의 정당성이다. 사도행전에서 교회의 성장에 대한 반복적인 언급은 하나님께서 열방에 구원과 빛과 축복을 가져다주겠다는 메시아적 약속을 성취하고 계셨음을 강조한 것이다.[3]

누가는 구체적인 방법이나 전략에는 상대적으로 관심이 없으며 복음이 진행되는 과정에서 성령의 역사하심에 더 초점을 맞추고 있다. 사도행전 이야기 대부분은 (1) 이스라엘을 넘어 복음이 어떻게 전파되고 수용되었는지를 설명하는 여행 이야기와 (2) 다양한 형태의 반대 특히 유대 지도자의 반대에도 불구하고 복음이 전파되는 과정이라는 이중적 요소를 포함하고 있다. 이 이야기에서 바울은 이방인을 위한 전형적인 사도가 되고 유대인의 반대를 집중적으로 얻어 맞는 피뢰침과 같은 존재가 된다. 사도행전은 누가의

---

1) 예를 들어 베드로는 하나님으로부터 받은 삼중 환상을 제외하고는 이방인의 집에도 들어가지 않았다(사도행전 10장). 예루살렘 교회의 지도자는 로마 군인도 자신처럼 성령을 받아야 한다는 사실을 다소 믿지 못했다(11:1-8). 시리아 안디옥으로 흩어진 예루살렘 그리스도인은 처음에 이방인에게 복음을 전하지도 않았다. 다른 사람이 복음을 전하고 많은 이방인이 그 악명 높은 도시에서 예수를 따르게 되자 바나바는 상황을 조사하기 위해 그곳으로 보내진다(11:19-24).
2) 예루살렘 공의회에 의한 성경 해석학에 관한 다양한 견해는 와르다(Wiarda)의 책(2003)을 참조하라.
3) 사도행전의 성취 모티브에 대해서는 '복-Bock 1998, 피터슨-Peterson 2009, 29-32; 짚-Jipp 2018, 31-50'을 참조하라.

2권 중 두 번째 책으로 누가복음의 주제를 이어가고 있다. 주제 중 하나는 소외된 사람을 환영하는 예수님의 모습이며 이 주제는 성령께서 이방인을 교회에 포함하기 위해 움직이시면서 사도행전에서 더 큰 성취를 이루게 된다. 누가복음에서 이어지는 또 다른 주제는 교회의 성장에서 실현되는 하나님 나라의 성장이다.

사도행전에서 방법보다는 방식

특정한 선교 방법을 찾기보다 사도행전의 역동성에 더욱 원칙적으로 접근함으로써 현대 선교의 실천과 전략은 사도행전에서 일어난 일을 단순히 모방하려는 경직된 시도에서 자유로워질 수 있다. 선교의 모든 혁신을 일종의 리트머스 시험지에 올려놓을 필요는 없다. "성경에서 그런 내용을 찾을 수 있는가?"라는 리트머스 시험지처럼 말이다. 누가가 전도와 교회 개척에 관한 핸드북을 쓰려고 했다면 사도행전의 내용과는 전혀 다른 것을 썼을 것이다. 그런 의도가 있었다면 누가는 중요한 세부 사항을 너무 많이 생략했을 것이다. 누가는 인간의 선택이 아닌 성령님의 선택에 초점을 맞추고 있다. 그것은 의심할 여지없이 좋은 것이다. 만약 누가가 그런 방법론 입문서를 썼다면 우리는 그것을 곧이 곧 대로 따르려고 했을 것이고 다양한 문화적 그리고 종교적 상황에 맞게 우리의 방법을 바꿀 자유도 거의 없었을 것이다.

따라서 성경적 선교는 사도행전에서 발견되는 것을 모방하는 것이 아니라 성령의 능력 안에서 사도행전의 구원사(史)적인 궤적(trajectory)을 따라서 이야기를 이어가는 것을 말한다. 단순히 사도의 사역을 모방하려는 시도는 그들이 전도하려는 특정 청중에게 그들의 방법과 메시지를 상황화 할 자유를 놓치는 것이다(플레밍-Fleming 2005). 또한 사도행전의 많은 부분은 새 언약의 백성으로서 교회 탄생에 고유하고 반복 불가능한 구원의 역사적 발전을 언급하고 있다.

또한 바울은 헬레니즘과 유대 문화권 양쪽 모두에 속해 있었다는 사실에 주목해야 한다.[4] 따라서 북미(North America)와 나미비아(Namibia) 또는 싱가포르(Singapore)과 수리남(Suriname) 사이에서의 문화적 격차에 비해서 바울이 극복해야 했던 문화적 격차는 상대적으로 적었다. 또한 바울이 구약 성경을 자주 사용했지만 복음을 전하고 교회를 개척할 때 신약성경을 가지고 있지 않았다는 사실을 잊기 쉽다. 오늘날 우리가 살고 있는 세상은 1세기의 세상과는 분명히 크게 다르다. 현대의 기술과 여행, 통신 그리고 세계화 등 1세기에는 상상할 수 없던 복음의 발전 가능성이 지금 우리에게 열려 있다. 따라서 사도행전의 교훈을 현대 선교에 적용하고자 할 때 우리가 본받을 구체적인 방법보다는 1세기 선교를 이끈 영적 역동성과 기본 원리 즉 방법(methods)보다는 방식(mode)에 더 많은 관심을 기울여야 한다.

---

4) 다소에서 자란 바울에 대해 캘빈 로첼(Calvin Roetzel)은 "따라서 젊은 시절 바울은 풍부한 문화 유산을 가진 헬레니즘 세계와 성경, 전통, 율법을 가진 이스라엘 민족의 세계라는 두 가지 다른 세계에 굳건히 발을 딛고 있었다. 그는 이 두 세계에 모두 익숙했기 때문에 회심자가 헬레니즘적 환경에 맞는 근본적으로 유대적인 복음을 번역하는 데 이상적 사람이었다"라고 했다(2009, 475).

사도행전의 교회 개척 운동?

앞으로 나아가기 전에 한 가지 해결해야 할 문제가 있다. 교회 개척 운동(CPM) 전략에 대해 비평하는 사람은 성경에 교회 개척 운동(CPM)이 존재하지 않는다고 주장해 왔다(예: 우-Wu 2014). 몇 년 안에 수만 명의 신자를 가진 수백 또는 수천 개의 교회가 생겨나는 교회 개척 운동(CPM)의 정의에 부합하는 하나님의 운동에 대한 신약 성경의 명시적인 설명이 없을 수도 있다.[5] 따라서 이 질문은 사도행전이 대답할 의도가 없는 것을 묻는 것이라고 항의할 수 있다. 그러나 사도행전에 묘사된 급속하게 성장하고 확장된 하나님의 운동의 역동성을 배우기 위해 신약성경에서 교회 개척 운동(CPM)에 대한 정확한 설명을 찾을 필요는 없다.

수많은 구절에서 교회의 놀라운 수적 성장과 말씀의 확산을 묘사한다(2:47; 5:13-14; 6:1, 7; 9:31; 11:21, 24, 26; 12:24; 13:49; 14:21; 16:5; 19:10, 20). 매일(2:47, 16:5), 급속히, 많은 수(6:7), 흥왕(12:24), 권능으로(19:20), 큰 수의 증가(11:21, 24, 26, 14:1) 등의 형용사를 통해 성장을 강조하고 있다. 이와 관련하여 윌슨(Benjamin Wilson)은 "성장의 요지는 어떤 식으로 든 기독교 하나님의 운동의 수적 증가의 빈도와 정도를 모두 강조하는 구성으로 가득 차 있다"라고 말한다. 또한 "성장의 요지는 대부분 헬라어의 미완료 시제로 제시되어 지속적인 양적 증가의 인상을 준다"(2017, 320). 모든(9:31, 19:10) 또는 온(13:49) 지역에 도달했다는 지리적 설명은 제자의 수가 증가했음을 강조할 뿐만 아니라 여러 지역에 교회가 형성되고 있음을 강력하게 암시한다.

이런 놀라운 성장과 복음의 확산은 제자가 재생산되고 전도자와 지도자가 재생산되며 궁극적으로 교회가 재생산되고 있다는 점으로만 설명할 수 있다. 교회 개척 운동(CPM) 전략의 핵심은 교회 증식이라는 개념이다. 필자는 다른 곳에서 증식의 개념이 사도행전 이야기에 존재할 뿐만 아니라 사도행전에 중요하다고 길게 주장한 바 있다(오트-Ott 2019, 103-21). "생육하고 번성하여 땅에 충만하라"(창 1:22)라는 표현은 구약 성경에서 하나님의 백성과 관련하여 반복되는 개념이며(렘 23:3)[6] 하나님의 영광으로 땅을 채우겠다는 종말론적 비전과도 연결된다(예: 사 11:9).

예수님은 왕국 비유에서 이 사상을 발전시켰다. 누가복음에 나오는 하나님 나라의 성장은 누가복음의 두 번째 책인 사도행전에서 교회 성장을 통하여 성취된다(라인하르트-Reinhardt 1995; 로즈너-Rosner 1998). 디모데는 새로운 지도자를 여러 세대에 걸쳐 재생산할 지도자를 개발하라는 권고를 받는다(딤후 2:2 참조). 데살로니가전서 1:8과 로마서 15:19~23[7] 과 같은 구절은 한 번 개척된 교회가 그 지역을 복음화하고 확장

---

5) 개리슨(Garrison)(2004), 트루스데일(Trousdale)(2012), 스미스(Smith)와 카이(Kai)(2011) 등이 인용한 교회 개척 운동(CPM)의 사례는 대부분 이런 숫자를 가지고 있으며 대개 단기간에 최소 4세대에 걸쳐서 교회를 개척하는 하나님의 운동에 관해 이야기한다.

6) 윌슨(Wilson)은 "사도행전의 여러 성장 요약에서 αὐξάνω 그리고/혹은, πληθύνω의 사용은 종말론적 성취에 대한 설명과 어느 정도 일치할 수 있으며 이는 그의 백성에 대한 하나님의 성장 약속이 기독교 하나님의 운동의 발전에서 그 성취를 찾고 있음을 의미한다"라고 기술했다(2017, 322).

7) 더글러스 J. 무(Douglas J. Moo) (1996, 895-96)는 이 본문에 대한 존 녹스(John Knox)의 이해를 인용한다: "[바울이] 예루살렘에서 일루리곤까지 복음 전파를 완성했다고 말할 수 있던 것은 이 말씀이 그에게 소아시아 전역과 그리스 반도의 북쪽과 서쪽의 각 나라에 복음이 선포되고 교회가 개척되었다는 것을 의미했을 것이기 때문이며 그리스도의 이름이 곧 소아시아 전역과 그리스 반도

할 것으로 기대할 수 있다는 견해를 더욱 강화한다. 우리가 사도행전에서 보는 것을 상식적인 선에서 설명하려고 증식이라는 용어를 사용하는데 이 사도행전의 영적 재생산이 수학적으로 기하급수적(2가 4가 되고 8, 16, 32가 되는 등)으로 증가했다는 것을 증명할 필요가 없다. ESV 영어 성경('The English Standard Version') 성경은 6:7, 7:17, 9:31, 12:24에서 헬라어 'plēthunō'의 형태를 "증식하다"[8] 라고 번역한다. 따라서 사도행전에서 교회 성장과 증식의 역동성을 탐구하는 것은 잘못된 것이 아니다. 사도행전은 현대의 교회 개척 운동(CPM)을 성찰할 수 있는 건전한 성경적 신학적 관점을 제공한다. 이를 염두에 두고 이제 사도행전에 나오는 몇 가지 사례 연구를 살펴보도록 하겠다.

예루살렘 교회

예루살렘 교회는 오순절 날에 탄생했다. 성령의 부으심과 함께 새로운 시대가 열렸다. 베드로의 오순절 설교로 그날 약 120명(1:15)에서 극적으로 증가해서 3천 명의 새 신자가 세례(침례)를 받았다(2:41). 반대의 목소리가 커졌음에도 불구하고 교회는 총 5천 명으로 성장했고(4:4)[9] 그 증가세는 점점 더(5:14, 6:1) 계속되어 빠르게(6:7) 성장했으며 나중에는 수만 명(21:20)[10] 으로 번역될 수 있는 수천 명이 되었다. 예루살렘 교회의 사례는 어떤 면에서 독특하지만[11] 극적이고 빠른 강요되지 않은 집단 회심(mass conversions)이 불가능한 것이 아니라는 점을 보여준다. 이런 회심이 반드시 복음의 메시지를 훼손한 결과인 것은 아니다. 오히려 성령의 놀라운 역사의 증거가 될 수 있다. 2:42-47과 그 이후의 설명에서 알 수 있듯이 이 새 신자들의 믿음은 피상적이지 않았다.

주목할 세부 사항이 하나 더 있다. 누가는 "주께서 구원받는 사람을 날마다 더하게 하시니라"(2:47 하)라고 말한다. 설교는 베드로가 했지만 사람을 믿음으로 인도하고 그들을 신자 공동체에 포함한 것은 하나님이셨다.[12] 구원받은 새 신자[13]는 새로운 메시아 공동체와 연관되어 그 공동체의 삶에 참여하게 된다. 2:41, 2:47, 5:14, 11:24에서 "더하다"(prostithēmi)로 번역된 헬라어는 초기 유대인 회심자 문헌에서 기술적인 의미로 사람들이 모이거나 교제에 참여하는 것을 묘사하는 데 사용되었으며 이는 이전의 이방인 공

전역에 들릴 것을 확신할 수 있을 만큼 충분히 널리 선포되고 개척되었기 때문이다."

8) "증식"에 대한 자세한 내용은 '코델-Kodell 1974, 라인하르트-Reinhardt 1995, 52-54'와 '윌슨-Wilson 2007'을 참조하라.

9) 오천 명이라는 숫자가 예루살렘의 누적 신자 수인지 아니면 2:41에 언급된 삼천 명에 더해 오천 명을 가리키는 것인지에 대한 논란이 있다. 4:4에서 남성만 계산된 것인지 아니면 헬라어 'andrōn'을 남성과 여성 모두를 설명하는 데 사용해야 하는지도 불분명하다. 어느 쪽이든 성장은 놀라웠다. 숫자의 신뢰성에 대해서는 '키네르-Keener 2010'을 참조하라. 누가가 특정 숫자를 보고하는 곳은 거의 없으며 각각의 경우 유대인 배경 신자이다. 이것은 예수님을 따르는 유대인이 소수에 불과하다는 주장을 반박하려는 누가의 열망을 나타낼 수 있다(윌슨-Wilson 2017, 325).

10) 헬라어의 'muriades'를 수만 명에 많게는 5만 명으로 해석하는 것에 대해 '키네르-Keener 2010, 141-43'와 '슈나벨-Schnabel 2004, 732'를 참조하라. 이 숫자에는 예루살렘의 신자뿐 아니라 유대의 신자도 포함되었을 것이다.

11) 오순절은 성령이 부어지는 구원의 역사적 전환점이었다. 이전에도 많은 사람이 예수님의 가르침과 기적을 접했을 것이다.

12) "그들의 수에"로 번역된 헬라어 'ἐπὶ τὸ αὐτό'가 "교회 교제에서"로 번역될 수 있는 준 기술적 의미를 획득한 것으로 간주한 '브루스 메츠거-Bruce Metzger'의 의견을 참조하라(1971, 305).

13) 이는 원어인 헬라어 'tous sōzomenous'에서 "그들이 구원받는 동안"이라는 현재 분사를 사용함으로써 알 수 있다(롱네커-Longenecker 1981, 291-92; 피터슨-Petersen 2009, 164).

동체와의 단절과 하나님의 백성과의 연합을 나타낸다(라인하르트-Reinhardt 1995, 99-100).

사도행전 2장은 유대인들이 메시아이신 예수님을 따르는 것을 묘사하고 있어서 넓게 말하자면 유대인의 유산과 신념을 끊는 것이 아니라 그것을 성취하는 것이다.[14] 그러나 하나님께서는 그들을 이전에 속하지 않았던 새로운 메시아 공동체에 합류하게 하신다. 예수님을 따르는 사람이 된다는 것은 하나님께서 그 사람을 예수님을 따르는 사람의 지역적 교제 속에 포함하는 것을 의미한다. 세례(침례)는 신자에게 그리스도 안에서 새로운 정체성을 부여하는 표식이다(고전 12:13). 그런 지역 교제에 참여하지 않는 그리스도인은 비정상적인 사람이다. 사도행전은 복음이 전파되는 모든 곳에서 신자의 공동체 즉 교회가 생겨났다고 보고한다.

마지막으로 사도행전 6:1-7에서 누가는 예루살렘 교회의 지속적인 성장을 교회 내 갈등이 해결되고 사도의 사역이 기도와 말씀 사역에 다시 집중된 것과 연관시킨다. 1절은 헬라어를 사용하는 과부와 히브리어를 사용하는 과부 사이의 음식 분배에 관한 갈등이 분출하면서 "제자의 수가 증가"하고 있음을 나타낸다. 이것은 새롭게 출현하는 하나님의 운동의 단합과 건전성에 심각한 위협이 되었다. 누가는 이 갈등이 해결된 후에야 7절에서 교회의 지속적 성장을 언급한다. "하나님의 말씀이 점점 왕성하여 예루살렘에 있는 제자의 수가 더 심히 많아지고 허다한 제사장의 무리도 이 도에 복종하니라." 피터슨(Peterson)은 "예루살렘 교회의 갈등이 만족스럽게 해결되었기 때문에 이 복음 사역이 번성하고 교회 성장이 더욱 빠르게 이루어질 수 있었다(스포드라(σφοδρα, sphodra) 심히와 지나치게 그리고 많이 라는 의미)"라고 결론을 내린다(2009, 236). 하나님의 운동이 건강하게 계속 성장하려면 신자의 연합에 관심을 기울이고 필요한 것들을 해결해야 한다.

유대, 사마리아 그리고 시리아

사도행전 8장까지는 주로 예루살렘 인근 지역에서 복음이 전파되는 과정을 묘사한다. 예루살렘에서의 핍박으로 신자가 흩어지게 되자 복음은 유대와 사마리아 그리고 시리아로 퍼져 나간다. 누가는 그들의 열매 맺는 증거에 대해 "그리하여 온 유대와 갈릴리와 사마리아 교회가 평안하여 든든히 서가고 주를 경외함과 성령의 위로로 진행하여 수가 더 많아 지니라"(9:31), 수리아 안디옥에서는 수많은 사람들이 믿고 주께 돌아오더라"(11:21, 24, 26)라고 기록한다. 이 이야기에는 몇 가지 중요한 특징이 있다.

첫째, 적어도 초기에는 의도적으로 전도자나 선교사를 외곽 지역으로 파송하지 않았다는 점이다. 이는 기독교인이 예루살렘에서 박해로 인해 쫓겨났을 때만 일어났다. 이는 복음이 교회의 공식적인 파송이나 선교 전략과는 별개로 확산하는 경우가 많다는 사실을 상기시켜 준다. 박해와 기근, 전쟁 그리고 경제적 격변 등의 상황은 하나님의 조율에 따라 인간의 이주를 촉진하여 평범한 기독교인이 새로운 장소로 이동

---

14) 사도행전 21장 20절 후반부에 보면 예루살렘 교회에서 "수천 명의 유대인이 믿었고 그들 모두는 율법에 열심"이라는 내용이 나온다. 그러나 그것은 서기관과 바리새인의 율법주의 전통과 단절된 것이었다. 사도행전 15장은 하나님의 백성이란 모세의 율법을 준수하고 할례를 받지 않은 이방인을 약속의 동등한 상속자로 포함시키는 것으로 엄격하게 정의되는 것이 아니라 하나님의 백성이란 무엇인지에 대한 광범위한 의미를 담고 있다.

하여 그리스도의 증인이 될 수 있다.

둘째, 흩어진 예수님을 따르는 제자는 가는 곳마다 자발적으로 복음을 전했다(8:4). 말하자면 그들은 복음을 소문 냈다. 비교적 젊은 신자[15]가 길을 가다가 만난 다른 사람에게 자신의 신앙을 전하는 것은 지극히 자연스러운 일이었다. 집사였던 빌립(6:5)은 나중에 전도자(21:8)라는 직분을 얻게 되지만 이 이야기에서 이 직분은 공식적 직분의 성격은 갖지 않는다. 그는 사마리아에서 설교하고 기적을 행하여 그 도시에 큰 기쁨을 주었다(8:4-8). 유대인과 사마리아인 사이의 적대감을 고려할 때 핍박받던 예루살렘의 기독교인이 그곳에 정착했다는 것은 놀라운 일이 아닐 수 없다. 하지만 그들은 그곳에 정착했고 복음을 전했으며 하나님은 그들을 통해 일하셨다.

사마리아인 사이에 하나님의 손길이 이미 분명히 역사하고 난 후에야 사도 베드로와 요한은 사마리아로 가서 상황을 조사하고 성령의 은사를 수여했다(8:14-17). 이 방문은 인종적으로 혼합된 반 이교도와 반 야훼 교도 사이에서 이미 시작된 장벽을 허무는 일에 대한 사도적 승인으로 볼 수 있다(삼쿠티 - Samkutty 2006, 58). 그 후 베드로와 요한은 "두 사도가 주의 말씀을 증거하여 말한 후 예루살렘으로 돌아갈 새 사마리아인의 여러 촌에서 복음을 전하니라"(8:25)라고 하면서 사마리아인 선교를 온전히 받아들인다.

셋째, 이 제자들은 평범한 신자들이었다. 사도들은 예루살렘에 남아 있었다(8:1). 시리아 안디옥에서 이방인에게 복음이 처음으로 크게 전파되었을 때 그들에게 복음을 전한 것은 예루살렘 그리스도인이 아니라 키프로스와 구레네에서 온 신자들이었다(11:19-21). 슈나베(Schnabe)는 "[누가는] 이방인을 향한 진정한 선교 활동의 초기 원동력이 베드로(또는 바울)가 아니라 우리가 무명의 키프로스와 구레네 출신의 헬레니즘 유대인 그리스도인에게서 나왔다는 역사적 사실을 감추지 않았다"(2004, 672)라고 언급한다. 이것은 평범한 신자들 특히 예루살렘 교회가 파송하지도 승인하지도 않은 신자들이 성령의 능력을 받아 자연스럽게 복음을 전했다는 사실을 더욱 강조한다. 하나님께서는 이를 기대 이상으로 축복하셨다.

할례를 받지 않고 돼지고기를 먹으며 부도덕한 이방인이 대거 회심했다는 것은 유대인의 경건함의 외형적 표징과는 별개로 하나님께서 그들을 받아들이셨다는 놀라운 확증이었다. 누가는 이 몇 구절에서 이 이방인 도시에서 신자 수가 크게 증가했음을 두 번이나 보고한다. "주의 손이 그들과 함께 하시매 수 다한 사람이 믿고 주께 돌아오더라"(11:21)와 "큰 무리가 주께 더하더라"(24절).

바나바는 예루살렘의 지도자에 의해 이 예상치 못한 비정상적인 상황을 조사하기 위해 수리아 안디옥으로 파견된다. 그런 하나님의 운동의 정당성과 진정성을 의심할 만한 충분한 이유가 있었을 것이다. 그러나 다행히 바나바는 하나님의 은혜가 행하신 일을 볼 수 있는 눈을 가졌고 모든 사람에게 굳은 마음으로 주께 붙어 있으라(23절) 라고 격려함으로써 이 사역을 확립한다. 바나바는 이 하나님의 일을 마지못해 받아들이거나 회의적인 태도로 받아들이지 않고 오히려 기뻐했다.

그 후 바나바와 사울은 많은 사람을 가르쳤다(26절). 건전한 가르침은 이교도 배경을 가진 신자의 꽃피어 가는 교회에서 매우 중요한 조건이었다.

---

15) 이 박해는 그리스도의 부활과 오순절 이후 몇 년 안에 일어났을 가능성이 높다(리스너-Riesner 1998, 59-60, 118-24).

마지막으로 바울의 소명을 재확인하고 사도행전에 기록된 바울과 바나바를 이방인을 향한 첫 번째 선교로 보낸 곳은 예루살렘 교회가 아니라 안디옥 교회이다(행 13:1-3). 실제로 3절의 "안수하여 보내시니"와 4절의 "두 사람이 성령으로 보내심을 받아"라는 병치 구절에서 알 수 있듯이 이 교회의 파송을 통해 성령님께서 그들을 보내신 것이다. 우리는 이 신생 교회에서 선교사 파송에 대한 비전과 헌신을 볼 수 있다.

따라서 우리는 시리아 안디옥에서 일어난 이 획기적인 하나님의 사역에서 연속성과 불연속성을 관찰할 수 있다. 예루살렘의 직접적인 개입과는 별개로 일어난 불연속성 예루살렘 교회를 대신하여 바나바가 인정한 연속성 바나바와 사울의 공인된 가르침을 통해 교회가 강화되는 연속성이다. 이런 교회 간의 연결은 안디옥 교회가 예루살렘 교회를 위해 모금한 구제 헌금에서도 잘 드러난다(11:27-30). 나중에 예루살렘 공의회의 교리적 권위가 인정되었다(행 15장). 이런 교회 네트워크는 바울 선교의 특징이었으며 다른 구제 헌금(예: 고후 8-9장)과 인사말 보내기 그리고 다른 교회의 동료 또는 대표 교환하기(올록-Ollrog 1979)에서도 알 수 있다.

비시디아 안디옥

바울과 바나바의 첫 번째 선교 여행지인 비시디아 안디옥에서 "주의 말씀이 그 지방에 두루 퍼지니라"(13:49)라고 기록했다. 안디옥이 관할하는 지역에는 50개 이상의 마을이 포함되어 있었다(슈나벨-Schnabel 2004, 1107). 이 말씀의 확산은 바울과 바나바에게만 의존한 것이 아니라 지역 신자를 통해 일어났을 가능성이 더 크다. 누가가 여기서 말씀이 퍼지니라는 표현은 회심과 교회 성장을 나타내는 다른 곳에서 말씀이 전파되고 성장한다는 표현(예: 6:7; 12:24; 19:20)과 일치한다고 추정할 수 있다. 따라서 이것은 이 지역의 다른 사람이 신자가 되었음을 나타내며 다른 곳의 경우와 마찬가지로 가정에 모여 가정 교회를 형성하는 것은 자연스러운 일이었을 것이다. 이렇게 기독교 메시지가 널리 퍼지고 많은 사람들이 받아들이자 유대인 지도자의 반대에 부딪혀 바울과 바나바는 마을을 떠나야 했다(13:50-51). 그러나 그런 반대에도 불구하고 "제자들은 기쁨과 성령이 충만했다"(52절).

이 사건에 대해 마지막으로 주목할 점은 얼마 지나지 않아 바울과 바나바가 돌아와 신자를 격려하고 교회에 장로를 세웠다는 점이다(14:21-23). 이후에도 바울은 이 지역의 교회를 재방문하여 다시 한번 교회를 든든히 세워나갔다(15:41-16:5, 18:23). 바울이 갈라디아 교인에게 보낸 편지는 이 교회에 보낸 편지일 가능성이 높다. 교회의 지속적인 부흥과 건강을 위해서 지도자를 임명하고 지속해서 격려하는 것이 중요했다. 장로로 임명된 사람은 아마도 비교적 새 신자이었을 것이다. 그러나 교회의 장로는 최근에 회심한 사람이 아니어야 한다고 성경은 기록하고 있다(딤전 3:6, 5:22).

이 장로는 유대교 배경을 가지고 있었기 때문에 최근에 이교에서 개종하지 않았을 수 있으나 이에 대한 명확한 증거는 없다. 로저 게링(Roger Gering)은 그의 저서 "가정 교회와 선교"(House church and Mission)에서 교회가 개인 가정에서 모였기 때문에 집주인이자 모임 장소의 주관자가 그 가정 교회의 장로였을 가능성이 높다고 주장한다(2004, 205-210). 그런 감독자는 한 그룹으로 모여서 그 도시의 전체 지역 교회를 위한 지도자 팀이나 평의회를 구성할 수 있었다(206). 또 다른 주석가에 의하면 초대 교회에는 지도력을 발휘할 전임 목회자가 없었다. 따라서 유대인 회당의 방식을 따라 목양할 평신도 장로 그룹을 임명하는 방식을 따랐던 것으로 보인다(폴힐-Polhill 1992, 319).

어쨌든 그들은 비교적 새로운 신자들이었을 것이다. 바울과 바나바는 "그들이 믿는 주님께 그들을 위탁"(14:23) 함으로써 성령의 미래준비 능력에 대한 믿음을 증명했다. 나중에 더 성숙한 신자가 생겨난 후에야 목회 서신에서 볼 수 있는 더 높은 기준에 따라서 장로의 자격이 더욱 체계화되었다. 이런 이해가 옳다면 출현하는 하나님의 운동의 초기에는 비교적 새로운 신자가 지도자 직책을 맡았다는 결론을 내릴 수 있다.

에베소

에베소는 한 지역 전체가 복음으로 가득 차고 교회가 재생산되는 교회 성장의 가장 분명한 사례이다. 바울은 고린도 교인에게 고린도 방문을 미루는 이유를 설명하면서 "내가 오순절까지 에베소에 유하려 함은 내게 광대하고 유효한 문이 열렸으나 대적하는 자가 많음이라"(고전 16:8-9)라고 편지를 쓴다. 사도행전 19장에서 우리는 그 열린 문의 본질을 발견하게 된다. 이를 설명하기 전에 사역을 위한 열린 문과 반대는 종종 함께 진행된다. 바울의 설교는 폭동에 가까운 소란을 불러일으켰고(19:23-41) 바울은 그곳의 격렬한 반대를 야수와 싸우는 것에 비유했다(고전 15:32). 우리는 반대를 닫힌 문으로 생각할 수도 있다. 하지만 교회의 성장이 종종 반대의 와중에서도 일어난다는 것을 우리는 여러 번 보아왔다.

에베소에서의 "효과적인 사역"은 "아시아 지방에 사는 모든 유대인과 헬라인이 모두 주의 말씀을 듣게"(10절)하는 결과를 가져왔다.[16] 이 모든 일이 2년 이내에 일어났다. 나중에 20절에 "주의 말씀이 힘이 있어 흥왕하여 세력을 얻으니라"라고 기록하고 있다. 이 마지막 단어는 하나님의 운동의 폭과 깊이 즉 양과 질을 모두 나타낸다. 당시 약 20만 명의 주민이 사는 에베소는 로마 제국에서 가장 큰 도시 중 하나였으며 아시아 지방에서 가장 유명한 상업과 여행 및 종교 중심지였다(슈나벨-Schnabel 2004, 1206-11). 이런 복음의 확산과 교회의 재생산에 대한 증거는 요한계시록 2~3장에 묘사된 아시아의 일곱 교회와 골로새서[17]의 히에라볼리(골 4:13)에서 찾을 수 있다.

물론 다른 교회도 있었을 가능성이 높지만 이 교회만 명시적으로 확인된다. 또한 바울이 이 모든 교회를 직접 개척한 것은 아니라는 사실도 알고 있다. 예를 들어 그는 골로새와 라오디게아 신자를 한 명도 만나지 못했다(골 2:1). 골로새 출신인 에바브라(골 4:12)는 골로새와 라오디게아 그리고 히에라볼리에도 복음을 전했다(골 1:7, 4:13). 누가의 관심은 전도자의 신분이 아니라 그들 안에서 주님의 말씀이 성장하고 권능으로 퍼지게 하는 성령의 역사에 있었다(행 19:20).

---

16) 이는 그 지방에 사는 모든 개인이 복음을 들었다는 의미로 받아들여서는 안 된다. 오히려 그 지역의 주요 중심지에 교회가 세워졌을 때 그 지역은 복음화된 것으로 간주한다(라인하르트-Reinhardt 1995, 264-65). 이것이 바울이 지중해 동부 로마제국 전체에서 자기의 사역을 완료했음을 나타내는 로마서15:19b, 23의 의미다.

17) 골로새는 아시아 일곱교회 지역 중 하나인 라오디게아 교회 근처에 있었다.

사도행전 19장에는 복음이 이 지역을 가득 채운 방식과 관련하여 두 가지 흥미로운 연관성이 뚜렷하게 언급되어 있다. 첫 번째는 9-10절에 나와 있다: "바울이 그들을 떠나 제자를 따로 세우고 두란노 서원에서 날마다 강론하여 이같이 두 해 동안을 하매 아시아에 사는 자는 유대인이나 헬라인이나 모두 주의 말씀을 듣더라." 바울의 에베소에서 가르침과 말씀이 온 지방으로 퍼진 것 사이에는 직접적인 연관성이 있다. 바울이 에베소에서 공개적으로 그리고 집집마다 다니며 가르친 것은 적어도 부분적으로는 에바브라와 같은 일꾼들이 더 넓은 지역에서 전도자가 될 수 있도록 준비시키는 것을 수반했다(20:20). 따라서 에베소는 복음이 전 지역으로 확산하는 전략적 요충지가 되었다.[18]

두 번째 특징은 19절에 있다. "또 마술을 행하던 많은 사람이 그 책을 모아 가지고 와서 모든 사람 앞에서 불사르니 그 책 값을 계산한 즉 은 오만이나 되더라." 이 신자는 막대한 개인적 희생을 치르면서까지 이전의 믿음과 결별했다.[19] 마술 서적을 불태운 다음에 "이처럼 주의 말씀이 힘이 있어 흥왕하여 세력을 얻으니라"(20)라는 중요한 말씀이 이어진다. 이전의 주술적 관습에서 벗어나고자 하는 의지는 두 가지 결과를 가져왔는데 이는 반대 세력의 증가와 복음 전파의 증가였다. 바울은 복음을 전할 때마다 핍박을 받으면서도 청중에게 우상을 섬기는 것에서 돌이켜 살아계시고 참되신 하나님만 섬기라고 요청했다(예: 행 14:15, 17:29-31. 살전 1:8-10). 그러나 이교도 관습과의 단절(마술책을 불태우는 것)은 회심 직후에 이루어진 것이 아니라 주님을 경외하는 마음을 품은 후에 이루어졌다는 점도 주목해야 한다(19:17-18).

사도행전 20장 13~25절에는 바울이 에베소 교회 장로에게 보내는 고별 연설이 기록되어 있다. 그는 장로에게 교회의 영적 돌봄을 부탁하고 거짓 교사에 대해 경고한다. 바울의 관심은 교회의 지속적인 건강과 리더십에 대한 것이 분명하다. 지면 관계상 에베소 교회와 아시아 지방의 하나님의 운동이 어떻게 발전했는지에 대해서는 더 이상 언급할 수가 없다. 다만 요한계시록 2-3장의 경고를 통해 볼 때 영적 활성화와 놀라운 하나님의 운동 조차도 미래에는 보장될 수 없음을 상기시켜줄 뿐이다.[20]

교회 개척 운동의 성경적 역동성

우리는 사도행전에 기록된 초기 기독교 선교의 경험에서 어떤 경우에는 지역 전체를 복음으로 가득 채울 정도로 빠르게 성장하는 하나님의 운동이 분명히 존재했음을 확인했다. 우리는 이 부분에 대한 근본적인 회의론은 무시해야 하는데 그것은 오늘날에도 그러한 하나님의 운동이 일어날 수가 있는가 또는 그것들은 본질적으로 얄팍하고 건강하지 않다고 하는 등등의 회의론이다. 더 큰 문제는 이런 성경적 사례가 오늘날 교회 개척 운동(CPM)에 시사하는 바가 무엇인지에 관한 것이다. 이미 언급했듯이 우리의 목적은 사도행전에 묘사된 특정 방법을 모방하려는 것이 아니다. 오히려 우리는 현대의 교회 개척 운동(CPM)을

---

18) 슈나벨(Schnabel 2008, 284-85)은 에베소에서 주변 지역으로 "방사선 효과(방사선에 의해 물질 내부에서 물리적이고 화학적 변화가 생기는 현상, 역주)"가 있었다는 견해를 거부한다. 그러나 많은 주석가는 여기에 제시된 견해를 수긍한다(예: 부르스-Bruce 1952, 356; 라인하르트-Reinhardt 1995, 277; 위딩턴-Witherington 1998, 576; 키네르-Keener 2014, 2835-38).

19) 그 가치는 당시 한 노동자의 137년 임금에 해당하는 금액이었다(슈나발-Schnabel 2004, 1221).

20) 선교학적 관점에서 에베소 교회에 대한 논의는 "쿠퍼-Cooper 2020"을 참조하라.

안내하고 이런 질문에 답하는데 도움이 되는 근본적인 역동성을 파악하고자 한다: 특정 하나님의 운동이 사도행전에서 발견한 궤적을 따라 발전하고 있는가? 그리고 우리 방법이 그런 하나님의 운동을 촉진하거나 방해하는가? 이에 대해 나는 7가지 역동성을 제안한다.

1. 하나님의 운동은 삼위일체 하나님의 역사이다.

성령은 십자가에 못 박히시고 부활하신 그리스도의 메시지와 복음 전도자에게 힘을 주시고 아버지 하나님께서는 구원받을 사람을 교회에 추가하신다. 복음의 전파와 하나님의 운동의 시작은 전적으로 하나님 중심적이고 하나님의 능력으로 이루어진다. 조슈아 집(Joshua Jipp)이 말했듯이 "사도행전은 하나님에 관한 책이다. 누가복음과 사도행전은 처음부터 끝까지 하나님과 하나님의 활동에 관한 이야기이다"(2018, 14). 바울은 이 사실을 깨닫고 다음과 같이 기록한다 "나는 심었고 아볼로는 물을 주었으되 오직 하나님은 자라나게 하셨나니 그런즉 심는이나 물 주는 이는 아무것도 아니로되 오직 자라나게 하시는 하나님뿐이니라"(고전 3:6-7).

하나님께서는 인간의 방법을 통해 일하시기로 선택하셨고 일꾼은 일의 질에 대한 책임이 있기 때문에 (고전 3:12~15) 방법이 무의미하다는 뜻은 아니다. 그러나 하나님께서 궁극적으로 성장을 허락하지 않으신다면 인간의 모든 노력은 헛된 것이다. 예수님은 이렇게 말씀하셨다: "내 안에 거하라 나도 너희 안에 거하리라 가지가 포도나무에 붙어 있지 아니하면 절로 과실을 맺을 수 없음 같이 너희도 내 안에 있지 아니하면 그러하리라"(요 15:4). 교회 개척 운동(CPM) 실행자는 이런 인식과 진정한 영적 성장을 가져올 수 있는 유일한 분께 전적으로 의존하며 살아가고 일해야 한다.

따라서 기도와 하나님에 대한 의탁은 모든 선교 방법의 근간이 되어야 한다. 특정한 방법이나 전략을 채택하는 것만으로는 하나님의 운동을 일으킬 수 없다. 성령의 사역과 관련하여 다음과 같은 역할에 대해 말해야 하는데 즉 사도행전에는 복음의 전파에 수반되는 표적과 기사, 축사 그리고 초자연적 사건이 반복적으로 언급되었다는 것이다. 바울은 성령의 능력을 힘입은 표적과 기사를 그리스도께서 자신을 통해 열방에 복음을 전하기 위해 일하신 방법으로 간주한다(롬 15:19).

이런 기적은 사도의 권위와 메시지의 진위를 확인시켜 주었다(고후 12:12. 히 2:4). 또한 이 기적은 하나님 나라가 임하는 권능을 보여주었다. 메르베(Dirk Van der Merwe)의 말을 빌리자면 그들은 "복음의 엄청난 능력 즉 복음의 선포가 어떻게 악의 권세를 이기는지를 보여준 것"(2010, 91)이다. 오늘날 교회 개척 운동(CPM)이 하나님 능력의 놀라운 표적을 동반한다는 보도에 놀라지 말아야 한다.[21] 그러나 성경은 기적에 대한 집착을 경계한다(예: 막 8:11-12, 13:22. 요 4:48. 살후 2:9). 눈에 보이는 표적이든 더 미묘한 변화를 통해서 든 복음은 오직 성령의 능력 안에서만 전진할 수 있다.

---

21) 다양한 전통에서 교회 역사 전반에 걸친 표적과 기적에 대한 설명은 '쿠퍼(Cooper)와 그레고리(Gregory) 2005'를 참조하라. 1980년대에 표적과 기사는 "능력 전도"와 성령의 "제3의 물결"이라고 불리는 효과적 전도의 열심으로 장려되었다(예: 윔버(Wimber)와 스프링거(Springer) 1986; 와그너(Wagner) 1988). 이에 대한 비판은 '사레스(Sarles)1988, 카아슨(Carson) 1992, 로멘(Rommen) 1998' 등을 참조하라.

2. 하나님의 운동은 하나님의 말씀과 복음에 의해 촉진된다.

복음의 설교와 가르침은 사도행전 이야기의 핵심으로 교회의 성장은 하나님 말씀의 성장 혹은 확산과 동일시된다(예: 6:7; 12:24; 13:49; 19:20). 브라이언 로스너(Brian Rosner)는 사도행전에서 이런 역동성에 관한 그의 연구를 다음과 같이 요약한다. "말씀의 진행이라는 주제는 사도행전의 목적에 광범위하고 중심적인 주제이며 누가복음의 기록에서 예견된 것이고 사도행전 1:1-11에 의해서 설정되며 진행의 보고를 통해 전체적으로 확증되었다"(1998, 233). 데이비드 파오(David Pao)는 사도행전에서 말씀의 정복에 대해 말한다 (2000, 150-67). 이것은 로마서 1장 16절의 "내가 복음을 부끄러워하지 아니하노니 이 복음은 모든 믿는 자에게 구원을 주시는 하나님의 능력이 됨이라 첫째는 유대인에게요 또한 헬라인에게로다"라는 구절을 떠올리게 한다.

지면 관계상 사도행전의 여러 설교에서 복음 메시지가 다양한 청중에게 전달되기 위해 어떻게 상황화 되었는지 살펴볼 수 없었다(플레밍-Flemming 2005, 56-88; 프린스-Prince 2017, 72-144 참조). 이 설교들은 복음을 설명하는 단 하나의 방법은 없으며 청중을 고려해야 한다는 것을 분명히 보여준다. 성경적 상황화 (contextualization)는 복음의 중심 메시지를 바꾸려는 것이 아니라 공통점을 찾고 청중이 복음의 메시지를 이해할 수 있도록 형식과 수사학, 논증 그리고 타당성 구조를 사용하려고 노력하는 것이라고 말하면 충분한 일이다. 복음의 전달자는 십자가의 거치는 것을 제거하려고 해서는 안 되며 오히려 십자가의 의미를 명확히 하기 위해 노력해야 한다. 결국 복음은 모든 형태의 우상 숭배를 거부하고 죄를 버리고 부활하신 그리스도를 주님과 구세주로 영접하도록 사람을 부른다. 그리스도의 구원 사역을 진정으로 이해하려면 구속과 하나님 나라라는 더 큰 성경의 이야기 속에 놓여야 한다.

바울은 회당이나 두란노 회당과 같은 공공장소에서 설교하고 가르쳤을 뿐 아니라 집집마다 다니며 가르쳤다(행 20:20). 때때로 그는 청중과 토론하기도 했다(17:2, 17; 18:4, 19; 19:8-9; 20:7, 9). 베뢰아 사람들은 성경을 검토하여 바울의 메시지를 평가했기 때문에 고상한 성품으로 여겨졌다(17:11). 복음은 불신자를 전도할 뿐만 아니라 신자를 교화하기 위한 목적으로 전달되었다. 사도의 가르침에 대한 헌신은 예루살렘 교회의 주목할 만한 특징이었다(2:42; 4:2; 5:21, 42). 바나바와 바울은 시리아 안디옥에서 1년 동안 가르쳤으며(11:26) 가르치는 일은 바울의 소명에서 핵심적인 부분이었다(딤후 1:11). 바울의 여행 초기에 그는 대부분 지역에서 오래 머물지 않았고 종종 박해로 인해 강제로 떠나야 했다. 그러나 고린도에서는 1년 반 동안 가르쳤고(18:11) 에베소에서는 3년 동안 가르쳤다(20:31).[22]

교회개척을 위한 제자화 운동(DMM)은 성경을 중심으로 성경 이야기의 의미에 대해 참가자가 직접 질문에 답하는 DISCOVERY 성경공부에 의존하는 방식이다. 때때로 교훈적인 가르침과 영적인 은사를 가

---

22) 필립 타운어(Philip Towner, 1998)는 이런 장기 체류가 바울의 전략에 변화를 가져왔다고 제안하지만 슈나벨(Schnabel)은 이 주장이 너무 사변적이라고 거부한다(2004, 1191-92). 어쨌든 바울이 고린도와 에베소에 머물렀던 기간은 대부분의 현대 선교 관행에 비하면 매우 짧았다.

르치는 것이 교회개척을 위한 제자화 운동(DMM) 전략에서 중요하지 않다는 인상을 주기도 한다. 여기서 우리는 균형을 찾아야 한다. 한편으로는 사람이 성경을 스스로 해석하고 적용할 수 있도록 힘을 실어 주어야 하고 다른 한편으로는 오해와 잘못된 가르침을 바로잡기 위한 교육이 여전히 필요하다. 레위인들이 모세의 율법을 백성에게 다시 소개할 때 "하나님의 율법책을 낭독하고 그 뜻을 해석하여 백성으로 그 낭독하는 것을 다 깨닫게 하매"(느 8:8)라고 했다.

루스드라(Lystra)에서 사람들이 바울과 바나바를 헬라의 신으로 여겼던 것처럼(행 14:8-18) 사람들은 일반적으로 자신들의 세계관을 통해 본문과 기적까지도 해석한다. 베드로후서 3장 16절은 "[바울의] 모든 편지에도 이런 일에 관하여 말하였으되 그중에 알기 어려운 것이 더러 있으니 무식한 자들과 굳세지 못한 자들이 다른 성경과 같이 그것도 억지로 풀다가 스스로 멸망에 이르느니라"고 지적한다. 1세기나 오늘날이나 거짓 가르침은 교회의 건강에 항상 위협이 되고 있다. 바울은 디모데와 디도에게 가르치는 사역을 게을리하지 말라고 권면한다. 교회 개척 운동(CPM)이 건강하게 유지되려면 하나님의 말씀을 명확하고 지속해서 가르치는 자리에 있어야 한다.

3. 하나님의 운동은 의도적으로 교회를 개척하는 전도의 결과이다.

개인이 복음을 받아들일 때 그들은 하나님에 의해 지역 신자의 교제에 합류하게 된다(행 2:41, 47). 복음이 전파된 모든 곳에서 일반적으로 가정에서 모이는 신자 공동체가 형성되었다. 때때로 한 도시에 있는 여러 가정 교회가 하나의 큰 장소에 모이기도 했다(고전 11:18, 14:23). 예루살렘의 교회는 성전 구역에서 더 큰 단체로 모였지만 정기적으로 가정에서도 모였다(행 2:46, 5:42). 따라서 가정 단위의 소규모 모임은 초대 교회의 사회적 구성 요소였다. 개인이 예수를 따르는 사람이 되면 그런 교제에 소속되어 정기적으로 참여할 것으로 예상되었으며(히 10:25), 세례(침례)는 교회에 속하는 것을 나타내는 표식이었다(고전 12:13). 신약성경 기자는 우리가 보이지 않는 또는 보편적 교회라고 부르는 것 즉 하늘의 실체로서의 새로운 하나님의 백성에 대해서도 말하지만 대부분 교회를 신자의 지역적 모임으로 말한다(뱅크스 -Banks 1994, 29-46).

전도 및 기타 전문 사역에만 집중하는 사역도 있지만 새 신자가 예수님을 따르는 지역 공동체의 일원이 된다는 점에서 더 큰 목표를 가져야 한다. 그런 교회가 존재하지 않는 곳에서는 반드시 교회를 개척해야 한다. 전도와 교회 개척은 함께 진행되어야 한다. DISCOVERY 성경공부(DBS)그룹의 목표는 인정받는 영적 지도자 아래서 교회의 모든 기능을 발휘하면서 신약 교회의 표식을 가진 공동체로 발전하는 것이어야 한다. 이런 교제는 건물과 예산, 전문 성직자 그리고 공식적인 기관이나 프로그램을 갖춘 전형적인 서구 교회와 같은 외관을 갖지 않을 수 있다. 사도행전에 묘사된 교회와 더 유사할 수 있으며 개인 가정에서 모이고 신앙이 비교적 젊고 공식적인 훈련을 받지 않은 지도자들과 함께 모일 수 있다.

4. 평범한 신자가 신앙을 공유할 수 있도록 힘을 실어 주는 하나님의 운동

사도행전에서 우리는 하나님께서 베드로와 빌립 그리고 바울과 같은 은사를 받은 사람을 사용하여서 한 지역에 최초의 교회를 세우신 것을 볼 수 있다. 그러나 수많은 평범한 기독교인이 전도자와 교회 개척자 그리고 지도자가 될 때만 교회가 증식하는 하나님의 운동이 일어난다. 유대와 사마리아 그리고 시리아에 복음이 전파된 것은 예루살렘의 박해로 흩어져 있던 예수님을 따르는 평범한 사람이 복음을 증거한 결과였다(8:4). 안디옥에서 이방인에게 복음을 전한 사람은 예루살렘에서 온 사람이 아니었다(11:19-21). 하나님의 운동은 사도나 특별히 은사를 받은 몇몇 사람에게 의존하지 않았다. 우리가 살펴본 다른 사례에서도 교회가 성장하고 지역 전체가 복음으로 가득 차게 된 것은 바울과 소수의 동역자 사역에서 비롯되었을 가능성은 거의 없다. 오히려 그리스도를 새로 믿게 된 지역 신자가 전도자였을 것이다. 우리는 그들이 여러 지역에서 믿는 공동체즉 가정 교회를 세웠을 것이라고 추측할 수 있다. 그 예로 에바브라가 있다.

기독교 확장의 역사를 통틀어 지역 신자가 그리스도의 증인이나 교회 개척자로서 권한을 부여받게 됨에 따라 생겨나는 토착화 기관은 지역 복음화의 핵심이었다. 이와 같은 선교는 종종 자발적이고 계획되지 않았으며 외국 선교사의 통제를 벗어난 경우가 많았다.

오늘날 많은 교회 개척 운동(CPM)이 그러하다. 그렇다고 해서 놀랄 일도 아니며 이를 통제하거나 늦추려고 해서도 안 된다. 초대 교회와 마찬가지로 일탈과 불건전한 발전은 분명히 그 과정에서 일어날 것이다. 그러나 그렇다고 해서 성령이 역사하신다는 사실을 부정할 수는 없다. 적절한 대응은 다음 요점에서 찾을 수 있다.

5. 하나님의 운동은 지역 지도자를 개발함으로써 지속된다.

평범한 신자가 전 지역을 복음화하고 교회를 개척할 책임이 있었다고 주장하는 것은 이런 교회의 지속적인 사역에서 잘 훈련된 지도자가 중요하지 않다는 것을 의미하지는 않는다. 하나님의 운동이 예루살렘을 넘어 성장하기 시작하자 베드로와 요한은 사마리아로 파송되었고(8:14) 바나바는 안디옥으로 파송되었다(11:22). 바울은 자신이 개척한 교회에서 장로를 가르치고 임명했다. 사실 그는 장로가 임명되지 않은 곳에서는 사역이 불완전하다고 여겼다(딛 1:5). 1차 선교 여행 동안 바울과 바나바는 비록 믿음이 아주 어렸음에도 불구하고 그들을 지도자로 임명했다(행 14:23). 바울은 에베소의 장로에게 3년 동안 하나님의 양 떼를 돌보고 거짓 선생을 경계하라고 가르쳤다(20:29-31). 최초의 감독자가 실제로 교회가 모인 가정의 가장이었다는 게링(Gering)의 주장이 사실이라면 많은 가장이 가정 교회를 이끌고 있는 교회 개척 운동(CPM)이 성경적인 선례에 맞는 것이라 지지할 수 있다. 초대 교회에서 교회가 성숙해짐에 따라 리더십의 기준이 높아졌던 것처럼 오늘날의 하나님의 운동도 하나님의 운동이 성숙해짐에 따라 리더십의 기준이 높아질 수 있다.

이 시점에서 우리는 질문할 수 있을 것이다. 이렇게 빠르게 성장하는 하나님의 운동이 건강하고 강하게 유지될 수 있었을까? 윌슨(Wilson)은 적어도 초기에는 사도행전에서 "성장의 요지는 공동체 생활의 질과 기독교 회중의 실제적 행동을 강조하는 상황에서 일관되게 나타난다(참조: 행 2:47; 6:7; 9:31; 11:24; 19:20)"라고 언급한다(2017, 331). 그러나 신약성경에서 이런 교회에 대한 후대의 보고를 살펴보면 그 대답은 엇갈린다. 요한계시록 2-3장을 보면 서머나와 빌라델피아 같은 일부 소아시아의 교회는 계속 강건했지만 사데와 라오디게아 같은 교회는 심각한 영적 위험에 처해 있었다. 교회는 거짓 가르침과 부도덕, 자족주의 그리고 영적 무기력증이라는 도전에 직면해 있었다.

바울이 에베소 장로에게 거짓 교사에 대해 경고한 내용은 나중에 에베소에서 사역하던 디모데에게 반복되며(딤후 4:3. 벧후 2:1-3 참조) 실제로 바울도 거짓 교사를 만나게 된다(딤전 1:6-7, 4:1-3. 딤후 3:8). 에베소 교회는 궁극적으로 거짓 교사를 배척했지만 첫사랑을 잃었다(계 2:1-7). 갈라디아 교회는 거짓 복음을 가르치는 교사와 마주했고(갈 1:6-9) 골로새 교회는 혼합주의와 씨름했다(골 2:8, 16-23). 따라서 사도행전에 묘사된 하나님의 운동조차도 지속적인 영적 건강을 보장할 수 없었다.

교회 개척 운동(CPM)의 미래 건강성을 위한 한 가지 핵심은 사도 팀이 떠난 후에도 교회를 돌볼 수 있는 현지 지도자를 양성하는 것이다. 바울은 지도자가 가르칠 수 있어야 한다고 강조하며(딤전 3:2, 딤후 2:24) 목회 서신에는 건전한 교리를 가르치라는 권면이 가득하다(딤전 4:11, 13; 6:2; 딤후 2:2, 딛 2:2, 15). 교회 개척 운동(CPM)의 지속적인 건강과 유지는 교회를 목양할 뿐만 아니라 교회를 가르치고 거짓된 가르침으로부터 교회를 보호하며 영적 활력을 증진하고 선교적 추진력을 지속할 지도자의 역량에 크게 좌우될 것이다.

6. 하나님의 운동은 반대에 직면할 수 있다

위에서 설명한 모든 경우에서 하나님의 운동은 어떤 형태로든 반대를 경험했다. 윌슨(Wilson)은 "4:4, 13:48, 17:34, 18:8의 언급은 모두 기독교 대변인에 대한 반대가 묘사된 직후에 기독교 선교의 성공을 묘사한다"(2017, 327)라고 언급한다. 반대를 피하려고 방법이나 메시지를 변경하려는 시도는 없었다. 어떤 경우에는 반대가 종교 지도자와 정부 관리 또는 대중 봉기의 명백한 박해로 나타났다. 다른 경우에는 귀신들린 사람의 괴롭힘과 분열적인 가르침 그리고 혼합 주의적 타협 등의 형태로 영적인 반대가 있었다.

거짓 신을 버리고 우상 숭배를 포기하며 삶의 우선순위를 재정비하고 그리스도의 보편적 주권이 선포될 때 보이는 힘과 보이지 않는 힘 그리고 양쪽에서 반대가 일어날 것이다. 궁극적으로 복음의 확산은 하나님 나라의 도래와 악의 세력의 전복을 의미한다. "우리의 씨름은 혈과 육에 대한 것이 아니요 정사와 권세와 이 어두움의 세상 주관자들과 하늘에 있는 악의 영들에게 대함이라"(엡 6:12)라고 바울은 우주적 관점에서 이 갈등을 바라본다. 그러나 그런 반대 속에서도 복음이 발전하고 교회가 세워지며 효과적인 사역이 이루어졌음을 우리는 볼 수 있다.

놀라운 일도 아니지만 오늘날의 하나님의 운동도 종종 큰 반대를 경험한다. 항상 지혜를 발휘하고 메시지의 상황화를 강조해야 하지만 메시지를 타협하여 반대를 피하려는 시도는 사도적 관행에서 크게 벗어나는 것이며 반대를 피할 수 없다는 예수님의 가르침(예: 마 5:11-12, 요 15:20, 딤후 3:12)에도 위배된다. 그러나 우리는 극심한 반대조차도 하나님의 주권적인 계획에 따르며 복음은 하나님의 능력과 때를 따라 전진할 수 있고 전진할 것이라는 사실에 용기를 얻어야 한다.

7. 하나님의 운동은 그리스도의 더 큰 몸과 연결되어야 한다.

바울이 여러 교회를 지역을 넘어 서로 연결했다는 사실을 쉽게 간과할 수 있다. 지역 교회는 어느 정도 자율적이었지만 완전히 독립적이지는 않았다. 그들은 다양한 방식으로 네트워크로 연결되어 있었다(스텐슈케-Stenschke 2019). 교회는 예루살렘 공의회에 참석했고 공의회의 결정을 따랐다(행 15; 16:4). 이는 다소 독특한 상황이었지만 그리스도의 더 큰 몸 안에서 책임감이 있다는 점을 시사한다.

바울은 자신이 파송한 (수리아)안디옥 교회(14:26-28)와 예루살렘 교회(21:17-19)에 보고했다. 바울은 아볼로를 에베소에서 고린도로 파송하는 등 계속해서 한 교회에서 다른 교회로 동역자를 보냈다(18:27). 이 동역자는 교회를 가르치고 격려하는 바울의 사도적 권위를 대표하는 것으로 받아들여졌다(미첼-Mitchell 1992; 슈나벨-Schnabel 2004, 1437-45). 바울 서신 말미에 나오는 많은 인사말에서도 이런 상호 작용을 볼 수 있으며 이 인사말은 교회 사이에서 회람되었다. 신약성경에 언급된 바울의 동역자 38명은 바울이 개척한 거의 모든 교회에서 배출되었으며 자기 집이 아닌 다른 곳에서 사역했다는 점이 주목할 만하다(슈나벨-Schnabel 2004, 1426). 그들은 동료와 여행 동반자 그리고 대표 혹은 메신저 역할을 하면서 교회들 사이에서 유대감을 형성했다(올록-Ollrog 1979).

여러 교회들은 연대감의 표시로 예루살렘 교회를 위해 자발적인 헌금을 했다(예: 고후 8-9장). 상호 격려와 가르침, 책임감 그리고 지원 등등이 이런 네트워킹의 실질적 장점이었다. 그러나 이런 관행은 그리스도 몸의 연합에 대한 더 깊은 신학적 관심을 보여준다(예: 엡 4:4-6). 모든 지역 교회는 우주적 교회와 영적으로 연결되어 있으며 공간과 시간을 이어준다. 이런 연합은 실제적인 표현을 찾아야 한다.

오늘날 우리는 1세기에는 상상할 수 없었던 복잡한 기독교 교파와 전통 그리고 관계성의 세계에 살고 있다. 그러나 이런 혼란으로 인해 현대 하나님의 운동의 전략가와 지도자가 다른 교회 및 더 넓은 그리스도의 몸과 연결되는 것의 중요성을 소홀히 해서는 안 된다. 오늘날의 교회 개척 운동(CPM)은 같은 생각을 가진 다른 교회와 지역적이고 국제적인 네트워크를 형성하여 세계 복음화를 위해 상호 격려하고 책임감을 느끼고 협력할 방법을 찾아야 한다.

결론

우리는 최선을 다하고 지혜를 발휘하며 역사에서 배우고 새로운 방법을 개발하며 성경의 지침을 따라 열방에 복음을 전하고 교회 개척 운동(CPM)을 시작할 수 있도록 노력해야 한다. 열매를 맺을 가능성이 가장 높은 접근 방식에 우리의 에너지와 노력을 투자하는 것은 현명한 청지기 정신이다. 모든 방법이 똑같이 효과적인 것은 아니며 한 가지 방법이 모든 곳에서 효과적일 수도 없다. 우리는 최선의 방법을 찾아내기 위한 지속적인 연구와 자원에 감사한다. 동시에 우리는 특정 방법이나 전략을 채택하는 것만으로 하나님의 운동을 인위적으로 만들 수 없다는 사실을 기억해야 한다. 성장은 하나님이 주셔야 한다. 오직 하나님의 은혜와 하나님의 시간에 교회 개척 운동(CPM)이 나타날 것이다.

성경학자는 누가가 의도적으로 사도행전에 적절한 결론을 제시하지 않았다고 주장한다. 누가의 침묵의 수사학은 독자에게 이야기 안으로 들어가 땅끝까지 복음을 전하는 지속적인 사명을 계속 이어가도록 유도한다(마르게라트-Marguerat 2002, 205-30; 트로프트그루벤-Troftgruben 2010). 오늘날 예수님을 따르는 우리도 이 지속적 과제를 물려받았다. 우리는 그 이야기를 계속 써나갈 수 있을까? 우리가 제자 삼고 교회를 개척하면서 생겨나는 하나님의 운동이 사도행전에서 시작된 구원의 역사적 궤적과 일치할 수 있을까? 이런 질문은 교회 개척 운동(CPM)에 참여하는 모든 사람이 커다란 믿음과 헌신 그리고 분별력을 가지고 답해야 하는 질문이다.[23]

참고 문헌

Banks, Robert. 1994. *Paul's Idea of Community*, rev. ed. Peabody, MA: Hendrickson.

Bock, Darrell. 1998. "Scripture and the Realisation of God's Promises." In *Witness to the Gospel: The Theology of Acts*, edited by I. Howard Marshall and David Peterson, 41–62. Grand Rapids: Eerdmans.

Bruce, F. F. 1952. *The Acts of the Apostles*. Grand Rapids: Eerdmans.

Carson. D. A. 1992. "The Purpose of Signs and Wonders in the New Testament." In *Power Religion: The Selling Out of the Evangelical Religion?* edited by Michael Scott Horton, 89–118. Chicago: Moody.

Cooper, Kate, and Jeremy Gregory, eds. 2005. *Signs, Wonders, Miracles: Representations of Divine Power in the Life of the Church: Papers Read at the 2003 Summer Meeting and the 2004 Winter Meeting of the Ecclesiastical History Society*. Rochester, NY: Boydell.

Cooper, Michael T. 2020. *Ephesiology: A Study of the Ephesian Movement. Littleton*, CO: William Carey Publishing.

Flemming, Dean. 2005. *Contextualization in the New Testament: Patterns for Theology and Mission*. Downers Grove, IL: InterVarsity.

Garrison, David. 2004. *Church Planting Movements: How God Is Redeeming a Lost World*. Midlothian, VA: WIGTake Resources.

Gehring, Roger W. 2004. *House Church and Mission: The Importance of Household Structures in Early Christianity*. Peabody, MA: Hendrickson.

Jipp, Joshua W. 2018. *Reading Acts*. Eugene, OR: Cascade.

Keener, Craig S. 2010. "The Plausibility of Luke's Growth Figures in Acts 2.41; 4.4; 21.20." *Journal of Greco-Roman Christianity and Judaism* 7: 140-63.

———. 2014. *Acts: An Exegetical Commentary*, vol. 3. Grand Rapids: Baker Academic.

Kodell, Jerome. 1974. "The Word of God Grew: the Ecclesial Tendency of Logos in Acts 6,7; 12,24; 19,20." *Biblica* 55, no. 4: 505-19.

Longenecker, Richard N. 1981. "Acts." In *The Expositors Bible Commentary*, vol. 9. Frank E. Gabelein, gen. ed. Grand Rapids: Zondervan.

---

23) 이 장을 읽어준 존 청(John Cheong)과 디어필드 대화 그룹(Deerfield Dialog Group-트리니티 복음주의 신학교의 동료들) 그리고 이 장을 읽고 귀중한 피드백을 해준 이 책의 편집자에게 감사를 표한다.

Marguerat, Daniel. 2002. *The First Christian Historian: Writing the "Acts of the Apostles."* Cambridge: Cambridge University Press.

Metzger, Bruce M. 1971. *A Textual Commentary on the Greek New Testament*. London: United Bible Societies.

Mitchell, Margaret M (Margaret Mary). 1992. "New Testament Envoys in the Context of Greco-Roman Diplomatic and Epistolary Conventions: The Example of Timothy and Titus." *Journal of Biblical Literature* 111, no. 4: 641-62.

Moo, Douglas J. 1996. *The Epistle to the Romans*. Grand Rapids: Eerdmans.

Ollrog, Wolf-Henning. 1979. *Paulus und seine Mitarbeiter*. Neukirchen-Vluyn, Germany: Neukirchener Verlag.

Ott, Craig. 2019. *The Church on Mission: A Biblical Vision for Transformation among All People*. Grand Rapids: Baker Academic.

Pao, David W. 2000. *Acts and the Isaianic New Exodus*. Grand Rapids: Baker Academic.

Peterson, David G. 2009. *The Acts of the Apostles*. The Pillar New Testament Commentary. Grand Rapids, MI; Nottingham, England: William B. Eerdmans.

Polhill, John B. 1992. *Acts*, vol. 26, The New American Commentary. Nashville: Broadman & Holman.

Prince, Andrew J. 2017. *Contextualization of the Gospel: Towards an Evangelical Approach in Light of Scripture and the Church Fathers*. Eugene: OR: Wipf & Stock.

Reinhardt, Wolfgang. 1995. *Das Wachstum des Gottesvolkes: Biblische Theologie des Gemeindewachstums*. Göttingen, Germany: Vandenhoeck & Ruprecht.

Riesner, Rainer. 1998. *Paul's Early Years: Chronology, Mission Strategy, Theology*. Grand Rapids: Eerdmans.

Roetzel, Calvin J. 2009. "Tarsus." In *The New Interpreter's Dictionary of the Bible*, vol. 5, 474-76. Nashville: Abingdon.

Rommen, Edward, ed. 1995. *Spiritual Power and Missions: Raising the Issues*. Pasadena, CA: William. Carey.

Rosner, Brian S. 1998. "The Progress of the Word." In *Witness to the Gospel: The Theology of Acts*, edited by I. Howard Marshall and David Peterson, 215-33. Grand Rapids: Eerdmans.

Samkutty, V. J. 2006. *The Samaritan Mission in Acts*. New York: T&T Clark.

Sarles, Ken L. 1988. "An Appraisal of the Signs and Wonders Movement." *Bibliotheca Sacra* 145 (577): 57-82.

Schnabel, Eckhard. 2004. *Early Christian Mission*, 2 vols. Downers Grove, IL: InterVarsity.

———. 2008. *Paul the Missionary: Realities, Strategies, and Methods*. Downers Grove, IL: IVP Academic.

Smith, Steve, and Ying Kai. 2011. T4T: *A Discipleship Revolution*. Monument, CO: WIGTake Resources.

Stenschke, Christoph W. 2019. "Die Bedeutung der übergemeindlichen Verbindungen im Urchristentum für die neutestamentliche Wissenschaft." *Journal of Early Christian History* 9, no. 3: 1-47.

Strauss, Mark L. 2011. "The Purpose of Luke-Acts: Reaching a Consensus." In *New Testament Theology in Light of the Mission of the Church*, edited by Jon C. Laansma, Grant R. Osborne, and Ray F. Van Neste, 135–50. Eugene, OR: Wipf & Stock.

Towner, Philip H. 1998. "Mission Practice and Theology under Reconstruction (Acts 18-20)." In *Witness to the Gospel: The Theology of Acts*, edited by I. Howard Marshall and David Peterson, 417-436. Grand

Rapids: Eerdmans.

Troftgruben, Troy M. 2010. *A Conclusion Unhindered: a Study of the Ending of Acts Within Its Literary Environment*. WUNT 2.280. Tübingen, Germany: Mohr Siebeck.

Trousdale, Jerry. 2012. *Miraculous Movements*. Nashville: Thomas Nelson.

Van der Merwe, Dirk G. 2010. "The Power of the Gospel Victorious over the Power of Evil in Acts of the Apostles." *Scriptura* 103: 79-94.

Wagner, C. Peter. 1988. *The Third Wave of the Holy Spirit: Encountering the Power of Signs and Wonders Today*. Ann Arbor, MI: Servant.

Wiarda, Timothy. 2003. "The Jerusalem Council and the Theological Task." *Journal of the Evangelical Theological Society* 46, no. 2 (June): 233-48.

Wilson, Benjamin R. 2017. "The Depiction of Church Growth in Acts." *Journal of the Evangelical Theological Society* 60, no. 2 (June): 317-32.

Wimber, John, and Kevin Springer. 1986. *Power Evangelism*. San Francisco: Harper & Row.

Witherington, Ben III. 1998. *The Acts of the Apostles: A Socio-Theoretical Commentary*. Grand Rapids: Eerdmans.

Wu, Jackson. 2014. "There Are No Church Planting Movements in the Bible." *Global Missiology* 1, no. 12. http://ojs.globalmissiology.org/index.php/english/article/ view/1711/3794.

8장
하나님의 확장된 가족: 에클레시아 운동의 사회적 구조
트레버 라센 (Trevor Larsen)

세계적으로 그리스도를 향한 하나님의 운동의 수는 2006년 이후 극적으로 증가했다.[1] 이러한 신생 하나님의 운동이 규모와 성숙도에 있어서 증가함에 따라 그들은 에클레시아 운동으로 발전해야 하는 도전에 직면해 있다. 필자는 관련된 신자 공동체를 나타내기 위해 에클레시아-ekklēsia(교회를 뜻하는 그리스어)라는 단어를 사용한다. 그 공동체는 신약 시대에 묘사된 것과 유사한 패턴을 따르는데 반드시 현대 시대의 전통적인 교회의 패턴은 아니다.[2] 문화적인 상황에 맞는 하나님의 운동은 그들을 하나님의 확장된 가족의 공동체로 연결시키는 동시에 제자를 양성하는 제자로 구성된다. 이 장은 불리한 조건에서 생존하고 성장해야 하는 미전도 종족(UPG)에서의 하나님의 운동에 초점을 맞추고 있다.[3]

이 장에서 필자는 신약성경 하나님의 운동과 일치하여 성장하는 하나님의 운동의 패턴을 탐구할 것이다. 먼저 신약 시대의 에클레시아 운동의 선택된 성경적 패턴 중 일부 패턴을 조사한 다음 미전도 종족(UPG:unreached people groups) 가운데서 현재 일어나고 있는 하나님의 운동이 어떻게 성경적 패턴을 표현하는지에 대해 설명할 것이다.

오순절 이전 배아 단계와 출생, 유년기, 청년기 그리고 성인기 등과 같은 에클레시아의 신약 발달 단계는 통시적으로 풍부한 성찰의 렌즈를 제공한다. 필자가 보여주고자 하는 것처럼 태아기부터 성인기에 이르기까지 에클레시아의 단계별 발전은 오늘날 신생 하나님의 운동의 세계적인 현실에서 중요한 문제이다.

신약의 에클레시아 운동을 위한 해석학적 렌즈

에클레시아 운동을 연구하려면 다음 질문을 다루어야 한다. 1) 신약성경의 어떤 구절이 에클레시아 운동을 묘사하는가? 2) 이 구절들에 나오는 에클레시아의 상황과 발전 단계는 무엇인가? 3) 이러한 성경적 묘사는 오늘날 에클레시아 운동의 발전에 대해 어떤 권위를 갖고 있는가? 이러한 질문에 답하기 위해 필자는 세 가지 해석학적 렌즈를 사용할 것이다.

---

1) 필자는 많은 단체들이 동의한 하나님의 운동의 정의를 사용하고 있다. 즉 제한된 수년 내에 천 명 이상의 신자로 구성된 4세대 이상의 신자 공동체의 발생이다.

2) "바울에 의해서 개척된 교회 중 다수는 오늘날 많은 사람이 설립된 교회가 되기 위한 최소한의 표준으로 간주하는 수준을 충족하지 못할 것이다. 그럼에도 불구하고 그는 가장 문제가 있는 회중 조차도 '교회'라고 불렀다. 이는 우리로 하여금 성경적 의미에서 지역 교회를 진정으로 구성하는 것이 무엇인지 더 신중하게 고려하게 만든다"(오트- Ott 와 윌슨-Wilson 2010, 4).

3) www.FocusOnFruit.org에서 더 많은 자료를 확인하라. 여기서 "하나님의 운동을 위한 에클레시아(Ekklesia for Movements)"에 관한 책은 2021년에 출간될 예정이다.

초기 단계의 에클레시아를 이해하기 위한 첫 번째 렌즈는 복음서의 이야기 구절과 예수님의 가르침에 묘사된 예수 무리이다. 예수님의 원형 신자 공동체는 나를 따르라는 예수님에 대한 사랑으로 시작되었다. 예수님께 속한 사람들은 그의 부르심에 응답한 다른 사람과 합류했다.

둘째, 예수님의 신자 공동체의 원형은 선교적이었다. 예수님은 제자에게 예수 무리에 의해 시작된 선교적 신자 공동체의 모델을 제시하셨다. 그 안에서 선교 팀(missional pairs)은 수용적인 가정(receptive households)을 식별하고 그들에게 소속되어 그들을 믿음의 가정으로 갱신했다. 이러한 사회적 패턴으로 인해 수용적인 가족에게 그리고 마을로 복음이 전파되었다.

셋째, 예수님은 에클레시아를 하나님의 가족으로 재정의하셨다(마 12:20). 재정의된 가족으로 서로 연결되는 새로워진 가정은 복음 선포의 열매를 담은 사회구조였다. 예수님은 제자를 형제자매로 훈련시키셨다. 그들은 사랑과 섬김에 의해서 그리고 명예를 추구하기보다는 명예를 줌으로써 알려졌다. 예수님은 후원자와 지도자를 하나님의 가족을 양육하는 종으로 재정의하셨다.

넷째, 예수님께서는 지상에 있는 하나님의 나라를 대표하는 에클레시아에 대해 가르치셨다. 예수님은 그리스도를 믿는 사람에게 흑암의 나라를 무너뜨리고 인류를 그 매임에서 해방시키는 하나님 나라의 권세를 주셨다(마 16:18-20). 사람이 형제나 자매의 회복을 위해 기도하기 위해 세 명씩 모일 때(마 18:15-20) 왕이신 그리스도께서 그들 가운데 계신다.

다섯째, 예수님은 에클레시아를 발전 가운데 있는 사역으로 묘사하셨다. 즉 그분에 의해 지어진 건물로서 그리고 그에게 부착되어 자라는 식물로서 묘사하셨다. 이것이 바로 신자 공동체의 원형인 예수 무리(Jesus band)의 근본적인 특징이었다.

서로 다른 문화적 맥락에서 에클레시아의 탄생과 발전을 이해하기 위한 두 번째 렌즈는 사도행전의 이야기 구절에 묘사된 것처럼 제자들의 성령 공동체이다. 성령은 사도행전에서 에클레시아를 형성하는 데 핵심적인 역할을 하며 사도적 대리인에게 복음 확장을 촉진하고 하나님의 운동을 지원하는 사회 구조를 새롭게 할 수 있는 권한을 부여한다. 성령으로 형성된 복음의 열매는 에클레시아이다. 제자의 공동체가 예루살렘 공동체(행 1~7장)로부터 가교 공동체(행 8~12장) 그리고 이방인 지역 공동체(행 13~28장)로 단계적으로 발전함에 따라 하나님께서는 에클레시아의 지리적 민족적 다양성을 증가시키셨다. 각 단계와 상황에서 반복되는 패턴은 각각의 새로운 상황에 적응하는 확장 시스템으로서의 에클레시아를 드러낸다. 사도의 대리인은 다양한 지역 교회를 하나의 모자이크로 연결했다. 에클레시아를 이해하기 위한 세 번째 렌즈는 서신서의 일부에서 발견되는 하나님의 운동의 사회적 역동성에서 비롯된다. 이것들은 복음의 사회적 차원이 풍부하여 공동체의 가치와 행동뿐만 아니라 에클레시아를 구성하는 관계적 연결도 드러낸다.

이 세 가지 해석학적 렌즈를 모두 아우르는 원리는 본받기 방식(pattern imitation)이며 그 중 한 가지 예는 고린도전서 11장 1절에 있는 바울의 잘 알려진 진술이다: "내가 그리스도를 본받는 것 같이 너희도 나의 본을 따르라." 11개의 구절에서 바울은 여러 교회와 선교 팀 구성원에게 자신을 본받으라고 격려한다. 이는 에클레시아 하나님의 운동의 확장에 매우 중요한데 가르치는 것만으로는 성장 속도를 따라갈 수 없기 때문이다.[4] 본받기 방식의 해석학은 에클레시아 운동의 사회적 구조라는 측면을 선택하여 강조한다. 이 사회적 구조는 사회적 역동성이 풍부하게 담겨있는 바울 서신서의 비 교훈적인 부분과 성경 이야기에 묘사되어 있다. 이 장에서 나는 초기 에클레시아를 이해하기 위한 네 번째 관점 즉 에클레시아에 대한 서신서의 가르침을 강조하지는 않을 것이다.

신약성경의 다섯 가지 에클레시아 하나님의 운동

신약성경의 다섯 가지 하나님의 운동에 대한 개요는 사도적 대리인들에 의한 복음 전파가 적어도 다섯 가지로 확장하는 에클레시아 운동을 낳았음을 보여준다. 하나님의 운동이 지리적 범위와 신자 공동체의 수 그리고 인종적 다양성에 있어서 확장하는 가운데 순회 사도는 그 하나님의 운동을 가족과 같은 공동체에 연결했다.

첫째, 예루살렘 운동은 오순절 날에 삼천 명으로 늘어났고(행 2:41) 그 후 불과 3년 만에 남자가 오천 명으로 늘어났다(행 4:4, 이 많은 가장의 수는 신자가 약 이만 명임을 의미한다). 사도행전 21:20에 따르면 예루살렘 유대인 신자의 수는 수천 명이었는데 그들은 열심히 율법을 지키는 자였다. 핍박으로 인해 예루살렘에서 신자가 대거 탈출한 것을 생각하면(행 8:1) 예루살렘에서 맺은 복음의 열매의 양은 놀라울 정도로 많았다.

두 번째, 연계된 하나님의 운동은 예루살렘 하나님의 운동이 있은 지 7년 후 스데반의 순교 이후 그들의 집에서 쫓겨난 헬라어를 사용하는 유대인의 증거와 제자 삼는 일을 통해 시작되었다(행 11:19-21). 이 두 번째 하나님의 운동은 예루살렘에서 유대, 사마리아, 사이프러스, 페니키아, 구레네 그리고 안디옥의 유대인에게까지 확대되었다. 사이프러스와 구레네 출신의 어떤 유대인 신자는 안디옥에서 많은 이방인을 얻기 위해 문화를 넘어 가교 역할을 했다. 안디옥에 있는 헬라인 신자는 에클레시아가 유대교 내에서의 갱신 운동을 넘어서는 어떤 것이 되고 있다는 신호를 보냈다.

예루살렘 교회가 이 소식을 들었을 때 예루살렘 교회는 바나바가 1년 동안 안디옥 교회의 성숙을 돕도록 하게 함으로써 안디옥 신자 공동체에게 특별한 관심을 기울였다. 바나바는 바울에게 도움을 요청했고 안디옥은 이 두 번째 하나님의 운동이 다른 지역으로 확장되는 선교 센터가 되었다. 선교팀은 일곱 차례에 걸쳐 안디옥을 드나들었다. 비록 우리는 이 두 번째 하나님의 운동에 속한 신자의 수를 알지 못하지만 이름이 밝혀지지 않은 많은 신자가 복음을 전파하여 그 폭과 인종이 크게 증가했다는 이야기를 듣는다. 헬라어를 사용하는 이중 문화적 유대인은 이러한 선교 확장에 핵심적인 역할을 했다.

세 번째, 연계된 하나님의 운동은 비시디아 안디옥과 이고니온, 리스드라 그리고 시리아 안디옥 지역에서 증가했다. 우리는 신자의 수를 알지 못하지만 사도행전 14장 21절은 더베라는 도시에 많은 제자가 있었다고 말한다. 사도행전 14장 23절은 복음이 전파된 지 1년 이내에 많은 새로운 각각의 교회를 위해 장

---

4) 바울은 이 여러 구절에서 그리스어 mimetei("모방하다")와 tupos("모형" 또는 "본")를 사용하고 다음과 같은 사람들에게 다른 방식으로 본받기(pattern imitation)를 권한다. 즉 데살로니가 사람에게(살전 1:5~10; 2:14; 살후 3:7~9), 빌립보인에게(빌 3:17; 4:8~9), 에베소인에게(행 20:18~35), 고린도인에게(고전 4:14~17, 고전 10:31~11:1), 디모데에게(딤전 4:11~12, 딤후 2:2, 3:10~14), 그리고 디도에게(딛 2:7) 본받기(pattern imitation)를 권한다.

로가 임명되었다고 보고하는데 이는 빠른 속도로 증식과 성숙이 이루어졌음을 나타낸다. 이 에클레시아 하나님의 운동은 그 지역의 유대인에게서 시작되었지만 곧 이방인 사이에서 강력해졌다.

네 번째, 연계된 하나님의 운동이 마케도니아 지방에서 일어났는데 빌립보와 데살로니가 그리고 베뢰아에 처음으로 교회가 세워졌다. 3년 후 바울은 마게도냐와 아가야 지방과 그 너머 지역에 영향력을 행사한 것에 대하여 데살로니가의 새 신자를 칭찬했다(살전 1:7-8). 이는 새 신자가 이 하나님의 운동을 널리 퍼뜨렸음을 나타낸다. 바울은 강력한 증거가 된 그들의 변화된 삶에 대하여(살전 1:3-4, 9-10; 3:2-5) 그리고 복음을 위해 고난을 견디면서 유대의 하나님의 운동을 본받은 것에 대하여 하나님의 운동을 칭송했다(살전 2:14; 살후 1:3-4).

다섯 번째, 연계된 하나님의 운동은 에베소를 중심으로 한 소아시아 지방에서 일어났다. 유대인들이 그들에게 접근하려는 바울의 시도를 거부한 후 바울은 개인이 임대한 장소에서 소수의 제자를 집중적으로 제자화 하는 데 2년을 보냈다. 이 에베소 제자는 이 기간 동안 복음을 널리 선포하여 그 결과 "아시아에 사는 유대인이나 이방인이나 다 주의 말씀을 듣게" 했다(행 19:9-10). 갱신 기간(행 19:19-20)[5] 동안 에베소에서 불태워진 마법의 책들의 막대한 가치에 근거하여 우리는 2년 후에 에베소 근처에서만 1만 명 이상의 신자를 추산한다. 에클레시아는 소아시아 지방의 10개 도시에 설립되었다.

에클레시아의 본질: 영적 가족과 확장하는 유기체

사도행전에서 에클레시아는 성령에 의해 창조되었다. 성령은 사도적 대리인들에게 권한을 부여하고 그들을 통해 에클레시아 운동을 탄생시키는 데 중심적 존재이다. 성령은 증인에게 능력을 주시고(행 1:8; 4:31) 믿지 않는 자를 확신시키기 위해 기적적인 표적을 사용한다(2:4ff). 성령의 은사가 새로운 신자에게 임할 때(2:38) 그들은 신자 공동체에 추가되고 에클레시아의 실천에 적극적으로 참여한다(2:38-47). 성령께서는 에클레시아의 순수성을 지키시고(5:3, 9) 지도자로 선택될 수 있도록 능력을 주시며(6:3) 사도적 대리인들이 다음 영역을 열도록 인도하신다(8:29). 성령께서는 에클레시아를 일으키시고 그것을 능력으로 채우시며 기적적으로 변화시킨다. 서신서의 구절은 이 주제와 관련이 있다. 즉, 성령께서는 에클레시아를 세우기 위해서 필요한 능력을 그 구성원에게 나누어 주시며 한편 에클레시아를 연합시킨다(고전 12장). 성령이 우리 영으로 더불어 우리가 하나님의 자녀인 것을 증거하시느니라(롬 8:16).

이 성령의 공동체는 또한 새롭게 된 가정이라는 일차적 사회 단위 위에 세워진 사회 공동체이기도 하다. 복음서와 사도행전에서 성령께서는 가족 용어를 사용하여 교회의 독특한 표식으로서 하나님과 서로 교제하기 위해 에클레시아를 형성하신다. 신자는 믿음의 가족이라고 불린다(갈 6:10). 젊은 지도자는 에클레시아 회원을 아버지와 형제 자매로 대해야 한다(딤전 5:1-2). 바울은 제자에게 가족이라는 용어를 사용한

---

5) 에베소에서 불태운 마술책의 가치는 5만 드라크마, 즉 5만 일 품삯에 해당하는 것으로 추산되었다. 2019년 미국 가구의 평균 일당은 200달러였으니 2019년 미국에서는 이 책들의 가치가 천만 달러에 달할 것이다. 오늘날 우리는 만 가구가 각각 천 달러 상당의 마술 책을 불태워 총 천만 달러에 달하는 모습을 그려 볼 수 있다. 어쨌든 5만 드라크마 상당의 마법서가 있다는 보고는 믿는 가구의 수가 많다는 것을 나타낸다.

다. 그는 그들에게 아버지와 어머니 같았고 그들을 형제 자매라고 불렀다(살전 2:7-14).[6] 하나님의 가족으로서의 에클레시아의 성격(엡 2:18-19)은 에클레시아 하나님의 운동의 사회 구조에 영향을 미친다.[7]

성경의 이미지에서 드러나는 것은 에클레시아가 본질적으로 건축되고 확장되는 과정에 있어서 살아 있고 성장하는 유기체라는 것이다. 에클레시아는 본질적으로 정적이지 않고 확장적이다. 왜냐하면 그것을 생산하는 복음은 지속적으로 더 많은 신자를 추가하고 이것이 하나님의 운동을 낳기 때문이다. 예수님은 자신의 에클레시아를 세우겠다고 약속하셨다(마 16:18).

생물학적 이미지는 에클레시아가 어떻게 성장하고 살며 유지되고 열매를 맺으며 번식하고 새로운 지역과 민족으로 이동하는지를 묘사한다(엡 2:21-22; 4:15-16). 그것은 반복되는 패턴을 통해 성장한다. 즉 사회적 단위는 동일한 종류의 더 크고 더 큰 단위로 스스로를 복제한다. 성경에서 에클레시아는 건물이 없고 어떤 위치에도 국한되지 않는다. 에클레시아는 유기적인 구조를 가지고 있다.

교회의 수적 증가를 지원하고 유지하는 에클레시아의 사회 구조

다음의 세 가지 사회 구조는 강력한 성경적 지지를 받으며 오늘날 에클레시아 운동에 매우 중요하다.

1) 에클레시아의 두 개의 상호 의존적인 날개 2) 연결된 에클레시아 단위의 세 가지 수준 3) 지도자 팀.

그리스도의 몸의 상호 의존적인 두 날개

선교팀은 유기적 시스템의 확장을 추진하는 첫 번째 날개(행 9:15, 13:1-3)였으며 지역 신자 공동체는 복음의 열매를 굳건히 하는 두 번째 날개로서 첫 날개를 보완하였다. 이 두 날개가 함께 작동하면서 에클레시아 하나님의 운동이 발전시켰다.

예수님은 두 날개를 가진 유기체로서 지역 신자 공동체를 탄생시키고 협력하는 선교팀의 원형을 제공하셨다. 예수 무리의 사명은 복음을 전파하고 병자를 고치며 귀신들린 자를 해방시키는 예수님의 총체적인 패턴을 따랐으며(마 10:1-6) 그 결과 사람들은 복음을 받아들이게 되었다.

어떻게 이 열매 맺는 일이 사회적으로 조직되었는가? 예수 무리(Jesus band)의 세 번의 선교 훈련에서 예수님께서는 자신의 사역에서 이미 보여 주셨던 반복적인 패턴을 가르치셨다. 예수님은 새로운 지역에서의 선교를 위한 운영 기반을 제공하기 위해서 수용적인 가정의 환대에 의지하도록 제자를 훈련하셨다(눅 10:4-7). 첫 번째 훈련을 마친 후 예수님은 자신의 내부 서클인 열두 명을 유대인에게만 선교하도록 보내셨고(마 10:5-6) 두 번째 훈련을 마친 후 그들을 유대인과 이방인에게 보내셨으며(눅 9장) 그 다음에는 세 번째 훈련을 마친 후 70명을 보내셨다(눅 10:1~11). 예수님의 선교 훈련생은 훈련 직후에 예수님께서 행하시는 것을 보고 들었던 것을 함께 행함으로써 복음 전파와 수용하는 가족을 식별하는 것, 치유하는 것 그리

---

6) 다음의 성경을 참조하라 벧전 2:17; 5:9; 요일 3:1; 요한 1:12; 엡 2:19; 갈 6:10; 빌레몬 2; 롬 16:2, 13.

7) "기독교 공동체의 가족적 성격을 고려할 때 그 구성원의 집은 그들이 공통적으로 갖고 있는 유대감을 표현할 수 있는 가장 유익한 분위기를 제공했다"(뱅크스-Banks 1994, 56).

고 귀신들린 자를 자유롭게 하는 것에 대해 배웠다.

첫 번째 단계에서 예수 무리의 패턴은 두명으로 이루어진 선교 팀(mission pairs)에서 수용적 가정(receptive households)으로의 이동이었다. 이 사명의 추진력은 각 선교 팀이 해당 지역의 반응하는 가정에게 성공적으로 연결되며 확산되었다. 그런 다음 예수님의 선교팀은 동일한 패턴을 따라 두 번째 단계에서 수용적 가정에서 수용적인 마을로 확장했다. 이러한 가정 기반 선교 전략은 핵가족과 그와 관련된 다른 사람을 포함하는 사회에서 오이코스의 중심성과 잘 들어맞는다. 예수님의 선교는 순회 선교 팀 한 쌍이 본거지를 떠나 재정적으로나 사회적으로 취약한 위치에 놓이게 되었을 때 수용적인 가정과의 상호관계속에서 그 선교팀의 필요를 제공하게 했다. 그리고 선교 팀은 수용적 가정과 그 가정이 갖고 있는 관계 네트워크를 섬겼다. 이 확장된 네트워크는 지역에 신뢰를 제공하고 선교팀의 실질적인 필요를 공급했다.

때때로 그들의 선교 접근 방식은 세 번째 단계인 선교팀에서 변화된 증인으로(mission pair to transformed witness)의 변화다. 사마리아 여인은 즉시 그녀의 마을 사람들에게 메시아에 관해 전했고 그들은 믿었다(요 4:39). 거라사인 귀신 들린 사람은 즉시 데가볼리 지역에 복음을 선포했고(막 5:19~20) 세리 삭개오는 즉시 그의 집안과 사교계에 복음을 증거했다(눅 19:1~10). 각 단계마다 두명의 선교사가 수용적인 가정에 연결되었다. 이 연결은 가정을 영적으로 새롭게 하고 에클레시아 확장의 새로운 중심지로서 힘을 실어주었다.[8] 사도행전의 선교 팀은 순회 팀과 지역 공동체의 두 날개를 가진 유기체로서 탄생 후 지역 신자 공동체와 협력하는 예수 무리의 패턴을 반복했다. 예를 들면 베드로와 그의 팀이 고넬료의 가족과 함께한 것(행 10:44-48)과 바울과 그의 팀이 루디아와 빌립보 간수의 가족과 함께한 것(행 16장)이 있다.

대부분의 새로운 지역은 사도적 선교 팀(apostolic mission teams)에 의해 전도되었으며 이는 에클레시아 하나님의 운동을 증식시키는 원동력이었다.[9] 에클레시아 탄생 이후 선교팀의 두 번째 역할은 "각 교회에 장로를 세우는 것"이었는데, 이는 복음 전파 후 1년 이내에 실행되는 일관된 패턴이었다(행 14:23). 지역을 초월해 일하는 사도적 대리인들(trans-local apostolic agents)의 세 번째 역할은 지역을 초월하는 에클레시아 하나님의 운동의 확장 가능한 구조를 구축하는 것이었다. 이것은 바울의 대행자들의 피드백을 바탕으로 기초적인 가르침과 격려를 제공하는 것(살전 3장)과 문제를 해결하는 것(행 6장과 15장, 요삼 9~12절), 다른 사도적 대리인들을 훈련하고 동원하는 것 그리고 지역 지도자들이 성숙하도록 돕는 것을 포함했다(행 20: 17-38). 이 과정은 지역 장로로 구성된 팀에게 지도력을 넘겨준 후에도 오랫동안 계속되었다.

사도적 대리인들의 네 번째 역할은 서로 다른 지역의 에클레시아를 초지역적으로 연결된 가족으로 함께 엮는 것이었다(롬 16장. 골 4장. 몬). 그들은 직접 방문하고 편지를 쓰며 기도하고 사절(emissaries)을 보내며 칭찬을 보내고 그리고 재정적으로 도움이 필요한 지역에 대한 정보를 공유함으로써 이를 수행했다.

지역 에클레시아는 복음의 열매를 보존하고 키우며 지역 및 근거리 확장을 지원했다. 지역 장로로 구성

---

8) 예수님과 제자가 그룹 형성 과정에서 어떻게 변혁적 대화를 사용했는지에 대한 자세한 토론에 대하여, www.FocusOnFruit.org에서 볼 수 있는 운동 지도자를 위한 핵심 기술의 1장을 참조하라.

9) 새로운 지역을 여는 데 있어 사도의 주된 역할에 대한 예외가 있다. 박해로 인해 예루살렘에서 쫓겨난 이름 없는 신자가 새로운 지역에서 에클레시아를 탄생시켰다(행 11:19).

된 팀이 에클레시아를 굳건히 했다. 그들은 한동안 선교팀에 합류할 선별된 신자를 식별했다.[10] 일부 지역 신자는 새로운 사회 계층 즉 특히 베드로와 빌립, 프리실라 그리고 아굴라와 같이 이중 문화를 갖고 여기 저기 이동하는 개인과 예루살렘 교회에서 그리스어를 사용하는 유대인 무리와 같은 이중 문화를 갖는 에클레시아에 복음을 전하는 데 더 강력한 역할을 했다.

사도적 대리자와 선지자, 전도자 그리고 목사 겸 교사는 모든 신자를 제사장으로 준비시켰고 그들은 적극적으로 에클레시아를 건설했다(엡 4:11-16). 성경 이야기에서 사도적 대리자와 선지자를 준비시키는 영역은 지역을 초월하는 것이었다(행 9:15). 직업을 갖고 순회하던 제자들은 그들의 사역을 넓혔고 일부(디모데와 같은)는 선교 팀으로 추천되었지만 대부분의 신자-제사장은(believer-priests) 지역적으로 에클레시아를 섬겼다.

세 가지 수준의 연결된 가족 네트워크

에클레시아라는 용어는 성경에서 세 가지 사회 단위 크기 또는 수준으로 유연하게 사용된다. 모두 에클레시아의 표현이었다. 에클레시아는 하나의 도시 에클레시아로 연결된 수많은 가정(house) 에클레시아를 증식시켰다.[11] 여러 도시 에클레시아는 지역 에클레시아로서 다른 도시와 정체성을 공유했다. 가정 에클레시아(House ekklesia)는 처음 2~3세기 동안 에클레시아의 주요 구성 요소였다. 예수님은 가정 에클레시아(house ekklesia)의 원형을 제공하셨다. 베드로의 집은 가버나움에서 예수님의 가르침과 치유 그리고 기도와 교제 사역의 중심지였다(막 1:29, 33; 2:1; 3:20; 9:23). 베드로의 집은 갈릴리 바다 주변의 가버나움과 고라신 그리고 벳새다 선교를 위한 작전 기지였다. 예수님이 이 집의 가장인 베드로를 불렀을 때 이 집은 이용 가능하게 되었다. 베드로와 함께 예수님은 두 제자(베드로와 안드레)와 베드로의 대가족(장모 포함)을 얻으셨다. 베드로의 대가족을 통해 예수 무리는 광범위한 관계 네트워크에 접근할 수 있었다. 마찬가지로 베다니에 있는 마르다의 집은 그 지역에서 예수님의 사역을 위한 가족 작전 기지를 제공했다(누가복음 10:38-39). 초대교회 하나님의 운동은 가정을 중심으로 이루어졌다. 가정은 기독교 운동의 사역과 사명의 초점, 소재지 그리고 핵심을 구성했다(엘리오트 - Elliot 1981, 188). 초기 가정 교회 모임에는 말씀과 떡 떼기, 기도, 교제 그리고 기금 나누기가 포함되었다(행 2:41-47, 4:32-37).

얼마나 많은 신자들이 모였는가? 고고학 연구를 바탕으로, 크라우트하이머(Krautheimer;1965, 15-17)는 서기 30년부터 150년까지 신자들은 집에만 모였으며 그들의 모임에는 공동 식사가 포함되었다고 결론 지었다.[12] 랍비 문헌과 고고학 조사를 바탕으로 게링(Gehring:2004, 45)은 당시 팔레스타인 시골 지역의 전형적인 거실을 5제곱미터 또는 54제곱피트로 설명한다. 촘촘히 앉으면 10명이 모일 수 있었다. 따뜻한

---

10) 오네시보로는 에베소에서 행했던 것처럼 감옥에 있는 바울을 돕기 위해 에베소에서 로마로 여행했다(딤후 1:16-17).

11) "많은 신약 학자들은 두 가지 형태 즉 작은 가정 교회와 그 지역의 하나의 단위로서의 전체 교회가 초기 기독교에 나란히 존재했다고 믿는다"(게링-Gehring 2004, 25).

12) "고고학은 처음 3세기 동안 그리스도인들의 모임 장소는 독특한 교회 건물이 아니라 개인 집이었다는 것을 확인시켜 준다"(라드 - Ladd 1974, 532).

계절에는 공용 안뜰이 좀 더 넓은 공간을 제공해 주었다. 고린도에서 게링(Gehring)(2004, 13536)은 발굴된 3m x 4m 작업장과 가장 큰 경우 4.5m x 6m를 묘사하고 20명의 모임을 사실로 상정한다(2004, 135). 때로는 큰 집의 평평한 옥상에 방이 추가되기도 했다. 120명(행 1:12-15)의 모임은 최대 좌석 제한을 나타냈다(게링-Gehring; 2004, 65).

사도행전 4장 4절에는 남자 오천 명이 언급되어 있는데, 필자는 그들을 가정으로 생각한다. 게링(Gehring)은 하인과 대가족을 포함하여 가구당 평균 10~20명의 사람이 있다고 가정한다(2004, 87). 이는 대략 5만에서 10만 명의 신자가 있음을 나타낸다. 게링(Gehring)의 어림잡은 더 적은 수의 절반 즉 25,000명의 신자로 계수하고 네 가구(평균 20명)가 가장 큰 집에서 모일 수 있다고 추정한다면 예수님께서 부활하신 지 3년 후 사도행전 4장 4절의 예루살렘에는 대략 1,250개의 가정 교회가 있었을 것이다.

가정 기반 모임은 에클레시아 확장에 일조했다.[13] 후원자의 더 큰 집은 자연스럽게 모임 장소가 되었고 이는 종종 가장을 지도자로 만들었다. 요한 마가의 어머니이자 바나바의 고모인 마리아의 집은 자주 모임 장소가 되었다. 마리아는 뜰이 있는 집과 하인을 가질 만큼 부유했다(행 12:12-13). 값비싼 옷감을 파는 상인 루디아는 빌립보에서 새로운 신자를 초대하고 합법화할 만큼 부와 영향력을 갖고 있었다(행 16:14-15, 40). 브리스길라와 아굴라의 순회 사업은 로마와 고린도 그리고 에베소에서 모임을 위한 선교 중심지로서 역할을 할 만큼 성공적이었다(행 18:18, 26, 고전 16:19).

도시 에클레시아는 같은 도시나 작은 지역에 있는 여러 집의 에클레시아의 집합체였다. 로마에는 도시 에클레시아(롬 16장)로서의 공동 정체성을 공유한 여덟 가정의 에클레시아(또는 적어도 새롭게 구성된 가정)가 있었다는 증거가 있다. 이런 사정을 감안하면 도시 에클레시아 중 가장 큰 규모의 가정 모임에는 20명의 신자가 있었을 것으로 추정된다. 바울은 로마에 가본 적이 없었지만 몇몇 사람의 이름을 언급했다. 그가 다른 곳에서 알고 있던 신자는 로마로 이주했고 그 후 이 신자는 다른 사람에게 말씀을 전했다. 이 여덟 개의 가정 교회는 로마에서 하나의 영적 가족으로 취급되었다. 그러나 가정 교회의 수와 도시의 넓이로 인해 그들이 모두 함께 모일 가능성은 거의 없다.

고린도의 여섯 가정 에클레시아에 모인 신자는 하나의 도시 에클레시아라는 공동 정체성을 공유했다. 오직 고린도에서만 한 도시의 전체 교회가 한 장소에 모였다고 성경은 기록하고 있다. 전체 교회든 일부 교회든 한 장소에 모이는 것은 부자와 가난한 자가 주의 만찬 동안 음식을 나눔으로써 그리스도 안에서 하나됨을 보여줄 것인지 시험해 볼 수 있는 기회를 제공했다. 에베소에는 마술서를 불태울 만큼 가까운 곳에 살았던 사람이 많은 것으로 미루어 볼 때 에베소 교회는 아마도 그 도시에만 국한된 것이 아니라 인근 지역의 신자도 포함했을 것이다. 교제는 가까이 사는 사람과 더 빈번하게 이루어졌을 것이다. 도시 에클레시아는 때로는 도시 안에 있는 집 에클레시아만을 언급하고 다른 경우에는 도시 근처의 여러 가정 교

---

13) "그러한 개인(후원자)을 더 많이 끌어들이는 능력은 아마도 기독교의 사회적 '승리'에 중요한 요소였을 것이다. 이들 개인은 성장과 확장 그리고 인수(acquisition) 및 적응을 가능하게 하는 사회적 관계와 경제적 능력의 네트워크를 제공했다."(화이트(White) 2004, 57)

회들을 덧붙이는 이중 의미를 가질 수도 있다.

더 큰 도시의 에클레시아 모임(12개 이상)이 에베소의 두란노 강당과 고린도에서 그리고 예루살렘 다락방(120명)에서 열렸다. 사도행전 4장 4절에 나오는 오천 명은 예루살렘 성전 뜰에서 함께 모이기에는 너무 많은 숫자였다는 것을 고려하면 교회는 큰 도시 에클레시아 중 가장 큰 에클레시아보다 더 큰 규모로 빠르게 성장했을 것이다. 분명히 전체 교회를 한 곳에 모으는 것이 각 도시 에클레시아의 정체성을 공유하기 위한 필수 조건은 아니었다.

우리는 사도행전에 묘사된 기간 동안 적어도 2세대 교회가 있었다는 것을 확실히 알고 있다. 두란노 강당은 에베소 1세대 성도의 훈련소로 기능했고 이후에는 바울에게 집중적으로 훈련받은 사람이 복음을 전했다. 바울이 집중적으로 훈련한 소수의 신자는 2년 안에 개인적으로 소아시아 지방의 모든 사람에게 복음을 전할 수 없었을 것이다(행 19:10). 따라서 적어도 3세대 교회가 나타나게 된다.[14] 히에라볼리와 라오디게아 그리고 골로새 교회에는 바울이 에베소에서 훈련한 1세대 교회에 속했을지도 모르는 에바브라(골 1:7; 4:12)가 전도했다. "라오디게아의 형제 자매" 눔바와 아킵보(골 4:15~17) 그리고 오네시모(골 4:9)로 확인된 3세대 지역 지도자는 에바브라가 시작한 사역을 확장했으며 에바브라는 리케아 계곡(Lycean valley) 전체에 걸쳐 1세기 내내 영향력을 유지했다. 바울이 아닌 지역 지도자가 주요 교회 개척자였다. 그 이유는 바울이 골로새에서 믿는 이들을 많이 만나지 못했기 때문이다(골 2:1). 인종(행 6:1)과 경제(약 2:1~7) 그리고 소속(고전 1:11~15)의 차이로 입증되는 것처럼 숫자가 증가함에 따라 이질성이 증가하여 긴장이 표면화되었다. 도시 에클레시아 내의 차이점들은 통일성을 시험했고 또한 신자들이 차이점들을 포용함으로써 그리스도안의 하나됨에 대하여 재정의하게 하였다.

지역 에클레시아는 더 넓은 지역에 있는 여러 도시 에클레시아의 공유된 정체성이었다. 어떤 문제에 대하여 한 지역에 있는 모든 가정과 도시 에클레시아가 하나의 공동 정체성을 가지고 행동했다. 마케도니아 지방에 있는 신자는 마케도니아에 여러 도시 교회가 있었지만(고후 8:1) 예루살렘의 가난한 사람의 필요를 돕는 하나의 에클레시아로서 공동의 정체성을 공유했다(롬 15:26). 사마리아와 유대, 아가야 그리고 갈릴리에 있는 에클레시아는 각각 지역적 정체성을 가지고 있는 것으로 묘사되었으며(행 9:31; 롬 15:26; 고후 9:2) 각각은 많은 도시 에클레시아(갈라디아 교회: 고전 16:19, 유대 교회: 갈 1:22)로 구성되어 있었다. 문화와 민족 그리고 종교적 배경(예: 하나님을 경외하는 사람, 우상 숭배하는 사람)과 다양한 종교적 배경(예: 할례파 신자: 행 11:2; 15:1)의 차이로 인해 유대 지역 에클레시아(행 10:1~11:18) 내에서 신학적인 논쟁이 벌어졌다. 다양성의 증가는 확장하는 에클레시아 운동에 도전했고 에클레시아의 신학과 문제 해결 방식이 성숙해지도록 도왔다.

세 단계(three levels)의 에클레시아는 확장되면서 가족과 같은(family-like) 모자이크로 연결되었다. 세 단계의 에클레시아는 모두 확장된 가족 네트워크로 운영되었다. 친족 관계 용어는 지역을 초월한 사도의 대리인이 인사말로 흔히 사용했는데 이는 신자가 재정의된 가족에 대한 의미를 강화하고 넓히는 데 도움이

---

14) 바울의 실천은 디모데후서 2장 2절에서 알 수 있듯이 자신 이후 3대에 걸쳐 제자를 늘리는 것이었다. 독자는 이 삼 세대(three generations) 각각에 한 무리의 신자가 있다는 사실을 종종 간과한다.

되었다. 깊은 관계적 유대는 그들을 하나로 묶었다. 분쟁은 가족적인 방식으로 해결되었다. 한 지역 에클레시아의 사도 대리인은 또 다른 지역 에클레시아의 고통을 함께 분담하기 위해 기부금을 전달했으며(행 11:27~29) 이는 가족 유대를 강화하는 데 도움이 되었다.

선교팀으로부터 순회하는 사도 대리인은 일반적으로 한 지역의 신자와 다른 지역의 신자를 하나로 묶기 위해 위임(commendation)을 사용했다(참조, 롬 16 장). 바울이 로마인들에게 스페인 선교를 도와달라고 요청한 것처럼(롬 15:22-24) 사도적 대리인에 의해서 만들어진 유기적인 사회 구조는 다른 지역과 종족 집단으로의 확장을 구조화했다. 이것은 에클레시아가 한 종족 그룹에서 다음 종족 그룹으로 연결되도록 장려했고 그들 사이에 하나됨을 구축했다. 에클레시아는 지역 에클레시아 수준에서 그리고 안디옥과 같은 다문화 도시에서 다문화 모자이크가 되었다.

지도자 팀

장로로 구성된 팀이 각 도시의 에클레시아를 감독했지만 일부에는 도시 주변 지역의 신자 그룹이 포함되었을 가능성이 높다. 사도행전 4장 4절에 나오는 예루살렘에 있는 가정 교회가 1,250개라는 필자의 추정이 정확하다면 예수님의 열두 제자는 그들을 모두 인도하기에는 너무 적었다. 누가 예루살렘에 있는 천 개 이상의 가정 교회를 인도했나? 새로워진 오이코스 가정 사회 구조로부터 지도자가 등장했고 각 소그룹의 신자의 인정을 받았다. 열 두명의 사도는 리더십 팀으로서 천 명이 넘는 가정 교회 지도자를 감독했을 것이다.

자신이 탄생시킨 새로운 신자의 형제 회(brotherhood)로 돌아가자마자 선교팀 리더가 가장 먼저 한 일은 모든 에클레시아를 위한 일단의 지도자를 선택하는 것이었다(행 14:23). 사람이 복음을 들은 지 1년 이내에 새로 설립된 도시 에클레시아의 리더십을 선교 팀으로부터 지역 장로에게로 옮기는 것은 사도 팀의 확립되고 반복되는 패턴이었다. 일단의 지역 장로를 선택하는 것은 지역에 적합한 리더십을 보장하고 지도자의 성장과 승계를 지원하며 복음과 함께 다음 지역으로 연결될 수 있도록 선교 팀을 자유롭게 한다. 일단의 지도자는 신자 공동체에 가시적인 변화 모델을 제공한다. 그들은 본받아야 할 것을 본받고 영적인 지도를 하며 가르치고 문제를 해결한다.

사도행전 20장에서 재훈련을 받은 에베소 장로들은 아마도 외곽 지역을 그들의 사역 범위에 포함시키기 위해 도시 에클레시아의 경계를 넘어 나갔을 것인데 수많은 마술 책이 불태워진 시기는 큰 하나님의 운동을 의미하는 부흥의 기간이었다. 이것은 아마도 소규모 지역 리더십 팀이었을 것이다. 야고보와 요한 그리고 베드로는 예루살렘의 작은 지역을 넘어 리더십 팀에서 두각을 나타냈다.[15] 확장 수요가 늘었기 때문에 그들은 과부를 먹이는 일을 맡을 두 번째 레벨의 지도자 팀을 구성하기로 했다(행 6:1-7). 선교 지도자는 또한 팀으로 활동하여 일단의 지역 장로가 성숙하도록 돕기 위해 정기적으로 멘토링 방문을 했다.

---

15) 모델링, 영적 지도, 문제 해결 및 지역 확장이 실제로 어떻게 작동하는지에 대한 자세한 내용에 대하여 "하나님의 운동 지도자를 위한 핵심 기술"(Core Skills for Movement Leaders) 7~10장을 참조하라.

선교팀의 선배는 후배를 훈련시키고 그들에게 임무를 부여했다. 바울은 함께 여행하면서 훈련할 각 지역으로부터 소수의 사람을 선택했으며(행 20:4) 그들 중 일부는 나중에 다른 지역들로 파견되었다.

오늘날 미전도 종족(UPG)에 나타난 에클레시아 운동의 성경적, 사회적 특징

신약성경의 에클레시아 운동을 설명한 필자는 이제 필자가 섬겨오고 있는 미전도 종족(UPG)에서 일어난 하나님의 운동의 네트워크에 대해 생각해 보려 한다. 하나님의 운동에 대한 신약성경의 설명은 오늘날 일어나고 있는 유사한 하나님의 운동을 정당화하고 그에 대한 지침을 제공한다. 2014년 12월까지의 16년이라는 기간동안 아시아에서 발생한 하나님의 운동은 한 국가의 27개 미전도 종족(UPG)에 있는 소그룹 안에서 18,000명의 신자로 성장했으며 다른 2개 국가에서도 그 규모가 늘어났다. 5년 후인 2019년 12월에 이 하나님의 운동 네트워크는 한 국가에서는 58개 미전도 종족(UPG) 안에서 그리고 다른 국가에서는 18개 미전도 종족(UPG) 안에서 소그룹 신자 수가 30만 명으로 늘어났다.

이 하나님의 운동 네트워크를 이끄는 16명의 남성 하나님의 운동 촉진자(catalyst)들은 수년 동안 에클레시아에 관해 대화를 나누었으며 이러한 원칙을 실천해 왔다. 14명은 성경대학 졸업생이며 네명은 신학박사 학위를 갖고 있다. 한 사람은 성경대학 총장이고 다른 세 명은 신학교 교수이다. 다음 토론은 현장에서 실행되고 성경에 반영된 20년 동안의 대화를 요약한다. 이것이 그들이 믿는 것과 실천하는 것이다. 최근 토론에서 그들은 에클레시아의 세 가지 사회 구조 요소를 논의하기 전에 에클레시아의 성격에 대한 두 가지 측면을 강조해달라고 필자에게 요청했다.

"영적 형제애"로서의 하나님의 운동

과거에 하나님의 운동의 촉진자 중 한 형제가 처음으로 사도행전 전체를 읽고 그 본질적인 내용을 요약해 주었다. 그는 필자에게 사도행전을 요약하기 위해 두 개의 아랍어 단어를 사용했다. 영어로 이것들은 "영"(Spirit-영으로 태어나고 본질적으로 영적인 것)과 "형제애"(brotherhood-하나님을 아버지로 모신 모든 사람들 사이의 가족 유대)이다. 나는 이것이 사도행전의 적절한 요약이라고 생각한다. 최근 대화에서 이 하나님의 운동의 촉진자는 무엇보다도 에클레시아가 영적 형제애임을 강조했다. 그 말은 무슨 뜻인가?

에클레시아는 단지 사회적 모임이기만 한 것이 아니라 그 핵심에 있어 영적이다. 에클레시아 하나님의 운동은 하나님의 것이며 하나님께 속한다. 그것은 하나님의 신성한 사역이다. 이 형제는 에클레시아의 중심 원천은 하나님의 말씀이며 복음은 우리가 토라와 시편 그리고 복음서를 통합하도록 안내하고 우리의 유일신 신앙을 그리스도 중심적으로 만드는 길잡이라고 강조했다.[16] 하나님은 자신을 인류에게 계시하시고 에클레시아로 그의 새로운 백성의 형성을 시작하셨다.

그는 우리가 에클레시아를 세우는 하나님의 사명에 참여하는 하나님의 종일뿐임을 강조했다. 다른 촉

---

16) 무슬림은 하나님께서 꾸란 이전에 토라, 시편, 복음이라는 세 권의 책을 계시하셨다고 믿는다. 무슬림이 대다수인 상황에서, 신자는 구약과 신약 전체를 지칭하기 위해 이 용어를 사용한다.

진자들은 공동 Zoom 통화 중에 그의 말을 들었다. 그런 다음 그들은 이 주제에 추가하여 고린도전서 12장과 14장에서 에클레시아에서의 성령의 중심 역할을 강조했다. 성령은 그리스도의 몸을 세우기 위해 신성한 능력을 공급하시는 분이시며 성령은 우리를 그리스도 안에서 연합시킨다.

에클레시아는 에클레시아의 머리 되신 그리스도에 의해 형성된 영적 가족이다. 이들 하나님의 운동의 촉진자들은 그들이 이끄는 에클레시아 하나님의 운동에서 경험하는 형제애 유대가 이전에 섬겼던 전통적인 교회에서 경험했던 그 어떤 것보다 훨씬 더 깊고 풍부하다는 공통된 확신을 표명했다. 그들은 성령에 의해 창조된 이러한 형제애의 유대가 에클레시아 하나님의 운동을 하나됨으로 연결시키는 것임을 강조했다. 하나님의 운동을 군건히 하기 위해 전통적인 교회에서 발견되는 조직 구조를 기능적으로 대체하는 것은 바로 형제애의 영적-사회적 구조이다. 에클레시아 하나님의 운동을 형성하는 현장 경험은 수년에 걸쳐 확장되었다. 이를 통해 그들은 영적 형제애의 풍성함을 경험할 수 있었고 이 성경 주제에 관해 많은 묵상을 하게 되었다.

유기적 시스템으로서의 하나님의 운동

공동 토론에서 이들 하나님의 운동 촉진자들은 에클레시아가 조직이 아니라 유기체라는 점을 강조했다. 그것은 시스템이면서 유기적인 시스템이다. 그들은 이전에 그들이 인도했던 전통적인 교회에서는 구성원의 5퍼센트만이 활동적이었다고 보고했다. 그러나 현재 그들이 이끌고 있는 에클레시아 하나님의 운동에서는 대부분의 구성원이 활동하고 있으며 신자-성직자(believer-priest)의 20퍼센트가 다른 사람을 이끌고 있다. 더 많은 신자-성직자가 적극적으로 이끄는 이유와 방법을 설명하는 것은 이 장(chapter)의 범위를 벗어나는 긴 논의이다. 간단히 말해서 하나님의 운동의 진행은 더 작은 성장(smaller increments)으로 이루어지며 모든 신자가 이러한 역할을 더 쉽게 달성할 수 있게 된다.

전통적인 교회에서의 경험에서 이들 촉진자는 초점이 건물과 모임 그리고 영적인 필요에만 있다고 보고했다. 그러나 에클레시아 운동에서는 그들은 신자의 역량을 공동체로 동원하여 영적인 필요뿐만 아니라 사회적이고 정서적 필요도 충족시킨다. 그들은 에클레시아를 성장하고 열매를 맺는 살아있는 유기체로 묘사한다. 그들은 에클레시아의 모임이 유기적으로 자체 재생산되는 것을 경험하므로 특정 건물이나 특정 지역에 국한되지 않고 항상 확장된다.

증식을 지원하는 에클레시아의 사회 구조

1. 에클레시아는 두 개의 상호 의존적인 날개 즉 사도적 팀과 여러 지역의 에클레시아를 가진 살아있는 유기체이다.
2. 에클레시아는 하나님의 가족을 세 가지 레벨로 연결하는 확장된 네트워크이다.
3. 에클레시아의 양쪽 날개는 지도자로 구성된 팀이 이끈다.

앞서 언급했듯이 이러한 원칙은 하나님의 운동 촉진자 16명의 합의이다. 이 합의는 수년에 걸쳐 수많은 성경 토론과 현장 적용 그리고 평가를 통해 생성되었다. 이들 각자는 사도가 갖었던 것과 같은 다양한 은사를 갖고 있다.[17] 그들은 복음을 위해 새로운 분야와 새로운 미전도 종족(UPG)을 열어간다. 그들의 사도가 가졌던 것과 같은 다양한 은사는 전통적인 교회에서는 확인되지 않았지만 그들의 형제애에서는 확인된다. 이 사람이 공유하는 형제애는 사도가 가졌던 것과 같은 다양한 은사를 더욱 날카롭게 만들어 왔다.

이러한 선교팀은 많은 가정 교회의 형성을 촉진하고 각 가정 교회가 10~15개의 가정그룹으로 구성된 가정그룹 교회(cluster church)로 가입되도록 연결한다. 마찬가지로 각 가정그룹 교회는 3개 이상의 연결된 가정그룹교회로 구성된 지역 교회(small region church)로 연결된다. 그리고 각 가정그룹 교회를 3개 이상의 작은 지역 교회가 연결된 넓은 지역 교회(wide region church)로 연결하는 일을 한다. 사도적 팀(apostolic teams)은 소그룹의 증식을 하나님의 운동의 DNA로 설정했다. 그 소그룹은 귀납적으로 성경을 연구하고 기도하며 서로와 공동체를 섬긴다. 그들은 지역 장로로 구성된 팀 밑에서 가정 교회를 가정그룹 교회로 연결하여 열매를 맺는다. 그들은 각 가정그룹 교회와 각 지역 교회의 지도자 팀을 개발한다. 그들이 갖춘 리더십 팀은 이러한 하나님의 운동이 증가함에 따라 점점 더 많은 신자 그룹을 감독한다.

에클레시아의 첫 번째 단계인 가정 교회는 이러한 미전도종족(UPG)에 있어서 하나님 나라 확장의 두드러진 특징이다. 신약 시대의 건축을 검토한 결과 가정 에클레시아는 많은 가정에서 10~20명으로 제한되었을 가능성이 있지만 어떤 경우에는 40명 이상의 신자가 모였을 수 있다는 사실이 밝혀졌다. 삼엄한 보안으로 인해 우리가 일하는 나라 미전도종족(UPG) 가정 교회의 평균 신자 수는 5명이다. 다른 국가의 비미전도 종족(non-UPG) 지역에서의 하나님의 운동은 더 큰 규모의 모임을 보고한다.

미전도 종족 그룹(UPG)의 가정 교회는 일반적으로 소그룹에 더 많은 사람을 추가하지 않는다. 왜냐하면 사회적 압력과 박해가 발전을 저해하기 때문이다. 대신 그들은 복음을 전하고 새로운 소그룹을 탄생시키며 그들이 성장하도록 돕는다. 결과적으로 미전도 종족의 신자 그룹은 더 작지만 더 많은 세대의 그룹으로 증가한다. 이 하나님의 운동은 신자 그룹의 증식을 23세대까지 추적했고 지도자 그룹의 증식은 17세대까지 추적했다. 복음이 가정을 변화시키는 만큼 빠르게 지도자 그룹을 성장시키는 것은 우리의 지속적이고 가장 시급한 과제 중에 하나이며 우리 리더십 개발의 많은 부분을 주도한다.

에클레시아의 두 번째 단계는 도시 에클레시아(city ekklesia)이다. 로마에서 우리는 여덟 가정의 에클레시아가 하나의 도시 에클레시아로 합쳐졌다는 징후를 보았다. 아마도 총 75명의 신자가 그 도시의 장로로 구성된 팀의 인도를 받았을 것이다. 미전도 종족가운데 대규모 모임은 반발을 겪고 장애물이 증가하는 경우가 많다. 10~15개의 연결된 소그룹으로 구성된 가정 교회 그룹 교회는 총 50~75명의 신자로 구성되며 한 팀의 장로가 인도한다.

---

17) "사도가 가졌던 것과 같은 다양한 은사를 갖고 있는 지도자"는 하나님으로부터 계시를 받지 않는다는 점에서 신약의 사도와 다르다. 그들은 새로운 미전도 종족(UPG)에서 그리스도가 알려지지 않은 곳에 복음을 선포하기를 원한다는 점에서 신약의 사도와 유사하다. 그리고 그들은 에클레시아의 연결된 모자이크를 건설하면서 지역을 초월하여 영향력을 행사한다.

장로는 헌금의 수집과 사용, 세례(침례), 말씀의 영향력 그리고 주의 만찬을 감독한다. 그들은 지역사회 개발 사역과 순종 중심의 성경 공부 또한 새로운 지도자의 멘토링을 지도한다. 가정그룹 교회는 많은 미전도 종족에서 번성하고 있다. 가정그룹 교회는 때때로 장로가 현명하다고 생각할 때 함께 모인다. 그들은 각 가정그룹 교회의 지도자 그룹에서 교차 방문을 통해 그리고 함께 사역을 통해 대면하여 하나됨을 발전시킨다.

같은 모그룹(mother group)에서 탄생한 그룹들이 다음 2~3대에 걸쳐 가정그룹 교회로 잘 기능하려면 준비가 필요하다. 미전도 종족에 대한 깊은 의심으로 인해 관계적 신뢰가 구축되어야 하기 때문에 영향력 있는 지역 리더는 그룹 리더를 초대하여 다른 그룹 리더를 방문한다. 교차 방문(cross visitation)을 통해 신뢰가 발전하기 시작하면 클러스터를 위하여 하나 또는 그 이상의 리더 그룹이 형성된다. 멘토는 리더십 팀으로서의 발전을 안내한다. 각 멘토는 학습 모듈 체크리스트(a checklist of learning modules)를 사용하여 각 지도자 그룹을 준비시키고 지도자가 해당 지역에서 에클레시아를 더 잘 지원할 수 있도록 돕는다.[18]

에클레시아는 점점 더 넓은 지역으로 성장하면서 그것은 여행 경로와 언어, 종교적 변형 그리고 관계적 신뢰를 기반으로 종합된다. 가정그룹 교회보다 더 넓은 것은 작은 지역 교회이다. 에베소 도시 리더십 팀이 에베소 주변의 가정 에클레시아에 영향을 미쳤던 것처럼 작은 지역 리더십 팀은 종종 한 시간 운전 범위 내에서 한 지역의 모든 가정그룹 교회를 감독한다. 근접성(proximity)은 공동 계획과 문제 해결을 더 자주 수행하고 신뢰와 사랑의 관계를 구축할 수 있게 해준다.

이 하나님의 운동은 세 명의 리더가 동료 리더에게 질문하고 지원함으로써 자신의 문제에 대한 해결책을 찾도록 돕는 순환 코칭(coaching circles)을 사용한다. 사도행전 6장에서 장로들은 예루살렘의 작은 지역 에클레시아가 과부를 위한 식량에 관한 경제적이고 민족적 분쟁을 해결하도록 지시했다. 최근 미전도 종족 하나님의 운동의 촉진자 중 한 명이 너무 아파서 여행을 할 수 없게 되자 작은 지역의 장로가 모여 클러스터 리더가 구타를 당하고 병원에 입원했을 때 어떻게 해야 할지에 대해 합의에 이르렀고 원거리에 있는 멘토와 전화로 그의 지혜를 구하였다.

광역 지역 리더십 팀은 지역 지도자가 얼마나 많은 성과를 거두었는지에 따라 두 개의 인접한 지역이나 하나의 지역 또는 지역의 일부를 감독할 수 있다. 큰 지진이 발생한 직후 비록 그들의 하나님의 운동 촉진자가 다른 곳에 갇혀 있었지만 더 넓은 지역의 리더십 팀은 재해 피해자를 돕기 위해 이 미전도 종족(UPG)의 에클레시아 네트워크에 있는 신자를 동원했다. 이틀 후 촉진자가 도착할 때쯤 에는 목수 임금 5개월치에 해당하는 금액이 기부됐다. 광역 지역 지도팀은 지역 지도자로서의 역할을 수행하며 그 지역의 많은 가정 에클레시아와 재난 피해자인 가정 에클레시아를 연결해 주고 있었다.

사도행전 15장에서 예루살렘 장로는 선교 팀 지도자와 함께 분쟁을 해결하기 위해 만났다. 우리의 미전도 종족 그룹(UPG) 하나님의 운동에서는 여러 지역의 리더십 팀이 매 분기마다 3일 동안 만나 함께 문제를 해결하고 성경에 대해 토론하며 강한 형제애 속에서 서로를 지원한다. 이 분기별 모임은 우리가 박

---

18) 이 점검 목록들은 9장과 10장에 나오는 하나님의 운동 지도자를 위한 핵심 기술의 많은 부분을 구성한다.

해를 받았을 때와 코로나19 팬데믹 기간 동안 많은 생명을 잃었을 때 큰 역할을 했다. 선교팀은 지역을 초월하기 때문에 그들은 소그룹과 지도자 그룹의 네트워크를 연결하여 배고픈 사람에게 음식을 분배하고 실업자를 위한 일자리를 다시 시작하며 망가진 경제 시스템을 복구하고 자녀 교육으로 어려움을 겪는 사람을 돕기 위해 함께 일한다. 공동체의 요구에 유기적인 에클레시아를 참여시키는 것은 하나님의 운동의 증식을 지원한다. 이 장에서 설명하는 사회적으로 확장 가능한 에클레시아 구조는 영적 공동체가 자체 성숙을 지원하고 가족 네트워크로서 새로운 영역과 미전도 종족(UPG)으로 확장할 수 있도록 해준다.

맺는 말

사도 바울은 데살로니가의 에클레시아를 칭찬했는데 그들은 비록 그에게 단 3주 동안 제자 양육을 받았음에도 불구하고 데살로니가의 에클레시아는 신속히 그의 본을 따르고 여러 지방의 에클레시아 하나님의 운동에 의해서 모방되는 모델이 되었다. 바울은 데살로니가인이 어떻게 그들이 배운 패턴을 본받았는지 들었고 하나님의 확장되는 가족의 일원으로서 그들의 하나님의 운동을 확증했다. 그의 기도 요청은 오늘날 많은 하나님의 운동 지도자로부터도 여전히 들린다. "주의 말씀이 너희 가운데서와 같이 속히 전파되고 영광을 받도록 우리를 위하여 기도하라"(살후 3:1b).

참고 문헌

Banks, Robert. 1994. *Paul's Idea of Community: The Early House Churches in Their Cultural Setting*. Peabody, MA: Hendrikson.

Elliot, J. H. 1981. *A Home for the Homeless, A Sociological Exegesis of 1 Peter, Its Situation and Strategy*. Philadelphia: Fortress.

Gehring, Roger W. 2004. *House Church and Mission: The Importance of Household Structures in Early Christianity*. Peabody, MA: Hendrickson.

Krautheimer, R. 1965. *The Beginnings of Christian Architecture*. Baltimore: Penguin.

Ladd, George. *A Theology of the New Testament*. Grand Rapids: Eerdmans, 1974.

Larson, Trevor. 2019. *Core Skills for Movement Leaders*. Yogyakarta, Indonesia: Focus On Fruit.

Minear, Paul S. 1960. *Images of the Church in the New Testament*. Philadelphia: Westminster.

Ott, Craig, and Gene Wilson. 2010. *Global Church Planting*. Ada, MI: Baker.

Van Gelder, Craig. 2000. *The Essence of the Church: A Community Created by the Spirit*. Grand Rapids: Baker.

White, L. M. 1990. *Building God's House in the Roman World: Architectural Adaptation among Pagans, Jews, and Christians*. Baltimore: John Hopkins University.

9장
요한의 선교 신학:
소아시아에서의 1세기 하나님의 운동에 대한 요한복음의 공헌
마이클 T. 쿠퍼(Michael T. Cooper)

지난 30년 동안 우리는 전 세계 선교에 참여하면서 서구 문화권에서 형성된 구원의 메시지에 초점을 맞춘 복음의 제시의 방법이 폭발적으로 증가하는 것을 보았다. 광범위하게 사용되는 사영리 전도방법에서부터 삼원(Three Circle) 전도방법에 이르기까지 다양하다. 이러한 전도 방식은 인간의 죄성과 죄를 극복할 수 없는 인간의 무능력, 구세주의 필요성 그리고 지옥에서 구원받기 위해 구세주의 십자가 죽음을 개인적으로 받아들이는 결정의 필요성에 초점을 맞추고 있다. 최근에는 창세기에서 시작하여 신약성경으로 이어지는 연대기적 전도 방법이 도입되면서 종종 창조에서 그리스도(Creation to Christ)라는 복음제시 방법이 사람을 제자화 하여서 하나님과의 구원 관계로 인도하는 도구로 사용되고 있다.

1세기와 2세기 교회에서 복음서에 최종적으로 기록된 예수님에 관한 이야기는 그리스도께서 세상에 성육신 하셨다는 기쁜 소식을 전하고 피조물과의 관계를 영광스럽게 추구하시는 하나님의 모습을 선포하는 주요 도구였다. 복음서는 다양한 방식으로 우리의 행동과 믿음 그리고 공동체 참여에서 그리스도를 따르는 것이 무엇을 의미하는지 설명한다. 복음서는 믿는 자에게 구원과 영생의 메시지를 가장 확실하게 전달하지만 더 나아가 예수 그리스도의 삶과 동일시할 것을 강조한다. 다시 말해 복음서는 하나님의 가족 구성원이 된다는 것이 무엇을 의미하는지에 대한 아름다운 모자이크를 그려내고 있다(엡 2:19).

복음서는 본질적으로 복음 전도 및 선교의 성격을 띠고 있으며 예수님에 관한 이야기가 본인이 전도하기로 접촉하신 사람과 어떻게 연결되었는지에 대한 예를 제공한다. 공관복음서인 마태복음과 마가복음 그리고 누가복음은 복음을 특정 문화와 연관시키는 세 가지 뚜렷한 예를 보여준다. 원래 아람어로 쓰인 마태복음(60년대 초)은 히브리 청중에게 초점을 맞춘다. 마가복음(57-60년경)은 헬라어가 모국어가 아닌 저자가 헬라어로 쓰려고 노력하는 분투가 드러난 책으로 주로 구전으로 전해지는 이방인 청중을 대상으로 쓰였다. 누가복음(63~65년경)은 가장 분명하게 청중이 명시되어 있으며 데오빌로(Theophilus)에게 편지를 쓰면서 정확하게 조사한 구세주의 모습을 보여준다. 세 복음서 모두 예수 그리스도의 생애와 사역을 묘사하는 데 있어 높은 수준의 유사성을 지니고 있다. 예를 들어 공관복음은 갈릴리에서 팔레스타인의 더 넓은 북부 지역으로 예수님의 사역을 추적한 다음 유대와 베레아에 초점을 맞추고 마지막으로 예루살렘에서의 사역을 추적하는 데 있어 유사한 지리적 순서를 공유한다.

이 장에서는 예수님에 관한 이야기를 한 문화의 이야기 즉 선교신학으로 표현되는 것과 연결시키는 예로서 요한복음에만 집중한다. 요한복음은 요한이 에베소에서 초기 사역(67-70년경)을 하는 동안 소아시아에서 관찰한 특정 문화와 종교 그리고 철학 체계를 다루는 데 초점을 맞춘 복음을 제시하는 네번째 복음서이다.[1] 주로 아테네(Artemis) 여신과 디오니소스(Dionysus) 신 그리고 헤라클레이토스(Heraclitus) 철학과 같은 도전적인 세속 신앙과 관련하여 초점을 맞춘 이 복음서는 예수님에 대한 이야기를 소아시아 문화 이야기와 효과적으로 연결하는 선교 신학으로 발전했다(쿠퍼-Cooper 2020, 87). 선교 신학이라는 용어를 설명한 후 이 장에서는 사도를 선교 신학자로 만드는 요한 복음의 특징에 초점을 맞출 것이다. 선교신학의 실천이 초대교회의 기하급수적 성장의 원동력이었다면 오늘날 교회 개척 운동(CPM)/교회개척을 위한 제자화 운동(DMM)에 대한 시사점을 찾을 수 있을 것이다.

선교신학의 정의

선교신학은 성경에 나타난 하나님의 선교적 본성에 관심을 둔다는 점에서 성경신학이나 조직신학과 구별된다. 또한 선교신학은 만물을 그리스도 안에서 하나 되게 하려는 하나님의 끊임없는 피조물과의 관계 추구에 대한 성경의 거대한 이야기를 다루고 이것을 성경 해석의 기본적인 열쇠로 간주한다(엡 1:10). 데이비드 보쉬(David Bosch)는 "하나님의 본성 자체가 선교적"이라고 주장했으며(1991, 390) 선교신학은 성경 66권 전체에 표현된 하나님의 선교적 본성을 포착한다. 그것은 하나님의 자기 계시의 실을 창세기의 창조에서 시작하여 요한계시록의 완성으로 끝낸다.

선교신학은 복음중심적이며 복음 전달자가 문화와 자연스럽게 연결되어서 예수님에 대하여 분명하게 소통하는데 관심을 갖는다. 그것은 문화에 적합하게 복음을 전하는 전도자의 삶에서 "아하~하고 크게 깨닫는 순간"을 만들어내고 예수님의 삶과 사역과 자신의 삶과 사역을 동일시하는 결과를 낳는다. 간단히 정의하자면 선교신학은 하나님의 인격과 사역, 말씀 그리고 뜻에 대한 메시지를 선교지 상황에서의 신학적, 문화적, 역사적, 종교적 정보를 바탕으로 전달하는 것이다. 이러한 복음 전달 방법은 예수님에 대한 변하지 않는 진실한 이야기에 충실하며 선교지의 특정한 상황에 있는 사람에게 의미가 있다. 선교신학은 예수님의 이야기를 선교지 상황에 적절하게 만들기 위해 바꾸거나 각색하거나 상황화 하지 않는다. 선교신학은 예수님의 이야기와 선교지 현장 문화 이야기 사이의 연결 지점을 찾는다.

선교신학은 상황화와는 구별된다. 브루스 니콜스(Bruce Nicholls)는 상황화를 "변하지 않는 하나님 나라 복음의 내용을 각기 다른 문화와 특정한 실존적 상황 속에 있는 사람에게 의미 있는 언어적 형태로 번역하는 것"이라고 정의한다(1975, 647). 선교신학은 복음의 메시지를 번역하는 것이 아니라 복음의 메시지를 폭넓게 이해하고 그 메시지가 해당 문화에 적용될 수 있도록 연결한다. 예를 들어 바울은 아레오바고에서

---

1) 쿠퍼(Cooper)의 저서 "에베소 신학: 에베소 하나님의 운동의 연구"(Ephesiology: The Study ofthe Ephesian Movement)를 인용하며, 필자는 요한이 유대인 전쟁중, 바울이 AD 67에 죽기 전, 그리고 AD 70년경 예루살렘의 두번째 성전이 파괴되기 전 요한이 에베소에 도착했을 가능성이 가장 높다고 주장한다(쿠퍼 -Cooper 2020, 84-84). 다음은 초대 교회의 주요한 사건과 날짜이다. 1) 서기 69 년 폴리갑(Polycarp)의 죽음 2) 사복음서에서 성전 파괴에 대한 언급이 없음; 3) 유대인 전쟁 때문에 신자들은 에베소로 피난을 감. 4) 에베소는 AD 53 년까지 기독교의 중요한 중심지 5) 마리아는 전통적으로 요한과 함께 에베소에 머뭄(그녀는 70대였을 것이다).

철학자와 대화할 때 철학자가 이해할 수 있도록 예수와 부활을 번역하지 않았다.

오히려 그는 철학자가 제단과 제우스와 관련하여 믿는 것의 배후에 있는 의미를 그리스도로 말미암아 세상을 심판하실 하나님이라고 분명하게 설명했다. 이것은 돈 리처드슨(Don Richardson)(1981)이 언급하였던 구속적 유추(redemptive analogy)가 아니다. 제단과 제우스에 대한 언급은 하나님의 이야기와 유사하지 않으며 오히려 모호하다. 예를 들어 바울이 길리기아 시인 아라투스(Aratus BC 315-240)의 시에서 나온 그의 소생(Phenomena)이라는 표현을(행 17:28) 사용한 것이 마치 야훼(하나님)를 제우스에게 귀속시키는 것처럼 모호하게 여겨질 수 있으나 사실 상 바울의 의도는 사도행전 17:29에서 우리가 하나님의 소생이라고 분명하게 말한다.

선교신학은 문화에 대한 적절한 선교학적 해석에서 시작된다. 간단히 말해서 선교학적 해석은 선교사가 한 문화권의 사람을 이해하기 위한 고된 노력이다. 여기에는 예수님의 이야기를 그들의 이야기와 연결하기 위해 그들 가운데서 일하시는 하나님의 활동을 식별하기 위한 관점에서 한 민족의 역사와 신앙 그리고 문화적 특수성을 연구하는 것이 포함된다. 선교신학은 선교사가 선교신학자가 될 것을 요구한다. 선교신학자는 선교지의 사람이 문화적인 삶을 살아가는 그 세상 속에서 진행되는 하나님의 사역을 독특하게 식별하고 예수님에 대한 이야기와 문화 이야기를 적절하게 연결한다. 선교신학자는 이러한 이야기를 각색하는 데 관심이 있는 것이 아니라 변하지 않고 진실한 예수님에 대한 이야기가 선교지의 문화속에서 그들의 이야기의 일부로 동일시되는 것에 초점을 둔다.

이러한 방식으로 신학화 작업을 할 때 선교신학은 토착화된 신학이 될 수 있는데 왜냐하면 하나님의 구속사라는 거대한 이야기에 뿌리를 두면서 선교지 민족의 역사를 포괄하는 작업을 진행하기 때문이다. 선교 신학자는 성경을 해석하고 적용할 때 선교학적 해석학을 관찰하고 적용할 수 있다. 숀 레드포드(Shawn Redford)는 이러한 해석학을 "선교적 가정과 영적 생명력을 불어넣어 그 시대에 성경을 해석하는 행위"로 정의한다(2012, 1). 그러므로 네번째 복음서인 요한복음을 고려할 때 우리는 요한복음의 선교적 성격을 인식해야 한다.

복음서의 선교적 성격

사 복음서에 제공된 세부 사항은 모두 실제 사건에 가깝게 기록되었음을 증언하지만 어느 복음서도 저자를 개인 이름으로 밝히지 않는다. 누가복음과 요한복음서의 저자는 자신을 지칭할 때 일인칭 단수 개인 대명사인 나를 사용했지만(눅 1:3. 요 21:25) 오직 네 번째 복음서인 요한복음서에서는 이 저자를 이 일을 증거하는 제자(요 21:24)로 밝히고 있다.

순교자 저스틴(Justin)(AD 155-57년경)는 성만찬 수행을 위한 그의 변증에서 복음서를 사도의 회고록이라고 처음 언급한다(제1변증 66항). 이레니우스(Irenaeus)(AD 180년경)는 이후 예수 그리스도의 성육신과 십자가 그리고 부활을 부정하였던 이단인 켈수스(Celsus)에 대한 기독교 변론에서 사도적 권위를 강조한다(이단들에 대하여 3.1.1). 초대 교회에서 복음서에 대한 사도적 증거는 복음서의 수용과 정경성을 결정지었다. 따라서 마태와 요한은 사건의 사도적 목격자였고 마가는 목격자(막 14:51)이면서도 사도 베드로의 관점에서 마가복음을 기록했으며 사도 바울의 동료였던 누가는(행 16:10-11) 그의 이야기들 기록을 위해 우리가 초기 역사학 연구라고 생각할 수 있는 일을 수행했다.

1세기 그리스와 로마 학문의 구전적 특성은 다음과 같은 점을 시사하는데 즉 쓰여진 문서는 읽혀서 전달되는 것보다 사람들이 듣는 것을 통하여 전달되는 경우가 더 많았다. 바울은 분명히 자신의 편지에 대해 이러한 기대를 가지고 있었다(골 4:16). 학문의 구전적 성격에 대한 강조는 초대교회 히에라볼리의 감독으로서 복음서를 깊이 연구하였던 파피아스(Papias)의 다음의 말에서 잘 드러난다. "나는 책에 있는 정보가 살아서 생동감 있는 목소리로 표현되는 것 외에는 나에게 큰 도움이 될 것이라고 생각지 않는다"(이레네우스-Irenaeus, 이단에 대하여 3.39.3-4). 복음서는 예수님의 이야기가 입에서 입으로 전해지도록 장려한 구전 전통을 이어받아 복음 전도 목적으로 쓰여졌으며 성육신 하신 하나님의 삶과 사역을 체계적으로 기록하는데 기여했다. 실제로 이레니우스(Irenaeus)는 구전 복음서에서 문서 복음서로 넘어가는 과정을 이렇게 설명한다:

우리는 구원의 계획을 다른 누구로부터도 배우지 못했다. 그런데 복음을 전하는 자를 통해서 복음이 우리 가운데 다가왔고 그들이 공개적으로 그 복음을 선포했다. 그리고 시간이 지나면서 하나님의 뜻에 따라서 우리에게 성경이 전달되었고 그로 인해 우리 신앙의 기초와 기둥이 세워지게 되었다(이단에 대하여 3.1.1).

그는 지속적으로 복음의 목적에 대하여 설명한다. "율법과 선지자가 선포한 하늘과 땅의 창조주 하나님 한 분과 하나님의 아들 그리스도 한 분이 계시다"(이단에 대하여 3.1.2). 순교자 저스틴(Justin)이 말했듯이 복음서는 들려지고 설명하기 위한 것이다.

그리고 일요일이라는 날에는 도시나 시골에 사는 모든 사람이 한자리에 모여서 시간이 허락하는 한 계속 사도의 회고록이나 선지자의 글을 읽는다. 읽는 자가 읽기를 중단하면 그 지역 수장이 구두로 이 좋은 것들을 본받으라고 지시하고 권면한다(제1 변증서, 62).

복음서의 선교적 목적과 지속적으로 복음서를 구전으로 전승한 것이 초대 교회의 경이로운 성장을 촉진하는 데 도움이 되었다. 일반적으로 복음서의 형성과 요한복음에서 예수님의 이야기를 청중의 이야기와 연결시키는 요한의 능력은 다음과 같은 것을 제공한다. 즉 선교 신학이 토착적인 기독교를 보장하는 중요한 역할을 하는데 도움을 준다는 것이고 이 토착적인 기독교는 성경의 진리에 뿌리는 두면서도 선교지의 문화 이야기에 의미가 있게 해주는 것을 가능하게 만든다.

요한복음의 목적

요한이 예수님의 생애와 사역에 대한 이야기를 기록한 이유는 적어도 세 가지가 있다. 첫째, 유세비우스(Eusebius)는 요한복음이 공관복음이 남긴 공백을 메웠다고 말한다. 그의 출처는 종종 요한의 제자이자 히에라폴리스(Hierapolis)의 두 번째 감독이었던 파피아스(Papias)에게 기인한다(힐-Hill 1998; 참조: 마노- Manor 2013). 유세비우스(Eusebius)는 이렇게 기록한다,

그리고 마가와 누가가 이미 자신의 복음을 썼을 때 다음과 같이 말한다. 요한은 항상 기록되지 않은 선언을 했고 마침내 다음과 같은 이유로 글을 쓰게 되었다. 세 복음서가 이미 기록되어 모든 사람에게 배포되었지만 그리고 요한도 공관복음서를 환영하고 공관복음의 진리를 확증하였지만 한가지 빠진 것은 예수님의 초기 사역에서 진행된 일들에 대한 이야기였다. 공관복음의 기록은 확실히 사실에 기초한 것이지만 공관복음의 세명의 저자는 세례 요한이 감옥이 투옥된 후 1년 동안 예수님이 행하신 사역만을 기록한 것이다. 그리고 역사 기록의 시작 부분에서 그들은 이 부분을 분명하게 언급했다.(H.E3.24.5-8)

유세비우스(Eusebius)가 명시했듯이 요한은 다른 세 복음서에 부족한 이야기를 제공하려고 노력했으며 실제로 그의 복음서는 공관복음과 비교하여 독특하다. 요한은 귀신 축사나 비유 이야기를 기록하지 않았으며 철학자의 전기를 연상시키는 예수님의 삶과 가르침에 초점을 맞춘 명상적인 어조를 반영하고 있다. 이러한 초점은 에베소 헤라클레이토스(기원전 6세기)의 철학을 신봉하지는 않더라도 그 철학에 익숙한 그리스어를 주로 사용하는 다민족 독자들에게 글을 쓴 요한에게서 예상할 수 있다.[2] 이러한 견해는 요한이 μαθητής(마테테스, 제자)를 75회 사용한 것과 요한 복음 서두의 철학적인 성격으로 인해 부분적으로 드러난다.

요한은 예수님에 관한 이야기를 듣는 사람들이 인지적 유익뿐만 아니라 본받을 만한 모범을 얻기를 원했다. 그런 의미에서 요한복음은 제자도에 대한 초기 그리스 철학적 언급과 맥을 같이 한다. 예를 들어 세네카(Seneca)(AD 64년경)는 소크라테스(Socrates)의 제자들에 관해 이 개념을 간결하게 설명한다: "플라톤(Plato), 아리스토텔레스(Aristotle) 그리고 각기 다른 길을 갈 운명이었던 수많은 현자는 소크라테스의 말보다 인격에서 더 많은 유익을 얻었다"(엡 6.5).

둘째, 요한은 공관복음에 없는 예수님에 대한 이야기를 전하고 싶었을 뿐만 아니라 그 이야기를 청중과 연결하고 싶었다. 제롬(Jerome)은 요한의 목적과 관련하여 전해 내려오는 전통을 다음과 같이 이야기한다:

(요한)이 아시아에 있을 때, 동시에 이단의 씨앗이 싹트고 있을 때 … 그는 당시 살아있는 아시아의 거의 모든 감독과 수많은 교회의 대리인으로부터 구주의 신성에 대해 더 깊이 써달라고 강력한 요청을 받았다. 그래서 하나님의 말씀을 얻는데 방해가 되는 모든 장애물을(내가 그렇게 말할 수 있다면) 하나님의 말씀이 능력가운데 성공적으로 나타났던 것처럼 담대함을 갖고 극복할 수 있게 요청받았던 것이다. 교회 역사에 따르면 그는 형제로부터 글을 쓰라는 강청을 받았을 때 모두가 금식으로 하나님께 기도를 하면 그렇게 하겠다고 대답했다. 금

---

2) 필자는 크레이그 키너(Craig Keener)가 요한복음에 대해 수행한 연구에 감사하지만 요한복음을 해석하는 데 있어 삶의 정황(Sitz Im Leben)의 중요성과 날자에 대해서는 동의하지 않는다. 필자 생각에 키너(Keener)는 요한이 너무 유대적이며 예수님에 대한 메시지를 명확하게 전달하기 위해 파견된 사도로서는 충분하지 않은 것으로 여겼다고 필자는 생각한다. 따라서 키너(Keener)의 요한복음 서두에 대한 평가에서 헤라클레이토스가 눈에 띄지 않는 것은 놀라운 일이 아니다(키너-Keener 2010, 341-43 참조).

식이 끝났을 때 계시로 가득 찬 이야기들이 계속 나왔고 그는 감격하여 하늘로부터 온 요한복음의 서두를 기록하였다. "태초에 말씀이 계시니라 이 말씀이 하나님과 함께 계셨으니 이 말씀은 곧 하나님이시니라. 말씀이 태초에 하나님과 함께 계셨다" (마태의 주석, 서문, 2)

아르테미스(Artemis)와 디오니소스(Dionysus)가 숭배의 대상이었던 문화적 맥락에서 살면서 아시아의 감독은 예수님의 본질과 인격에 대한 확실한 답을 찾고자 했다. 요한은 예수님을 아시아의 숭배 대상과 나란히 배치했을 뿐만 아니라 성전에서 가르치셨기 때문에 예수님을 철학자보다 더 위대하신 분으로 자리매김했다. 가장 놀랍게도 요한복음에서 예수는 헤라클레이토스(Heraclitus)의 λόγος(로고스, 말씀) 철학의 성취자이다(요한복음 1:1).

마지막으로 요한은 세상을 구원하러 오신 말씀의 도래를 전했다. 이 이야기는 유대인 이야기에만 국한된 것이 아니라 요한이 κόσμος(코스모스, 세상)를 사용하면서 분명히 밝힌 것처럼 모든 사람을 위한 이야기이다. 요한은 다른 모든 복음서를 합친 것보다 더 많은 58번이나 이 단어를 사용하여 하나님의 일이 단순히 유대인만의 일이 아니라 우주적 규모의 세계적인 일이라는 것을 전달한다. 예수님은 단순히 유대인의 메시아가 아니라 κόσμος(코스모스, 세상) 온 세상을 위한 그리스도가 되셨다. 요한이 모든 사람을 위한 예수님의 사역을 강조한 다음 표를 살펴보라.

요한복음의 구절들	세상과의 연결
1:9	진정한 빛이 세상에 왔다
1:10	그분은 세상을 창조하셨다
1:29	그분은 세상의 죄를 없애신다
3:16	하나님이 세상을 사랑하신다
4:42	그분은 세상의 구세주이시다
6:14	그분은 세상에 오시는 선지자이시다
6:33	그분은 세상에 생명을 주신다
8:12	그분은 세상의 빛이시다
8:26	그분은 아버지께 들은 것을 세상에 선포하신다
12:19	그분은 세상에 오신 하나님의 아들이시다
12:47	그분은 세상을 구원하러 오셨다
14:31	그분의 사역은 아버지에 대한 그분의 사랑을 세상에 보여주었다

도표 9.1 요한의 *κόσμος*(코스모스, 세상) 사용 (쿠퍼-Cooper 2020,64)

요한의 선교 신학을 이해하는 데 기초가 되는 것은 요한복음이 기록된 이유(occasion)이다. 그 계기는 세 가지로 요약할 수 있다: 1) 틈새 메우기 2) 이야기 연결 3) 세상 구원. 이것은 알려지지 않은 예수님의 이야기를 로마 아시아 청중에게 연결하여 이들이 그들의 문화권에서 예수님의 이야기를 이해하게 하여 이 지역 전역에 제자 양육과 교회 개척을 추진했다. 이제 우리는 예수님과 로마 아시아 청중을 연결하였던 그 이야기로 돌아가겠다.

요한의 선교신학[3]

요한복음은 아르테미스(Artemis) 여신과 디오니소스(Dionysus)신 그리고 철학자 헤라클레이토스(Heraclitus) 등과 관련된 소아시아의 종교 및 철학적 체계를 다룬 복음서이다. 요한은 예수님과 함께 있었던 개인적인 목격담으로 공관복음을 꾸미는 데 관심이 없었다. 그는 오히려 예수님의 삶과 사역에 대한 몇 가지 공백 특히 청중의 문화와 관련된 공백을 메우고자 했다. 예수님의 사역 연대기에도 관심이 없었다. 또한 유대인 성전 파괴나 유대인 전쟁이 그의 글쓰기에 영향을 미쳤을 것이라고 제안하는 것은 비합리적인 것 같다.

요한복음의 기록된 시기가 요한이 에베소에 도착했을 때 발생한 유대인 전쟁의 시작된 시기로 거슬러 올라가면 성전 파괴는 복음서 자체와는 아무런 관련이 없다. 사실 요한이 성전에 대해 언급하는 것(요 2:14-21, 7:14-28, 8:2-59)의 중요성은 소아시아 지역 전체에 있는 아르테미스(Artemis) 신전의 중요성과 병치되어야 한다. 실제로 요한의 청중이 비기독교인인 에베소인과 아시아인으로 구성되어 있었다면 그들은 유대인 성전에 대해 전혀 알지 못했을 것이다. 요한이 복음서에서 성전에 대해 언급한 것은 예수님을 인간의 손으로 만든 성전에서 숭배하는 어떤 신이나 여신보다 더 위대하신 지존하신 하나님으로 자리매김하기 위함이었다고 보는 것이 더 타당하다. 예수님은 예루살렘이나 에베소 등 성전이 어디에 있든 상관없이 성전에서 행해지는 예배와 의식을 대체하셨다.[4]

요한복음은 "온 아시아와 세계가 아르테미스(Artemis)에게 경배하는"(행 19:27) 고대 세계의 경이로운 도시에 사는 것을 자랑스럽게 여겼던 사람과 소통할 수 있는 메시지였을 것이다.[5] 그의 주된 관심사는 소아시아 사람의 이야기와 예수님의 이야기를 연결하여 그들이 유일하신 참 하나님을 세상의 창조주이자 유지자이신 하나님(요 6:35-51; 8:12; 9:5; 10:9, 11-14; 11:25; 14:6)으로 분명히 볼 수 있도록 하는 것이었다.

출산의 수호신 역할을 한 아르테미스(Artemis)(요 1:12)가 아닌 예수님만이 하나님의 자녀가 될 권리를 주셨다. 예수님은 혼인 잔치 기적과 같은 진정한 표적을 행하셔서 결혼의 여신 아르테미스(Artemis)보다 자신이 우위에 있음을 분명히 보여주시는 것이었다(요 2:1-12). 예수님은 제우스(zeus)에게서 두 번 태어난 디오니시우스(Dionysius)(요 3:1-15)와는 달리 종교 지도자에게 응답하여 거듭나라고 부르실 수 있었다.

예수님은 우물가의 여인(요 4:1-45)과 같은 사람에 대해 특별한 지식을 가지고 계셨는데 이 우물가의 여인은 로마 광장(symposium)에서 남자와 동침한 소아시아의 일부 여인처럼 행동하였던 여성이다. 예수님

---

3) 이 부분은 주로 "에베소서 신학: 에베소서의 하나님의 운동연구"(Ephesiology: The Study of the Ephesian Movement): (리틀턴, 콜로라도: 윌리암케리(Littleton,CO,:William Carey, 2020)허가를 받아 사용하였다

4) 성전파괴의 영향력에 대한 토론을 위해 다음의 저널을 보라. 안드레아스 코스텐버거(Andreas Kostenberger), "두 번째 성전의 파괴와 네 번째 복음서의 구성"(The Destruction of the Second Temple and the Composition of the Fourth Gospel, Trinity Journal 26(2005): 205-42. 필자는 분명하게 코스텐버거(Kostenberger)의 의견에 동의하지 않는다.

5) 누가는 전형적으로 κόσμος(코스모스, 세상)이라는 단어보다는 οἰκουμένη (오이코우메네, 사람이 거주하는 땅, 이곳에서는 로마)라는 단어를 사용하였다

이 산 떡이라고 언급하신 것은 새로운 예식을 통하여 수행자를 신과 연결하였던 로마의 다른 신과 여신보다 우월하다는 것을 의미한다. 오직 예수님만이 인류의 배고픔을 없앨 수 있다(요 6:22-59).

예수님의 이야기	에베소의 문화적 사항
로고스 (1:1-3)	헤라클레이토스 (Heraclitus)의 철학
하나님의 자녀가 되는 권세 (1:12)	출산의 수호자 역할을 했던 아르테미스(Artemis),
가나 혼인잔치의 기적 (2:1-12)	결혼의 여신 아르테미스 (Artemis)
거듭날 것을 요청 (3:1-15)	제우스 (Zeus)에게서 두번 태어난 디오니시우스(Dionysius)
사마리아 여인 (4:1-45)	에베소의 고급 기생 (Courtesans)
살아있는 떡 (6:22-59)	신들과 신들을 연결하는 예식들
성전에서 가르치심 (7:14, 28; 8:20)	철학학교의 위치 (두란노?)
세상의 빛 (8:12)	Juxtaposed to 아르테미스 (Artemis)의 후광에 병치됨
제자들의 발을 씻기심 (13:5)	에베소와 소아시아에서 익숙한 관습

도표 9.2 예수님의 이야기와 아시아의 이야기와의 연결점

요한의 탁월한 선교신학은 예수님에 대해 들어본 적 없는 사람에게 예수님을 실제적인 분으로 만들었다. 요한이 목격자라는 사실은 예수님이 "모든 사람에게 빛을 비추는 참 빛"(요 1:9)이시며 풍성한 생명을 주시기 위해 세상에 오셨다는 사실(요 10:10)을 더욱 증언해 주었다. 예수님은 동족으로부터 거부당하고 멸시당했다(요 1:11). 그러나 다른 민족(요한은 50여 개의 민족이 존재하는 상황에서 글을 썼다)의 사람은 자신을 희생하고 새 생명으로 부활하신 인격적인 하나님에게서 위안을 얻어 그들도 영생을 얻을 수 있었다(요 4:39-42, 46-53; 10:16; 12:20-26; 16:8-9; 17:20-21). 이것은 온 세상을 향한 메시지였으며 요한은 예수님이 다른 모든 신보다 우월하신 유일하신 참 하나님이자 주님이심을 분명히 하기 위해 이 메시지를 반복해서 전했다.

요한이 예수님의 이야기를 로마제국의 아시아의 문화에 맞게 효과적으로 연결한 것은 분명하다. 이는 기독교의 토착적인 표현이 되었고 그 결과 이 지역 전역에 걸쳐 교회가 지속적으로 성장하게 되었다. 그 결과 성숙한 제자와 신약의 지도자 그리고 건강한 교회가 탄생했다. 물론 기독교에 문제가 없는 것은 아니었다. 그럼에도 불구하고 소아시아 교회에 대한 예수님 자신의 증언은 건강한 교회의 몇 가지 특징에 대한 분명한 이해를 제공한다. 요한계시록 2-3장은 건강한 교회의 주요 특징을 다음과 같이 설명한다:

1. 성령의 음성을 듣는다(계 2:7, 11, 17, 29; 3:6, 13, 22).
2. 거짓 가르침에 맞서 싸운다(계 2:2).
3. 하나님의 영광을 선포한다(계 2:4-5)- 첫사랑의 행함(선교학적으로 열방에 하나님의 영광을 선포하려는 신 중심적 열정).
4. 소외된 자를 옹호한다(계 2:6).

5. 믿음에 굳게 서다(계 2:13).

6. 사랑, 믿음, 봉사, 인내의 일을 넘어선다(계 2:19).

7. 고난을 견딘다(계 3:11).

8. 건전한 교리를 유지한다(계 3:3, 8, 10).

1세기 교회에 관한 역사적 성찰은 중요한 관찰을 하게 한다. 사복음서가 기록된 시기(서기 60~80년경)와 구전으로 전해진 특성을 고려할 때 기독교가 크게 성장한 시기와 일치한다(그림 9.1 참조). 오늘날 교회 개척 운동(CPM)/교회개척을 위한 제자화 운동(DMM)에 속한 사람으로 하여금 현대의 다양한 선교 방법론 가운데에서 이 같은 선교신학이 시사하는 바를 고려하도록 격려한다.

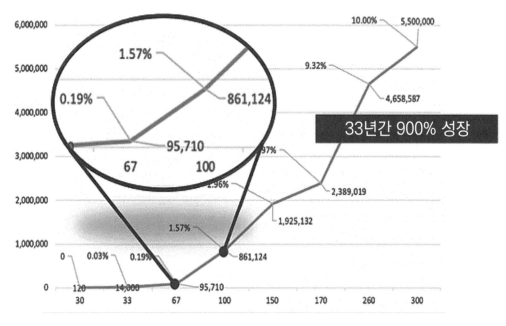

그림 9.1: 초대교회의 성장

교회 개척 운동(CPM)/교회개척을 위한 제자화 운동(DMM)에 대한 시사점

선교학자와 선교사는 일반적으로 선교는 신학의 어머니라는 데 동의한다. 신학은 상황에 대한 이해를 바탕으로 가장 잘 발전한다. 우리는 1세기에 등장한 신학에서와 마찬가지로 16세기에 등장한 신학에서도 이러한 사실을 분명히 관찰할 수 있다. 요한의 선교 신학은 변하지 않은 예수님의 이야기를 문화와 연결할 수 있는 방법을 보여주는 훌륭한 예이다. 우리는 위에서 설명한 선교 신학의 실행에서 교회 개척 운동(CPM)/교회개척을 위한 제자화 운동(DMM)에 대한 몇 가지 시사점을 도출할 수 있다.

첫째, 요한복음 기록에 대한 제롬(Jerome)의 기록에서 볼 수 있듯이 선교사는 하나님께서 자신이 하고 있는 일과 자신의 이야기가 한 문화와 어떻게 연결되기를 원하는지 계시해 주시도록 기도하고 금식해야 한다. 우리는 신성한 계시를 구하는 것이 아니다. 우리는 하나님이 일하시는 곳을 제대로 파악하고 그분의 사역에 어떻게 동참할 수 있을지 지혜를 구하는 것이다.

둘째, 하나님의 이야기를 문화와 효과적으로 연결하기 위해 선교사는 문화권 내부에서 든 외부에서 든 선교학적 해석을 연습해야 한다. 한 문화의 역사와 신념 체계 그리고 철학을 이해하기 위해 현장 조사를 수행하는 것은 토착적인 기독교를 보장하기 위한 복음 전도를 시작하고 공식화하는 데 매우 중요하다. 이러한 현장 조사가 없으면 혼합주의의 가능성과 마찬가지로 기독교가 외국인의 것으로 인식될 가능성이 높아진다(쿠퍼-Cooper 2021).

셋째, 예수님에 대한 이야기를 문화와 연결하는 것은 건강한 하나님의 운동에 매우 중요하다. 요한이 복음을 기록할 때부터 요한계시록을 기록할 때까지 교회는 약 96,000명에서 861,000명으로 성장했으며 계속해서 성장했다(그림 9.1 참조). 숫자와 성장이 반드시 건강을 나타내는 것은 아니다. 그러나 소아시아 교회들의 경우 예수님의 경고와 칭찬이 초기 제자들의 건강한 궤도에 기여했다.

마지막으로 적절한 선교학 및 신학 교육은 하나님의 운동의 지속적인 건강을 위해 필수적이다. 선교신학은 진공 상태에서 이루어지는 것이 아니다. 선교신학은 선교학 및 신학에 대한 피상적인 지식 이상의 것을 전제로 한다. 선교신학은 하나님의 선교적 성격과 성경의 선교적 이야기를 깊이 파고들어 상황에 적절히 적용하는 깊이 있는 연구가 필요하다. 이러한 추구가 모든 제자에게 적합한 것은 아니다. 그럼에도 불구하고 이 하나님의 운동에는 건전한 가르침의 전달을 보장할 수 있는 선교학 및 신학 교육의 역량에 도달한 사람이 포함되어야 한다(딤전 4:6). 이것은 공식적인 교육을 전제로 하는 것은 아니지만 성도가 사역을 위해 준비할 수 있도록 그러한 일에 은사를 받은 사람을 의도적으로 준비시켜야 한다(엡4:11). 이러한 깊이는 아시아 문화에 대한 요한의 연구에서 볼 수 있고 또한 그 당시 주변 상황에 대한 요한 신학의 적용에서 볼 수 있다.

결론

요한복음은 예수 그리스도의 생애에 대한 독특한 관점을 제시한다. 사도 요한이 복음에 대한 이야기를 전하는 방식은 로마제국의 아시아 사람의 이야기와 연결하여 복음을 전하는 선교 신학을 보여준다. 에베소 철학자 헤라클레이토스(Heraclitus)(기원전 535~475년경)를 떠올리게 하는 놀라운 헬라어 요한복음 서문의 로고스(logos)로부터 이 지역의 문화적 관습(고급매춘부, 예식에서 신(神)을 상징하는 음식을 먹는 행위(theophagy), 세족식 등)에 대한 다양한 언급까지 요한은 예수님의 모습을 그리면서 이는 사람에게 적절할 뿐만 아니라 유대인의 메시야이신 동시에 세상(kosmos)의 그리스도이심을 보여준다.

아시아인에게 전하는 요한의 메시지를 이해하기 위해서는 요한복음의 문맥의 중요성이 무엇보다도 중요하다. 예수님에 대한 이야기를 로마제국의 아시아인의 문화와 연결한 요한의 모델은 하나님의 운동 지도자가 토착적인 기독교의 표현을 실현하기 위해 사역 대상의 종교와 민족적 특수성 그리고 역사를 이해하는 것이 얼마나 중요한지를 보여준다.

이 선교신학은 문화를 올바르게 해석하고 문화 속에서 하나님이 무엇을 하고 계시는지를 성찰하며 하나님의 이야기를 사람의 이야기와 연결하여 더 많은 사람이 하나님을 경배함으로써 하나님의 영광을 끊임없이 추구하는 하나님의 이야기가 뚜렷하게 표현되도록 한다. 요한복음은 복음의 내용을 상황화한 것도 아니고 구속적 유추의 예도 아니다. 대신 네번째 복음서인 요한복음은 예수 그리스도에 관한 실제 이야기 속에서 그 문화의 이야기와 관련된 예수 그리스도의 복음을 정확하게 전하는 선교 신학이다. 따라서 네번째 복음서인 요한복음은 하나님의 운동 지도자에게 문화를 구세주의 이야기와 효과적으로 결합시키는 모범을 제시한다.

복음의 핵심은 예수님에 대한 이야기를 전하는 것이다. 요한은 에베소와 소아시아의 사람이 이해할 수 있는 방식으로 예수님을 훌륭하게 묘사했다. 요한은 철학적 종교적 문화적 그리고 민족적 수준에서 청중과 소통하여 예수님의 이야기를 그들의 이야기가 될 수 있도록 전달했다. 더 이상 유대인만의 메시아 이야기가 아니었다. 그것은 소아시아의 세계를 포함하여 모든 세상을 회복시킬 유일하신 참 하나님의 이야기였다(쿠퍼-Cooper 2020, 88).

참고 문헌

Bosch, David. 1991. *Transforming Missions: Paradigm Shifts in Theology of Missions*. Maryknoll, NY: Orbis.

Carson, D. A., Douglas J. Moo, and Leon Morris. 1992. *An Introduction to the New Testament*. Grand Rapids: Zondervan.

Cooper, Michael T. 2020. *Ephesiology: The Study of the Ephesian Movement*. Littleton, CO: William Carey.

———. 2021. "The Potential Risk of Syncretism in Church Planting Movements." *Evangelical Missions Quarterly* 57 (1).

Keener, Craig. 2010. *The Gospel of John: Two Volumes*. Grand Rapids: Baker Academic.

Köstenberger, Andreas. 2005. "The Destruction of the Second Temple and the Compo-sition of the Fourth Gospel." *Trinity Journal* 26: 205–42.

Manor, T. Scott. 2013. "Papias, Origen, and Eusebius: The Criticisms and Defense of the Gospel of John." *Vigiliae Christianae* 67: 1–21.

Nicholls, Bruce J. 1975. "Theological Education and Evangelization." In *Let the Earth Hear His Voice*, edited by J. D. Douglas. Minneapolis: Worldwide.

Redford, Shawn B. 2012. *Missiological Hermeneutics: Biblical Interpretation for the Global Church*. Eugene, OR: Pickwick.

Richardson, Don. 1981. *Eternity in Their Hearts: Startling Evidence of Belief in the One True God in Hundreds of Cultures Throughout the World*. Grand Rapids: Baker.

Ancient Sources

Eusebius, *Church History*

Irenaeus, *Against Heresies*

Jerome, *Commentary of Matthew*

Justin Martyr, *First Apology*

10장
평화의 가정: 관계와 경계 그리고 복음
제임스 루카스(James Lucas)

필자는 중동에서 10년 이상 살았다. 이 기간에 필자는 구전을 선호하는 문화권에서 다양한 단계의 하나님의 운동을 위한 성경 자료를 개발하는데 도움을 주었다. 이 문화권에서 사람들은 주로 듣는 방식으로 성경을 공부한다. 이러한 경험은 필자가 성경을 읽고 들으며 그리고 해석하는 방식에 깊은 영향을 미쳤다.

이 장에서는 누가복음과 사도행전에 나오는 평화의 가정을 연구하게 될 것이다. 이것은 하나님의 운동 신학과 실천에 도움이 될 수 있는 평화의 사람(people of peace)/평화의 가정(households of peace)에 대한 논의에 새로운 통찰력을 더할 것이다. 누가는 예수님과 제자 그리고 바울이 어떻게 가정을 이용해 기존의 네트워크 즉 오이코스와 다른 네트워크에 도달했는지를 설명한다. 누가는 또한 기존의 네트워크가 어떻게 사람들을 하나로 묶어 주기도 하고 떼어놓기도 했는지를 설명한다. 또한 누가는 구전을 선호하는 학습자를 겨냥한 일반적인 작문 기법을 사용하여 하나님의 운동의 경계를 예수님께 헌신한 사람이라고 규정하고 발전시킨다. 이 경계를 명확히 함으로써 이 하나님의 운동이 새로운 민족으로 확장될 수 있었다. 이러한 방식으로 누가의 영감 받은 이야기는 오늘날 우리가 기존 네트워크에 있는 사람을 전도하는데 도움이 될 수 있다.

집단주의와 사람/하나님의 운동사고에서 평화의 가정(Households of Peace)

신약 시대에 중동과 지중해 지역은 집단주의 문화로 구성되어 있었다(리쳐드-Richards와 제임스-James 2020). 이러한 문화에서 사람들은 자신을 하나로 묶어 주는 특정 기본가치에 의해 정의된 집단의 구성원이라고 생각했다. 따라서 이러한 기반은 경계 역할도 했다. 사람들은 나는 너에게 속해 있다라는 관점에서 생각하지 않고 개인주의적 관점에서 소속감을 중시했다. 그들은 "우리는 우리에게 속한다"라는 관점에서 더 많이 생각한다.

그들은 서로를 중심으로 하는 가치에 의해 집단적 그룹으로 묶여 있었다.[1] 이러한 가치관은 함께 소속된 사람들을 정의하고 그룹과 그들의 가치를 보존하는 데 도움이 되었다. 이러한 공유된 가치는 다양한 소셜 네트워크를 형성했다. 일부 집단 그룹은 혈통의 공유를 기반으로 했으며(이것을 그들을 하나로 묶는 기본 가치로 삼았다) 다른 집단은 상호 도움과 법적 관계 또는 공유된 종교적 신념을 기반으로 한다. 사람

---

1) 좀 더 집중된 성경 신학적 접근을 통해, 필자는 폴 G. 히버트에서(Paul G. Hibert)(1994)가 처음 제시한, 소속감에 관한 "경계집합(bounded)" 및 "중심집합(centered)" 이론을 사용한다.

들은 여러 네트워크를 연결하는 다양한 가치에 따라 여러 그룹에 속할 수 있었다.

많은 복음주의 신학은 개인의 제자 훈련에 초점을 맞춰 왔다. 물론 이것이 중요한 역할을 한다. 그러나 교회 재생산과 교회 개척 운동에는 제자훈련 그룹이 포함된다. 이런 의미에서 교회(에클레시아 ekklesia)는 그룹 또는 그룹의 네트워크이다.

많은 사람이 1세기에 집단생활과 교회 개척에서 가정(오이코스oikos) 그룹이 수행한 역할을 인정한다. 마태복음 10장과 마가복음 6장 그리고 누가복음 9~10장에서 예수님은 제자들을 유대인 마을과 마을로 보내어 하나님 나라를 선포하게 하였다. 예수님의 가르침은 집과 가정 중심으로 이루어졌다. 누가복음 10:5-7절에는 제자들이 들어간 집에서 평화의 사람을 발견하면 그 가정에 머무르라는 예수님의 가르침이 기록되어 있다. 사도행전에는 오이코스와 함께 신앙을 갖게 된 사람들의 이야기가 기록되어 있다(행 10: 16:11-15, 27-34).

여러 사람을 제자로 삼고 기존 네트워크에 일원이 되게 하는 우리의 열망을 고려할 때 여러 연구와 토론이 위의 성경 구절에 집중하여 왔다. 많은 사람이 복음서와 사도행전에서 가족과 함께 신앙을 갖게 된 "평화의 사람(PoP)"의 공통된 특징을 파악하려고 노력했다. 다양한 저자가 평화의 사람의 특징을 조금씩 다르게 제시하고 있지만 기본적으로 평화의 사람은 아직 예수님을 믿지 않는 사람으로서 예수님에 대한 복음을 받아들이도록 하나님께서 예비하신 사람이며 기존 네트워크에 가교 역할을 하는 사람이라고 정의한다.[2] 그러나 이러한 접근 방식은 개인을 정의하기 때문에 여전히 개인주의적인 경향이 있다. 최근에는 더 많은 집단적 요소를 강조하기 위해 '평화의 가정'(HoP)이라는 용어를 사용하기 시작했다(스미스-Smith와 팍스-Parks 2015). 이러한 해석으로 인해 많은 사람이 하나님의 운동을 촉진하기 위한 핵심 전략으로 이러한 평화의 사람과 평화의 가정(households of peace)을 찾게 되었다.

그들의 세계에서 누가복음과 사도행전을 듣고 해석

1세기 지중해 사람들의 압도적인 다수는 기능적으로 문맹인이었다. 극소수(아마도 5~10퍼센트)만이 글을 읽을 수 있었다. 이러한 문화적 맥락에서 사람들은 오늘날과는 다른 방식으로 원문을 구성하고 읽었다. 첫째, 사람들은 일반적으로 자신과 듣는 그룹 모두에게 큰 소리로 원문을 읽었다. 예를 들어 요한계시록 1:3 절은 책을 읽는 사람(단수)과 그 안에 기록된 말씀을 듣는 사람(복수)을 축복한다(참조: 눅 4:17-21. 행 15:21). 글을 읽을 수 있는 사람과 글을 들을 수 없는 사람 모두를 가리킨다.

둘째, 1세기 지중해 원문은 청각적으로 수용될 수 있도록 구성되었기 때문에 청중이 원문을 따라가도록 안내하는 많은 구성 장치를 사용했다(로빈스-Robbins 1991, 145; 1994, 80).

셋째, 구술 문화권에 속한 사람들은 듣는데 능숙했다. 그들은 강력한 기억력을 발달시켰고 이를 통해

---

2) 이 설명은 매튜스(Mattews) 2019의 책에 있는 책 요약에 의해 형성되었다. 개리슨(Garrison) 2004. 45, 213; 스미스와 카이 (Smith and Kai) 2011, KL1131-37; 애디슨(Addison) 2912, 209-21; 트루스데일(Trousdale) 2012, 89-97; 왓슨과 왓슨 (Watson and Watson) 123-29의 책을 참조하라.

들은 내용을 연결하고 해석했다.

넷째, 1세기에 공동체들은 긴 원문의 높은 비용과 낮은 가용성으로 인해 원문에 대한 접근이 적었다(보타-Botha 2012, 97). 많은 유대인은 성경을 외우지 않더라도 회당 모임에서 정기적으로 성경을 낭독하는 것을 들었기 때문에 성경에 대해 잘 알고 있었다(행 15:21).

마지막으로 사람들은 종종 그룹으로 성경을 들었기에 함께 참석한 다른 사람들과 들은 내용에 관해 토론할 수 있었다(예: 눅 4:22).

신약성경은 이러한 문화권에서 구성되었으므로 누가복음과 사도행전을 주석할 때 이러한 역학 관계를 염두에 두는 것이 좋다(아흐테마이어-Achtemeier 1990; 하비-Harvey 1988, 1-60). 예를 들어 누가복음과 사도행전은 연속적인 이야기로 소리 내어 들을 수 있도록 구성되었다(참조: 눅 1:1-4 행 1:1). 원래는 장 구분이나 제목 그리고 구절이 없었다. 청중이 기억할 수 있는 용어와 아이디어 그리고 사건을 반복하여 잠재적인 연결고리와 연관성을 인식하게 한다. 복음서의 후반부에 나오는 비슷한 용어와 이야기는 종종 이전에 언급된 내용을 이어받아 발전시킨다. 그 결과 주제가 발전해 나간다.

누가복음과 사도행전은 청중이 헬라어 유대인 성경(Greek Jewish Bible)에 대해 잘 알고 있다고 분명히 가정하고 있다(다르-Darr 1992, 28). 누가는 때때로 이러한 언급을 명시적으로 지적한다(예: 눅 4:17-19). 다른 경우에는 이러한 언급이 더 암시적이거나 미묘하다(예: 행 3:8의 "뛴다"는 이사야 35:6을 반영할 수 있다). 누가는 성경에 대한 명시적 및 암시적 참조를 모두 사용하여 이야기에서 의미의 층을 만드는 것이 특징이다(헤이즈-Hays 2016, 229). 누가는 "우리 가운데 성취된 것"(눅 1:1-4, 필자 강조)에 대한 이야기 설명을 제공하는 것이 자신의 목적이라고 말하며 따라서 청중이 이야기 속 사건의 의미와 그것이 이전의 소망과 예언을 어떻게 성취하는지 볼 수 있다고 가정한다.

많은 현대 서양인들은 모든 것을 명시적으로 말해야 한다고 생각하는 저 문맥 대화자들(low-context communicators)인 반면에 누가는 누가복음과 사도행전에서 고 문맥 대화(high-context communication)를 사용하고 있다. 그는 이미지와 그림, 메아리 그리고 반복을 통해 청중이 알아들을 수 있다고 가정한다. 예를 들어 누가는 "예수님은 하나님이다"라고 말하지 않고 예수님이 하나님이라는 것을 보여주는 일련의 이야기를 들려준다. 청중은 그 이야기를 통해 예수님이 누구인지 결론을 내리게 된다. 다른 많은 주제에서도 마찬가지다. 이것은 누가가 저 문맥 대화에 서툴렀다는 뜻이 아니라 오히려 그가 고 문맥 대화 세계에서 매우 효과적인 전달자라는 뜻이다. 저 문맥 전달자로서 우리는 신약성경을 보다 온전하게 해석하기 위해 1세기 성경에서 사용된 이러한 구성 방식을 재조정할 필요가 있다.

1부: 누가복음

누가는 예수님에 대한 많은 이야기를 가정에서 들려준다. 이는 가정과 집이 그 사회에서 수행한 기본적인 역할을 고려할 때 놀라운 일이 아니다. 누가가 이야기에서 집과 가정에 대해 언급할 때 누가는 비슷한 문화권에서 살았던 청중의 가정이 어떤 역할을 했는지 이해했을 것이라고 예상할 수 있다.

팔레스타인 가정과 집

가정(그리스어로 oikos)은 사회의 기본 구성 요소였다. 가정은 일반적으로 남성이었던 가장의 법적 권한 아래 있는 모든 사람을 포함했다. 가정의 구성원에는 아내와 자녀, 그가 소유한 노예, 그리고 그의 법적 권한 아래 있는 다른 혈족이 포함되었다(목스네스-Moxnes 1997, 20-21). 가정이 거대했던 것처럼 들릴 수 있지만 수명이 짧아 그 수는 낮게 유지되었다. 당시 로마 이집트에서 보존된 기록에 따르면 마을과 도시의 가정 내의 사람 수는 2~10명이고 평균 4~5명 정도였다(바그날- Bagnall 과 프리어-Frier 1994, 68). 폼페이(Pompeii)의 건축 증거에 따르면 대부분 집에는 4~8명이 거주했다고 한다(오크스-Oakes 2009, 82).

가정은 보통 한 집에서 함께 살았다. 실제로 가정(Oikos)은 "집"의 기본 단위이기도 하다. 여기에는 주택과 아파트 또는 상점과 작업장의 작은 생활 공간이 포함될 수 있다(아담스 - Adams 2013, 7; 오시크-Osiek와 발흐- Balch 1997, 6). 예를 들어 누가는 고넬료의 집안 사람과 그들이 살던 집에 대해 가정이라는 용어를 사용한다(행 10:2, 30). 이러한 연관성을 명확히 하기 위해 가장을 가리킬 때 집주인이라는 단어를 사용하겠다. 이는 가장의 역할과 가정과 물리적 집에 대한 권위에 초점을 맞추기 때문이다.

선교학자들은 가정(oikos)이라는 단어를 누군가의 관계적 네트워크를 뜻하는 것으로 최근에 사용하기 시작했다. 신약성경에서 이러한 이야기를 읽을 때 오이코스는 단순히 가정을 의미한다는 점을 기억하고 이 광범위한 소셜 네트워크 적용을 시대에 뒤떨어진 것으로 읽지 않는 것이 좋다.

집은 사회 생활의 중심이었다. 사람들은 이웃과 친척 그리고 친구를 초대하여 식사와 축하 행사를 갖었다(눅 14:12). 사람들은 친척이나 친구와 함께 머물기 위해 여행을 떠났다(눅1:39-56, 행10:5-6). 사업 동료는 집에서 모임을 가졌다(눅 16:1-4). 팔레스타인 가정에는 보통 약 5×5미터(16×16피트) 크기의 중앙 방이 있어 식사와 토론, 요리 그리고 파티가 이루어지는 공간으로 사용되었다. 바닥에 앉는 경우는 드물었고 손님은 이런 모임에서 벤치나 소파에 기대어 앉았다(사프라이 - Safrai 1976, 737).

랍비는 집에서 제자를 가르쳤다. 집주인은 랍비가 가르칠 수 있도록 집을 개방하고 마을 사람이 참석했다. 당시의 한 속담은 사람에게 "너희 집을 현자의 모임 장소로 삼아 그들의 발 먼지 속에 앉으라"(아보스-Aboth 1:4; 사프리-Safrai 1976, 965)고 권유했다. 여행하는 랍비는 특히 자신의 집을 개방하는 사람에게 의존했다.

예수님은 여러 지역을 돌아다니시면서 이 방법을 자주 사용하셨다. 예수님은 종종 마을 사람이 많이 모인 환경에서 한 사람의 집에서 가르치셨다(눅 5:19; 7:36-50; 14:1-2). 누가복음은 마리아와 마르다가 예수님을 집으로 맞이했을 때 마리아가 "주님의 발치에 앉아 그분의 말씀을 들었다"(눅 10:39)고 말한다. 그들은 예수님을 영접했고 예수님은 그들의 집에서 제자들에게 교훈하셨고 마리아도 그 자리에 함께했다.

레위

예수님은 이사야서 마지막 부분(56~66장)의 중심인 이사야 61:1-2절을 읽으시며 장차 도래할 하나님 나라의 모습을 묘사하며 자신의 사역을 선포하였다. 하나님의 종은 기쁜 소식과 포로 된 자의 자유, 눈먼

자의 치유 그리고 모든 빛이 탕감되는 주님의 은혜의 해를 선포할 것이다. 예수님은 "이 글이 오늘 너희 귀에 응하였느니라"(눅 4:16-21)고 말씀하셨다. 일련의 이야기를 통해 예수님이 이러한 예언적 희망을 어떻게 실천하셨는지 알 수 있다. 예수님은 이 마을 저 마을을 다니시면서 하나님 나라를 선포하고 병자를 고치며 사람들을 영적 고통에서 해방시키고 죄 사함을 선포하셨다. 또한 사람들에게 자신을 따르라고 부르고 열두 제자를 제자로 삼아 동행하셨다(눅 5:11, 27, 8:1).

이러한 주제는 예수님께서 세리 레위를 제자로 부르실 때 나타난다(눅 5:27). 세리들은 과도한 세금을 징수하여 돈을 갈취하는 일을 하는 경우가 많아서 대부분의 유대인으로부터 경멸을 받았다(눅 3:12~13). 예수님은 레위를 불러 제자로 삼으셨고 레위는 모든 것을 버리고 주님을 따랐다(눅 5:27-28). 레위는 큰 집과 오이코스를 소유한 비교적 부유한 집주인이었을 것이다. 그는 자신의 집에서 예수님을 위한 큰 축하 연회를 열었다(눅 5:29). 이런 성대한 연회에는 많은 사람이 초대되었을 것이다. 누가는 레위의 동료 세리와 다른 사람으로 구성된 큰 무리가 함께 모여 앉아 식사를 하고 있었다고 말한다(눅 5:29). 바리새인과 율법 교사는 이 광경을 보고 불평하는 반응을 보였다. 그들은 "어찌하여 세리와 죄인과 함께 먹고 마시느냐?"고 물었다(눅 5:30).

1세기 유대인에게 토라에 규정된 음식 정결법을 따르는 것은 중요한 가치였다. 이는 야훼의 언약 백성이라는 집단적 정체성과 연결되어 있었다. 바리새인은 다른 많은 유대인보다도 이러한 음식 정결법을 더 잘 지켰다. 바리새인은 심지어 다른 유대인의 음식이 준비되는 동안 어느 단계에서 불순물이 오염되었을 경우를 대비하여 다른 유대인의 음식을 먹는 것을 피했다(샌더스-Sanders 2016, 344). 더 광범위하게 사람들은 이러한 죄인과의 관계에 빠지면 타락할 수 있기 때문에 다양한 방식으로 노골적으로 율법을 위반한 사람과 함께 식사하는 것을 피하는 경향이 있었다. 시라크(Sirach) 12:13-14은 이러한 감정의 무게를 강조한다. "뱀에게 물린 뱀 조련사를 누가 동정하겠는가? 따라서 죄인과 교제하여 상대방의 죄에 연루되는 사람을 동정하는 사람은 아무도 없다."

예수님은 바리새인에게 "건강한 자에게는 의사가 쓸 데없고 병든 자에게라야 쓸 데 있나니 내가 의인을 부르러 온 것이 아니요 죄인을 불러 회개시키러 왔노라"(눅 5:31-32)고 말씀하셨다. 용서와 치유라는 주제가 한데 어우러져 있다. 예수님은 오염되거나 죄를 용납하지 않으시고 죄인을 용서하고 제자로 부르심으로 죄인을 건강하게 만드셨다.

이 이야기에서 우리는 또한 신성한 반전을 볼 수 있다. 누가는 우리에게 바리새인은 "불평했다"고 말하는데 이는 청중으로 하여금 하나님께서 출애굽 시키셔서 자신의 백성으로 삼으셨지만 광야에서 불평했던 이스라엘 백성의 이야기를 떠올리게 할 수 있다(가울러-Gowler 2007, 199). 죄인들은 용서받고 받아들여지지만 바리새인들은 하나님 나라 설립에 반대한다.

12제자

예수님은 열두 제자가 예수님을 한동안 관찰하게 하며 그들을 양육하신 후 자신이 해오던 사역을 확장하기 위해서 그들을 파송했다. 하나님 나라를 선포하고 병을 고치며 귀신을 쫓아내라고 파송했다(눅 9:1-2, 6). 예수님처럼 제자들도 이 마을 저 마을을 다녔다. 그들은 시장에서 말씀을 전하고 병을 고쳤을 것이고 그 소식을 들은 사람 중 일부는 그들을 자신의 집으로 초대했을 것이다. 제자들은 그곳에서 그들의 주인과 그들의 집에 참석한 다른 마을 사람에게 말씀을 전할 수 있었다. 예수님께서는 열두 제자가 집에서 그들을 대접한 집주인을 어떻게 대해야 하는지에 초점을 맞추셨다. 예수님은 제자들에게 마을을 떠날 때까지 그곳에 머물라고 말씀하셨다(눅 9:4).

70명의 제자

누가는 열두 제자를 파송한 직후에 "주께서 따로 칠십 인을 세우사 친히 가시려는 각 동네와 각 지역으로 둘씩 앞서 보내시며"(눅 10:1)라고 기록한다. 칠십인 역(Septuagint) 창세기 10장에는 전 세계 72개 나라가 나열되어 있다. 열두 제자와 다른 칠십인의 제자를 추수꾼으로 보내신 것은 이방인이 하나님의 백성과 역사 안으로 들어올 것을 예고하는 것처럼 보인다(놀란드- Nolland, 1993, 549).

예수님께서는 열두 제자와 마찬가지로 천국의 기쁜 소식을 선포하고 병자를 고치기 위해 칠십인 제자를 보냈다(눅 10:9). 예수님은 집주인이 그들을 집으로 초대하면 어떻게 해야 하는지 알려 주셨다. 그들은 집주인에게 평화의 문안 인사를 해야 한다.

집안에서 계속 대화를 나누다 보면 집주인 즉 주인이 그들의 메시지를 받아들일지 명확해진다. 예수님은 "평화의 아들(huios eirenes)이 있으면 너희 평화가 그들에게 머물러 있을 것이고 그렇지 않으면 너희에게로 돌아갈 것이다"(눅 10:6, 저자 번역)라고 말한다.

평화의 아들이라는 표현은 부활의 아들(눅 20:34-36)과 같이 어떤 운명을 타고 났다는 셈족의 의미를 담고 있다(마샬 - Marshall 1978, 420). 주인이 평화의 아들이라면 "일꾼은 품삯을 받을 자격이 있으니 거기 머물러(메네테)(menete) 그들이 주는 대로 먹고 마시라"(눅 10:7)는 교육을 받았다.

예수님은 칠십인 제자가 후무스(hummus-중동음식)를 좋아하지 않을 수도 있다는 뜻이 아니라 그들 또는 바리새인 같은 다른 사람이 주인이 음식 정결법을 지키지 않았다고 우려할 수도 있다는 뜻이다. 또한 집주인의 환대를 받고 의존하게 됨으로써 관계적으로 연결되는 것을 원치 않을 수도 있다. 예수님은 평화의 아들과 함께 머물며 그와 함께 먹고 마시라고 말씀하셨다. 이것은 그들을 받아들이고 그들 사이에 경계를 긋지 말라는 뜻이다. 또한 다른 사람(아마도 마을에서 더 중요한 사람)이 그들을 초대하더라도 그들은 이 집에 머물러야 한다. 예수님은 제자들이 그들을 초대한 첫 번째 집주인을 불명예스럽게 하는 것을 원치 않으신다.

삭개오

예수님은 여리고를 떠나시는 길에 세리장인 삭개오를 만나 "내가 오늘 네 집에(oiko) 머물러야겠다(meinai)"(눅 19:5)고 말씀하셨다. 레위 이야기와 마찬가지로 삭개오가 예수님을 맞이할 때 "모든 백성이 이것을 보고 죄인의 손님이 되었다고 중얼거리기 시작했다"(눅 19:7). 이 장면에서 예수님은 "오늘 이 집(oiko)에 구원이 이르렀다"라고 선언하셨는데 이때 집은 가정의 구성원들을 의미한다(눅 19:9). 예수님께서 레위와 함께 식사하실 때와 마찬가지로 이 죄인보다 자신이 더 의롭다고 생각하는 일부 사람들은 이 하나님의 일을 원망하고 반대한다. 죄인들은 용서를 받지만 일부 완고한 사람들은 용서를 거부한다.

누가가 발전시킨 "유형장면(Type-Scene)"

작가는 때때로 비슷한 설정과 등장인물 그리고 거리로 비슷한 이야기를 만들어 낸다. 이야기에서 약간의 변형이 자연스럽게 발생하지만 비슷한 장면이나 이야기를 알아볼 수 있다. 문학 학자들은 이것을 "유형 장면(type-scene)"이라고 부른다(맷슨-Matson 1996, 18).[3] 저자는 종종 유형 장면을 연결하기 위해 중심 단어를 반복한다. 히브리어 성경은 누가복음과 사도행전처럼 이야기를 전달하는 방식에서 유형 장면을 자주 사용한다(알터-Alter 1981, 47-62, 맷슨 - Matson 1996, 18).

누가는 레위와 열두 제자, 칠십인 그리고 삭개오의 이야기를 통해 예수님을 영접하는 사람에게 예수님을 통해 임하는 하나님 나라와 얽혀 있는 유형 장면을 전개한다. 누가의 청중은 복음을 순서대로 들으며 다음과 같은 방식으로 이야기에서 단어와 줄거리 그리고 주제의 울림과 유지를 알아차렸을 것이다:

1. 누가는 이야기에서 여러 가지 줄거리 요소와 단어를 반복하여 비슷하게 들리게 한다. 사람들은 예수님의 하나님 나라 사역을 받는 사람의 집에 들어가 머문다. 그들의 환대를 받거나 특히 먹고 마시는 것이 언급된다. 두 이야기에서 사람들은 불평하거나 수군거린다(눅 5:30; 19:7).

2. 하나님 나라의 도래는 예수님과 그분의 위임자를 통해 사람들안에서 성취된다. 예수님은 레위 그리고 삭개오와 함께하는 식탁 교제에 들어가셨다. 마찬가지로 제자들이 집으로 초대받을 때 주인 자신이 평화의 아들이라는 것을 보여 주면 제자들도 마찬가지로 그를 그렇게 대해야 한다.

3. 식탁 교제는 이 사람들과 교제함으로써 토라와 관련된 기존 경계를 유지하지 못한다고 생각하는 일부 사람들의 반대에도 불구하고 발생한다. 이것은 잠재적으로 음식 정결법을 무시하고 노골적으로 율법을 무시하는 죄인과 교제하는 것이다. 물론 예수님은 타락하지 않으시며 이런 사람을 회복시키셨다. 그는 제자들에게 자신이 보여준 모범을 따르고 평화의 아들과 그의 가정과 함께 식사하는 것을 주저하지 말라고 교훈 하신다.

4. 예수님은 과거의 약속을 성취하여 백성 가운데 하나님의 통치를 가져오게 했다. 그러나 어떤 사람들은 하나님의 통치를 옹호하고 있다고 믿으며 이 일을 반대했다. 모세오경(Torah) 준수를 기반으로 하나님의 백성을 포용하는 경계를 지키고 있다고 믿으며 반대했다.

---

3) 필자는 데이비드 매튼(David Maton)의 연구를 많이 참고하였다. 그러나 필자는 유형 장면이 레위에서 시작되어 누가복음 9-10장과 19장에서 더욱 정교하게 다듬어졌다고 생각한다.

2부: 사도행전

사도행전은 유대인 신자 사이에서 시작된 초기 예수 운동이 문화적 경계를 넘어 예루살렘에서 유대와 사마리아 그리고 땅 끝까지 확장되는 과정을 계속해서 이야기한다(행 1장 8절에 이어). 이 하나님의 운동의 확장은 집단적 정체성과 가치 그리고 경계에 대한 문제를 제기할 것이다. 유대인과 이방인 배경을 가진 그리스도를 따르는 사람의 영적 연합은 누가가 기록한 목적의 핵심이다. 누가는 유형장면을 사용하여 경계 문제를 다루고 이 하나님의 운동이 어떻게 기존 네트워크에 확산되어 모든 신자를 하나님의 백성으로 통합할 수 있는지를 이야기한다.

가정, 유대인과 이방인의 네트워크 그리고 식탁 교제

가정 및 혈연 관계와 더불어 선물 기부는 개인과 그룹이 사회 전반에 걸쳐 네트워크를 구축하고 유지하는 또 다른 주요 방법이었다. 지위가 높은 사람은 자신에게 의존하는 다른 사람에게 후원자 역할을 했다. 학계에서는 이러한 부양가족을 의뢰인이라고 부르지만 후원자들은 종종 친구라고 불렀다(케언스-Cairns 2006, 37). 후원자는 의뢰인을 도왔고 의뢰인은 그 대가로 후원자에게 충성심과 봉사 그리고 존경을 준다.

이러한 네트워크는 일반적으로 후원자(그 또는 그녀)의 "친구"가 그들을 만나는 곳인 후원자의 집을 중심으로 이루어졌다. 환대와 식사는 이러한 후원 관계의 일부였다. 많은 후원자는 이러한 목적을 위해 집에 응접실(atrium)을 마련했다. 부유한 집의 응접실은 보통 40명 정도를 수용할 수 있었다(머피- 오코너 Murphy-O'Connor 2004, 132).

유대인은 그리스-로마 전역에 약 10퍼센트를 차지했으며 동부 지중해의 많은 도시에는 유대인 인구가 상당했었다(스몰우드-Smallwood 2001, 120). 지위가 높은 이방인은 주변 유대인 공동체의 후원자 역할을 했다(코헨-Cohen 1989, 17). 그러나 모세오경의 음식 정결법 경계는 유대인이 이방인이 제공하는 음식을 먹지 않는다는 것을 의미한다. 따라서 식탁 교제는 유대인이 매일 이방인과의 네트워크에 참여하는 동안에도 유대인의 집단적 정체성을 유지하는데 기여했다(바클레이-Barclay 1996, 437; 보크- Bock 2007, 390).

고넬료

일부 이방인은 유대인의 하나님을 경외하고 그들의 도시에 있는 회당 모임에 참석하였다. 누가는 이러한 이방인을 예배자 및 하나님을 경외하는 그리스인과 같은 용어를 사용하여 묘사한다(예: 행 13:16, 17:4). 고넬료는 바로 이런 사람이었다. 하나님을 경외하는 독실한 이방인이었다(행 10:2). 그는 지리적으로 뿐만 아니라 영적으로도 유대교에 가까웠다(탄느힐-Tannehill 1994, 133-34). 그러나 이방인으로서 그는 하나님의 백성 밖에 머물러 있었다.

하나님께서는 고넬료에게 천사를 보내셨고 베드로에게는 음식 정결법을 중심으로 한 환상을 보여 주셨다. 고넬료는 "두 명의 하인과 한 명의 군"을 보내 베드로를 초대하였다. 그들은 베드로에게 고넬료가 하나님을 경외하는 백부장이며 "모든 유대인의 존경을 받는"(행 10:22) 사람이라고 말한다. 그들은 고넬료가 사회적 지위가 높은 사람이라는 점을 강조하고 그가 유대인의 은인이라는 점을 암시적으로 말한다. 이것은 베드로를 설득하기 위한 것이었지만 궁극적으로 베드로를 설득한 것은 환상이었다.

지위가 높은 그리스-로마 사람들은 철학자와 교사에게 후원자 역할을 했다. 그들은 교사를 자신의 집에 초대하여 교사가 사회적 네트워크로부터 들을 수 있게 했다(케너-Keener 2013, KL 27525). 고넬료는 여러 네트워크 일부였으며 베드로의 말을 듣기 위해 그의 집에 구성원들을 모았다. 고넬료는 가족과 함께 살았다(행 10:2). 그는 "친척과 가까운 친구들"을 모았다(행 10:24). 고넬료가 이 지역 출신이라면 이 "친척"은 근처에 살던 그의 혈육이었을 수 있다. 그렇지 않다면 그는 (많은 군인이 그랬던 것처럼) 지역 여성과 결혼했을 수 있으며 그들은 그녀의 혈육일 수 있을 것이다(케너-Keener 2013, LK 19943). 고넬료의 "친한 친구들"은 그의 네트워크 중 일부를 의미했을 가능성이 크다.

이 이야기는 누가복음의 유형적 장면을 반영한다. 베드로와 그의 동료는 고넬료의 집에 "들어(eiselthen)간다". 그들은 그곳에 많은 사람이 모여 있는 것을 발견하는데 아마도 그의 응접실이었을 것이다(행 10:27). 베드로는 성경에 대해 많은 암시를 하면서 그들을 가르치기 시작한다. 그의 설교는 사도행전 10장 36절에서 그들에게 예수 그리스도를 통한 평화의 좋은 소식을 선포하면서 절정에 이른다. 로마인들은 시저를 "온 세상의 주"라고 불렀다(핀터-Pinter 2019, 260). 베드로는 예수님이 "만유의 주"(36절)라고 선포하고 예수님이 "산 자와 죽은 자의 심판자"라고 말하면서 결론을 내린다. 모든 선지자는 그를 믿는 모든 사람이 그의 이름을 통해 죄 사함을 받는다고 증언한다(42-43절).

"믿음(Pistis)"은 사도행전 전체에서 회심을 위해 사용된 언어이다(모간-Morgan 2015, 382). 사도행전에서 이 단어는 일반적으로 직접적인 관계적 용어로 사용된다(모간-Morgan 2015, 389). 이 단어는 개인이 다른 사람에게 자신을 완전히 신뢰하고 맡기도록 설득하는 의미를 담고 있다. 베드로는 예수님에 대한 이러한 진리를 선포하고 청중에게 자신을 드리라고 요청한다. 그들은 예수님께 자신을 드림으로써 용서를 받는다.

베드로가 이 말을 하고 있을 때 성령이 모든 사람에게 임하였다. 베드로와 함께 온 할례 받은 신자들은 이방인에게도 성령의 은사가 부어졌다는 사실에 놀랐다. 그들은 그들이 방언으로 말하고 하나님을 찬양하는 것을 들었기 때문이다(44-46절). 고넬료 일행(고넬료와 그의 가족, 친척, 친구)이 복음을 받아들인 것이다. 이 일을 보고 베드로는 "그들이 물로 세례(침례)를 받는 것을 아무도 막을 수 없을 것이다. 그들도 우리와 마찬가지로 성령을 받았다"(47절)고 하였다. 그들은 세례(침례)를 받고 베드로와 그의 동료는 그들과 함께 머물러(epimeinai)있었다(48절).

처음에 예루살렘의 할례를 받은 신자들 즉 유대인 기독교인들은 반대하였다. 그들은 베드로를 비난했다: "할례받지 않은 사람들의 집에 들어가서 그들과 함께 먹었다"(행 11:2-3, 강조 추가). 그러자 베드로는 그 이야기를 다시 들려주며 "하나님께서 주 예수 그리스도를 믿는 우리에게 주신 것과 같은 선물을 그들에게도 주셨다면 내가 하나님의 길을 막을 수 있다고 누가 생각하겠는가?"라고 결론을 내린다(v. 17).

선물과 신뢰의 언어는 은혜와 관련이 있다. 유대인과 이방인은 예수님을 믿고 자신을 드림으로써 구원과 성령의 은사를 받았다(예: 행 4:4, 9:42). 할례를 받은 신자는 이 말을 듣고 반대를 멈추고 하나님을 찬양하며 "그러므로 하나님께서는 이방인에게도 생명 얻는 회개를 주셨도다"(행 11:18)라고 말한다.

세상 끝

고넬료의 이야기가 끝난 후 누가는 키프로스(Cyprus)와 구레네(Cyrene) 출신인 이름 없는 신자들이 예루살렘을 떠나 안디옥으로 간 이야기를 들려준다. 그들은 그곳에서 그리스인들에게 복음을 전했고, "많은 사람이 믿고 주님께로 돌아왔다"(사도행전 11:19-21). 그곳에서 바울과 바나바는 이방인들에게 더 널리 복음을 전했고 많은 사람이 믿음을 갖게 되었다. 그들은 안디옥으로 돌아와 하나님께서 "이방인들에게 믿음의 문을 열어 주셨다"고 보고했다(행 14:27).

이 시점에서 경계에 대한 문제가 다시 제기된다. "어떤 사람들이 유대에서 안디옥으로 내려와 신자들에게 '모세가 가르친 관례대로 할례를 받지 않으면 구원을 받을 수 없다'고 가르치고 있었다"(행 15:1). 이처럼 집단 지향적인 사람들은 집단 경계가 중요하다는 것을 잘 알고 있다. 더 깊은 문제는 어떤 경계가 그들을 하나님의 백성으로서 하나로 묶어주는가 하는 것이다.

장로들이 예루살렘에서 모인 자리에서 베드로는 고넬료의 이야기를 들려주며 결론을 내린다: "하나님은 믿음으로 그들의 마음을 깨끗하게 하셨기 때문에 우리와 그들을 차별하지 않으신다"(행 15:7-11, 강조 표시 추가). 야고보는 선지자들의 말씀이 이에 일치한다고 설명하고 "온 교회"(행 15:22)는 그들의 결정을 받아들인다.

루디아

상류층은 시장에서 설교하는 것을 경멸했다. 그래서 순회 교사들은 일단 많은 청중을 확보하면 더 존경받을 수 있는 모임을 누군가의 집에서 식사나 모임을 통해 가르치는 방식으로 전환하려고 했다(케너-Keener 2013, KL 27525). 바울은 교육을 잘 받은 유대인 교사였다. 그는 보통 새로운 도시에서 회당 모임에서 연설하는 것으로 시작했다. 실제로 누가는 이것을 그의 일반적인 관습이라고 묘사한다(행 17:2). 결국에는 신분이 높은 사람의 초대를 받아 그들의 집에서 가르치는 것으로 전환되곤 했는데, 이는 가정의 역할을 고려할 때 소셜 네트워크를 형성하는 계기가 되었을 것이다(행 13:5-7; 16:13, 15, 40; 18:4-7; 19:8-9; 개인회당, 참조. 20:20-21). 학자는 종종 이 순서가 구원의 역사적 우선순위를 반영하지만 실용적인 선교학 및 소셜 네트워크도 반영한다고 주장한다(케너-Keener 2013, KL 24701).

빌립보는 로마의 식민지였다(행 16:12). 식민지에서는 특히 추종자가 많지 않은 경우 도시 내에서 외국 종교 숭배를 금지하는 것이 일반적이었다(위딩턴-Witherington 1998, 490). 안식일이 되었을 때 바울과 그의 동료는 유대인 안식일 모임을 위해 성벽 밖을 바라보았다. 그들은 소수의 여성 그룹을 발견했다. 그들은 앉아서 그들에게 말하기 시작했는데 이는 토론 형식으로 가르치는 것을 의미한다(행 16:13). 하나님을 경배하는 이방인 루디아가 그 말을 들었을 때 "주님께서 그녀의 마음을 열어 바울의 메시지에 응답하게 하셨다"(행 16:14).

이 이야기는 다시 한번 유형장면(type-scene)으로 이어진다. "그녀와 그녀의 가정(oikos)이 세례(침례)를 받았을 때 그녀는 우리를 그녀의 집으로 초대했다. 그녀는 너희가 나를 주안에서 믿는 사람(pisten)으로 여기면 와서(eiselthontes) 내 집에 머물러라(menete)고 말했다"(행 16:15). 그들은 그렇게 했다.

바울은 루디아의 네트웍에 복음을 전할 수 있었을 것이다. 루디아는 두아디라에서 온 이민 상인이었기 때문에 로마의 소수의 귀족 정치 엘리트 집단에 속하지 않았을 것이다. 비록 그녀가 이주민이었지만 소외된 소수종족은 아니었다. 도시의 절반 이상이 특히 상인과 공예가 및 상점 주인은 비 로마 이주민이었다(오크스-Oakes 2001, 50).

루디아는 비교적 부유했다. 그녀는 부와 관련된 직업인 자색 옷 장사꾼이었다. 그녀는 또한 가정주부였으며 바울과 그의 동료들이 모임을 가질 수 있을 만큼 큰 집을 소유하고 있었다(행 16:40). 그녀는 자신의 후원자와 공급 업체, 고객, 지인 그리고 도시에서 집단적 관계를 공유한 동료 티티란인(Thyatirans)과 같이 다양한 방식으로 그녀에게 의존하는 고객이 있었을 것이다(아스코무- Ascough 2009, 56). 자신의 집에서 친구들을 모았던 고넬료와 마찬가지로 바울은 이야기 후반부에 그곳에서 신자 모임을 가르쳤던 것처럼 루디아의 집 응접실에서 루디아의 다양한 소셜 네트워크 구성원을 가르쳤을 것이다(행 16:40). 그는 또한 안식일마다 기도하는 장소에서 계속 말씀을 전했다(16절).

간수

지진으로 바울과 실라가 빌립보 감옥에서 풀려났을 때 이방인 간수가 "선생님 제가 구원을 받으려면 어떻게 해야 합니까?"라고 물었다. 그의 질문은 나중에 사도행전을 읽는 사람에게 예루살렘에서 내려진 결정을 상기시켜 주었다. 또한 하나님을 경외하지 않는 이방인들에게 예루살렘 권고가 적용된 사례 연구도 제공했다(탄네힐-Tannehill 1994, 165). 바울과 실라는 "주 예수를 믿으라(pisteuson) 그리하면 너와 네 집이 구원을 받으리라"(행 16:31)고 대답했다. 그들은 집단적인 대응을 촉구했다. 그들은 주 예수에게 자신을 맡기고 구원을 받아야 했다. 말씀을 들은 간수와 그의 가족은 세례(침례)를 받았다. 그런 다음 그는 바울과 실라를 자기 집(oikon)으로 데려와 그들 앞에 식사를 차려 주었다(32-34절).

간수의 가정은 빌립보에서 믿는 공동체의 기반이 되지 못했다. 바울과 실라는 루디아의 집에서 "형제자매"를 만나 그들을 격려했다(행 16:40). 간수의 가족(그리고 다른 신자들)이 루디아의 집에 모였고 루디아의 집이 그곳 공동체의 거점이 된 것 같다.

이 두 이야기에는 식탁 교제에 대한 반대가 나타나지 않는다. 로마의 집단적 가치에 대한 도전을 느낀 이방인으로부터 이 새로운 사람에게 이 운동이 확산되는데 여전히 반대는 수반된다(사도행전 16:19-21).[4] 사도행전은 로마에 가택 연금된 바울이 현지 유대인 지도자에게 "하나님의 구원이 이방인에게 보내졌다"고

---

4) 누가는 고린도에서 "바울이 회당을 떠나 옆집 디도 유스도의 집으로 갔다"(사도행전 18:7)고 기록한다. 이는 이방인 가정에서 선교의 중심을 잡았다는 것을 상징한다. 그 후 "회당장 그리스보와 그의 온 가족(oiko)이 예수님을 믿게(episteuen) 되었다." 유형 장면(Type-scene)은 반전 주제와 연결되는데 유대인 지도자와 그의 가족이 이방인 지역으로 이주한 후 주님께 자신을 맡기는 모습을 본다.

설명하고 바울이 세 들어 살고 있는 집에 온 모든 사람에게 "하나님의 나라"를 담대하게 선포하는 것으로 사도행전은 끝난다(행 28:17-31). 이사야의 비전은 예수님을 믿고 따르는 제자들 속에서 예수님을 통해 성취되고 있다(눅 4장). 하나님께서는 당신의 종을 통해 당신의 백성을 회복시키시고 "모든 민족의 백성"을 모아 당신의 영광을 보게 하신다.

하나님의 운동 실행자를 위한 요약 및 적용질문

누가복음과 사도행전에서 누가는 구술을 선호하는 문화권의 청중을 염두에 둔 작문 기법적 장치들을 사용한다. 누가복음과 사도행전에서 예수님께 자신을 맡긴 집주인에 관한 이야기를 시리즈로 주해하면 이 이야기에서 전개되는 몇 가지 주제를 인식하는 데 도움이 된다. 이러한 구체적인 이야기 기반 교육 접근 방식은 구두를 선호하는 문화권의 많은 구성원에게 적합하다. 그러나 문해력이 높은 학습자 중 상당수는 이러한 구체적이고 비 개념적인 접근 방식에 어려움을 겪고 있으며 더욱 명확한 개념적 진술을 선호하는 경향이 있다.

누가의 이야기는 가정과 후원 네트워크, 세금 네트워크, 혈연 또는 결혼 관계로 맺어진 친척 네트워크 그리고 회당을 중심으로 한 종교 네트워크 등 다양한 소셜 네크워크에 속한 사람들을 묘사한다. 이러한 집단적 네트워크는 서로 다른 집단적 가치에 기반하여 사람들을 다양한 형태의 네트워크로 묶어준다. 이 이야기는 예수님과 그의 제자들이 어떻게 가정을 통해 이러한 네트워크에 도달했는지 설명한다(물론 이것이 유일한 방법은 아니었지만). 팔레스타인과 그리스-로마 도시에서 가정은 다양한 네트워크가 순환하고 사람들이 다른 사람들을 가르치는 핵심적인 공간이었다. 이러한 소셜 네트워크는 복음을 전파하고 그리스도를 따르는 제자 그룹들을 형성했다.

우리는 오늘날 다양한 집단적 연대와 네트워크에 대한 이해를 선교학에 잘 구축하고 있다. 하지만 오늘날의 상황에서 오이코스는 주요한 네트워크일까? 가정이 네트워크의 중심이 되는 핵심 공간일까? 다른 네트워크와 공간이 사람들에게 처음 다가가는 데 더 효과적으로 작용할 수 있을까? 누가복음과 사도행전의 이러한 이야기에서 우리는 단순히 핵심적인 사람들에게 다가가는 것이 그들의 기존 네트워크를 여는 방법이 될 수 있다는 것 이상의 것을 배울 수 있다. 이러한 구절에 대한 논의는 너무 자주 거기서 멈춘다. 기존의 네트워크와 경계가 사람을 결정하기도 한다.

이 이야기는 이러한 측면을 다루고 있다. 이 이야기는 또한 집단을 지탱하는 일부 가치관이 다른 사람이 그 집단에 온전히 속하지 못하도록 방해하는 방식에 관해서도 설명한다. 예를 들어 바리새인과 유대인은 일반적으로 음식 정결법을 준수하는 데 가치를 두었기 때문에 이방인과 함께 식사하지 않았다. 이는 어느 수준에 서든 사회적 소속감을 방해하는 요소였다. 고넬료와 루디아 그리고 간수는 이방인이었기 때문에 인종적으로 유대인이 아니었고 이로 인해 유대인은 그들이 하나님의 백성에 포함되는 것에 대한 의문을 갖게 되었다.

소셜 네트워크를 구성하는 가치관이 그들을 다른 네트워크로부터 분리시킬 수도 있다. 오늘날 여러분의 상황에서도 사람들을 분리시키는 집단적 가치가 존재하는가? 그러한 가치관이 소셜 네트워크에 접근하는 것을 방해하고 있는가? 복음에 본질적이지 않은 가치에 기반한 경계는 하나님이 전도하기를 원하는 사람들에게 우리가 전도하게 하는 것을 방해하고 사람들이 하나님의 운동의 일부가 되는 것을 막을 수 있다. 그리스도 안에서 함께 속하는 것과 관련하여 제거해야 할 문화적 또는 사회적 경계는 무엇인가?

누가는 그의 이야기를 통해 하나님의 운동에 속한 사람을 뒷받침하는 경계(그리고 가치)가 믿음(pistis)이라고 규정한다. 믿음은 관계적인 용어이다. 그것은 예수님께 자신을 드리는 것과 연관이 있다. 랍비 예수를 따르거나 그의 부활과 주되심에 대한 소식을 신뢰한다는 의미에는 수혜의 측면이 있다. 신자는 그리스도를 중심에 두고 집단적으로 그분께 자신을 드린다. 경계는 예수님을 중심으로 한 관계이다. 이것은 사람들이 예수 운동에 참여하는 방법의 경계와 문(행 14:27)을 설명한다. 바울은 간수와 그의 가족에게 "주를 믿으면 구원을 얻으리라"고 말했다. 고넬료와 루디아 그리고 간수가 예수님을 믿고(자신을 드릴 때) 그들은 구원을 받고 이제 그분의 백성이 되었다. 이것은 개인주의가 아닌 집단주의이다. 우리는 예수님과 예수님께 속한 사람들에게 소속되었다.

구성원은 그분을 신뢰함으로써 묶여 있다. 이것이 집단적 경계이기 때문입니다. 베드로처럼 우리도 하나님이 받아들인 사람을 받아들여야 한다. 하나님의 운동 실행자에게 더 깊은 문제/질문은 다음과 같다. 우리는 예수님께 자신을 드린 사람을 받아들이고 있는가? 구원에 대한 우리의 이해가 관계적인가? 이 하나님의 운동이 함께 연합하며 성장하는 데 어떻게 도움이 될 수 있는가? 여러분의 상황에서 어떻게 하나님의 운동이 기존에 있는 경계 너머에 있는 사람들에게 다가가고 또 그들을 포용하도록 도울 수 있는가?

예수님을 믿는 믿음이 경계라는 점을 감안할 때 이것은 사람이 어떻게 그분께 자신을 드리게 되는지에 대한 실제적인(그리고 신학적인) 질문을 제기한다. 사도행전에서는 표적과 기사를 보며(행 5:12-15) 예수님이 말씀하시고 행하신 일에 관한 이야기를 듣고(행 4:4; 10:37-43; 16:32) 이러한 사건의 의미(하나님의 계획 성취)를 배우며(눅 1:1-4) 하나님이 사람들의 마음을 여는 것을 통해(행 16:14) 사람들이 예수님께 자신을 드리는 다양한 방식을 볼 수 있다. 기존 네트워크에 있는 사람들에게 어떻게 예수님의 복음을 전할 수 있을까?

이 '평화의 사람'의 이야기는 구원의 집단적인 특징과 예수님께 속하게 되는 것에 대해 더 알려 준다. 이 이야기에서 누가가 전하는 메시지는 단순히 특정 유형의 사람들을 전도할 때 하나님의 운동이 그들의 기존의 네트워크에 도달할 수 있게 한다는 점을 강조하는 것 이상의 의미를 지닌다. 누가의 요점은 훨씬 더 깊고 넓다. 그는 예수님께 자신을 드리는 것이 사람들이 제자훈련 운동에 참여하고 소속될 수 있는 경계이자 문이며 그 자체가 집단적이라는 점을 강조한다. 이 집단적 경계를 파악하면 소속감을 탐색하고 하나님의 운동이 어떻게 사람을 결속시키기도 하고 분열시키기도 하는 기존의 네트워크로 확장될 수 있는지 알 수 있다. 우리가 하나님의 운동을 향하여 사역할 때 이러한 관점은 오늘날 우리가 처한 상황에서 기존 네트워크 간의 소속과 확장 문제를 탐색하는 데 도움이 된다.

참고 문헌

Achtemeier, Paul J. 1990. "Omne Verbum Sonat: The New Testament and the Oral Environment of Late Western Antiquity." *Journal of Biblical Literature* 109 (1):3–27.

Adams, Edward. 2013. *The Earliest Christian Meeting Places: Almost Exclusively Houses?* LNTS 450; London: T&T Clark.

Addison, Steve. 2012. *What Jesus Started: Joining the Movement, Changing the World*. Downers Grove, IL: InterVarsity.

Alter, Robert. 1981. *The Art of Biblical Narrative*. New York: Basic Books.

Ascough, Richard S. 2009. *Lydia: Paul's Cosmopolitan Hostess*. Collegeville, MN: Liturgical Press.

Bagnall, Roger S., and Bruce W. Frier. 1994. *The Demography of Roman Egypt*. Cambridge: Cambridge University Press.

Barclay, John M. G. 1996. *Jews in the Mediterranean Diaspora: From Alexander to Trajan (323 BCE to 117 CE)*. Berkeley, CA: University of California Press.

Bock, Darrell L. 2007. *Acts*. Grand Rapids: Baker Academic.

Botha, Pieter J. 2012. *Orality and Literacy in Early Christianity* (Biblical Performance Criticism Book 5) Eugene, OR: Cascade Books.

Cairns, Francis. 2006. *Sextus Propertius: The Augustan Elegist*. Cambridge: Cambridge University Press.

Cohen, Shaye J. D. 1989. "Crossing the Boundary and Becoming a Jew." *The Harvard Theological Review* 82 (1): 13–33.

Darr, John A. 1992. *On Character Building: The Reader and the Rhetoric of Characterization in Luke-Acts*. Louisville, KY: Westminster/John Knox Press.

Garrison, David. 2004. *Church Planting Movements: How God Is Redeeming a Lost World*. Midlothian, VA: WIGTake Resources.

Gowler, David B. 2007. *Host, Guest, Enemy and Friend: Portraits of the Pharisees in Luke–Acts*. Eugene, OR: Wipf and Stock.

Harvey, John D. 1998. *Listening to the Text: Oral Patterning in Paul's Letters*. Grand Rapids: Baker Books.

Hays, Richard B. 2016. *Echoes of Scripture in the Gospels*. Waco, TX: Baylor University Press.

Hiebert, Paul G. 1994. *Anthropological Reflections on Missiological Issues*. Grand Rapids: Baker.

Keener, Craig S. 2009. *The Historical Jesus of the Gospels*. Grand Rapids: Eerdmans.

———. 2013. *Acts: An Exegetical Commentary*, vol. 2: 3:1–14:28. Grand Rapids: Baker Academic. Kindle Edition.

———. 2014. *Acts: An Exegetical Commentary*, vol. 3: 15:1–23:35. Grand Rapids: Baker Academic. Kindle Edition.

Marshall, I. Howard. 1978. *The Gospel of Luke: A Commentary on the Greek Text*. NIGTC. Grand Rapids: Eerdmans.

Matson, David. 1996. *Household Conversion Narratives in Acts: Pattern and Interpretation*. JSNT Supplement Series 123. Sheffield, UK: Sheffield Academic Press.

Matthews, A. 2019. "Person of Peace Methodology in Church Planting: A Critical Analysis." *Missiology* 47 (2):

187–99.

Morgan, Teresa. 2015. *Roman Faith and Christian Faith: Pistis and Fides in the Early Roman Empire and Early Churches*. Oxford: Oxford University Press.

Moxnes, Halvor. 1997. "What Is Family? Problems in Constructing Early Christian Families." In *Constructing Early Christian Families: Family as Social Reality and Metaphor*, edited by Halvor Moxnes, 20–21. New York: Routledge.

Murphy-O'Connor, J. 2004. "House-Churches and the Eucharist." In *Christianity at Corinth: The Quest for the Pauline Church*, edited by Edward Adams and David G. Horrell, 129–38. Louisville, KY: Westminster John Knox.

Nolland, John. 1993. *Luke 9:21–18:34*. Vol. 2. Word Biblical Commentary. Dallas: Word.

Oakes, Peter. 2001. *Philippians: From People to Letter*. SNTSM 110. Cambridge: Cambridge University Press.

———. 2009. *Reading Romans in Pompeii: Paul's Letter at Ground Level*. Minneapolis, MN: Fortress Press.

Osiek, Carolyn, and David L. Balch. 1997. *Families in the New Testament World: Households and House Churches*. Louisville, KY: Westminster John Knox Press.

Pinter, Dean. 2019. *Acts* (SoGBC). Grand Rapids: Zondervan.

Richards, E. Randolph, and Richard James. *2020. Misreading Scripture with Individualist Eyes*. Downers Grove, IL: IVP Academic.

Robbins, Vernon K. 1991. "Writing as a Rhetorical Act in Plutarch and the Gospels." In *Persuasive Artistry: Studies in New Testament Rhetoric in Honor of George A. Kennedy*, edited by Duane F. Watson, 157–86. Sheffield, UK: JSOT.

———. 1994. "Oral, Rhetorical, and Literary Cultures? A Response." *Semeia* 65: 7591.

Safrai, Shmuel. 1976. "Education and the Study of Torah." In *The Jewish People in the First Century: Historical Geography, Political History, Social, Cultural, and Religious Life and Institutions*, vol. 2, edited by Shmuel Safrai and Menahem Stern, 945–70. Philadelphia: Fortress Press.

Sanders, E. P. 2016. *Jewish Law from Jesus to the Mishnah: Five Studies*. Minneapolis: Fortress Press, 183–354.

Smallwood, Edith, M. 2001. *The Jews Under Roman Rule, from Pompey to Diocletian: A Study in Political Relations*, 2nd ed. Leiden: Brill.

Smith, Steve, and Ying Kai. 2011. *T4T: A Discipleship Re-Revolution. Monument*, CO: WIGTake Resources.

Smith, Steve, and Stan Parks. 2015. "T4T or DMM (DBS)?—Only God Can Start a Church-Planting Movement (Part 1 of 2)." *Mission Frontiers*. https://www. missionfrontiers.org/issue/article/t4t-or-dmm-dbs-only-god-can-start-a-church- planting-movement-part-1-of-2.

Tannehill, Robert C. 1994. *The Narrative Unity of Luke-Acts: A Literary Interpretation*, Vol 2. Minneapolis: Fortress.

Trousdale, Jerry. 2012. *Miraculous Movements: How Hundreds of Thousands of Muslims Are Falling in Love with Jesus*. Nashville: Thomas Nelson.

Watson, David L., and Paul D. Watson. 2014. *Contagious Disciple Making*. Nashville: Thomas Nelson.

Witherington, Ben III. 1998. *The Acts of the Apostles: A Socio-Rhetorical Commentary*. Grand Rapids: Eerdmans.

III 부
하나님의 운동의 역동성

11장
왜 하나님의 운동은 성장하고 쇠퇴하는가
스티브 에디슨 (Steave Addison)

하나님의 운동은 공통의 목적을 위해 헌신한 사람들의 모임이다. 선악을 불문하고 하나님의 운동은 역사의 주도적인 힘이다. 그리고 역사는 하나님의 운동의 흥망성쇠의 이야기이다. 예수님의 사명은 선교 운동이 되었다. 예수님께서 세우신 교회는 선교적 교회였다. 그 존재와 활동은 선교적인 소명의 표현이었다. 기독교인은 담대하게 예수를 십자가에 못 박힌 그리고 부활한 메시아로 믿음을 갖도록 불신자들에게 최선을 다하여 전도했다. 그들의 선교 분야는 예루살렘과 유대 지역에서 시작되어 땅 끝까지 확장되었다. 그들의 선교 사역의 목표와 의도는 제자를 만들고 제자들의 공동체를 형성하는 것이었다. 제자는 과거의 삶에서 돌아서서 예수님을 신뢰하고 그의 가르침을 따르는 사람을 말한다(슈나벨-Schnabel 2004, 95, 355-56). 만약 우리가 하나님의 운동이 어떻게 시작되며 왜 성장하고 쇠퇴하며 어떻게 재 탄생되는지를 이해하고자 한다면 예수님의 생애와 사역으로 돌아가야 한다. 예수님 안에 머무르는 것이 하나님의 운동의 성장을 위한 열쇠이며 예수님을 버리는 것이 하나님의 운동이 쇠퇴하는 이유이다.

하나님의 운동의 일곱 가지 특성

예수님의 삶과 사역의 패턴은 제자와 교회가 증식하는 하나님의 운동에서 반복되는 패턴인 일곱 가지 특징을 드러낸다. 이러한 특징은 우리가 왜 하나님의 운동이 일어나며 쇠퇴하는지를 이해하는 데 도움을 준다.

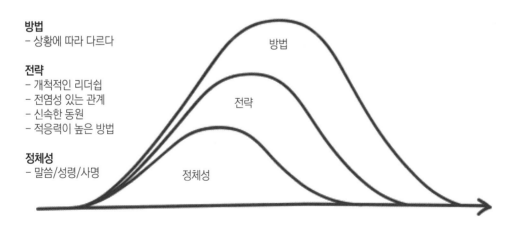

그림 11.1 하나님의 운동의 성장과 쇠퇴

정체성은 하나님의 운동의 흥망성쇠의 핵심이다. 하나님의 운동은 정체성에 의해 정의되며 전략과 방법은 그 정체성의 표현이다. 예수님의 세례와 광야시험은 나사렛에서의 그분의 삶과 새로운 이스라엘의 탄생 사이의 경계를 표시한다. 예수님의 세례와 광야 경험은 하나님의 운동 창시자로서의 그분의 정체성을 드러내는 기초가 된다. 그는 살아있는 말씀에 순종하였으며 성령에 의존하며 하나님의 사명에 충실했다.

1. 말씀 – 말씀에 순종

예수님은 세례와 광야에서 자신의 삶과 사역을 하나님의 살아 있는 말씀의 권위 아래 두셨으며 완전한 순종으로 사랑을 표현하신 아들이셨다. 하나님의 말씀은 행동하는 하나님이다. 하나님은 말씀하셨고 그 말씀으로 우주가 존재하게 되었다. 하나님은 말씀을 통해 현실을 창조하고 유지하며 형성하신다. 그분은 창조주이자 주님으로서 권위를 가지고 말씀하신다.

하나님께서는 말씀으로 첫 남자와 여자를 창조하시고 그들에게 복을 주시며 땅에 충만하라 땅을 정복하라고 명하셨다. 그는 또한 그들의 자율성에 한계를 설정하라고 말씀하셨다. 그들은 에덴동산 중앙에 있는 나무의 열매를 먹어서는 안 되었다. 하나님은 명확하고 권위 있게 말씀하셨고 그분의 명령 외에는 다른 이유가 필요 없이 그들이 순종하기를 기대하셨다. 순종은 축복을 가져오고 불순종은 심판을 가져온다. 아담과 하와는 불순종을 선택하고 자신을 하나님의 말씀보다 더 높였다. 그 이후로 인간은 자신을 하나님의 말씀보다 더 높이 두는 패턴을 지속해 왔다.

예수님 안에서 말씀이 육신이 되어 우리 가운데 거하셨다(요 1:14). 그는 완전한 하나님이자 완전한 사람으로 살았다. 예수님은 지상 사역에서 아버지께서 그에게 이야기하라고 말씀하신 대로 말씀하셨다(요 8:28; 10:18; 12:49-50; 14:10; 15:15). 그리고 그의 말씀은 하나님의 말씀이었다. 그분은 아버지의 뜻과 아버지의 말씀에 순종하였으며(요 5:36; 8:42) 자기 권한으로 아무것도 행하지 않으셨다. 예수님은 아버지의 직접적인 명령과 구약성경에 기록된 하나님의 말씀에 모두 순종하셨다. 예수님은 제자들이 자신의 모범을 따를 것을 기대하셨고 하나님을 사랑한다는 것은 그분의 말씀을 듣고 순종하는 것이라고 말씀하셨다(요 14:21). 제자는 예수님이 명령하신 모든 것에 순종하는 법을 배우는 사람이다(마 28:20).

사도행전에서 하나님의 선교의 핵심은 그분의 강력한 말씀이다. 말씀은 땅 끝까지 전파되고 증가하며 배가하고 권능이 커져 세상을 정복하여 그 결과 제자와 교회가 번성하게 된다(로스너-Rosner 1998, 215-33). 하나님의 운동은 하나님의 살아 있는 말씀에 대한 순종에 따라 흥망성쇠를 거듭한다.

2. 성령 – 성령에 의존

예수님이 세례를 받으실 때 기도하시는 예수님 위에 성령이 강림하여(눅 3:21) 사명을 완수할 능력과 권세로 기름을 부으셨다. 성령으로 충만하신 예수님은 광야에서 사탄을 이기고 성령의 능력으로 돌아와 사역을 시작하셨다. 창조 당시 물 위에 운행하셨던 바로 그 성령이 예수님을 잉태하신 일의 주체였다. 예수님의 잉태부터 승천까지 성령은 나사렛 예수님의 강력한 사역의 열쇠였다.

성령이 없다면 선교 운동이 존재하지 않을 것이다. 예수님께서 제자에게 자신이 떠나는 것이 좋다고 말씀하셨고(요 16:7) 아버지께서 성령을 보내사 모든 제자가 하나님의 임재의 실재를 알 수 있게 해줄 것이라고 말씀하셨다. 제자는 성령께서 제자를 모든 진리 가운데로 인도하실 것이며 스스로 말씀하시는 것이 아니라 "듣는 것만 말씀하신다"(요 16:13-14)는 말씀을 들었다. 아버지께서 자신을 보내신 것처럼 예수님도 성령을 통한 자신의 임재가 제자와 함께한다는 것을 알고 제자를 보내셨다(요 20:21~22).

예수님의 십자가에서 못 박히심과 부활과 승천은 오순절에 성령의 보편적 부으심의 길을 열었다. 예수님의 제자가 기도할 때 성령이 임하자 교회가 탄생하고 선교가 시작되었다. 성령은 모든 믿는 자에게 예수님을 증거할 수 있게 하려고 오셨고(행 1:8) 죽음에 직면한 초대교회 제자에게 지혜와 기쁨과 믿음 그리고 힘과 용기를 주셨다. 성령께서는 중대한 돌파구를 마련하기 위해 역사하셨다. 빌립이 에티오피아(Ethiopia) 내시를 만난 것부터 베드로가 고넬료를 만난 것 그리고 바울과 바나바의 첫 번째 전도여행까지 모두 성령께서 시작하신 일이다. "성령은 끊임없이 교회로 하여금 증거하도록 이끄시며 교회는 그 증거를 통해 끊임없이 증가한다"(보어-Boer 1961, 161). 하나님은 말씀과 성령을 통해 창조하시고 구속하신다. 하나님의 운동의 흥망성쇠는 성령의 인도하심과 능력에 의존하고 있음을 반영한다.

3. 사명-핵심 선교 과업에 충실함

예수님은 세례를 받으실 때 패역한 이스라엘과 죄 많은 인류와 자신을 동일시하셨다. 세례를 받기로 선택함으로써 그는 자신이 많은 사람의 대속물로 자기 목숨을 바칠 이사야가 예언한 하나님의 종이었음을 보여주었다(사 40~55장, 막 10:45). 그분이 세례를 받으실 때 계시되었던 내용은 광야에서 사탄에게 시험되었다.

각각의 유혹은 예수님의 정체성과 그분 사명의 본질을 겨냥했다.

첫째, 사탄은 예수님을 유혹하여 돌을 빵으로 바꾸어 그의 굶주림을 해소하게 하려고 시도했다. 언젠가는 예수님이 제공한 빵으로 만족한 무리가 강제로 예수님을 왕으로 삼으려고 할 때가 올 것이다(요 6:15). 하지만 예수님은 그것을 거부하고 떠나셨다. 예수님은 굶주린 사람에게 빵을 제공했지만 그것이 핵심 선교 과제는 아니었다. 왜냐하면 그분은 우리가 믿어야 할 생명의 빵이시기 때문이다(요 6:26-51).

두 번째 유혹에서 예수님은 예루살렘의 성전 꼭대기에 올라가 앉으셨다. 사탄은 예수님에게 자신을 던져 내려 하나님이 그를 구하게 하라고 도전했다. 이것은 하나님께서 예수님께 주신 권능을 자신의 영광과 사명을 완수하는 지름길로 사용하게 하려는 유혹이었다.

고난을 마주할 때 예수님은 연민을 느끼고 손을 내밀어 병든 사람을 치료하고 귀신을 쫓아내셨다. 그러나 표적과 기적은 선교의 핵심 과제가 아니다. 기적은 예수님을 가리키는 표징이지만 믿음을 강제하지는 않는다. 예수님이 오랜 시간을 보내셨던 고라신과 벳새다 심지어 가버나움까지 하나님의 심판의 위험에 처해 있었다(마 11:21~24). 그 주민들은 기적을 보았으나 돌이켜 회개하지 않았다.

마지막으로 사탄은 예수님을 높은 산으로 데려가 모든 나라와 그들의 영광을 보여주었다. 예수님이 만

일 사탄 앞에 엎드려 숭배한다면 모든 것을 가질 수 있었다. 예수님은 십자가의 수치와 고통 없이 문화적이고 정치적 권력을 통해 세상을 이길 수 있었다.

오늘날 우리는 선교의 목표로서 사회 변혁에 대해 많이 듣는다. 예수님은 그런 것을 약속하지 않으셨다. 예수님과 그의 제자에 의해 변화된 유일한 마을과 도시는 폭동으로 변했다. 그분은 제자에게 영향력이 아니라 박해와 갈등을 약속하셨다. 사회 변화는 복음의 열매일 수 있지만 그것이 반드시 올 것이라는 보장은 없다.

빵과 표적, 기적 그리고 문화적이며 정치적 권력 – 이것은 선교의 핵심 과제가 아니다. 그러면 예수님은 대신 어떤 것을 선택하셨을까? 그분은 십자가를 택하셨다. 그의 사명은 그의 백성을 그들의 죄로부터 구원하는 것이었다(마태복음 1:21). 사역을 시작할 때부터 예수님의 의도는 분명했다. 예수님은 선교 운동을 시작하셨고 그를 따르는 사람은 선교사가 되었다(막 1:17).

예수님은 최고 권위의 위치에서 제자에게 모든 민족을 제자로 삼으라는 보편적인 사명을 주셨다(마 28:16~20). 이것이 선교의 핵심 과제다. 우리는 모든 나라와 족속과 방언으로 제자를 삼아 가서 세례를 주고 예수님이 분부하신 모든 것을 가르쳐 지키게 해야 한다. 그렇게 하면 부활하신 주님은 우리가 그분의 임재 없이는 결코 살 수 없을 것이라고 약속하신다. 신약 성경에서 선교사는 비기독교인과 접촉하여 메시아이며 구세주인 예수님의 소식을 선포하고 사람들을 예수 그리스도를 믿도록 인도하며 새 신자를 예수님의 제자 공동체가 되게 한다(슈나벨- Schnabel 2008, 29 참조). 하나님의 운동은 이 선교의 핵심 과업에 얼마나 충실한가에 따라 흥망성쇠를 거듭한다. 예수님께서 성령의 능력으로 광야를 떠나 갈릴리로 돌아오셨을 때 그분은 자신이 누구인지 또한 자신이 무엇을 하러 오셨는지 알았다. 그분은 전략적 행동으로 자신의 정체성을 표현했다. 전략은 하나님의 운동이 작동하는 방식이다. 예수님의 전략에는 개척적인 지도자와 전염성 있는 관계, 신속한 동원 그리고 적응력이 높은 방법이라는 네 가지 반복되는 측면이 있었다. 증식하는 하나님의 운동은 일반적으로 이러한 패턴으로 나타난다.

4. 개척적인 지도자

예수님께서는 사역 초기에 선교 운동의 개척적인 지도자가 될 제자들을 부르셨다. 그분은 그들에게 "와서 나를 따르라"는 명령과 다음과 같은 약속을 주셨다.

"내가 너에게 사람 낚는 법을 가르쳐 주겠다." 예수님은 자신의 모범으로 제자들을 훈련시키셨고 열방을 제자 삼으라는 궁극적인 부르심을 예시하는 선교에 제자들을 파송하셨다.

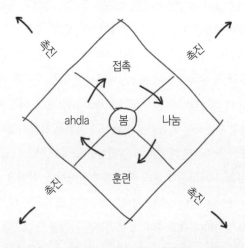

그림 11.2 하나님의 운동 다이아몬드

개척적인 지도자는 미전도 지역의 전도를 위한 촉진자가 되어 초기 제자화와 교회 형성 그리고 교회 강화를 이끄는 선교 밴드를 형성한다.

그들은 끝을 본다. 그들의 정체성은 하나님의 목적과 일치한다. 그들은 성령과 그분의 살아 있는 말씀의 능력을 통해 예수님의 지도력에 복종한다. 그들은 하나님의 사명에 동참하라는 하나님의 부르심에 순종한다.

그들은 사람들과 관계를 맺는다. 그들은 하나님으로부터 멀리 떨어진 사람들과 접촉하기 위해 경계(지리적, 이해적, 문화적, 사회적, 경제적)를 넘는다.

그들은 복음을 나눈다. 그들은 하나님에 관한 진리와 그리스도를 통한 구원을 전한다. 그들은 새로운 제자가 지역 사회 전체에 좋은 소식을 전파할 수 있도록 준비시킨다.

그들은 제자들을 훈련한다. 그들은 제자들을 예수 그리스도에 대한 믿음(회심, 세례, 성령의 은사)으로 인도하고 예수님께서 명령하신 모든 것에 순종하도록 가르친다.

그들은 커뮤니티를 모은다. 그들은 회개하고 믿고 세례를 받는 사람들을 교회로 형성하여 함께 모여 하나님의 말씀을 연구하고 순종하며 기도하고 성만찬을 기념하며 서로 사랑하고 예배하며 후히 베풀고 제자를 삼는 일을 한다(행 2:42-47).

그들은 일꾼을 증식시킨다. 그들은 제자와 교회가 촉진되도록 지역 교회 지도자들을 준비시킨다. 교회와 협력하여 하나님의 운동 개척자는 미전도 지역으로 출발하는 사도적 팀을 구성한다.

5. 전염성 있는 관계

예수님께서는 미전도 마을로 가서 전체 공동체의 진입점이 될 수용성 있는 가족을 찾도록 제자들을 훈련시키셨다. 그분은 거라사인 귀신들린 자(막 5:1~18)와 세리 삭개오(눅 19:1~9) 그리고 사마리아 여인(요 4:1~26)과의 만남에서 모범을 보이셨다. 이 각각의 개인을 통해 예수님에 관한 좋은 소식이 전체 공동체에 전해졌다.

모든 하나님의 운동의 빠른 성장의 열쇠는 기존 소셜 네트워크내에서 대면 모집하는 것이다. 소셜 네트워크가 강할수록 움직임이 더 빨리 확산된다. 그러나 하나님의 운동이 성장하려면 새로운 사람에게 다가가야 할 뿐만 아니라 그들과의 관계를 유지해야 하며 그들을 변화를 위한 헌신적인 세력으로 키워야 한다.

평범한 지인의 모임으로 구성된 하나님의 운동은 에너지와 헌신 그리고 집중력이 부족할 것이다. 성공적인 하나님의 운동은 긴밀하고 개방적인 소셜 네트워크이다. 예수님은 군중을 위해 사역하셨지만 그들이 제자가 되라는 부르심에 응답하지 않는 한 그들에게 자신을 맡기지 않으셨다. 그분은 제자들이 외부 사람에게 개방성을 유지하도록 하는 긴밀한 소셜 네트워크를 형성하셨다.

6. 신속한 동원

예수님께서는 종교 전문가를 피하시고 평범한 사람을 찾으러 가셨다. 그분은 어부들에게 당신을 따르라고 명령하셨고 그들에게 사람 잡는 법을 가르치겠다고 약속하셨다(막 1:17; 마 4:19). 예수님께서는 열두 제자뿐만 아니라 그의 사역을 지지하는 영향력 있고 부유한 여성을 포함한 더 많은 제자들과 함께 여행하셨다(눅 8:1-3). 몇몇 제자는 예수님의 순회 사역 내내 그분을 따랐지만 예수님은 거라사인 귀신들린 자와 사마리아 여인은 집으로 보내 하나님이 그들을 위해 행하신 일을 전하게 하셨다(막 5:18-20; 요 4:1-42).

예수님은 모든 제자에게 지상명령을 주셨다. 모든 제자는 가서 세례를 주고 예수님께서 명령하신 모든 것에 순종하는 사람을 가르쳐 제자를 삼는 책임이 있다. 모든 제자에게는 말씀과 성령이 있고 사명을 완수할 책임이 있다.

바울은 예수님의 모범을 따랐다. 그는 혼자 여행한 적이 거의 없었다. 그에게는 그와 함께 일한 핵심 팀원이 9명 있었는데 그들 중 다수는 그가 개척한 교회 출신이었다. 그가 미전도 도시로 나아갈 때 교회가 그의 선교에 협력하여 계속해서 그 지역에 깊이 다가가기를 기대했다(빌 1:4-5; 살전 1:8)(플러머-Plummer 2006). 그는 새로운 교회를 말씀과 성령에 맡기면서 계속 앞으로 나아갈 수 있다고 확신했다(행 20:28, 32). 교회의 선교적 발전은 성령의 인도하심을 받는 교인의 자발적이고 개인적인 활동에서 비롯된다(알렌-Allen 1956).

7. 적응력이 높은 방법

가장 효과적이고 지속적인 하나님의 운동은 영적 열정의 혼돈과 창의성, 효과적인 방법과 전략 그리고 구조가 제공하는 안정성 사이의 긴장 속에서 존재한다. 예수님의 방법은 단순하면서도 강력했다. 그분은 자신이 하신 일 즉 미전도 지역 사회에 들어가 운영 기반을 형성하도록 제자들을 훈련하셨다. 그의 가르침과 그의 이야기는 기억되고 전달되었다. 그는 사역자에게 그 일에 대한 훈련을 시켰다. 그의 하나님의 운동에는 본부에서 지원하는 자금(Central Funding)이나 통제가 필요하지 않았다.

예수님의 사역이 끝날 때쯤 그분이 전하는 소식의 내용은 제자들의 정신과 마음에 각인되었다. 이 심오하면서도 단순한 말과 이야기는 선교운동이 사람에서 사람으로 집단에서 집단으로 그리고 문화에서 문화로 발전하면서 쉽게 전달되었다.

적응력이 높은 방법은 간단하고 재현 가능하며 지속 가능하고 확장 가능하다. 그것은 건물로 비유할 때 건물 자체가 아니라 건물의 골격이다. 그들의 정체성(말씀, 성령, 사명)에 충실한 하나님의 운동은 그들의 방법의 효율성을 테스트하고 그들의 정체성에 맞는 변화를 만들 것이다. 감리교의 창시자인 존 웨슬리에게는 한 나라를 제자화하는 사명이 있었다. 그 사명을 추구하면서 그는 복음을 전파하고 제자를 삼으며 그룹을 형성하고 일꾼을 동원하는 방법을 조정하면서 계속해서 실험했다.

하나님의 운동은 "성공의 실패"로 인해 어려움을 겪을 수 있다. 자신이 하는 일이 옳다고 확신한 그들은 주변의 세계에 관심을 기울이지 않게 된다. 그들은 학습하고 적응하는 것을 멈춘다. 처음의 성공을 가져온 비공식적인 방법은 유연하지 못한 절차와 구조로 고정되게 된다. 창의력과 혁신은 사라지거나 적절한 대책 없이 진행될 수도 있다. 해결책은 최신 유행 방법을 채택하는 것이 아니라 어떻게 하면 방법이 정체성과 전략에 가장 잘 부합하는지 다시 생각해보는 것이다.

정체성이 핵심이다

정체성(말씀과 성령 그리고 사명)은 하나님의 운동의 흥망성쇠를 좌우하는 열쇠이다. 말씀과 성령 그리고 사명은 하나님의 일로서 하나님의 운동 촉진의 심장이자 영혼이다. 정체성은 개척적인 지도자와 전염성 있는 관계, 신속한 동원 그리고 적응력이 높은 방법 등 효과적인 사역 패턴으로 이어진다. 정체성에서 벗어나는 것은 하나님의 운동을 약화시킨다. 생명과 쇄신은 정체성으로의 회귀를 통해 이루어진다. 그렇지 않으면 쇠퇴와 부패로 이어진다.

하나님의 운동의 성장과 쇠퇴 단계

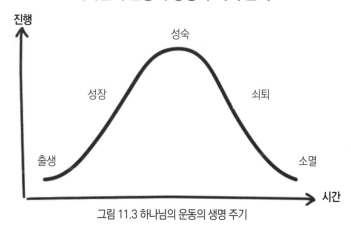

그림 11.3 하나님의 운동의 생명 주기

하나님의 운동의 생명주기는 탄생과 성장, 성숙, 쇠퇴 그리고 소멸의 5단계로 나눌 수 있다. 이 과정은 불가피한 것은 아니다. 여섯 번째 가능성이 있는데 성숙하거나 쇠퇴하는 동안 다시 태어날 수 있다는 희망이다. 재탄생은 노화 과정을 방해하고 하나님의 운동을 성장으로 되돌린다. 하나님의 운동의 생명주기는 오랜 기간에 걸쳐 나타나는 패턴이다. 생명주기는 하나의 모델이다. 모델은 완벽하지는 않지만 복잡성을 탐색하는 데 도움이 된다.

1단계. 탄생: 대의를 위한 헌신

현실주의자는 세상에 적응하려 하지만 하나님의 운동의 창시자는 그들의 세상을 바꾸고자 한다. 하나님의 운동의 창시자는 완수해야 할 중요한 다섯 가지의 임무가 있다.

1.1. 하나님과 씨름: 분명한 비전은 항복의 부산물이다.

예수님의 이야기는 광야에서 시작되며 거기서 그의 정체성이 시험되고 입증되었다. 사도 바울은 다메섹 도상에서 얼굴을 땅에 대고 엎드린 채 부르심을 받았다. 그 후 3일 동안 그는 다음에 무슨 일이 일어날지 알지 못한 채 그를 구출해 주시도록 하나님께 전적으로 의지하며 눈이 멀어 있었다(행 9장). 그의 모든 힘은 약함으로 바뀌었고 하나님에 대한 이러한 의존은 증식하는 하나님의 운동의 핵심이 되었는데 이 하나님의 운동은 하나님께서 그 탄생을 도우신 것이다. 하나님의 권위에 대한 새로운 인식은 창시자가 기존 권위에 의문을 제기하고 하나님의 백성을 성경적 현실과 새로운 방향으로 되돌릴 수 있게 해준다. 이 싸움 속에서 창시자는 말씀과 성령에 대한 순종과 하나님의 부름에 대한 신실함을 배운다.

1.2. 거룩한 영적 불만을 키우라: 이상과 현실 사이의 격차(ideal -real gap)에 대한 인식을 높이라.

창시자는 세상을 있는 그대로 받아들이기를 거부하는 비합리적인 사람이다. 하나님의 운동은 무엇인가가 변화되어야 한다는 필요성 때문에 시작된다. 하나님의 운동의 창시자는 사람이 무엇이 잘못되었는지 어떻게 바로잡을 수 있는지 알 수 있도록 돕는다. 하나님의 운동의 창시자는 "이상과 현실의 괴리" 즉 현재 있는 것과 있어야 할 것 사이의 간극을 지적함으로써 불만의 수위를 높인다. 창시자는 이상과 현실의 격차를 받아들이기를 거부하고 그렇게 함으로써 다른 모든 사람을 불편하게 만든다. 그들은 참을성이 없고 타협하지 않는다. 그들은 결함을 보지만 이를 용납하지 않는다. 낡은 패러다임은 더 이상 현실에 맞지 않으며 변화의 필요성이 시급해진다.

1.3. 꿈을 꾸라: 비록 어떻게 가야 하는지 모르더라도 어디로 가는지 알아라.

꿈 없는 비평은 마비와 냉소를 야기한다. 창시자는 꿈꾸는 자이다. 그들은 더 나은 미래를 위한 비전을 그린다. 어떻게 거기에 도달할지 모를지라도 어디로 가고 싶은지는 알고 있다. 창시자는 목적지를 볼 수 있기 때문에 길을 가리킨다. 그들은 거꾸로 삶을 살아간다. 비전의 현실은 장애물에도 불구하고 그들을 미래로 이끈다. 하지만 비전의 근원은 무엇일까? 예수님이 죽은 자 가운데서 다시 살아나셨을 때 흩어진 제자들의 무리를 만나셨다. 실망하고 흩어져 버리는 것이 그들이 할 수 있는 최선이었다고 생각하면 기독교 운동(Christian movement)은 끝났을 것이다. 40일에 걸쳐 예수님께서는 그들의 마음을 열어 성경에 나타난 하나님의 목적을 이해하게 하셨다. 그분은 선교의 핵심 과업을 분명히 하고 그들에게 성령의 능력을 약속했다.

1.4. 행동에 나서라: 비전이 어떻게 현실로 바뀔 수 있는지 보여줘라.

비전이 없는 불만은 냉소로 이어지지만 실천이 없는 꿈은 환상이다. 창시자는 꿈을 꾸고 그 꿈을 실현한다. 아이디어는 실행으로 옮겨졌을 때에만 위험하다. 창시자는 점진적인 개선에 관심이 없다. 그들은 기존 구조를 벗어나 근본적인 변화를 요구하며 종종 갈등이 발생한다. 예수님은 주변 사람의 기대에 얽매이지 않으셨다. 그는 행동에 나섰다. 잃어버린 양을 찾아 구원하시는 예수님을 막을 수 있는 것은 아무것도 없다.

1.5. 팀을 구성하라: 대의를 위해 자신의 목숨을 기꺼이 바칠 사람을 부르라.

헌신적인 창시자 혼자는 하나님의 운동이 아니다. 창시자는 헌신적인 제자들을 끌어 모아야 한다. 하나님의 운동이 아직 초기 단계이기 때문에 창시자는 새로운 멤버들에게 월급이나 혜택 또는 권력의 지위를 제공할 수 없다. 대신 그들은 살고 죽을 가치가 있는 대의에 대한 보상을 제공한다. 각 복음서는 예수님이 첫 제자들을 부르셨던 모습을 기록하고 있다. 이 첫 제자들은 선교 운동의 핵심을 형성했다. 예수님의 권위는 두드러진다. 제자는 모든 것을 버리고 공식적인 권위도 없는 이 갈릴리 목수를 따랐다. 그분의 세례와 광야 시험에 관한 기록은 그분의 권위의 진정한 근원을 밝혀 준다.

탄생부터 성장으로

때가 된 생각보다 더 강력한 것은 없다. 하지만 생각이 역사를 만드는 것은 아니다. 헌신적인 사람이 역사를 만든다. 누군가가 행동에 나설 때 하나님의 운동이 탄생한다. 탄생을 통해 성장하는 하나님의 운동은 반드시 성장의 도전에 직면해야 하며 아이디어를 효과적인 전략과 방법으로 전환하여 결과를 얻어야 한다.

2단계. 성장: 생각을 실행에 옮기기

성장 단계에서 창시자는 다섯 가지 필수적인 도전에 직면하게 된다:

2.1. 생각을 실행에 옮겨라: 하나님의 운동 창립 비전을 효과적인 행동으로 구체화하여 하나님의 운동을 만들어 내라. 성장은 더 많은 생각을 생성하는 시간이 아니다. 생각을 실행에 옮기는 시간이다. 비전을 가진 사람은 다른 사람에게 영감을 주어 그들의 본보기를 따르게 하는 것으로 꿈을 현실로 변화시키는 행동가가 되어야 한다. 성장 초기 단계에서 창시자는 증거가 아닌 확신과 직관에 의해 추진된다. 골리앗 앞에 선 다윗처럼 그들은 모든 답을 갖고 있지는 않지만 기꺼이 위험을 감수한다. 그들은 기꺼이 뭔가를 하려고 한다. 그들은 증거가 아닌 신념에 따라 동기를 부여받는 행동 지향적인 사람을 끌어들인다. 일단 행동과 진전이 이루어지면 다른 사람도 참여할 것이며 하나님의 운동은 추진력을 얻게 될 것이다.

2.2. 유연성과 통제의 균형을 유지하라: 하나님의 운동의 확산을 가능하게 하는 효과적인 방법과 기능적인 구조를 활용하라.

성장 초기 단계에서는 창시자가 권한을 넘기기에는 아직 너무 이르다. 지도자가 이 시점에서 물러서면 서로 다른 의견이 하나님의 운동의 정체성을 약화시킬 수 있다. 창시자는 모범을 보여야 하며 모든 사람이 하나님의 운동의 결과를 얻는 데 집중할 수 있도록 해야 한다.

열정만으로 하나님의 운동이 지속되지는 않는다. 하나님의 운동은 하나님의 운동을 시작한 그룹을 넘어서 퍼지려면 전략과 방법을 개발해야 한다. 여기에 딜레마가 있다. 시스템은 유연성을 감소시키지만 시스템과 구조가 없는 유연성은 혼란과 단편화를 초래한다. 성장 과정에서 하나님의 운동은 환경에 적응하려면 유연해야 한다. 역동적인 하나님의 운동은 유연성과 제어 그리고 안정성과 변화의 균형을 맞추는 체조 선수와 같다(아다이즈-Adizes 1979, 6).

2.3. 권한과 책임을 위임하라: 사역자와 리더를 동원하여 하나님의 운동을 정착하고 확장시켜라.

탄생에서 성장으로 나아가기 위해 창시자는 자신의 영향력을 촉진시키는 리더들을 동원해야 한다. 훌륭한 지도자는 그들의 팀원에게 일정한 틀 내에서 자유와 책임을 부여한다. 리더의 가장 큰 유산은 그들이 남긴 대의명분과 그 대의명분에 동조하는 사람들이다. 하나님의 운동의 존재 이유(정체성)와 사명 추구 방법(전략) 그리고 무엇을 해야 하는지(방법)를 아는 사람들에게 창시자가 권한과 책임을 부여할 때 증식이 일어날 수 있다.

2.4. 내버려 둬라: 하나님의 운동에 힘을 실어 대의명분을 구현함으로써 "창시자의 함정(founder's trap)"을 피하라.

초기 단계에서는 창시자의 헌신이 하나님의 운동을 유지시킨다. 그러나 그 애정 어린 포옹이 너무 오랫동안 지속되면 질식으로 이어질 수 있다. 이러한 애정 어린 포옹이 지속되면 "창시자의 함정(founder's trap)"에 빠지게 된다(아다이즈-Adizes 1999, 64-70). "창시자의 함정(founder's trap)"은 창시자가 직접적인 개인적 통제를 유지하고 권한과 책임을 놓지 않을 때 발생한다.

만약 창시자가 계속해서 통제를 유지한다면 하나님의 운동은 정체될 것이다. 창시자는 이러한 도전을 극복하기 위해 자신이 아닌 하나님의 운동에 집중해야 한다. 그들은 대의를 포용하는 행동 지향적인 리더를 육성해야 하며 정체성을 중심으로 훈련의 문화를 구축해야 한다. 또한 하나님의 운동을 정체성과 일치시키는 전략과 방법이 필요하다. "창시자의 함정(founder's trap)"에 대한 가장 좋은 해결책은 한 개인의 한계를 넘어선 임무를 가지는 것이다.

2.5. 최우선을 추구하라: 하나님의 운동이 존재하는 결과를 달성하기 위해 사람과 시스템을 마련하라.

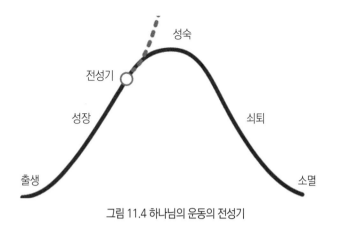

그림 11.4 하나님의 운동의 전성기

성장은 생각을 실행에 옮기는 도전에서 시작된다. 일단 생각이 효과를 거두면 하나님의 운동은 가시적인 진전을 이루게 된다. 즉 개척적인 리더를 끌어들이고 영향력을 확대하는 것이다. 하나님의 운동은 통제와 유연성을 모두 가지고 있으며 명확한 전략과 적응적인 방법이 제자들이 하나님의 운동의 목적을 달성하는 데 힘을 실어 준다. 하나님의 운동은 설립 이상을 구현하며 더 이상 창시자에게 의존하지 않는다.

이제 하나님의 운동은 전성기에 도달할 기회가 생겼다. 전성기의 조직은 자신이 왜 존재하는지와 어디로 가는지 그리고 어떻게 도달하는지 알고 있다. 그 조직은 자신이 만들어진 목적을 실현하고 있다. 전성기 상태의 조직은 목표를 달성하지 못했을 때 혹독한 사실을 직시하고 이에 맞추어 조정한다. 이 조직은 창의적이며 유연하게 유지되며 장기적인 효과를 보장한다(아다이즈-Adizes 1996, 27).

성장에서 성숙으로

하나님의 운동의 생명주기가 정점에 도달함에 따라 하나님의 운동은 성공에 따른 안일함을 극복해야 한다. 계속해서 스스로를 갱신할 것인가 아니면 안전을 선택하고 힘들게 얻은 이익을 보호할 것인가? 성숙함은 하나님의 운동이 정체성보다 안전을 선택할 때 찾아온다.

3단계. 성숙: 전성기 즐기기

성숙기의 하나님의 운동은 정점에 다다르고 만족스러운 상태로 안정기에 진입했다. 하나님의 운동은 여전히 상당한 성과를 거두고 있다. 그러나 긴박감이 사라지고 그로 인해 창의성과 적응력이 감소한다. 그 태도는 "성공한 일을 계속하자"이다. 형식적인 절차와 질서 그리고 예측가능성이 결과보다 더 중요하게 여겨진다. 하나님의 운동은 자신의 성취를 즐기고 보호하기로 결정할 때 성숙해진다. 하나님의 운동은 계속해서 전진하나 그 속도는 감소한다.

3.1. 성공에 대한 걸림돌: 과거의 성취가 미래로 이어질 것이라 가정하는 것.

성장 단계에서 성공한 하나님의 운동은 오만해지기 쉽다. 힘들게 얻은 교훈들은 잊혀 진다. 진전이 당연시되어진다. 이스라엘이 요단강을 건너 약속의 땅을 점령하기 전 하나님께서 그들에게 그들이 형통하게 될 아름다운 땅으로 가고 있지만 성공 속에서 교만해지고 주를 잊지 말아야 한다고 말씀하셨다. 이스라엘에게 주께서는 주를 기억하고 순종하며 다른 신을 따르지 말아야 하며 그렇지 않으면 파멸하게 될 것이라고 경고하셨다. 그러나 그들은 성공에도 불구하고 기억하지 못했다(신 8장).

3.2. 이상과 현실의 차이를 무시하는 것: 현실이 이상을 이기도록 허용하는 것.

하나님의 운동은 무언가가 변해야 한다는 필요성으로 인해 나타난다. 새로운 하나님의 운동은 불만을 불러일으킨다. 성공적인 하나님의 운동은 만족스러워지며 그들은 세상을 있는 그대로의 긴장에서 벗어나고 싶어 한다. 하나님의 운동은 현재의 상태와 어떤 것이어야 하는지의 이상 사이의 창의적 긴장을 유지함으로써 젊음을 유지한다. 하나님의 운동은 이상과 현실 간격을 무시하고 성취를 보호하려 하며 그 위험을 감수하지 않을 때 늙어간다.

3.3. 극단의 선택: 전통주의자(세계와의 분리)와 진보주의자(세계와의 평화) 중에서 선택하거나 둘 사이의 해결되지 않은 갈등을 허용하는 것.

하나님의 운동이 성숙해지면 전통주의자와 진보주의자 사이에 분열이 생길 수 있다. 진보주의자는 구성원의 요구를 줄이고 하나님의 운동을 사회적으로 더 수용 가능하게 만들어 이상과 현실의 격차(ideal-real gap)를 줄이고 싶어 한다. 전통주의자는 하나님의 운동의 원래 활력으로 돌아가지 않고 과거의 엄격함을 강요하기를 원한다. 진보주의자는 하나님의 운동이 사회에 개방된 느슨한 소셜 네트워크가 되기를 원한다. 전통주의자는 사회와 닫힌 긴밀한 소셜 네트워크를 원한다. 이 양쪽 접근 방식은 모두 하나님의 운동을 탄생시킨 내면적 현실이 부족하기 때문에 실패한다. 그들은 자신의 정체성에서 멀어져 있다.

성숙에서 다시 성장으로

베드로와 고넬료의 만남 이야기(행 10:1-11:15)는 하나님이 어떻게 개입하셔서 자칫 표류할 위험에 처한 불안정한 하나님의 운동을 성숙으로 이끄시는지를 보여주는 사례 연구이다.

리더십 교훈은 다음과 같다:

현실에 직면하라: 이상과 현실 간의 긴장을 회복시켜라.

기회를 잡아라: 하나님의 개입에 주의하라. 당신이 누구인지 기억하라. 당신의 과거가 당신의 현재에 도움이 되도록 하라. 모든 것을 말씀과 성령 그리고 사명에 맞춰라. 전략의 특성을 혁신적인 방식으로 적용하라.

다음세대를 키워라: 영적인 자녀와 손자 그리고 증손자의 세대에 초점을 맞춰라.

성장에서 쇠퇴로

하나님의 운동은 가만히 있을 수 없다. 경고 신호에 주의를 기울이지 않으면 성숙에 대한 만족은 쇠퇴에 대한 안일함으로 이어진다. 기관의 생존은 설립 목적을 대체하고 하나님의 운동은 내부로 초점을 맞춘 기관(Institution)이 될 것이다.

단계 4. 쇠퇴: 자기 이익이 지배한다.

쇠퇴는 서서히 다가온다. 과거의 유산에 의지해 살아가고 있는 강력한 기관(Institutions)은 그것이 영원히 지속될 것이라고 생각한다. 하나님의 운동은 자신의 대의를 포기하고 자신만을 위해 존재할 때 기관이 되는 것이다. 기능 장애가 있는 관료주의에 의해 보호를 받으면서 그들은 주변 세계로부터 보호를 받는다. 쇠퇴하는 기관은 더 이상 자신을 넘어서는 목적을 위해 살지 않는다. 가장 중요한 것은 자기 보존이다. 그러나 재난이 닥치면 기관(Institutions)의 취약성이 드러난다.

4.1. 세상이 교회를 침범한다. 리더는 주변 문화의 가치와 행동을 받아들인다.

하나님의 운동은 세상을 변화시키려고 하고 기관은 변화하는 세상을 두려워한다. 어려운 결정을 피하며 기회를 놓치게 된다. 과거의 추진력이 하나님의 운동을 계속해서 추진하고 있지만 이는 잠시 동안일 뿐이다. 쇠퇴가 진행되면 숨을 곳이 없다. 하나님의 운동이 실패한 기관이 되었다는 것이 명백해진다. 쇠퇴가 진행되면 자기 보전이 우선이 된다. 기관이 자신의 존재 이유를 잃을수록 생존이 최우선이 된다.

4.2. 중앙집중화된 권력과 통제: 리더는 대의가 아닌 기관과 자신을 위해 봉사한다. 추종자는 순응한다.

쇠퇴하는 기관은 대의보다는 조직에 봉사하는 리더에게 보상을 제공한다. 형식이 지배적이다. 사람은 친절하지만 성과가 거의 없다. 기관에 재정적이고 감정적 애착을 갖고 있는 사람은 기관을 보존하고 싶어 한다. 기관은 도덕적이고 영적 권위를 잃고 좋은 사람은 떠난다. 쇠퇴하는 기관은 그들의 목적을 잃어버렸다. 한때 그들은 어떤 가치를 대표했다. 기억은 이제 희미해지고 남아 있는 것은 겉으로 드러나는 형식일 뿐이며 내면의 실체는 남아있지 않다. 기관은 스스로를 영속시키기 위해 존재하지만 그 존재 이유를 기억하지 못한다.

4.3. 비난받을 만한 무지: 권력을 가진 사람은 자신을 무적이라고 생각한다. 그들은 주변 세계와 접촉을 하지 않는다.

금단의 도시의 성벽 안에 사는 고대 황제처럼 기관의 지도자는 주변 세계의 현실을 인식하지 못한다. 그들은 만족했다. 그들은 자신의 쇠퇴에 대해 무지했고 점점 커지는 불만의 물결에 무감각했다. 그들이 주도하는 시스템은 부패했고 그들은 시스템의 일부이며 시스템에서 성장하고 시스템에 의존하기 때문에 시스템을 변경할 수 없다(투흐만-Tuchman 1984, 125).

쇠퇴에서 소멸로

쇠퇴 후반기의 하나님의 운동은 거의 반전되지 않는다. 소멸은 쇠퇴를 따르며 하나님의 운동은 외부 생명 유지에 의존하면서 존재에 집착한다.

5단계. 소멸: 생명 지원에 의한 존속

다음은 소멸의 특징이다:

5.1 표류(drift)에서 부정까지

쇠퇴하는 기관은 정체성에서 멀어져 있다. 쇠퇴하면서 그 기관은 말씀과 성령 아래 있는 선교 운동(missionary movement)으로서의 정체성을 부인한다.

5.2 붕괴와 무너짐

기관(Institutions)은 급속한 회원 감소를 경험하고 그 신념과 행동이 더 이상 하나님의 운동의 기원을 반영하지 않는 관료 집단이 된다. 이 기관은 자산 매각과 국가 지원 그리고 과거 세대가 투자한 자금 등을 통해 인공 생명 유지 장치로 생존하는 존재가 된다.

5.3. 무시

새로운 하나님의 운동이 주변에 나타나며 이러한 하나님의 운동은 쇠퇴하는 기관에서는 거부당한다. 이러한 새로운 하나님의 운동은 결국 소멸하는 기관을 대체하게 된다. 요한계시록에서 부활한 주님이 일곱 교회에 쓴 편지에서 주님은 각 교회에 회개하라고 하신다. 갱신은 이 세상에서 돌아서 하나님과 그분의 길로 돌아가는 것을 의미한다. 그러나 교회가 자신보다 더 높은 권위를 인정하지 않는다면 어떻게 교회가 새로워질 수 있겠는가? 교회가 하나님의 말씀보다 자기의 말을 우선시하거나 시대의 영과 성령을 교환한다면 무슨 희망이 있을 수 있겠는가?

6단계. 재탄생: 마른 뼈도 살아날 수 있다

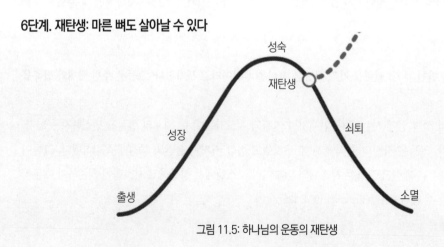

그림 11.5: 하나님의 운동의 재탄생

하나님의 운동은 인간의 창의성이나 디자인으로 다시 태어나는 것이 아니다. 재탄생은 개선 이상의 것이다. 그것은 죽음에서 생명으로의 여정이며 오직 말씀과 성령과 사명으로 되돌아가야만 달성된다. 그것은 하나님의 일이다. 침체되고 쇠퇴하는 기관은 재구상과 구조조정만이 필요하다고 생각하는 실수를 저지르고 있다. 마른 뼈 골짜기(겔 37장)는 하나님의 말씀 없이는 생명이 없고 하나님의 성령 없이는 호흡도 없으며 하나님의 사명 없이는 방향도 없음을 가르쳐 준다.

6.1. 하나님의 징계를 직면하라.

하나님의 심판은 재탄생의 길을 예비하신다. 요한계시록에 보면 에베소 교회는 영적으로 심각한 위험에 처해 있었다. 그리스도께서는 성도에게 그들의 처음 사랑을 상기시키시고 다음과 같이 그들을 꾸짖으셨다. "그러므로 어디서 떨어진 것을 생각하고 회개하여 처음 행위를 가지라 만일 그리하지 아니하고 회개치 아니하면 내가 네게 임하여 네 촛대를 그 자리에서 옮기리라"(계 2:5). 이 교회는 올바른 신앙을 가진 것으로 칭찬받았지만 열정을 잃어버린 것으로 책망을 받았다.

"예수께서 에베소 교회에 이런 식으로 오실 준비가 되어 있었다면 역사 전반에 걸쳐 비슷한 심판으로 여러 교회에 반복적으로 오셨을 것이다"(비일-Beale 2015, 56). 재탄생은 회개로 시작된다. 그것은 하나님의 말씀과 성령 그리고 사명안에서 정체성으로의 복귀로 시작된다.

6.2. 깊은 변화를 추구하라.

재탄생은 정체성(말씀, 성령, 사명)으로의 복귀를 필요로 한다. 요한복음 13~17장에서 예수님께서는 자신이 떠날 때를 대비하여 제자를 준비시키신다. 주님이 더 이상 그들과 물리적으로 함께 있지 않을 것이기 때문에 그와의 관계는 곧 바뀔 것이다. 그들은 계속해서 그분과 어떤 관계를 맺을 것인가? 예수님께서는 "내가 참 포도나무"라고 선언하시고 그들이 열매를 맺으려면 그분 안에 머물라고 강력히 권하신다.

제자들은 예수님의 가르침에 순종함으로써 예수님과의 관계를 유지하며 성령의 오심으로 인해 예수님도 그들 안에 머무르신다. 그런 다음 그들은 "가서" 열매를 맺게 되는데 그 이유는 아버지와 아들의 사랑은 제한될 수 없기 때문이다(요 15:16). 이것이 재탄생의 비밀이다. 우리 안에 계신 그리스도의 생명 즉 우리가 더욱 풍성한 열매를 맺을 수 있도록 가지치기를 하시는 정원사이시다.

6.3. 모든 것을 재조정하라.

재탄생에는 정체성의 재정렬과 개척적인 리더, 전염성 있는 관계, 신속한 동원 그리고 적응력이 높은 방법 등 효과적이고 재정렬된 하나님의 운동 전략으로의 복귀가 필요하다. 느헤미야는 말씀의 사람이고 성령의 사람이며 사명을 맡은 사람이었다. 위험에 직면했을 때 그는 이스라엘 백성에게 기도하고 무기를 들고 있으라고 말했다. 느헤미야는 모든 것을 하나님의 목적에 맞추었다. 그는 목록을 작성하고 작업을 위임하는 것을 좋아했다. 그는 중요한 세부 사항을 숙지했다. 그는 권위와 책임을 공개했다. 재탄생은 비용이 든다. 변화를 이루기 위해서는 은혜와 결심 그리고 규율과 시간을 필요로 한다. 그 일은 일어날 수 있다.

결론

하나님의 운동은 역사의 원동력이고 역사는 하나님의 운동의 흥망성쇠에 대한 이야기이다. 하나님의 운동의 생명주기의 모든 단계에서 앞으로 나아갈 길은 우리 신앙의 사도이자 개척자이신 예수님께로 돌아오는 것에서 시작된다. 그분의 본보기는 기본이다. 그분의 리더십은 살아 있는 말씀에 대한 순종과 성령에 대한 의존 그리고 자신의 사명에 대한 신실함에 중점을 두었다. 우리 삶에 있는 그리스도의 생명은 우리 삶의 모든 단계에서의 리더십의 열쇠이다. 예수님 안에 머무르는 것이 하나님의 운동의 번영의 열쇠이다. 그를 떠나는 것이 하나님의 운동의 쇠퇴의 열쇠이다.

참고 문헌

Adizes, Ichak. 1979. "Organizational Passages: Diagnosing and Treating Lifecycle Problems of Organization." *Organizational Dynamics* 8, no. 1: 3–25.

———. 1996. *The Pursuit of Prime: Maximize Your Company's Success with the Adizes Program*. Santa Monica, CA: Knowledge Exchange.

———. 1999. *Managing Corporate Lifecycles*. Revised. Paramus, NJ: Prentice Hall Press.

Allen, Roland. 1956. *The Spontaneous Expansion of the Church*. 3rd ed. London: World Dominion Press.

Beale, G. K. 2015. *Revelation: A Shorter Commentary*. Grand Rapids: Eerdmans.

Boer, Harry R. 1961. *Pentecost and Missions*. Grand Rapids: Eerdmans.

Plummer, Robert L. 2006. *Paul's Understanding of the Church's Mission: How Did the Apostle Paul Expect the Early Christian Communities to Evangelize? Paternoster Biblical Monographs*. Eugene, OR: Wipf & Stock Publishers.

Rosner, Brian. 1998. "The Progress of the Word." In *Witness to the Gospel: The Theology of Acts*, edited by I. Howard Marshall and David Peterson, 215–33. Grand Rapids: Eerdmans.

Schnabel, Eckhard J. 2004. *Early Christian Mission: Jesus and the Twelve*. Vol. 1. Downers Grove, IL: IVP Academic.

———. 2008. *Paul the Missionary: Realities, Strategies and Methods*. Downers Grove, IL: IVP Academic.

Tuchman, Barbara W. 1984. *The March of Folly: From Troy to Vietnam*. New York: Random House.

12장
여성의 관점:
여성과 교회 증식 운동(Multiplication Movements)
팸 아를런드(Pam Arlund)와 레지나 포드(Regina Foard)

전략적 수준의 회의에는 여성보다 남성이 훨씬 더 많이 참석하는 것 같다. 하나님의 운동에 관한 책에서는 여성이 거의 언급되지 않는다(그리고 여성 작가도 거의 없다). 교회 개척은 다양한 시각으로 바라보았지만 성별 연구는 아직 하나님의 운동에 널리 적용되지 않았다. 모든 하나님의 운동 실행자는 그리스도 안에는 남녀 차별이 없다는 사실에 동의하는 것처럼 보이지만(참조, 갈 3:28) 기본 선교학은 남자의 역할에 초점을 맞추는 것 같다.

이러한 불균형적인 대표성의 이유는 의심할 여지없이 다양하다. 그러나 우리는 여성이 적극적으로 참여하고 있으며 심지어 많은 교회증식운동(Multiplication Movements)의 주요 인물이기도 하다는 점을 인정해야 한다. 게다가 현재의 세계적 하나님의 운동에서 여성의 역할에 중점을 둔 연구가 거의 없다.[1]

그러므로 우리는 다음과 같이 질문해야 한다. "성별이 하나님의 운동의 일상적인 활동에 영향을 미치는가? 성별이 중요한 역할을 한다면 그 역할은 무엇인가? 이러한 하나님의 운동에서 성별로 정의된 역할은 묶여 있고 고정되어 있는가? 아니면 유동적이고 변화하고 있는가? 문화가 이러한 성별에 따른 역할에 영향을 미치는가?" 우리는 문화와 역할별 범주를 모두 고려하여 성별에 기초한 역할 특히 하나님의 운동에서 여성의 위치를 검토해야 한다고 제안한다.

이 장에서 우리는 여성도 교회 개척 운동에 대해 비판적이고 전략적으로 생각하고 있다는 사실을 강조하고자 한다. 또한 우리는 일부 사례 연구를 통해 여성이 하나님의 운동내에서 다양한 위치에서 봉사하고 있는 것을 요약하고 종합하려고 한다. 이러한 사례 연구에서 여성이 교회 개척 운동에서 촉진자의 역할과 리더십 역할 및 참가자 역할을 하고 있다는 예시가 보여 질 것이다.[2] 우리는 이러한 사례 연구가 규범적이거나 모든 하나님의 운동을 나타낸다고 주장하지 않는다. 그러나 우리의 경험에 따르면 이러한 현상은 이상한 것이 아니다. 이것들은 단지 반추작업의 시작점일 뿐이다.

여기에 포함된 사례 연구를 살펴보면 하나님의 운동에 참여하는 여성들은 동일한 하나님의 운동에 참

---

1) 우리는 이 장을 학문적인 내용보다는 일화적인 내용으로 조금 더 구성하기로 했다. 하나님의 운동과 성별 기반 역할, 사회학, 심리학 그리고 문화 인류학 분야와 관련된 주제의 수에는 이 맥락에서 허용되는 것보다 더 심층적인 연구와 학문적 엄격함이 필요하다. 그러므로 우리는 우리의 접근 방식의 한계를 인정한다. 우리의 작업이 하나님의 운동 내 여성에 관한 더 깊은 대화를 시작하는 초석으로 인식되기를 희망한다.

2) 팸 아를런드(Pam Arlund)는 이 장에서 사례 연구의 예들을 제시했다. ALL NATIONS 선교회의 세계 훈련 및 연구 리더로서의 역할을 통해 그녀는 전 세계의 교회증식운동(multiplication movements)을 직간접적으로 연구하고 참여해 왔다. 이 장에서 필자의 사례를 제외한 다른 모든 부분에서 필자는 "우리"라는 주어를 사용하였다.

여하는 남성들과 다른 영적 형성 과정을 겪는다는 것을 알 수 있다. 이는 주로 여성의 역할별 행동에 대한 문화적 기대 때문이다. 이러한 사례 연구는 여성이 하나님의 운동에 참여할 때 새로운 혼합적 정체성을 갖기 시작한다는 것을 보여준다.

즉 사회에서 여성의 전통적인 역할의 특성 중 일부를 유지하면서도 성장하고 변화하며 때로는 역할에 있어서 매우 명백하게 반문화적인 정체성을 갖기도 한다는 것이다. 다시 말해 그들은 모든 새로운 신자가 겪는 영적 형성 과정을 시작한다. 즉 삶에서 예수님의 새로운 역할을 고려하고 현재 자신이 누구인지 앞으로 어떤 사람이 될지에 대한 결정을 내려 문화적 규범을 재평가하는 것이다. 그러나 지구상의 모든 사회는 남성과 여성에 대한 기대치가 다르고 남성과 여성에 대한 역할도 다르기 때문에 영적 형성 과정은 본질적으로 성별에 따라 달라진다.

역할-정체성 변화의 잘 알려진 예는 요한복음 4장에 나오는 우물가 여인의 이야기에서 쉽게 찾아볼 수 있다. 예수님과 사마리아 여인 사이의 상호 작용의 예에서 우리는 몇 가지 경계를 넘는(boundary-crossing) 대화를 본다.

예수님 자신도 성역할의 경계와 문화적 경계, 종교의 경계 그리고 언어의 경계를 넘으셨다. 그러나 우리는 또한 사마리아 여인도 여러 경계를 넘었다는 사실을 인식해야 한다. 그녀는 유대인 남성 더 구체적으로는 유대인 랍비에게 말을 걸었다. 이러한 유형의 교류는 그들의 맥락에서 전례가 없는 일이었을 것이다. 그녀는 예수님과 상당히 길고 논쟁적인 대화를 나누었으며 그렇게 함으로써 그녀는 그 시대의 모든 문화적 규범을 무시했다.

그러나 이러한 문화적 장벽을 넘어선 것보다 더 중요한 것은 그녀의 내면에서 일어난 변화였다. 예수님과 대화를 나누기 전에 그녀는 자신의 공동체에서 배척 받는 사람이었다. 예수님과 대화를 나눈 후 그녀는 마을 전체를 예수님께로 인도하는 이 하나님의 운동에서 중요한 역할을 했다. 예수님은 인간의 존엄성을 회복하고 변화시키실 뿐만 아니라 남자와 여자 모두를 일으켜 하나님 나라 운동에 참여하게 하신다.

성별 연구와 하나님의 운동 선교학

성별은 개인과 조직 및 상호작용 수준에서 작용한다(에인워너-Einwohner와 홀랜더-Hollander 그리고 올슨-Olson 2000). 하나님의 운동의 본질은 사회에서 무언가 변화가 일어났다는 것을 의미한다. 이는 처음에는 하나님의 운동내에서 여성에 대한 다양한 생각이 있을 가능성이 매우 높으며 하나님의 운동이 발전함에 따라 이러한 생각도 진화할 가능성이 있음을 시사한다. 여성의 이러한 변화하는 역할은 일반적으로 비기독교 사회에서 볼 수 있는 사회적 규범이 아닐 수도 있고 전통적인(오래된/기존) 기독교 교회 내에서 가치 있게 여겨지거나 인정되지 않을 수도 있다.

교회 내 여성의 역할에 관한 논의와 논쟁이 이미 많이 이루어졌으며 많은 글이 쓰여 졌다. 우리는 이러한 주장과 논쟁을 여기서 다루지 않겠지만 이러한 논쟁이 개인적으로나 집단적으로 개개인이 하나님의 운동내 여성의 역할을 어떻게 보는지에 영향을 줄 것임을 인정한다.

일반적으로 성별 역할은 문화적으로 정의되며 이는 그 역할이 어떻게 수행되어야 하는지에 대한 개인적 해석뿐만 아니라 공공의 장소에서 협상되어야 한다는 것을 의미한다(윌리엄스-Williams 1995). 성별은 올바른 행동에 대한 기대를 확립하는 경우가 많으며 옷에서부터 사회에서의 역할 이상적인 아름다움과 도덕적 품성에 이르기까지 모든 것에 영향을 미친다. 성역할(심지어 제자훈련의 모든 측면)은 성경적 가치와 크리스천이 아닌 사회적 가치, 특정한 교회증식운동의 가치 그리고 특정 사회 내에서의 다른 크리스천 가치의 융합을 조사하기 시작하면 복잡해질 수 있다.

스키마(Schema) 구조화하기(개인과 사상적 수준)

스키마(Schema)는 1920년대에 장 피아제(Jean Piaget)가 심리언어학 이론에 소개했다(비니-Vinney 2019). 사회과학의 영역에 소개된 이후로 스키마는 성별역할 연구(벰-Bem 1981)와 사회운동 연구(스노우-Snow와 벤포드-Benford 1988) 및 거의 모든 인지과학적 측면에 적용되었다. 스키마는 개인이 세상을 조직하고 분석하며 이해하기 위해 사용하는 단순한 정신 구조이다.

스키마가 널리 사용되어 왔기 때문에 일부 학자는 스키마와 그 사용에 대해 매우 구체적인 정의를 가지고 있다(맥비-McVee, 더즌모어-Dunsmore와 가벨렉-Gavelek 2005). 우리는 스키마가 단절된 단일 생각이 아니라 "단위 사고(thought unit)" 또는 "사고의 집합체"(groups)로 인식되기를 의도한다. 스키마는 묶음(bundle)으로 오기 때문에 스키마는 또한 각본(scripts)으로 불리기도 한다. 하나의 항목이나 사건은 그것이 종결되기 위해 각본(script)대로 다음 부분이 전개되거나 또는 다음 부분이 필요하기 때문에 하나의 항목 또는 사건은 "하나의 묶음"(bundle)에 속해 버린다.

스키마는 세상을 구성하는 데 도움이 되지만 잘못 구성되거나 부정확하게 구성될 수도 있다는 점에 유의하는 것이 중요하다. 또한 스키마는 시간이 지남에 따라 성장하고 변화할 수도 있다. 이 연구의 맥락에서 스키마를 분석하는 것은 사회와 전통적인 교회 및 하나님의 운동내에서 여성의 역할이라고 인식된 것에 대한 이해를 의미한다.

문화 지능(조직 수준)

조직 문화는 "조직 구성원에게 적절한 태도와 행동이 무엇인지를 보여주며 무엇이 조직 구성원에게 중요한지를 확립하는 공유된 가치의 패턴"으로 정의된다(저우-Zhou, 후-Hu, 우-Wu, 그리고 가오 -Gao 2018). 교회증식운동에서 건물과 유급 전문 인력 또는 훈련 기관이 부족할 수 있지만 우리는 그들이 일종의 조직으로 조직되어 있고 운영되는 것으로 보고 있다. 우리는 이러한 교회증식운동 조직을 교회증식운동단체(Multiplication-Movement Organizations, 줄여서 MMOs)라고 부른다.

교회증식운동단체(MMOs)뿐만 아니라 일반적인 조직도 리더십과 가치, 패턴, 신념, 행동, 목표 그리고 안건 등을 포함한 조직 문화를 갖고 있다. 이를 고려하여 우리는 교회증식운동이 계급 상하 구조에 묶인 기관적 형태가 아닌 공통의 목표와 목적을 위해 함께 협력하는 집단적 형태의 조직에 더 가깝다고 제안한다.

조직에는 문화적 특성이 있기 때문에 이를 기억하는 것이 중요하다. 환경에 따라 조직은 개인과 유사한 방식으로 문화적으로 지능적일 수도 있고 그렇지 않을 수도 있다(이트멘-Yitmen 2013). 문화 지능(CQ) 이 높은 조직은 조직의 경계를 넘나들 수 있을 뿐만 아니라 다음과 같은 국가, 민족, 성별 그리고 다른 문화적 경계를 넘어 효과적으로 참여하고 상호작용한다(저우 그외-Zhou et al 2018).

또한 우리는 문화 지능이 성별에 따른 역할을 포함하여 이러한 규범과 문화 관행에 대한 이해를 용이하게 한다고 제안한다(브리슬린-Brislin, 워슬리-Worthley, 그리고 맥냅-Macnab 2006). 문화 지능은 문화에 국한되지 않기 때문에 문화 지능이 높은 여성은 문화 경계를 넘나들 수 있다(샤르마-Sharma 와 후사인-Hussain 2017, 97). 문화 지능은 문화를 넘는 타문화 리더십 역량의 핵심 구성 요소이다(뎅-Deng 과 깁슨- Gibson 2008, 182).

경험적으로 검증된 연구에서 문화 지능이 성별에 따른 역할에 따라 차별적으로 영향을 미친다는 결과는 나오지 않았다. 남성뿐만 아니라 여성도 문화 지능을 발달시킬 수 있다. 문화 지능이 높은 여성은 문화 지능이 높은 남성 리더만큼 효과적일 가능성이 높다(앙 그외 – Ang et al 2007).

우리는 문화적으로 지적인 여성과 남성이 상호 보완적인 역할을 가질 수 있으며 여성이나 남성 모두 하나님의 운동에 없어서는 안 될 존재임을 제안한다. 역할은 행동을 제한하기 때문에 역할은 개인 간 및 교회증식운동(MMOs) 간의 신뢰도에 영향을 미칠 수 있다(페론-Perrone, 자히어-Zaheer, 와 맥에빌리-McEvily 2003). 문화 지능은 문화적 경계(이 경우 조직 경계)를 넘어 효과적으로 참여할 수 있도록 개인의 능력과 역량을 향상시키는 도구 세트가 된다(루스-Ruth 와 네스터-Nester 2020).

하나님의 운동안에 있는 여성을 연구할 때 우리는 문화 지능이 문화적 경계를 넘어 효과적으로 참여하는 여성과 긍정적인 관련이 있을 것으로 예상한다. 문화 지능은 여성이 성공할 가능성을 높이고 하나님의 운동내에서 자신의 역할을 이해하고 전달하는 방식에 영향을 미치며 여성이 하나님의 운동이 아닌 다양한 조직을 가진 사람과 더 효과적으로 관계를 형성하는 데 도움이 된다.

경계 넘기 (상호작용 수준)

조직은 조직적 경계를 넘을 수 있는 개인들 즉 "경계를 넘는 자(boundary-spanners)"를 인식하고 점점 더 필요로 하고 있다(바너 라스무센 그외-Barner-Rasmussen et al 2014). 경계를 넘는 자(boundary-spanners)의 기본 속성 중 하나는 "경계를 허무는 사고방식"이다(저우 그외 -Zhou et al 2018). 조직 간 관계에 대해 경계를 허무는 태도를 가진 개인은 조직 경계를 넘어 적극적인 관계를 만들고 유지하는 것에 관심이 있다(브리스코-Briscoe, 홀-Hall, 및 프라우치 데무트-Frautschy Demuth 2006, 31).

경계를 넘는 자는 경계를 넘는 능력을 나타내는 여러 역량을 갖고 있는 것으로 생각된다. 이러한 역량에 "지속 가능한 관계 구축과 영향력 및 협상 관리와 복잡성 및 상호 의존성 관리 그리고 역할 책임 및 동기 부여 관리"가 포함된다(저우 그외-Zhou et al 2018, 661). 사실 경계를 넘는 자는 문화 중개자로서의 역할을 한다(2018, 661). 경계를 넘는 자는 효과적으로 의사소통하고 협상하며 협력하고 다리를 놓으며 동맹을 구축하는 일에 의존한다(파라즈-Faraj 와 옌-Yan 2009). 경계를 넘는 자로서의 여성도 교회증식운동의 이러한 상호작용적인 측면에서 독특한 역할을 갖고 있다.

이 장의 맥락에서 경계를 넘는 자를 분석한다는 것은 여성이 다른 여성과 남성, 기독교인 그리고 비기독교인 등과 어떻게 관계하고 의사소통하며 협상하고 협력하는지 그리고 다른 사람이 그들과 어떻게 관계하는지 분석하는 것을 의미한다. 다음 사례 연구에서는 교회 개척 운동(CPM) 참가자가 경계를 넘는 역할을 하는 예를 공유하겠다. 실제로 우리는 경계를 넘는 능력이 교회증식에 있어서 중요한 능력이 된다고 제안한다.

우간다(Uganda) 사례 연구: "권한이 있고 자유로운" 여성

우리의 첫 번째 사례 연구는 우간다(Uganda)에서 나왔다. 이 하나님의 운동에는 바간다(Baganda)와 바소가(Basoga) 그리고 아콜리(Acholi) 등 다양한 종족에 걸쳐 있는 약 1,400개의 교회를 포함하고 있다. 이 하나님의 운동의 20퍼센트만이 여성이고 하나님의 운동 지도자의 5퍼센트만이 여성인 것으로 알려졌다. 이는 종족의 신념과 사고방식 때문이다.[3]

하나님의 운동의 영향을 받은 문화 내에서 구체적인 세부 사항에는 차이가 있지만 일반적인 비기독교 사회와 전통 교회(주로 로마 카톨릭과 성공회) 그리고 이 하나님의 운동내의 여성의 스키마는 다음 표에 제시되어 있다.

사회 내에서의 여성의 역할		
비기독교 사회	기존 교회	하나님의 운동 내에 있는 교회
• 남자 앞에 무릎 꿇기 • 지도하는 것은 혐오적인 일이다 • 결정을 할 수 없다 • 남자에게 충고할 수 없다 • 남자의 도움 없이 집안일을 한다 • 여성이 돈을 벌면 그 돈을 남성에게 준다 • 집안에 머문다	• 여성은 주로 일반 사회와 동일한 역할을 수행하지만 로마 가톨릭에서는 수녀가 될 수도 있다.	• 모든 레벨에서 리더십을 맡는다 • 사업을 운영하고 돈을 벌며 돈을 보유한다 • 선교사로 파견된다 • 남성들 앞에 서 있다 • 결정을 내린다 • 의견을 제시한다 • 종종 여전히 가사일을 하지 만 남성이 가끔 도와주기도 한다 (그러나 여전히 적은 양을 한다)

도표 12.1 우간다 여성 역할의 스카마(Schema) 비교

하나님의 운동에서 여성이 기도와 예배를 인도하는 것이 자연스럽다. 그들은 가족을 이끌 수 있다. 일반 사회의 여성과 달리 하나님의 운동에서의 여성은 돈을 다른 사람에게 주지 않고 스스로 벌고 있다. 그들은 목사와 사도 그리고 전도사 또는 교사로도 섬길 수 있다. 하나님의 운동 내에서 여성은 두려움 없이

---

3) 이 장에서 나오는 인용은 저자가 이미 잘 알고 있는 하나님의 운동 중에서 2020년에 실시된 개방형 설문지의 답변에서 발췌한 것이다. 모든 인용은 보안상의 이유로 익명으로 처리되었다.

말할 수 있다. 하나님의 운동의 교회내에서 여성은 이제 담대하게 서서 또는 앉아서 의논하거나 결정을 내릴 수 있는 플랫폼을 가지고 있다(리더 역할을 할 수 있다).

하나님의 운동에서 전적으로 하나님의 운동의 설립 철학으로 인한 여성의 역할로 말미암아 여성이 권한과 자유를 느꼈다. 처음부터 여성은 새로운 DISCOVERY 성경공부(DBS)를 시작하고 새로운 교회를 설립하며 새로운 교회를 목회하고 하나님의 운동 리더십에 참여하는 것이 허용되고 권장되었다. 비록 이것이 지역의 문화적 규범에 어긋난다는 점에서 도전적이었지만 하나님의 운동은 일반적으로 이러한 태도가 해를 끼쳤다기보다는 도움이 되었다고 느낀다.

여성의 역할 때문에 하나님의 운동에 참여하기를 거부하는 사람도 있지만 그들은 노동과 은사 그리고 하나님 나라를 반영하는 여성의 공헌이 이를 보완한다고 생각한다. 비록 하나님의 운동의 남성 창시자는 여성에게 리더 역할을 허용했지만 하나님의 운동 내에는 여전히 남성이 여성보다 훨씬 많이 있다. 이 하나님의 운동에는 약 100개의 교회가 전직 매춘부로 구성되어 있는데 매춘을 하지 않은 일반 여성에게 접근하기가 더 어렵다는 것이 입증되었다. 매춘 여성은 사회에 나가 있지만 대부분의 여성들은 집에서 고립되어 있기 때문이다. 따라서 매춘여성은 공공장소에서 접근이 가능하기 때문에 매춘여성에 대한 전도가 더 쉬웠다.

어떤 사람은 여성이 나서서 리더십을 발휘하는 것을 꺼려한다고 느꼈다. 왜냐하면 그러한 역할이 그들에게 낯설고 이러한 리더십 역할을 맡는 것이 불편해 보이기 때문이다. 하나님의 운동에서 나온 여성을 위해 새롭게 규정된 이 역할을 받아들이는 것이 영적 형성의 과정이다. 주님이 가져다주신 자유를 인정하고 하나님의 운동 안에서 가능한 역할과 기회를 받아들이는 변혁적 사고방식이 서서히 발생하고 있다. 조직 차원에서 남성 리더십은 '문화 지능'을 발휘하여 여성이 하나님의 운동을 주도할 수 있도록 허용하는 한편 그 과정에서 여성을 지도하는 데 시간이 걸린다는 점을 인식했다.

여성은 회의에 거의 참석하지 않고 일반적으로 집안에 있기 때문에 관계를 구축하고 다른 여성과 소통하는 것이 어려웠다. 또한 여성이 이 하나님의 운동에서 리더 역할을 할 수 있을지라도 일반적으로 가사의무로 인해 거의 항상 집에 머물러 있다. 이러한 한계는 하나님의 운동내 여성의 역할에 대하여 지속적인 도전을 제시한다. 문화적이든 아니든 이러한 장벽을 극복하는 여성의 능력은 다른 여성과 접촉하고 연결하는 데 필수적이다. 이 하나님의 운동은 여성을 있는 그대로 받아들였지만 하나님의 운동 지도자는 아직 집에 머무르는 여성과 하나님의 운동에 참여하는 여성 사이의 경계를 포괄하는 체계적인 봉사 전략을 개발하지 못했다.

하나님의 운동의 남성 지도자(그리고 다른 운동도 마찬가지)는 여성을 의사 결정 과정에 초대함으로써 여성의 참여 기회를 더 크게 만들 수 있을 것이다. 이 하나님의 운동은 성별에 특화된 접근법이나 교육조차 만들지 못했다. 이것은 여성에게 가정에서 요구되어지는 역할이 있지만 아주 단순한 방법으로 여성이 참여하고 상호 교류하게 할 수 있도록 하는 창의적인 방법과 시간 그리고 창의적인 만남을 갖을 수 있도록 하는 것이다.

게다가 여성의 성경적 역할을 이해하는 데 도움이 될 만한 특별한 주제를 만들지 않았다. 하나님의 운동의 사람은 주로 모델링을 통해 모임과 교육에 참석할 수 있는 여성에게 다가가며(비록 이들은 이미 자신의 마을 내에서 자주 이루어지지만) 여성이 리더 역할을 맡게 허용함으로써 본질적으로 경계를 넘어서고 있다. 사회에서 여성의 역할을 고려할 때 이것은 의미 있는 일이다. 그러나 인원수를 고려하면 여전히 충분하지 않다. 하나님의 운동의 여성 인원수를 늘리기 위해 더욱 의도적인 경계를 넘는 노력이 필요할 것이다.

인도(India) 사례 연구: 농촌 지역에서 여성 리더

우리의 두 번째 사례 연구는 인도(India)에서 온 것이다. 이 특정 종족은 힌두교 또는 정령숭배 신앙을 갖고 있다. 그들은 사악한 영혼을 통제하고 신의 축복을 그들의 삶에 가져오는 것이 인생의 주된 초점인 시골 사람들이다. 이 종족은 낮은 카스트에 속하며 낚시를 하고 다른 동물을 식용으로 사육하는 것이 그들의 주요 생활 형태이다. 그들 주변에 채식주의를 매우 강하게 믿는 힌두교와 자이나교 집단이 있는데 그들을 "불결하고" "더러운" 것으로 취급한다.

새로운 하나님의 운동에는 서로 가깝고 때로는 같은 마을을 공유하는 4개의 다른 종족에 속한 약 2,000명의 사람이 포함되어 있다. 이 하나님의 운동에서 신자의 약 60퍼센트가 여성이고 지도자의 약 80~90퍼센트가 여성이다. 이 하나님의 운동에 참여하는 사람 중 누구도 자신을 기독교인으로 분류하지 않는다. 그들에게 기독교인은 "외국인에게서 돈을 받고 이방 신을 숭배하는 사람"이다. 외국인이 돈을 제안한 일이 없었기 때문에 그 지역 사람은 하나님 운동에 참여하는 이들을 기독교인이 아니라고 결정했다. 그들은 스스로를 "예수님을 따르는 사람"이라고 부르기로 선택했다. 이 인도 사회의 여성 역할 스키마(Schema)는 표 12.2에서 볼 수 있다.

여러 영역에서의 여성의 역할:			
비기독사회의 농촌지역	비기독사회의 도시지역	전통 교회	하나님의 운동 교회
• 복종적인 역할 • 아이들 돌보기와 가정 주부 역할 • 종교적 전통을 이어가기 • 남편을 자신의 선한 행동으로 보호하기 • 다른 가족과 어울리며 사회적인 행사에서 크게 말하며 영적 권한을 가지기 • 연상의 남성 친척에게 얼굴을 감추기 • 항상 남성보다 낮게 앉아야 함 • 남자친구와 농담을 할 수 있고, 형제자매처럼 서로 쓰다듬을 수도 있음.	• 다른 남성과 어울리지 않음(남편과 함께하는 경우를 제외하고) • 사교 모임에서 말을 하지 않음 • 여성은 남성과 따로 앉음 • 남성이 먼저 식사를 끝낸 후에 음식을 먹음 • 결코 남성에게 손을 대지 않음	• 일요일 모임에서 따로 앉음 • 남성과 분리된 자신들만의 그룹을 형성함	• 일하고 집을 지으며 밭을 갈고 사업을 도와주는 일 • 모든 수준에서 리더십을 발휘할 수 있음 • 거의 모든 것을 주도할 수 있음 • 병환자를 방문함 • 전도 여행을 떠남

도표 12.2 인도 여성 역할의 스키마(Schema) 비교

이러한 마을 교회의 상황에서의 여성의 역할은 때때로 하나님이 하시는 일을 구경하러 온 외부 기독교인에게는 이상하게 보일 수 있다. 이는 도시에서 흔히 볼 수 있는 남성과 여성의 분리 때문이다. 남성이 있는 상황에서 여성이 영적 지도자가 되거나 기도를 이끌게 되는 것은 대부분의 기독교인에게 이상하게 느껴질 수 있다.

그러나 전반적으로 하나님의 운동에 불을 붙인 외부인(남편과 아내가 함께 하는 팀)은 여성이 대우받는 방식이 하나님의 운동의 확산에 도움이 되었다고 생각한다. 전통적인 마을 상황에서 여성은 신에게 기도를 드리는 대가로 돈을 받을 수 있으며 일부 여성은 예수님을 따르기 전에 이것을 그들의 주된 직업으로 삼았다. 중요한 신들 중 하나는 여신이다. 하나님의 운동을 통해 여성은 일부 측면이 변경되었지만 사람을 위해 기도하는 등 마을 상황에서 이미 여성에게 존재했던 리더십 역할과 유사한 방식으로 계속해서 리더십을 발휘할 수 있었다. 예를 들어 이제 기도는 돈을 지불할 필요 없이 오직 예수님께만 드려진다.

일반적으로 관련된 외부인은(일화적인 관찰을 통해) 이 그룹과 그 리더의 문화 지능(CQ)이 상당히 낮다고 느낀다. 그들은 농촌의 상황에서 주변 그룹을 알고 있다. 그러나 불과 몇 시간 거리에 있는 도시에서의 삶에 대한 구체적인 개념은 거의 없다. 그들은 또한 외부로부터 상대적으로 소식을 거의 받지 못한다. 외국인 사역자는 또한 전통적인 인도 신자를 하나님의 운동에 참여시키려고 노력했다. 그러나 그들의 문화 지능(CQ)이 너무 낮아서 도움이 되지 못했다. 그들은 단순히 하나님의 운동에 참여하는 사람을 초대하여 도시에 있는 교회와 같은 교회를 가지기를 원하는 것 같았다. 그래서 외국 하나님의 운동 촉진자는 모든 전통적인 인도 신자를 그 마을에서 멀리하기 위해 최선을 다하기로 결정했다. 애초에 마을이 외딴 곳이었기 때문에 이 일은 그리 어렵지 않았다.

그래서 어떤 의미에서 우리는 해외 사역자(일부 해외 선교사)가 더 "경계적"(bounded)이었고 다른 해외 선교사와 협력하려는 의지가 적었다는 것을 알 수 있다. 효과적으로 사역하였던 외국인 하나님의 운동 촉진자의 사역에서 경계를 넘는 사례를 관찰할 수 있다. 여기서 하나님의 운동은 비록 작은 것이라도 지리적 경계를 넘으며 하나님의 운동의 근원지에서 이웃마을까지 도달하는 것을 볼 수 있다. 이러한 상황에서 경계를 넘는 것은 분리되고 분열되는 경계나 장애물을 넘는 것을 의미한다.

또한 이 그룹은 어떻게 하면 더 많은 남성이 예수님을 따르도록 격려하고 남성 지도자를 세울 수 있을지에 대해 거의 생각하지 않았다. 경계를 넘어 다른 지역에서 온 여성은 남성과 청소년이 리더 역할을 더 맡기를 바라며 이제 그 간극을 메우고 더 많은 남성 리더를 키우기 위해 노력하고 있다고 말했다. 그러나 지금까지 그들은 크게 성과를 얻지 못했다. 문화적 장벽은 여성에게 경계를 넘는 정도에 대하여 제한하거나 제약할 수 있으며 심지어는 높은 지위의 경계를 넘은 다른 지역의 여성의 경우에도 마찬가지이다. 그럼에도 불구하고 여성의 역할에 대한 스키마를 주로 제한하는 문화에서 여성이 주도적인 역할을 하는 것을 볼 수 있다.

중국 무슬림 사례 연구: '제3의 성'으로서의 국외거주 여성

본 사례 연구의 주요 제보자는 저자 중 한 명인 팜(Pam)이다. 필자는 수년 동안 하나님의 운동에 직접 참여했다. 이 하나님의 운동은 중국 서부의 무슬림 사이에서 일어나고 있다. 이는 소수민족 집단 내에서 벌어지는 소규모 하나님의 운동이다. 2006년에는 그들 사이에서 확인된 교회가 40개 있었지만 최근 몇 년간의 정치적 상황으로 인해 이 숫자를 확인하는 것이 어려워졌다. 중국 서부 이 지역에서의 여성 역할에 대한 대략적인 도식은 표 12.3에서 확인할 수 있다.

도표 12.3 중국 내 여성 역할에 대한 스키마(Schema) 비교

내부에서 여성의 역할:		
농촌 무슬림 중국의 소수민족	비기독교(한족) 중국인	하나님의 운동 교회
• 일반적으로 재택근무(남성처럼) • 학교에 다님 • 집밖에서 일자리를 얻을 수 있음 • 남편 사망 시 가족의 가장이 됨 • 여성은 마을의 지도자(시장)임 • 영적 지식은 남성에게 속함 • 결혼해야 함	• 여성은 집 밖에서 일함 • 아이를 키우거나 집을 돌보는 것은 선택사항이 아님 • 모든 분야에서 지도자가 될 수 있음 • 강력한 여성 지도자가 사회의 여러 분야에서 활동 중임 • 거의 모두가 결혼함	• 여성과 남성은 함께 참여함 • 여성은 교회를 이끌 수 있지만 일반적으로 여성이 가족의 가장일 경우에만 그렇게 한다.

하나님의 운동이 시작될 때 필자와 다른 미혼 여성 한 명이 무슬림 사회에서 복음을 효과적으로 전할 수 없을 것이라는 우려가 있었다(즉 미혼 여성이라는 신분으로 인해 경계를 넘는 데 적합하지 않을 것이라는 우려였다). 하지만 곧 이것이 방해 요인이 될 수 없다는 것이 분명해졌다. 처음 방문했을 때에도 남성은 현지 여성이었다면 결코 일어나지 않았을 방식으로 우리와 편안하게 교류했다.

외국 여성으로서 우리의 경험은 아프가니스탄(Afghanistan)의 외국 여성이 자주 이야기하는 것과 매우 유사했다. 우리는 남성이나 여성으로 취급되지 않고 아프가니스탄의 NGO 직원이 제3 성별로 지칭하는 완전히 다른 범주로 취급되었다(파르티스-Partis-제닝스- Jennings 2019). 집안 일을 하지 않는 미혼 외국 여성으로서 우리는 남성이나 여성과 상호 작용할 수 있었다. 우리는 사회학적으로 지역 주민의 성 역할과 동일하지 않은 다른 역할을 담당했다. 우리는 외부인에게 익숙하지 않은 사회에서 종종 이런 경우가 있다고 잠정적으로 제안한다. 외국 남성이나 여성 모두 현지인처럼 대우받지 않고 그저 외국인으로 취급된다.

이러한 외부인도 여전히 받아들여지고 역할을 찾을 수 있지만 현지인의 역할과 동일하지는 않다. 소속감이 반드시 동일해지는 것을 의미하지는 않으며 이는 성 역할뿐만 아니라 사회에서 다른 역할에서도 마찬가지다. 여성이 지역 소수 사회와 중국 전체 사회에서 교사였던 것도 사실이다. 따라서 교사의 역할을 이해하면 남성과 함께 DISCOVERY 성경공부(DBS)를 할 수 있는 다른 가능성이 열릴 수 있었을 것이다. 그러나 현지 여성은 계속해서 우리가 현지 여성과는 다르게 대우받는다고 말했다.

이러한 유동적인 성 역할 덕분에 우리는 지역 교회 내에서 남성들과 여성 지도자들 모두를 양성할 수 있었다. 하나님의 운동에서 여성이 영적 리더나 목사가 될 수 있는지에 대한 의문은 결코 제기되지 않았다. 그러나 하나님의 운동에 참여한 대부분의 교회는 가족이나 마을을 기반으로 했으며 교회 리더십은 일반적으로 가정의 리더십을 따랐다. 즉 가족의 가장이 남자라면 일반적으로 그 남자가 가족을 영적으로 인도한다는 것이다. 그러나 일부 남성은 딸과 아내의 은사와 지식을 인정했기 때문에 항상 그런 것은 아니었다. 또한 우리는 처음부터 여성이 영적이며 영적인 것을 배울 수 있고 리더가 될 수 있다는 것을 모델로 제시했다.

이 경우 외국인 여성은 한 가지 이상의 방법으로 문화적 격차를 해소하면서 경계를 넘는 자가 되었다. 우리는 언어를 배우고 문화에 적응하려고 노력했을 뿐만 아니라 우리의 사회적 역할은 현지 주민에 의해 쉽게 이해되는 혼합 공간을 조성하는 것으로 보였다. 이로 인해 이미 존재했던 사회의 일반적인 역할을 모방한 교회 역할이 탄생하게 되었다.

물론 이 질문에 대해 많은 고민을 하고 높은 문화지능(CQ)을 가지려고 노력했지만 결국 결혼한 적이 없는 미혼 여성이라는 우리의 정체성 때문에 적응에 제약을 받았다. 우리는 하나님의 부르심을 받았다고 느꼈고 우리에게 은혜와 용납을 베풀어달라고 하나님께 부르짖었다. 아마도 문화지능(CQ)을 높이면 그 일에 대한 부적절함을 느끼게 되기도 했지만 동시에 우리 자신으로는 할 수 없는 경계를 넘는 것(boundary-spanning)을 하나님이 우리 대신 해주시기를 더 많이 기도했다. 우리는 경계를 넘는 것(boundary-spanning)은 문화적으로 지적인 역량이며 모든 문화 간 교류의 경우 언어와 문화 그리고 성별 장벽을 넘나드는 것은 실제로 문화적 지능이 높은 하나님의 운동의 참여를 보여주는 지표라는 것을 알았다.

결론

여성은 전 세계적으로 교회증식운동에 불을 붙이고 그 하나님의 운동을 주도하고 있다. 하나님께서는 외국인과 현지인 모두를 포함한 여성을 하나로 모으시고 이러한 하나님의 운동에서 여성의 새로운 역할을 창조하고 계신다. 이러한 각각의 사례에서 여성을 위한 전통적인 스키마(schema)가 변화하고 있다. 이러한 변화는 영적 형성과 문화적 적응 과정을 통해 이루어졌다. 대부분의 경우 이러한 하나님의 운동의 리더십은 문화적 지능의 높은 수준을 보여주었으며 하나님의 운동에서 여성을 위한 새로운 역할을 즉흥적으로 만들어야 했다. 이러한 변화를 시도한 동기는 그들이 가장 잘 이해하는 하나님의 나라를 반영하고자 하는 깊은 열망 때문이었다.

남성 중심의 리더십이 여성을 위한 이러한 가치를 인정하고 여성을 포함할 수 있는 길을 열었음에도 불구하고 각 하나님의 운동은 하나님의 운동에서 성별에 따른 역할과 특히 여성의 리더십에 대한 다양한 측면으로 어려움을 겪었다. 또한 이 장에서는 역사적으로 하나님의 운동에서 여성의 역할이 얼마나 중요했는지에 대해서는 다루지 않았다. 우리는 성경의 이야기 안에 하나님이 여성을 포함하는 많은 거대담론(metanarratives)들이 있다는 사실을 강조하고 싶다.

또한 여성은 남성과 동일한 참여 역할과 리더십 역할을 수행하지만 남성에게는 없는 한계가 있다는 사실도 발견했다. 어떤 경우에는 여성이 문화적 규범 때문에 성별의 경계를 넘지 못할 수도 있다. 그러나 성별에 따른 역할 내에서 여성은 남성 못지않게 리더십을 발휘하고 훈련하며 장비를 갖출 수 있다.

우간다(Uganda)와 중국(China) 무슬림 사례 연구에서 우리는 여성이 성별 경계뿐만 아니라 이전에 정의된 성별 기반 역할을 규정하던 다른 문화적 장벽도 넘을 수 있다는 것을 볼 수 있었다. 중국 무슬림 사례연구의 경우 외국인 여성은 대부분의 여성보다 사회에서 훨씬 더 높은 지위를 부여받았다. 덕분에 이 외국인 여성은 성별에 따른 경계와 문화 및 언어의 경계를 넘나들며 효과적으로 활동할 수 있었다.

우리는 하나님의 운동 선교학에서 이러한 하나님의 운동에 참여하는 여성의 목소리를 포착하려는 노력과 숙고가 없다는 것에 대해 당혹스럽다. 하나님의 운동 리더십에 대해 말하면서도 영향을 미치는 남성 일변도의 리더십이 우세한 것처럼 보이는 이유는 무엇일까? 남성과 여성의 역할이 상호 보완적이라면 어떻게 하면 하나님의 운동에 관한 대화에 여성을 더 많이 초대할 수 있을까? 우리는 여성(그리고 하나님의 운동의 지역 지도자)을 대화에 의도적으로 더 많이 초대해야 한다고 제안한다. 실제로 여성을 대화에 초대하자는 제안은 이전에 여성의 목소리가 평가 절하되었거나 적어도 간과되었다고 짐작하게 한다.

이 장의 일부 사례 연구에서 우리는 여성이 남성과 동등한 역할을 수행하지만 성별에 따른 리더십으로 제한된다는 것을 확인했다. 그러나 여성은 성별에 따른 경계를 넘나드는 하나님의 운동에 영향을 미치고 주도할 수 있다는 사실도 확인했다. 문화 지능과 경계를 넘나드는 능력(경계 없는 사고방식 포함)은 하나님의 운동에서 여성의 핵심 역량이다.

우리의 사례 연구에서 문화 지능과 경계를 넘나드는 역량이 높은 여성은 하나님의 운동에 더 많이 참여했을 뿐만 아니라 이러한 하나님의 운동을 가장 효과적으로 이끌었다. 따라서 문화 지능과 경계를 넘나드는 역량은 여성이 문화적 경계를 넘어가는데 있어 핵심적인 역량이라고 제안한다.

우리는 이 연구에서 다루지 않은 다양한 요소가 하나님의 운동내 여성에게 영향을 미친다는 것을 이해한다. 이 프로젝트의 범위에서는 성별과 하나님의 운동 간의 상관관계를 포함하여 이러한 다른 요인을 포착할 수 있는 보다 심층적인 접근 방식이 허용되지 않았다. 또한 이번 연구의 한계로 인해 사회운동(social movements)과 여성에 영향을 미치는 기초 학문에 대한 심층적인 연구는 진행하지 못했다. 향후 연구에서는 여성이 촉진한 하나님의 운동과 이러한 하나님의 운동에서 남성과 여성의 성별에 따른 역할에 대해서도 주목해야 한다. 우리는 여기서 제시한 바와 같이 남성에 의해 촉진된 기존 하나님의 운동에서 여성의 역할에 초점을 맞추는 것 이상으로 향후 연구를 확대할 것을 권장한다. 하나님의 운동에 대한 선교학적 담론에 여성을 초대하기 위한 첫 단계가 되는 대화를 우리가 시작했기를 희망한다.

참고 문헌

Ang, S., and Linn Van Dyne, Christine Koh, K. Yee Ng, Klaus J. Templer, Cheryl Tay, and N. Anand Chandrasekar. 2007. "Cultural Intelligence: Its Measurement and Effects on Cultural Judgment and Decision Making, Cultural Adaptation and Task Performance." *Management and Organization Review* 3 (3): 335–71.

Barner-Rasmussen, Wilhelm, Mats Ehrnrooth, Alexei Koveshnikov, and Kristiina Mäkelä. 2014. "Cultural and Language Skills as Resources for Boundary Spanning Within the MNC." *Journal of International Business Studies* 45 (7): 886–905.

Bem, Sandra L. 1981. "Gender Schema Theory: A Cognitive Account of Sex Typing." *Psychological Review* 88 (4): 354–64.

Briscoe, Jon P., Douglas T. Hall, and Rachel L. Frautschy Demuth. 2006. "Protean and Boundaryless Careers: An Empirical Exploration." *Journal of Vocational Behavior* 69 (1): 30–47.

Brislin, Richard, Reginald Worthley, and Brent Macnab. 2006. "Cultural Intelligence: Understanding Behaviors That Serve People's Goals." *Group & Organization Management* 31 (1): 40–55.

Deng, Ling, and Paul Stephen Gibson. 2008. "A Qualitative Evaluation of the Role of Cultural Intelligence in Cross-Cultural Leadership Effectiveness." *International Journal of Leadership Studies* 3 (2): 181–97.

Einwohner, Rachel L., Jocelyn A. Hollander, and Toska Olson. 2000. "Engendering Social Movements: Cultural Images and Movement Dynamics." *Gender & Society* 14 (5): 679–99.

Faraj, Samer, and Aimin Yan. 2009. "Boundary Work in Knowledge Teams." *Journal of Applied Psychology* 94 (3): 604–17.

Mcvee, Mary B., Kailonnie Dunsmore, and James R. Gavelek. 2005. "Schema Theory Revisited." *Review of Educational Research* 75 (4): 531–566.

Partis-Jennings, Hannah. 2019. The 'Third Gender' in Afghanistan: A Feminist Account of Hybridity as a Gendered Experience." *Peacebuilding* 7 (2): 178–93.

Perrone, Vicenzo, Akbar Zaheer, and Bill Mcevily. 2003. "Free to Be Trusted? Organizational Constraints on Trust in Boundary Spanners." *Organization Science* 14 (4): 422–39.

Ruth, Rene, and Torsten Netzer. 2019. "The Key Elements of Cultural Intelligence as a Driver for Digital Leadership Success." *Leadership, Education, Personality: An Interdisciplinary Journal* 2: 3–8.

Sharma, Namrata, and Dilwar Hussain. 2017. "Current Status and Future Directions for Cultural Intelligence." *Journal of Intercultural Communication Research* 46 (1): 96–110.

Snow, D. A., and R. D. Benford. 1988. "Ideology, Frame Resonance, and Participant Mobilization." *International Social Movement Research* 1: 197–217.

Vinney, C. 2019. "What Is a Schema in Psychology? Definitions and Examples." Academic. Thought co.

Williams, Rhys H. 1995. "Constructing the Public Good: Social Movements and Cultural Resources." *Social Problems* 42 (1): 124–44.

Yitmen, Ibrahim. 2013. "Organizational Cultural Intelligence: A Competitive Capability for Strategic Alliances in the International Construction Industry." *Project Management Journal* 44 (4): 5–25.

Zhou, Nan Hu, Jianlin Wu, and Jibao Gu. 2018. "A New Scale to Measure Cross-Organizational Cultural Intelligence: Initial Development and Validation." *Chinese Management Studies* 12 (3): 658–79.

13장
어떻게 민족예배학(Ethnodoxology)이
하나님의 운동을 촉진하는가
폴 쿠이비넨(Paul Kuivinen)

민족예배학(Ethnodoxology)은 종족이나 국가 별로 이루어진 민족 예배를 실천하고 연구하는 학문이다. 이는 하나님의 운동을 진행하는데 강력한 효과를 이루게 한다. 이 서론 장에서는 민족예배학의 간단한 역사를 살펴보고 음악의 독특한 특징과 이것이 특히 하나님의 운동에 유익한 이유를 살펴보며 여러 하나님의 운동 지도자들의 직접적인 예와 의견을 나눌 것이다. 이 장에서는 민족예배학이 보다 강력한 하나님의 운동을 형성하는 데 도움이 될 수 있는 여러 가지 방법을 살펴볼 것이다.

역사

성경의 영웅부터 선한 의도를 가진 식민지 시절 선교사 그리고 현대 하나님의 운동 지도자에 이르기까지 하나님 나라의 종은 찬양으로 가득 찬 삶을 살고 있다. 우리보다 먼저 간 이들을 통해 우리에게 영감을 주는 모범과 교훈적인 경험 그리고 귀중한 학식을 얻을 수 있다. 우리는 이러한 사례를 통해 오늘날의 교회 개척 운동에서 효과적인 민족예배학을 세워 나갈 수 있을 것이다.

하나님의 운동 지도자가 노래하고 그의 제자가 노래하게 하기

사도행전 16장에 나오는 바울과 실라의 가상 대화를 상상해 보자. "루디아와 같은 중요한 인물을 주신 하나님을 찬양합니다" 실라가 외쳤다. "그녀의 모든 가족이 믿음을 갖게 되었고 우리 모두가 함께 세례를 주었습니다. 그런데 바로 이 마을에서 우리는 체포되었습니다. 수갑 때문에 아파요. 이제 어떻게 하죠?"

"찬양합시다!" 바울이 대답했다. "우리가 맞은 것보다 더 심한 매질을 당할 것을 아신 바로 그날 저녁 예수님은 식사 후 제자와 함께 찬양을 부르셨다는 것을 나는 마태에게 들었습니다. 그후 나는 그분처럼 힘들 때 마다 찬양을 불렀고 그것은 효과가 있었습니다. 다윗 왕도 우리와 비슷한 상황에 있었습니다! 자신의 가족에게 쫓김을 당할 때도 그는 찬양을 불렀습니다. 나는 주의 힘을 노래하며 아침에 주의 인자하심을 높이 부르오리니(시 59:16). 언젠가 나는 이 새롭게 신자가 된 사람에게 그리스도의 말씀이 너희 속에 풍성히 거하여 모든 지혜로 피차 가르치며 권면하고 시와 찬송과 신령한 노래를 부르며 감사하는 마음으로 하나님을 찬양하라(골 3:16)고 편지를 쓸 계획입니다." "예 맞습니다. 바울 선생님" 실라가 말했다. "이 감옥에서 찬양해요 하나님이 어떤 일을 하실지 궁금해요."

시에라 리온(Sierra Leone)의 자택에서 서아프리카(West Africa) 전역에 걸쳐 진행되는 여러 하나님의 운동을 이끌고 있는 쇼단케 존슨(Shodankeh Johnson)은 치킨과 감자튀김이 담겨있는 접시에 가까이 몸을 굽히며 필자의 아내와 필자에게 말을 했다. "저는 찬양을 많이 부릅니다. 밤에도 아침에도 찬양을 합니다. 샤워할 때도 찬양을 합니다. 제가 처음 서구 지역을 방문하고 한 성도의 집에 머물렀을 때 제 문제 중 하나는 무의식 중에 늘 찬양을 부르고 있었다는 거예요. 어느 날 문득 '아이구 이런! 여기가 아프리카가 아니구나'라는 생각이 들었어요. 그래서인지 제가 머물렀던 모든 집은 모두 저를 잘 기억하고 있습니다. 저는 거의 매일 아침 묵상을 마친 후 곡을 쓰려고 노력해요. 오늘 아침에도 작곡을 했었는데 누군가 방해해서 하루 종일 그 노래를 떠올리려고 애썼어요."

1995년부터 아프리카(Africa)에서 타문화 선교사역을 하는 하나님의 운동 지도자인 샬롬(가명)은 "저는 많은 찬양을 작곡했어요. 약 50곡 정도 될 것입니다. 저는 하나님께 기도하는 시간에 이 일을 합니다. 저는 우리 어린이를 위해 찬양을 만들어요"라고 말했다. 동아프리카(East Africa) 여러 나라에서 교회 개척을 위한 제자화 운동(disciple-making movements)을 이끌고 있는 아일라 타세(Aila Tasse)는 "저는 기도할 때 찬양을 부릅니다"고 말했다. 자바(Java)섬의 하나님의 운동 지도자인 베니(가명)는 이렇게 말했다: "저희는 제 아내가 음악과 가사를 만듭니다. 아내는 아이를 위해 창세기 1장을 찬양으로 만들어요. 아이는 반복해서 부르면서 쉽게 창조 이야기를 이해했습니다."

민족예배학: 현상과 과학

많은 하나님의 운동 지도자들은 찬양하는 사람들이고 건강한 하나님의 운동은 찬양으로 가득 차 있다. 그러나 우리는 하나님의 운동에서 토속 음악의 역할에 관한 체계적인 데이터 수집이나 전문 문헌을 갖고 있지 않다. 하나님의 운동 관련 서적에 간혹 일화를 소개하는 과정에 음악이나 노래를 언급하는 정도이다. 하나님의 운동에서 토속 음악의 역할에 대해 자세히 살펴보는 경우는 거의 없다. 이는 이러한 작업에 대한 비판이 아니라 제리 트루스데일(Jerry Trousdale)이 요약한 다음과 같은 격차를 강조하기 위해서이다. "우리는 매 분기마다 모든 뉴 제너레이션(New Generations)선교회 계열의 사람 또는 도시 친화적 그룹(urban affinity group) 으로부터 15개의 데이터를 수집합니다. 민족예배학 데이터 수집을 위한 것은 아닙니다. 이를 위해서는 상대적으로 많은 비용이 드는 근거 연구가 필요합니다."

민족예배학이라는 단어는 1997년에 처음 인쇄물에 등장했다.[1] 송영(doxology)과 비슷하게 하나님에 대한 찬양을 표현하는 것이지만 구체적으로 지역 민족 문화 예술 형식을 통해서 찬양하는 것을 의미한다. 21세기에 민족예배학은 학문적 용어가 되었는데 "모든 문화권의 기독교인이 각자의 예술적 표현을 통해 하나님 그리고 세상과 어떻게 연결되어 서로 소통하는지 연구"하는 분야이다.[2] 이 장에서는 필자는 "민족예배학"을 성경 본문 기반 찬송과 다른 예술 형태의 표현뿐만 아니라 학문이라는 맥락에서 사용한다.

---

1) 민족예배학이라는 용어는 Pioneers 선교회의 사역의 일부로서 "열방 가운데서 예배"라는 단체를 설립한 데이브 홀(David Hall)이 만들었다. 이 용어가 인쇄물에 처음 등장한 것은 1997년 발행된 EM News(6권 3호) 저널의 편집자 브라이언 쉬래그(Brian Schrag)의 글이다.
2) 2019 세계 민족예배학 네트워크(GEN)에서 나온 정의이다 (worldofworship.org).

2000년 이후 민족예배학에 헌신된 포럼으로는 세계 음악과 선교 회의(Global Consultation on Music and Missions-GCoMM)와 세계 민족예배학 네트워크가 있다. Fuller신학교와 Liberty대학, Dallas International 대학교 그리고 태국의 Payap대학을 비롯한 몇몇 대학에서는 이제 학위 및 프로그램 수료증을 제공한다. 민족예배학에 관한 우수한 출판물로는 "세계 교회를 위한 예배와 선교: 민속 예배학 핸드북"(Worship and Mission for the Global Church: An Ethnodoxology Handbook, 크라빌 – Krabill 2013)과 "지역 예술을 함께 창작하기: 커뮤니티가 그들의 하나님 나라를 이루는데 도움을 주는 매뉴얼"(Creating Local Arts Together: A Manual to Help Communities Reach Their Kingdom Goals)(슈라그– Schrag 2013) 이 있다.

대부분의 민족예배학의 작업은 미 전도된 종족(less-reached people groups)을 염두에 두고 이루어 지지만 그 대부분은 전통적인 교회 패러다임내에서 이루어진다. 이 장을 통해 우리는 "민족예배학이 어떻게 하나님의 운동을 촉진하는가"라는 주제에 대한 첫 학술적인 토론을 시작하며 특히 제자화 운동의 틀안에서 비기독교 미전도 종족의 성경에 기초한 민족 노래 현상과 연구에 초점을 맞춘다.

현대 선교에서의 음악

음악 체계와 그 체계에서 사용되는 악기는 지역적이다. 멜로디 유형과 리듬 스타일, 다성(polyphonic)음악 선호도 그리고 악기 등은 지리적으로 가까운 종족 사이에서 유사성이 있다. 사도행전 1장 8절에 나오는 예루살렘과 유대 그리고 사마리아 민족의 경우도 마찬가지였을 것이다. 바울은 땅 끝 민족을 위해 가는 곳마다 지역 음악 체계를 수용했을 것이다(예: 고전 9:19ff). 세계 선교 여행은 완전히 다른 음악 체계를 가진 인접하지 않은 사회 문화적 맥락으로 나아가게 하였다.

음악 체계는 문화 내부자가 잘 알고 있는 소리로 구성된 암호와 같다. 내부자는 특정 소리의 의도된 의미를 직관적으로 알 수 있으며 그 소리를 들을 때 의도적으로 연관된 감정을 느낀다. 이는 아주 어린 나이부터 그 의미가 전달되고 관련 감성이 형성되는 커뮤니티 이벤트(사적이든 공적이든)에 정기적으로 노출된 사람이기 때문이다. 그러나 선교사는 종종 자문화의 음악이 보편적인 의미와 감정을 지닌 보편적인 언어라는 순진한 가정을 해왔다. 따라서 선교사는 자주 수입된 자신의 음악으로 전혀 모든 것이 다른 미전도 종족을 축복해왔다. 이러한 찬송가와 노래는 선교사에게는 큰 의미와 감정이 연관되어 있지만 그들이 만난 미전도 종족에게는 아무런 의미가 없다. 많은 경우 이로 인해 신학적인 혼란과 지역 사회의 배척 심지어 박해까지 초래했었다. 다음은 몇 가지 예이다.

1951년에 개봉한 영화 아프리카의 여왕(The African Queen)에는 20세기에 흔히 볼 수 있는 예가 등장한다. 1914년 동아프리카(East Africa)의 쿤두(Kundu) 마을에 한 독일 감리교 선교사 부부가 도착했다. 그들은 유럽 교회 오르간과 찬송가를 가지고 교인을 인도하며 예배를 드리고 있다. 서양식 교회 건물 밖으로 불협화음이 흘러나온다. 카메라가 의자로 가득 찬 예배당 안을 비추자 수백 명의 아프리카 사람이 무표정한 얼굴과 단조로운 목소리로 찬송을 부르는 가운데 영국식 복장을 한 백인 선교사가 4분의 4박자로 팔을 흔들며 "하늘의 떡을 하늘의 떡을 먹여 주시옵소서 …" 이 아프리카 교구민은 선교사의 이 노래에 담긴 깊은 의미나 의도된 감정을 전혀 알지 못한다.

이것은 성조를 갖고 있는 언어 공동체에서 특히 신앙적 혼란을 가져오게 하기 쉽다. 그들의 언어가 서양 멜로디에 붙여 졌을 때 완전히 다르게 변할 수 있기 때문이다. 동남아시아(Southeast Asia)의 민족음악학자(ethnomusicologist)인 메리 베스 사우르만(Mary Beth Saurman) 박사는 서양 찬송가와 노래가 동양 성조 언어로 바뀌게 되는 다음과 같은 예를 기록했다:

태국어: "주께 더 가까이(Nearer my God to Thee)"가 "주께 더 멀리(Farther my God from Thee)"로 바뀐다.

광둥어: "예, 예수님은 나를 사랑하시네(Yes, Jesus loves me)"는 다음 줄에서 "예, 예수님은 돼지를 사랑하시네(Yes, Jesus loves pigs)"로 바뀌고 다른 줄에서는 "예, 예수님은 설사를 사랑하십니다(Yes, Jesus loves diarrhea)"로 바뀐다.

버마어: "그가 나를 인도하신다(He leadeth me)"가 "그는 나에게 성적으로 자신을 드러내신다(He exposes himself sexually to me)"로 바뀐다.

사우르만(Saurman) 박사는 외국 찬송가 사용으로 인한 배척과 박해를 보여주는 동남아시아 두 나라 사이의 국경에서의 상황을 필자에게 개인적으로 나누어 주었다. 국경 한쪽에서는 예수님을 따르는 사람이 수입한 번역 찬송가를 부르기 때문에 배척당하며 집에 숨어 지내야 했다. 다른 쪽에서는 상황이 더욱 심각했다. 현지 경찰이 빈번하게 같은 사회-언어권의 신자들을 줄을 세우고 총살하는 등 노골적인 박해가 벌어지고 있다.

사우르만(Saurman)은 5년간의 연구를 통해 국경을 넘나드는 이 공동체에서 단결이 최고의 문화적 가치라는 사실을 발견했다. 어느 부활절에 신자는 자신의 악기인 징을 사용하여 자신의 부활절 노래를 새로 만들어 부르기로 결정하고 자신의 문화 안에 있는 자연스로운 동작인 원을 그리며 찬양했다. 지도자를 포함한 많은 사람이 주변 4개 마을에서 왔다. 화합을 향한 열망의 예배를 보고 들은 그들은 "오늘은 우리가 기독교인이 되기 위해 우리의 문화를 포기할 필요가 없다는 것을 알게 된 첫 날"이라고 고백했다. 이 사건은 분수령이 되어 현재 이 네 마을에는 각각 교회가 세워졌고 국경 양쪽의 박해와 배척은 상당히 가라앉았다.

교회음악에 대한 지난 세기의 일반적인 선교학적 접근법의 영향을 되돌리기 위한 노력의 일환으로 현재 숙련된 민족예배학 학자의 많은 연구가 전통적인 서구 교회 패러다임을 여전히 고수하는 교회를 대상으로 중점적으로 하고 있다. 교회 개척 운동이 지난 30년 동안 진행되어 왔으므로 이제는 하나님의 운동에서 특히 민족예배학과 관련된 활발한 대화와 연구 그리고 행동이 필요한 때이다.

필요한 경우 우리는 문화에서 예술이 어떻게 작용하는지 어떻게 와 왜를 명확히 설명할 수 있는 사람으로서 하나님의 운동 지도자와 그들의 제자 옆에 서서 그들의 맥락에서 음악의 중요한 역할을 이해하도록 돕는 것이 필요하다. 숙련된 찬양 창작 워크숍 지도자로서 우리는 전문성을 사용하여 그들이 성경에 근거하고 하나님의 운동을 강화시키는 자신만의 찬양 목록을 만들 수 있도록 그들의 역량을 강화하고 개발하는데 기여해야 한다. 그들의 새로운 노래는 사회-문화언어 공동체가 명확하게 이해하고 직관적으로 느끼는 자신만의 소리 코드를 사용해야 한다.

과학과 실제

사회 과학과 제자화 경험 모두는 하나님의 운동 안에서 찬양이 얼마나 필요한지에 대한 통찰력을 제공한다.

민족음악학의 보편성과 하나님의 운동 DNA

민족음악이라는 사회과학은 문화에서 음악의 보편적인 역할을 밝혀 냈는데 그 중 하나가 바로 통합이다. 음악은 모든 예술(연극, 무용, 구술, 시각 예술)과 함께 한 사회가 자신의 가장 깊은 가치를 전달하는 수단으로 일반적인 언어를 제외하면 가장 강력한 수단이다. 이러한 고차원적인 커뮤니케이션 수단은 예술적 소리와 행동 그리고 시각물에 담긴 의미를 다음 세대에 지울 수 없도록 각인시켜 준다. 이러한 연관된 의미를 상호 공유함으로써 공동체는 일체감을 느끼게 된다.

북미(North America) 민족음악학의 형성에 크게 기여한 학자 브루노 네틀(Bruno Nettl)은 문화에서 음악의 보편적인 역할 중 하나는 큰 사회 내에서 하위 문화를 통합하는 것이라고 결론지었다(네틀- Nettl 2005: 253, 255).[3] 북미의 예를 통해서 쉽게 우리는 이해할 수 있다. 컨트리 음악과 서양 음악 또는 랩 음악은 각각의 하위 문화를 통합하는데 기여하였다. 이와 같은 현상은 외딴 부족이나 세계 대다수의 대도시 하위 문화에서도 동일하게 나타난다.

2020년에 필자가 시에라리온(Sierra Leone)의 림바(Limba)족을 대상으로 진행한 원주민 찬양 창작 워크숍에서 교회 개척을 위한 제자화 운동(DMM) 지역 리더인 카림(Karim)은 "모국어 찬양을 부를 때 우리는 우리가 속해 있는 공동체안에 있는 것처럼 느낍니다"고 말했다. 개인을 기존 공동체에서 뽑아내어서 해독할 수 없는 암호화된 메시지로 가득 찬 완전히 새로운 공동체에 들여보내는 것이 아니라 영향력 있는 평화의 사람을 중심으로 기존의 사회 공동체를 함께 유지하는 것이 바로 하나님의 운동 DNA의 핵심이다.

2000년에 필자는 세 명의 중앙아시아(Central Asian) 찬양 사역자를 지도하여 성경에 기초하면서도 심오한 현지 음악에 기초한 12개 노래로 구성된 첫 번째 앨범을 제작했다. 녹음이 끝난 후 한 찬양 사역자는 흥분해서 말했다. "어젯밤에 약혼자가 아직 공개되지 않은 우리 앨범을 들었어요. 앨범을 모두 들은 후 그녀는 진지한 표정으로 나에게 물었어요. '이것은 우리의 언어로 우리의 스타일의 음악으로 우리가 하나님을 예배할 수 있다는 뜻인가요?' '그래요' 나는 그녀에게 말했습니다. '맞아요. 바로 그거예요.'"

지역 음악은 지역 사회를 하나로 묶어 준다. 가사를 전달하는데 사용되는 음악은 공동체의 멤버가 다음과 같은 질문들을 고려하고 생각할 때 그 대답으로 줄 수 있는 메시지이다. "내가 예수님을 따른다면 부모님이 내가 자신을 버렸다고 느끼실까? 가까이 있다고 느끼실까?" "이웃이 이상하다고 생각할까? 아니면 괜찮다고 생각할까?" "우리 지역 사회 지도자와 정부는 이를 위협적이라 인식할까? 함께할 수 있다고 인

---

3) 네틀(Nettl) 은 또한 음악이 보편적으로 인간과 신을 하나로 연결하는 역할을 한다고 결론지었다.

식할까?" 등등에 대하여 음악이 그 대답을 주는 것이다. 예수님을 따르는 공동체의 예술과 음악은 그 공동체를 정의하는 데 기여한다. 이러한 표식은 반죽속에 누룩처럼 사회 내에서 예수 제자 운동으로 증식하는 공동체의 능력에 긍정적으로 든 부정적으로 든 큰 영향을 미친다.

하나님께서는 여러 가지 독특한 특성을 갖도록 음악을 창조하셨다. 이는 특히 비기독교(non-Christian) 미전도 종족 개척 지역의 다세대 그룹 제자 운동을 강화하는 데 도움이 된다. 이러한 특성 중 일부는 특히 제자를 삼는 사람들에게 그리고 일부의 제자화된 사람들에게도 도움이 된다.

제자 양육자를 위한 혜택

1. 노래는 기억하기 쉽다. 노래에 포함된 성경 구절과 제자화 원리는 제자 양육자에게 손쉽게 기억되고 즉시 접근할 수 있으며 다른 사람에게 전달할 수 있게 한다. 심지어 알츠하이머와 같은 치매 환자들도 종종 어린 시절 노래를 명확하게 기억한다. 노래에 내재된 진리를 기억하여 공유하는 것은 노래에 특성이기 때문에 쉽게 이루어진다.

2. 노래 가사는 변하지 않는다. 박자와 리듬 및 운율은 노래 가사를 편안하게 해 주지만 가사가 변경되면 노래는 의미가 없어진다. 이 내부 충실성 유지 메커니즘(internal fidelity-preserving mechanism)은 노래 메시지가 세대를 거치면서 동일하게 유지되도록 하며 하나님의 운동안에서 제자가 찬양을 제자에게 전달하고 교회가 교회에게 찬양을 전달한다.

3. 존 블랙킹(John Blacking)은 그의 저서 "인간은 얼마나 음악적인가?"(How Musical Is Man?) (1973)에서 모든 인간은 본질적으로 음악적이라는 결론을 내렸다. 이 사실을 직관적으로 이해한 쇼단케 존슨(Shodankeh Johnson)은 그의 집에 앉아 있는 필자에게 말했다. "이곳에 돌아와서 멋진 노래를 부르기 시작하면 사람이 몰려오기 시작할 것입니다. 노래가 사람을 끌어당기기 시작하고 노래가 사람을 끌어당기면 이제 저는 그들을 사로잡을 수 있습니다. 어떤 사람은 그냥 노래를 좋아하기 때문에 그저 주위를 맴돌기도 합니다. 그 속에서 저는 평화의 사람(person of peace)을 찾을 수도 있어요. 그들은 제가 그들을 가르치고 훈련해 주길 원해요. 그렇게 관계가 형성됩니다. 그리고 그 관계에서 DISCOVERY 성경공부((DSB)를 시작할 수 있습니다."

4. 문화 안에서 나오는 노래는 "나는 이 공동체를 사랑한다"는 것을 확인시켜 준다. 앞서 언급했듯이 공동체에 익숙한 소리로 만든 노래는 공동체의 정체성과 가치를 확인시켜준다. 자신의 네트워크안에 예수님을 소개할 때 그들에게 익숙한 음악이 주는 안정감은 그 공동체에 대한 사랑과 선한 의지를 보여 준다.

제자가 되는 사람에게 주는 혜택

• 사람은 노래로 논쟁하지 않는다. 파키스탄 무슬림에서 회심한 학자인 다우드 라바르(Daud Rahbar) 박

사는[4] 선교학자 돈 맥커리(Don McCurry)에게 "시나 음악으로 무슬림에게 하고 싶은 말은 무엇이든 할 수 있지만 산문으로 설득하려 하면 아마 당신을 죽이려고 할 겁니다" 라고 말했다. 하나님은 음악을 분석적이고 논증적인 왼쪽 대뇌 활동이 아닌 상대적으로 자유로우며 창의적이고 감성적인 우뇌 활동에 두셨다. 이것은 제자 훈련을 받는 사람이 큰 저항감 없이 메시지를 들을 수 있도록 돕는다.

• 노래는 때때로 노래 자체만으로 그 정당성을 입증한다. 일부 장르에는 문화적 내부자에게 알려진 내부 단서가 있어 그 내용을 정당하게 한다. 그 음악을 듣는 사람의 마음속에 있는 성경 메시지를 정당한 것으로 받아들인다. 2014년 필자는 중앙아시아(Central Asian) 파미르 (Pamiri) 산맥에 사는 한 민족을 위해 성경 노래 창작 워크숍을 이끌었다. 한 참가자는 느린 템포의 종교적 장르인 마도(Mado) 즉 예언자에 대한 역사적 사실 이야기를 전달할 때 사용하는 장르로 창세기 22장 노래를 만들었다. 두 달 후 워크숍을 주최했던 기독교인으로 부터 한 통의 편지를 받았다. "나는 노래가 어떻게 받아들여 졌는지에 대해 당신에게 이야기를 하고 싶어요. 저는 무슬림 친구를 방문하고 있었는데 그는 아브라함 이야기를 저에게 했어요. 그때 저는 그에게 창세기 22장 노래를 들려줬어요. 듣고 나서 그는 "알겠어요? 그 말이 무슨 뜻인지 알겠어요?"라고 했어요. 그는 그 노래가 자기 민족에게서 나온 노래이며 마도(Mado)를 부른 파미리(Pamiri)족 가수와 같은 편에 서야 한다는 데 완전히 동의했습니다." 이 파미리 (Pamiri) 무슬림 남성에게 노래에 담긴 창세기 22장의 내용은 사실이었다. 왜냐하면 특정 장르로 이야기가 전달될 때 그 이야기는 사실이라는 문화적 단서를 그는 이해했기 때문이다.

• 노래는 사람의 잠재의식 속에서 반복해서 재생된다. 쇼단케 존슨(Shodankeh Johnson)은 또 다른 이야기를 전했다. "구원받지 못한 사람도 기독교인의 노래를 부릅니다. 이제 막 구원받은 사람이 있는데요. 그들이 다음과 같이 말해요 '꿈을 꾸었는데 꿈속에서 노래를 부르고 있었습니다' '제가 기독교 노래를 부르고 있었어요' '그게 무슨 뜻이죠?' 저는 그들에게 대답했어요 '모르겠어요. 왜 찬양을 부르는지 하나님께 물어보세요. 당신이 기독교인이 아닌 건 알지만 왜 찬양을 불렀을까요? 하나님은 당신에게 무언가를 말하려고 하신 듯합니다." 하나님은 복음을 전하는 제자가 없을 때에도 노래를 사용하여 사람들을 자신에게로 이끄신다.

• 노래는 종종 산문보다 더 잘 전달된다. 2019년 시에라리온(Sierra Leone) 코노(Kono)족의 찬양 창작 워크숍에서 이 그룹은 시편 139편 14~16절을 자신들의 스타일로 노래를 만들었다. 글을 읽지 못하는 네 아이의 엄마인 엘리자베스는 워크숍이 끝난 후 그룹 평가회에서 다음과 같이 말했다: "시편 139편을 우리 언어로 우리만의 음악 스타일로 부르고 나서야 비로소 '하나님은 내가 어머니 뱃속에 있을 때부터 나를 알고 계셨다'는 사실을 깨달았습니다." 하나님은 종종 노래를 강력한 교사로 사용하신다.

하나님의 운동 리더가 직접 경험한 바를 살펴보겠다. 2019년과 2020년에 필자는 많은 하나님의 운동

---

4) 라바르(Rahbar) 박사(1926~2013)는 케임브리지 대학교를 졸업하고 케네디 하트포드 신학교 재단(Kennedy School of Missions at the Harford Seminary)의 선교학 교수였다.

지도자들과 다양한 상황에서 함께 할 수 있는 특권을 누렸다. 전문가 패널처럼 이 여덟 명의 사람들이 교회 개척 운동에서 민족예배학에 대한 그들의 다민족적 관점을 이야기해 보도록 하겠다.

- 쇼단케 존슨(Shodankeh Johnson) 박사: 시에라리온(Sierra Leone)에 본부를 둔 새 추수사역(New Harvest Ministries) 선교회의 리더이자 뉴 제너레이션(New Generations) 선교회의 아프리카 대표이다. 새 추수사역 선교회(NHM)는 아프리카 14개국에 장기 사역자를 파송했다.
- 부레이마(Boureima): 부르키나파소(Burkina Faso)에 본부를 둔 Fulnet(Fulani Network)의 수석 진행자로 주로 아프리카 24개국의 풀라니(Fulani)족을 대상으로 하는 교회개척을 위한 제자화 운동(DMM) 주도자이다.
- 아일라 타세(Aila Tasse) 박사: 케냐(Kenya)에 본부를 둔 국제 생명의 길 선교회(Lifeway Mission International)의 설립자 겸 이사이다. 동아프리카(East Africa)의 뉴제너레이션(New Generations) 선교회의 지역 코디네이터이자 11개국의 동아프리카 교회 개척 운동(CPM) 네트워크의 일원으로 활동하고 있다.
- 샬롬(Shalom)(가명): 344개 언어를 사용하는 무슬림 주류 지역의 하나님의 운동 지도자이다.
- 사샤 카르부나르(Sasha Karbunar): 모국인 우크라이나(Ukraine)에서 18개 지역 팀을 이끌고 있는 유라시아(Eurasia)지역의 하나님의 운동 지도자이다.
- 미리툰제이 쿠마르(Mrityunjay Kumar): 아가페 비하르(Agape Bihar) 자선재단의 회장이자 인도(India)의 교회 개척 운동(CPM) 지도자이다. 아내와 함께 5만 명 이상의 사람들을 섬기고 있다.
- 빅터 존(Victor John): 인도(India)의 하나님의 운동 지도자이며 Asian Sahyogi Sanstha India(ASSI)의 설립자 겸 회장이다. 빅터의 공헌은 그의 저서 "보즈푸리(Bhojpuri) 돌파구: 계속 번성하는 하나님의 운동"(Bhojpuri Breakthrough: A Movement that Keeps Multiplying 2019)을 통해 확인할 수 있다.
- 베니(Benny) (가명): 인도네시아(Indonesia) 자바(Java) 섬의 하나님의 운동 지도자이다.

교회 개척 운동(CPM) 상황에서 음악(및 기타 예술)은 어떤 역할을 하나요?

아일라(Aila): "아프리카인들은 늘 음악을 만듭니다. 아프리카인들은 탄생과 죽음, 비, 가뭄, 노동 그리고 밭갈기 등 모든 것을 노래로 표현합니다. 노래를 통해 표현하는 것은 아프리카인이 무엇인가와 또는 누군가와 연결하는 방식입니다. 아프리카인이 모국어 노래를 부를 때 그것은 삶의 의미와 감정을 연결해 줍니다. "하나님의 운동에서 그들은 DISCOVERY 성경공부(DBS)의 성경 본문을 잘 기억하는 데 도움이 되도록 성경 공부에 사용된 구절을 노래로 만들었습니다. 교회개척을 위한 제자화 운동(DMM) 2단계 교육에서는 노래를 사용하여 수업을 진행해 왔습니다. 그들은 리더십(leadership) 원리의 기초가 되는 기본 성경 구절에 노래를 사용합니다. "북 케냐(North Kenya)의 무슬림 공동체에서는 DISCOVERY 성경공부(DBS) 구절을 사용하여 성경 부분을 드라마로 만들어 연기하기도 합니다. 그들은 완전히 준비된 의상과 함께 드라마를 시장에서 공연을 합니다. 시장 사람이 보고 웃고 즐기죠."

베니(Benny): "대다수의 민속 전통 무슬림은 이미 종교 예배에 음악과 춤을 사용하고 있습니다. 사람들은 항상 노래를 통해 자신들을 신에게 표현하기를 원하기 때문에 음악은 영향력이 있습니다. 사람들은 노래로 개념을 쉽게 받아들이고 다른 사람들과 쉽게 공유할 수 있습니다. 에베소서와 요한복음 그리고 시편과 같은 성경 구절을 노래와 함께 외우면 기억하기 쉽습니다. 이런 식으로 가족에게 성경을 가르칠 수 있습니다."

빅터(Victor): "친교 모임의 수가 늘어나면서 1998년에 첫 번째 보푸리(Bhojpuri) 찬송가를 출시했습니다. 이 책에는 예배와 노래, 세례, 자녀 헌신, 결혼 그리고 장례식에 대한 지침이 담겨 있었고 각 예식에 적합한 성경 구절도 포함되었습니다. 이 책은 큰 호응을 얻었고 지역 예배 공동체에 크게 기여했습니다. 사람은 더 이상 다른 언어에서 힌디어로 번역된 찬양을 기억에만 의존하지 않아도 되었기 때문에 더 많고 다양한 예배 찬양들을 사용할 수 있게 되었습니다. 또한 모든 보즈푸리(Bhojpuri) 교우가 예배 때에 비슷한 노래를 부를 수 있었기 때문에 더 폭넓은 하나됨을 형성했습니다"(존-John 2019, 12).

쇼단케(Shodankeh): "음악은 소규모 그룹이 10~15세대에 걸쳐 전달될 수 있게 하는 핏줄과도 같은 존재입니다. 음악이 없다면 이 모든 과정은 쉽게 멈춰버리고 지루해지고 약해질 것입니다. 아프리카(Africa) 상황에서 음악은 하나님의 운동의 DNA를 구성하는 핵심 요소입니다. 중보 기도할 때도 … 우리는 사람이 10시간 동안 기도할 수 있도록 기도와 함께 찬양을 합니다. 우리가 기도하고 찬양하며 기도하고 찬양하면 계속 기도할 수 있습니다. 기도에 큰 힘이 됩니다. 저는 찬양과 기도를 영적인 강력한 파괴적 무기라고 부릅니다. 예배하고 찬양하고 그리고 기도를 합니다. 이것에는 사단의 진을 무너뜨리는 힘이 있습니다. 그래서 하나님의 운동에서 음악을 매우 진지하게 받아들여야 합니다. 아프리카의 상황안에 교회 개척과 DISCOVERY 성경공부(DBS)에서 찬양을 제거한다면 이 하나님의 운동은 멈출 것이 당연합니다."

미리툰제이(Mrityunjay):"노래는 우리의 메시지에 정당성을 부여해 줍니다. 인도(India)에서는 운율이 있는 '노래'라는 단순한 형식만으로도 메시지의 유효성을 입증합니다. 첫째, 노래는 만드는 데 시간이 걸리기 때문에 마음속에 노래가 있는 사람은 진정성이 있습니다. 거짓에 관한 노래를 만들기 위해 자신의 시간을 할애하지 않기 때문입니다. 둘째, 노래는 한 사람을 통해서만 만들어질 수 없습니다. 많은 사람을 거쳐야 합니다. 따라서 노래에는 시대의 지혜와 진실 그리고 공동체의 검증이 담겨 있습니다."

어떤 노래가 교회 개척 운동(CPM)에서 중요한 주제와 화제라고 생각하시나요?
쇼단케(Shodankeh): "감사와 소망의 노래, 믿음, 격려 그리고 힘 - 능력과 권위에 대한 노래와 하나님께 영광을 돌리는 노래-하나님을 묘사한 노래와 하나님의 모든 능력에 관한 노래 그리고 사랑에 관한 노래입니다.

> [쇼단케(Shodankeh)가 노래를 시작했다.]
>
> Gewe longa, kba kba go tima.
>
> I nema pa te, tuva panda
>
> Na yeno he nimu, ye si go bue-e
>
> Gewe longa, kba kba go tima.
>
> 나는 견고한 반석 위에 내 집을 지었네
>
> 나는 견고한 반석 위에 내 집을 짓기로 결심했어.
>
> 바람이 불어도 예수님과 함께 하겠네
>
> 견고한 반석 위에 내 집을 지었네

"이런 것들이 사람들을 일으켜 세우는 격려의 노래입니다. 당신이 어떤 일을 겪고 있든 하나님이 보시고 하나님이 돌보시며 그분이 당신을 위해 오신다는 것을 알 수 있습니다."

빅터(Victor): "2001년에 18곡의 보즈푸리(Bhojpuri) 예배곡이 담긴 오디오 테이프가 발매되었는데 이것은 최초의 시도였습니다. 이 찬양들은 구원과 하나님을 경배하고 구원을 기뻐하는 것에 초점을 맞췄어요. 이 노래들은 다른 언어에서 번역된 것이 아니라 모두 보즈푸리(Bhojpuri) 사람들이 자신들의 언어로 작곡한 것입니다"(쫀 -John 2019, 13).

당신의 하나님의 운동에서 새로운 곡 창작을 장려하기 위해 하고 있거나 하고 싶은 일이 있나요? 부레이마(Boureima): "풀라니(Fulani)족의 대다수는 문자를 사용하지 않은 구전 민족입니다. 노래는 우리 선교 운동에서 매우 중요하기 때문에 2020년에 성경에 근거한 새로운 노래 500곡을 만드는 것을 목표로 삼았습니다. 그 중 많은 곡이 예수님의 비유를 노래로 만들 예정입니다."

쇼단케(Shodankeh): "모든 교회 개척자는 그가 가게 될 부족의 현지 언어로 된 많은 노래를 알고 있습니다. 성령님(Holy Spirit)의 인도하심으로 그곳에 가게 되면 그는 찬양을 부르기 시작할 것이고 사람은 그 찬양을 쉽게 따라 부르기 시작할 것입니다. 그렇게 선교가 시작될 것입니다. 사람이 찬양를 배우고 자신만의 찬양을 개발하기 시작할 때가 올 것입니다. … 그리고 대부분의 찬양은 성경 구절을 직접 사용한 것입니다. 많은 경우 어떤 사람은 '어제 우리가 DISCOVERY 성경공부(DBS)에서 배운 구절로 이 찬양을 만들었어요'라고 할 것입니다. 그리고 그 찬양을 부르고 다른 사람이 듣겠죠. 그 다음 그들은 찬양을 약간 수정하고 다음 날 그 찬양을 할 것입니다."

"지금 저희는 경연 대회가 진행 중입니다. 내일 끝나죠. 아이는 성경 말씀과 일치하는 최고의 노래를 찾고 있습니다. 그리고 우승자에게는 약 200만 레온(약 200달러)을 선물로 줄 예정입니다. 어떤 사람은 밤새도록 새 찬양을 위해 기도하고 있습니다. 그들은 '하나님 우리에게 새 찬양을 주세요'라고 함께 기도하고 있습니다. 사람들은 팀으로 연습합니다. 그래서 저희는 하나님의 운동에서 그런 것들을 장려합니다. 매 분기마다 혹은 일 년에 두 번 정도 이런 행사를 진행합니다. 사실 12월에는 더 큰 행사를 할 예정입니다. 찬양과 축제라고 부르죠. 새로운 곡 이어야 하며 다양한 언어로 만들어질 것입니다. 하나님의 운동이 진행되는 모든 언어를 이용해서요. 이 이벤트는 정말 풍성할 것입니다. 노래와 함께 춤을 추고 전통 의상을 입고… 심사위원단도 있을 것입니다. 3일 동안 계속될 것입니다. 매일 밤 예선전이 열리고 마지막 날에는 결승전이 열릴 겁니다."

샬롬: "우리 민족은 구전 공동체예요. 그래서 '현지 멜로디로 성경을 노래합시다'라는 녹음 프로젝트를 시작하고 싶습니다."

음악과 관련하여 교회 개척 운동(CPM)을 시작하는 사람에게 어떤 조언을 해주고 싶은가요?

사샤(Sasha): "질문하는 것은 큰 도움이 됩니다. 핵심 팀과 함께 진행한 민족예배학(Ethnodoxology) 분석의 가장 중요한 결과는 간단한 질문을 하기만 해도 하나님의 운동에서 음악과 예술을 사용할 생각을 하게 했다는 것입니다."

쇼단케(Shodankeh): "저는 음악이 그들이 진행하는 사역의 일부가 될 수 있도록 의도적으로 사용해야 한다고 말합니다. 또한 그들이 가는 모든 부족과 그룹에 하나님께서 새로운 노래를 주시도록 기도해야 합니다. 하나님께서 노래를 주시면 사람들이 DISCOVERY 성경공부(DBS)를 통해 구원을 받은 사람에게 자신만의 노래를 창작하도록 격려해야 합니다. 그리고 사람이 자신의 노래를 창작하면 지도자는 감사를 표시하고요. 그런 일이 일어나면 입소문이 나기 마련입니다. 그들은 계속해서 창작을 하고 다른 사람을 돕기를 원할 것입니다. 이것을 발견할 때쯤 이면 하나님의 운동에 수많은 노래 제작자가 있다는 것을 알게 될 것입니다. 그렇기 때문에 하나님의 운동에서 우리는 사람에게 동기 부여와 격려를 많이 해야 합니다."

빅터(Victor): "보즈푸리(Bhojpuri) 언어로 작업하면서 언어뿐만 아니라 문화와 역사, 노래, 음악 그리고 드라마를 통해 보즈푸리(Bhojpuri) 사람이 표현할 수 있는 모든 것을 끌어낼 수 있었습니다. 과거에는 이러한 접근 방식을 생각조차 못했죠"(존- John 2019, 12).

하나님의 운동에서 강력한 민족예배학을 향하여

이 장에서 우리는 민족예배학이 아래의 구체적인 하나님의 운동의 방법을 따르면서 증식하는 제자를 양육하는 과정을 진행하는데 도움이 된다는 것을 살펴보았다.

1. 기도 - 찬양은 기도하도록 하며 계속 할 수 있게 내용을 제공한다.

2. 접근 - 노래들은 이미 만들어진 셰마(shema 신 6:4-5을 곡조가 있는 히브리어로 하는 신앙 고백, 역주) 진술과 같다. 매력적이고 영적이며 예수님을 모르는 공동체와 관계를 만들고 평화의 사람(People of peace)에게 접근할 수 있게 돕는다.

3. 공동체의 확신과 통합 - 찬송은 "우리는 우리의 언어와 문화로 하나님을 따를 수 있다"는 것을 보여준다.

4. DISCOVERY 성경 공부(DBS) - 성경 구절 찬송을 사용하면 인쇄된 성경이나 오디오 성경을 사용할 수 없을 때에도 성경 구절을 수시로 기억나게 도와줄 수 있다.

5. 성경 이해 - 찬송은 성경 구절의 의미를 이해하는 데 도움이 된다.

6. 순종 - 노래는 질문을 쉽게 하게 만들어 진리를 삶과 연결시켜 준다 "이 구절에 순종하는 것이 우리에게 어떤 모습일까요?"

7. 하나님의 진리 전달 - 새롭게 발견한 진리를 찬송으로 쉽게 나눌 수 있다.

8. 지도자 양성 - 리더십에 관한 성경 구절을 노래로 만들면 교회 리더십 훈련에 도움이 된다.

9. 교회 세대 - 찬송은 여러 세대에 걸쳐 재 전승하는 과정에서 성경 말씀 중심의 내용을 순수하게 그리고 일관되게 유지한다.

10. 장기적 성장 - 찬송은 한 개인의 마지막 날까지 그 사람 안에 머물면서 하나님의 말씀의 반석 위에 집을 짓는 평생의 성숙을 가능하게 한다.

11. 시련 속에서의 힘 - 찬송은 하나님의 말씀이 밤낮으로 평안할 때나 핍박받을 때나 우리 안에 풍성히 거할 수 있게 해준다.

12. 교파 간 연합 - 비슷한 노래 목록은 하나님의 운동안에 있는 교회의 여러 세대를 흐르게 하는 핏줄을 형성하고 지리적 거리를 뛰어넘는 유대감을 형성한다.

음악은 제자훈련 운동의 질적, 양적 건강을 위해 매우 중요하다. 이것은 하나님의 운동 연구자와 실행자, 코치 그리고 지도자로서 하나님의 운동에서 민족예배학의 중요성을 제기해야 하는 역할을 우리에게 준다. 그렇다면 유용한 원칙과 모범 사례를 어떻게 개발하고 공유할 수 있을까? 전 세계의 모든 하나님의 운동 주도자가 성경에 근거한 토착적인 찬양을 촉진하는 방법에 대한 지침을 이용할 수 있도록 어떻게 교육을 제공할 수 있을까? 하나님의 운동 지도자는 풀뿌리 노래 제작자의 재능을 어떻게 격려할 수 있을까? 다음은 몇 가지 제안들이다.

연구자를 위한 제안

1. 질적 인터뷰와 데이터 수집 - 자료는 두 가지 중요한 결과를 제공해 준다. 첫째, 자료는 다른 하나님의 운동 상황들 속에서 진행될 새로운 생각과 격려를 줄 수 있는 풍부한 사례 연구와 실제 사례를 제공한다. 둘째, 하나님의 운동 내 음악 및 다른 예술을 이용하는 것에 관한 질문 과정 자체가 지도자에게 민족 예배에 대해 생각하게 만든다. 때로는 그들에게 그것 자체가 처음일 것이다.

2. 정량적 분석 - 여러 변수가 있는 사회과학에서 정량적 결론을 내리는 것은 쉽지 않은 일이다. 하지만 정량적 분석은 두 가지 목적에서 특히 설득력이 있다. 첫째, 음악 및 예술 전문가를 모집할 때. 둘째, 지속 가능한 성경 기반 찬양 창작을 촉진하는 하나님의 운동을 위한 재정 후원자들을 일으키는데 유용하다.[5]

선교 실행자 및 지도자를 위한 제안

- 민족예배학의 촉진을 위한 자료
- 출판물
  >> "세계교회에서의 예배와 선교: 민족예배학 핸드북, 제임스 크라빌 편집"(Worship and Mission for the Global Church: An Ethnodoxology Handbook, James Krabill, ed.)(2013)
  >> "창의적인 종합 지역 예술: 지역사회에서 하나님의 나라 목적을 성취하는 매뉴얼, 브라이언 슈라그"(Creating Local Arts Together: A Manual to Help Communities Reach Their Kingdom Goals, Brian Schrag) (2013)
- 비학위 교육기회
  >> 파얍대학(Payap University)—민족예술 학위수업과정(EthnoArts certification classes) [6]
  >> Arts for a Better Future의 1주 EthnoArts 훈련 과정 [7]
  >> EMDC(Eurasia Media and Distribution Consultation) 선교대회가 개설한 EthnoArts 과정 [8]

필자는 하나님의 운동이 현지 노래 창작자와 촉진자를 발굴하기 위해서는 교회 개척 운동(CPM) DNA를 가진 자체 세계 네트워크가 필요하다고 믿는다. 노래를 촉진하는 과정은 문화 내부자가 자신의 고유한 시와 음악의 특성을 함께 발견할 수 있도록 일련의 활동으로 안내함으로써 이루어질 수 있다. DISCOVERY 성경 공부(DBS)는 성경을 기반으로 한 노래의 내용을 제공한다. 그런 다음 내부자 그룹은 자신의 하나님의 운동에 적합한 스타일로 성경을 기반으로 한 새로운 노래를 만든다.[9]

모투스 데이(Motus Dei-하나님의 운동) 네트워크(Network)는 이러한 세계 네트워크(Network)를 촉진하는 장소가 될 수 있다.

하나님의 운동 지도자를 위한 제안

당신의 하나님의 운동의 작곡가를 의도적이고 구체적으로 격려하라. 이들은 재능 있는 리더이며 강력한 긍정적 영향력을 발휘할 수 있는 역량을 갖추고 있다.

---

5) 2019년에 필자는 교회 개척 운동(CPM) 과정에서 토착 예술 사용의 증가와 다음 세대 교회를 시작하는 데 걸리는 시간 단축 사이의 상관관계를 정량적으로 파악하기 위한 연구 도구를 만들었다. 지금까지 필자는 아프리카(African) 7곳과 유라시아(Eurasian) 2곳의 하나님의 운동 맥락에서 이 평가를 실시했다.
6) li.payap.ac.th -> 교육 -> EthnoArts
7) worldofworship.org/artsforabetterfuture
8) 보안상의 이유로 EMDC에는 웹사이트가 없다. 자세한 내용은 이메일을 보내라 info@emdcon.org.
9) 필자는 위와 같은 접근 방식으로 19개 미전도종족(UPG)을 대상으로 워크숍을 진행했으며 여러 청중들에게 소개했다.

- 특히 처음 노래를 만들려고 시도하는 사람에게 격려의 말을 건네라.
- 새로운 노래의 질적 향상에 도움이 될 것을 제공하라.
- 경연대회와 축제를 개최하라. 가능하면 청중과 심사위원 그리고 상품을 포함시켜라.
- 민족 예배 하나님의 운동 전체의 목표를 신곡 창작으로 설정하라.
- 민족 예배 하나님의 운동 찬양 제작자의 모범 사례를 공유하고 함께 꿈꾸며 나눌 수 있는 열린 토론과 기도할 수 있는 모임을 진행하라.
- 정기적으로 지역 지도자에게 해당 지역에서 누가 새 노래를 만들고 있는지 물어보라.

"여호와께 새 노래를 부를지어다 온 땅이여 여호와께 노래할지어다"(시 96:1)는 하나님의 명령이며 하나님의 나라를 확장하는 데 도움이 된다. 민족 예배 하나님의 운동의 연구자와 지도자가 선교지에서 음악의 역사와 그리고 사회에서의 노래의 역할을 이해한다면 그들은 더 많은 공헌을 할 수 있다. 현지 지도자와 선교 실행자는 다른 하나님의 운동의 모범 사례를 수집하며 새로운 노래 개발을 위한 훈련 기회를 통해 성경에 근거한 자신만의 노래를 만들 수 있는 역량을 키울 수 있다.

참고 문헌

Blacking, John. 1973. *How Musical Is Man*? Seattle and London: University of Washington Press.

John, Victor. 2019. *Bhopuri Breakthrough: A Movement that Keeps Multiplying.* Monument, CO: WIGTake Resources.

Krabill, James, ed. 2013. *Worship and Mission for the Global Church: An Ethnodoxology Handbook*. Pasadena, CA: William Carey Library.

Nettl, Bruno. 2005. *The Study of Ethnomusicology: Thirty-one Issues and Concepts*. Urbana and Chicago: University of Illinois Press.

Schrag, Brian, and James Krabill, eds. 2013. *Creating Local Arts Together: A Manual to Help Communities Reach Their Kingdom Goals*. Pasadena, CA: William Carey Library.

14장
하나님의 운동을 위한 미디어: 통합적 교회 개척
프랭크 프레스턴 (Frank Preston)

이 장에서는 누가가 사도행전을 기록한 이래로 복잡하게 얽혀서 이어져 온 성경적 선교의 두 가닥 즉 미디어와 교회 개척에 대해 설명한다.

하나님의 운동을 위한 미디어란 무엇인가?

"하나님의 운동을 위한 미디어"(Media to Movements)는 특정 대상을 위한 맞춤형 미디어 콘텐츠를 사용하여 미전도 종족에서 구도자를 식별한 다음 이 구도자를 구도자-회심의 과정으로 초대하는 전략이다. 이 전략의 핵심은 설득이 아니라 식별하는 것이며 궁극적인 목표는 구도자가 재생산적인 제자가 되는 것을 보는 것이다.

학자는 미디어를 사용하는 두 가지 일반적인 접근 방식에 주목한다. 한 가지 접근 방식은 "푸시 미디어"(push media)로 미디어 제공자가 제시하는 생각을 미디어 소비자가 채택하도록 설득하기 위해 미디어 제품을 사용하는 것이다. 두 번째 접근 방식은 "풀 미디어"(pull media)라고 불리며 미디어 제품들을 활용하여 제공자가 전달하는 메시지에 흥미를 가진 사람들을 식별하는데 사용한다(치프-Chipp와 차크라보르트-Chakravorty 2016).

하나님의 운동은 이미 종교적 변화에 열려 있는 사람과 소통하는 풀 전략을 사용한다. 이 전략은 교회 개척 운동을 장기적인 결과로 삼는 포괄적인 전략이다. 이 전략은 누가복음 10장 2절이 반영된 모델로 하나님께서 미전도 종족 내에서 후에 종족에게 복음을 전할 미전도 종족의 사람(평화의 사람)을 준비해 주시기를 기도하는 것에 기초를 두고 있다.

교회 개척에서의 미디어

필자는 오랫동안 소그룹에서 초대 교회에서 복음이 확장되는 초기 단계에 미디어가 어떻게 사용되었는지에 대한 생각을 제공해 달라고 요청하는 것을 즐겼다. 대부분 기록된 신약 성경이라는 대답을 듣곤 했다. 우리는 종이에 적힌 글이 익숙한 문자 중심적 영향 아래 있어서 이는 놀라운 일도 아니다.

야고보서는 신약성서 중 최초는 아니더라도 가장 먼저 쓰여진 책 중에 하나라는 것이 일반적 의견이다. 야고보서는 서기 50년경에 쓰여 졌을 가능성이 높지만 그보다 몇 년 앞서 쓰여 졌을 수도 있다. 바울의 서신은 서기 52년경에 쓰여지기 시작했을 것이다. 그러나 오순절 사건(행 2장)은 야고보가 쓴 편지 보다 약 20년 전인 AD 30년경에 일어났다. 좀더 정확히 말하면 초대 교회에서 미디어를 처음 사용한 것은 사도행전 2장 14-41절에 나오는 베드로의 공개 토론회이다. 이후로 사도행전 6장 8절- 7장 60절에 나오는 스데반 설교 그리고 사도행전 17장 1-4절에 나오는 바울이 회당에서 한 연설 또한 17장 16-34절의 모습처럼 여러 곳에서 이방인의 모임에 참여한 바울의 연설이다.

학자는 바울의 선교사적 수고가 로마의 주요 도로를 따라 첫 번째 교회를 시작한 이후 인근 지역으로 퍼져 나갔다고 말한다. 사도행전 19장은 이를 뒷받침해주는 예를 제시하는데 에베소에서 시작한 사역은 그곳을 중심으로 사방으로 퍼져 갔다. 대중 연설은 1400년대 중반 인쇄기가 등장하기 전까지 전도 활동에서 가장 주목받는 미디어였다(아이젠스타인- Eisenstein 1980). 개신교 종교 개혁은 팸플릿과 인쇄물을 만들기 위해 인쇄기를 작동시킨 이름없는 영웅에게 빚을 지고 있다(콜-Cole 1984).

비고 소가드(Viggo Søgaard)와 제임스 엥겔(James Engel)은 20세기 라디오와 텔레비전의 방송 매체가 새로운 커뮤니케이션 수단으로 확장되었다고 기록했다(엥겔-Engel 1979, 소가드- Søgaard 1993). 그러나 소가드(Søgaard)가 지적했듯이 방송 미디어의 접근 방식은 일방적 커뮤니케이션인 선포에 중점을 두고 있었다(소가드-Søgaard 2008, 61). 뉴미디어의 등장으로 미디어 소비에 대한 접근 방식이 수정되었다. 마샬 맥루한(Marshall McLuhan)과 데일 아이켈만(Dale Eickelman) 그리고 엘리후 카츠(Elihu Katz)는 커뮤니케이션에서 엄격한 설득 미디어 접근 방식에서 흔히 "이용과 충족이론"(Use and gratifications)이란 소비 미디어 모델로 변화하는 것을 확인한 많은 학자들 중의 일부이다(팜그린-Palmgreen, 웨너-Wenner, 로젠그렌-Rosengren 1985).

일반적으로 이 "이용과 충족"(use and gratification) 모델은 사람이 미디어를 목적에 맞게 사용한다는 개념을 내포하고 있지 미디어의 목적에 따라 사람을 이용한다는 것은 아니다. 본질적으로 뉴미디어는 상호 작용과 대화를 포함하는 양방향 커뮤니케이션으로 작동한다. 하지만 사람들은 새로운 아이디어에 할당할 수 있는 인지적 자원이 제한되어 있기 때문에 대부분의 사람들은 자신의 필요에 맞는 미디어만 소비한다. 미디어 제작자의 아이디어가 소비자의 필요에 즉시 부합하지 않으면 메시지는 외면당하고 만다.

이런 현상의 좋은 점은 어떤 사람이 평소 미디어 소비 습관 가운데서 다른 미디어 메시지를 선택한다면 이는 그들이 평소 소비하는 것과는 다른 것에 관심이 있다는 것을 인지할 수 있다. 단순해 보일 수 있지만 이 심층적인 관찰은 미디어 전략을 개발하는 데 복합적 요소를 더해 준다. 미디어 제작자는 단순히 선포적인 저작물을 제작하는 대신에 구도자의 필요를 발견하고 소비하고 있는 메시지를 식별한 다음에 구도자의 필요를 충족시킬 수 있는 과정을 제공해야 한다.

이러한 이유로 미디어 대응 시스템은 메시지 자체만큼이나 중요하다. 이는 사도행전 17장 2절에 나오는 바울의 사역에서 확인할 수 있다. 바울은 이방인에게 복음을 전하라는 하나님의 부르심을 받았지만 이 구절은 바울이 관습에 따라 회당에 가는 것을 강조한다. 이 접근 방식의 천재성은 17:4에서 볼 수 있는데 하나님을 두려워하는 많은 그리스인들과 저명한 여성들이 바울을 따르며 추가적인 토론과 제자 훈련을 받았다. 바울은 공개적인 토론회를 통해 어떤 종류의 그리스인들이 복음 메시지에 더 개방적인지 파악하고 그들의 필요를 채워주었다. 바울은 훨씬 더 많은 그리스인들이 모이는 공중 목욕탕에서 연설할 수도 있었지만 회심에 열려 있는 그리스인들은 회당에 있을 가능성이 더 높았다. 이는 메시지에 관심이 있는 소수의 특정 청중을 타겟팅 하는 것이 대중을 대상으로 방송하는 것보다 더 효과적이라는 것을 보여 준다.

이것은 일종의 응답에 맞춘 후속 시스템을 가능하게 해 준다. 마치 사도행전 17장에 회당 밖에서 바울을 따랐던 사람들처럼 말이다(프레스톤-Preston 2017). 1700년대 중반 영국에서 부흥 운동을 일으킨 감리교 지도자 존 웨슬리(John Wesley)도 비슷한 접근 방식을 사용했다. 그는 교회 건물에서 설교하는 대신 거리에서 소규모 군중을 대상으로 설교하는 방식을 택했다. 설교 후 즉시 응답할 수 있는 기회를 제공하기도 했다. 이후 그는 미국 선교 사역에서 수용적인 사람을 식별하기 위한 목적으로 수많은 전도지를 제작했다(헌터-Hunter 2000, 5).

헌터(Hunter)가 주장하듯이 웨슬리는 교회 개척 전략에 두 가지 다른 기본 요소를 가지고 있었다. 하나는 사역에 대한 토착적 접근 방식이었다. 웨슬리가 말한 토착적 접근이란 대상 집단이 이해할 수 있는 공통적인 단어와 형식을 사용하는 것을 의미한다.

헌터(Hunter)는 웨슬리를 인용해서:

> 우리는 일상적인 경우에나 하나님의 일을 말할 때나 우리의 의미가 전달될 수 있는 가장 명확하고 쉽고 일반적인 단어를 다른 단어보다 선호한다. 그러므로 우리는 결코 의도적으로 든 고의로 든 일반적으로 말하는 방식에서 벗어나지 않는다. 우리가 성경의 진리를 성경 단어로 표현할 때를 제외하고는 그리스도인이 정죄하지 않을 것이라고 생각한다(헌터-Hunter 2000, 6).

또 다른 기본 구성 요소는 새신자 모집 부서 늘리기(Multiply Recruiting Units) 이었다. 초기 감리교회의 거의 모든 리더는 평신도였으며 일부는 최근에 회심한 사람이었다. 헌터는 이렇게 말한다:

> 그[웨슬리]는 개별적 의제를 가진 수백 개의 교육 과정과 밴드 그리고 모임 및 기타 그룹이 생겨나는 데 중요한 역할을 했으며 성장하는 방대한 그룹 네트워크에 필요한 지역 평신도 리더십을 개발하기 위해 노력했다. 그는 교육 과정을 늘리는 데 가장 많은 노력을 기울였다. 왜냐하면 다양한 속회(classes)는 새로운 그룹을 모집하는 데 도움이 되고 새로운 사람이 들어오는 입구이며 복음과 복음의 능력으로 변화된 사람이 섬기는 장소이다(헌터-Hunter 2000, 7).

이 개념의 핵심은 소그룹을 증식하도록 격려하는 평신도 리더십이었다. 이 리더 중 상당수는 문장과 성경에 대한 문해력이 낮았다. 웨슬리와 그의 리더는 그룹 환경에서 교육 방법을 따라 자기 능력을 발휘할 수 있도록 리더와 새 리더를 위한 주간 모임을 개발했다. 감리교는 도시를 벗어난 외각으로 널리 분산되어 있었기 때문에 웨슬리와 그의 팀이 만든 규칙과 지침에 따라 수업을 자율적으로 운영 하도록 했다.

미디어 전략은 메시지 그 이상의 문제를 고려해야 하며 미디어는 교회 개척 전략을 수립하는 데 있어 한 가지 요소에 불과하기 때문에 이 점이 중요하다. 각 구성요소는 구도자가 예수 그리스도를 따르면서 스스로 증식하도록 자연스럽고 원활하게 인도해야 한다.

현재의 하나님의 운동을 위한 미디어

앞서 언급했듯이 방송 시대의 미디어는 일방적 커뮤니케이션이라는 선포적 접근 방식으로 전환되었다. 소가드 모델(소가드- Søgaard 1993)과 엥겔(Engel)커뮤니케이션 모델(엥겔-Engel 1979)은 모두 엥겔(Engel)이 오하이오 주립대학교에서 소비자 행동을 가르칠 때 사용한 세속적 비즈니스 모델에서 비롯되었다. 소비자 의사 결정 과정의 각 단계에서 미디어 메시지는 판매자가 최종적으로 원하는 방향으로 소비자를 설득한다. 정당한 시점에 적절한 메시지를 전달하면 판매자에게 긍정적인 결과를 가져올 수 있다.

기독교 미디어 학자들은 소가드(Søgaard)와 엥겔(Engel)에게 깊은 빚을 지고 있지만 그들의 이론은 단방향 커뮤니케이션(one-way communication) 철학에 갇혀 있었다. 뉴미디어/소셜 미디어의 등장으로 설득 이론에 균열이 생기기 시작했다. 구글과 페이스북은 "사람이 자신의 필요를 충족시키기 위해 미디어를 사용한다"고 정의하는 "이용과 충족이론" 이론에 기반을 두고 있다. 이 새로운 미디어 시대는 기독교 미디어 단체로 하여금 현재의 커뮤니케이션 시대에 맞게 미디어를 재구성하도록 요청한다.

그러나 우리는 이미 사도행전 17장과 웨슬리에게서 구도자를 식별하고 그들의 영적 여정을 돕는 데 미디어를 사용하는 것에 관한 적절한 이론적 지침이 되는 역사적 기독교 사례를 여러 가지 면에서 찾을 수 있다(프레스톤-Preston 2017). 이것은 기독교 미디어에 있어 새로운 개념이 아니다. 이용과 충족이론 모델은 하나님의 운동을 위한 미디어 전략의 초기 개발자를 안내했다.

2010년 이러한 새로운 통찰력을 갖춘 두 그룹이 각각의 지역에서 하나님의 운동을 위한 미디어 접근법을 시작했다. 북 아프리카(North Africa) 팀과 복음의 야망(Gospel Ambition)(익명)팀 그리고 동남아시아(Southeast Asia)에서의 Pioneers 선교회와 Mission to Unreached Peoples 선교회(지금은 Beyond 선교회로 변경) 그리고 Mitra Asia 선교회의 협력이 그것이다. 두 팀은 서로 다른 전략을 시도하고 정보를 공유하며 모범 사례를 구축하기 시작했다. 다른 개인 및 조직들 즉 Frontiers 선교회와 Arab World Media 선교회, Visual Story 네트워크 그리고 Mobile Ministry Forum 네트워크 등 많은 유사한 업무(미전도 종족 선교, 역주)를 공유하는 동료들이 이러한 개념을 발전시키는 데 참여했다. 그 중 일부는 훈련을 진행하고 다른 일부는 실험을 진행했다.

2020년에 하나님의 운동을 위한 미디어 훈련(프레스톤-Preston 2020a)을 한번이라도 수강한 현장 선교사 600명에게 설문조사가 실시되었다. 훈련을 받은 62퍼센트는 자신의 일에서 더 많은 성과를 거두기를 원했기 때문에 훈련을 받았다. 조사에 따르면 훈련 후 하나님의 운동을 위한 미디어 접근 방식을 구현한 사람들 중 "86퍼센트의 훈련생이 자신의 사역에서 중간 수준 그 이상의 효과를 본 것으로 보고했으며 24퍼센트는 사역에서 매우 중요한 변화를 본 것으로 보고했다."

북아프리카(North Africa) 그룹은 이전 역사에서 본적 없는 수의 회심과 제자가 제자를 삼는 일을 경험했다. 동남아시아(Southeast Asia)팀은 매달 20명 미만의 잠재적 평화의 사람을 만났다. 현재 팀은 한 달에 115명의 잠재적 평화의 사람을 만나고 있다. 평균적으로 잠재적 평화의 사람의 38퍼센트가 장기적인 제자로 성장하고 있다. 하지만 초기에는 17퍼센트에 불과했다.

2018년에 여러 조직과 다국적 선교 실행자 간의 모범 사례를 조율하기 위해 하나님의 운동을 위한 미디어 실행자로 구성된 특별 팀(ad Hoc)이 설립되었다. 교육이 필요하다는 것은 이미 알려진 사실이었지만 이 팀은 새로운 실행자가 느끼는 다른 긴급한 요구가 무엇인지 파악하고 싶다고 생각했다. 파악된 필요 중 하나는 코칭과 상담이었다. Frontiers 선교회는 조직 내에 내부 자문위원이 있었고 Arab World Media 선교회와 Pioneers 선교회는 아랍 세계에 있는 그들의 팀을 지원했지만 더 많은 현장 선교사들은 도움을 받지 못하고 있었다. Gospel Ambition 선교회 팀은 하나님의 운동을 위한 미디어 선교사들을 지원하기 위한 소프트웨어를 개발하고 실행 메뉴얼을 제공했지만 더 큰 선교 단체를 지원할 역량이 부족하다고 느꼈다. Arab World Media 선교회와 Pioneers 선교회와 하나님의 운동을 위한 미디어 특별 팀(ad Hoc)은 현재 그 필요를 채우기 위해 노력하고 있다. Arab World Media 선교회는 코칭 팀을 확장했다. Gospel Ambition 선교회의 도움으로 하나님의 운동을 위한 미디어 전략의 실무 및 기술적 시행에 도움이 필요한 국내 또는 외국인 사역자들을 위한 훈련과 코칭을 체계화하였다.

하나님의 운동을 위한 미디어에서 얻는 교훈

여기에서는 몇 가지 주목할 만한 관찰 결과를 소개할 것이다. 보다 포괄적인 내용은 세계 설문조사 보고서(Global Survey Report: 프레스톤-Preston 2020a)에서 확인할 수 있다.

드와이트 맥과이어(Dwight McGuire)는 어느 나라 인구이든 2.5퍼센트가 언제든지 종교를 바꾸는 것에 열려있다고 주장했다(2010). 이는 먼저 통계 이론과 에버렛 로저스(Everett Rogers)와 같은 학자에 의한 하나님의 운동에 대한 연구에 기반한 것이었다. 하나님의 운동을 위한 미디어 실행자가 제공한 데이터를 통한 카바나 미디어(Kavanah Media)의 경험적 평가는 맥과이어(McGuire)의 주장이 맞다는 것을 확인해 주는 것으로 보인다. 이것은 완전히 닫혀 있는 지역은 없지만 일꾼이 부족하기 때문에 미전도 종족이 여전히 미전도 종족으로 남아 있다는 생각을 뒷받침해 준다.

웨슬리와 다른 이들은 누가복음서 10:2에서 언급한 원칙을 제시했다: 일꾼이 적어서가 아니라 만일 현장 사역자가 지역 평신도 리더에게 힘을 실어 준다면 "추수 때 추수꾼은 일어날 것"이다. 교회 개척을 위한 제자화 운동(DMM) 전략의 한 가지 특징은 잠재적인 평화의 사람을 발굴한 다음 그들이 각자의 상황 속에서 교회 개척의 리더로 성장할 수 있도록 힘을 실어주는 것이다. 이 분명한 관찰은 교회 개척을 위한 제자화 운동(DMM)과 관련된 성경 연구에서 비롯되었다(프레스톤-Preston 2020b).

두 번째 관찰은 "푸시 미디어"(push media)(설득 미디어-persuasion media) 전략이 더 이상 효과적이지 않다는 것이다. 상당수의 세속 학자들이 질적 그리고 양적 연구를 통해 이를 경험적으로 입증했다(크루글란스키-Kruglanski 와 웹스터-Webster 1996; 맥레오드-McLeod, 코시키-Kosicki, 팬-Pan 1991; 페티-Petty 그리고 프리스터-Priester 2002). 잠재적 소비자를 식별하는 풀 미디어(pull media)가 이론적이고 실제적 기반이 더 탄탄하다. 풀 미디어(pull media)가 실제로 작동하는 것을 보려면 아마존과 구글 그리고 페이스북만 살펴봐도 알 수 있다. 하나님의 운동을 위한 미디어 선교 전략은 풀 미디어(pull media) 원칙을 사용한다.

세 번째이자 덜 논의된 관찰은 소셜 마케팅 연구자가 말하는 소위 낮은 정체성(low identity) 회심과 높은 정체성(high identity) 회심의 비교이다. 간단히 말해 낮은 정체성은 회심 과정에서 사회적이고 인지적인 대가 지불이 낮은 것과 관련이 있다. 기독교가 받아들여지는 곳에서는 일반적으로 큰 저항 없이 회심하여 진짜 기독교인이 될 수 있다. 새로운 기독교인이 되는 것은 그들의 원래 정체성에 하나 더 추가하는 것이다. 회심한 사람은 여전히 자신이 속한 사회와 사회 집단의 일원으로 활동하며 같은 직장에서 일하고 같은 사회적 지위를 유지한다.

높은 정체성(high identity) 회심은 정체성 구조에 상당한 대가 지불이 요구된다. 와덴버그(Waardenburg)는 "의미 체계"로서 이슬람이 다른 종교로 개종하는 것은 사회적 반역죄라고 설명한다(와덴버그-Waardenburg 1974). 높은 정체성 회심에서 구도자는 회심 과정을 "차근 차근한 걸음의 과정"으로 따라야 한다(앤더슨-Andreasen 1995, 142; 하산-Hassan 2005a). 온라인에서 복음에 대한 설명을 읽은 후 그리고 예수님을 영접하기 위해 기도까지 가는 전략은 일반적으로 서구인을 위해 개발되었다. 다른 종교가 다수를 차지하는 지역의 구도자에게는 적용되지 않는다. 다른 전략과 응답 방법이 개발되어야 하다. 이 핵심 원칙은 하나님의 운동을 위한 미디어 훈련 프로그램에서 특히 인격(페르소나-Persona) 개발 수업에 적용되었다.

페르소나(persona-인격) 개발은 하나님의 운동을 위한 미디어 실행자가 사용하는 깔때기 모델(funnel model)과 관련되어 있다. 이 깔때기 모델(funnel model)은 온건 무슬림 사이에서 고위험 종교 행위가 발생할 수 있는 무슬림 활동인 지하디스트(jihadis) 모집에 대한 퀸탄 빅토로비치(Quintan Wiktorowicz)의 연구 모델을 채택한 것으로 여러 차례 반복되었다(뷰텔 – Beutel 2007, 12; 빅토로비치- Wiktorowicz 2005). 빅토로비치(Wiktorowicz)의 범주에 따라 Gospel Ambition 선교회와 Arab World Media 선교회 그리고 Pioneers 선교회가 개발한 모델에 의하면 높은 정체성(high identity)에서는 6 단계를 거쳐 회심과정이 생긴다. 즉 신념의 붕괴와 인지 개방, 종교적 추구, 프레임 정렬, 사회화 마지막으로 참여이다.[1]

빅토로비치(Wiktorowicz)가 외인적 조건이라고 부르는 신념 붕괴(belief disruption) 단계에서는 구도자가 이전에 가지고 있던 신념이 무너지는 경험을 하게 된다. 이러한 혼란은 무수히 많은 가능성에서 비롯될 수 있지만 본질적으로 구도자의 신념 구조에 의심을 불러일으키는 무언가가 있기 때문이다. 일반적으로 이러한 붕괴는 종교 활동가나 종교 단체의 영향이 아닌 외부로부터 온 활동가의 외부 활동으로부터 발생한다.

이것은 요한복음 6장 44절과 밀접하게 들어 맞는다. 여기서 예수님은 구도자를 복음으로 이끄는 여정을 시작하도록 자극하기 위해 하나님이 어떤 방법을 사용하는 것이라 묘사한다. 이 여정은 느리거나 즉각적일 수 있지만 인지 개방의 두 번째 단계가 활성화되어 사람이 이전 신념 체계와는 전혀 다른 삶의 선택이 있을 수 있다는 것을 고려할 수 있게 해 준다. 웨슬리(Wesley)는 이것을 꽃잎을 열어 놓은 것으로 묘사했고 그는 이 단계가 일시적인 것이라는 것을 알고 있었다(헌터-Hunter 2000, 5).

---

1) 프렝크 프레스톤(Frank Preston)이 저술한 소논문 "깔때기"(The Funnel)을 참조하라. 이 소논문은 다음의 링크에서 열람할 수 있다. https://www.MediatoMovements.org/articles/the-funnel

이 단계에서 미디어 제작자는 믿음을 키우고 진리를 찾는 과정에 있는 구도자를 끌어들인다. 인지적 개방성을 가진 구도자가 영적인 대화에 연결하는 대화거리가 있음을 확인하고 영적 추구의 다음 단계로 이동하도록 격려하는 것이 중요하다. 개방성도 중요 하지만 그 사람이 영적인 내용으로 인도되는 것이 더 필요하다. 요한복음 4장에서 사마리아 여인과 대화하실 때 예수님은 목마른 영혼의 인지적 개방성에서 영적 구도자(종교적 추구) 단계로 인도하였다. "아버지께서 자기에게 이렇게 예배하는 자들을 찾으시느니라"(요 4:23).

빅토로비치(Wiktorowicz)는 이 단계의 구도자는 상당히 수동적이며 깔때기 모델(funnel model)에서 미디어 제작자가 제공하는 내용도 큰 헌신을 요구하지 않는 수동적인 것이어야 한다고 지적한다. 그러나 사역의 다음 단계로 나아가는 움직임을 촉진하는 것을 목표로 해야 한다. 구도자가 종교적 변화라는 결단을 내리기 위해서는 더 많은 신뢰와 정보가 필요하며 미디어 상담자는 이러한 대화로 안내할 수 있다. 미디어 기술은 구도자가 계속 참여할 수 있도록 충분한 정보를 파악하고 제공하는 역할을 한다.

미디어 후속 조치 팀은 구도자가 여정을 진행하는 동안 신뢰를 구축해야 한다. 신뢰가 없는 상태에서 회심이나 결정을 강요하는 것은 이 단계에서 너무 이르다고 할 수 있다. 높은 정체성(high identity) 회심안에 있는 대부분의 구도자는 믿음이 변화하는데 시간이 걸린다. 저자의 이슬람 지하디스트(jihadi) 회심에 대한 연구에 의하면 높은 정체성(high identity) 회심의 약 절반은 회심하기까지 평균 3개월 동안 대화를 주고받는 과정을 거쳤다. 기독교 회심과정에 있는 무슬림 배경을 가진 사람들도 3~6개월의 비슷한 경험을 했다. 기독교 문화에 대해 잘 모르거나 앞서 설명한 바덴버그(Waardenburg)의 의미 체계에 얽매여 있는 사람일수록 일반적으로 이 전환 단계에 더 많은 시간이 걸린다.

영적인 구도 단계에서 구도자는 이전에 가지고 있던 종교와 새로운 종교에 대한 새로운 믿음 사이의 연관성을 확인하기 위해 시간과 안내가 필요하다. 로저스(Rogers)는 이 과정을 메세지를 동질성 구조(homophilous -네트워크 분석에 사용되는 용어로 자신과 비슷한 사람들과 어울리려는 성향을 나타내는 말로 "love of sameness"라는 뜻의 그리스어로부터 따온 용어, 역주)로 만드는 것으로 정의한다(로저스 - Rogers 1995, 18-19). 새로운 신념 체계는 이전 신념 체계와 어떤 연관성이 있어야 한다. 상황화(contextualization)라는 개념과 유사할 수 있지만 동질성 구조(homophilous construct)는 본질적으로 소셜 네트워크 내부의 구성과 관련되어 있기 때문에 훨씬 더 강력하다. 상황화된 메시지는 그것이 선교지 상황에는 외부적인 요소를 가지고 있지만 그 상황 내부에 있는 것으로 보이고 느껴지도록 만들어졌다는 것을 의미한다.

프레임 정렬(Frame alignment) 또는 메시지 정렬은 동질성을 확인하는 메시지에서 발생하는데 이는 구도자의 여정을 촉진시킨 메시지가 신뢰할 수 있는 것으로 간주되도록 돕기 때문이다. 이전의 신념이 새로운 신념 체계를 이해할 수 있게 도와주기 때문이다. 사마리아 여인(요 4장)과의 대화에서 예수님은 끊임없이 여인의 필요를 언급하며 이를 여인의 이전 신념 체계와 연관시켰다. 바울도 사도행전 17장의 마르스 언덕(Mars Hill)에서 "알 수 없는 신"을 추구하는 사람과 복음을 연결시켰다.

마지막 두 단계의 사회화(socialization)와 참여(joining)를 통해 구도자는 새로운 신념 체계의 기초를 더 깊게 다질 수 있다. 마태복음 13장에 설명된 대로 이 단계에서는 다른 씨앗이 자라고 있는 상황은 뿌려진 씨앗에게 필수적인 것이다. 이는 사도행전에서도 확인할 수 있는데 21개의 회심(conversion) 이야기 중 19개가 단체 회심(group-conversion)이다. 씨앗은 건강한 환경 가운데 자라는 다른 씨앗이 필요하다. 하나님의 운동을 위한 미디어는 단체 회심(group conversion) 접근법을 수용하기 위해 미디어 전략을 채택할 때 교회 개척을 위한 제자화 운동(DMM) 접근법을 채택했다. 친구나 친척 즉 자신의 소셜 네트워크에 있는 사람과 함께 DISCOVERY 성경공부(DBS)에 참여하는 것은 사회화를 도모하는 역할을 하고 그 그룹이 교회가 되면 자연스러운 참여가 이루어진다.

그림 1의 깔때기 모델(funnel model)에서 사역 활동과 기술의 역할의 과정에 주목하라. 사역 활동에서 참여는 단계에 따라 달라진다. 앞서 설명한 것처럼 초기 입양(fostering) 단계는 구도자가 수동적으로 참여할 수 있도록 해야 한다. 필자의 친구 라흐마드(Rahmad)가 그의 간증에서 이 점을 지적한다. 라흐마드(Rahmad)는 그리스도의 복음을 '찾기' 시작했을 때 누군가 그에게 그리스도에 대해 설명해 줄 수 있는 곳으로 대중버스를 타고 갔다고 말했다. 그는 버스에서 내려 길 건너편에 몇 분간 서 있다가 다른 버스를 타고 집으로 돌아왔다. 다음 주에도 그는 버스를 타고 같은 장소에서 내려 길을 건너 대문 옆에 몇 분간 서 있다가 다시 발걸음을 돌려 집으로 돌아왔다. 셋째 주에도 같은 과정을 반복했지만 이번에는 정문으로 들어갔다. 바로 그 시점에 누군가가 그를 집으로 초대해 같은 민족 출신으로 꾸란에서 예수 그리스도를 뜻하는 이사 알 마시흐(Isa Al Masih)의 추종자인 한 남자를 소개해 주었다. 이 남자는 예수(Isa)에 대한 자신의 신앙 간증을 나누었다. 몇 주에 걸쳐 두 사람은 우정을 쌓았고 나중에 라흐마드(Rahmad)는 같은 민족의 다른 무슬림 배경 신자(MBBs)의 성경 공부에 참여했다. 라흐마드(Rahmad)는 수동적인 자세에서 적극적인 자세로 영적 탐색의 단계를 밟아 나갔다. 참여는 사람이 수동적인 자세에서 벗어나 능동적인 자세로 변화하도록 돕는 것이다. 참여하는 단계에서 부터 라흐마드(Rahmad)의 친구는 영적 인도자가 되었고 나중에는 라흐마드가 회심한 후 그리스도 안에서 성장하는 그를 제자가 되게 도와주었다.

기술 역활에서 미디어 광고는 대상하려는 소비자를 대변하는 인물을 통하여 특정 상품정보를 홍보하는 인격에 기반한 정보(persona-based information)를 사용하여 그러한 정보를 찾는 검색자를 끌어 들인다. 이후에는 정보만 제공하는 수동적인 기술에서 이름과 연락처 등과 같은 개인정보를 요청하는 것으로 능동적인 참여로 발전시킨다. 하지만 초기 단계에서 기술의 역할은 정보 탐색자의 질문에 답을 해줄 수 있는 사람과 연결해주는 것으로 구도자를 끌어들일 뿐이다.

첫 홈페이지 화면에 "예수님 영접 기도"라는 버튼을 넣는 것을 추천하지 않는다. 동남아시아(Southeast Asia) 사역지에서는 결코 미디어 영역에서 개인에게 신앙을 결정하도록 요구하지 않는다. 현장 사역자와 함께 믿음을 결심한 사람은 이후 사회화 및 참여 단계에서 38퍼센트의 높은 정착화(성경적 신앙을 유지하는 것) 비율을 보인다는 것을 발견했다. 데이터 분석에 따르면 미디어 영역인 온라인에서 내린 결정의 정착률은 3퍼센트 미만이며 일부 데이터에서는 1퍼센트 미만으로 보고되었다. 예수님은 이미 씨 뿌리는 자의 비유(마 13장)에서 마찰이 있는 현실에 대해 경고하셨다.

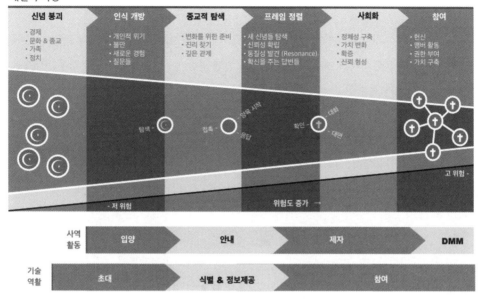

그림 14.1 깔때기 모델

높은 정체성(high-identity) 회심과 관련된 회심 과정에 있는 사람은 어떤 방식으로 든 소셜 네트워크에 포함되어 있다. 높은 정체성(high-identity) 상황에서는 단체 회심(group conversion)이 더 일반적인 반면 낮은 정체성(low-identity) 상황에서는 개인 회심이 더 일반적이다. 이미 언급했듯이 사도행전에 등장하는 21개의 회심 사례 중 19개가 단체 회심 사례이다. 하나님의 운동을 위한 미디어는 구도자가 신자가 될 수 있도록 보조 그룹(reference group)을 참여시키려고 노력하며 가정 교회(house churches)는 서로를 알고 신뢰하는 사람으로 시작된다. 제자훈련이 온라인에서 이루어질 수 있는지 아니면 제자훈련이 반드시 오프라인 활동 이어야 하는지에 대한 질문이 있다. 온라인 제자훈련 프로그램도 현지 지도자(leadership)가 관리한다면 효과적일 수 있다.

이에 대해 필자는 "말씀과 동행"(Scripture Engagement)(프레스톤-Preston 2020b)에서 설명했다. 온라인 단체가 교회 개척자나 교회의 현지 사역자를 통하지 않고 바로 구도자를 제자화 한다면 그 결과는 마태복음 13장 18~22절에 묘사된 대로 될 것이다. 다른 씨앗과 함께 뿌려진 상황(현장에서)에서 씨앗은 번성하지만 홀로(개별적으로) 뿌려진 씨앗은 처해진 상황에 희생양이 될 가능성이 높다.

온라인 제자훈련 프로그램은 종종 보조 그룹(reference group)의 힘과 현지 상황을 무시한다. 온라인 제자훈련을 제공하는 미디어 단체는 일반적으로 현지 리더와 협력하지 않는다. 여기에는 여러 가지 정당한 이유가 있을 수 있지만 그럼에도 불구하고 그 결과는 최선에 못 미친다. 현지 리더는 미디어 단체의 플랫폼을 사용할 수는 있지만 현지 리더가 플랫폼 개발과 미디어 플랫폼 출시에 참여하는 경우가 드물다. 때때로 현지 리더는 미디어 플랫폼의 전파 경로로 간주될 뿐 진정한 의미의 협업 파트너로 서지 못한다. 반면 현지 리더와 협력하는 미디어 단체는 자원이 부족한 지역에 사역하는 현지 리더에게 큰 자산이 될 것이다.

핵심 질문은 "누가 온라인 제자훈련의 내용을 주관하고 있는가?"이다. 현장 밖 단체에 의해서 주관된다면 마태복음 13장의 홀로 뿌려진 예가 적용될 것이다. 반면 현장안에서 내용을 주도할 경우 마태복음 13장 23절의 증식의 예가 적용될 것이다. 하나님의 운동을 위한 미디어는 현지 리더가 제자를 세우는 핵심 인력이 될 수 있도록 권한을 부여하는 교회개척을 위한 제자화 운동의 철학과 같이한다.

현장에서 주도하는 제자 훈련 과정에는 앱과 웹사이트 그리고 휴대폰 성경 등 미디어 단체에서 개발한 다양한 도구를 사용할 수 있다. 그러나 미디어 제공자는 위에서 언급된 웨슬리의 조언인 "원주민"이 사용하는 가장 단순하고 일반적인 의사소통 방식을 사용하는 것이 필요하다(헌터-Hunter 2000).

짧은 간증

이 장에서는 동남아시아(Southeast Asia)와 북아프리카(North Africa) 프로젝트에 초점을 맞추었다. 하지만 MTDMM 선교회(교회개척을 위한 제자화 운동을 위한 미디어)와 특별 연합 팀(The Ad Hoc Coalition)이 실시한 연구조사에서는 다른 간증도 꽤 많이 발견할 수 있었다. 한 간증에서 사역자는 이렇게 말했다:

사역의 첫 10년 동안 우리는 열매를 거의 보지 못했습니다. 첫 8년 동안 단 한 명에게 세례를 주었습니다. 하지만 지금은 MTDMM 선교회 전략을 사용하고 있기 때문에 우리에게 접촉을 시도하는 수와 우리가 접촉하는 사람의 수가 정말 많습니다. 매우 흥분되는 것은 많은 사람이 세례(침례)를 받는 것을 보는 것입니다(프레스톤-Preston 2020a).

이 동료 사역자는 사역 대상자가 너무 힘들다고 생각하며 사역을 종료할 계획이었다. 문제는 이들의 사역의 대상자가 회심 가능한 2.5퍼센트를 위한 사역이 아니라 그 반대인 97.5퍼센트의 회심 가능성이 없는 사람을 대상으로 사역하고 있었다는 것이다. 하나님의 운동을 위한 미디어 전략은 미전도 집단 중 더 반응이 좋은 사람에게로 팀을 안내했다.

서아시아(West Asian)의 한 국가에서 시리아(Syrian) 난민에게 다가가기 위한 교회 개척 팀이 시작되었다. 난민 인구는 지역 주민 사이에 분산되어 있었다. 교회 개척 팀이 어떻게 아랍어를 사용하는 시리아(Syrian) 난민을 다수 집단 사이에서 찾을 수 있었을까? 난민은 보복에 대한 두려움 때문에 일대일 상황에서 신분을 밝히기를 꺼려했다. 하지만 선교 팀이 도착하기 전부터 페이스북을 활용한 하나님의 운동을 위한 미디어 전략은 시작되었다. 현지 방문 중에 팀은 자신을 구도자라고 밝힌 모든 시리아인을 직접 만났고 구도자와 중요한 영적 대화를 나누었다. 시리아에 도착한 첫날부터 팀은 시리아 구도자와 함께 여러 차례 DISCOVERY 성경공부를 시작할 수 있었다.

팬데믹과 하나님의 운동을 위한 미디어

코로나19 팬데믹으로 인해 많은 성육신적 교회 개척 사역이 중단되었다. 위에서 설명한 동남아시아 (Southeast Asia) 사역의 경우 국가 봉쇄 기간 동안 재택근무로 전환되었다. 팀을 가상 공간에 맞게 재구성한 후 이전과 같은 사역을 계속할 수 있었다. 2020년 2월 이전에는 한 달에 약 50건의 잠재적 평화의 사람들과 접촉했다. 팬데믹이 닥치고 팀이 가상 공간 사역으로 전환되자 응답자 수가 증가하여 한 달에 110건 이상의 잠재적 평화의 사람들과 연결할 수 있었다. 현장 제자화 사역자는 공간적 거리를 두면서 계속적으로 구도자와 소통해야 했다. 그들은 더 많은 문자 메시지를 사용했고 웨슬리와 감리교에서 사용하는 것과 유사한 프로세스를 사용하여 집에 머무는 가족들이 DISCOVERY 성경공부(DBS)를 시작할 수 있도록 지원했다. 여러 면에서 코로나19 팬데믹은 하나님의 운동을 위한 미디어 전략에 유리하게 작용했다. 광고와 연락, 연결 그리고 후속 조치 시스템은 팬데믹이 아닌 상황과 팬데믹 상황에서도 매우 잘 작동했다.

무엇이 부족한가?

세계 조사 보고서(The Global Survey Report)는 Arab World Media 선교회 및 MTDMM 선교회 특별 연합 팀(The Ad Hoc Coalition)과 같은 그룹이 다루고 있는 개선된 코칭 과정의 필요성을 강조했다(프레스톤-Preston 2020b). 그러나 교회 개척을 위한 제자화 운동(DMM) 실행자를 위한 더 나은 현장 훈련과 코칭 개선에 대한 필요성은 여전히 남아 있다. 많은 현장 사역자가 여전히 회심자와 세례(침례)자 수만 측정할 뿐 현지 지도자를 훈련하고 역량을 강화하는 교회 개척을 위한 제자화 운동(DMM)의 핵심을 파악하지 못하고 있다. 다시 웨슬리로 돌아가서 감리교회의 성공 요인 중 하나는 평신도 리더십 개발이었다. 웨슬리의 사역에 있어서 평신도 지도자가 하는 일은 부담스럽지 않은 것이었다. 신참 리더는 모든 사람이 모임에 참석하도록 하고 그런 다음 과정 메뉴얼에 따라 진행했다. 순회하는 순회 지도자는 지역 리더의 다음 단계 리더십(leadership) 개발에 참여했다. 이는 말씀과 동행 사례 연구의 리더십 개발과 일치한다(프레스톤-Preston 2020b).

결론

이 장에서는 구도자를 식별하고 그들을 제자로 양육하고 제자 삼는 제자로 성숙시키는 데 초점을 맞춘 하나님의 운동을 위한 미디어 접근법의 본질을 살펴보았다. 성경적 토대와 커뮤니케이션 이론은 모두 이러한 전략을 전개하는 데 원동력을 제공한다. 이 접근법을 사역에 도입한 사람은 상당한 결실을 거두었다. 반응하지 않는 사람보다는 "반응하는 2.5퍼센트"의 사람이 누구인지를 확인하는 것이 차이점이라고 믿는다. 그러나 회심(conversion)을 넘어 제자 삼는 제자를 목표로 설정하면 지표가 바뀌고 끝에서 끝으로 교회 개척 전략으로 이어진다. 특별 연합 팀(The Ad Hoc Coalition)은 이 접근법을 사용하고자 하는 모든 현장 팀을 위한 교육과 도구 그리고 코칭을 제공한다.

언제든지 미디어 선교 팀에게 문의하라(https://mediatomovements.com).

참고 문헌

Andreasen, A. R. 1995. *Marketing Social Change: Changing Behavior to Promote Health, Social Development, and the Environment*. San Francisco: Jossey-Bass.

Beutel, A. 2007. "Radicalization and Homegrown Terrorism in Western Muslim Communities: Lessons Learned for America." *Minaret of Freedom Institute*.

Chipp, Kerry Fiona, and Devarpan Chakravorty. 2016."Producer push to consumer pull: Who curates new media content? Developing strategies for new media environments." *Journal of Product & Brand Management*.

Cole, Richard G. 1984. "Reformation printers: Unsung heroes." *The Sixteenth Century Journal*: 327–39.

Eisenstein, E. L. 1980. *The Printing Press as an Agent of Change: Communications and Cultural Transformations in Early-Modern Europe.* Cambridge: Cambridge University Press.

Engel, James F. 1979. *Contemporary Christian Communications, Its Theory and Practice*. T. Nelson.

Hassan, Riaz. 2005a. "On being religious: Patterns of religious commitment in Muslim societies." Institude of Defence and Strategic Studies Singapore.

Hunter, George. 2000. *John Wesley as Church Growth Strategist*. Northwest Nazarene University Wesley Center for Applied Theology.

Kruglanski, A. W., and D. M. Webster. 1996."Motivated closing of the mind: Seizing and freezing." *Psychological Review* 103 (2): 263–83.

McGuire, Dwight. 2010. "2 1/2 percent: Church planting movements from the periphery to the center." *Evangelical Missions Quarterly* 46 (1): 24–31.

McLeod, J. M., G. M. Kosicki, and Z. Pan. 1991."On Understanding and Misunderstanding Media Effects." *In Mass Media and Society*, edited by J. Currean and M. Gurevitch, 235–66. London: Edward Arnold.

Palmgreen, Philip, Lawrence Wenner, and Karl Erik Rosengren. 1985."Uses and Gratifications Research: The Past Ten Years." *In Media Gratifications Research*, edited by Karl Erik Rosengren, Lawrence Wenner, and Philip Palmgreen. Beverly Hills, CA: Sage Publications.

Petty, R. E., and J. R. Priester. 2002."Mass Media Attitude Change: Implications of the Elaboration Likelihood Model of Persuasion." In *Media Effects: Advances in Theory and Research*, edited by J. Bryant and D. Zillmann, 155–98. Mahwah, NJ: Lawrence Erlbaum Associates.

Preston, Frank. 2017. "Using media to accelerate church planting." *Seedbed* 31 (1): 5–12.

———. 2020a. *Mediato Movements global survey report*. MTDMM Ad Hoc Coalition. https://www.mediatomovements.org/article-tags/report

———. 2020b. "A Study on Scripture Engagement in Disciple Making Movements." *Evangelical Missions Quarterly* 56 (2): 37–40. https://missionexus.org/emq/.

Rogers, E. M. 1995. Diffusion of Innovations. 4th ed. New York: Free Press.

Søgaard, V. 1993. *Media in Church and Mission: Communicating the Gospel*. Pasadena, CA William Carey Library.

———. 2008. "Go and communicate good news." *Paradigm shifts in Christian witness*. Maryknoll, NY: Orbis. 57–65.

Waardenburg, Jacques. 1974. "Islam Studied as a Symbol and Signification System." *Humaniora Islamica* II: 267–85.

Wiktorowicz, Q. 2005. *Radical Islam Rising: Muslim Extremism in the West*, Lanham, MD: Rowman & Littlefield Publishers.

15장
테라 노바(Tera Nova): 디아스포라 상황에서 하나님의 운동이 가져오는 기회와 도전

브래들리 코카노워(Bradley Cocanower) & 조앙 모르도모(Joao Mordomo)

바카리(Bakary)[1]와 필자의 아들 그리고 필자(브래들리-Bradley)는 활활 타오르는 모닥불 앞에서 스모어(초콜릿과 구운 마시멜로로 만든 디저트, 역주)를 만들면서 이야기를 나누며 웃었다. 지난 2017년 이탈리아에 입국한 183,682명의 망명신청자 중 한 명으로 이탈리아에 도착한 바카리(Bakary)에게는 이것은 새로운 경험이었다.

필자는 아들한테 자신이 가장 좋아하는 성경 이야기를 바카리에게 해주라고 부탁했다. 바카리는 경건한 무슬림으로서 꾸란에 언급된 성경의 선지자에 대한 진심 어린 존경심을 가지고 있었다. 우리는 얼마 전에 부활절을 지낸 직후여서 필자 아들은 자연스럽게 부활에 관한 내용을 생각하게 되었고 바카리(Bakary)에게 놀라울 정도로 훌륭하게 복음을 설명하였다. 바카리는 큰 미소와 고개를 끄덕임으로 경청하고 있었다. 바카리(Bakary)에게 예수님의 복음을 전한 첫 사람은 5살짜리 필자 아들이었다. 필자는 그 경험을 돌아보면서 특히 서로 극적으로 다른 배경을 가진 두 사람이 어떻게 만나고 어떻게 다른 신앙의 이야기를 공유하면서도 서로 존중할 수 있었는지를 생각해 보았다. 어떤 기여도 하지 않은 필자가 바카리(Bakary)의 "테라 노바" 이야기에 참여할 수 있게 해주신 하나님께 감사할 수밖에 없었다.

"테라 노바(Terra nova)"는 라틴어 (그리고 포르투갈어)로 새 땅을 의미하며 전 세계 난민 및 디아스포라 커뮤니티 구성원의 일상 생활을 특징짓는 근본적으로 새로운 현실을 묘사한다. 바카리(Bakary)의 테라 노바 이야기는 단순히 다른 문화 간의 융합을 보여주는 것뿐만 아니라 세계 선교의 지형을 크게 변화시키고 있는 두 가지 현상의 요소도 드러낸다. 첫째로 많은 선교학자는 남반구(제3세계 국가, 역주) 전역에서 전례 없이 많은 교회가 개척되고 무슬림과 힌두교도(그리고 더 적은 범위로 불교도)가 세례(침례)를 받은 것을 보고하고 있다. 둘째로 역사상 어느 시기 보다도 오늘날 더 많은 사람이 난민이 되었다. 유엔은 2020년 말 현재 8,240만 명의 사람들이 강제적으로 추방당했으며 그 중 약 3,400만 명이 난민 또는 망명 신청자로 다른 나라로 피신했다고 보고했다(UNHCR 2020). 향후 수십년 동안 세계 디아스포라는 점차적으로 하나님 나라 운동을(Kingdom movements) 필요로 할 뿐만 아니라 그 운동에 영향을 미치고 그것을 형성할 것이다.

이 장에서는 북반구(선진국들, 역주) 내 디아스포라 상황의 하나님의 운동 실행자로부터 얻은 통찰력과 모범 사례를 고려하며 남부 이탈리아(Southern Italy)에 거주하는 망명 신청자(asylum seekers) 사이에서 하나님 나라 운동에 중점을 둔 연구를 통해 얻은 정보를 살펴볼 것이다. 우리는 전 세계(주로 남반구에서)에서 볼

---

[1] 보안을 위해 가명을 사용하는데 가명 사용은 그가 원래 살았던 나라에서는 일상적인 일이다

수 있는 하나님 나라 운동이 남반구에서 북반구로 이주해간 난민과 이주민에게 전도할 수 있는 방법으로 어떻게 복제될 수 있는지에 대해 논의할 것이다. 이 연구의 목적상 우리는 그리스도를 따르는 사람이 사역과 선교의 주인의식을 갖도록 권한 위임을 받아서 제자와 교회를 기하급수적으로 증식하는 것을 하나님의 나라 운동이라고 설명한다.

하나님 나라 운동에는 믿는 자의 순종하는 마음과 예수님을 향한 사랑 그리고 잃어버린 자에게 복음을 전하는 비전을 키우도록 돕는 도적인 촉진 과정(역자 주: 교회 개척 운동(CPM), 교회개척을 위한 제자화 운동(DMM) 또는 훈련자를 위한 훈련(T4T)와 같은 방법론)을 포함한다. 뿐만 아니라 그 촉진과정을 효과적으로 수행하는데 필요한 기술과 도구를 갖출 수 있도록 돕는 것이 포함된다. 우리 연구는 자의 든 타의 든 간에 자신의 출신지를 떠나 다른 곳에 거주하는 전 세계 수백만 명의 이주민을 대상으로 하는 선교사역에 집중되어 있음을 주지할 필요가 있다. 이런 사역은 새로운 분야로서 디아스포라 선교학 분야에 속한다.[2]

모든 곳에서 모든 곳으로는 디아스포라 사역의 구호가 되었으며 그럴만한 이유가 있다. 디아스포라 그룹은 다양한 곳에서 왔다가 다양한 곳으로 가고 있다. 이 장에서는 주로 남반구에서 기원한 그룹을 다루며 그들이 북반구 국가로 이주한 사례를 다룰 것이다. 이 장에서는 이들을 연구함으로써 몇 가지 중요한 장점과 도전과제들을 밝힐 것이다. 이것은 그들의 원래 출신국가에서 그들과 유사한 종족내에서 일어났던 하나님의 운동 사역과 비교하면서 도출한 것이다. 또한 북반구의 디아스포라 커뮤니티에서 하나님 나라 운동을 촉진하고자 하는 실행자들과 학자들을 위한 권장 사항도 제시할 것이다.

디아스포라 상황에서 하나님의 운동 방법론의 장점

디아스포라 그룹은 21세기에 가장 큰 선교 기회 중 일부를 제공한다. 샘 죠지(Sam George)는 "현재의 난민 이동은 다양한 방식으로 기독교 미래를 재편성할 것"이라고 제안한다(죠지-George 와 애드니-Adeney 2018. xx) 다니엘 자이단(Daniel Zeidan)은 "유럽의 난민 위기는 복음과 기독교 선교에 적대적인 폐쇄 또는 제한적인 접근 국가에 있는 전 세계 인구의 일부인 지구상에서 가장 복음을 듣지 못하는 사람에게 복음의 구원의 메시지를 전할 수 있는 역사적으로 전례 없는 기회의 창을 만들었다"고 주장한다(자이단-Zeidan 2018, 89). 디아스포라 공동체의 참여와 영적, 사회적 그리고 경제적 변화를 이끌어 내기 위한 노력을 조직하는 리더와 실행자는 다양한 모델과 도구를 사용할 수 있다.

이 장에서는 현재 북반국에 정착 중인 남반구 출신 개인을 전도하는데 초점을 맞춘 하나님의 운동 지향적 사역의 몇 가지 장점을 설명하고 평가할 것이다. 이런 장점에는 높아진 개방성과 독특한 필요성 그리

---

2) 더 깊이 공부하고 싶다면 "디아스포라 선교학: 이론, 방법론 그리고 실제"(Diaspora Missiology: Theory, Methodology,and Practice) (편집 에녹 완(Enoch Wan), 2014); "디아스포라 선교학: 흩어진 민족에게 다가가는 것에 대한 성찰 세계"(Diaspora Missiology: Reflections on Reaching the Scattered Peoples of the World)(마이클 포콕(Michael Pocock)과 에녹 완(Enoch Wan) 편집, 2015); 그리고 "흩어짐과 모임: 글로벌 디아스포라 선교학 개요서"(Scattered and Gathered :A Global Compendium of Diaspora Missiology) (사디리 티라-Sadiri tira, 테사나오 야마모리-Tetsanao Yamamori 지음(2020) 등등을 추천한다.

고 디아스포라 지역의 영적 활성화가 포함된다.

높아진 개방성(Heightened Openness)

최근의 많은 심리학과 사회학 그리고 선교학 연구에 따르면 이민자 특히 난민과 망명 신청자는 새로운 삶의 터전(terra nova)에서 새로운 이념에 대한 개방성이 높은 것으로 나타났다. 사회 정체성 이론은 디아스포라 구성원이 사회적 정체성을 통해 자신의 자존감이 높아지고 또한 그 욕구에 의해 동기 부여를 받는다는 가설에 대한 증거를 제시한다. 이는 일반적으로 그룹 멤버십(호그-Hogg 2006, 111)을 통해 이루어지며 이는 동료 일시 체류자 그룹 또는 정착한 지역의 문화권의 그룹에 소속되는 형태로 나타날 수 있다.

어떤 식으로 든 이 개방성은 다방면에 걸쳐 있으며 하나님 나라 사역에 매우 유리할 수 있다. 최근에 몇몇 유럽 국가에서는 많은 숫자의 난민이 단기간에 예수님을 믿게 되었다. 예를 들자면 독일의 한 교회는 2016년에 6개월이라는 짧은 기간에 시리아인(Syrian)과 쿠르두(Kurdish)인 1,000명 이상에게 세례를 베풀었다(죠지-George 와 애드니-Adeney 2018, xvi).

디아스포라 사람은 종종 자신의 본국 상황에서 보다는 새로 정착한 나라에서 새로운 문화적 관행과 관계 네트워크 심지어는 종교적 교리에 대해서도 더 높은 관용성과 수용성을 보인다.

유럽으로 이주한 많은 난민은 자신의 과거 생활방식으로부터 떠나고 싶어 한다. 그들은 복음에 열려 있으며 유럽에서 만난 기독교인이 보여준 사랑에 매료된다. 많은 사람이 기독교 신앙에 대한 진정한 관심을 표명했으며 무엇보다도 예수 그리스도의 인격과 능력 그리고 사랑의 메시지에 깊은 호기심과 존경심을 보인다(자이단-Zeidan 2018, 93).

이는 실행자가 다음 두 가지를 수행하면 하나님의 운동의 폭팔적인 성장의 잠재력을 가질 수 있음을 시사한다. 첫째는 추방에 관련된 보편적인 요소를 이해해야 한다. 둘째는 특정 상황에 맞는 장점을 활용하고 장애물을 극복할 수 있는 방법을 찾아야 한다. 비록 개방성의 특정 요소가 보편적이지 않을 수 있지만 외국에서 정착하고자 하는 개인에게 개방성은 거의 자동적으로 발생한다. 예를 들면 난민은 자신의 고국에서 가졌어야 할 관용성보다는 더 큰 관용성을 새로운 상황에서 다양한 문화적 관행과 규범에서 보여준다. 물론 생존하기 위해서는 이를 필요로 하지만 문화적 및 관계적 개방성은 새로운 문화에서 번영할 수 있는 개인의 능력과도 관련이 있을 것이다. 하나님의 운동 촉진자는 디아스포라 커뮤니티에서 하나님의 운동이 시작되고 유지하기 위해 이를 신중하게 고려하고 활용해야 한다. 또한 단기성 때문에 속도의 필요성을 염두에 두어야 하며 잠재적인 하나님의 운동은 지리적인 것보다는 주로 관계에 기반한다는 사실을 명심해야 한다.

독특한 필요성

디아스포라 커뮤니티는 매우 독특한 필요성을 갖는 경향이 있다. 많은 경우에 이런 필요성은 남반구에서 가장 흔하게 나타나는 전형적인 것도 아니고 북반구에서 흔히 볼 수 있는 것도 아니다. 이는 각 개인이 어떤 장소나 어떤 문화에서 다른 장소나 문화로 급진적인 전환을 했을 때 생겨난다. 예를 들면 사람 간의 우정의 필요성은 실존적 이유(정체성 및 소속감)와 실용적인 이유 모두에서 필요하다는 것을 알 수 있다. 새로운 곳에 적응하는데 도움을 줄 친구가 필요하지만 종종 친구가 없는 경우도 있다.

이는 하나님 나라 운동을 촉진하려는 사람들이나 그들에게 전도하기를 원하는 기독교인들에게는 좋은 기회를 제공한다. 이런 변화의 주체들은 신뢰할 수 있는 관계를 구축하기 위해서는 시간이 걸린다는 것을 알고 있지만 시간이 많지 않을 수도 있다. 따라서 이들은 친구 관계를 만들어 가기 위한 효율적이고 진정성 있는 전략을 개발해야 한다. 이는 디아스포라 커뮤니티의 친구 관계 필요성을 기도하는 마음으로 고려하고 통찰해야 한다.

개인적인 오락과 모험 및 여가는 독특한 필요성의 중요한 예이다. 이런 활동들이 깊고 종종 보이지 않으며 실존적 필요를 채워줄 수 있겠지만 이는 일반적으로 친구와의 우정 관계를 통해 얻게 된다. 우정의 필요성에 대한 다른 예시는 아이를 돌 봐주는 것이다. 이 부분은 일하지 않는다면 생계 수단이 없는 난민에게는 필수적인 생명줄이 될 수 있다. 언어 습득 또한 중요한데 이는 난민이 새로운 문화에서 생존하고 살아가는데 필수적이다. 이는 수줍음을 많이 타는 사람이거나 일을 위해 대화를 굳이 할 필요가 없는 사람에게는 고통스럽고 어려운 과정일 수 있다.

따라서 하나님 나라 운동 촉진자는 이러한 필요성을 충족시킬 수 있는 역할을 제공할 수 있다. 우정의 필요성은 부가적으로 법률적 지원과 은행 구좌 개설 그리고 취업 찾기 또는 간단한 이력서 작성과 같은 도움을 포함한다. 사소해 보이지만 이런 우정의 도움은 디아스포라 커뮤니티 사람에게는 중요한 차이점을 만들 수 있으며 그들 중에서 하나님 나라 운동을 시작하는 데 큰 도움이 될 수 있다. 디아스포라 사람이 갖는 독특한 필요를 채워주는 것의 중요함은 매슬로(Maslow)의 욕구단계설을 떠오르게 한다.

그의 욕구단계설에 대한 개인적인 견해와는 상관없이 난민 초기 단계의 사람은 매우 뚜렷한 생리학적 욕구(음식 및 심지어는 식수까지도)와 안전의 욕구(안전과 숙소) 및 소속감의 욕구에 자주 직면하게 된다. 북반구의 디아스포라 커뮤니티에서 하나님의 나라 운동을 촉진하려면 선교운동 실행자는 위의 필요들을 충족시키기 위해 전략적인 장소 선정과 방법을 사용해야 한다.

영적 재활성화 (디아스포라 커뮤니티를 통한)

필자가 (자오-Joao) 20년 전 런던으로 사역 여행을 떠났을 때 만난 택시 기사는 나이지리아 출신 기독교 난민이었고 비슷한 무렵에 밴쿠버에서 만났던 택시 기사는 파키스탄 출신의 기독교인이었다. 필자는 이런 현상이 북반구의 여러 도시에서 반복되는 것을 발견했다. 이 사람이 선교사의 자격으로 그 도시에 이주했던 것은 아니지만 그들 모두는 선교에 공헌하고 있었다(사실 필자가 그들에게 예수님을 전했는지? 아니면 그들이 나에게 예수님을 전하려고 했는지? 는 잘 기억이 나지 않는다. 아니면 상호간에 전하려고 했는지? 모르지만...)

지난 20여년 동안 런던을 위한 사역 여행을 다녔는데 만약 그 도시를 위한 영적 엑스레이를 찍어 본다면 M25 고속도로 주변에 수많은 영적 중요 지점들이 나타날 것이다. 그 중 대다수는 아니더라도 많은 수가 디아스포라 공동체에 의해 또는 그들을 위해 시작된 교회 사역의 결과였을 것이라는 것을 알 수 있다. 이는 북반구의 많은 도시에서도 마찬가지이다.

스페인 복음주의 주요 지도자 중 한 사람인 자움 래나스(Jaume Llenas)는 마드리드에서 교회 출석하는 사람의 70퍼센트와 바르셀로나 출석자의 60퍼센트는 디아스포라라고 추정하였다(래네스-Llenas 2020). 많은 기독교인 난민의 이주는 후기 서양 기독교 교회에 위대한 선물을 가져다주었다. "난민들은 우리 교회를 재활성화 하기 위해 하나님 아버지가 보내 준 변장 된 축복이었다"(윗트만- Wightman 2018, 61).

하지만 비기독교인 난민의 이주는 어떠한가? 무슬림과 힌두 그리고 불교도의 경우는 어떠한가? (위에서 언급한) 북반구에서 그들의 복음에 대한 개방성이 높아진 현실은 아브라함의 "축복이 되기 위해 축복 받는 것"의 역동성처럼 보인다. "서유럽의 후기 기독교와 세상의 불가지론/무신론 세계관 앞에서 난민의 영적 및 종교적 열정이 유럽인 자신의 기독교 유산에 대한 영적인 탐구에 다시 불을 붙이고 있다"고 샘 조지(Sam George)는 지적한다(조지-George 와 애드니-Adeney 2018, XX).

북반구의 비기독교 이민자를 대상으로 사역하는 하나님의 나라 운동 실행자는 기독교 이민자를 동원하여 비기독교 이민자 사이의 하나님의 운동을 촉진하는 독특한 사역 혜택을 누릴 뿐만 아니라 또한 북반구의 명목상 기독교인에게 영적 시기심을 고취시키는 방법을 통해 그들을 영적으로 각성시키는 축복도 누리고 있다(다음 페이지의 수치 15.1 참조). 하나의 교회 개척이나 하나님의 나라 운동 전략이 북반구의 디아스포라 공동체 사역을 위한 만병통치약 역할을 하는 것은 아니지만 현명한 선교 실행자는 하나님의 운동의 촉진자로서 "축복이 되기 위해 축복받는 것"의 힘을 점점 더 인식하고 있다(돈즈-Downes 2015).

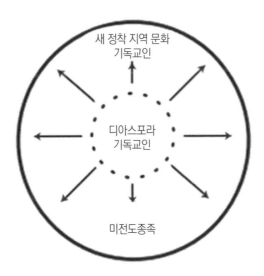

그림 15.1 모르도모(Mordomo)에게서 발췌한 것

디아스포라 상황에서 하나님의 운동이 주는 도전

브라질의 소설가 파울로 코엘료(Paulo Coelho)는 우리가 전혀 예상치 못한 순간에 인생은 우리의 용기와 변화의 의지를 시험하는 도전에 직면하게 된다고 말했다. 이는 이 토론의 상황에서 매우 적절한 발언으로 보인다. 어떤 상황에서 든 하나님 나라 운동을 촉진하는 것은 많은 도전을 수반하지만 디아스포라 커뮤니티에서 하나님 나라 운동을 수행하는 것은 다양하고 독특한 도전을 제시하며 많은 실행자의 용기와 변화의 의지를 시험할 것이다.

단기성(transience)

디아스포라 상황에서 하나님 나라 운동 사역을 진행함에 있어서의 빈번한 도전 중 하나는 난민 신청자 및 이주민이 단기만 체류한다는 것이다. 이주민이 난민신청국가에서 그리스도를 영접한 후 사역하려는 마음을 가지고 다시 자기 민족으로 돌아가는 사례가 점점 더 많아지고 있다. 하지만 그 증거는 입증된 것까지는 아니다. 또한 지금까지의 연구에 따르면 단기성은 하나님 나라 운동 발전에 있어서 장점보다는 도전 요소로서 더 크게 작용하고 있는 것으로 나타난다(코캐노워-Cocanower와 모르도모-Mordomo 2020). 어떤 상황에서는 단기성이 난민 신청자 및 이주민과의 관계를 깊게 유지하는 것을 제한하는 요인으로 입증되었다. 상호 관계의 깊이는 효과적인 제자 훈련을 위해 필수적이다. 따라서 자주 이동하는 것은 제자 훈련 과정에 영향을 미치며 난민이 다른 장소로 이동할 때마다 새로운 관계를 맺어야 한다.

이주민은 자주 갑작스럽게 떠나거나 난민은 사전 통보도 없이 다른 장소로 옮겨야 한다. 이로 인해 대응할 수 있는 시간이 제한되고 많은 경우 출국 전에 그곳에서 맺었던 친구와 인사하고 잘 마무리 짓지 못하게 한다. 심지어 떠나는 시간이 예상되어 있다고 해도 누군가를 제자로 훈련하기에 충분한 시간을 보장해 주지 않는다. 이러한 도전은 그리스(Greece)와 이탈리아(Italy) 및 기타 지역의 실행자가 경험하고 문서화했다. 단기성 문제가 사전에 예측되지 않거나 극복되지 않는 경우 이는 디아스포라 커뮤니티 내에서 하나님의 운동의 발전을 방해하는 주요한 장애물로 작용할 수 있다.

유럽에서는 "이주 고속도로"(migration highway, 대규모 난민이 이동하는 통로, 역주)에 있는 국가를 일반적으로 경유지(entry locations)와 목적지(destination locations) 두 가지 주요 범주로 생각한다.[3] 시실리(Sicily)와 아테네(Athens)는 많은 난민이 다른 유럽 국가로 향하는 경유지의 좋은 실례이다. 목적지는 일반적으로 경제적 안정과 기회가 더 많은 국가나 도시 그리고 난민에 대하여 우호적인 태도를 취하거나 또는 이주민이 일반적으로 사용하는 언어가 있는 국가나 도시이다. 단기성이 심한 상황 가운데 사역하는 하나님의 운동 실행자는 빠른 전환과 다음 단계를 대비하여야 한다. 유럽의 많은 하나님 나라 운동 중심 사역자는 왓챕(WhatsApp)과 같은 기본 기술을 활용하여 효과적인 제자훈련 관계를 완료하기 전에 떠나는 이주민과 소통

---

3) 아시아 역시 "난민을 받아들이는" 나라(일본(Japan), 싱가포르(Singapore) 한국(Korea), 타이완(Taiwan)가 있다. 뿐만 아니라 "난민을 보내는" 나라 (방글라데쉬(Bangladesh), 미얀마(Burma), 캄보디아(Cambodia), 인도네시아(Indonesia), 라오스(Laos), 네팔(Nepal), 파키스탄(Pakistan), 필리핀(Philippins), 스리랑카(Sri Lanka)들도 있다; 하지만 "이주 고속도로(migration highway)"는 없다.

하고 그들을 준비시킨다.

또 다른 중요한 전략은 "이주 고속도로"에 위치한 다른 사역과 네트워킹 하는 것이다. 인근 도시나 국가에서 비슷한 사역을 하는 사람들은 영적으로 갈급 한 이주민이 이주를 결심했을 때 다른 사역자와 연결하여 그들의 신앙 여정을 지원할 수 있는 엄청난 생명줄이 될 수 있다. 시실리의 실천가인 폴 켈러(Paul Keller)는 "이들은 단기적이기 때문에 더 빨리 복음을 접해야 할 필요가 있다"고 강조한다(켈러-Keller 2028). 하나님 나라 운동 사역에서 생기는 단기성이라는 도전을 극복하기 위해서는 이와 같은 새로운 전략과 아이디어에 대한 지속적인 탐구와 개발이 절실히 필요하다.

약한 관계의 네트워크

"복음은 여전히 관계의 날개 위에서 가장 잘 날아간다"(트루스데일-Trousdale과 선샤인-Sunshine 2018,265). 왜냐하면 모든 사람은 친구와 가족, 동료 그리고 정기적으로 접촉하는 다른 사람들과의 개인적인 네트워크를 가지고 있기 때문이다. 그러나 이주자는 관계 형성이 되지 못한 가운데 새롭고 낯선 환경에서 정착하기 때문에 그러한 점에서 복음은 어느 정도는 날개를 잃은 것처럼 보인다(아니면 적어도 몇 개의 깃털 정도는!). 가족과 친구와 떨어져 있기 때문에 새로운 관계를 형성하기 시작할 수 있지만 그러나 깊고 신뢰할만한 관계는 보통 매우 느리게 형성된다. 예를 들자면 시실리(Sicily) 같은 상황에서는 난민 사이에 경쟁적인 환경이 조성되어 공동체성을 제한하는 경향이 있다. 난민은 종종 동료를 동일한 직업과 고객 또는 심지어 법적 서류를 차지하려는 경쟁자로 인식한다.

많은 사람은 배신을 당한 경험이 있으며 이는 더 큰 도전으로 연결된다. 많은 이주민이 유럽이나 다른 곳에서 기회가 있다는 거짓말을 듣고 위험한 여정을 강요당하거나 심지어는 가족에 의해 팔려간 경험을 하였다. 이 여정 동안 그들은 온갖 종류의 트라우마를 경험한다. 많은 사람이 외상 후 스트레스 증후군(PTSD)을 겪으며 이는 어려운 환경에서 새로운 관계를 찾는 이주민에게 감정적 및 심리적 장벽을 제시할 수 있다. 단기성이라는 사고방식은 이를 더욱 복잡하게 만든다. 난민 신청자는 이동할 때를 관찰하며 주변 사람이 언제든 떠날 수 있다는 것을 알고 있기 때문이다.

지난 3년 동안 남유럽에서 난민과 함께 일한 딜리아 사쏘(Dylia Sasso)는 대부분의 이주민이 어떤 형태로든 공동체의 일부분이 되기는 하지만 "깊은 신뢰감을 갖지 못하며 금방 떠날 의향이 있는 사람"이라는 사실을 관찰했다(2018). 그녀의 사역자 팀은 시실리에서 하나님의 운동 중심 사역을 시작했으며 난민 간의 깊은 관계 중심의 네트워크를 통해 복음이 전해질 것으로 기대했다.

이는 비현실적인 기대는 아니었다. 왜냐하면 개리슨(Garrison)과 다른 사람이 보여준 것처럼(역자 주: 깊은 관계 중심의 네트워크는) 하나님 나라 운동을 가능하게 하는 주요한 특징이기 때문이다(개리슨 Garrison 2004, 209). 그러나 이런 남반구에서 태어나 그곳에 거주하였던 사람 사이에서 진행된 하나님의 운동에서는 보였지만 그들이 새롭게 정착한 북반구의 나라에 있는 이주민 사이에서는 발견되지 않았다. 예를 들어 시실리에서는 관계 기반 사역의 네트워크가 하나님의 운동 실행자에게는 그다지 필요한 자원이 아니지만 대부분의 이민자에게는 필요하다는 것이 분명해졌다.

북반구에서 하나님 나라 운동을 촉진하기 위해 선교 실행자가 실행하는 가장 중요한 작업은 단순히 우정의 관계만 만들어주는 것이 아니라 소셜 네트워크를 형성해 주는 것이다. 소셜 네트워크 이론은 변화를 가능하게 하는 방식으로 정보를 전달하고 영향력을 전달하는 데 있어 사회적 관계의 중요성을 확인한다(류 그외 -Liu et al. 2017).

따라서 문화적 외부인(cultural outsiders)이 복음을 위한 영향력과 변화의 주체자로서의 역할을 할 수 있다는 것을 과소평가해서는 안 된다. 그들은 개인이 다른 사람과 연결되도록 도와줌으로써 그들을 격려하고 함께 성장하며 그들의 이야기와 관련을 맺을 수 있도록 도울 수 있다. 새로운 나라의 삶에 적응하기 위해 노력하는 외국인 입장에서 선교사와 하나님의 운동 실행자는 종종 난민과 다른 이주자도 새롭게 정착하는 자라는 점에서 서로에게 공감되는 공통점이 있다. 이들은 그 공통점을 바탕으로 북반구에서 하나님 나라 운동을 촉진하기 위해 사역할 수 있다.

충족되지 않은(Unmet Needs) 필요

난민 신청자가 자신의 삶을 그리스도에게 헌신하고 그 결과 많은 제자를 양성해내는 비전을 받아들이는데 많은 방해요소가 있다. 독특한 필요가 하나님의 운동 실행자에게 기회를 제공하는 것처럼 충족되지 않은 필요는 도전을 가져다준다. 몇몇 실행자는 주된 장애물로 미 충족된 필요를 언급한 적이 있다. 예를 들어 시칠리아의 한 실행자 팀은 디아스포라 공동체 특히 망명 신청자나 비정규 이민자의 미 충족된 필요가 그곳에서 하나님 나라 운동의 추진력을 크게 저해한다는 사실을 발견했다. 고국에 있는 사람은 가혹한 현실에도 의지할 수 있는 소셜 네트워크가 있기 때문에 이러한 역동성이 존재하지 않거나 존재하더라도 그 정도로 크지 않다.

그러나 난민신청자에게는 그런 것이 없다. 그들은 새로운 환경에서 지속 가능한 미래를 위해 문서(역자주: 체류허가증 혹은 난민인정자격증 등)와 경제적 지원 및 기타 다양한 유형의 물질적인 것이 필요하다. 그러나 난민은 이런 것들을 얻기 위한 도움을 거의 받지 못한다. 이런 것을 얻기 어렵기 때문에 난민은 종종 당장 요구되는 물질적 필요를 충족하지 못하게 만드는 그 어떤 것에 대해서도 헌신하는 것을 주저하는 경우가 많다. 예를 들어 이탈리아에서는 비기독교인이 DISCOVERY 성경공부 그룹이나 이와 유사한 활동에 참여하는 것을 금지했다.

세례(침례)를 받은 난민 가운데 물질적 공급이 절실히 필요하기 때문에 일은 힘들지만 수입이 적은 일자리에 종사하는 경우가 있다. 직업 때문에 이들은 제자훈련이나 교회 성경공부 그룹 활동에 적극적으로 참석하기가 거의 불가능 해진다. 이탈리아 사역자 조쉬 발라드(Josh Ballard)는 "사람이 메시지를 전할 책임감을 갖도록 하는 것이 과제"라고 이 점을 설명했다(발라드-Ballard 2018).

팀 동역자 리얀 헤일(Ryan Hale)도 "가장 큰 장애물은 믿은 사람의 목자가 되려 하고 그 사역을 지속하려고 하는 사람을 발견하는 것"이라고 주장한다(헤일-Hale 2018). 남유럽에서 하나님 나라 운동을 추진하는 지역을 방문하는 중에 몇몇 실행자가 하나님 나라 운동 사역을 촉진하는 역할을 맡을 리더에게 일자리를 제공하는 사역을 관찰했다. 이는 미 충족된 필요의 도전에 대한 한 가지 해결책이지만 이를 활용한 유사한 맥락에서는 놀라운 수준의 성공을 거두었다.

선교 실행자를 위한 권장사항

북반구의 디아스포라 커뮤니티 내에서 하나님의 운동과 성장이 그 가능성과 잠재력을 실현하려면 위에서 언급한 과제들과 그 외의 많은 문제들을 극복해야 할 것이다. 다음 권장 사항은 최근 연구를 기반으로 하고 있다(코케노워-Cocanower 와 모르도모-Mordomo 2020). 그들은 북반구 디아스포라 커뮤니티 내에서 선교 실행자와 학자가 미래의 지속 가능한 하나님의 운동을 일으키는 데 필요한 중요한 전략을 이해하는 출발점이 될 것이다. 비록 우리의 경험이 대부분 무슬림 배경의 이주민과 난민에 국한된 것이긴 하지만 다음 권장 사항은 다른 종교의 경우에서도 동일하게 적용될 수 있다고 생각한다.

비기독교 배경을 가진 개인의 영적 성장을 촉진하기 위해 요청되는 인내심

디아스포라 환경에서 개인에게 복음사역을 하는 것은 종종 역설적이다. 시간이 중요하더라도 인내가 필요하며 얕은 관계일지라도 양육이 필요하다. 난민이나 이주민과 함께 일하는 많은 선교실행자들은 주로 이슬람 국가 출신인 사람 사이에서 영적 개방성과 수용성의 양상을 확인한다. 그러나 그들은 많은 무슬림들이 새로운 신앙의 영적 정체성 전환을 이루는 과정이 오랜 시간과 복잡한 과정이 될 수 있다는 사실을 알고 있다. 이 양육 과정에서 지원은 필수적이지만 압박은 매우 해로울 수 있다. 이런 경우에 인내는 정말로 미덕이다(또는 적어도 이 경우에는 최선의 실천법이다).

복음 사역의 맥락에서 압박은 가능한 한 속히 어떤 일을 하게 하거나 믿게 하기 위하여 개인을 지속적으로 설득하려는 시도로 연결될 수 있다. 주님의 진리를 발견해 가는 과정에서 압박은 다양한 단계에서 발생할 수 있다. 선교 실행자는 영적으로 열려 있어 보이는 사람에게 성경을 읽도록 압력을 가할 수 있다. 그룹이 DISCOVERY 성경공부 전체 과정을 마치게 되면 선교 실행자는 그들에게 예수님을 영접하는 결정을 강요하는 압력을 주고자 하는 유혹을 받는다. 그리스도를 영접하는 결정을 하게 되면 압력은 점점 더 가중되어 가족으로부터 빠져나오고 세례(침례)를 받게 하며 타인에게 전도하도록 하는 등등의 방향으로까지 가해지게 된다.

돈 리틀(Don Little)은 이런 긴장감을 다음과 같이 기록하고 있다. "무슬림 배경의 신자에게 집으로부터 가출하는 시기를 말해주는 것은 제자훈련을 실시하는 사람의 역할이 될 수 없다. 무슬림 배경의 신자로 하여금 개종 사실을 가족에게 선언하도록 압력을 가하는 것 역시 언제든지 잘못된 것이다"(리틀-Little 2015, 199). 누군가를 그리스도의 주되심에 강압적으로 복종하도록 압력을 가하는 것도 마찬가지이다. 이런 압박은 영적 단계 발전을 위해 진지하고도 자발적인 결정을 빼앗아 간다. 특히 북반구 지역의 매우 높은 일시적이고 변화가 극심한 상황에서 조차도 비 무슬림 배경의 선교 실행자는 일반적으로 초대와 격려의 자세를 취해야 한다.

기독교 성경 읽기에 개방적인 다수의 무슬림 이주자

다수의 디아스포라 무슬림은 성경 읽기에 개방적이다. 특히 모세오경(Taurat, Torah) 시편(Zabur, Psalms) 그리고 복음서(Injil, Gospel)를 읽을 마음을 갖고 있다. 이는 다양한 요인으로 인해 발생할 수 있다. 첫째로 이런 사람은 이슬람에 대한 질문을 갖고 있거나 혹은 기독교에 대한 호기심을 품고 있을 수 있다. 둘째로 그들은 기독교 성경을 읽는 것이 그들의 신앙에 위협이 되는 것이 아니라 오히려 알라를 이해하고 존경하는 삶을 살기 위한 양립 가능한 방법으로 여길 수 있다. 셋째로 일부 무슬림들은 자신에 대하여 미디어가 묘사한 것과는 다른 자신의 모습을 보여주고 싶어 하며 다른 종교의 신자와도 관계를 맺는 일에 개방적이기도 하다.

우리는 다음의 한 가지 복잡한 요인과 기회를 절대로 과소평가해서는 안 된다. 그것은 많은 사람들이 지금까지 기독교 성경을 읽어 본 적이 결코 없다는 것이다. 이 사실은 북반구의 개방된 국가에서 조차도 우리가 예상하는 것보다 훨씬 더 흔한 일이다. 세계화가 계속되면서 북반구에 정착하거나 북반구로 여행을 하는 무슬림 숫자는 점점 증가하고 있다. 기독교 성경 읽기에 대한 잠재적인 개방성은 새로운 하나님의 운동을 촉진하는 관점에서 전도와 제자 관계를 도울 수 있다.

세속 사회 속에서 동일한 도전을 자주 마주하는 무슬림과 기독교인

딜리아 사쏘(Dylia Sasso)는 자기 자신이 여러 가지 주요한 문제에 관해 이맘의 아내와 독특하게 연결되어 있다는 사실을 발견했다. 이맘의 아내는 사쏘와의 개인 대화에서 이탈리아 이웃의 잘못된 추측 때문에 곤혹스럽다고 말했다. 즉 이탈리아 사람은 그녀가 머리를 가리도록 강요받는 것으로 생각하고 그녀가 집에서 학대받는다고 인식하고 있다는 불만을 표출했다(사쏘-Sasso 2018). 게다가 그녀는 자신이 무시당하는 것을 느낀다고 털어놓으며 자신이 아프리카 출신이기 때문에 교육 수준이 낮을 것이라고 이탈리아 사람은 추측한다고 말했다. 이 같은 도전은 이런 커뮤니티를 향하여 그리스도를 대표하기를 소망하는 문화적 외부인에 의하여 의도적으로 극복할 수 있고 극복되어져야만 한다. 오해받고 잘못 이해되며 비난을 받는 것은 그리스도를 추종하는 사람에게도 일어난다. 하나님의 운동 실행자는 경멸적인 고정관념을 폭로하고 무슬림의 최악의 모습이 아닌 최선의 모습을 가정하는 방식으로 행동함으로써 무슬림에 대한 확장된 공감능력을 활용하여 무슬림에게 사역할 수 있다.

두 번째로 중요한 고려 사항은 북반구에서 공통적으로 나타나는 문화적 변화와 함께 점점 더 세속화되고 있는 후기 기독교 문화이다. 릭 크롱크(Rick kronk)는 말하기를 "대부분의 무슬림 이주민들은 매우 종교적이어서 과거에는 기독교 국가이었지만 자유주의적이고 전반적으로 세속주의화가 되어버린 지금의 유럽 국가 문화와 즉각적인 충돌이 일어나는 것을 발견한다"(크롱크-Kronk 2010, loc. 474). 유럽의 세속주의화는 보수적인 무슬림과 신실한 기독교인 양측 모두에게 도전이 되고 있음을 증명한다.

그리스도 중심의 삶을 살고 그분께 복종하고 봉사하는 삶을 사는 분명한 본보기가 유럽의 상황 가운데 밝게 빛나게 보인다. 무슬림은 자주 이런 삶에 대하여 끌리게 된다. 사쏘(Sasso)는 통찰력 있게 다음과 같이 지적했다. "비록 내가 이맘의 부인이 가진 신앙을 모두 공유하지는 않을지라도 그녀는 하나님을 향한 우리의 믿음을 보았고 그것이 우리의 삶 속에서 어떻게 실천되는가를 보았다. 그녀는 우리 사이에 존재하는 차이점보다는 위 사실을 더 중요하게 여겼다"(사쏘-Sasso 2018). 북반구에서 무슬림을 위해 사역하는 실행자는 이러한 기회에 주목하여 그들과 진정한 관계를 발전시키고 무슬림에게 예수 그리스도의 복음을 전할 수 있도록 활용해야 한다.

총체적 선교와 봉사는 난민사역에서 필수적이다.

난민 신청자나 난민과 함께 일하는 사람은 종종 새로운 장소와 새로운 언어에서 발판을 마련하기 위해 고군분투하는 것을 관찰하거나 … , 고통을 보거나 … 이야기를 들을 때 종종 압도감을 느낀다. 복음 사역자는 심지어 어디서부터 시작해야 하는지? 각 사람과 조직은 그 결정을 내려야 하지만 다양한 선택지가 있다. 어떤 사람은 신체적 필요에서부터 시작할 수도 있고 다른 사람은 심리적 외상으로부터 시작할 수도 있으며 또 다른 사람은 전도와 제자 훈련에 중점을 둘 수도 있다. 그러나 궁극적으로 그들의 필요 중 오직 한가지 측면만 충족시키는 것만으로는 충분하지 않다. 난민신청자를 위해 일하는 기독교인은 총체적인 필요를 충족시키는 방법을 찾아야 한다.

역설적이게도 난민들의 요구가 너무 깊고 복잡하기 때문에 우리는 우리의 한계점을 인정해야만 한다. 우리의 전문성 내에서 특정 영역에 집중하고 다른 사람과 네크워킹하는 것에 투자하여 총체적인 해결책으로 사람을 인도해야 한다. 우리가 개인적인 수준에서 경험하는 한계점은 공동체에 대한 우리의 필요성을 드러낸다. 팀으로 사역하고 동역하는 것의 중요성 그리고 복음의 온전한 변화의 힘을 보여줄 수 있는 생태계를 만드는 것의 중요성은 아무리 강조해도 지나치지 않다.

성경에는 하나님의 지침과 창조적인 설계에 우리 자신을 일치시킬 때 완성과 평화를 얻을 수 있다는 희망의 약속이 담겨 있음을 주목해야 한다. 하지만 어떤 사람은 인도주의적 지원을 지지하는 성경의 가치에 의문을 제기한다. 특히 이슬람 국가에서처럼 성경이 긴장을 유발하거나 무슬림의 공격을 유발할 수 있는 상황에서 더욱 그러하다. 이런 이유로 유럽에서는 무슬림과 기독교인 사이에 성경을 통해 다리를 놓는 노력은 거의 이루어지지 않고 있다. 그러나 북반구에서는 격려와 희망, 평화 그리고 권면의 원천(source)으로 성경을 사용하는 자유를 제공한다. 이는 관료주의와 부패 그리고 좌절의 악순환에 휘말려 불법적으로 해상을 통해 도착하는 절망적인 난민에게도 적용된다.

성경은 긍정적인 결과를 낳는 데 효과적으로 사용될 수 있지만 부적절하게 사용하면 분열과 피해를 일으킬 가능성이 있다. 호주에서 실시한 이라크 난민에 대한 비종교단체 연구는(a secular study) "서양의 정신 건강 서비스와 전통문화 및 종교적 실천 사이의 격차를 줄이는 것"을 제안했다(스레와- 유넨 그외 -Slewa -Younen et al. 2014). 이는 다양한 선교 실행자와 인도주의 종사자에게 시사점을 준다. 이는 종교적 관습이 복잡한 전환기를 겪는 취약한 사람에게 총체적인 치료를 제공하는 데 중요한 역할을 한다는 것을 보여준다.

일부 이주민은 영적인 도움이나 서구 문화와 다리를 놓을 기회를 원하지 않을 수도 있지만 그렇다고 해서 그런 사람을 초대하는 것을 무시해서는 안 된다. 스레와-유넨 그외(Slewa-Younen et al.)의 연구와 유럽에서의 선교 실행자의 이야기는 동일한 결론으로 이어졌다. 난민의 영적 필요성은 이런 인도주의 위기에서 가장 간과되고 과소평가되는 요구이다. 무슬림은 타우라트(모세오경)과 자부르(시편) 그리고 인질(복음서)을 긍정하기 때문에 성경은 기독교인뿐만 아니라 무슬림에게도 영적 대화와 종교적 통합을 촉진하는 강력한 도구가 될 수 있다. DISCOVERY 성경공부는 난민의 영적 필요와 실용적인 필요를 존중하는데 매우 강력한 도구가 될 수 있다.

제이 문(Jay Moon)은 "빈곤은 일반적으로 경제/기술 부문(예: 의복, 식량, 쉼터 부족)의 결핍으로 파악되지만 이념/신념 부문과 사회적 관계 부문에서도 존재할 수 있다"라고 했다(2017, 210-11). 그는 한 분야의 빈곤이 다른 분야에서 문제를 야기할 수 있으며 이로써 제자훈련 과정을 방해할 수 있다는 점을 지적했다. 우리는 개인 생활의 모든 영역이 개인의 웰빙(wellbeing)과 개인 성장 역량에 영향을 미치는 것을 인식하고 기억해야 한다. 많은 난민이 그가 설명한 세 가지 영역 모두에서 어려움을 겪고 있다는 점을 고려할 때 전인적 제자훈련에 대한 문(Moon)의 요청은 시기적절하다. 그들은 경제적으로 생존하기 위해 고군분투하고 배려와 신뢰 관계가 부족하며 완전히 다른 이념과 신념을 가진 나라에서 미지의 영역을 탐색하고 있다.

연구자를 위한 권장 사항

특히 북반구 중심으로 디아스포라 상황에서 하나님 나라 운동 연구에 관심을 가진 학자는 이 주제에 대한 연구 출판물의 부족을 발견할 것이며 따라서 다양한 연구의 기회를 발견할 것이다. 이 분야는 하나님 나라 운동의 확산이 지속적으로 증가함에 따라 더 많은 주목을 받을 가치가 있다. 오늘날까지는 연구자가 하나님 나라 운동이나 디아스포라 선교 중 하나에 초점을 맞추는 경향이 있었지만 둘의 융합에는 초점을 맞추지는 않았다. 북반구에서 발생하는 하나님의 운동의 비율은 놀랍게도 낮다. 하지만 이것은 연구자에게 기회를 제공한다. 개척자적인 연구는 북반구에 살고 있는 남반구 출신의 개인 사이에서 효과적인 하나님의 운동과 성경적으로 기반을 둔 하나님의 운동의 성장을 인도하는데 도움을 주고 필수적인 정보를 제공할 수가 있다.

다음 질문에 대한 답변은 디아스포라 상황에서의 최근 하나님의 운동을 이해하는데 있어서 매우 귀중한 정보가 될 것이다.

* 난민에게 총체적인 축복을 공급하는데 있어 가장 효과적인 하나님의 운동 접근법이나 사역은 무엇인가? 예를 들자면 디아스포라 공동체 안에서 비즈니스 개발이 제자훈련 도구로 어떻게 사용될 수 있을까(모르도모- Mordomo 2016)?

* 단기 거주민은 그렇지 않은 사람과 정신적, 사회적, 영적으로 어떻게 다를까? 이런 차이점이 하나님

의 운동 접근법에 어떤 영향을 미치는가?

* 다양한 디아스포라 공동체 내에서 하나님의 운동을 실시하는데 공통적인 도전이 무엇인가?

* 디아스포라 상황에서 하나님의 운동의 다양한 성장 단계마다 비판적인 평가를 통해서 얻을 수 있는 통찰력은 무엇인가?[4]

* 디아스포라 상황에서 하나님의 운동의 장기적 결과는 어떻게 되었을까?(세례자/침례자 숫자와 개척된 교회의 숫자와 같은) 긍정적 결과는 무엇일까? (이탈률 같은) 부정적인 결과는 무엇일까? 이것은 디아스포라가 아닌 사람 사이에서의 하나님의 운동 결과와는 어떤 차이가 있을 까? 질적 접근과 양적 접근이 필수적이다.

결론

자이단(Zeidan)은 "유럽의 무슬림 난민 가운데 200만명 이상이 복음의 좋은 소식을 들어보지 못했다"고 추정한다(2018, 97). 힌두교와 미전도 종족에도 이와 유사한 놀라운 숫자가 적용된다. 이런 상황은 단지 유럽안 에서만이 아니라 북반구 전체를 통틀어 해당된다. 아프리카와 아시아 전역의 주요 도시와 덜하지만 중부와 남부 아메리카 주요 도시에서도 미 전도된 디아스포라 커뮤니티를 고려할 수 있다. 이렇게 하면 미전도 종족의 지리적 조국에서 촉진된 하나님 나라 운동을 선호할 수 있지만 그것이 유효한 선택사항으로 고려할 수 없다는 사실과 그렇게 되어서도 안 된다는 것을 강력히 깨닫게 된다. 현재 우리는 북반구 상황에서 전례 없는 복음의 기회를 얻고 있다.

북반구 전체를 통해서 하나님의 운동 실행자가 (그리고 그들의 자녀가!!) 바까리(Bakary)와 같은 사람과 복음을 전할 수 있는 기회를 점점 더 많이 갖거나 만들어 낼 수 있다. 그 근거는 이들의 높은 개방성과 특정한 필요성을 갖고 있기 때문이다. 다양한 디아스포라 커뮤니티 구성원이 그리스도의 추종자가 되는데 개방적이며 (그들이 실행하기만 한다면) 그들을 맞아준 북반구 문화에 영적 각성을 가져오는 일에도 일조를 할 수 있다는 사실을 보여주는 증거들이 증가하고 있다. 하나님의 운동 실행자는 이러한 기회뿐만 아니라 디아스포라 사람 사이에서 하나님 나라 운동 사역의 도전에 대해서도 깨어 있어야만 한다.

예수님은 당신의 제자들과 매우 짧은 시간을 함께했다. - 단지 약 일 년 반 정도(존 John 2020.6). 그렇지만 그 시간 동안에 예수님은 인내를 가졌을 뿐만 아니라 긴급하게 그들의 삶을 변화시키고 오늘까지 이어지는 하나님의 운동을 만들어 내셨다. 이러한 사항은 북반구 난민 및 다양한 이주민들 사이에서 제자훈련을 실행하는 자에게 주어진 사명(calling)이기도 하다. 추수해야 할 불신자는 많지만 하나님 나라 운동 사역자는 적다. 추수의 주인께서 자기의 사역자를 북반구로 파송하시고 테라 노바(Tera Nova)에 있는 모든 미전도된 디아스포라 공동체를 제자로 만드시기를 기원한다.

---

4) 이 질문은 특히 하나님의 운동의 초기 단계에 진행되는 사역이 반복적으로 정체되어서 하나님의 운동이 성숙해지도록 충분한 견인력을 얻지 못하는 경우에 특히 중요하다.

참고 문헌

Addison, Steve. 2015. *Pioneering Movements: Leadership That Multiplies Disciples and Churches*. Downers Grove, IL: InterVarsity.

Ballard, Josh. 2018. Interview with author.

Cocanower, Bradley, and João Mordomo. 2020. *Terranova: A Phenomenological Study of Kingdom Movement Work Among Asylum Seekers in the Global North*. Amazon Books.

Downes, Stan. 2015. "Mission by and Beyond the Diaspora: Partnering with Diaspora Believers to Reach Other Immigrants and the Local People. In *Diaspora Missiology*, edited by Michael Pocock and Enoch Wan, 78–88. Pasadena, CA: William Carey Library.

Garrison, David. 2004. *Church Planting Movements: How God Is Redeeming a Lost World*. Bangalore, India: WIGTake Resources.

George, Sam, and Miriam Adeney, eds. 2018. *Refugee Diaspora: Missions amid the Greatest Humanitarian Crisis of Our Times*. Pasadena, CA: William Carey Publishing.

Hale, Ryan. 2018. Interview with author.

Hogg, M. A. 2006. "Social Identity Theory." In *Contemporary Social Psychological Theories*, edited by P. J. Burke, 111–36. Stanford, CA: Stanford University Press.

Jones, Bill. 2020. *The Ministry Multiplication Cycle*. Eugene, OR: Wipf & Stock.

Keller, Paul. 2018. Interview with author.

Kronk, Rick. 2010. *Dreams and Visions: Muslims' Miraculous Journey to Jesus*. San Giovanni Teatino, Italy: Destiny Image Europe.

Little, Don. 2015. *Effective Discipling in Muslim Communities: Scripture, History and Seasoned Practices*. Downers Grove, IL: InterVarsity.

Liu, W., A. Sidhu, A. Beacom, and T. Valente. 2017. "Social Network Theory". In *The International Encyclopedia of Media Effects*. Edited by Patrick Rossler, Cynthia A. Hoffner, and Liesbet van Zoonen. Wiley & Sons. DOI: 10.1002/9781118783764. wbieme0092.

Llenas, Jaume. 2020. Personal conversation with author.

Moon, Jay. 2017. *Intercultural Discipleship: Learning from Global Approaches to Spiritual Formation*. Grand Rapids: Baker Academic.

Mordomo, João. 2016. "Business as Mission (BAM) to, in, and through Diaspora." In *Scattered and Gathered: A Global Compendium of Diaspora Missiology*, edited by Sadiri Joy Tira and Tetsunao Yamamori, 242–55. Oxford: Regnum Books International.

Pocock, Michael, and Enoch Wan, eds. 2015. *Diaspora Missiology: Reflections on Reaching the Scattered Peoples of the World*. Pasadena, CA: William Carey Library.

Prado, José R. M. 2018. "Brazilian Ministries to Middle Eastern Refugees." In *Refugee Diaspora: Missions amid the Greatest Humanitarian Crisis of Our Times*, edited by Sam George and Miriam Adeney, 55–61. Pasadena, CA: William Carey Publishing.

Sasso, Dylia. 2018. Interview with author.

Slewa-Younan, Shameran, Jonathan Mond, Elise Bussion, Yasser Mohammad, Maria Gabriela Uribe

Guajardo, Mitchell Smith, Diana Milosevic, Sanja Lujic, and Anthony Francis Jorm. 2014. "Mental Health Literacy of Resettled Iraqi Refugees in Australia: Knowledge about Posttraumatic Stress Disorder and Beliefs about Helpfulness of Interventions." *BMC Psychiatry* 14 (1): 1–8.

Tira, Sadiri J., and T. Yamamori, eds. 2020. *Scattered and Gathered: A Global Compendium of Diaspora Missiology Revised and Updated*. Carlisle, UK: Langham Global Library.

Trousdale, Jerry, and Glenn Sunshine. 2018. *The Kingdom Unleashed*. Murfreesboro, TN: DMM Library.

UNHCR. 2020. United Nations High Commissioner for Refugees website, "Figures at a Glance." https://www.unhcr.org/figures-at-a-glance.html. 5[5)]

Wan, Enoch, ed. 2014. *Diaspora Missiology: Theory, Methodology, and Practice*. Portland, OR: Institute for Diaspora Studies.

Wightman, Martin. 2018. "Standing in Solidarity: Canada's Welcoming Consensus." In *Refugee Diaspora: Missions amid the Greatest Humanitarian Crisis of Our Times*, edited by Sam George and Miriam Adeney, 73–79. Pasadena, CA: William Carey Publishing.

Zeidan, Daniel. 2018. "Ministry to Refugees Arriving in Europe." In *Refugee Diaspo- ra: Missions amid the Greatest Humanitarian Crisis of Our Times*, edited by Sam George and Miriam Adeney, 89–97. Pasadena, CA: William Carey Publishing.

---

5) 편집자 참고 사항: 이 페이지는 매년 업데이트되는데 보통 6월에 업데이트된다.

Ⅳ부
사례 연구

16장
생명의 길: 동아프리카(East Africa)에서 하나님 나라 운동의 영적 DNA 전수
아일라 타세(Aila Tasse)와 마이클 코리(Michael Corley)

아일라(Aila)는 "어느 길로 가야 할지 알려주세요"라고 금식하고 기도하며 케냐(Kenya)의 초원(savannah)으로 여행을 떠났다. 그는 하나님의 임재가 너무도 강력하게 다가오는 것을 느꼈고 눈을 뜨는 것조차 두려웠다. 환상 속에서 그는 슬라이드 쇼처럼 보이는 것을 보았다. 첫 번째 슬라이드에서 그는 고향의 이맘(이슬람 성직자, 역주)을 보았다. 아일라(Aila)가 기독교인이 된 후에도 이맘은 이전의 멘토로서 아일라를 가족으로부터 떼어놓는 데 책임이 있는 사람이었다. 아일라(Aila)는 이맘의 모습을 보고 "나는 그를 싫어한다"라고 생각했다. 그럼에도 불구하고 하나님께서는 아일라에게 그를 위해 기도하고 축복하라고 도전하셨다. 다음으로 그는 미워하는 형제와 아버지의 슬라이드를 보았다. 다른 그룹의 슬라이드가 이어졌다. 아일라(Aila)는 핍박의 기억이 스쳐 지나가면서 억눌렸던 괴로움을 풀어냈다. 그는 마음을 쏟아냈고 "가슴속의 응어리가 풀어졌다."

두 번째 환상에서 그는 찰비(Chalbi) 사막을 보았다. 그곳은 정원이 전혀 없는 곳이었고 특히 양배추가 없었던 곳이다. 그러나 그는 "양배추가 싹을 틔울 뿐만 아니라 무성하게 자라는 것"을 보았다. 이사야 43장 18~19절이 떠올렸다. "너희는 이전 일을 기억하지 말며 옛적 일을 생각하지 말라 보라 내가 새 일을 행하리니… 내가 광야에 길과 사막에 강을 내리니." 계속해서 번성하는 이러한 수확의 환상은 아일라(Aila)에게는 모세의 불타는 가시덤불이었다. 야훼(Yahweh)께서 과거에 무슬림이었던 그를 불러 그의 부족은 물론 이웃 부족에게도 복음을 전하게 하셨다.

아일라(Aila)에게 양배추는 종교나 문화에 관계없이 모든 사람에게 가서 전도하라는 소명의 상징이었다. 프란시스 오몬디의(Francis Omondi) 책,' "전도의 소명: 케냐의 미전도종족"(A Call to share: The Unevangelised People of Kenya)을 읽은 후에 아일라(Aila)는 케냐(Kenya)의 미전도 종족(UPG) 중 17개 종족이 자신의 근처에 살고 있다는 사실에 충격을 받았다(오몬디-Omondi 1995). 그는 존 파이퍼(John Piper)가 쓴 것처럼 "모든 역사에서 하나님의 궁극적인 목표는 모든 족속과 방언과 백성과 나라에서 구속받은 자들이 그분의 영광을 누리도록 그분의 영광을 옹호하고 드러내는 것이다."(1993, 228)라는 사실을 깨달았다. 아일라(Aila)는 조국의 미전도 종족 스물여섯 종족 모두를 제자로 삼으라는 부름을 받았다.

이같은 소명은 후에 생명의 길(Lifeway)이라는 초교파적인 사역으로 발전되었다.[1] 이 이름은 "내가 온

---

1) 아일라 타세(Aila Tasse) 박사는 25년 전 생명의 길 국제선교회(Lifeway Mission International)를 설립했다. 아일라(Aila)는 아프리카와 전 세계의 교회개척을 위한 제자화 운동(DMM) 리더들을 훈련하고 코칭한다. 그는 또한 뉴 제너레이션(New

것은 생명을 얻게 하고 더 풍성히 얻게 하려는 것이라"는 요한복음 10장 10절에서 따온 것이다. 사람들이 무슬림 출신인 그에게 기독교인이냐고 묻는다면 아일라(Aila)는 "나는 길(The way)의 사람입니다. 길에 있는 사람이라면 생명을 얻게 될 것입니다"라고 말한다. 신실한 무슬림은 하루에도 여러 번 "우리에게 바른 길 또는 방향을 보여주소서"라고 기도하기 때문에 이 말은 상당히 중요하다. 아일라(Aila)에게 풍요로운 삶은 자기 성취가 아니라 선교에 관한 것이다. 생명의 길(Lifeway) 선교회는 처음 10년 동안 신자들을 동원하여 2,600개 이상의 교회를 개척하였다.

어려운 결정

미전도 종족이 예수님의 풍성한 삶을 발견하는 것을 보고 싶다는 아일라(Aila)가 받은 비전은 아일라가 모든 것을 포기하도록 동기를 부여하였다. 그는 이미 천 명 규모의 교회를 성공적으로 이끌고 있는 목회자였다. 그리고 그는 제자를 동원하여 다른 부족에게 복음을 전하는 데 성공하였다. 왜 그는 성공한 것을 잃을 위험을 감수했을까? 그는 교회를 증식하는 전통적인 방법으로는 시간이 너무 오래 걸리고 비용이 너무 많이 들며 문화적 변화를 거의 가져올 수 없다는 것을 깨달았다.

하지만 궁극적으로 그는 예수님께 순종하고 싶었기 때문이었다. 아일라(Aila)와 그의 팀은 어떻게 예수님을 따르는 진정한 제자의 영적 DNA가 한 세대에서 다음 세대로 복제되는 것을 볼 수 있었을까? DNA가 그의 생전에 이 모든 그룹에 퍼질 수 있었을까? 그는 답을 찾기 위해 고군분투하였다. 이제 그는 평범한 제자가 다음 세대의 제자에게 영적 DNA를 전수하도록 코칭을 받으면 우리 생애에 지상 명령이 성취되는 것을 볼 수 있다고 믿는다. 수년 동안 제자 훈련 전문가와 선교학자는 증식적인 제자화를 주장해 왔다. 그러나 개인주의와 피상적인 영성 그리고 성직자와 평신도 간의 분리로 인해 전략이 제한적이었다. 우리는 하나님의 운동의 DNA 전이를 분석할 때 복제와 증식의 차이점을 강조한다. 복제하는 것은 동일한 본질을 가지고 있는 반면 증식하는 것은 유전적 결함을 낳을 수 있다.

안타깝게도 너무 많은 교회가 순종하는 예수님의 제자를 양산하기 보다는 영적 결함을 가진 회심자를 생산한다. 이러한 회심자의 상당수는 새 제자를 삼으라는 예수님의 명령에 결코 순종하지 않는다. 결과적으로 그들은 씨 없는 포도와 비슷하다. 열매는 실재하지만 재생산하지 않는다. 재생산의 잠재력이 차이를 내는 중요한 열쇠는 바로 그것이 모든 자원의 근원이신 예수님과 연결되어 있다는 것이다. 생명의 길(Lifeway) 선교회 지도자는 하나님 나라를 지향하는 예수님의 제자(길의 사람)를 동원하는 데 열정을 갖고 있는데 이 제자는 또 다른 제자를 만들고 그 제자가 교회를 개척하는 교회를 양산한다. 그들은 이 과정을 정상적이며 당연한 일이라고 생각한다. 좋은 땅에 떨어지는 씨앗에 대한 예수님의 비유처럼 각각의 씨앗은 단순히 포도나무가 될 뿐만 아니라 포도원이 될 수 있는 잠재력을 가지고 있다. 그리고 각각의 포도원은 복제를 통해 무수히 많은 세대의 새로운 포도원이 될 수 있는 잠재력을 가지고 있다.

Generation's) 선교회의 동아프리카 지역 코디네이터로도 활동하고 있다. 생명의 길 선교회에 대한 자세한 정보는 https://www. Lifewaymi.org/mission-2 에서 확인하라.

열매 맺는 길

2005년 생명의 길(Lifeway) 선교회는 뉴 제너레이션(NG) 선교회와 동역 협약을 맺었다. 이들은 함께 하나님의 운동을 시작하고 강화하며 증식하기 시작했다. 이 팀은 순종하는 예수 제자의 자질을 여러 사람에게 총체적 접근을 통하여 전수하는 것의 중요성을 강조하기 위해 "교회개척을 통한 제자화 운동(DMM)"이라는 문구를 함께 만들었다. 이러한 리더와의 협력과 관계는 포도원의 울타리와 같은 유사한 구조를 제공하여 생명의 길(Lifeway) 선교회와 다른 하나님의 운동을 촉진하는 포도원이 예수님의 길을 전수하면서 풍성한 열매를 극대화하도록 격려하고 지지한다.

범례	I 단계	II 단계	III 단계	IV 단계
하나님의 운동단계		100개 이상의 교회, 4세대가 함께	100개 이상의 교회, 5-6 세대가 함께	100개 이상의 교회, 7+세대가 함께
변곡점 단계	67-99개 교회 및 1-2 세대	67-99개 교회 및 3-4 세대	67-99개 교회 및 5-6 세대	67-99개 교회 및 7+ 세대
하나님의 운동의 중간 단계	34-66개 교회 및 1-2 세대	34-66개 교회 및 3-4 세대	34-66개 교회 및 5-6 세대	34-66개 교회 및7+ 세대
개척 단계	1-33개 교회 및 1-2 세대	1-33개 교회 및 3-4 세대	1-33개 교회 및 5-6 세대	1-33개 교회 및 7+ 세대

도표 16.1 참여 현황

생명의 길(Lifeway) 선교회는 하나님의 운동을 확산하는 데 몇 가지 장벽에 직면했다. 여기에는 다음과 같은 것이 포함된다. 다양한 문화와 종교, 도전적인 지역 그리고 전통적인 서구 주도 사역에로의 의존성 등등이다. 아일라(Aila)가 팀을 이끌고 이러한 장벽을 극복할 수 있었던 것은 예수님의 견습생이 되어 평생 동안 예수님의 길을 배우고 살았기 때문이다. 2020년 중반까지 동역자는 다른 사역자를 동원하여 동아프리카(East Africa) 10개국에서 113개의 종족 도시 및 친목 그룹에 교회개척을 시작했다.

현재까지 이 중 36개의 교회 개척이 '하나님의 운동' 단계(100개 교회, 4세대 증식)에 도달했다. 또 다른 7개의 교회개척은 변곡점(tipping point) 단계에 있다. 표 16.1에서 우리가 어떻게 하나님의 운동으로 나아가고 있는 교회개척의 과정을 관찰하는지를 참조하라. 각각의 단계는 교회 수를 각각의 레벨은 세대 수를 나타낸다. 하나님의 운동의 단계에 도달하려면 몇 개의 교회 또는 다른 세대가 더 필요하다. 11개의 교회 개척이 하나님의 운동의 중간 단계에 있으며 이 단계에 34개 이상의 교회가 있다. 45개의 교회 개척은 개척 단계에 있으며 이 단계의 교회 수는 34개 미만이다. 표16.1과 같이 교회개척 상태를 나타내는 표를 통해 리더는 도표안에 있는 각 교회개척 사역을 구상하고 평가할 수 있다. 그래서 교회 개척팀은 기도와 훈련 그리고 자원 등과 같은 필요와 목적을 파악할 수 있고 이것을 통하여 각각의 교회개척사역이 하나님의 운동에 도달하는 것을 관찰하게 된다. 이것은 질적 양적 그리고 지속 가능성의 세 가지 지표를 한 곳에서 모두 볼 수 있게 하는 3D 평가의 핵심 도구이다.

15년이라는 짧은 시간 동안 동아프리카(East Africa) 지역의 36개 교회개척을 위한 제자화 운동(DMM) 중 17개가 케냐(Kenya)에 있다. 그들 팀은 동아프리카(East Africa) 지역에서 12,555개의 교회를 개척하였고 271,695명의 제자를 세웠다. 동아프리카(East Africa)와 같이 뉴 제너레이션(New Generation) 선교회의 10개 지역 중 상당수에서 미접촉 미전도 종족(Unengaged Unreached People Groups – UUPG)이 처음으로 교회개척 지가 되었다.

모든 종족을 위한 길

학자들은 대부분의 하나님의 운동이 일어날 때 일반적으로 존재하는 특정한 사회적 요인에 주목한다. 여기에는 외부인과의 단절과 불확실한 사회 분위기 그리고 마음의 언어로 예배하는 것 등이 포함된다(개 리슨-Garrison 2004, 221-22). 그러나 아일라(Aila)의 경험에 따르면 동아프리카(East Africa)에서 다양한 사회적 요인에 관계없이 36개 종족이 하나님의 운동 상태에 도달하였다.

이 하나님의 운동에서 그리스도를 따르는 새로운 추종자는 다양한 문화와 종교적 배경 그리고 사회 경제적 상황에서 왔으며 모두가 모국어로 성경을 접할 수 있는 것은 아니다. 중요한 것은 복음이 자유롭게 전파되는 것을 가로막는 장벽이 중요하지 않다는 것이 아니라 그러한 장벽을 더 쉽게 극복할 수 있는 매력적인 삶의 방식(전략)을 발견했다는 점이다. 동아프리카(East Africa)의 모든 종족 가운데서 제자가 복제되고 있으며 유사한 DNA를 가진 교회가 형성되고 있다. 이런 일이 상황화의 전문성 때문도 아니고 순차적으로 일어나는 것도 아니며 동시에 일어나고 있다.

생명의 길(Lifeway) 선교회는 상황화를 강조하지 않는 방법을 통하여 다른 조직이 상황화 과정에서 직면했었던 갈등을 피했다. 아일라(Aila)의 멘토 중 한 명인 데이비드 왓슨(David Watson)은 제자를 양육하는 사람에게 "복음을 상황화(contextualize)하지 말고 탈문화화(deculturalize)하라"(2014, 9)고 권하였다. 그는 "이를 위한 가장 좋은 방법은 커리큘럼에 성경만 사용하고 현지인이 우리의 대답을 듣는 것이 아니라 성경에 대한 질문에 답하도록 하는 것입니다"(2014, 15)라고 자세히 설명하였다.

아일라(Aila)의 팀은 사람들에게 성경의 권위를 제시한다. 새로운 그룹에게 이러한 동기부여를 함으로써 그들은 하나님의 말씀을 듣고 하나님이 그들에게 직접 말씀하시는 것을 발견한다. "그러므로 상황화는 한 문화 안에서 신앙을 갖게 된 사람들이 그리스도의 모든 명령에 순종하기 위해 우리의 삶과 문화에서 무엇을 바꾸어야 하는가라고 자신과 서로에게 질문하면서 이루어져야 한다"(2014, 17). 그 결과로 신자의 제사장적 역할이 활성화되었다.

제리 트루스데일(Jerry Trousdale)은 또한 근접 전략도 소개하였는데 이는 현지인 제자가 지리적 문화적 그리고 언어적으로 근접해 있지만 전도하기 어려운 이웃 미전도 종족에게 전도하는 것이다. 외부인은 학습에 적합한 구절을 제안하고 그룹 조력자를 위한 외부 멘토링을 제공할 수 있다. 하지만 적용의 책임은 문화 내부자에게 있다"(워터맨-Waterman 2017). 기존 리더는 적절한 문화와 새로운 그룹 내부의 리더를 어떻게 하나님의 운동의 상태에 도달할 수 있도록 키울 수 있는지에 대해 생각한다.

기독교의 영향을 많이 받는 사회에서는 하나님의 운동에 대한 또 다른 장벽이 존재한다. 일부 지도자는 교단이나 교회협회 훈련에 집중하면서 낙담하게 되었는데 그 이유는 교회개척을 위한 제자화 운동(DMM)을 이해하고 채택하는 데 어려움을 겪을 뿐만 아니라 전통적인 방법에 익숙해져서 새로운 것을 저항하는 것 때문에 어려웠다(타세-Tasse 2017, 17). 그럼에도 불구하고 아일라(Aila)를 포함한 몇몇은 그들을 훈련시켰다. 그 결과 사하라 사막 이남 아프리카(Sub-Saharan Africa)에서 500개 이상의 협력 단체와 교단이 뉴 제너레이션 선교회와 함께 일하고 있다. 12,000 개가 넘는 교회 중 상당수는 아프리카(Africa)에서 가장 기독교화된(Christianized) 국가 중 하나인 케냐(kenya)에서 시작되었다. 생명의 길(Lifeway) 선교회는 케냐(Kenya)의 26개 미전도 종족 가운데서 그리고 가장 전도되지 못한 종족 가운데서 교회개척이 시작되는 것을 보았다. 아일라(Aila)의 팀은 그들이 각자의 상황속에서 변화를 경험하는 것에 대해 하나님으로부터 직접 들을 수 있기에 충분하도록 그들을 멘토링하고 훈련시키며 사랑하는 것에 헌신되었고 이를 통해 그들은 하나님의 운동을 경험하게 되었다.

하나님의 운동의 영적 DNA 전수(傳授)

극복해야 할 가장 중요한 장벽은 수 세기 동안 이어져 온 개인주의적이고 정보에 기반한 서구식 제자훈련 접근 방식이다. 이는 효과적인 복제를 제한시킨다. 하나님의 운동 사고는 전 세계 사역자들의 관심을 끌었다. 25년이 지난 지금 더 이상 유행이나 새로운 사고방식으로 분류되어서는 안 된다. 사실 일부 훈련자들은 이 방법을 고대의 성경적인 제자훈련에 접근하는 방법이라고 설명한다. 교회개척을 위한 제자화 운동(DMM) 지지자는 서양의 렌즈를 통해서 본 것처럼 사도만 모방하는 것이 아니라 예수님이 사역하셨던 방식으로 돌아가야 한다고 주장한다.

"예수님이 하신 일 … 그의 제자는 여전히 그렇게 하고 있다"(트루스데일-Trousdale 2018, 161). 우리는 예수님의 사역 패턴을 본받아야 한다고 주장한다. 신약 성경은 동시에 여러 상황으로 급속히 확장된 것을 설명한다. 제자들이 하나님의 나라 DNA를 복제하면서 세상은 뒤집어졌다(행 17:6). 여러 방향으로의 폭발적인 성장은 너저분하고 완벽과는 거리가 멀었지만 개인 코칭과 서신을 통해 성숙으로 양육되었다.

하나님의 운동 평가

선한 목자는 그에게 오는 양떼를 세면서 부상이나 질병이 있는지 일일이 검사한다. 선한 목자는 양적 지표와 질적 지표의 중요성을 모두 이해한다. 우리 리더는 하나님의 운동의 영적 DNA에 대한 평가를 개선하는 데 우선순위를 둔다. 평가에는 양적 질적 그리고 지속 가능성 지표 등 세가지 측면이 포함된다. 제자훈련 운동의 양적 요소는 영향력을 평가하는 데 도움이 될 수 있다.

핵심 지표는 새로 시작된 교회 수이다. 하나님의 운동을 결정짓는 기준은 100개 교회이다. 이 하나의 데이터 포인트는 15년 동안 14개의 양적 데이터 포인트가 포함된 분기별 보고서를 나타낸다. 양적데이터는 하나님의 운동이 되기 직전인 교회개척 리더에게 동기 부여를 해주어서 코칭과 훈련 그리고 자원 배분을 통해 조정할 수 있도록 한다. 우리가 측정한 변화는 하나님의 운동을 촉진시킨다. 얼마나 많은 사람이 행사에 참석했는지 교회에 얼마나 많은 헌금을 했는지 측정하는 대신 얼마나 많은 사람이 기도하고 자비롭게 봉사하며 의도적으로 잃어버린 자를 제자화하는 사명을 실천하는지에 초점을 맞추고 있다. 뉴 제너레이션(NG) 선교회는 최소 4세대에 걸쳐 복제되는 100개 이상의 새로운 교회를 하나님의 운동으로 정의한다. 어떤 것을 하나님의 운동으로 규정한다는 것은 복음이 널리 퍼졌다는 것을 의미한다.

하나님의 운동 지표는 제자가 제자를 만드는 연쇄 반응이 교회가 교회를 개척하는 결과를 낳는지를 판단하는 간단한 지침서이다. 이는 제자가 제자를 제자로 삼는 신자의 제사장직이 활성화되었음을 나타낸다. 하나님의 은혜로 651개의 뉴 제너레이션(NG) 선교회의 세계 개척 사역에서 128개 교회가 하나님의 운동 단계에 도달했다.

하나님의 운동을 평가할 때 질적 요소도 중요하다. 그것들이 없으면 사역에 유전적 결함이 있는지 알 수 없다. 복제의 건강성을 평가하는 핵심 요소는 기본 단위(일반적으로 교회 또는 제자)의 세대 수이다. 질적 평가의 기준점은 4세대이다. 이는 DNA가 건강하게 복제되고 있음을 나타내 준다. 그러나 이 숫자는 목양적인 개입이 필요함을 나타낼 수 있는 다른 역학 관계를 나타낸다.

디모데후서 2장 2절에서 우리는 최소 4세대에 걸친 증식에 대한 비전을 볼 수 있다. 바울은 디모데에게 "신뢰할 수 있는 지도자"에게 힘을 실어주고 그들에게 복음을 맡겨서 그들이 다른 사람을 훈련하도록 하라고 도전하였다. 디모데와 같은 개인이 다른 개인에게 복음을 전하고 그 개인이 또 다른 개인에게 복음을 전하는 방식이 아니다. 디모데의 팀은 그룹으로서 다른 리더 그룹에게 복음을 전하고 개발하며 파송할 수 있도록 권한을 부여하는 역할을 맡았음을 문맥을 통해 알 수 있다. 서구의 접근 방식은 일반적으로 개인에게 다가가는 데 중점을 두며 때때로 그룹(예: 가족)에게 다가가는 경우도 있다. 하나님의 운동 지향적 실천은 일반적으로 가족과 부족 그리고 종족 전체에 전도하는데 초점을 맞추고 때로는 개인에게 전도하기도 한다.

세번째 범주의 평가는 외부의 도움이 없이 계속해서 복제할 수 있는 능력을 측정한다. 우리가 사용하는 지속 가능성(또는 내구성) 기준은 7세대 증식이다. 하나님의 운동이 7세대에 걸쳐 복제되는 횟수를 초과할 경우 우리는 생명의 길(Lifeway) 선교회와 같은 팀이 재정적 참여와 시간 할당 수준에서 한 걸음 물러나 조직이나 교단과의 파트너십을 맺을 것을 권장한다. 이는 파트너가 외부 지원을 줄이면서 계속할 수 있을 만큼 충분한 세대의 복제를 경험했기 때문이다. 역할은 직접 코칭하는 것에서 멀리서 멘토링하고 코칭하는 것으로 바뀐다.

리더십 개발과 모국어로 드리는 예배 그리고 훈련과 긍휼 사역을 위한 현지 자금 지원 등 추가적인 요소가 이러한 결정을 내리는 데 도움이 된다. 24:14 연합은 하나님의 운동의 건강을 측정하는 또 다른 지표로 "스트림"(Streams)을 사용한다(Long 2020). 스트림은 하나님의 운동을 바이러스처럼 퍼져가게 하는데 특히 같은 종족안에 있는 새로운 장소로 이동하거나 전혀 다른 종족으로 건너뛰면서도 계속 열매를 맺는 경우 더욱 그렇다. 스트림은 교회의 체인(chain)이기 때문에 비록 어떤 지역이나 인척관계가 아주 독특할지라도 하나님의 운동으로 나아가게 하는 별도의 전략과 양육 그리고 추적 등을 보장해준다(브라운-Brown 2020).

우리는 측정을 통한 평가에 대해 3차원적(3D) 접근법이라고 부르는 것을 계속 추구한다: 1) 규모 2) 깊이 3) 지속 가능성. 우리는 3차원적 평가를 도입함으로써 전수(傳授)라는 핵심 문제에 대한 발판을 마련할 수 있다고 믿는다. 전수(傳授)의 핵심은 리더가 제자에게 무엇이 항상 있어야 충실한 전수(傳授)가 이루어질 수 있는지 이해하는 것이다. 평가에 사용되는 수치와 범주는 그다지 중요하지 않다. 가장 중요한 것은 예수님의 모든 명령에 순종하여 양떼를 목양하는 방법에 대한 주님의 말씀에 귀를 기울이는 숙련된 일꾼이다. 또한 이러한 평가 요소들이 훈련에 가장 잘 포함되어야 한다고 생각한다. 평범한 제자가 훈련을 받고 코칭을 받으며 평가를 받은 대로 실천할 때 이러한 과정은 리더에게 권한을 주어서 하나님의 운동이 바른 방향성으로 갈 수 있게 한다.

전수(傳授)는 새로운 세대를 만들어내고 동일한 수준의 품질을 보장한다. DNA가 대물림되면 이를 잘 가꾸어야 한다. 포도원에 좋은 DNA가 있더라도 번식할 수 있는 과일을 생산하기 위해서는 가지치기와 재배가 필요하다. 우리는 모두 한 사람에서 다른 사람으로 메시지가 전달되는 동안 메시지가 손상되는 "전화 게임"(Telephone game)의 부정적인 결과를 본 적이 있다. 마찬가지로 복사본의 복사본이 어떻게 품질을 떨어뜨리는지 우리 모두는 알고 있다. 이 문제는 사람이 매번 원본 자료로 돌아가지 않을 때 발생한다. 그것은 하나님과 그분의 말씀이다. 중간자와 제자가 하나님의 말씀을 직접 듣고 순종하며 다른 사람과 나누는 과정을 소유하지 못하게 할 때 발생한다. 문제는 전달되는 내용이 성경적 모델에 충실한지 확인하는 것이다.

연구 방법론

현지 지도자가 하나님의 운동의 규모와 깊이 그리고 지속 가능성을 계속 측정하는 동안 전수(傳授)의 질을 연구하고 궁극적으로 개선하기 위해 내부 질적 평가(IQA)를 실시하기로 결정했다. 내부 질적 평가는 원주민이 주도하고 관계성이 높으며 목양적 결정을 직접 적용하는 데 유용하도록 설계되었다. 그리고 근거 이론 접근법(Grounded Theory Approach)은 하나님의 운동의 영적 DNA의 핵심적인 특징들을 발견하기 위해 선택되었다. 근거 이론은 방법보다 실제로 무엇을 연구하여 알아내었는가를 강조한다(샤르마즈-Charmaz 2001). 면접관의 인상과 생각을 포함한 모든 것이 데이터가 되어 면접관이 메모에 기록한다. 이 접근법을 통해 선입견 없이 일반인과의 인터뷰를 통해 무엇을 발견할 수 있는지 파악하고자 한다. 연구자는 다음 세 가지 질문에 대한 답을 찾는다.

* 개인에게 교회에게 리더에게 그리고 하나님의 운동에 있어서 교회개척을 위한 제자화 운동(DMM)이 표시하는 영적 DNA의 속성은 무엇인가?
* 영적 DNA는 어떻게 한 세대에서 다음 세대로 효과적으로 전달되는가?

* 교회개척을 위한 제자화 운동(DMM)에 있어서 어떠한 외부적 그리고 내부적 요인들이 DNA 전수(傳授)를 방해하거나 또는 돕는가? [2)](#)

케냐(Kenya)의 17개 하나님의 운동 중 두 군데서 실험적인 내부질적평가(IQA)가 진행되었다. 첫 번째는 우간다(Uganda)와 에티오피아(Ethiopia) 국경을 따라 북서쪽에 있는 A 종족이었다. A종족에 속한 사람은 사나운 전사로 알려진 나일로트(Nilotic)족 목축업자로 우간다(Uganda) 사람과 관련이 있다. 이들의 인구는 100만 명 이상으로 추산된다. 대다수가 토속 종교를 따르지만 5퍼센트의 주류 기독교인도 있다. 라이프웨이(Lifeway) 선교회의 A그룹 사역은 2010년 4분기에 시작되었다. 2020년 1분기 말 현재 7세대까지 404개의 교회가 개척되었다.

이 교회에는 24,038명의 그리스도를 따르는 신자가 있다. "그룹 B"는 무슬림 집단이다(교회 개척을 시작할 때 무슬림 비율 97퍼센트). 케냐(Kenya) 북부에 거주하며 에티오피아(Ethiopia) 남부의 광범위한 무리 집단과 연결되어 있으며 인구(케냐-(Kenya) 기준)는 10만 명을 훨씬 넘는다. 생명의 길(Lifeway) 선교회 동역자는 2010년 3분기에 이들 가운데 처음으로 교회개척을 시작하였다. 2020년 1분기 말까지 503개의 교회가 개척되어 8세대까지 15,090명이 그리스도를 따르고 있다.

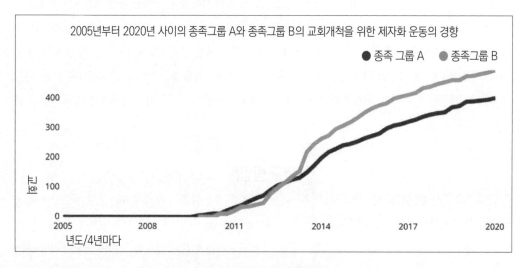

그림 16.1 그룹 A 및 그룹 B 차트

두 개의 하나님의 운동 각각에 대해 5개의 교회를 평가했으며 6개의 개별 인터뷰로 시작되었다. 또한 해당 교회에서 6~8명으로 구성된 포커스 그룹을 인터뷰하여 모임의 DNA에 대해 논의했다. 마지막으로

---

2) 이러한 질문에 답하기 위해 다음과 같은 7가지 개방형 질문을 사용하여 반구조화된 인터뷰를 진행했다. 1) 이 그룹에 참여하기 전의 삶이 어떠했는지 말해달라. 2) 예수님을 따르기로 결심하게 된 경험에 대해 말해달라. 3) 예수님을 따르는 것이 여러분에게 어떤 의미인지 말해달라. 그리고 다른 사람이 예수님을 따르도록 영향을 미친다는 것이 무엇인지 말해달라. 4) 여러분이 속한 그룹과 그 일원이 된다는 것이 여러분에게 어떤 의미인지 말해달라. 5) 예수님을 따르는 사람으로서 삶의 방향과 지침을 주는 것은 무엇인가? 6) 그룹에서 리더의 역할에 대해 그리고 그들이 그룹을 어떻게 섬기는지 알려달라. 7) 어떻게 리더가 될 수 있나?

참가자의 관찰을 통해 각 교회의 모임을 조사했다. 따라서 각 실험적 내부질적평가에서는 70건의 인터뷰(60명의 개인과 10개의 포커스 그룹)와 10건의 모임 관찰이 포함되었다.[3]

앞으로 "세계 분석팀"은 동아프리카(East Africa) 지역의 여러 하나님의 운동에 대한 인터뷰 전체를 기록 보관할 것이다. 이 정보는 다른 두 지역의 인터뷰와 함께 6개의 운동에 대한 조직 평가를 완료하는 데 포함될 것이다. 이는 하나님의 운동에서 영적 DNA의 전수(傳授)에 대한 우리의 근거이론을 알리는 데 도움이 될 것이다.

6개 하나님의 운동에 대한 분석이 진행되는 동안 처음 두 곳의 하나님의 운동으로부터 얻은 결과를 발표했다. 매우 다른 두 가지 유형의 하나님의 운동에 참여한 새 제자들로부터 얻은 이러한 초기 결과 중 일부는 제자들이 예수님과 그들 자신들이 그리고 예수님이 우리에게 주신 사명에 대한 인식에 있어 독특함을 보여준다. 10개 교회의 포커스 그룹에서 관찰한 이러한 결과는 하나님의 운동의 DNA가 어떻게 전수(傳授)되는지에 대한 통찰력을 제공한다. 그 결과 "유일한 길"을 향한 영적 여정에 대한 공동의 접근 방식이 도출되었다.

내부 질적 평가로부터 나온 초기 관찰

이 두 하나님의 운동의 새 신자가 자신을 어떻게 묘사하는지 연구하면서 하나님의 운동 DNA의 전수(傳授)를 개념화하는 몇 가지 독특한 방식을 발견했다. 또한 하나님의 운동 지도자가 목양적 역할을 강화할 수 있는 몇 가지 방법도 발견하였다.

유일한 길은 인격이다

전 세계 기독교인은 예수님을 생명이라고 믿지만 케냐(Kenya)의 교회에서는 예수님을 "유일한 길"이라고 말하는 경우가 더 많다. 조사에서 공통적으로 자주 반복되는 구절은 "예수님은 길이요 영생의 근원이다"(갈갈로-Galgalo 2020, 교회 A4)였다. 인터뷰 대상자가 가장 자주 인용한 구절은 요한복음 14:6이었다: "내가 곧 길이요 진리요 생명이니" 그들은 "다른 길은 없다"는 이유로 예수님을 구세주와 주님으로 경배한다. 남성과 여성, 어린이, 무슬림, 정령 숭배자, 교육받은 자 그리고 문맹자 등 다양한 배경을 가진 평범한 사람이 예수님과 연결될 때 이러한 공통점이 두드러진다.

4세대와 5세대 그리고 6세대 교회에 속한 제자의 DNA를 평가하면서 또 다른 발견이 나왔는데 바로 일상 생활에서 하나님에 대해 생각하고 말하는 것이 우선시된다는 점이다. 다른 어떤 것보다도 하나님이 가장 중요한 대화의 주제였다. 하나님을 언급하는 빈도보다 더 의미 있는 결과는 하나님에 대한 그들의 신뢰이다. "하나님은 위대하십니다. 그분은 사랑이고 구세주이시며 나는 그분을 따랐습니다"(셰도-Shedo 2020, 교회 B1). 각 교회의 신자들은 하나님의 사랑에 대해 이야기했다. 그분의 사랑이 "믿고 세례(침례)를 받

---

3) 그 결과 180건의 개별 인터뷰와 30건의 포커스 그룹 인터뷰가 진행되었다. 각 인터뷰는 분석을 위해 현장에서 녹음과 필사, 번역 그리고 코드화 되었다. 각 지역의 리더십은 데이터를 정확한 방향성에 이르도록 분석하고 있다.

으라”고 촉구했다.

한 무슬림 배경 신자는 “예수 그리스도의 모범과 예수 그리스도의 사랑 그리고 우리를 향한 자비 등 그분에게서 좋은 것을 이해했다”(셰도-Shedo 2020, 교회 B3)고 말했다. “예수 그리스도께서 우리 공동체에 사랑을 보여주신 것은 우리를 부르신 하나님이 사랑의 하나님이시기 때문이다”(갈갈로-Galgalo 2020, 교회 A5). 이것은 추상적인 사실 목록이 아니라 “복음은 예수 그리스도 안에서 그의 계시에서 하나님에 대해 그리고 예수 그리스도 안에서 하나님이 우리를 위해 하신 일에 대해 한 인격에 대해 선포하는 것”임을 보여준다(맥 나이트-McKnight 2011, 93).

유일한 길은 생활방식(Lifestyle)이다

유일한 길이신 예수님을 따르는 것은 교리적 선호도에 대한 결정이 아니라 다른 사람을 발견하고 제자화하는 생활 방식이다. 두 하나님의 운동 모두에서 “예수님을 따르는 것은 선행을 하는 것을 의미한다.” 희생적인 사랑과 선행은 사람에게 영향을 미치며 DNA 전수(傳授)에 필수적인 요소이다. 키에르케고르(KierKegaard)는 “그리스도는 교수를 임명하신 것이 아니라 제자를 임명하셨다”고 유명한 발언을 했다. 기독교가 … 사람의 삶에서 되풀이되지 않으면 … 그는 기독교를 설명하지 않는다. 왜냐하면 기독교는 삶에 대한 메시지이며 인간의 삶에서 실현되어야만 설명될 수 있기 때문이다”(로드-Rhode 1988, 117에서 인용). 이 교회에는 공식적인 전도나 자선 프로그램이 없지만 하나님과 사람을 사랑하는 삶의 스타일이 있다. 복음은 좋은 소식이다. 인터뷰 대상자는 예수님을 영접하는 것을 기쁨과 영감으로 가득찬 그분의 길을 따르는 것과 동일시한다.

“의로운 길에는 기쁨이 가득하다”(셰도-Shedo 2020, 교회 B3). 복음주의자는 일반적으로 기독교 전수(傳授)의 방법을 전도라고 부른다(워렌-Warren, 1995; 슈워츠-Schwartz 1996; 미국 남침례교단 해외 선교부-IMB 2016). 그러나 교회개척을 위한 제자화 운동(DMM)에 참여하는 사람은 자비로운 종이 되어 치유를 위해 기도하면서 큰 소리로 신앙 생활을 하도록 배운다. 그들이 영적 돌파를 위해 중보할 때 하나님께서는 그들을 하나님께로 가까이 나아가고 있는 평화의 사람으로 인도한다(요 6:44). 이 길은 제자가 예수님을 따르기 위해 모든 것을 포기하고 다른 사람을 예수님께 소개할 때 열매를 맺는다.

유일한 길은 공동체적인 여정이다

초기 연구에서 예상치 못한 발견은 유일한 길 되신 예수님을 따르는 것이 서로에게서 배우면서 동시에 다른 사람과 나누는 공동체적 여정이라는 것이다. 두 하나님의 운동 모두 예수님에 대한 정보뿐만 아니라 예수님과의 관계에 초점을 맞추면서 하나님을 사랑하는 공동의 경험에 초점을 맞췄다. 그 결과 이들은 다른 사람을 기꺼이 초대하면서 유일한 길과 연결 상태를 유지하는 것을 강조한다.

교회개척을 위한 제자화 운동(DMM)의 강점은 황금 질문을 통해 사람을 여정으로 초대하는 것이다.

질문: “가족 및 친구와 함께 모여 하나님의 말씀을 공부하시겠습니까?” 사람은 자신의 소셜 네트워크

내에서 DISCOVERY 성경공부를 시작한다. 이 신자는 그들의 접근 방식이 다른 교회처럼 전통적이지 않고 독특하다는 것을 이해한다: "우리는 다른 교회처럼 재 생산하는 그룹이었지만 DISCOVERY 성경공부(DBS) 때문에 함께 모여서 집집마다 함께 성경공부하고 교제한다"(셰도-Shedo 2020, 교회 B3).

사람들이 예수님에 대한 믿음을 탐구할 때 유일한 길에 대한 개념은 제자라는 용어를 사용하는 것과 겹친다. 이러한 공동체적인 여정은 한 개인이 목적지에 도달하는 과정과 위대한 스승이신 예수님께 자신을 도제공처럼 헌신하는 과정으로 구성된다. 이는 서양에서 흔히 볼 수 있는 접근 방식과 대조적이다: "한 겹 한 겹 벗겨보면 많은 기독교인이 예수님의 방식을 사용하여 자아의 방식을 추구하고 있다는 것을 알 수 있다. … 교회에 다니는 대다수의 기독교인은 부패한 자기 중심의 신학을 받아들였다"(바루나-Barna 2016). 그리고 예수님에게 집중할 때에도 대부분의 미국인은 제자도를 사적인 문제로 간주한다(바루나-Barna 2015). 반면에 두 제자 훈련 운동은 제자를 삼아 하나님을 사랑하는 데 초점을 맞춘다. 이 케냐인(Kenyans)은 성령의 능력이 주로 그룹으로 함께 잃어버린 자에게 다가가기 위해 주어진 것으로 여긴다(갈갈로-Galgalo 2020, 교회 A1).

유일한 길은 변혁을 가져오고 장벽을 넘는다

연구를 통해 발견한 또 다른 주제는 복음의 변혁적 특성이 장벽을 극복하는 방식이다. 예수님은 우리 기독교인의 정체성 표식이 다른 사람에 대한 사랑이라고 말씀하셨다(요 13:35). 예수님의 추종자는 단순히 회심자를 얻기 위해 동정심을 보이지 않는다. 그들의 친절은 조건 없는 예수님의 사랑 즉 아일라(Aila)가 실천적 사랑이라고 부르는 사랑을 보여준다. 한 여성은 헤어 스타일리스트로서 자신의 비즈니스 기술을 활용해 의도적으로 다른 마을로 이사해 DISCOVERY 성경공부 그룹을 시작했다. 그녀는 가난한 사람에게 봉사하기 위해 가격을 낮추었다. 이러한 행동은 사람이 복음을 볼 수 있게 한다(갈갈로-Galgalo 2020, 교회 A3). 평범한 제자는 특히 문화적으로 자신과 다른 사람이 사랑을 통해 예수님의 길을 발견하도록 돕는다. 평화의 사람이 더 이상 아내를 때리지 않거나 부족 간의 긴장이 한 그룹이 다른 그룹을 섬기는 것으로 끝날 때 사람들은 주목한다. 이러한 변화는 사람으로 하여금 그 이유에 대한 호기심을 갖게 한다.

실험적 내부질적 평가안 1의 모든 교회들은 질문에 기적을 언급하지 않았음에도 불구하고 기적을 공유했다. 귀신 들린 자가 풀려난 것(셰도- Shedo 2020, B1 교회와 B4 교회)이 큰 범주에서 발생했다. 그들은 귀신을 다스리는 예수님의 권세에 의존했다. 한 사람은 "우리는 주술사를 믿었는데… 주술사를 떠나 그리스도께로 오라고 하셨어요.… 그분이 우리를 그의 피로 씻어 주실 것이기 때문이죠."라고 간증했다. 또 다른 사람은 "예수님을 알기 전에는 돌과 나무 등 무엇이든 숭배하곤 했기 때문에 마치 어둠 속에 있는 것 같았지만 예수님을 구세주로 믿은 이후에는 하나님께서 마녀보다 더 많은 일을 하실 수 있다는 것을 알게 되었어요"(셰도-Shedo 2020, 교회 B2)라고 말했다.

또 다른 요인은 치유였다. 한 교회에서는 청각 장애 소녀의 청력이 회복되었다(셰도-Shedo 2020, 교회 B2). 또 다른 교회에서는 한 시각장애 여성이 교회가 기도해준 후 앞을 볼 수 있게 되었다(셰도-Shedo 2020, B1

교회). 하나님은 기적적인 방법으로 각 공동체에서 움직이셨다. 그들은 종종 치유의 기적을 그들의 종족을 위한 하나님의 시간(Kairos)이었다고 회상하였다. 제자화를 통한 교회개척 운동(DMM)의 DNA는 기적이 일어날 때 소셜 네트워크내에서 강력하게 전달되며 그 메시지가 인간에게서 비롯된 것이 아님을 확인시켜 준다. 돌봄과 배려의 생활방식에서 흘러나오는 기적은 독특한 확신의 힘을 가지고 있다.

그러나 가장 큰 기적은 평범한 제자에게 권한 위임을 하는 것이다. 성직자만이 가르칠 수 있다는 전통을 거부하고 모든 제자는 DISCOVERY 성경공부(DBS)를 시작하도록 도전을 받는다. 소셜 네트워크 안에서 일하면 복음이 쉽게 전달될 수 있다. "하나님의 다리(The Bridges of God)는 … 선교사가 각 종족집단 내에서 "집단회심운동"을 촉진하게 할 수 있는 가족과 친족 관계의 "다리"를 활용하라는 명령이었다"(맥가브란-McGavran 1981, 137). 이렇게 하나님의 백성을 자유롭게 하자 사막에서 생명을 주는 유일한 길이라는 위대한 기적을 가져왔다. 그 결과 각계각층의 제자가 예수님을 영접하게 되었다.

그룹이 함께 발견하고 순종하는 유일한 길

연구 결과의 또 다른 발견은 그룹이 함께 발견하고 그룹이 함께 순종하는 것의 중요성이다. 교회는 신자들의 모임을 통해 하나님의 나라를 반영한다. "하나님의 나라는 왕의 정당한 통치를 회복하는 것이다"(트루스데일-Trousdale 2018, 11). 그룹이 함께 말씀을 공부하고 왕이신 예수님의 통치를 나타낼 때 이것은 개인주의적인 전도 방법보다 더 강력하게 공동체를 변화시킨다.

이러한 하나님의 운동에서 배움은 발견에 더 중점을 두게 하는데 이것은 사람들이 하나님의 말씀과 직접 상호 작용하면서 여러 질문에 대답하는 과정을 통해 진리를 찾도록 해 준다. 예수님은 정기적으로 질문을 하셨다. 실제로 복음서에는 예수님이 질문받은 것보다 훨씬 더 많은 질문을 하신 것으로 묘사되어 있다(코펜하버-Copenhaver 2014, xviii).

예수님은 또한 비유로 군중에게 말씀하셨는데 호기심 많은 사람들은 영적 유사점에 대해 생각해야 했다. 예수님의 가르침은 또한 현대의 접근 방식보다 더 상호 작용적이다. 예수님처럼 DISCOVERY 성경공부 진행자는 질문으로 질문에 답하고 참가자가 성경 이야기를 자신의 말로 다시 이야기하도록 격려한다. 그 결과 사람들은 성경 본문에 집중하고 하나님의 말씀에서 직접 하나님에 대해 배우게 된다.

이런 식으로 케냐(Kenya) 교회는 "사람들이 믿음을 갖도록 제자화 한다." 케냐 교회는 사람들에게 어떻게 하나님이 시간이 지남에 따라 자신을 그의 백성에게 계시했는지에 대해 함께 상호 작용하며 발견하도록 해준다. 예수님의 제자가 하나님의 말씀과 직접 소통할 수 있는 권한을 부여받음으로써[4] 제자 삼는 혁명이 시작된다.

하나님은 모든 사람이 그분을 경배하고 사랑하며 순종하기를 원하신다. 제자 삼는 운동을 시작함으로

---

4) 종종 미전도 종족 특히 많은 미개척 종족은 문맹이므로 성경이 그들의 언어로 번역되어도 그들은 읽을 수 없다. 하지만 오디오 성경 덕분에 더 많은 평범한 제자가 하나님의 말씀에 접근하고 말씀을 들으면서 상호작용을 하고 어떻게 하나님이 그들에게 말씀하시는가에 대한 질문을 대답한다.

써 그분과 함께 끝까지 동역한다. 진정한 혁신자(game-changer)는 단순히 예수님을 믿는 사람이 아니라 그분께 순종하는 사람이다. 우리가 지상 명령을 성취하는 방법은 평범한 제자가 하나님의 말씀을 직접 듣고 순종하도록 권한위임을 하고 준비시켜서 교회를 개척하는 제자를 만들도록 하는 것이다. 이 신자는 다른 사람이 예수님께 순종하도록 돕는 삶의 방식을 가지고 자신들의 모임에서 파송되어 지역 사회 변화를 주도한다.

> 전 세계 교회개척을 위한 제자화 운동(DMM) 지도자는 제자에게 하나님이 모든 사람을 가르치시는 분이라는 것을 훈련시킨다(요 6:43-45). 궁극적인 권위가 목회자나 진행자의 의견이 아니라 하나님의 말씀이라면 신자는 하나님의 방법을 향해서 서로를 붙들어 주고 책임을 질 수 있게 된다. 종교개혁 기간 동안 우리는 신자의 제사장적인 권한의 절반 정도만 누렸는데.… 우리가 갖는 남은 절반 정도의 권한이 의미하는 바는 우리가 하나님과 대화하기 위해서 인간 제사장을 필요하지 않고 바로 할 수 있다는 것이다. 우리가 현재 실행하고 있는 절반 정도의 권한이 말하고 있는 의미도 하나님이 우리에게 말씀하게 하시기 위해 제사장이 필요한 것이 아니라는 것이다(포라인 - Forlines 2017)

제자가 하나님의 말씀을 듣고 그것을 실천할 때 다른 사람이 따라야 할 모범을 보인다. 이 제자는 "대부분의 진리는 가르침을 받는 것이 아니라 진리에 잡혀 사는 것이다"라는 격언을 이해한다. "우리가 일에서 단합된 모습을 보이고 사랑을 보여준다면 그들은 우리에게서 좋은 것을 배우고 변화를 얻을 것이다"(쇼도-Shedo 2020, 교회 B3). 그들의 친교와 연합에도 선교적 초점이 있다. 그들은 "어떻게 하면 우리가 함께 순종할 수 있을까."라는 질문을 자주 나눈다. 하나님을 믿지 않는 가족을 사랑하는 사람들이 모인 공동체가 있으면 이를 통하여 사람들은 조금씩 반응하기 시작한다. 이러한 그룹 역학 관계는 주인의식과 장기적인 관계와 추억들을 높이고 섬기는 사람 들사이에 더 깊은 영향을 미친다. 사람들이 예수님의 삶을 본받고 관계 속에서 그 삶을 전수하며 그룹으로서 삶을 실천할 때 사람들은 깊은 영향을 받는다.

결론

2019년 12월 아일라(Aila)와 팀원들은 마지막 미전도종족과 함께 교회개척을 위한 제자화 운동(DMM) 훈련을 진행하기 위해 산속으로 들어갔다. 그곳에 있는 동안 이웃 나라에서 폭력 사태가 발생해 그들이 모이는 장소까지 미치게 되었다. 아일라(Aial)의 생명의 길(Lifeway) 선교회 친구중의 한명과 공동 훈련자 한명이 총격전의 피해로 사망했다.

사막에서 양배추가 자라는 비전을 이루기 위해서는 엄청난 대가가 따랐다. 하지만 예수님의 사랑은 제자들로 하여금 이 화해의 길을 걸으면서 그분의 기쁨을 발견하게 한다. 그 길은 좁고 사망의 음침한 골짜기로 이어질지 모르지만 그 길은 생명에 이르는 예수님의 유일한 길이다.

목양하는 이들이 자신의 사역을 평가할 수 있도록 함으로써 우리는 관습적인 표현을 사용하여 하나님의 운동의 공통된 본질을 묘사할 수 있는 패턴을 만든다. 그런 다음 하나님의 운동의 리더는 패턴을 지키고 다음 세대를 가르침으로써 패턴이 전수(傳授) 될 수 있도록 힘을 실어줄 수 있다. 우리가 DNA를 적절하게 전수(傳授)하고 고무시키지 않으면 복음이 타협되거나 선교의 쇠퇴를 초래할 수 있다. 이러한 긴장감을 유지하는 것은 세대 간 결실을 맺는 데 중요한 요소다. 뉴 제너레이션(NG)선교회의 대표인 해리 브라운(Harry Brown)은 "우리의 유산은 우리 자신이 성취할 수 있는 것이 아니라 우리가 세상을 떠난 오랜 후에 제자 세대가 믿고 행하는 것"이라고 자주 말한다.

참고 문헌

Barna Group. May 25, 2016. "The End of Absolutes: America's New Moral Code." www.barna.com/research/the-end-of-absolutes-americas-new-moral-code/.

Barna Group. December 11, 2019. "What Do Young Adults Really Mean When They Say They Are Christians?" www.barna.com/research/resilient-discipleship/.

Barna Group. December 1, 2015. "New Research on the State of Discipleship." https://www.barna.com/research/new-research-on-the-state-of-discipleship/.

Charmaz, Kathy. 2001. "Grounded Theory: Methodology and Theory Construction." *International Encyclopedia of the Social & Behavioral Sciences*.

Copenhaver, Martin B. 2014. Jesus Is the Question: *The 307 Questions Jesus Asked and the 3 He Answered*. Nashville: United Methodist Publishing House.

Forlines, James. 2017. "When Disciple Making Movements Are Misunderstood." *Mission Frontiers* (November–December). www.missionfrontiers.org/issue/article/ when-disciple-making-movements-are-misunderstood.

Galgalo, Joshua. 2020. January. Focus group interviews, Group A, Lifeway [Digital recording]. NG IQA project.

Garrison, David, 1999. *Church Planting Movements* (booklet). Richmond: International Mission Board.

———. 2004. *Church Planting Movements*. Arkadelphia, AR: WIGTake Resources.

———. 2014a. *A Wind in the House of Islam: How God Is Drawing Muslims around the World to Faith in Jesus Christ*. WIGTake Resources.

IMB, Editorial Staff. August 31, 2016. "Twelve Characteristics of a Healthy Church." www.imb.org/2016/08/31/2016083112-characteristics-healthy-church/.

Long, Justin. 2020. "How Movements Count." *Mission Frontiers* (May–June). www.missionfrontiers.org/issue/article/how-movements-count1.

McGavran, Donald A. 1981. *The Bridges of God*.

McKnight, Scot. 2011. *The King Jesus Gospel: The Original Good News Revisite*d. Grand Rapids: Zondervan.

Omondi, Francis. 1995. *A Call to Share: The Unevangelised Peoples of Kenya*. Nairobi:Daystar University.

Piper, John, 1993. *Let the Nations Be Glad! The Supremacy of God in Missions*. Grand Rapids: Baker.

Rohde, Peter P., ed. 1960, 1988. *The Diary of Soren Kierkegaard*. New York:Kensington Publishing Corp.

Shedo, Ado. 2020. January. Focus group interviews, Group B, Lifeway [Digital recording]. NG IQA project.

Smith, Steve, and Stan Parks. 2015. "T4T or DMM (DBS)? Only God Can Start a Church Planting Movement!" *Mission Frontiers* (May–June). www.missionfrontiers.org/issue/article/t4t-or-dmm-dbs-only-god-can-start-a- church-planting-movement-part-1-of-2.

Tasse, Aila, 2017. "Disciple Making Movements in East Africa." *Mission Frontiers* (November–December), 12–15. www.missionfrontiers.org/pdfs/12_ Tasse_39.6_1112-2017-3.pdf.

Trousdale, Jerry, and Glenn Sunshine. 2018. *The Kingdom Unleashed: How Jesus' 1st- Century Kingdom Values Are Transforming Thousands of Cultures and Awakening His Church*. Murfreesboro, TN: DMM Library.

Warren, Rick. 1995. *The Purpose-Driven Church*. Grand Rapids: Zondervan.

Waterman, L. D. 2017. "Different Pools, Different Fish: The Mistake of 'One Size

Fits All' Solutions to the Challenge of Effective Outreach Among Muslims." Fuller Seminary. *Global Reflections* website. https://sparks.fuller.edu/global- reflections/2017/01/18/different-pools-different-fish-the-mistake-of-one-size- fits-all-solutions-to-the-challenge-of-effective-outreach-among-muslims/

Watson, David, and Paul Watson. 2014. *Contagious Disciple Making: Leading Others on a Journey of Discovery*. Nashville: Thomas Nelson.

Winter, Ralph D., and Steven C. Hawthorne. 1981. *Perspectives on the World Christian Movement*: A Reader. Pasadena, CA: William Carey Library.

17장
보즈푸리 사례 연구(Bhojpuri Case Study)
빅터 존, 데이브 콜스 (Victor John, with Dave Coles)

보즈푸리(Bhojpuri) 교회 개척 운동(CPM)에 대한 자세한 설명은 존과 콜스(John and Coles 2019)의 책 "보즈푸리의 약진(breakthrough)"에서 확인할 수 있고 본 책에 나오는 모든 참고 문헌은 그들의 책을 참조했다. 본장에서 우리는 이 하나님의 운동의 두 가지 측면만 강조하려고 한다.

보즈푸리의 상황에서 무엇이 독특했고 이 하나님의 운동은 그 독특한 상황에 어떻게 대처했는가?
이 하나님의 운동의 어떤 지도력 특징이 반문화적인가?

보즈푸리(Bhojpuri) 상황에서는 무엇이 독특했고 보즈푸리(Bhojpuri) 하나님의 운동은 그 독특한 상황에 어떻게 대처했는가?

24:14 연합(24:14 Coalition) [1] 에 등재된 1,369개의 교회 개척 운동(CPM)(이 글을 쓰는 시점 기준) 중 보즈푸리(Bhojpuri) 하나님의 운동이 다른 많은 운동과 구별되는 요인은 여러 가지다. 이러한 요인 중 일부는 다른 하나님의 운동에서도 나타난다. 하지만 대부분의 현재 하나님의 운동에서는 찾아볼 수 없는 요인이 많다. 따라서 이러한 요인이 모여 보즈푸리(Bhojpuri) 하나님의 운동의 독창성을 만든다.

이 하나님의 운동은 교회 개척 운동(CPM) 용어가 일반화되기 전인 1990년대에 시작되었다. 이 하나님의 운동에 대한 용어 정의나 설명이 발표되기 전이었다. 시작하는 방법에 대한 몇 가지 핵심 아이디어가 1994년 전략 조정가 훈련에서 나왔다. "보즈푸리(Bhojpuri) 비전 뒤에 있는 아이디어는 전도와 교회 개척에 대한 구식 접근 방식의 영토주의(territorialism)를 제거하는 것이었다. … 우리는 사역이 어떻게 전개될지에 관한 청사진으로 시작하지 않았고 모든 것이 수년에 걸쳐 진화해 왔다"(11, 12).

이 하나님의 운동은 선교의 무덤으로 알려졌던 지역에서 번창했다. "과거에 이 지역은 복음에 너무너무 적대적이었고 복음을 이질적인 것으로 여겼다. 그곳은 선교의 무덤으로 알려졌다. 외국적인(foreignness)것이 제거되자 사람들은 복음을 받아들이기 시작했다"(3).

---

1) www.2414now.net/get-involved/movement-catalysts/our-task/ "세계 하나님의 운동 개요 및 24:14 비전" 참조.
※ '24:14 연합'은 마 24:14를 기치로 4가지 주요 원리(운동, 모든 족속과 모든 장소, 협업, 긴급성(four primary principles: Movements, Every People and Place, Collaboration, and Urgency)에 근거해 하나님의 운동을 협력하는 단체임(역자 주).

나는 이전에 보즈푸리(Bhojpuri) 지역에서 봉사한 선교사의 노고와 실패 그리고 성공에 대한 이야기를 들었다. '이 모든 사역이 이처럼 작은 결과만 낳을 수 있다면 그 답은 무엇인가? 선교사가 풍성한 수확을 거두는 것을 방해하는 것은 무엇인가.' 분명히 모든 중요한 자원과 높은 수준의 교육 그리고 잘 개발된 파트너십이 목표에 도달하지 못하고 있었다. 이것은 내 시도에 대해 성찰적 질문을 하게 했다. "내가 올바른 질문을 하고 있는가? 아니면 내가 실제로 내 주위의 비기독교인에게 불쾌감을 주고 있는 것인가?"(6)

상기한 고민을 통해 보즈푸리(Bhojpuri) 안에서 복음 사역에 대한 새로운 접근 방식이 나왔다.

이 하나님의 운동은 이미 일부 기성 교회가 존재했던 지역에서 하나님의 운동으로 시작되어 지속되었다.[2] 1990년대 이후 수십 년 동안 더 많은 하나님의 운동이 시작되면서 우리는 이전에 기독교가 거의 알려지지 않았던 상황에서 하나님의 운동이 가장 잘 번성하는 경우가 많다는 것을 관찰했다.

상당수의 기존 교회가 있는 지역에서는 신생 하나님의 운동이 하나님의 운동 동력을 유지하고 4세대 이상으로 확산되는 데 어려움을 겪고 있는 것 같다. 새신자는 "진정한 기독교인이 되려면 공인된 교단에서 안수받은 목사가 이끄는 더 큰 회중의 일원으로 매주 일요일 교회 건물에서 예배를 드려야 한다"라고 느끼거나 기존 교회 회원이 그리 말하는 것을 들을 수 있다. 기독교인의 삶의 기준이 예수님의 명령에 따르는 매일의 적극적인 순종보다 매주 교회에 출석하는 것(주로 수동적)이 될 때 영적 열정은 소멸되는 경향이 있으며 급속한 증식은 어쩌다 늘어나는 정도로 붕괴된다. 하나님의 나라를 향한 복음의 돌파는 전통적인 유지로 퇴색한다.

보즈푸리(Bhojpuri) 지역의 기존 교회는 주로 사회 질서의 하위 계층 사람으로 구성되어 있었고 이들이 교회를 이끌었다. 인도(India)의 카스트(Caste) 중심 사회에서 이것은 낮은 카스트 사람들을 의미했다. 그 결과 많은 교회 지도자에게 효과적인 지도력을 위한 배경과 격려 그리고 모델이 없었다. 많은 선교사는 의사 결정권자가 아닌 지역 공동체에서 영향력이 거의 없는 사람에게만 다가갔다. 이 사람은 훌륭한 기독교인이 되었지만 지도력 자질은 없었고 그들의 삶이나 카스트 배경 중 어떤 것도 그들에게 지도력을 발휘할 자신감을 주지 못했다.

긍정적인 측면에서는 선교사가 좋은 소식을 전하고 사회의 가장 낮은 계층에게 희망을 가져오며 좋은 소식을 풍성하게 심기 위해 노력했다. 그들은 기독교적 정체성을 확립했지만 그들이 기독교적 정체성은 외국에 대한 의존과 원주민 지도력의 부족으로 인해 손상되었다. 기독교인이 된 인도인은 여전히 외국 인력과 자원에 크게 의존하고 있었다. 그들의 이러한 사고방식으로 인해 그들은 외부의 도움 없이는 기능할 수 없었다. … 인도 기독교인은 서양 선교사만이 전도하고 교회를 인도할 수 있다고 생각했다(4–5).

---

2) "기성 교회"는 이미 상당한 기간 동안 존재해 왔다. 그 교회는 일반적으로 지정된 교회 건물의 소유권과 안수받은 교역자의 지도력 그리고 회원의 생물학적 증가나 이동에 따른 성장이라는 중요한 요인 또한 오랫동안 확립된 서구 교회 안의 공통적인 규범을 따르는 예배와 사역 패턴이라는 특징을 지닌다. 일부 교회 개척 운동(CPM) 문헌—예를 들어, "토기와 코끼리"(데이르 데일, 그리고 바르나) (the rabit and the elephant, Dale, Dale and Barna, 2009)—에서는 이러한 교회를 "토끼 교회"와 비교하여 (대체로 비호감적인) "코끼리 교회"로 묘사해왔다.

인도 북부(Northern India)에 있는 소수의 기독교인은 약하고 의존적이다. 힌두교와 이슬람교의 광대한 바다에서 극소수로 존재했다. 그들의 사고방식은 "우리" 대 "그들"이었다. "우리"는 자원과 적절한 지도력이 부족한 소수를 의미했다. 그러므로 그들은 다른 사람과 나누기 위해 나가기보다는 기독교인으로서 살아남는데 전적으로 집중했다. 교회에 오는 비기독교인에 대한 의심이 지배적이었다. 그들의 깊은 의심은 불신자를 전도해야 한다는 동기를 압도하였다.

인도(India) 교회 역시 언어와 문화 그리고 예배 방식이 매우 서구화되어 있었다. 그들은 주변의 대다수 사람들과 연결되지 않았다. 하나님을 뜻하는 현지 힌디어(Hindi) 단어 대신에 그들은 하나님을 뜻하는 영어 단어를 사용했다. 이런 종류의 기독교는 1990년대 초반까지 이용 가능한 유일한 기독교 메시지였지만 인도 북부(Northern India)의 보즈푸리족(Bhojpuri)이나 다른 집단에게 전도하려는 진정한 희망을 제시하지 못했다(5-6).

이러한 모든 요인은 기존 교회가 효과적으로 주 종족을 전도하지 않는 상황에 처하게 했다. 그러나 많은 경우에 우리는 이들 교회의 목회자를 돕고 격려할 수 있었다. 비전 제시 과정 초기에 우리는 1994년 바라나시(Varanasi)에서 열린 제1차 보즈푸리(Bhojpuri) 협의 모임에 인근 목회자들과 교회 지도자들을 모두 초대했다. 그리고 그 이후

지난 20여년 동안 수많은 목회자가 좌절감에서 열매 맺음으로의 변화를 경험했다. 이전에 좌절하고 우울했던 많은 지도자들이 이제는 잃어버린 자들에게 전도하는 풍부한 사역을 갖고 있다. 이 하나님의 운동에는 이전에 몇 안 되는 성도들의 작은 교회를 섬기면서 한 장소에 갇혀 있던 일부 목회자들을 포함한다. 단순한 접근 방식의 변화와 약간의 멘토링을 통해 그들은 놀라울 정도로 성장했으며 현재 2~3개의 다른 지역에서 사역하여 다른 많은 지도자들을 멘토링하고 있다(157).

"현장 목회자들뿐만 아니라 전통 목회자들에게도 멘토링을 하고 있다. 주님께서는 우리가 그들이 더 단순하고 재생산 가능한 교회를 만드는데 영향을 미칠 수 있도록 허락하셨다"(172). 우리는 이전에 직접적이고 복음적인 접근 방식을 사용할 때 박해와 저항을 경험한 목회자들에게 우리의 총체적인 접근 방식이 큰 도움이 된다는 것을 여러 번 발견했다.

이 하나님의 운동은 주로 힌두교도들을 전도했으나 한 카스트나 다른 카스트에만 국한되지는 않았다. "인도의 사회적 맥락 전체에서 카스트는 여전히 중요한 역할을 한다. 그것은 사회적 긴장의 기초가 되고 힌두교 근본주의를 키워준다"(22). 그러나 "보즈푸리(Bhojpuri) 가운데 하나님은 이제 모든 카스트 사이에서 움직이고 계시며 낮은 카스트가 (상위 카스트를 전도할) 때도 마찬가지이다. 계층이 다른 신자는 서로 많이 사귈 수는 없지만 함께 예배를 드리고 함께 기도한다"(25).

보즈푸리(Bhojpuri) 하나님의 운동은 이러한 카스트 중심의 상황 속에 큰 변화를 만들었다. 보즈푸리(Bhojpuri) 지역 인구는 상위 카스트가 20퍼센트와 하위 카스트 또는 버림받은 달리트(Dalits)와 아디바시

(Adivasi)의 80퍼센트로 구성되어 있다. 복음은 인구의 80퍼센트에 해당하는 낮은 카스트들에게 더 빨리 전달되는 경향이 있고 교회는 그러한 사회적 현실을 반영해서 사역한다. 이것은 우리가 카스트와 관련된 현실적 문제를 다뤄야 했다는 뜻이다(23).

우리는 계급보다는 언어와 지리 그리고 경제적 지위를 기준으로 사람들에게 다가가는 데 중점을 둔다. 그렇게 하면 복음이 지역 전체에 뿌리를 내리고 퍼지는 데 도움이 되기 때문이다. 카스트는 집단을 나누지만 언어는 사람들을 하나로 묶기 때문에 우리는 의도적으로 카스트에 초점을 맞추지 않기로 결정했다 (24).

이 하나님의 운동은 커뮤니티 학습 센터(CLC: Community Learning Center)**라고 하는 매우 융통성 있는 접근 체계를 사용한다.** 이 센터는 새로운 지역에 진출하는 사역자에게 신뢰성을 제공하기 위한 것이다. 하나님께서는 전체 공동체들 가운데 친교 모임을 개척하도록 우리를 부르셨다. 커뮤니티 학습센터(CLC)는 이 목적을 달성하기 위해 셀 수 없이 많은 문을 열었다. 하나의 커뮤니티 학습센터(CLC)는 리더로 하여금 잃어버린 사람에게 초점을 맞추고 그들과 효과적으로 연결될 수 있게 한다. 커뮤니티 학습센터(CLC)를 통해 우리는 복음을 듣지 못하거나 자신의 상황에서 복음이 실현되는 것을 보지 못하는 사람들에게 다가가 그리스도의 사랑을 전하고 성육신한다.

우리의 첫 번째 커뮤니티 학습센터(CLC)는 2008년에 열렸으며 이 커뮤니티 학습센터(CLC)는 지도력 개발의 판도를 바꿔버렸다. 우리는 지역 지도자가 (1) 변화의 주체로서 행동하도록 (2) 커뮤니티 학습센터 (CLC) 프로그램을 사용하여 모든 사람에게 선을 행하기 위해(갈 6:10) (3) 지역 공동체 안에서 평안의 사람(눅 10:5; 마 10:11)을 찾아 배치하도록 훈련시킨다. 지역사회의 필요를 충족시키고 지역 문제를 해결함으로써 커뮤니티 학습센터(CLC) 리더는 항상 하나님 나라를 진전시키려는 목표를 갖고 지역 사회에서 강력한 관계를 구축한다.

> 커뮤니티 학습센터(CLC)는 섬김에 대한 총체적인 접근 방식을 구현한다. 각 커뮤니티 학습센터(CLC)는 지역사회에 대한 접근을 제공하고 평안의 사람을 찾으며 자원을 제공하고 지역에 맞는 총체적 섬김을 충족하며 그 곳에서 살아가는 사람들의 필요에 부응하는 것을 목표로 한다. 필요가 충족될 때 하나님 나라의 좋은 소식이 옥토를 발견하고 커뮤니티 학습센터(CLC) 지도자가 제자를 삼고 증식시키는 과정을 시작할 수 있다. 커뮤니티 학습센터(CLC)접근 방식을 사용하여 이전에는 척박했던 땅에 좋은 소식이 파종되었다(33).

예를 들어 2020년 코로나19 질병 대유행 기간 동안 수많은 커뮤니티 학습센터(CLC) 지도자들은 커뮤니티 학습센터(CLC)를 통해 얻은 선의를 지렛대로 활용하여 도움이 필요한 사람들을 도울 수 있었다. 봉쇄 기간에도 경찰들과 정부 관계자들과도 협력해 식량과 마스크 그리고 위생 키트 등을 나눠줬다. 여러 학습센터가 전염병 알기 프로그램을 실시하여 다양한 창의적인 방법으로 질병에 대한 인식을 향상시켰다. 몇몇 지역에서 이 프로그램이 새로운 접촉의 문을 열었다. 몇몇 센타는 궁핍한 사람들이 정부 구호 프로그램의 혜택을 받을 수 있도록 은행 계좌 개설을 도왔다. 특별히 어려운 기간 동안 도전적인 사회-정치적 상황 가운데 예수님을 따르는 자들의 사역으로 말미암아 공동체들 안에서 상당한 호의와 감사가 있었다.

이 하나님의 운동은 일부 사람이 죽음에서 부활하는 것을 포함하여 많은 기적적인 치유를 경험했다. 많은 하나님의 운동에서 기적적인 치유와 구원을 경험하는 축복을 받지만 죽음에서 부활한 사람을 본 사람은 많지 않다. 그러나 기적적인 표징은 결코 하나님의 운동의 초점이 되지는 않았다. "표적과 기사도 이 하나님의 운동에서 중요한 역할을 하지만 그것은 단지 하나님의 위대한 사역의 일부일 뿐이다"(xvi). "우리 상황에서는 복음이 전파되는 곳마다 표적과 기사가 항상 따라온다. 기적은 이 하나님의 운동에서 흔히 발생하지만 우리는 기적에 초점을 맞추지 않는다. 우리는 하나님의 영광을 이 땅에 나타내기 위해 하나님께 순종하고 하나님께서 명하신 일을 행하는 일에 중점을 둔다"(198).

이 하나님의 운동은 신자의 양육과 영적 성장을 위해 DISCOVERY 성경 공부(DBS)를 폭넓게 활용한다. 그러나 불신자에게는 DISCOVERY 성경공부를(DBS) 사용하지 않는다. 다른 하나님의 운동에서 가장 일반적으로 언급되는 DISCOVERY 성경공부의 사용은 믿지 않는 사람에게 믿음을 갖게 된 후에도 계속 사용되었다는 점에서 독특하다(콜스-Coles와 팍스-Parks 2019, 315). 보즈푸리(Bhojpuri) 하나님의 운동에서는 각 위치에서 평화의 사람을 찾는 것이 중요한 역할을 하지만(위에서 커뮤니티 학습센타(CLC)에 대해 언급했고 아래에서 도시 사역에서 언급하듯이) 평화의 사람은 보통 불신자 사이에서 DISCOVERY 성경공부를 시작하지 않는다. 그들은 복음을 나누고 설명할 수 있도록 자기 가족과 친구 또는 지역 공동체와 함께 하는 관계의 문을 연다.

이 하나님의 운동은 농촌 지역에서 시작되어 도시 지역으로도 성공적으로 확산되었다. 오늘날 전 세계 교회 개척 운동(CPM)의 대부분은 주로 농촌 지역에 퍼져 있다. 인도(India)에는 농촌과 도시 지역 모두에 엄청난 미전도 인구가 있다. "하나님께서 보즈푸리족(Bhojpuri) 가운데서 일어난 하나님의 운동을 축복하셨고 우리가 그 일에 관해 다른 사람과 나누자 어떤 사람은 우리에게 '당신의 모든 아이디어는 마을에서는 통하지만 도시에서는 통하지 않을 것이다'라며 도전했다(103-4).

도시 사역은 여러 면에서 농촌 사역과 다르다. 농촌 사역은 공동체 기반이며 사회적으로 동질적인 그룹이 많기 때문에 어떤 면에서는 훨씬 쉽다. 도시 사역은 파편화되고 단절되는 경향이 있다. 대부분의 사람들은 도시 현지인이 아니다. 그들은 다른 마을이나 다른 주에서 이주해왔기 때문에 지역 사회에는 고려해야 할 여러 계층이 있다. 농촌에서는 같은 장소에서 같은 사람들을 자주 만나며 변화는 더디게 발생한다. 사람들이 이사를 가더라도 그들의 가족은 남아있다. 도시는 더 많은 변화가 일어난다. 도시에서는 누군가 이사를 가면 가족이 사라지고 온 가족이 새로 재정착한다. 우리는 이 큰 도전을 극복해야 했다(105).

이 하나님의 운동의 도시 사역 진출은 기도와 연구조사로 시작되었는데 그 둘은 서로 협업한다. 기도는 연구를 안내하고 연구 결과를 해석해 적용할 수 있는 지혜를 준다. 각 그룹과 지역은 독특하다. 연구는 사람의 주요 관심사와 그에 상응하는 잠재적 접근점에 관한 생생한 정보를 드러내준다(106).

우리 연구에 따르면 도시의 빠른 생활 방식과 급속한 발전이 우울증과 자살, 강간, 이혼, 청소년 범죄, 살인, 가정 파탄 그리고 부도덕한 관계 등 여러 가지 심각한 사회 문제를 조장했다. 우리 연구에서는 수많은 젊은이들이 학업 이외의 여러 다른 이유로 인하여 델리(Delhi)로 이주하고 있는 것으로 나타났다. 많은 사람이 외로움과 소외, 스트레스, 정체성 위기 그리고 문화 충격에 직면해 있다(108).

기도와 연구를 통해 찾아낸 필요에 부응하여 우리는 상가 근처에 상담소를 열었고 개원 이후 매년 1,700명 넘는 젊은이들이 방문하고 있다(109). 이 상담소는 젊은이에게 접근할 수 있게 하고 평화의 사람(눅 10장)을 찾게 해준다. 이 평화의 사람 전략은 이미 보즈푸리(Bhojpuri) 족 사이에서 효과적인 것으로 입증되었다. 도시 지역 사람은 자유 시간이 거의 없기에 우리는 소규모 모임(비전통적인 예배 공동체)이 유연성이 높아서 매우 효과적이라는 것을 알았다(109). 최근에는 도시 사역에서 지역으로 권한을 분산시켜 더 많은 젊은이에게 다가갈 수 있게 되었다. 현재 우리는 서로 다른 도시 지역에서 리더가 사역하는 25개 이상의 상담 센터를 보유하고 있다.

> 도시 사역은 다음과 같은 이유로 큰 성공을 거두었다. 첫째 우리는 보즈푸리(Bhojpuri) 족 사이에서 작동하는 입증된 모델을 갖고 있었다. 우리는 사람을 축복하고 평화의 사람을 찾기 위해 교회 개척 운동(CPM) 원리를 적용하고 접근방식을 사용했으며 그 평화의 사람은 그들의 관계 네트워크에 도달하는 열쇠가 되었다. 둘째 하나님께서는 우리가 효과적인 접근 방법으로 향하는 올바른 방향 안에서 연구하고 기도하고 움직이도록 도우셨다. 도시 진입 접근 방식은 농촌 방식과 분명히 달라야 했다. 셋째 우리는 사람이 우리에게 오기를 기다리지 않았다. 우리는 사람에게 적극적으로 다가갔다. 상담 사역을 통해 우리는 학교와 대학을 찾아갔다. 우리는 아동 학대와 성적 학대 그리고 직업 선택과 같은 관련 주제에 관한 인지도 제고 프로그램을 그곳에 제공했다. 이 프로그램은 젊은이 사이에서 따뜻한 환영을 받았다(111-12).

도시의 상황에서 결실을 맺은 것에 대한 추가 설명:

> 그룹과 개인 접근 방식 모두 델리(Delhi)에서 큰 성과를 거두었다. 두 경우 모두 평화의 사람을 찾는 것이 중요하다. 마음이 열려 있는 사람을 찾으면 그들이 직장이나 학교를 추수밭으로 여기도록 돕는다. 그렇게 해서 평화의 사람은 그들이 접촉해야 할 그룹에 다가가기 시작한다. 이러한 도시 공동체는 농촌 공동체와 완연히 다르지만 좋은 소식이 그들 사이에 퍼지고 있다 (113).

인도(India)에는 기차역에 버려진(또는 가출한) 어린이가 있는 독특한 사회 문제가 있다. "인도 전역의 기차역에는 수만 명의 버려진 아이가 살고 있다. 그들은 강도와 강간 그리고 구타에 대한 두려움 때문에 보통 하루에 2~3시간만 잠을 잔다"(서문, xii). 우리가 그들을 섬길 때 가능한 한 그 아이를 가족과 재결합시키는 것을 목표로 삼는다. "처음부터 우리의 최우선 원칙은 다음과 같다. 고아와 반(半)고아 그리고 길거리 아동 등 어린이를 다룰 때 우리는 어린이 창고를 만들고 싶지 않다"(88). "철도변 어린이들을 위한 봉사에서 우리는 주로 가족 회복에 중점을 둔다. 우리는 그들이 어디서 왔는지 그들이 누구인지 어떻게 이곳에 오게 되었는지 알아보기 위해 그들과 소통한다. 그런 후 우리는 정부와 경찰과 함께 그들을 가족에게 돌려보내기 위해 우리가 할 수 있는 일을 한다"(89).

인도의 환경에는 믿을 수 없을 만큼 광범위한 사회적 다양성이 있다. "인도(India)를 10~15킬로만 여행해도 방언과 문화의 차이를 종종 발견할 수 있다"(165). 이런 독특한 다양성의 단편들에 대한 우리의 한 가지 대응 사역은 쉽게 개인에게 맞출 수 있으며 재생산이 가능한 훈련으로 구성된다.

이러한 역동성을 고려할 때 리더가 우리가 말한 내용을 그대로 반복하는 것보다 자기의 사례를 사용하는 것이 더 좋다. 우리의 교육은 그들에게 정보를 강요하지 않고 함께 토론하고 발견하는 과정을 수반한다. 우리는 그룹 학습 과정을 사용하므로 훈련가로서의 우리도 배운다. 모두가 자신의 경험과 배운 바를 모으게 되면 주께서 지시하시는 것과 같은 새로운 결과가 나온다(165).

우리가 조금만 가르쳐도 그들은 직접 해보고 우리의 가르침뿐만 아니라 자신의 경험에서도 배운다. 이를 통해 그들은 정말 효과적으로 일할 수 있다. 그들이 우리에게서 배울 때 그 과정이 시작된다. 그들이 배운 것을 실천하기 시작하면 하나님께서 그들을 가르치시기 때문에 그들은 더 많은 것을 배운다. 하나님께 배운다면 훨씬 더 잘 배운다. 그들이 다른 사람을 가르칠 때 그들은 우리가 가르친 것과 하나님께서 그들에게 가르치신 것을 전수한다(165).

이 접근 방식은 하나님의 운동 전반에 걸쳐 매우 재현 가능하면서도 상황에 맞는 훈련을 촉진시킨다.

보즈푸리(Bhojpuri) 언어와 문화에 맞는 상황화의 사용은 하나님의 운동의 성과에 핵심적인 역할을 했다. "보즈푸리(Bhojpuri)에 접근하려는 시도가 1990년대 갑자기 시작된 것은 아니다. 하지만 전에 전도 사역을 하던 사람은 그들이 접근할 때 보즈푸리(Bhojpuri) 언어를 사용하지 않았다 …. 지금 우리가 보즈푸리(Bhojpuri) 언어에 관해 이야기할 때 그것은 사고방식 자체가 매우 다른 우리 전략의 핵심 요소다"(6). 상황에 맞는 음악과 생활 의식(儀式)은 신자의 모임을 강화했고 복음을 나누는 문을 열었다. "보즈푸리(Bhojpuri) 찬송집에는 결혼과 출산, 죽음, 성찬식, 자녀 봉헌, 자녀의 생일, 기념일 그리고 세례 등과 같은 행사에 무엇을 해야 하는지에 관한 지침이 기록되어 있다"(185). 다음은 효과적인 상황에 맞춘 전도의 구체적인 실례이다.

일부 그룹에서는 사람이 사망한 후 일정 기간이 지나면 의식을 치른다. 이 의식은 이전의 의식이 아닌 기도와 함께 하는 기독교식으로 거행된다. 전통적인 모임을 꼭 없앨 필요는 없고 애도하는 대신 축하한다. 사람은 모든 친척을 행사에 초대해 그들에게 좋은 소식을 전한다. … 이러한 행사에 참석하는 사람은 일반적으로 긍정적인 반응을 보인다. 불신자에게는 문을 열게 된다. 왜냐하면 그들이 이와 같은 것을 본 적이 없기 때문이다(185-86).

이 하나님의 운동은 다른 미전도 종족사이에서 교회 개척 운동(CPM)이 시작되도록 영감을 주고 지원했다. 현재 알려진 1,371개의 교회 개척 운동(CPM)중 약 10퍼센트만이 24:14 연합에서 설명하는 교회 개척 운동(CPM) 증식 즉 다른 미전도 종족과 지역에서 새로운 교회 개척 운동(CPM) 촉진이라는 7 단계에 도달했다. 보즈푸리(Bhojpuri) 하나님의 운동은 그 수준에 도달했고 우리는 "보즈푸리(Bhojpuri)를 넘어서는 돌파구"(Breakthrough Beyond Bhojpuri)와 "무슬림 사이에서 돌파구"(Breakthrough among Muslims)(121-55)라는 제목의 책 장에서 북인도(North India)의 다른 그룹으로의 확장을 강조했다.

이 하나님의 운동이 다른 그룹에 미치는 영향은 다른 출판물에도 설명되어 있다(콜스-Coles와 팍스-Parks 2019, 185-88). 2019년 중반 현재 "인도 북부(North India) 전역에서 약 8개의 서로 다른 언어 그룹이 영향을 받았고 해당 언어 그룹에는 또 다른 하위 그룹이 있다. 그들 중 적어도 하나의 사역은 이미 자체적인 교회 개척 운동으로 분류될 수 있는 지점에 도달했다"(콜스 -Coles 2019, 18).

이 하나님의 운동으로 인해 주님께서 많은 이야기를 들려주셨다. 인도의 상황이 이 하나님의 운동에 상당한 박해를 안겨주기는 하지만 이 하나님의 운동의 접근 방식은 충분히 개방적이고 충분히 상황적이어서 우리는 이제 이 하나님의 운동의 핵심 이야기와 원칙을 출판할 때가 되었다고 느꼈다. 이것은 보안 문제를 고려하여 자신의 이야기가 공개적으로 공유되는 것을 허용하지 않는 대부분의 하나님의 운동과는 대조된다. 보즈푸리(Bhojpuri) 하나님의 운동에 관한 사례 연구는 "퍼스펙티브스"(Perspectives on the World Christian Movement)(윈터-Winter와 호손-Hawthorne 2009, 697-700)에 처음으로 출간되었다. 하나님의 운동에 관한 설명은 약간의 비판을 불러일으켰는데 종종 서면 설명보다는 간접적인 구두 보고에 반응한 것이다. 우리는 전방개척 선교(Mission Frontiers)에 게재된 인터뷰에서 일부 비판에 대한 답변을 공유했다.

> *데이브(Dave): 때때로 사람은 이 하나님의 운동이 보고된 지역을 여행하지만 증거를 보지 못해서 그곳에서 실제로 하나님의 운동이 일어나지 않는다고 결론을 내린다. 당신은 어떻게 답하겠는가?*

> *빅터(Victor): (웃음) 당신이 정글을 걸어도 동물을 전혀 볼 수 없다고 해서 정글에 동물이 없는 것은 아니다. 어떤 사람은 교회 개척 운동이 어떤 모습일지에 대해 마음 속에 특정한 이미지를 갖고 있다. 그들은 사람이 거리에서 울고 있거나 아주 큰 목소리로 자신이 구원받았다고 외치는 것을 보게 되리라 생각한다. 그들은 집 꼭대기에 십자가가 있기를 기대하고 더 이상 사원이나 모스크나 우상이 보이지 않기를 기대한다. 그들은 어떤 하나님의 운동이 일어나면 그 지역이 매우 기독교적으로 보일 것이라는 환상을 갖는다…. 일요일 아침에 교회 건물로 줄지어 가는 사람은 없다. 보즈푸리(Bhojpuri) 신자는 다른 보즈푸리(Bhojpuri) 사람처럼 생활하고, 옷을 입고 식사한다. 그들은 예배하기 위해 상대적으로 눈에 띄지 않는 방식으로 모인다(콜스-Coles 2019, 18).*

보즈푸리 (Bhojpuri) 하나님의 운동 사역의 역동성을 공개함으로써 많은 사람들이 이 하나님의 운동에서 실제로 무슨 일이 일어나고 있는지 더 잘 이해하게 되었다. 결과적으로 교회 개척 운동에(CPM) 관한 일반적인 오해가 줄어들었다.

이 하나님의 운동의 어떤 지도력 특징이 반문화적인가?

힘의 역학구조(Power dynamics). 세계의 많은 문화(그리고 교회 역사상 많은 교회)에서와 마찬가지로 인도 문화에서는 권한을 가진 사람은 자기 권한을 유지하고 자기가 이끄는 사람의 권한을 제한하는 구조를 선호하는 경우가 많다. 보즈푸리(Bhojpuri) 하나님의 운동은 권한을 붙잡기보다는 다른 사람에게 권한을 부여하는 데 초점을 맞춰 반문화적 접근 방식을 취했다.

이 하나님의 운동은 명예로운 종교적 직함 사용을 피하고 모든 신자가 자기의 독특한 은사를 사용하여 자기의 상황에서 지도자가 될 수 있도록 힘을 실어준다. 이러한 지도력 패러다임은 지속적인 재생산의 핵심 열쇠 중 하나를 구성한다. 이 하나님의 운동에 참여하는 모든 사람은 자기 리더를 알고 자기가 누구를 이끄는지를 알지만 지도력은 실제로 계급이나 직함이 아닌 봉사의 수단으로 기능한다(xvii-xviii).

"권한 부여는 우리 지도력 교육의 핵심 요소다. 우리는 첫날부터 리더에게 권한 부여하는 것을 목표로 한다"(164).

권한 부여 문화는 하나님의 운동의 다양한 측면에 영향을 미친다. 첫째 새로운 신자가 좋은 소식을 나누도록 격려하는 외에도 우리는 그들에게 새로운 예배 공동체를 어떻게 시작하는 지 모델이 된다. 그리고 우리는 그들이 즉시 새 그룹을 시작할 권한을 부여한다. 우리는 이 새로운 제자가 시작하는 새로운 그룹을 이끌도록 돌보고 권한을 풀어준다… 둘째 우리는 지역 수준의 풀뿌리 지도력에 권한을 부여하고 지역 지도자가 새로운 예배 공동체를 시작할 수 있도록 협조한다. 우리는 사역을 취약하게 만들 수 있는 외부인에 의존하는 사역을 구축하지 않는다. 우리는 지역 지도자에게 힘을 부여한다. 이는 지역의 주인의식을 불러와 장기적인 생존 가능성과 증식을 초래한다. 셋째 우리는 모든 신자가 예수님의 이름으로 사역을 할 수 있도록 능력을 부여하고 준비시킨다"(176-77).

"하나님의 모든 백성이 주를 섬기도록 능력을 받았기 때문에 이 하나님의 운동이 확장된다"(187). "모든 사람이 주인의식을 갖고 모든 사람이 권한을 부여받으며 하나님의 명령에 순종할 때 하나님의 운동은 자연스럽게 일어난다"(199). 이 하나님의 운동에 오랫동안 참여해온 사람 중 하나인 카빌라쉬(Kavilash)는 다음과 같이 증언한다.

초기와 현재를 비교해보면 많은 것이 달라졌지만 여전히 그대로인 것들도 있다. 지금은 사역이 훨씬 더 커졌지만 한 가지 변하지 않은 것은 바로 처음부터 결과를 내야 한다는 압박감이 전혀 없었다는 것이다. 사역이 숫자 중심이 아니기에 부담 없이 자유롭게 사역할 수 있다. 우리는 마음에서 우러나오는 동기로 섬긴다(14).

지도력을 발휘하는 여성. 인도(India) 사회는 전통적으로(그리고 현재까지 여러 면에서) 여성을 낮게 평가해왔다. 보즈푸리(Bhojpuri) 하나님의 운동은 급진적인 대조를 보이며 여성을 높이 평가하고 지도력에 참여시킨다.

성별 문제는 북인도 사회에서 큰 문제다. 남자와 여자는 그리스도를 영접한 후 이전과 매우 다르게 서로를 대한다. 그들은 이제 이전의 모든 관습과 전통을 무시하는 사랑과 배려를 보여준다. 남성과 여성은 좋은 소식을 전하고 이를 추진하는 데 동등한 책임을 공유한다. 그들은 또한 제자와 지도자 그리고 교회를 증식시키는 데도 동등한 책임을 공유한다(45).

우리는 여성을 좋은 소식과 사역의 동등한 동반자로 보며 예우한다. 이는 우리 측에서 볼 때 반문화적인 것이며 의도적인 것이다. 우리 입장은 처음부터 남성과 여성이 평등하다는 것이다. 하나님은 남자를 부르시듯이 여자도 부르신다. 남자가 제자를 삼을 수 있다면 여자도 제자를 삼을 수 있다. 그래서 우리에게는 이 하나님의 운동의 지도자이자 교회 개척자인 여성이 많이 있다. 그들은 사람을 제자로 삼았고 온 가정을 얻었다. 우리는 여성을 교회의 지도자로 임명하는 데 아무런 문제가 없다. 우리 조직의 수장은 여성이고 훌륭히 섬기는 리더다 (196-97).

종교적인 직함의 부재. 이 하나님의 운동은 명예로운 종교적 직함을 사용하지 않는다. "이 하나님의 운동은 비 전통적이지만 매우 성경적인 지도력과 지도력 개발 패턴 위에 세워진다. 우리는 지도자에게 특별한 교회 직함을 사용하지 않으며(마 23:8-11) 모든 신자가 하나님께서 그들에게 주신 은사를 사용하여 사역할 수 있도록 준비시키고 격려한다(벧전 4:10-11)"(173). "우리는 모든 신자가 예수님의 이름으로 사역할 수 있도록 능력을 부여하고 준비시킨다. 이는 성직자/평신도 구별이 없다는 뜻이다. 우리는 직위에 따른 지도력 사고방식을 피하고 사역자를 "목사님"이라고 부르지 않는다"(177). "우리가 직함을 사용하지 않는 방식이 일부 사람에게는 위협이 되지만 잘 작동한다. 그것은 급진적인 동시에 성경적이다"(158). "우리는 근본적인 사역이 급여와 직위에 직접적인 연관이 있어야 한다는 전통적인 기독교의 가설을 피할 뿐이다"(177).

카스트의 도전을 극복함. 문화적 패턴과 인도(India) 사회를 아는 많은 사람의 예상과는 달리 카스트는 이 하나님의 운동을 통해 열매를 맺는 데 결정적인 역할을 하지 않았다. 사실 이 하나님의 운동에는 지도층의 높은 카스트 사람 사이에서 사역하는 낮은 카스트 사람이 있다.

마을의 낮은 카스트 쪽에서 예배 공동체를 이끌고 마을의 높은 카스트 쪽으로 가서 그곳에서 또 다른 예배 공동체를 이끄는 낮은 카스트 여성이 한 명 있다. 그녀는 낮은 카스트 출신이고 여성이지만(이로써 그녀는 어느 마을에서나 특이한 지도자가 됨) 하나님은 높은 카스트와 낮은 카스트 모두에서 그녀를 효과적으로 사용하고 계신다 (25).

"우리와 함께 방문한 다른 인도 사람은 그녀가 그런 일을 할 수 있다는 사실에 충격을 받았다. 우리는 그녀가 일부 상류층 사람의 치유를 위해 기도했고 하나님께서 그들을 치료해 주신 후에 그들이 그녀가 어떤 계급 출신인지는 상관하지 않는다는 것을 알게 되었다. 하나님의 진리와 능력은 어떤 벽도 무너뜨릴 수 있다"(xii).

문해력(literacy)이 지도력의 선행 조건은 아님. "우리는 지도력이 교육이나 지위에 좌우되어서는 안 된다고 믿는다. 우리 하나님의 운동에는 전혀 글을 읽을 줄 모르는 일부 지도자가 포함되어 있다"(172). "지도자는 또한 전체 교회 개척 과정이 실행 가능한지 확인할 필요가 있다. … 과정이 간단하면 교육받은 사람도 할 수 있고 문맹자도 할 수 있다. 하지만 그 과정이 복잡하다면 소수의 전문가만이 할 수 있다"(118).

기독교 지도력을 배우는 것은 전통적으로 매우 학문적인 과정이다. 초기 보즈푸리(Bhojpuri) 지도자의 학문적 배경을 보면 전통적인 기독교 지도력 훈련을 시도하는 것은 재앙이었을 것이다. 그들 대부분은 구전(oral) 학습자다. 그들 중 일부는 몇 년간 학교 교육을 받았지만 그들의 학습 습성은 기본적으로 구전이므로 문해력 습성과는 전적으로 다르다.

서양식으로 접근하려면 제자와 지도자로 그리고 멘토와 교회 개척자로 훈련받기 위해서는 글을 읽고 쓸 줄 알아야 한다. … 우리는 기도와 증거, 단순한 성경 학습 그리고 매일 삶 속의 적용에 초점을 맞춘 단순한 훈련이 유지되도록 목표를 정했다(160-61).

카빌라쉬(Kavilash)는 다음과 같이 간증한다.

내가 처음 보즈푸리(Bhojpuri) 사역에 참여했을 때 나는 교육을 많이 받지 못했다. 이제 막 2학년을 마쳤을 뿐이다. 하나님의 운동에 참여하면서 나는 더 많은 교육을 받기 시작했고 대부분 정규 학교 과목이 아닌 성경 교육이었다. 그러다가 나는 배우고 싶은 열정이 생겨 불과 몇 년 만에 8학년까지 마쳤다. 나는 우리가 했던 훈련이 가장 흥미로웠다. 그 훈련들을 통해 성경을 배우고 성경을 훨씬 더 깊이 이해할 수 있었기 때문이다. (14) 우리는 아동 읽기 쓰기 프로그램과 재봉 프로그램 그리고 건강 인식 프로그램에 참여함으로써 지역 사회에서 인정을 받은 문맹 여성과 함께 일했다. 그녀는 이러한 일에 주인의식을 갖고 있으며 "나는 아무것도 아닌 존재였지만 이 일을 통해 뭔가 중요한 존재가 되었다"라고 간증하고 있다 (55).

다수의 지도력. 인도의 문화적 규범과 전 세계적으로 많은 교회의 패턴과는 달리 하나님의 운동내에서 교회 지도력은 일반적으로 복수형태다. "교회에는 일반적으로 한 명의 지도자가 아니라 여러 명의 장로와 다양한 수준의 지도력이 있다. 교회가 재생산되거나 한 지도자가 부재할 때 다층적인 지도력이 있으면 일이 더 잘 된다"(184). 신약성경의 패턴을 따르려는 이러한 시도는 보즈푸리(Bhojpuri) 하나님의 운동에 내구성과 안정성 그리고 재현성을 제공했다.

결론

하나님의 성령은 독특한 방식으로 일하는 것을 기뻐하시며 보즈푸리(Bhojpuri) 하나님의 운동에서 성령의 사역은 다양한 방식 속에서 시종일관 독특했다. 보즈푸리(Bhojpuri) 교회 개척 운동은 그 지도력과 성장의 역동성 모두에서 하나님의 은혜로 독특한 길을 열었다.

참고 문헌

Coles, Dave. 2019. "A Still Thriving Middle-Aged Movement: An Interview with Victor John" *Mission Frontiers* (May/June).

Coles, Dave, and Stan Parks. 2019. "DMM – Disciple Making Movement." In *24:14 – A Testimony to All Peoples*. Spring, TX: 24:14.

Dale, Tony, Dale Felicity, and George Barna. 2009. *The Rabbit and the Elephant: Why Small Is the New Big for Today's Church*. Carol Stream, IL: BarnaBooks.

John, Victor, with Dave Coles. 2019. *Bhojpuri Breakthrough: A Movement that Keeps Multiplying*. Monument, CO: WIGTake Resources.

Narayan, Deepa. 2018. "India is the Most Dangerous Country for Women." *The Guardia*n, July 2. www.theguardian.com/commentisfree/2018/jul/02/india-most-dan-gerous-country-women-survey.

Winter, Ralph, and Steven Hawthorne. 2009. *Perspectives on the World Christian Movement: A Reader* (Fourth Edition). Pasadena, CA: William Carey Library.

18장
태국 교회 증식 운동(A Thai Multiplication Movement)
스티븐 베일리, 드와이트 마틴, 솜삭 목사(Stephen Bailey, with Dwight Martin and Pastor Somsak)

동남아시아(Southeast Asian) 불교도들 사이에서 기독교 선교의 역사를 알고 있다면 동남아시아에서 기독교 신앙의 확장에 대한 기대치가 낮다는 사실도 알 것이다. 이 지역에서 교회 증식 운동에 대해 말하는 것은 기적이 필요함을 시사한다. 태국(Thailand)에서 기독교 선교가 시작된 지 약 350년이 지났지만 인구의 1퍼센트 미만이 기독교인이고 그나마 이들 기독교인 중 상당수는 태국의 다수 종족인 불교도 타이(Thai)족이 아닌 소수 종족 출신이다. 수천 명의 타이(Thai)족 불교도가 예수님을 따른다는 소식을 들었을 때 필자는 당연히 회의적이었다. 하지만 '예수 그리스도 자유교회 연합(FJCCA: Free in Jesus Christ Church Association, 이하 FJCCA로 표기)'은 2017년부터 2020년 9월 14일까지 17,206명의 타이족 불교도가 "예수님을 따르는 사람"이 되었다고 보고했다(마틴-Martin, 2000/9/14).

이러한 주장에 끌려 그 진위를 직접 확인하고자 태국(Thiland) 중북부의 펫차분(Phetchabun) 주에 가보았다. 평신도 출신으로 FJCCA를 설립하고 총재로 일하는 솜삭(Somsak) 목사가 필자를 초대해 3일간 강도 높은 현장 관찰을 진행했다.[1] 2016년 말 하나님은 그에게 10,000명의 새 신자에 대한 비전을 주셨다. 그의 교회는 그 목표를 빠르게 달성했다. 17,206명의 신자 중 46퍼센트는 세례(침례)를 받았고 58퍼센트는 가정 교회나 모교회에 정기적으로 출석하고 있다.

이 운동을 통해 770개의 가정 교회가 시작되었고 그 가정 교회 네트워크를 지원하기 위해 20개의 새로운 모교회가 세워졌다(마틴-Martin 2020). 최근 FJCCA는 2020년 말까지 새 신자 1만 명이 아니라 세례(침례) 신자 1만 명으로 목표를 수정했다(마틴-Martin 2019/8). 2019년 10월 6일 하루에 그들은 630명의 새 신자에게 세례(침례)를 베풀었다(마틴-Martin 2019/10). 그날 세례(침례)를 받으려던 200명이 더 있었지만 행사장에 도착하지 못했다. 그리고 2020년 9월 6일에 1,435명의 새 신자에게 세례(침례)를 베풀었다(마틴-Martin, 2020/9/14).[2]

FJCCA(예수 그리스도 안에서의 자유 교회 연합) 센터는 펫차분(Phetchabun) 도의 촌댄(Chon Daen) 마을의 솜삭(Somsak) 목사 사업장에 있다. 그곳에서 그는 오일 교환과 세차 사업을 하며 FJCCA(예수 그리스도 안에서의 자유 교회 연합) 하나님의 운동에 필요한 사무실 공간을 제공하고 있다. 솜삭(Somsak) 목사는 인생 초기에 꽤 성공적인 생명보험 판매자였다. 30년전 하나님은 그에게 지금의 촌댄(Chon Daen) 교회를 개척하라는 비전

---

1) 필자는 2019년 8월 31일부터 9월 3일까지 FJCCA(예수 그리스도 안에서의 자유 교회 연합) 팀 그리고 드와이트 마틴(Dwight Martin)과 함께 있었다.

2) 이 행사에 대해서 https://youtu.be/UcXkeQxA-5Y 비디오를 보라.

을 주셨다. 그 사이 1987년부터 2016년까지 솜삭(Somsak) 목사는 태국(Thailand) 중부와 동북부에 13개의 교회 개척을 도왔다.

필자는 FJCCA(예수 그리스도 안에서의 자유 교회 연합)에서 3일간 예배와 전도 그리고 제자 훈련 교육으로 구성된 8개의 행사를 관찰하고 참여했다. 각 행사는 각기 다른 마을에서 열렸다. 각 장소에서 불교를 믿던 타이족이 예수님을 따르기로 결심하는 꾸준한 흐름도 관찰했다. 하지만 그에 못지않게 중요한 것은 필자가 본 현지 평신도 그리스도인이 효과적인 전도와 제자양육을 하고 있었다는 점이다. 그 팀은 철저하게 자원봉사로 이루어지며 보통 3~10명 사이의 잘 훈련된 청년에서 중년 어른으로 구성된다. 자원봉사자의 약 70퍼센트는 여성이다. 솜삭(Somsak) 목사는 상식적인 비즈니스 마인드와 타이족의 정체성, 가치 그리고 관계 맺는 방식에 적합한 민감성을 갖추고 있다. 이러한 요소들이 추적하고 측정하고 하나님의 운동으로 안내하는 디지털 계량 방식과 잘 결합하여 타이족 불교도에게 복음을 소통하는 효과적이면서도 토착적인 전략을 만들어냈다.

논지

이 사례 연구는 기독교 하나님의 운동에 있어 사회적 현실이 종종 문화적 요인보다 더 중요한 역할을 한다는 것을 보여주리라 믿는다. 이것이 사실이라면 어째서 FJCCA 하나님의 운동이 조직을 세우는 전략과 계량 측정, 기술, 네트워킹, 미디어, 그리고 새 신자가 불교 공동체에서 교회로 잘 옮길 수 있도록 돕는 일에 중점을 두는 지 그 이유를 설명할 수 있다. 태국(Thailand)의 많은 개신교 교회와 마찬가지로 FJCCA는 상당히 서구적인 복음 메시지를 전하고 대부분 서구에서 도입한 전형적인 타이족 개신교 찬송가를 부르며 서양 개신교 교회처럼 보이는 건물을 짓는다. 그들은 몇 가지 상황에 맞춰 중요한 조정을 하긴 하지만 FJCCA보다 훨씬 더 상황화(Contextualized) 된 다른 타이족 교회들만큼 심하지는 않다.[3]

이 사례 연구는 상황화(Contextualization)의 형태도 중요하지만 하나님의 운동이 지역 사회 현실적 문제들을 효과적으로 다룰 때(심지어 세계적인 사회 세력의 물결을 잘 탈 때) 성공할 수 있다는 점을 시사한다. FJCCA(예수 그리스도 안에서의 자유 교회 연합) 하나님의 운동은 현지의 소외된 타이족(대부분 여성)이 자기 정체성을 확인함으로써 그 정체성을 확장하고 강화하도록 돕고 전 세계 오순절 운동처럼 전 세계 기독교 공동체와 연결하여 정체성을 확장하는 방식으로 예수님의 제자를 성공적으로 양성하고 있다.[4]

이 논고에서 상황화(Contextualization)는 기독교 신앙과 가치 그리고 의식(儀式) 등을 현지의 상징적 문화 범주에 의도적으로 적용하는 것을 말한다. 이러한 적용은 기독교인이 문화적으로 적절하고 이해할 만한 형식으로 복음을 충실히 전달하고 실천하려고 노력할 때 형식과 의미 사이의 긴장 속에서 창조적으로 나

---

3) 예를 들어 응용 사역 교회 협회 센터와 연결된 프라쿤 무앙 우돈(Prakun Muang Udon) 교회를 방문해보라. 거기서는 고도로 상황화(Contextualized) 된 예배와 설교를 관찰할 수 있지만 수십 년의 사역에도 불구하고 하나님의 운동과는 거리가 멀다.

4) 피터 버거(Peter Berger)는 데이비드 마틴(David Martin)의 의견에 동의하면서 전 세계 오순절주의가 초자연주의와 "사회 세력의 현대화 속으로 향하는 사회적 이동성"의 기회를 결합하여 만든 성공적인 항해로 본다(버거-Berger, 2013). 마틴(Martin)은 오순절주의를 다원주의와 분열 그리고 선택과 자발적 연합의 초국가적인 움직임의 표현으로 묘사했다(Martin, 2006).

타난다. 사회적 현실이란 사람이 살고 있는 사회적이고 물리적 환경의 경험적 현실을 의미한다.

이러한 환경에서 인간은 문화적 목표와 열망을 추구하기 위해 자신의 수단을 행사한다. 그들의 성공은 사회적 그리고 자연적 환경의 장애물을 극복할 수 있는 기회와 역량에 달려 있다. 좀 더 실용적인 말로 표현하자면 사회적 현실은 지역 인프라와 경제, 기술, 이동성, 도시화, 소셜 미디어, 정치 운동, 사회 속 문화적 정체성의 투영 그리고 이 모든 것이 끊임없는 변화와 교류를 가져오는 글로벌 힘과 교차하는 방식이다.

문화(상징적 정신 패턴)와 사회적 현실(사람들이 행동하는 자연 환경의 사회 체제에서 생성되는)은 서로 연관되어 있다. 문화는 사회 행동의 거울이자 사회 행동을 위한 거울이다(거츠-Geertz, 1973, 94). 문화적 가치와 사회적 행동 사이에는 항상 어떤 단절이 있는데 이 단절은 세계화 과정에서 더욱 심해져 거의 모든 지역 사회에 지속적인 긴장을 야기한다.

셰리 오트너(Sherry Ortner)가 말했듯이, "… 사회적 행위자는 땅위에서의 삶과 다양한 관행을 통해 자신을 만든 문화—일반적으로 각자가 지닌 어떤 부분—를 재생산하거나 변형시킨다"(오트너 -Ortner 2006, 129).

이 사례 연구에서 FJCCA(예수 그리스도 안에서의 자유 교회 연합)의 타이족 불교도 회심자에게서는 자신의 문화적 정체성을 확증하고 확장하는 방식으로 사회적 현실에 참여하는 수단을 사용하는 모습이 보인다. 물론 어떤 이들은 다른 이들보다 더 성공적이지만 그들 모두 사회적 환경의 요구에 맞춰 헤쳐 나갈 때 문화적 목적을 추구하기 위해 문화적 정체성 보존과 자기에게 필요한 조정 사이의 긴장 속에서 살아간다.

이제부터는 먼저 FJCCA(예수 그리스도 안에서의 자유 교회 연합)가 어떻게 복음을 타이족 문화적 범주에 맞게 상황화 하는지 설명할 것이다. 그 다음 회심자가 타이족의 문화적 정체성에 뿌리를 내리면서도 새로운 기독교 사회적 영적 네트워크의 부분으로서 스스로를 재설정하고 확장할 수 있도록 FJCCA가 협력하는 다중적인 사회적 현실을 설명할 것이다. 나는 이것이 하나님의 운동의 성공에 중요한 열쇠라고 주장한다. 이 새 기독교인들은 예수님을 나쁜 업보를 없애시고 기도에 응답하시는 신뢰할 수 있는 주로 여기지만 그들은 지역의 사회적이고 영적 의무를 초월하는 새로운 자유를 교회 안에서 발견한다. 교회를 통해 그들은 신앙을 자유 속에서 행사하고 모두에게 힘을 실어주는 다양한 사회 공동체로 연결된다. 이제 교회 안에서 그들은 우주의 하나님과 다른 지역이나 다른 나라에 있는 사람에게 속하게 된다. 이러한 방식으로 그들은 이전의 영적이고 사회적인 소외를 극복한다.[5]

문화적 범주에 대한 상황화(Contextualization for Cultural Categories)

이 단락에서는 타이족 문화에 맞게 복음을 상황화(Contextualization) 하기 위한 FJCCA(예수 그리스도 안에서

---

[5] FJCCA(예수 그리스도 안에서의 자유 교회 연합)의 가르침을 신학적으로 평가하는 것은 공정하고 책임감 있는 일이지만 여기서 이 하나님의 운동을 영적으로 분석하는 것은 필자의 목적이 아니다. 하나님이 FJCCA에서 일하고 계신 것은 분명하다. 필자의 목적은 사회적 분석이다. 필자는 독자에게 하나님의 운동을 위해 FJCCA가 잠재적인 사회적 원인을 이해하기 위해 무엇을 하고 있는지에 대한 설명에 집중할 것을 촉구한다.

의 자유 교회 연합)의 노력을 세 가지 상징적인 범주의 용어로 설명한다. 이러한 노력은 하나님에 대한 적절한 태국어 단어 찾기와 하나님의 본성을 이해하기 그리고 귀신 들림이 흔한 타이족 사회에서 성령으로 "충만함"을 얻는다는 개념을 다루는 것과 관련된다.

"하나님"을 나타내는 언어

타이족 교회에서 하나님을 뜻하는 태국어는 프라짜오(Prachao)다. 하지만 실제로 태국어는 유일하시고 인격적인 창조의 하나님이라는 개념을 잘 나타내는 토착 용어를 제공하지 않는다. 타이족 기독교인들은 프라짜오(Prachao)를 널리 사용하지만 이 용어는 광범위한 의미로 사용되기 때문에 현지 불교도들에게 혼란을 준다. 태국어로 프라짜오(Prachao)는 왕과 여러 힌두교 신, 지역 정령 또는 천사를 지칭할 수 있다. 프라짜오(Prachao)의 의미는 옛 영어의 "주(lord)"와 크게 다르지 않다.[6] 프라짜오가 그들을 사랑하셔서 그들을 위해 아들을 보내 죽게 했다는 복음을 들은 불교도는 기독교인이 말하는 프라짜오(Prachao)가 어떤 프라짜오(주-Prachao)를 가리키는지 내색하지 않지만 궁금해한다. 이러한 혼란을 피하기 위해 FJCCA는 프라예수(PhraYesu) 또는 예수님에 대해서만 말하기로 결정했다. 이것은 사소한 명칭 변경이 아니다. 이 변화는 타이족 불교도들에게 그들을 위한 복음을 매우 명료하게 만들었다. 타이족 불교도는 이제 예수님이라 이름하는 하나님께서 사람으로 성육신하셔서 우리의 악한 업보를 없애기 위해 대신하여 죽으셨다는 메시지를 이해할 수 있게 되었다. 이제 그들은 악한 업보의 결과로부터 구원받을 수 있게 되었다.[7] 하나님이신 예수님은 오늘날 우리를 돕고 우리의 마음 속에 함께 사시며 기도에 담긴 우리의 고민을 들으실 준비가 되어 있다.

성부와 성자와 성령

두 번째 이슈는 삼위일체 교리와 관련이 있다. FJCCA(예수 그리스도 안에서의 자유 교회 연합)는 성경에 나타난 대로 성부와 성자 그리고 성령을 인정하지만 전통적인 서구 교회처럼 세 위격이라는 용어로 삼위일체 교리를 가르치지 않는다. 이에 대한 질문에 솜삭(Somsak) 목사는 미소를 지으며 "내 역사가 아니다"라고 대답했다. 삼위일체 교리는 타이족과 문화적으로 매우 달랐던 4세기 기독교인이 표현한 것이기 때문에 삼위일체에 대한 철학적, 신학적 설명이 도움이 되기보다는 오히려 혼란을 줄 수 있다는 뜻이다. 삼위일체 교리를 탄생시킨 철학적 논쟁은 태국인이 전혀 알지 못하는 그리스 철학적 범주에 깊이 관련되어 있다. "인격(페르소나-Personae)"이라는 의미로 세 위격을 말하는 것은 태국어로 맞춰 번역하기가 쉽지 않다. 이 삼위일체 개념의 인격(personae)은 보통 태국어로 북콘(bukkhon)으로 번역되는데 이 말은 개인을 가리키는 말이다(마틴 -Martin email, 2020/9/4). 그렇기에 기독교인이 세 다른 신을 숭배한다고 많은 타이족이 결론

---

6) 이 문제는 라오스어(Lao), 버마어(Burmese), 크메르어(Khmer) 성경 번역본에도 존재한다.
7) 태국에서 "악한 업보(bad karma)"는 자신이나 타인에게 부정적인 결과를 가져오는 행위를 말한다. 불교의 업보에 관한 철학은 죄에 관한 기독교적 개념과는 몇 가지 면에서 다르지만 일반 불교도의 업보 이해는 죄와 많이 가깝다. 일반 태국인은 "죄의 삯은 사망"이라는 생각을 명확하게 이해하고 설명한다.

을 내리는 것은 놀라운 일이 아니다. 따라서 FJCCA는 귀납적 성경 공부 과정에서 삼위일체를 가르친다. 새 신자는 신앙이 성장함에 따라 성경 이야기에서 성부 하나님과 성자 하나님 그리고 성령 하나님에 관해 읽고 배운다.

타이족의 "피이(Phi)"와 성령

세 번째 상황화(Contextual)이슈는 사람이 영(피-Phi)에 사로잡히는 것을 자주 목격하는 문화적 환경에서 성령으로 충만해지는 것과 관련 있다. 이 맥락에서 타이족에게는 어떤 종류의 영에 의해 "충만"(타이족 생각으로는 "빙의") 받는다는 것이 매우 두려운 일이 될 수 있기 때문에 FJCCA(예수 그리스도 안에서의 자유 교회 연합)는 새 신자와 함께 기도할 때 충만받는다는 표현을 쓰지 않는다. 그래서 기독교인의 삶 속 성령의 역할은 제자 훈련 과정의 후반부에 가르친다.

사회적 현실을 다루는 전도

FJCCA(예수 그리스도 안에서의 자유 교회 연합)는 기독교 신앙으로 나아가는 데 장애물로 작용하거나 촉진할 수 있는 몇 가지 사회적이고 실제적인 이슈에 부합하는 방식을 쓴다. 이 단락에서는 타이족 불교도가 예수님을 따르는 자가 되고 이 하나님의 운동이 성장을 지속할 수 있도록 길을 열어주는 방식에 있어 FJCCA(예수 그리스도 안에서의 자유 교회 연합)가 이러한 사회적이고 현실적인 이슈들과 몇몇 세계적인 힘을 어떻게 연계시켰는지 설명할 것이다.

소셜 네트워크와 함께 움직이기

2019년에 FJCCA(예수 그리스도 안에서의 자유 교회 연합)는 17개 모교회에서 40개의 전도 자원봉사팀을 구성하여 매일 전략적으로 교회가 없는 마을을 찾아가 간단한 복음의 메시지를 전했다. 이 팀은 한 팀 당 5명 이상의 교회 개척 자원 봉사자로 이루어졌다. 이들은 미국 남침례교 해외선교부에서 차용한 개념인 평화의 사람을 찾는 일부터 시작했다. 타이족의 맥락에서 평화의 사람이란 우호적이고 복음을 들을 수 있는 열린 마음을 가진 사람을 의미한다. 그들은 그 사람에게 복음을 듣고 싶어 할 만한 마을의 친척과 친구에게 전도 팀원을 소개해 달라고 요청한다. 그런 다음에는 그 마을 이장에게 공개 집회를 열 수 있도록 허가를 요청한다.

전도 모임은 지붕과 좌석이 있는 공간(쌀라-sala)에서 열리는데 집에 붙어 있거나 종종 불교 사원 경내에서 열리므로 지나가는 모든 사람이 그 행사를 볼 수 있다. 이벤트는 10명 또는 12명 정도로 작게 열리기도 하고 때로는 150명 이상이 모이는 경우도 있다. 젊은이와 남성 대부분이 도시에서 일하려고 마을을 떠나 있기 때문에 모임은 주로 성인 여성들과 은퇴한 노인들 그리고 어린이들로 구성된다.

이런 식으로 FJCCA(예수 그리스도 안에서의 자유 교회 연합) 팀은 새로운 공동체로 진입하는 일에 사회적 도움을 받는다. 공동체 회원의 소개와 추천을 받는 것은 사람이 외부인에게 갖게 되는 당연한 의심도 없애고 그 공동체에 자연스럽게 연결하는 일에 확실한 도움이 된다. 지역 당국의 사전 허가를 구함으로써 전도 팀은 "존경과 감사" 또는 태국어로 쾀까딴유(Khwamgatanyu)를 표현한다(플레밍-Fleming 2014, 89). 태국 당국은 존중을 표시할 때 외부인과 외국 사상을 용인해 온 오랜 역사를 가지고 있다. 이것은 부분적으로 타이족 불교 정체성의 힘에 대한 자신감에 기인한다. 이 사실은 19세기까지 거슬러 올라가는 외세 및 선교사를 대하는 태국의 역사에서 확인할 수 있다.[8]

따라서 상당한 장애물이 될 수도 있는 타이족의 권위 구조는 실제로 FJCCA(예수 그리스도 안에서의 자유 교회 연합) 팀원이 공동체로 진입하는 일에 도움이 되는 수단이 되기도 한다.

타이식 모임

전도 팀은 재미와 어른 존중, 편안하면서도 예의 바른 태도 그리고 음식 공유와 같은 관계와 관련한 태국의 핵심적인 가치에 의도적으로 마음을 쏟는다. 모임은 태국 예능 쇼 진행자처럼 유머를 쓰는 리더가 있어 참여도가 높다. 전도 행사는 즐거운 오락으로 인정받는다(싸눅-sanuk). 팀원은 정중하고 겸손하게 행동하고(쑤팝-Suphab), 지역 당국자와 연장자에게 존경을 표현한다(카우롭-khawlop). 팀원은 개인 간증과 간단하고 짧은 가르침을 나눌 때 열정과 자신감을 갖고 이야기한다. 각 사람은 5분을 넘기지 않고 강요도 하지 않는다. 분위기는 편안하고 환대로 빛을 발한다. 모임에 참석한 모든 사람은 미소 짓는 자원봉사자가 제공하는 작은 국수 한 그릇씩 받는다.

전도 팀은 간단하고 명확한 메시지를 전달한다. 오래된 방식의 포스터 그림을 곁들인 이야기를 사용해 짧게 복음을 제시한다. 그런 다음 두세 사람이 어째서 자신들이 예수님을 따르는 지 설명하는 간증을 나눈다. 마지막 발표자가 예수님 안에서 새 생명을 얻고 싶은 사람이 있는지 묻는다. 모두가 예수님을 말하고 예수님께 감사한다. 전형적인 태국 기독교인의 "컵쿤 프라차오"(khawp khun Prachao-하나님께 감사드립니다)라는 말은 이 모임에서 들을 수 없다.

예수님을 영접하고자 하는 사람이 예수님을 영접하도록 팀이 먼저 기도하고 나머지 청중이 함께 복창하며 기도한다. 크게 한 목소리로 기도문을 낭송하는 것은 전통적인 불교 사원에서 실행하는 관습으로 모두에게 친숙한 일이다. 팀원은 새 신자가 스스로 기도하고 예수님과의 관계를 발전시키도록 격려한다.

사람은 언제든지 기도할 수 있다고 배운다. 그렇게 할 수 있도록 힘을 실어주기 위해 5개의 짧은 기도문이 큰 글씨로 인쇄된 종이를 받는다. 아침 기도와 정오 기도, 저녁 기도, 고백 기도, 그리고 도움이 필요할 때를 위한 기도문이다. 큰 글씨는 시력이 약한 노인이 많은 마을과 실내 조명 사정이 좋지 않은 가정에 중요하다. 아이들은 모임을 따로 가지며 짧고 간단한 복음 설명을 통해 진행된다.

---

8) 불교 철학의 우월성을 충분히 확신했던 몽꿋 왕(King Mongkut 1851~68)과 그의 아들 쭐라롱꼰 왕(King Chulalingkorn 1868-1910)이 어떻게 타이족 불교도로서의 정체성을 잃을 염려가 거의 없이 서양에서 배울 수 있는 것을 추구했는지를 다룬 플레밍(Fleming)의 토론을 참조하라(2104, 20-24). 아폰수완(Aphornsuvan)은 태국 엘리트들의 정치적 지적 자신감이 서구 과학의 도전에 어떻게 상호작용했는지 보여준다. 그녀는 태국 엘리트층이 서구의 과학을 받아들이면서도 봉건적 사회 구조와 불교와 국왕에 대한 그들의 충성심을 버리지 않았다고 말한다(2009).

몇 가지 사회적이고 실제적인 이슈는 이렇게 대처한다. 첫째 엄숙하고 예전적인 불교 사원 모임과는 현저한 대조를 이루는 방식을 사용하여 짧고 오락성 있는 행사에 대한 현대인의 선호도에 부응한다.[9] 둘째 기독교인이 누구에게 기도하는지에 대한 혼란은 예수님만 언급함으로써 해소한다. 셋째 타이족 마을 사람의 전형적인 수줍음은 그룹 참여로 극복한다. 마지막으로 적절한 조명의 부족이나 노인 빈곤층의 안경 부족은 행사에서 사용하는 큰 글씨로 극복한다.

새 신자를 교제권 안으로 묶기

이러한 마을 전도 행사에서 일반적으로 10명 이상의 성인이 예수님을 따르고 싶어한다. 회심자 대부분은 기혼과 중년 그리고 상대적으로 가난한 마을 여성들이다. 이렇게 모인 새신자들을 중심으로 가정 교회가 형성된다. 매주 한 명 이상의 팀 자원봉사자가 마을로 돌아와 새 신자들을 가르친다. 팀원은 가정 교회 내부에서 리더가 세워질 때까지 계속 방문한다. 새 신자는 신앙이 성장할 때까지 가정 교회에 출석한다. 원할 경우 주일에 모교회에 출석할 수 있지만 신앙 생활 초기에는 권장되지 않는다.

모교회는 마을 가정 교회가 모여 있는 지역에 전략적으로 위치한 건물이다. 모교회는 환영과 공지, 예배 찬양, 헌금 그리고 설교로 진행되는 전형적인 현대 태국 개신교 예배 순서를 따른다. 다소 독특한 점은 3~5명이 지난 한 주 동안 성경에서 배운 바나 예수 안에서의 삶이 이전 삶과 어떻게 다른 지 나누는 것이다. 이 관행은 가정 교회 모임에서도 흔히 볼 수 있다.

FJCCA는 새 신자가 기독교 신앙을 갖게 된 첫 몇 달을 영적 삶에서 매우 중요한 시기라고 생각한다. 일반적인 기독교 교회 예배는 불교 사원의 공동체 예전과 크게 다르다. 전형적인 교회의 사회적 역동성에 직접 들어가는 경험은 새 신자를 압도할 수 있다. 그래서 새 신자는 처음 6개월 동안은 모교회에 출석하지 않고 마을 가정 교회에 머물도록 권장한다. 새 신자가 새로운 신앙 지식과 확신 안에서 성장하면 그들은 어디에서 예배할 지 결정할 수 있다. 대부분은 두 예배에 모두 참석하겠다고 결정한다.

또한 새 신자는 세례(침례)를 받을 시기도 결정한다. 세례(침례)는 자신이 기독교인이라고 밝힌 직후에 받을 수도 있고 훨씬 후에 받을 수도 있다. 그들은 세례(침례)를 받는다는 것이 이전의 예배 대상과 영적 충절을 버리기로 결심했음을 의미한다고 배운다. 이제 그들은 오직 예수만을 예배할 준비가 되었다. 남편이 도시로 일하러 떠난 여성이 다수인 그 가난한 마을 주민이 확신과 예수님의 제자로 강화되는 영적 사회적 변화는 그들의 간증과 이 하나님의 운동을 발전시키기 위해 공간과 음식과 시간을 자발적으로 제공하려는 열망 속에 분명히 나타난다.

지역 및 지역 조직

복음이 이웃과 친구를 통해 마을에서 마을로 옮겨가면서 마을에서 마을로 교회가 개척된다. 한 지역(일반적으로 태국 면 단위)에 약 20~30개의 가정 교회가 있으면, FJCCA는 땅을 마련하고 지역 가정 교회들의 네

---

9) 일부 개신교 교회 예배도 즐겁기(싸눅-sanuk) 보다는 엄숙하고 지나치게 예전적이라는 묘사에 잘 부합한다.

트워크 규모에 따라 백 명에서 오백 명 정도 수용할 만한 원룸형 모교회를 건축한다. 건물 뒤편에는 공동체 식사를 마련할 만한 주방 공간을 만든다. 모교회는 중앙 예배 센터로 주변 가정 교회를 강화하고 필요한 자원을 제공하는 훈련 센터로 섬긴다. 이렇게 해서 지역 내 가정 교회들이 훈련과 자원 그리고 격려를 받게 된다.

불교 공동체에서 기독교 공동체로의 전환

FJCCA(예수 그리스도 안에서의 자유 교회 연합)는 핵심 지침을 만들었다. 그들은 새신자가 불교 사원에 가는 것을 금하지 않고 또한 가족의 일원으로서 다른 가족이 불교적 공적을 쌓고 조상을 돌보는 가족 의무를 실행하는 것을 금하지 않는다. 대신 그들은 이러한 불교와 전통 관습에 대한 참여를 중단하는 결정을 새 신자에게 맡긴다. 새 신자가 사랑하는 가족에게 그들의 사랑과 존경을 확신시키고 언제 어떻게 공덕 의식에 참여하지 않을지 결정할 여유를 둔다. 이런 결정은 종종 가족과 의논한 다음에 내려지곤 한다. FJCCA(예수 그리스도 안에서의 자유 교회 연합) 지도자는 새 신자가 기독교 신앙이 성장함에 따라 이 문제를 스스로 결정하고 실천할 수 있다는 것을 이미 관찰했다.

한 모교회에서 필자는 우리가 있던 건물 바로 맞은편에 있는 사찰의 평신도 불교 지도자를 만났다. 그는 자신이 새롭게 예수를 믿게 된 신자지만 여전히 사원을 통해 승려와 함께 의식을 치르며 불교 회중을 이끌고 있는데 대체자를 찾을 수 있을 때까지 계속할 것이라고 설명했다. 두 공동체의 필요를 이렇게 쉽게 수용하는 것은 동남아시아 교회에서는 찾아보기 드물기에 신선하고 실용적이며 친절해 보였다. 동남아시아 불교 배경을 가진 사람에게는 자기 스스로의 결정을 내리기 위해 언제 떠날 것인지를 정하는 이런 접근 방식을 기대할 수 있을 것이다. 그 방식은 자신들의 공동체 안의 가족과 친구들의 감정을 보호하는 부드러운 전환을 우선시한다.

이 실천이 얼마나 중요한지는 아무리 강조해도 지나치지 않다. 태국(Thailand)에는 이리저리 오가는 수많은 전도 노력이 있지만 지속적인 결과는 적다. 동남아시아 전역에서 대부분의 선교사는 회심이 가장 큰 문제가 아니라는 데 동의할 것이다. 그보다는 제자가 되고 증인이 될 만큼 충분히 오랜 기간 신앙을 유지하는 불교 배경의 회심자를 보는 것이 드물다. 불교도가 예수님을 따르는 데 가장 큰 걸림돌은(위에서 보았듯이 문제가 될 수 있지만) 메시지를 이해하기 위한 능력 부족이라기 보다는 그들의 정체성을 유지해 주는 닻이라 할 수 있는 중요한 사회적 관계를 파괴하지 않고 예수님의 제자가 될 수 있게 하는 능력의 부족에 있다. FJCCA는 회심자가 자기만의 방식과 시간으로 이 협로를 성공적으로 처리하도록 허용하는 방안을 찾은 것 같다.

수년 전 도널드 맥가브란(Donald McGavran)은 종족 운동을 다음과 같이 정의했다.

종족운동(people movement)은 5명이든 500명이든 모두 같은 종족 출신 다수의 개인들이 연대해 결신한 결과로 초래되는데 사회적 고립없이 기독교인이 되게 하는 동시에 비 기독교인 친척과 완전한 접촉을 유지하게 하

기에 그 종족의 다른 그룹이 몇 년 지나면서 적절한 교육을 받은 후에는 유사한 결신과 그 종족의 구성원으로
만 이뤄진 기독 교회를 형성하게 한다(Visser, 2008, 51).

FJCCA(예수 그리스도 안에서의 자유 교회 연합)가 여기서 하고 있는 일은 데이비드 마틴(David Martin)이 보는 바전 세계 오순절 운동에서 일어나고 있는 것과 유사하다.

오순절주의자는 유동적 정체성을 수용한다. 오순절주의 신도들은 직계가족과 신도들 사이의 형제애를 중요
하게 여기기 때문에 대가족과 전통적인 공동체안에 각인된 큰 속박으로부터 자신을 자유롭게 한다. 동시에 지
역적 속박은 전적으로 엄하지 않아 오순절주의는 해당 지역의 필요와 지역적 정체성을 섬기기도 한다(Martin,
2006).

평신도 자원 전도자 및 지도자

FJCCA(예수 그리스도 안에서의 자유 교회 연합) 지도자 중 정식 성경학교나 신학원 훈련을 받은 사람은 없다. 하나님의 운동은 전적으로 평신도 자원 봉사자에 의해 주도되고 이들 대부분은 기독교 신앙을 처음 접하는 자이다. 이것은 대부분 평신도의 참여도가 높았던 교회 운동의 역사에 비추어 볼 때 중요한 의미를 갖는다. 신앙을 처음 접하는 평신도는 교회가 없는 선교적 상황에 처할 때 더 편안하고 효과적으로 섬기는 경우가 많다. 그들 자신이 그런 상황 출신이기 때문이다.

성장을 촉진하기 위해 가난하고 사회적으로 소외된 평신도 회심자에 의존하는 것은 교회의 확장이 역사적으로 교회의 주변부에서 일어났다는 폴 피어슨(Paul Pierson)의 논지와 일치한다(피어슨-Pierson 2009, 103). 선교학자 랄프 윈터(Ralph Winter)는 21세기 선교사 교육 컨퍼런스에서 "지금도 대부분의 선교사는 평신도이고 역사적으로도 늘 평신도가 대부분이었습니다. 저는 특히 여성 선교사에게 주목합니다"(윈터-Winter, 1993)라고 지적했다. 같은 연설에서 윈터(Winter)는 "평신도를 위한 선교 교육은 … 전문적인 선교사 훈련의 전략적 중요성보다 상위에 있습니다"라고 주장했다(윈터-Winter, 1993). 윈터(Winter)는 선교 역사에 대한 지식을 바탕으로 자신의 주장을 펼쳤다. 위대한 개신교 선교사 중 상당수는 평신도였다(예: 모라비안-Moravians, 윌리엄 캐리-William Carey, D. L. 무디-Moody 그리고 오늘날 수많은 평신도 비즈니스 선교사). 또한 선교현장에서의 전도 활동 대부분은 공식적으로 훈련받은 선교사의 지시를 받았더라도 대부분 현지 평신도에 의해 수행되었다.[10] 유명한 중국 선교사 존 네비우스(John Nevius)는 그의 저서 "선교적 교회의 개척과 발전"(The Planting and Development of Missionary Churches, 1888)에서 이상적이고 토착적인 선교적 교회 개척의 특징은 다음과 같다고 했다.

---

10) 앤드류 월스(Andrew Walls)는 현대 선교 운동의 첫 두 세대 동안 "전형적인 선교사는 오래동안 머물고 … 겸비한 배경에 적당한 재능을 가진 사람이었다는 사실을 목격하면서 이와 비슷한 결론을 내린다. 선교지에 온 자는 여행자와 장인(artisan) 그리고 사무원이었다(1996, 171)." 선교에서 평신도의 역할은 2차 세계대전이 끝난 이후 폭발적으로 증가했다. 데이나 로버츠(Dana Roberts)도 바티칸 제2공의회 후에 가톨릭 평신도의 선교의 문이 열렸다는 점을 언급한 바 있다(2009, 114).

신자는 각자의 직업에 종사하고 무급 평신도 지도자가 교회를 목양하며 교회는 가정이나 소박한 건물에서 모이고 선교사와 유급 전도자는 여러 교회를 감독하고 광범위한 훈련을 제공하며 교회는 지교회(daughter church)를 개척한다(비셔 – Visser, 2008, 51).

필자는 FJCCA(예수 그리스도 안에서의 자유 교회 연합)팀이 안내해 간 한 마을에서 수백 명의 사람이 예수님을 따르도록 이끈 한 여성을 만났다. 그녀는 꿔어이 띠아오(kuay teow) 라고 하는 x타이족 전통 국수를 만들어 판다. 하지만 그 일을 하지 않을 때는 소형 오토바이를 타고 다른 마을을 다니며 복음을 전하고 제자훈련을 한다. 이 하나님의 운동에는 그녀와 같은 평신도가 많이 있다. 평신도 새신자의 참여는 힘을 실어주고 상대적으로 사회적 지위가 낮은 개인을 자신의 마을을 훨씬 넘어 더 멀리까지 영향력을 미치는 지역사회 리더로 변화시킬 수 있다.

계량 측정 방법

소프트웨어 기술자인 드와이트 마틴(Dwight Martin)은 치앙마이(Chiang Mai)에 있는 eSTAR 재단(http://estar.ws) 설립자다. 미국에서 10년간 소프트웨어 개발 회사를 운영하던 드와이트(Dwight)는 14년 전 회사를 매각하고 태국으로 돌아왔다. 태국에서 선교사 부모 사이에 태어난 그는 태국어에 능통하며 FJCCA(예수 그리스도 안에서의 자유 교회 연합)의 고문으로 활동하고 있다.[11] 또한 한 마을 찾아가기(Reach A Village: http://rechavillage.org) 운동을 통해 기금을 제공하며 이 하나님의 운동의 가속화를 돕고 있다. FJCCA(예수 그리스도 안에서의 자유 교회 연합)는 필요한 재정의 50퍼센트 이상을 내부 재원으로 충당하지만 마틴(Martin)은 자신의 기금이 제자훈련 자료와 동원과 훈련 그리고 때로는 모교회 건축에 제공되어 이 하나님의 운동 가속화에 도움이 된다고 본다. 마틴(Martin)은 현장 사역자가 본부 사무실 시스템에 데이터를 직접 입력할 필요 없이 각자 스마트폰으로 데이터를 입력할 수 있는 앱, 첫열매(First Fruits)를 개발하고 있다.

현재 마틴(Martin)이 제공하는 소프트웨어를 통해 FJCCA(예수 그리스도 안에서의 자유 교회 연합) 팀은 데이터를 업데이트하여 가정 교회의 위치와 모든 신자의 이름과 주소를 파악할 수 있다. 이를 통해 제자 양육을 위한 후속 조치가 가능하고 각 제자가 어떤 자료를 공부했는지 팀에 알릴 수 있다. 가장 중요한 것은 팀이 데이터를 분석하고 무엇이 효과가 있는지 무엇이 효과가 없는지 그리고 그들의 목표에 얼마나 근접했는지 빠르게 파악할 수 있게 해준다는 점이다. www.thaichurches.org에 있는 지도가 교회를 나타내는 녹색 원으로 채워진 것을 보는 것은 고무적이다. 상대적으로 가난한 시골 마을 주민이 이런 기술이 제공하는 계량 측정 방법으로 이 하나님의 운동을 엄격하게 평가하는 것은 흥미로운 일이다.

의도적이고 적절한 제자훈련

이미 언급했듯이 태국(Thailand)에서는 많은 사람이 신실한 제자가 되지 못한 채 기독교인이 되는 것을

---

11) 드와이트 마틴(Dwight Martin)의 FJCCA(예수 그리스도 안에서의 자유 교회 연합) 하나님의 운동에 대한 인터뷰가 있는 다음의 링크를 참조하라. https://youtu.be/6P3NMy7T24w, https://youtu.be/qn6kRKID434.

보는 것이 이상하지 않다. 이렇게 반복되는 실패의 대부분은 교회가 신앙을 갖게 된 불교도에게 불교와 조상 숭배 의식 같은 가족의 의무를 빨리 포기하게 하는 데서 기인한다. 이것은 실제로 새신자가 자기 가족에게 존경과 존중을 표현하는 것을 불가능하게 만든다. 이는 FJCCA(예수 그리스도 안에서의 자유 교회 연합) 하나님의 운동에서 구원을 위해 기도하는 사람과 세례를 받는 사람 사이의 시간적 지연(새 신자의 39퍼센트가 세례를 받음)을 설명하는 데 도움이 된다. 이 하나님의 운동에서 회심은 다음과 같은 과정을 포함한다: 예수께서 자신의 나쁜 업보를 없애 달라고 기도하고 예수께서 자기의 삶에 오시길 간구하며 제자가 되고 가정 교회의 일원이 된다. 예수님만 따르고 예수님께 간구하는 법을 배우고 가족의 불교사찰 의무를 가족 자체에 대한 의무로 전환하며 준비되었다고 느낄 때 공개 세례(침례)를 받는다.

새 신자가 제자로 남지 못하는 빈번한 실패와 관련된 또 다른 문제는 새 신자를 성숙한 그리스도인의 삶으로 인도하기 위한 후속 조치의 부족이다. 제자 양육은 집중적인 수고와 시간을 많이 소비하는 일이다. 그 일은 새 신자 하나하나를 세심하게 추적해야 하며 이를 위해 많은 수의 새 신자가 예수님과 함께 하는 삶의 다음 단계로 나아가는 방법을 가르칠만한 수많은 평신도 자원봉사자를 필요로 한다. FJCCA(예수 그리스도 안에서의 자유 교회 연합)의 데이터 시스템과 자발적이고 열정적인 자원 봉사자로 이뤄진 그들의 군대가 이러한 요구를 충족한다.

FJCCA(예수 그리스도 안에서의 자유 교회 연합)는 제자훈련 과정의 두 가지 중요한 측면에서 세심한 주의를 기울인다. 첫째 새 신자는 48시간 이내에 후속 조치를 취한다. 팀들은 새 신자의 이름과 주소, 신앙을 갖게 된 날짜, 나이 그리고 성별 등을 꼼꼼히 기록한다. 그리고 이 데이터를 새 신자의 사진과 함께 새 신자와 모든 가정 교회의 위치를 추적하는 데이터베이스에 입력한다.

둘째 새 신자는 이해하기 쉬운 단계별 과정 속에서 제자훈련을 받는다. 처음에 새 신자는 복음을 더 잘 이해하도록 돕는 "우리를 위한 예수님의 계획"(Jesus' Plan for Us)이라는 소책자(큰 글씨로 인쇄됨)를 받는다. 각 과는 공동체 모임에서 복습하고 다시 가르치며 다른 사람들에게도 그 교훈을 가르치는 연습을 하도록 새 신자를 격려한다. 결국 신자는 복음을 확고하게 이해하고 새로운 믿음을 표현할 능력을 갖게 된다. 나중에 새 신자는 "생명수"(The Water of Life)라는 책자를 통해 요한복음으로 안내하는 두 번째 단계의 제자 훈련에 들어간다. 세 번째 책인 "풍요로운 삶"(Abundant Life)은 기본 교리를 다룬다. 제자 훈련의 세 번째 단계는 새 신자가 가정 교회에서 성경을 읽고 공부할 수 있도록 안내한다.

기업가적 실용성과 유연성

위에서 언급했듯이 솜삭(Somsak) 목사는 사업 경력이 있다. 그는 사역에 대한 기업가적이고 실용적이며 유연한 접근방식을 FJCCA 팀에 불어넣었다. 그들은 사역을 진행하면서 끊임없이 평가하고 조정한다. 그들은 사람이 쉽게 이해할 수 있고 사람이 교회에서 집처럼 편안하게 느끼며 바르고 쉬운 복음 전파 촉진에 도움이 되는 어떤 것이라도 사용할 것을 고려한다. 그들은 그러한 여정에 방해가 되는 것은 무엇이든 버린다. 솜삭(Somsak) 목사와 함께한 첫날 솜삭(Somsak) 목사는 필자를 두 번 쳐다보며 태국어로 "타이족을 그리스도에게 인도하는 일은 쉽다"라고 말했다. 필자의 경험상 동남아시아에서 복음을 전하는 것이 쉽지 않다는 것을 배웠기 때문에 그 말이 꽤나 불쾌했다. 하지만 그와 팀을 지켜보면서 그들이 타이족이 그 안에서 살아가고 있으며 오랫동안 불교도가 신앙을 갖기 어렵게 만들었던 사회적 현실에 알맞게 복음을 소통하는 방식을 갖췄음을 알게 되었다.

우리가 방문한 한 마을에서는 비가 너무 많이 와서 아무도 경청하기 힘들었고 심지어 휴대용 마이크 (Public Address System: 휴대용 마이크/스피커 세트, 역자 주)로도 들을 수 없었기에 복음 제시가 지연되었다. 비가 오랫동안 그치지 않아 청중 중 일부는 자리를 떠났다. 나중에 팀이 행사를 시작하려고 했을 때 청중은 적었고 산만했다. 팀은 행사 후에 다음에는 같은 상황이 벌어지면 무엇을 해야할지 논의했다. 그들은 비가 그치기를 기다리는 동안 청중의 관심을 유지하면서도 복음을 들을 수 있기를 바라면서 그룹이 할 수 있는 활동을 계획하기로 결정했다. 이러한 쉬운 유연성은 그들이 서양 선교사나 교회 조직과 아무런 관련이 없다는 사실과도 관련이 있을 것이다. 지켜야 할 외부의 신학적이고 방법론적이며 그리고 역사적 전통이 없기 때문에 그들은 고정관념에서 벗어나 생각하고 혁신하며 성경을 읽고 성경과 타이족의 사회 현실 양쪽 모두에 충실하다고 느끼는 자신의 방식으로 성경을 자기의 상황에 적용할 자유가 있다.

거시적인 사회적 요인

나는 솜삭(Somsak) 목사에게 이 하나님의 운동의 급속한 성장에 따른 종교적 박해의 가능성에 관해 물었다. 결국 이 하나님의 운동이 계속되어 태국 전역으로 확산된다면 일부 타이족이 위협을 느낄 수 있다. 솜삭(Somsak) 목사는 적어도 현재로서는 그런 일이 일어나지 않으리라 확신한다. 그는 역사적으로 태국이 매우 개방적이고 관용적인 종교의 자유를 실천해왔다고 말한다. 타이족은 태국(Thailand)에 어떤 외부 사상이 들어와도 관용하며 태국(Thailand) 불교의 정체성이 강하고 흔들리지 않는다는 자신감으로 꽤 오래 알려져 왔다. 이것이 사실이라면 캄보디아(Cambodia)와 라오스(Laos) 그리고 미얀마(Myanmar) 등 태국(Thailand)과 같은 수준의 종교적 관용을 실천하지 않는 나라에서도 이러한 하나님의 운동이 그리 쉽게 일어날 수 있을지 의문이다.

FJCCA(예수 그리스도 안에서의 자유 교회 연합) 하나님의 운동을 촉진하는 또 다른 거시적 요인은 많은 외딴 마을에 접근할 수 있는 상당히 훌륭한 도로가 있다는 것이다. 거의 모든 외딴 마을로 통하는 도로와 널리 보급된 휴대폰 덕분에 팀원은 하루 안에 여러 가정 교회를 비교적 쉽게 방문할 수 있다. 이웃한 소승불교 (Theravada) 세 나라에는 이러한 교통 편의성이 부족하다.

이 하나님의 운동에 기여할 수도 있는 세 번째 거시적 요인은 태국(Thailand)에 현존하는 정치적이고 경제적인 불만이다. 솜삭(Somsak) 목사는 최근(2016) 사랑받던 태국(Thailand) 국왕이 서거하면서 국민 사기에 타격을 입었다고 느낀다. 2014년 군부에 의한 태국 민주 정부의 정권 탈취와 시골의 지속적인 일자리 부족은 전반적인 낙담감을 가중시켰다. 또한 일부 사람은 오늘날 타이족이 과거보다 불교에 덜 헌신적임을 주목했다. 이것은 아마도 교육과 부 그리고 세속주의의 영향력이 커진데 기인했을 것이다. 이러한 거시적인 요인을 고려할 때 타이족 하나님의 운동이 성공할 수 있는 또 다른 이유는 타이족 사회의 사회적, 영적 삶에서 지금이 적절한 시기이기 때문일 것이다.

선교학을 위한 시사점

FJCCA(예수 그리스도 안에서의 자유 교회 연합) 팀과 함께 3일간 치열하게 보낸 후 필자는 기독교가 동남아시아 불교인과 의미 있는 관계를 맺는 것이 가능하다는 생각이 들었다. 캄보디아와 미얀마에서도 비슷한 교회개척 운동이 일어나고 있는데 태국(Thailand)의 사회적 현실이 이러한 하나님의 운동을 촉진하고 있는지 조사해 볼 가치가 있다.[12]

FJCCA(예수 그리스도 안에서의 자유 교회 연합)의 경우 태국의 불교도에게 복음을 전하려던 지난 350년의 노력에서는 볼 수 없는 뭔가 독특한 일이 일어나고 있는 것이 분명해 보인다.

필자는 타이족 불교도가 교회의 새로운 사회적, 영적 환경으로 쉽게 전환할 수 있도록 길을 열어 주기 위해 사회적 현실과 협력할 수 있게 하는 방식에서 FJCCA 하나님의 운동의 원동력을 찾을 수 있다고 주장했다. FJCCA(예수 그리스도 안에서의 자유 교회 연합) 모교회들의 예배와 복음 설명은 태국의 대부분의 개신교 교회와 매우 유사하지만 아마도 일부 교회보다는 조금 더 은사적이다. 하지만 대부분의 타이족 기독교인은 FJCCA교회 예배에 참석하며 편안함을 느낄 것이다. FJCCA는 복음을 어느 정도 상황화(Contextualization) 했지만 다른 교회만큼은 심하지는 않다. FJCCA의 독특함은 모교회 예배나 가르침에 있지 않다. 그 독특함은 그들의 조직 규율과 평신도 자원 봉사자들의 군대 그리고 불교도가 예수님의 제자가 될 수 있는 길을 열어주기 위해 그들이 노력하는 모든 일에 있다. 불교 배경을 가진 사람의 참여와 의사소통 그리고 제자도에 관한 모든 것은 타이족의 정체성을 확인할 뿐만 아니라 현지 가족과 공동체의 의무 너머로 확장한다. 실제로 그것은 타이족의 정체성도 확인하고 이를 교회의 국제적 다양성과 연결함으로써 타이족의 정체성도 강화한다.

새 신자들이 건너는 그 다리는 잘 알려진 인지적 문화적 범주와 관행을 사용하여 이미 존재하는 관계로 구성된다. 그들이 기독교 교회의 사회적 그리고 종교적 세계로 건너갈 수 있도록 돕기 위해 회심이 초래하는 정서적이고 사회적인 불안을 어떻게 헤쳐 나갈지를 스스로 결정하는 새신자에게 시간과 사회적 공간이 제공된다. 회심자의 사회적 불안 중 가장 중요한 것은 불교의 공덕 쌓기와 조상 공경에 대한 가족과 공동체의 기대를 충족시켜야 한다는 것이다. FJCCA는 새로운 신자가 스스로의 선택의지로 가족을 욕되게 하지 않으면서 예수를 언제 어떻게 따를 지를 결정할 수 있도록 과감하게 허용함으로써 그들이 매우 타이족의 방식으로 예수께로 나아가는 길을 열어주었다.

---

12) 라오스에서는 일부 소수민족 사이에서 하나님의 운동이 일어나고 있지만 다수 종족인 라오(Lao)족 불교도에게는 큰 영향을 미치지 않았다.

최종 생각

　사회적 현실을 다루는 것이 문화적 상황화(Contextualization) 보다 하나님의 운동에 진정 더 중요할 수 있다는 본고의 논지가 옳다면 선교학은 사용하려는 문화 모델을 새로 업데이트하는 것이 나을 것이다. 많은 선교적 노력은 올바른 문화 범주를 선택함으로써 문화 신념 체계와 의사소통에 지나치게 초점을 맞춘 근본적인 문화 이론에 의존한다. 물론 이러한 일은 매우 중요하다. 그러나 문화에 대한 이러한 관점은 문화적 의미가 언제나 매우 특별한 환경에서 사회적 관행을 통해 연주된다는 사실을 보지 못하게 할 수 있다. 이러한 현실이 시사하는 바는 의미가 사회적으로 역동적이며 사회적 환경의 요구에 맞춰 조정된다는 것이다. 이는 사전에서 찾은 단어와 우리가 대화에서 접하는 단어의 차이와 비슷하다. 말하기는 항상 올바른 구문과 목소리 톤 그리고 상황이 주어지면 기존 단어로써 새로운 것을 말할 수 있게 하는 사회적 관계의 맥락에서 수행된다. 이것이 바로 폴 리쾨르(Paul Ricoeur)가 단어의 사전적 의미가 아닌 문장 수준에서 의미가 발생한다고 쓴 이유이다(1976, 20).

　우리가 의미의 상황화(Contextualization)에만 초점을 맞춘다면 예수를 따르는 일과 사회 변혁의 연관성을 놓치게 될 것이다. 회심자와 교회는 중대한 관계가 있는 사회적이고 자연적 환경에서 살아가고 행동한다. FJCCA(예수 그리스도 안에서의 자유 교회 연합) 하나님의 운동에서 이것은 태국 사람의 문화적 정체성을 확인하는 동시에 그것을 창조주 하나님과 다양한 국제 교회와의 관계라는 또 다른 차원으로 끌어올리는 것을 의미한다. 거기서 우리의 모든 정체성은 독특하고 그리스도 안에 감춰져 있다. 이것은 가정과 사회 안의 관계를 위한 사회적 함의를 지닌 영적인 과정이면서도 사회적 과정이다. 타이족 불교도출신 새신자는 영적으로나 사회적으로 자기에게 가장 좋다고 느끼는 전략적 방식으로 태국인이 된다는 의미를 확장하고 변혁시키기 위해 하나님께서 부여하신 매개적 수단을 사용하고 있다. 이러한 결정은 정치와 경제 그리고 가족에 영향을 끼친다.

　1970년대와 80년대에 상황화(Contextualization)를 옹호한 찰스 크래프트(Charles Kraft)는 "복음을 전달하는 데 있어서 사회적 문제가 문화적 문제보다 훨씬 더 중요한 것으로 드러날 수 있다"(1997)고 말하면서 이러한 사고의 전환을 제대로 예측했다. 셰리 오트너(Sherry Ortner)는 오늘날의 선교 활동에 유용할 수 있는 문화 이해를 제공한다. 그녀는 문화를 "비록 개인이나 사회 세력 모두 서로에게 우선하지 않지만 그럴지라도 실제 사람의 실천과 사회 구조 그리고 문화 역사 사이의 역동적이고 강력하며 때로는 변혁적인 관계가 있는 실천이라"고 본다(오트너-Ortner, Kindle Locations 2491-93).

　FJCCA(예수 그리스도 안에서의 자유 교회 연합)는 불교에 기반을 두고 봉건적 사회 구조에 얽매인 전통적인 타이족 정체성이라는 도전에 적응해 예수님께로 향하는 길을 트는 타이족의 논리와 사회적 전략을 사용한다. 이러한 전략이 성공한 결과 그들은 수천 명이 예수님을 따르는 것을 목격하고 있다. 그들은 어떤 경우에는 세계적 아이디어와 기술을 채택하면서도 어떤 경우에는 거부한다. 어떤 경우든 사회적 현실에 맞는 것을 사용하고 적용하기 위해 결정하는 것은 타이족의 실용성이다. 그 결과에 따른 변화는 지역적 상황을 초월하여 전 세계적으로는 세계 기독교의 국제적인 네트워크에 연결하고 우주적으로는 예수님과의 새로운 관계를 연결하는 방식으로 그들의 정체성을 확장함으로써 가난한 중부지대 타이족에게 힘을 실어주고 있다. 데이나 로버츠(Dana Roberts)는 세계 기독교의 현상을 다음과 같이 설명했다.

문화적 적응을 허용하고 자신의 좁은 종족적 또는 국가적 경계를 넘어 이해하는 의미체계. 보편적인 비전은 현지인을 변화시키고 현지인은 자신의 의미를 그 보편적 비전으로 가져온다(2009, 177).

참고 문헌

Aphornsuvan, Thanet. 2009. "The West and Siam's Quest for Modernity: Siamese Responses to Nineteenth Century American Missionaries." *South east Asia Research* 17, no. 3: 401–31.

Berger, Peter. 2013. "The Explosive Growth of Pentecostalism." Lecture at the Berkley Center for Religion, Peace and World Affairs.Available at https://www.youtube.com/watch?v=0tGXBuYXpwk.

Fleming, Kenneth. 2014. *Buddhist-Christian Encounter in Contemporary Thailand*, Religionswissenschaft / Studies in Comparative Religion Book 19, 89. Kindle edition.

Greetz, Clifford. 1973. *The Interpretation of Cultures*. New York: Basic Books.

Kraft, Charles. 1997. Class notes, Fuller Theological Seminary, Pasadena, CA.

Martin, David. 2006. "Pentecostalism and Changes in the Global Religious Economy." Panel discussion at the University of Southern California, Dornsife Center for Religion and Civic Culture, October 7, 2006.

Martin, Dwight. August 2019. "Free in Jesus Christ Church Association: August 2019 Status Update." Unpublished report.

———. October 2019. FJCCA baptism of 630 new believers. October 6, 2019. Available at https://www.youtube.com/watch?v=UdQzcmUirKg.

———. September 4, 2020. Personal email.

———. September 14, 2020. Personal email.

Ortner, Sherry B. 2006. *Anthropology and Social Theory: Culture, Power, and the Acting Subject*. A John Hope Franklin Center book. Durham, NC: Duke University Press. Kindle edition.

Pierson, Paul. 2009. *The Dynamics of Christian Mission History through a Missiological Perspective*. Pasadena, CA: William Carey International University Press.

Riceour, Paul. 1976. *Interpretation Theory: Discourse and the Surplus of Meaning*. Fort Worth, TX: Christian University Press.

Roberts, Dana. 2009. *Christian Mission: How Christianity Became a World Religion*. Sussex UK: Wiley-Blackwell.

Visser, Marten. 2008. "Conversion Growth of Protestant Churches in Thailand." Dissertation, University of Utrecht. Missiological Research in the Netherlands, No. 47: 51.

Winter, Ralph. 1993. "Missiological Education for Lay People." *International Journal of Frontier Missions* 10, no. 2: 75–81.

19장
이란과 알제리에서의 하나님의 운동: 2세대의 도전
라니아 모스토피(Rania Mostofi)와 패트릭 브리텐든(Patrick Brittenden)

지난 수십 년 동안 무슬림이 그리스도께로 돌아오는 하나님의 운동이 놀랍도록 많이 일어났다.[1] 데이비드 개리슨(David Garrison)은 그의 종합적인 조사에서 20세기 말에 시작된 11개의 하나님의 운동과 21세기 첫 12년 동안 확산된 69개의 하나님의 운동을 확인했다(2014, 18). 이 놀라운 성장은 축하해야 할 일이지만 오늘날 이러한 하나님의 운동이 직면한 중요한 질문은 다음과 같다:

성령의 바람이 2세대까지 계속 불도록 어떻게 우리는 성령의 역사에 가장 잘 참여하고 함께 할 수 있을까?

하나님의 운동에 관한 최근 문헌에서는 한 교회를 개척한 하나님의 운동 촉진자가 다른 교회를 개척하는 등의 과정을 설명할 때 "세대(generation)"라는 표현을 쓴다. 이를 영적 세대(spiritual generation)라고 부를 수도 있다. 그러나 세대라는 용어는 부모와 자녀를 연결하는 친족 관계를 설명하는 전통적인 가족을 설명할 때 사용한다. 또는 공유된 역사적 사건을 통해 살아가는 비슷한 연령대의 개인들의 무리인 사회적 범주를 설명할 때도 사용한다.

우리가 "2세대 도전"이라고 부르는 것은 1세대에서 2세대 사회 및 가족 세대로 넘어가는 하나님의 운동의 신실성과 효과에 대해 비판적으로 생각하도록 초대하는 것이다. 무슬림을 그리스도께로 인도하는 하나님의 운동은 일부 상황에서 최대 40년 동안 진행되어 왔지만 이 2세대의 도전을 다루는 연구는 여전히 부족하다. 현재 많은 문헌들이 이런 하나님의 운동에 대해서 "어떻게"? 와 "왜?"에 초점을 맞추는 반면 교회의 정체성과 교회의 건강성 그리고 선교와 같은 "다음 단계는 무엇인가"에 관한 질문은 거의 다루지 않고 있다. 모든 하나님의 운동이 단 한 세대만에 사라진다는 점을 고려할 때 이러한 문제를 중요하지만 시급하지는 않은 범주에 밀어 넣으려는 유혹은 피해야 한다.

다음에서는 이란(Iran)과 알제리(Algeria)에서 나타나는 2세대 도전의 다양한 차원을 살펴볼 것이다.[2]

---

1) 이 장의 목적상 하나님의 운동에 대한 정의는 "성령이 주도하는 다음과 같은 과정"이다. 교회가 개척되고 세워지며 선교사를 선교지에 파송하여 재생산적인 영적인 모임을 형성하고 영적 사회적 문화적 변화를 가져오는 그리스도의 향기를 전파하는 과정"이라고 정의한다. 하나님의 운동은 최소 천 명 이상의 신자 및/또는 100개의 교회 모임을 포함한다(개리슨-Garrison 2014, 5).

2) 이 장은 풍부한 대화와 토론의 결실인 공동 작업 프로젝트이다. 우리는 각자가 이란(Iran)의 라니아(Rania)와 알제리(Algeria)의 팻(Pat)와 같이 개인적인 경험이나 대화를 언급하는 경우를 제외하고는 1인칭 복수로 작성한다. 개인적인 경우일 때는 "나(라니아-Rania)" 또는 "나(팻-Pat)"로 단수로 표기한다. 우리는 서로 다른 방식의 2세대와 혼합 세대(hybrid)로 이란(Iran)과 알제리(Algeria)에서 발생한 그리스도를 향한 하나님의 운동의 여정에서 발생한 2 세대가 겪게 되는 다양한 도전에 적응된 이들이다. 라니아(Rania)는 영국(UK)에서 이란(Iran)의 무슬림 배경의 신자(BMB)인 아버지와 영국인으로서 유대인 배경의 신자(BJB)인 어머니 사이에서 자랐다. 팻(Pat)은 1970년대 초부터 알제리(Algeria)의 교회를 섬겼던 선교사의 아들인데 그 당시 전체 북아프리카(North Africa)에 기독교 신자는 몇 만명 있었던 시기이다. 그는 알제리(Algeria)에서 자랐고 나중에 북아프리카(North Africa)에서 선교 파

이 논의를 통해 우리의 목표는 다음과 같다. 즉 다양한 세대에서 발생하는 하나님의 운동을 부흥시키는 데 필요한 교회의 실제적인 활동에 초점을 두는 것과 이러한 교회의 실제적인 활동들을 통하여 미래의 다양한 세대가 지속적으로 부흥을 경험하게 하는 것이다. 비록 이란(Iran)과 알제리(Algeria)에 국한된 논의이지만 이 논의가 다른 상황에서도 공감을 불러일으킬 수 있기를 바란다.

이란(Iran)

오늘날 이란(Iran)은 전 세계의 그리스도를 향하는 하나님의 운동가운데서 가장 빠르게 성장하는 나라 중의 하나이다. 그 규모에 대한 추정치는 다양하지만 연구에 따르면 이란에는 50만 명에서 300만 명 사이의 무슬림 배경 이란인 신자(IBMB:Iranian believers from a Muslim background)가 있는 것으로 추정된다(브레들리-Bradley 2011, 187).

바하이 교도(Bahais)와 수니파(Sunnis) 무슬림 그리고 조로아스터교도(Zoroastrians)와 마찬가지로 무슬림 배경 이란인 신자(IBMB)는 이란(Iran)의 시아파(Shia) 무슬림의 정체성에 대한 위협으로 간주되어 다양한 형태의 박해를 경험하고 있다. 이러한 박해는 대부분 정부에 의해 발생하며 교육과 군대, 직업 그리고 법률 분야에서의 차별과 함께 가정 교회 지도자가 최대 15년 형을 선고받아 투옥되고 강제 추방당하는 일이 빈번하게 발생한다. 지금까지 4명의 무슬림 배경 이란인 신자(IBMB)의 지도자가 살해당했다.

1979년 혁명 이후 몇 가지 예외를 제외하고는 외국 선교사는 이 나라에 들어오지 못하고 있다. 오늘날 이란 교회의 대다수는 다음 세 그룹으로 구성되어 있다:

(1) 이전의 건물 교회에서 형성된 가정 교회 네트워크. 이 건물 교회는 1979년 이슬람 혁명 이후에도 이란에서 계속 활동한 세 개의 주요 개신교 교파에 속해 있었다: 성공회(Anglicans)와 하나님의 성회(Assemblies of God) 그리고 장로교(Presbyterians)이다. 1980년대 이후 박해가 심해지고 장기적인 측면에서 건강하고 선교적인 교회를 생각할 때 건물이 갖고 있는 여러가지 한계와 제한으로 인해 가정 교회 모델로 전환하기 시작했다. 이러한 변화는 2012년부터 모든 페르시아어를 사용하여 설립된 교회가 점진적으로 폐쇄되면서 더욱 강조되었다. 전직 평신도 지도자가 이끄는 이 가정 교회 네트워크는 현재 서방에서 망명 생활을 하고 있는 아르메니아(Armenian)와 아시리아(Assyrian) 무슬림 배경 이란인 신자(IBMB) 목회자와 긴밀히 협력하여 운영되고 있다.

(2) 서방에 망명 중인 이란 지도자가 개척한 가정 교회 네트워크. 지난 30년 동안 이란에서 교회 건물을 세웠던 전직 목회자 중 상당수가 강제로 추방되었다. 서방으로 이주한 이후 그들 중 다수는 개인적인 노력과 인맥을 통해 또는 선교단체를 설립하여 이란에 가정 교회를 개척하기 시작했다. 이러한 가정 교회는 온라인 기술을 활용하고 이란(Iran) 인근 국가에서 소규모 모임을 통해 목양과 훈련을 하고 있다. 대부분의 가정 교회 교인은 교회 건물에 한 번도 발을 들여놓은 적이 없다.

트너로 봉사했다. 우리 둘은 현재 영국(UK)에 거주하고 있지만 이란(Iran)과 알제리(Algeria)에서 벌어지는 하나님의 운동의 와중에서 지도력 개발과 신학 교육에 전념하고 있다.

(3) 페르시아어 위성 TV 프로그램에 의해 형성된 온라인 교회. 2000년대 초에 시작된 페르시아어 위성 TV 채널은 이란에서 그리스도를 전하는 데 중추적인 역할을 해왔다. 수년 동안 이 채널은 프로그램과 웹사이트를 통해 신앙을 갖게 된 사람들을 위에서 언급한 두 그룹과 연결해 주었다. 그러나 최근에는 이러한 채널이 자체적으로 온라인 교회를 설립했다. 이러한 온라인 교회는 다양한 온라인 플랫폼에서 매주 사전 녹화 또는 실시간 예배를 시청하는 흩어진 개인들과 가족들로 구성된다.

무슬림 배경 이란인 신자(IBMB) 교회 내에서는 2005년부터 교회개척을 위한 제자화 운동(DMM) 한 분파가 활동해 왔으며 현재 3만 명의 신자가 있다고 보고하고 있다.[3] 교회개척을 위한 제자화 운동(DMM)과 무슬림 배경 이란인 신자(IBMB)는 하나님의 운동의 역사에서 다소 늦게 도입되었고 이후 하나님의 운동의 일부에만 영향을 미쳤지만 그럼에도 불구하고 위에서 언급한 세 그룹에서 개리슨(Garrison)의 하나님의 운동 정의에서 확인된 여러 가지 특징들을 발견할 수 있다(개리슨-Garrison 2004, 172).

알제리(Algeria)

이란(Iran)과 마찬가지로 알제리(Algeria)도 상당한 그리스도를 향한 하나님의 운동을 경험했다. 대체로 개신교와 복음주의를 신봉하는 이 토착 교회의 신자 수는 50,000명에서 380,000명에 달한다(브리텐든과-Brittenden과 샌더스-Sanders 2018, 9-13).[4] 무슬림 배경 알제리인 신자들(ABMB)이 공개적으로 활동하는 것은 반대에 부딪혔고 경우에 따라 박해에 직면하기도 했다. 최근에는 국가가 배후에 있는 탄압도 더해지고 있다.[5] 이러한 압박이 크기는 하지만 교회의 미래에 대한 똑같이 중요한 위협은(비록 덜 알려졌지만) 외부의 반대가 아니라 개인과 교회의 기독교인 및 알제리인의 정체성에 대한 장기적인 질문을 잘 해결하지 못한 교회 자체의 내부적 실패에서 비롯된다. 언뜻 보기에는 하나님의 운동 전략이 알제리(Algeria) 교회에 영향을 미쳤다는 증거는 거의 보이지 않는다. 30년 전 알제리 부흥이 시작된 이래로 알제리에서 사역한 외국인 선교사는 거의 없다.

필자(팻- Pat)가 현지 교회 지도자와 나눈 대화에 따르면 그들이 "하나님의 운동과 운동"의 현상과 방법을 접할 수 있는 유일한 장소는 국제기구가 주최하는 지역 회의의 로비와 세미나실뿐이다. 북아프리카와 중동(NAME) 지역에서 활동하는 경험 많은 외국의 교회 개척 운동(CPM) 및 교회개척을 위한 제자화 운동(DMM) 지지자 및 강사에게 연락을 취했을 때 알제리(Algeria)에서 알려진 교회 개척 운동(CPM)/교회개척을 위한 제자화 운동(DMM) 실행자를 찾아볼 수 없었다.

그러나 1981년 에이트 부아두(Ait Bouadou) 축구 캠프의 하나님의 운동이 촉진된 사건(르블랑-LeBlanc

---

3) 널리 홍보된 다큐멘터리 "늑대들 사이에서 양들"(Sheep Among Wolves)은 이란의 지하 가정 교회 하나님의 운동에 대한 이야기를 담고 있다.

4) 소수의 토착 로마 가톨릭 알제리 기독교인 인구(약 350명)가 있지만 대다수의 알제리 토착 교회는 대체로 개신교이며 그리고 복음주의적이다.

5) 지난 2년(2018~2020년) 동안 최소 13곳의 교회가 폐쇄 명령을 받았다. 또한 2019년 10월에는 알제리(Algeria)에서 가장 큰 교회 두 곳이 폐쇄되었는데 알제리 경찰은 잘 세워진 두곳의 예배 처소에서 예배자들을 강제로 쫓아냈다.

2006, 65-69)과 1990년대 알제리 현대 교회 운동의 '예루살렘'으로 발전한 에기시 플레인 에방길(Église Plein Évangile: 순복음교회)에 대한 간략한 개요를 보면 개리슨(Garrison)의 교회 개척 운동(CPM)의 10가지 요소에 등장하는 여러 요소가 존재한다는 것을 알 수 있다. 경험 많은 목사이며 트레이너 그리고 개척자인 유세프 야콥(Youssef Yacob)이 알제리(Algeria) 하나님의 운동의 성장에 대해 개인적으로 성찰한 글에도 이러한 요소에 대한 수많은 언급이 있다(야콥-Yacob 2016).

처음 다섯 가지 요소가 특히 주목할 만하다. 집중적인 기도는 1980년대와 1990년대의 피비린내 나는 시민 폭동의 10년 동안 특징이었던 것 같다(야콥-Yacob 2016, 74-77). 광범위한 그리고 대담한 전도는 의심할 여지없이 1990년대와 2000년대 초에 걸쳐 이슬람주의 폭력이 증가하는 상황에서도 이 하나님의 운동의 특징이 되었다. 방법론으로 간주되지는 않지만 카빌리아(Kabylia)의 알제리 신자는 정기적으로 티지-오우주(Tizi-Ouzou)와 베자이아(Béjaïa) 지역의 모든 마을에 교회가 개척되고 존재하게 될 것이라는 주님의 비전에 대해 나눈다.

성경의 권위는 특히 대다수의 오순절 복음주의 흐름과 오래된 개혁주의 복음주의 하나님의 운동의 흐름 사이의 경계를 가로지르며 변함없는 역할을 해왔다. 이 하나님의 운동의 모든 흐름에서 필자는 같은 메시지를 듣는다: "우리는 교파를 원하지 않는다.... 우리는 알제리 기독교인이고 하나님의 말씀은 교리와 행동의 모든 문제에 있어서 우리의 권위이다."[6]

마지막으로 1980년대와 특히 (필자의 부모님을 포함한) 거의 모든 외국인이 살해 위협으로 추방되거나 강제로 떠나야 했던 1990년대부터 현지인 및 평신도 리더십은 지속적으로 장려되어 왔다. 개리슨(Garrison)이 제시한 교회 개척 운동(CPM)의 10가지 보편적 요소 중 마지막 네 가지 요소와 관련해서는 상황이 훨씬 더 다양하다. 알제리(Algeria)에서 급속히 성장하던 초기에는 대부분의 신자가 가정 교회에서 모였다. 그러나 시간이 지남에 따라 눈에 보이는 교회 건물의 중요성이 커졌다. 알제리(Algeria)에서 눈에 보이는 건물 교회를 세우는 데는 복음주의적으로나 선교학적으로 다양한 이유가 제시되었다.

예를 들어 기독교인이 모이는 것으로 알려져 있고 무슬림 구도자가 익명으로 초기 문의를 할 수 있는 눈에 보이는 장소의 이점은 때때로 가족이나 소셜 네트워크에 속하지 않은 사람의 개인 집을 방문하는 것보다 문제가 적다고 느껴진다(특히 여성의 경우). 그럼에도 불구하고 2012년 알제리의 한 목회자가 실시한 연구에 따르면 교회 건물 건축에 대한 투자와 급속하게 재생산되는 가정 교회의 감소사이에 그리고 알제리 안팎에서 교회 개척과 선교에 대한 갈망과 열정 사이에 직접적인 상관관계가 있음을 분명히 보여주었다.

이란(Iran)과 알제리(Algeria)에서 2세대의 도전

이란(Iran)과 알제리(Algeria)에서 하나님의 운동을 생각할 때 심각한 우려를 낳고 있는 것은 1세대가 다음 사회 및 가족 세대에게 복음을 전수하는 데 어려움을 겪고 있다는 사실이다. 이란의 경우 일부 2세대 무

---

6) 알제리 교회 리더와의 인터뷰(날자 미상)

슬림 배경 이란인 신자(IBMB)는 부모의 뒤를 이어 이슬람을 떠나 그리스도를 믿게 되었지만 다른 많은 2세대는 조로아스터교와 같은 고대 종교나 뉴 에이지 및 사교의 영향을 받은 대안적 영성에 이끌린다. 무엇보다도 2세대는 초월적인 존재에 호소하지 않고도 의미 있는 삶을 약속하는 서구 세속주의나 배타적인 인본주의에 매료되어 있다.

알제리(Algeria) 1세대 부모 중 일부는 자녀가 '기독교인' 가정에서 자랐기 때문에 당연히 기독교인이 될 것이라고 생각하는 사고방식이 여전히 남아 있다. 이러한 생각과는 달리 알제리의 많은 2세는 부모의 신앙을 받아들이기를 꺼리거나 어렸을 때 물려받은 신앙을 성인이 되자마자 버린다. 이들 중 다수는 부모 세대가 복음을 위해 큰 대가를 지불하고 신앙을 간직한 것을 존경하지만 교회에서 가르치는 성경이 피상적이고 현실과 동떨어져 있다고 말한다.

다른 이들은 교회가 성경의 권위를 옹호하고 성경의 가르침에 순종하려고 노력하지만 2세대의 많은 이들이 소셜 미디어와 무슬림이 대다수인 또래 네트워크를 통해 매일 직면하는 사회 문화적 정체성 문제를 해결하지 못한 채 반복적이고 경건주의적인 성경 적용을 하고 있다고 지적한다. 2세대가 부모의 신앙을 수용하지 않으려는 경향을 뒷받침하는 요인은 의심할 여지없이 다양하고 복잡하다. 이를 조사하는 것은 이 연구의 범위를 벗어나는 작업이다. 그러나 이 지속적인 도전에 대한 성찰을 통해 우리는 활기찬 다양한 세대의 미래를 달성하기 위해 이러한 하나님의 운동에서 부족한 점과 배양해야 할 점을 모두 조명하는 네 가지 중요한 주제를 확인했다. 이제 이 주제들을 살펴보겠다.

2세대를 위한 4가지 차원의 성숙도

1. 이야기

자신의 정체성을 찾는다는 것은 자신의 이야기를 찾는 것이다. 정체성을 둘러싼 갈등은 이란(Iran)과 알제리(Algeria)에서 벌어지는 2세대 도전을 분명하게 보여준다. 정체성의 개념은 방대하고 이해하기 어렵지만 정체성의 핵심 요소는 개인이나 공동체가 자신의 존재에 대한 이야기를 어떻게 서술하는가에 있다. "나는 누구인가?" "우리는 공동체로서 누구인가?"와 같은 핵심 질문과 "우리는 어디로 가는가?" "개인과 기업의 삶은 어떤 목적을 중심으로 구성되어 있는가?"와 같은 텔로스(Telos: 철학자 아리스토텔레스가 말한 "목적" 또는 "목표", 역주)에 구체적으로 답하는 것, 이것이 바로 이야기이다.

이 같은 이야기에 따라 확고하게 소속감을 갖는 것은 공동체의 성숙과 지속성에 필수적이다. 오늘날 세계화된 이란(Iran)과 알제리(Algeria)에서 충성심을 얻게 위해 경쟁하는 이야기 중에서 무슬림 배경의 신자(BMB)의 삶의 방향이 되어야 하는 것은 성경에 계시된 하나님의 이야기다. 그리고 이 이야기는 2세의 상상력을 사로잡아 그들이 세상을 인식하고 평가하고 행동하는 방식을 형성하고 찰스 테일러(Charles Taylor)가 말한 "실존적 방향(existential bearings)"을 그들이 갖추게 해야 한다(테일러-Taylor 2004, 2).

필자(Rania)는 무슬림 배경 이란인 신자(IBMB) 하나님의 운동의 다양한 주제를 다루면서 한편으로는 성경을 믿고 순종하려는 1세대의 진지한 열망과 다른 한편으로는 성경적 관점에서 세상을 보고 느끼려는 그들의 몸부림에 흥미를 느낀다. 그들이 살고 있는 세상과 성경의 세계 사이에 불일치가 느껴진다. 따라서 말씀대로 행동하는 것이 점점 더 어려워진다. 이것은 신자의 삶에서 통합과 종합의 부족으로 나타난다. 다시 말해 자신이 어떤 이야기에 속해 있는지 명확하지 않다는 것은 엄격한 의미에서 무슬림 배경 이란인 신자(IBMB)로서의 정체성이 개인적 사회적으로 확고하게 되어 있지 않다는 것이다.

마찬가지로 필자(Pat)는 무슬림 배경 알제리 신자(ABMB)와 함께 일하면서 알제리(Algeria) 내에서 어떤 이야기에 속했는가 즉 정체성 문제와 관련된 투쟁속에서 교회가 성장하고 있음을 관찰했다. 이란 교회와 마찬가지로 무슬림 배경 알제리 신자(ABMB)는 자신의 이야기를 성경의 거대담화(Metanarrative)와 연결시키는 데 어려움을 겪고 있다. 한 신자는 필자에게 이렇게 설명했다:

"예수님이 가르치신 복음은 당시의 상황에 매우 적절하게 관련되어 있다. 그런데 오늘날 우리가 성경을 읽을 때 우리는 예수님의 상황과는 거리가 멀고 여기[알제리]는 상황이 달라서 둘을 연결하는 데 어려움을 겪고 있다."[7]

우리는 이 두 하나님의 운동의 신자가 대부분 성경을 일련의 개별적인 이야기와 구절 또는 책으로 취급하고 통일된 구속의 이야기로 받아들이지 않고 단절되고 단편적인 방식으로 성경을 접하는 것을 관찰했다. 교회개척을 위한 제자화 운동(DMM)은 특히 DISCOVERY 성경공부를 통해 성경 이야기를 개인 및 공동체적으로 읽도록 장려하고 성경의 각 부분이 어떻게 서로 맞물려 있는지, 약속, 언약, 사건, 인물 그리고 상징을 하나로 묶는 실을 인식하는 데 더 많은 주의를 기울여야 한다. 이것은 신자에게 삶의 방향성을 제시할 뿐만 아니라 성경을 읽을 때 성경의 본질 즉 많은 부분으로 이루어진 통일된 전체에 부합하도록 하기 때문에 매우 중요하다. 또한 신자에게 성경의 특정 구절을 전체 성경 이야기에 비추어 해석할 수 있는 "정경 감각(Canon sense)"을 제공한다(밴후저-Vanhoozer 2019, 117).

이란 교회의 일부 교회는 교회 활동에서 스토리텔링을 강화하기 위한 조치를 취하고 있다. 개인과 가정 교회는 산발적인 성경 구절이나 구절만 읽는 대신 몇 년에 걸쳐 성경 전체를 읽는 것을 선택하고 있다. 또한 성경 이야기와 다른 이야기에 대한 비교 교육을 제공하려는 노력도 있다(즉 시아파 이슬람과 민족주의 그리고 세속적 인본주의).[8]

마지막으로, 공동 예배는 무엇보다도 성경 이야기를 기억하고 제정하며 찬양하고 참여할 수 있는 기회로 이해되고 있다. 그 결과 예배를 어떻게 구성하고 어떤 예전을 사용하며 어떤 찬송을 부르고 성경의 구속 드라마 전체에 비추어 성경 구절을 어떻게 이해해야 하는지에 대해 각별히 주의를 기울이게 되었다. 이러한 시도는 아직 알제리인에게는 잘 보이지 않는데 우리는 무슬림 배경 알제리 신자(ABMB)가 무슬림 배경 이란인 신자(IBMB)가 어떻게 이런 시도를 하고 있는지 보고 듣는 것이 도움이 될 수 있다고 제안한다.

---

7) 알제리(Algeria) 신학생과 인터뷰한 내용(날자 미상)
8) 듀안 알렉산더 밀러(Duane Alexander Miller), 2018.의 유용한 자료가 있다. "모든 것의 두 가지 이야기: 경쟁하는 이슬람과 기독교의 메타내러티브."(Two Stories of Everything: The Competing Metanarratives of Islam and Christianity. Grand Rapids: Credo House Publishers).

2. 전통

정체성의 또 다른 필수 요소는 공동체 구성원이 자신의 과거를 이해하는 방식에 있다. 로이 옥스네바드(Roy Oksnevad)는 오늘날 이란 교회가 직면한 가장 큰 도전 다섯 가지 중 두 번째로 "공동체가 공유하는 기억과 지식의 부재(lack of collective memory)"을 꼽았다(옥스네바드-Oksnevad 2015, 18). 그는 이러한 우려를 반복적으로 표명하는 무슬림 배경 이란인 신자(IBMB)와의 많은 인터뷰를 바탕으로 결론을 내렸는데 한 인터뷰 대상자는 많은 무슬림 배경 이란인 신자(IBMB)가 겪는 어려움의 근원은 교회가 어떤 모습이어야 하는지에 대한 배경 지식이 없기 때문이라고 지적했다(U7M).

몇 가지 예외가 있지만 이란(Iran)과 알제리(Algeria) 하나님의 운동에서 교회 역사와 전통의 역할은 거의 없다. 전통이 인용되는 교회개척을 위한 제자화 운동(DMM) 문헌에서 전통이 전적으로 부정적이라고 하는 점은 주목할 필요가 있다. 예를 들어 전염적으로 확산되는 제자화(Contagious Disciple-making)에서 왓슨(Watson) 부부는 "예수는 믿지만 기독교는 믿지 않는다"는 수사법을 인용하여 성경과 전통을 강력하게 분리한다(2014, 24-25). 이러한 자세는 "역사(그리스도의 삶과 일반적으로 사도의 활동)속의 하나님의 역사하심에 대하여 최소한의 믿음과 헌신만을 하는 것이고 신약 교회만을 현대 선교 실천의 규범으로 삼는"(스미스-Smith 2006, 128-29) 일종의 원시주의를 대표한다.

지면 관계상 이 민감성에 대한 전반적인 비판은 허용되지 않지만 몇 가지 중요한 결함은 설명할 가치가 있다: 첫째 이러한 원시주의는 창조(시간의 선함을 긍정하는)와 섭리(시간 속에서 교회를 통한 하나님의 성령의 역사를 긍정하는) 교리의 관점에서 볼 때 약하다. 둘째 복음의 성육신적 본질을 진지하게 받아들이지 않을 위험이 있다. 성육신을 진지하게 받아들이는 것은 시간과 역사의 특수성을 진지하게 받아들이는 것이기 때문이다. 셋째 전통을 무시하는 것은 "Sola scriptura(오직 성경)"을 "Solo scriptura(혼자 성경)"로 잘못 해석하는 것이며 이로써 지역 교회가 성경을 읽고 적용할 때에 신조의 권위를 무시하게 되는 건전하지 못한 개인주의를 조장하는 것이다(밴후저-Vanhoozer 2019, 183).

전통을 포용한다는 것은 이란(Iran)과 알제리(Algeria)의 하나님의 운동이 역사 속 성도의 친교로부터(성도와의 교제로부터) 공동체가 공유하는 기억과 지식의 선물을 받아 지역 사회와 "회심자의 정체성이 역사적 뿌리를 가질 수 있도록"(밀러-Miller 2019, 2) 할 수 있다는 것을 의미한다. "전통은 성경을 보충하거나 성경의 권위를 대체하는 것이 아니라 성경이 말하고 의미하며 암시하는 바에 대한 교회의 일치된 합의일 뿐"이라는 점에 유의하는 것이 중요하다.

이 정의에 따르면 전통은 사도행전 8장에서 내시를 위한 빌립의 역할과 유사한 해석적 보조자(interp-retative aid)의 역할을 한다. 여기서 우리가 제안하는 것은 "전통주의자"가 되기 위한 움직임이 아니라 "전통"이 되기 위한 움직임이다. 이것은 어떤 전통을 강요하는 것이 아니라 이란(Iran)과 알제리(Algeria)의 하나님의 운동이 스스로를 위대한 대화의 일부로 여기고 보편 교회의 다양한 역사적 목소리와 비판적이고 창의적으로 대화하며 그로부터 배우고 추가하도록 초대하는 것이다.

이러한 방향으로 나아가기 위한 한 가지 실질적인 단계는 "공의회주의(conciliarism)" 즉 예루살렘 공의

회나 니케아(Nicaea) 공의회와 같이 보편적인 동의를 얻은 공의회를 활용하는 것이다. 또 다른 단계는 제자훈련에서 해당 지역의 기독교 유산에 대한 가르침을 통합하는 것이다. 이란(Iran)에서는 오늘날과 비슷한 급속한 교회 성장과 박해를 경험한 네스토리우스(Nestorian) 교회로부터 교훈을 얻어야 한다. 알제리(Algeria)에서는 3세기와 4세기의 노바티안(Novatian) 운동과 도나티스트(Donatists) 운동을 재발견하여 북아프리카(North Africa) 전역에서 역동적이고 영향력 있는 교회가 완전히 사라진 이유를 밝혀낼 수 있을 것이다.

3. 영성

이란(Iran)과 알제리(Algeria) 하나님의 운동 모두에서 영성은 한편으로는 은사주의로 제한되거나 다른 한편으로는 엄격한 본문 중심의 성경훈련으로 제한되는 경우가 많다. 필자(Rania)가 만난 1세대 이란 지도자 대부분은 신과의 직접적인 만남에 영성의 중심을 두고 있다. 옥스네바드(Oksnevad)는 이를 "초자연적 경험 … 신과의 신비로운 연결 … 생성된 감정의 강도에 의해 결정되는 … [초영성]"(2013, 164)이라고 부른다.

수피즘(Sufism)의 이원론적 신비주의의 잔재가 여기에서 분명하게 드러난다. 많은 1세대가 회심 경험의 일부로 꿈과 환상을 통해 예수님을 직접 만난 경험은 신과의 반복적인 만남에 대한 기대감을 더욱 고조시킨다. 하지만 그러한 강렬한 만남이 자주 일어나지 않으면 많은 이들이 좌절감을 느끼게 된다. "다메섹 도상" 회심 경험이 없는 2세대는 특히 그러한 만남이 그들에게 전수된 영성의 주요 내용이 될 때 실망한다. 한 2세대 무슬림 배경 이란인 신자(IBMB)는 이를 "영적 불협화음"이라고 표현했다.

이런 불협화음은 무슬림 배경 알제리 신자(ABMB) 하나님의 운동의 2세대에서도 나타난다. 몇 년 전 알제리(Algeria)의 한 대형교회 목회자는 필자(Pat)에게 자신의 교회가 "오순절 시대"에서 "훈련의 시대"로 옮겨가고 있다고 말했다. 이 말은 오순절과 관련된 은사주의적 관습이 중단되었다는 뜻이 아니다. 오히려 1세대는 권능의 만남에 이끌려 양육되었지만 다음 세대는 더 깊은 진리의 만남을 갈망하고 있다는 의미였다. 물론 전자와 후자를 서로 다른 경험으로 간주해서는 안 되며 이 자체가 이란과 알제리 영성의 일부 표현에서 발견되는 이원론에 더 깊은 긴장을 불러 일으킨다.

안타깝게도 이란(Iran)과 알제리(Algeria)의 많은 교회는 인간을 순전히 생각하거나 느끼는 존재로 보는 계몽주의적 복음주의에서 계승된 환원주의적(reductionist) 인간론을 따르고 있다. 이는 그들의 영성이 거의 육체와 분리된 상태에서 진행되는 것을 의미한다. 하나님의 보이지 않는 임재를 증거하고 인간을 전인격적인 존재로 존중하는 구체화된 영적 관습과 전례 형식의 회복은 1세대에서 2세대로 넘어가는 운동이 진행됨에 따라 유익한 일이다. 물론 이러한 관행은 성경 강해와 하나님과의 은사주의적 만남의 중요성을 경시하는 것이 아니라 보완하는 것으로 보아야 한다.

이와 관련하여 우리는 세계 교회의 또 다른 흐름과 시대의 의식과 예배의식에서 배울 수 있는 것이 많다. 예를 들어 초기 세기로 거슬러 올라가는 "영적 훈련" 전통이나 이러한 훈련이 일상에 통합될 때 더 많은 구조를 부여하는 "생활 규칙" 전통이 있다. 마찬가지로 절기 전통은 교회력의 각 절기에 따라 구체적으로 구체화된 실천을 장려한다. 즉 사순절 금식과 부활절 축제 등. 마지막으로 예배에 모든 사람이 통합적으로 참여하도록 장려하는 시각 예술과 다감각적 경험을 일반적으로 사용하는 것이다.

이러한 모든 관행은 왜곡과 오용에 취약하다는 점에 유의하는 것이 중요하다. 이를 적용할 때 예수 그리스도의 실제적이지만 보이지 않는 임재와 그의 교회 안에 직접적이고 중재되지 않은 그의 행동을 방해하지 않도록 조심해야 한다. 그럼에도 불구하고 영성의 세계적 역사적 패턴의 긍정적 부정적 측면은 이란과 알제리 신자가 각자의 상황에 맞는 자신만의 구체화된 의식과 전례를 재구성하도록 영감을 줄 수 있다. 한 장로가 필자(Pat)에게 다음과 같이 말했다. "알제리(Algeria)가 자신만의 모델을 만들 수 있으면 좋겠다."[9]

4. 공동체

마지막으로 대인 관계의 문제가 있다. 옥스네바드(Oksnevad)는 무슬림 배경 이란인 신자(IBMB)에 관한 글에서 2세대가 "용서와 회개의 부재로 인한 대인 관계의 부조화"로 인해 낙담했다고 묘사한다(2013, 163). 이란 하나님의 운동내에서 심각한 부부 갈등은 드문 일이 아니며 많은 가정이 다양한 형태의 학대로 어려움을 겪고 있고 종종 이혼이나 부모와 자녀 그리고 형제자매 간의 관계 단절을 초래한다. 많은 무슬림 배경 이란인 신자(IBMB)가 과거에 경험한 정서적 트라우마와 명예와 수치심 문화의 어두운 면이 결합되어 이러한 관계적 긴장감과 영향이 더욱 확대된다. 가정 밖의 공적 영역에서의 관계도 마찬가지로 긴장과 갈등이 존재한다. 무슬림 배경 이란인 신자(IBMB)는 무슬림에 대해 깊은 의심과 불신을 가지고 있으며 무슬림을 이웃이 아닌 적으로 간주하고 스스로를 피해자로 여긴다.

무슬림 배경 알제리 신자(ABMBs) 또한 대인 관계에서 복음을 실천하는 데도 어려움을 겪고 있다. 이란(Iran)과 마찬가지로 결혼 생활 특히 남편이 아내를 대하는 태도에서도 마찬가지다. 공동체 차원에서는 지도자와 교인 간의 관계도 긴장되어 있다. 한 무슬림 배경 알제리 신자(ABMB) 여성은 필자(Pat)에게 이 두 가지 현상 모두 결혼과 리더십에 대한 무슬림의 문화적 태도가 남아 있기 때문이라고 말했다. 후자와 관련하여 한 부부는 일부 무슬림 배경 알제리 신자(ABMBs)가 리더십에 대한 문화적 개념을 충분히 기독교적이라고 생각하면서 순진하게 교회로 옮긴다고 말했다. 그들은 섬기는 종의 리더십 모델이 부분적으로는 문화에 만연한 자임(Zaim)(구루 또는 강한 남자) 콤플렉스 때문에 리더와 추종자 모두에게 저항을 받는다고 밝혔다: "모든 사람이 게임을 하고 … 작은 사람과 리더는 … 질문을 받는 것을 좋아하지 않고 책임을 지는 것을 좋아하지 않으며 자신의 말이 궁극적이다."[10]

마찬가지로 회심이 알제리 교회 문화 내에서는 남성 지배에 큰 변화를 가져오지 못한 것으로 보인다. 알제리에서 알려진 가장 오래된 신자의 말을 빌리자면

---

9) 알제리 교회 리더와의 인터뷰(날자 미상)
10) 알제리의 결혼한 교회 리더 부부와 인터뷰한 내용(날자 미상)

여성은 훨씬 더 존재감 있고 활동적이며 신앙심도 강하다. 단지 그들이 말하게 하고 그들의 말을 들으며 의견을 제시하는 것뿐이다.... 무슬림 유산이 있고 여성이 그로 인해 고통받는 것은 분명하다. 그들은 우리에게 무슬림들이 자신들에게 대하는 것처럼 남편이 행동한다고 분명하게 말한다.[11]

공동 성경 읽기 및 기도와 함께 갈등 해결, 경계, 결혼, 육아, 학대, 상호 의사소통 (특히 남녀 간), 섬기는 종의 리더십 그리고 명예와 수치심 등의 영역에 대한 자료와 훈련이 절실하다. 기독교적 관점에서 페르시아어와 아랍어 심리 치료 및 상담을 접하는 것도 매우 중요하다.

건강한 힘의 삼각관계(Triangle of Forces) 회복하기

위의 네 가지 주제를 다루기란 쉽지 않은 일처럼 보일 수 있다. 그러나 이란과 알제리 교회는 이 여정을 혼자서 걷고 있다고 생각해서는 안 된다. 주님은 말씀과 성령을 통해 이들에게 역사적이고 세계적(보편적) 교회의 목소리를 포함한 풍부한 자원을 선물로 주셨다. 실제로 2세대 문제를 충실하고 효과적으로 해결하려면 이란인과 알제리인들이 그러한 목소리에 귀를 기울이고 대화해야 한다. 현재 두 하나님의 운동의 특수한 구성과 지난 수십 년 동안의 선교학의 특정 변화가 이러한 유익한 상호 작용을 제한하고 있을 수 있다.

1970년대에 교회 개척에 대한 식민지 시대의 '선교 기지(mission station)' 접근 방식에 대한 비판이 제기되면서 도널드 맥가브란(Donald McGavran)을 필두로 한 종족 운동 인류학이 태동했다. 이 관점에서는 세계의 다양한 문화를 모자이크의 별개의 조각으로 보았다. 따라서 선교사나 교회 개척자의 적절한 임무는 모자이크의 각 조각에 제자 공동체(오늘날 우리는 이를 교회개척을 위한 제자화 운동(DMM)이라고 부른다)를 설립하는 것이다. 각 교회가 예배하고 기도하며 사역하는 바로 그 방식은 모자이크 조각처럼 다양하지만 그럼에도 불구하고 그러한 방식은 모두 "서구인들의 보여주기"로 인식될 것이다(맥가브란-McGavran 1974).

이러한 선교 패러다임은 많은 장점에도 불구하고 시간이 지남에 따라 의도하지 않은 결과를 낳았을 수 있다. 그 중 하나는 현지 문화 외부에서 나오는 모든 목소리를 본질적으로 부정적인 것 즉 부패하고 통제하며 지배하는 영향력으로 간주하는 경향이 커지고 있다는 점이다. 식민지화의 위험을 두려워한 일부 지역 원주민 공동체는 외부의 목소리를 차단하고 교회적 사고와 실천에서 독립성과 자율성을 행사하도록 권장되어 왔다. 지배에 대한 두려움 때문에 상대방의 모든 목소리를 차단하는 것은 문화의 특수성을 지나치게 강조하는 인류학에 기여할 수 있으며 각 문화는 독특하고 고유하게 창조되었지만 문화는 끊임없이 서로 섞이고 충돌하며 통합적으로 연결되어 있다는 현실을 무시하는 것일 수 있다. 문화를 모자이크의 이질적이고 분리된 조각으로 보는 인류학만이 이러한 전환을 수용할 수 있다.

이란과 알제리 교회의 과제는 세계 교회로부터 오는 목소리를 어떻게 건강하게 받아들여 지배하거나 통제하지 않도록 하는 것이다. 20세기 후반 레슬리 뉴비긴(Lesslie Newbigin)이 사용한 "힘의 삼각관

---

11) 알제리의 어머님과 교사와의 인터뷰한 내용

계"(triangle of forces) 비유가 여기서 유용한 도움을 준다. 맥가브란(McGavran)의 모자이크 비유에 대한 비판으로 쓰여진 뉴비긴(Newbigin)의 비유는 교회 개척 선봉의 영적 1세대에서 2세대로 진행하는 복음의 이동을 다루고 있다. 뉴비긴(Newbigin)은 세계 교회의 움직임을 복잡하고 예측할 수 없는 "힘의 삼각관계"(triangle of forces)로 표현한다. 1세대에서 삼각관계를 구성하는 것은 다음과 같다: 1) 지역 문화 2) 전도자(또는 교회 개척자)의 기독교 3) 성경의 기독교(뉴비긴-Newbigin 1995, 147).

이러한 힘의 삼각관계가 지닌 역학 관계는 교회가 다양한 상황에서 개척되고 성장하는 과정에서 교회가 발전하는 과정을 다룬다. 이것은 교회 개척자(또는 하나님의 운동의 창시자)가 수용자 공동체에 다가가기 위해 사용하고자 하는 문화적 관용구와 언어로 복음과 성경적 진리를 전달하려고 할 때 피할 수 없는 진리 왜곡이 발생할 수 있음을 인정한다. 또한 맥가브란(McGavran)의 집단회심 접근법이 해결하고자 했던 교회 개척자의 복음 구성 작업에 피할 수 없는 편향이 있음을 인정한다. 이러한 왜곡은 삼각관계의 세 번째 요소인 성경을 회심자가 성령의 능력으로 읽고 믿게 되면서 교회 개척자가 소개한 기독교와 성경의 기독교 사이의 차이에 대해 의문을 제기하기 시작하면서 해결된다.

그러나 결정적으로 뉴비긴(Newbigin)의 힘의 삼각관계는 1세대가 문화적 외부인의 잠재적인 비(非)성경적 영향에 맞서야 할 필요성을 다룰 뿐만 아니라 지역 하나님의 운동이 성장함에 따라 토착 교회 하나님의 운동과 토착교회 외부(세계교회, 역주) 흐름 사이의 지속적인 대화가 우선되어야 함을 확인한다. 따라서 하나님의 운동이 2세대로 성장함에 따라 삼각형의 세 가지 핵심은 다음과 같이 된다: 1) 문화 속의 토착 교회 하나님의 운동 2) 세계 교회의 다른 흐름과 전통의 기독교 3) 성경의 기독교.

예루살렘에서 탄생하여 문화 간 전파를 거쳐 후대의 새로운 언어와 문화 그리고 사회적 지형에 이르기까지 신약 교회의 영적 DNA는 그 자체로 끊임없이 진화하는 하나님의 운동이므로 뉴비긴의 삼각 관계 비유는 우리의 논의에 매우 적절해 보인다. 우리가 보기에 그의 힘의 삼각관계 비유의 2세대 차원은 모자이크 비유보다 세계 기독교 하나님의 운동의 지역적이고 보편적인 정체성과 사명 사이의 관계에서 끊임없이 진화하는 역동성을 더 잘 다루고 있다.

선교지의 교회와 외부 교회 사이의 지속적인 대화는 선교지의 신앙 제1세대를 세계 교회의 과거와 현재의 하나님의 운동에서 발생한 이야기 속의 질문과 집단적 기억 그리고 전통 및 영성에 노출되도록 할 것이다. 이러한 접근 방식은 일부 토착 하나님의 운동이 성경에 대한 자신의 문화적 해석을 일종의 불충실한 지역주의나 주변 문화와의 무의식적인 혼합주의로 통합하려는 경향에 대해서 다룰 수 있게 한다. 이러한 지역주의와 혼합주의의 예는 이란의 하나님의 운동의 일부에서 볼 수 있는 "시아파 기독교"(옥스네바드-Oksnevad 2020) 또는 알제리의 깨어지지 않는 "원조" 카빌 기독교 정체성에 대한 신화(젬리체-Guemriche 2011, 49, 105, 133) 등이다.

뉴비긴(Newbigin)의 모델은 신앙의 다음 세대가 더 넓은 세계적 흐름과 기독교의 영향력에 더 많이 노출되는 것으로 유익을 받을 것이라고 제안함으로써 이 문제를 다루고 있다. 뉴비긴(Newbigin)을 통해 우리는 신중하고 건설적인 드러냄(exposure)이 매우 중요하며 이는 모두에게 금상첨화인데 하나님의 운동에서 매우 성숙한 지도자들에게만 해당되는 것이 아니라 모든 신자들에게도 해당된다는 것을 알게 되었다. 이것은 보쉬(Bosch)의 "새로운 에큐메니칼 선교 패러다임"(보쉬-Bosch 1991, 369)의 한 차원일 수 있으며 전방개척 상황에서의 교회론을 탐구한 안토니오(S. T. Antonio)에 의해 잘 정의되어 있다. 그는 이렇게 썼다,

> 성경적 교회는 지역 교회의 필수 구성 요소뿐만 아니라 그리스도 안에서 더 크고 보편적인 공동체에 대한 참여를 반영한다. 이것은 교회의 특정한 문화적 표현에 자격을 부여하는 핵심 포인트다. 모든 교회는 자신의 교회 개념 외에 다른 문화적 표현을 위한 공간을 "교회 개념"에 포함시켜야 한다. 그리스도께서 모든 문화권의 사람을 하나의 새로운 인류로 화해시키셨기 때문에 문화적 특수성이 문화적 배타성으로 변질되어서는 안 된다(안토니오-Antonio 2020, 48).

우리는 교회 개척자들이 1세대에게 세계 기독교의 더 넓은 흐름에 참여할 수 있는 적절한 방법을 모색하고 그들의 성공과 실패로부터 배울 수 있도록 지원할 것을 제안한다.

결론

이 장에서 필자는 이란(Iran)과 알제리(Algeria)의 하나님의 운동과 관련된 2세대 도전에 대한 비판적 참여를 제공하고자 했다. 이를 위해 필자는 다음 세대에 복음을 전하기 위해 직면한 어려움을 포함하여 두 상황에서 하나님의 운동의 특별한 상태와 구성에 대한 그림을 그렸다. 이야기와 전통, 영성 그리고 공동체의 네 가지 주제를 탐구함으로써 필자는 선교 실행자가 여러 세대에 걸쳐 번성하는 미래를 추구할 때 하나님의 운동의 건전성과 성숙도를 판단하는 데 도움이 되는 나침반을 제공하고자 노력했다. 이 네 가지 주제는 결코 완전하지는 않지만 다음과 같은 질문을 하나님의 운동과 관련하여 하도록 초청할 것이며 그 질문들은 성찰적인 자기 평가로 인도할 것이다.

질문:

1. **이야기**: 우리 하나님의 운동은 말과 행동으로 충실히 실천되는 명확한 초기 이야기를 가지고 있는가? 우리는 의도적으로 이 이야기가 공동체로서 우리가 하는 모든 일을 형성하고 질서화 하도록 하는가?
2. **전통**: 우리의 하나님의 운동이 역사에 뿌리를 두고 있는가? 우리는 성령께서 교회의 2천 년 역사를 통해 우리에게 어떻게 말씀하시는지에 주의를 기울이고 있는가?
3. **영성**: 넓은 범위로 형성되고 구체화된 영적 리듬과 의례와 관습은 우리의 구성원을 전인격체로 존중하는 일을 장려하는가?
4. **공동체**: 관계의 건강을 공동체의 생명선으로 간주하고 사적 공적 영역에서 관계 치유와 화해 그리고 공동체의 신뢰를 증진하기 위해 적극적인 조치를 취하는가?

필자는 하나님의 운동이 보편 교회의 세계적이고 역사적인 목소리와 대화하는 것이 중요하다는 토론으로 마무리했다. 이것은 동시에 성경적이고 동시에 변혁적이며 해방적인 "글로컬(Glocal)" 해석학을 수용

하라는 요청이다(반엥겐-Van Engen 2006, 172).[12] 이 모든 것에서 뉴비긴(Newbigin)은 다음과 같은 사실을 상기시키는 것이 도움이 된다.

우리가 믿는 성경에 제시된 그리스도는 모든 문화의 주님이시며 그분의 목적은 문화의 다양성을 부정하지 않고 초월하는 통일성 속에서 모든 문화를 자신과 연합시키는 것이다(뉴비긴- Newbigin 1995, 149).

이란(Iran)과 알제리(Algeria)에서 2세대 과제를 해결하고자 하는 하나님의 운동의 앞길은 쉽지 않을 것이다. 감사하게도 교회의 지속적인 생명은 주로 인간의 행동이 아니라 예수 그리스도의 영에 의한 신성한 행동에 달려 있으며 그분은 항상 하나님의 운동의 창조자이자 유지자이시다. 따라서 위에 제시된 제안은 주로 그리스도께서 이미 이란(Iran)과 알제리(Algeria)에서 그분의 영으로 행하고 계신 사역에 우리가 더 잘 참여하고 함께할 수 있는 방법으로 보아야 한다. 그 길은 여전히 멀고 온갖 종류의 우여곡절이 있을 것이다. 이것이 바로 우리가 이 일을 도전이라고 부른 이유다.

참고 문헌

Antonio, S. T. 2020. *Insider Church: Ekklesia and the Insider Paradigm. Littleton*, CO: William Carey Publishing.

Bauckham, Richard. 2003. *Bible and Mission: Christian Witness in a Postmodern World*. Grand Rapids: Baker Academic and Paternoster Press.

Bosch, David J. 1991. *Transforming Mission: Paradigm Shifts in Theology of Mission*. American Society of Missiology Series, 16. Maryknoll, NY: Orbis.

Bradley, Mark. 2011. *Iran and Christianity*. London: Continuum.

Brittenden, Patrick, and Paul Sanders. 2018. "Algeria," in the *Encyclopedia of Christianity in the Global South*, edited by Mark A. Lamport. Lanham, MD: Rowman & Littlefield.

Garrison, David. 2004. *Church Planting Movements*. Monument, CO: WIGTake Resources.

———. 2014. *A Wind in the House of Islam*. Monument, CO: WIGTake Resources.

Guemriche, Salah. 2011. *Le Christ s'est arrêté à Tizi-Ouzou: Enquête sur les conversions en terre d'islam*. Paris: Editions Denoël.

LeBlanc, Jean. 2006. *Algérie, tu es à moi ! Signé Dieu*. Thoune, Switzerland: Editions Sénevé.

McGavran, Donald. 1974. "The Dimensions of World Evangelization," Lausanne Congress strategy paper. See https://www.lausanne.org/content/lausanne-1974-documents.

Mercado, Leonardo N. 1975. *Elements of Filipino Theology*. Tacloban City, Philippines: Divine Word University Publications.

---

12) 찰스 반 엥겐(Charles Van Engen)은 지역 교회와 세계 교회의 동시적이고 역설적인 관계를 설명하기 위해 "글로컬(global)"이라는 용어를 사용하였다.

Miller, Duane Alexander. 2019. "The Role of History in Pastoral Care for Converts from Islam." *New Wineskins Missionary Network*, https://newwineskins.org/ blog/2019/4/2/part-2-the-role-of-history-in-pastoral-care-for-christians-from-a-muslim-background.

Newbigin, Lesslie. 1995. *The Open Secret: An Introduction to the Theology of Mission*. London: SPCK.

Oksnevad, Roy. 2013. "An Investigation into the Components of Disharmony in Iranian-Muslim Background Churches in the Diaspora." PhD diss., Department of Intercultural Studies, Trinity International University, Deerfield, IL.

———. 2015. The Iranian Diaspora Church: A Case Study, COMMA: https://pdfs. semanticscholar.org/d18 c/7880ed7f80f0de214d74d10f1034c7d31f32.pdf.

Smith, James K. 2006. *Who's Afraid of Postmodernism?* Ada, MI: Baker Academic.

Taylor, Charles. 1989. *Sources of the Self.* Cambridge: Cambridge University Press.

———. 2004. *Modern Social Imaginaries*. Durham, NC: Duke University Press.

Van Engen, Charles E. 2006. "The Glocal Church: Locality and Catholicity in a Globalizing World." In *Globalizing Theology: Belief and Practice in an Era of World Christianity*, edited by Craig Ott, Harold A. Netland, and Wilbert Shenk. Grand Rapids: Baker Academic.

Vanhoozer, Kevin. 2019. *Hearers and Doers*. Bellingham, WA: Lexham Press.

Watson, David, and Paul Watson. 2014. *Contagious Disciple Making*. Nashville: Thomas Nelson.

Webster, John. 2006. "Discipleship and Obedience." *Scottish Bulletin of Evangelical Theology* 24 (1).

Yaob, Youssef. 2016. *As Fragile as an Egg? Lessons On Discipling, Training, Empowering and Sending Out Believers From a Muslim Background.* Alicante, Spain: Logos Ediciones.

V 부

하나님의 운동의 리더십과
다음 단계

20장
효과적인 하나님의 운동 촉진자의 프로필
에마누엘 프린즈(Emanuel Prinz)

이 장은 효과적인 하나님의 운동 촉진자의 자질에 대한 최초의 실증적 연구이다. 이 연구 이전에도 하나님의 운동 이론가 사이에서는 효과적인 하나님 운동의 촉진자를 특징짓는 요소에 대한 직관적인 생각들이 있었다. 그러나 이러한 직관적인 생각은 경험이 풍부한 현장 선교사나 또는 제한된 수의 사례 연구 분석에 기반한 것이다. 이 장에서는 효과적인 하나님의 운동 촉진자 가운데서 나온 대표적인 사례에 대하여 엄격하게 진행한 실증적인 연구조사 결과를 제시한다. 이 조사에서는 무슬림 종족가운데서 효과적으로 하나님의 운동을 촉진시켰던 사도적 리더와 관련된 두가지 질문에 대한 답변을 제시한다. 그들은 어떤 특성과 역량을 가지고 있다고 스스로 보고하는가? 그리고 어떠한 특성과 역량이 하나님의 운동을 촉진하는데 기여하였는가? 그 결과로 어느 정도 검증된 효과적인 하나님의 운동 촉진자의 프로필이 나왔다.

본 연구의 자료는 사도적 리더의 특성과 역량이 사역적 돌파를 이루었던 하나님의 운동과 분명한 관련이 있음을 보여준다. 이 관찰을 통해 최근 몇 년 동안 하나님의 운동 이론가 사이에서 나타나는 생각에 이의를 제기하는데 그것은 하나님의 운동 촉진자의 성품이나 인격의 역할을 강조하는 대신에 하나님의 운동의 방법론만을 강조하는 것이다. 본 연구 자료는 선교 현장에서의 패러다임 전환으로 이어져야 한다. 이 프로필은 하나님의 운동 촉진자가 되기를 갈망하는 사람을 위한 성품 프로필과 역량 모델(총체적 능력을 파악하게 하는)을 제공한다. 엄격하게 실증적 데이터를 기반으로 개발된 최초의 연구인 만큼 하나님의 운동 촉진을 위해 헌신하는 기독교 사역자는 이 프로필을 참고하여야 한다.

이 연구는 실증적 혼합(양과 질의) 방법 접근법을 사용했다. 주요 연구에 사용된 방법은 직접 운동을 촉진하였던 사도적 리더로 구성된 전문가 심사단과 함께 온라인 설문조사를 반복적으로 실시하는 델파이(Delphi) 기법이다. 데이터 분석에는 통계적 절차와 근거 이론을 사용하여 질적이고 양적인 데이터가 혼합되어 있다. 연구 범위는 15개국에서 발생한 35개 하나님의 운동이고 이를 통해 대표적인 표본을 구성한다. 그 결과로 도출된 프로필은 운동 촉진자를 갈망하는 자들에게 역량모델(총체적 능력을 파악하게 하는)과 성품 윤곽(추구할 인품)을 제공한다.

하나님의 운동 촉진자는 어떤 사람인가? 우리의 생각과는 너무나 큰 차이

필자는 실행자와 멘토, 감독자, 그리고 훈련자로서 이 하나님의 운동에 관련해 왔다. 필자도 많은 동료와 비슷한 문제로 씨름해 왔다. 우리가 훈련하는 하나님의 운동 실행자와 한달에 한 두시간 외에는 같이 할 시간이 없는데 무엇에 집중해야 하나? 어떻게 하면 하나님의 운동 촉진자를 최고로 훈련할 수 있는가?

어떤 자질과 역량을 교육에 포함시켜야 하나? 어떻게 하나님의 운동 방법에 대하여 훈련하는 것이 훈련 참가자의 성품과 개인적 발전에 연관이 있는가? 하나님의 운동 방법에 대한 교육이 훈련생의 훈련 및 개인 개발과 어떤 연관이 있는가? 이러한 질문과 관련된 질문에 대한 답을 찾기 위해 고군분투하면서 이 연구를 진행하게 되었다.

이 질문에는 답이 있다. 우리는 효과적인 하나님의 운동 촉진자의 더 나은 자질에 대하여 이해할 필요가 있다. 그래야 하나님의 운동의 효과적인 촉진자가 되게 하는 열쇠인 멘토링과 감독 그리고 질적인 훈련을 집중할 수 있기 때문이다. 그러나 지금까지 우리는 효과적인 운동 촉진자의 자질에 대한 명확한 이해가 없었다. 하나님의 운동에 대한 이전 연구는 하나님의 운동을 촉진하는데 있어서 리더십의 결정적인 역할을 강조하였다(에디슨- Addison 2015). 사도적 지도자는 대부분의 하나님의 운동에서 발생되는 중요한 요소에 대한 지침을 받았으며 이러한 지침을 자신의 사역에 적용하도록 권장 받았다(개리슨-Garrison 2004).

일부 출판물(예: 우드베리 – Woodberry 2011)에서는 선교적 돌파를 이끌어 내는 열매 맺는 실천사항을 강조하였다. "팀에 적합한 리더십 파악"은 열매 맺는 사역 연구에서 효과적인 실천사항으로 강조되었는데(챠드와 챠드 – Chard and Chard 2008,174) 연구 참여자의 90퍼센트가 적합한 리더십이 중요하다고 답변했다(174).

적합한 리더가 어떤 모습인지에 대해서는 아래 나열된 "선교 실행자들이 그들의 리더에게 바라는 자질"을 조사한(175) "열매 맺는 사역"(Fruitful Practice) 연구 조사에서는 체계적으로 다루지 않았다. 이 연구 결과들은 가장 철저한 연구를 바탕으로 나온 것이다. 다른 출판물에서는 사도적 리더의 특성과 역량에 대한 막연한 이해를 제시하는데 이는 그들의 일화에 대한 증거와 직관적인 통찰에 근거한 것이다. 경험적 검증이 필요 했는데 본서의 연구가 그 공백을 메웠다. 따라서 일반적인 연구 문제는 다음과 같은 경험적 미지수로 요약되었다.

경험적으로 알려지지 않은 것: 하나님의 운동을 촉진하는데 도구가 되는 사도적 지도자의 특성과 역량.
이를 통해 다음과 같은 주요 연구 조사 질문이 형성되었다:
연구조사 질문: 무슬림 종족에서 하나님의 운동을 촉진하는 도구로 사용되어지는 사도적 지도자의 특성과 역량 중에서 지속적으로 인용되거나 설명되는 요소는 무엇인가?

연구 계획

효과적인 운동 촉진자: 조사 대상자

연구에 참여한 모든 참가자는 무슬림 종족내에서 효과적으로 하나님의 운동을 촉진하는 역할을 해왔다. 참가자는 35개의 하나님의 운동을 효과적으로 촉진하여 왔던 31명의 사도적 지도자들로 구성되었다. 이 연구의 목적상 개리슨(Garrison)의 정의에 따라 1,000명 이상의 개인이 예수님을 따르기로 선택하였거나 3 세대에 걸쳐서 100개 이상의 교회가 개척된 경우 그리고 한 교회가 두 번째 교회를 개척하고 그것이 다른 세 번째 교회를 개척한 경우를 하나님의 운동으로 정의한다(2014, 39). 이 연구의 목적상 사도적 리더는 외부의 변화 주체로 정의되며 그는 하나님의 운동을 촉진하였던 종족 집단의 사람이 아니라 다른 문화와 종족 출신이다.[1]

사도적 리더는 대상 종족에 복음을 전한 최초의 기독교인이며 그의 활동을 통해 하나님의 운동이 촉진되었다. 그는 지역 사회 내부의 혁신가나 내부자가 아니다. 또한 그는 복음을 위한 소셜 네트워크를 열어주거나 종족내에서 처음으로 외부 기독교인을 환영하기 위한 평화의 사람(마 10:11ff; 눅 10:5ff)도 아니다. 효과적인 하나님 운동의 촉진자는 외국인일수도 있고 또한 대상 종족과는 다른 인종적 배경을 가지고 있지만 하나님의 운동이 일어나는 국가의 시민 일 수도 있다. 후자의 경우종족이 사용하는 언어를 사용하거나 지역적으로 가까운 지역 출신일 수도 있다. 또한 촉진자는 한 개인이 아닌 한 쌍일 수도 있다(눅 10장 1절에 따라).

조사된 하나님의 운동: 대표 표본

본서의 연구는 15개국 28개 종족에서 발생한 35개 하나님의 운동을 조사했다. 대부분의 하나님의 운동(18건)이 인도네시아에서 일어났다. 몇 개의 하나님의 운동이 발생한 다른 나라들이 이 연구에 포함되었는데 이 나라들은 인도(India)(3개)와 요르단(Jordan)(2개), 에티오피아(Ethiopia)(2개) 그리고 방글라데쉬(Bangladesh)(2개)이다. 현재 부르키나파소(Burkina Faso), 코트디부아르(Cote d'Ivoire), 모잠비크(Mozambique), 수단(Sudan), 파키스탄(Pakistan), 중국(China), 미얀마(Myanmar)에서 하나님의 운동이 진행중이다. 케냐(Kenya)에서 국경을 넘어 소말리아(Somalia)와 탄자니아(Tanzania)로 운동이 확산되고 있다. 이러한 다양성은 이 연구에서 조사한 운동이 서아프리카(West Africa), 동아프리카(East Africa), 아랍 세계(the Arab world), 투르키스탄(Turkestan), 남아시아(South Asia), 동남아시아(Southeast Asia)(인도-말레이시아(Indo- Malaysia)라고도 함)를 포함한 무슬림 세계의 주요 지역을 대표한다는 것을 의미한다. 이들 지역은 개리슨(Garrison)이 "이슬람 세계에 있는 권역"(Rooms in the House of Islam, 2014)에서 제시하는 9개의 이슬람 지역과는 다른데 오직 북아프리카(North Africa)와 페르시아(Persian) 세계만 이 연구에 포함되지 않았다.[2] 이러한 다양한 국가로 인해서 연구 조사 대상으로 하여금 대표성을 갖게 한다.[3]

이 연구가 수행될 당시 이 조사 연구에 참여하기 위한 기준을 충족하는 잠재적인 참여자의 수치는 전

---

[1] 설문조사 참여자 중 효과적인 촉진자의 배우자를 제외하고는 모두 남성이었기 때문에 전체적으로 남성대명사가 사용되었다. 표본조사에서 여성 운동 촉진자가 단 한 명이었다는 사실은 남성 위주의 무슬림 사회속에서의 영향일 것이고 또한 비 무슬림 사회보다 여성의 영향력이 크게 억제되어 있기 때문일 수 있다.

[2] 그 이유는 다음과 같다. 하나는 알제리(Algeria)의 카빌 베르베르족(Kabyle- Berber), 하나는 이란(Iran)의 페르시아인인데 이 두 지역의 두 가지 하나님의 운동이 각각 1970 년대와 1980 년대에 촉진되었고(마쉬-Marsh and 베르베르 - Verwer 1997; 블랑-Blanc 2006; 게리슨-Garrison 2014, 90-94, 130-41), 그리고 초기 하나님의 운동 촉진자가 더 이상 생존해 있지 않기 때문이다.

[3] 조사된 하나님의 운동의 규모는 매우 다양하다. 여러 하나님의 운동에서 만들어진 것으로 보고된 모임의 숫자는 46개로부터 23,000개까지 다양하며 평균적으로는 하나의 운동에 430개의 모임이 있다. 마찬가지로 하나님의 운동을 통해 예수님을 믿고 따르게 된 무슬림의 수에 대한 답변도 다양한데 777명의 신자(이 경우는 이 운동에 146개의 모임이 있으므로 포함 기준에 충족한다)에서 100,000명 이상에 이르며 평균은 2,500명이다

세계적으로 70개 지역에 있는 촉진자들이었다. 가장 최근의 조사(개리슨- Garrison 2014)에 따르면 무슬림 지역에서 69건의 하나님의 운동이 보고되었다. 2014년 개리슨(Garrison)의 연구발표와 2015년의 본 연구 조사의 시점에서 몇 건의 하나님의 운동이 더 발생했을 것으로 추측된다. 따라서 조사 대상에 포함된 기준을 충족하는 전 세계의 하나님의 운동 촉진자들의 정확한 수는 추정할 수 있겠지만 그 수는 약 70명 정도일 것이다. 이 연구의 참여자들은 조사 대상 기준을 충족한 전체 사역자 중에서 잠재적 조사 대상의 40 퍼센트 이상을 차지할 것이다. 이러한 비율은 상당한 대표성을 가지며 조사 결과에 높은 유효성을 줄 것이다.[4] 다양한 참가자들이 포함된 표본 규모 덕분에 이 연구의 결과는 충분히 대표성이 있다. 전문가 패널을 통해 합의를 도출하거나 더 나아가 이 연구의 타당성과 신뢰성에 대한 미래적 논의에도 델파이(Delphi) 기법을 활용한 연구 접근방식이 사용되었다.

기초 문헌 검토

이 연구의 실증적 조사라는 측면은 관련 문헌에 대한 광범위한 검토를 기반으로 한다. 사도적 리더십과 하나님의 운동에 관한 모든 출판물을 조사하였다(예: 마일리-Miley 2003, 싱클레어-Sinclair 2005, 앨런-Allen 외. 2009, 덴트-Dent 2011, 존슨-Johson 2009, 트래비스와 트래비스-Travis and Travis 2014, 스미스-Smith 2014, 애디슨-Addison 2015 등). 사도적 리더십에 대한 기독교적인 이해를 실증적 연구의 유일한 자료로 사용하는 것은 편견적인 증거로 이어질 가능성이 크다. 이런 편견적인 증거는 참가자가 이미 사실로 알려진 내용들에 대하여 학습을 받은 후 실제로 확인하지 않고 사실로 확신하게 될 때 발생한다.

이 연구의 접근 방식은 이러한 편견적인 지식을 실증적으로 드러내는 것이다. 이 연구는 세속적인 경험적 리더십 연구의 결과에 입각하여 시작한 것이다. 기존의 모든 실증적인 연구(총 500여 건)는 리더십 이론인 특성이론(터만-Terman 1904, 스토그딜-Stogdill 1948, 바스와 바스-Bass & Bass 2008)[5] 과 변혁적 리더십(번스-urns 1978, 바스(Bass)와 아볼리오(Avolio) 1990, 1994, 바스-Bass와 리기오-Riggio 2006)[6]이라는 리더십 학파의 이

---

4) 현재까지 무슬림 가운데서 발생한 하나님의 운동에 관한 가장 큰 연구 프로젝트는 개리슨(Garrison) 연구이다(2014). 게리슨의 연구 범위에는 14개국에 33 종족 집단중 45개의 하나님의 운동이 포함된다(개리슨-Garrison 2014, 231). 개리슨(Garriosn)의 주요 연구를 기반으로 한 본 연구는 조사 대상 무슬림의 하나님의 운동 수를 기준으로 두 번째로 넓은 범위의 연구이다.

5) 요약하자면나는 1904년 처음 알려진 논문(터만-Terman)에서부터 현재에 이르기까지 특성 이론 분야를 다루었다. 문헌 검토에서는 지금까지 발표된 모든 메타 분석과 질적인 분석을 실행하였다. 이는 무엇이 효과적인 리더쉽을 만드는가에 대한 500개 이상의 출판된 경험적 연구를 통합하면서 검토한 것이다. 로드 드 베이더-Lord, De Vader, 알리거-Alliger(1986) 판사-Judge 보노-Bono, 일리-Ilies, 1986, 게르하르트-Gerhardt(2002)에 의해 수행되었던, 특성이론 문헌들의 두가지 메타 분석의 덕택으로 특별한 연구가 진행되었다. 또한 주요한 모든 질적인 고려사항들이 다음과 같은 사람들에 의하여 분석되었다. 스토그딜-Stogdil(1948; 1974), 맨-Mann(1959), 커크패트릭과 로크-Kirkpatrick(1991), 유클-Yukl(유클와 밴 플리트-Yukl and Van Fleet 1992; 유클-Yukl 1998), 호건-Hogan, 커피-Curphy, 호건-Hogan(1994), 하우스와 아디티야-House and Aditya (1997), 자카로와 동료들-Zaccaro and Colleagues(자카로-Zaccaro 2001; 자카로-Zaccaro, 켐프-Kemp, 바더-Bader 2004), 그리고 노서스-Northouse(2010).

6) 변혁적 리더십 분야는 1973년 처음 출판된 이래로 연구되었다(다운톤-Downton 1973). 변혁적 리더십 분야에 가장 크게 기여한 세 가지 연구 흐름은배스(Bass)와 그의 동료들의 연구를 포함하여 다음과 같다. (배스-Bass 1985; 1990; 배스와 아볼리오 Bass 와 Avolio 1990; 1993, 1994; 아볼리오와 배스-Avolio and Bass 1991; 1999); 베니스와 나누스의-Bennis and Nanus 연구 ([1985] 2007); 그리고 쿠즈와 포스너-Kouzes and Posner ([1987] 2012)에 의하여 진행중인 작업은 다음과 같다. 이러한 연구

론을 기초로 진행되었다. "효과적인 리더의 특성은 무엇인가?"라는 질문을 100년 이상 연구한 결과 효과적인 리더는 보편적으로 여러 가지 공통된 특성을 가지고 있다는 합의가 점점 더 모아진다. 이러한 특성이 무엇인지에 대한 이해도 더욱 명확 해졌다(저지-Judge 외. 2002). 변혁적 리더십 분야에서는 효과적인 리더의 역량에 대하여 이미 실험하고 검증하였다.[7] 이러한 실증적 리더십 연구의 결과는 효과적인 사도적 리더십에 대한 일반적인 이해와는 다소 차이가 있다. 세속적 맥락에서의 실증적 연구 결과는 기독교의 효과적인 사도적 리더십에 대한 전통적인 믿음을 보완하기도 하고 확장도 하며 실제로 도전하기도 한다. 필자가 모든 실증적 리더십 연구와 사도적 리더십과 하나님의 운동에 관한 모든 기독교 출판물을 통합했을 때 이 사실이 분명해졌다. 이 통합 작업은 설문조사도구의 기초를 형성하여 연구에 참여하는 효과적인 하나님의 운동 촉진자에게 적용되었다. 모든 출판물을 사도적 리더십과 하나님의 운동 연구에 관한 기독교 사역과 관련하여 통합시켰고[8] 이것을 다음에 나오는 표에 표기하였다. 이것은 리더십 이론의 특성[9]과 역량[10]이라는 패러다임을 사용한 것이다. 표 20.1은 문헌에서 언급된 모든 특성을 제시하며 어떤 특성이 어떤 저자에 의하여 나열되었는지를 보여준다.

도표 20.1 출판물에서 확인된 사도적 지도자의 특성 비교

특성들	저자의 출판물										
	Miley 2003	Sinclair 2005	Stevens2008	Chard2008	Nelson2009	Dent 2012	Watson2011,2014	Travis2014	Smith 2014	Addison2015	Larsen2016,2020
큰 그림을 보는 사고력	X										
강인한 성격	X										
자기 인식	X										
주도성	X										
독립성	X	X									
비 순응성	X										
도전성	X	X									
비판적	X										
조급함	X										
지나친 확장성	X	X									
깊은 하나님과 관계추구 열망	X	X			X				X		

흐름의 결과 사이에는 강력한 상관관계가 존재한다. 변혁적 리더십 연구를 기반으로 한 다요인 리더십 설문지가 선정되어 이 연구에 참가한 참가자들에게 주어졌다.

7) 리더십 문헌에 대한 자세한 검토는 프린츠-Prinz 2016, 2019, 2021에서 확인할 수 있다.
8) 자세한 내용을 프린츠-Prinze 2016; 2019; 2021에서 보라
9) 효과적인 리더십을 강화하는 개인 성격의 패턴"으로 이해됨
10) 리더십이 변혁을 일으키는 데 중요한 지식 또는 기술 영역"으로 이해된다.

특성들	저자의 출판물										
	Miley 2003	Sinclair 2005	Stevens2008	Chard2008	Nelson2009	Dent 2012	Watson2011,2014	Travis2014	Smith 2014	Addison2015	Larsen2016,2020
폭넓은 시야	X	X									
끈기/물러서지 않음	X	X					X		X		X
일처리를 잘하기 원함											
기발함/친해지기 어려움											
자신감											
과도한 자기 주장											
복음 전도의 열정											
비젼											
칭찬받는 성격/ 성실성											
하나님께 순종											
겸손							X				
성공에 대한 결단력							X				
기꺼이 위험감수							X				
용서의 능력							X				
변화의 용기							X				
열정				X							
섬기는 종의 자세				X							
사람을 사랑함				X							
가용성				X							
평생 학습자					X		X	X	X	X	
반추적					X	X					
희생적						X					
집중성										X	
위기감당 열정									X		
한결같은 마음									X		
하나님을 사랑									X		
하나님에 의해 인도됨									X		
활동에 집중									X		
성과주의									X		
인내									X		
예수님의 소명과 동행										X	
의지적 영적성장			X								
모델이 됨			X								X
일 중심			X				X				
거룩한 불만족			X								
성경중심			X								

특성들	저자의 출판물										
	Miley 2003	Sinclair 2005	Stevens2008	Chard2008	Nelson2009	Dent 2012	Watson2011,2014	Travis2014	Smith 2014	Addison2015	Larsen2016,2020
하나님의 음성에 경청			X								
복음으로 살기										X	
방어적이지 않음										X	
공격적											X
담대함											X

놀랍게도 사도적 지도자의 특성을 조사하는 여러 출판물 간에 겹치는 부분이 거의 없다. 9개의 출판물에서 효과적인 사도적 지도자의 특성을 총 41가지로 나열하고 있는데 이 부분에 대한 토론에서 의견이 일치하지 않는다. 이 특성 중 28개는 한 출판물에서만 언급되었다. 한 명 이상의 저자가 언급한 것은 13개 두 명의 저자가 언급한 것은 7개 세 명의 서로 다른 저자가 언급한 것은 3개 네 명의 서로 다른 저자가 언급한 것은 단 3개에 불과하다. 세 명의 다른 저자가 동의했던 특성은 전도의 열정과 비전 그리고 성실성이다. 네 명의 다른 저자가 동의한 특성은 하나님과의 깊은 관계에 대한 갈망과 끈기 그리고 지속적으로 배우려는 자세이다. 그러나 가장 많이 인용된 이 세 가지 특성조차도 여전히 절반 미만의 출판물(9개 중 4개)에서만 언급되고 있다. 이는 효과적인 사도적 지도자를 구별하는 특성에 대한 논의가 아직 합의에 이르지 못했음을 의미한다.[11]

도표 20.2 역량비교

역량	저자의 출판물											
	Miley 2003	Sinclair 2005	Stevens2008	Chard2008	Allen2009	Nelson2009	Dent 2012	Watson2011,2014	Travis2014	Smith 2014	Addison2015	Larsen2016,2020
믿음의 은사	X	X		X			X			X	X	
영향력	X											
제자를 얻다	X	X						X				
주도성		X										
일을 만듦		X										
비전 캐스팅		X	X							X		
성경 지도		X										

---

11) 예외적으로 마일리-Miley(2003)와 싱클레어-Sindclair (2005) 사이에 여섯 가지 특성이 비교적 강하게 겹치고 있는데, 이것은 단순히 싱클레어가 마일리를 인용했기 때문이다.

역량	저자의 출판물											
	Miley 2003	Sinclair 2005	Stevens2008	Chard2008	Allen2009	Nelson2009	Dent 2012	Watson2011,2014	Travis2014	Smith 2014	Addison2015	Larsen2016,2020
리더십		X								X		
기도 /중보기도				X		X			X	X		
사역 경험			X									
위임/무장시킴			X	X	X			X	X	X	X	X
은사 인식 및 촉진			X		X			X	X			
진행상황 평가						X				X		
리더십 개발									X	X		X
팀 세우기									X			X
경청기술									X			
하나님 운동에 대한 지식									X	X		
전략 수립 및 계획 수행									X			
민족지학 학습									X			
초문화속에서 우정 쌓기		X							X			X
기적의 은사									X	X		X
전도의 은사									X		X	X
옹호자									X			
제자화										X	X	
멘토링										X		X
책임감 실행										X		
인지능력										X		
훈련			X								X	
자원			X									
동역자 파악			X									
사람과 연계											X	
공동체로 모임								X		X		X
DBS 질문하기												X
그룹증식위한 인도												X
총체적인 지역사회개발												X
내적치유 위한 기도												X
그룹 코칭												X
그룹, 클러스터의 건강성 평가												X
하나님의 운동의 증식												X

사도적 지도자의 역량을 요약하기 위해 표 20.2에는 문헌에 언급된 모든 역량이 제시되어 있으며 어떤 역량이 어떤 저자에 의해 나열되었는지도 기록되어 있다. 효과적인 사도적 리더의 역량을 분석할 때 우리는 다시 한번 서로 다른 저자 간에 중복되는 부분이 거의 없음을 발견했다. 12개의 서로 다른 연구에서 언급된 총 30개의 역량 중 13개 역량만이 두 개 이상의 출판물에서 언급되었다.

6개 역량은 두 번, 3개 역량은 세 개의 출판물에서, 3개 역량은 네 개의 출판물에서 언급되었다. 10명의 저자 중 7명이 위임(Delegating)/준비시킴(Equipping)에 동의하는 등 거의 일치된 합의를 얻은 역량은 단한 가지에 불과하다. 4개의 다른 출판물에서 나열한 역량은 믿음의 은사와 중보기도 그리고 은사의 인식과 촉진이다. 세 출판물에서는 기적의 은사, 비전 제시, 문화를 초월하여 친구되기가 열거했다. 나열된 30개의 역량 중 총 17개의 역량은 한 출판물에서만 언급되었다.

효과적인 사도적 지도자의 역량과 특성에 관련해서는 거의 합의가 이루어지지 않았다. 비교적 저자들사이에서 가장 많은 합의를 얻은 특성과 역량은 효과적인 하나님의 운동 촉진자에게서 보였는지를 검증하기 위해 이 연구의 실증적인 영역에 포함되었다.

연구 방법: 델파이(Delphi) 기법

이 연구의 주제는 그들의 특성과 역량과 관련한 효과적인 운동 촉진자이다. 그리고 이러한 특성과 역량이 어떻게 운동 촉진자와 연관되어 있는지에 관한 것이다. 이 연구에서는 양적이고 질적인 데이터 분석을 결합한 혼합 접근법을 사용했다. 이 연구의 주된 접근 방식은 여러 가지 이유로 크레스웰-Creswell(2008)의 제안에 따라 양적 방법을 사용했다.

본 연구의 목적에 가장 적합하다고 판단되어 선택한 연구 방법은 델파이(Delphi) 기법이다. 이 기법은 확실하거나 확인된 지식이 거의 없는 분야에서 일반적으로 유용하다. 미래 또는 새로운 영역을 탐색하는 데 인정된 방법이다(보르그와 갈 – Borg and Gall 1983).

델파이 기법은 전문가 패널 간의 체계적인 의사소통을 촉진하는 구조화된 연구 방법이다. 근본적인 근거는 "두 명의 두뇌가 한 명의 두뇌보다 낫거나 … n명의 두뇌가 한 명의 두뇌보다 낫다"는 것이다(델키-Dalkey 1972, 15). 델파이 기법은 "모든 범위의 대안을 개발하고 기본 가정을 탐색하거나 드러나게하며 광범위한 분야에 걸친 주제에 대한 판단을 상호 연관시키는 데 유용하다."(슈 와 샌드포드 – Hsu와 Sandford 2007, 1).

델파이(Delphi) 프로세스는 다음과 같은 도식으로 요약된 기본 구조로 나눌 수 있다(맥코이, 태벳, 바디넬리 -- McCoy, Thabet, Badinelli 2009):

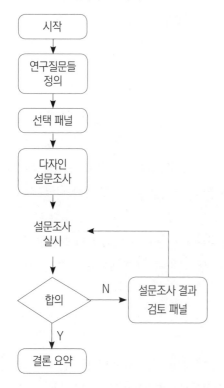

그림 20.1 델파이 기법 순서도

```
시작
  ↓
연구질문들
정의
  ↓
선택 패널
  ↓
다자인
설문조사
  ↓
설문조사       ←─────┐
실시               │
  ↓               │
       N     설문조사 결과
합의  ──────→  검토 패널
  │ Y
  ↓
결론 요약
```

이 과정에 따라 필자는 연구 질문을 정의하는 것부터 시작했다: 무슬림 종족사이에서 하나님의 운동을 촉진하는 데 중요한 역할을 한 사도적 지도자의 특성과 역량의 어떤 모습이 일관되게 드러나고 인용되는가? 그런 다음 필자는 연구 주제에 대해 잘 알고 있는(직접 하나님의 운동을 촉발한 경험이 있는) 전문가로 구성된 패널을 선정했다. 그런 다음 위의 문헌 검토를 바탕으로 설문조사를 설계하고 하나님의 운동 촉진자에게 설문지를 작성하도록 요청하는 방식으로 설문조사를 진행했다. 이 과정은 세 차례에 걸쳐 진행되었다. 각 라운드가 끝나면 모든 답변의 평균 또는 중앙값을 계산하고 추가 의견을 취합한 다음 참가자에게 익명으로 의견을 제시했다. 전문가 패널에게 이전 설문조사 라운드의 결과를 전달하면서 불일치하는 부분과 예상치 못한 결과를 지적하고 추가 의견을 요청했다. 이 과정은 패널의 의견이 어느 정도 강하게 수렴된 3라운드까지 계속되었다.

효과적인 운동 촉진자들의 성격 프로필과 역량 모델

본 연구에 따르면 운동 촉진자들의 몇 가지 특성과 역량이 발견되었는데 이러한 것은 하나님의 운동의 돌파를 이루게 하는 것과 관련된 것이다. 총 11가지 특성과 역량이 거의 모든 효과적인 운동 촉진자들 운데 일관되게 나타났다. 이 연구에 참여한 효과적인 운동 촉진자들의 80퍼센트 이상이 일관되게 보여준 특성과 역량은 22가지가 더 있었으며 이는 여전히 매우 많은 비중을 차지한다. 요약하면 표 20.3과 20.4에 제시된 이 연구 결과를 바탕으로 운동 촉진자를 꿈꾸는 이를 위한 성격 프로필(특성 포함)과 역량 모델을 제시할 수 있다. 사도적 리더의 성격 프로필은 다음과 같이 묘사할 수 있다:

동일한 연구 결과에서 역량 모델을 도출할 수 있다. 이 모델은 기독교 개척자 리더를 위해 개발된 최초의 역량 모델로서 엄격하게 실증적 데이터를 기반으로 개발되었으므로 기독교 사역에서 진지하게 고려하여야 한다. 대부분의 사역이 그들만의 역량 모델을 발전시키는데

도표 20.3 사도적 지도자의 성격 프로필

	정서적 안정감
	확신
	주도성
성품	신뢰성
	적응력
	지속성

결과적 측면(angle)보다는 과정의 관점에서 개발시켜야 한다. 기독교 단체는 과정을 중요시하는 관점 속에서 그것에 맞는 역량을 파악하여 한 개척자가 조직의 역할을 수행하고 팀을 잘 이끌 수 있도록 한다. 그러나 이것은 또한 결과적 관점속에서 보완되어야 한다. 이 역량 모델은 촉진된 하나님의 운동이 산출하는 결과와 연관이 되는 역량을 드러내며 이것은 다음 표에 제시되어 있다:

동기적	보여지는 사랑
	책임감있는 추진력
	성취를 위한 추진력
	탁월하고자 하는 욕망
정신적	끊임없는 학습
	지성
영성	하나님에 대한 갈급함
	기대하는 믿음
	강력한 중보기도
	전도의 열심
영적인 확신	성경에 대한 확신
	성령님에 대한 확신
	현지인에 대한 확신
사회적 영향력	영감을 주는 성격
	사회성
	담대함

도표 20.4 사도적 지도자의 역량모델

정신적	복합적 사고
	혁신
	하나님의 운동에 대한 지식
혁신적	신념의 영향력
	영감을 주는 비전
	추측들을 도전함
	개인적 고려사항
사회적 영향력	제자화
	코칭
	위임
	협력

각 특성과 역량은 다음 표에 정의되어 있다. 표 20.5에는 모든 효과적인 촉진자에게 일관되게 나타내는 것으로 확인된 11가지 특성과 역량이 나열되어 있다. 표 20.6에는 이 연구에서 효과적인 하나님의 운동 촉진자의 80퍼센트 이상이 보여준 22가지 특성과 역량이 나열되어 있다.

도표 20.5 모든 효과적인 촉진자에게 100퍼센트 적합하도록 검증된 특성 및 역량

하나님에 대한 갈망	효과적인 하나님의 운동 촉진자는 하나님과의 깊이 있는 관계를 갈망하고 그를 더 깊이 사랑하기를 갈망하며 하나님의 음성을 듣고 순종하려고 한다.
기대하는 신앙	촉진자는 하나님께서 종족사이에서 하나님의 운동을 성장시키고 더 많은 사람을 곧 구원하시며 하나님께서 그들의 삶을 통해 그분의 능력을 보여 주실 것에 대한 큰 믿음이 있다.
확신	촉진자는 그들의 은사와 기술들에 대하여 확신을 갖으며 그 확신속에서 은사와 기술들을 보여 준다.
책임감을 실행함	촉진자는 자신이 섬기는 사람들과 복음을 그들에게 전해야 하는 것에 대한 책임감을 느끼고 그 책임감 때문에 동기부여를 받는다.
신뢰성	촉진자는 신뢰성과 신실성을 주기 때문에 다른 사람들이 의존할 수 있다.
지속성	촉진자는 도전을 받아도 강인하고 어려움 속에서도 포기하지 않는다.
권한 위임	촉진자는 처음부터 현지인에게 책임과 권한을 부여하고 그들의 재능을 개발함으로써 현지인들이 핵심적인 주도자가 될 수 있도록 권한을 위임한다.
성령님 안에서의 확신	촉진자는 성령님 안에서 확신을 갖고 또한 성령님이 모든 하나님의 자녀가 순종함으로써 하나님의 자녀의 삶에서 의도하신 일을 이루게 하실 것이라는 사실을 믿는다.
성경에 대한 확신	촉진자는 성경이 그들이 진행하는 하나님의 운동을 위한 안내서임을 확신하고 하나님이 원하시는 일을 이루게 하는 능력이 성경에 있음을 확신한다.
영향력 있는 믿음	촉진자는 자신의 가장 중요한 가치와 신념에 대해 자주 이야기하고 사람과 함께 내리는 결정의 도덕적 결과를 고려하며 자신이 창조된 목적을 향해 살아가는 것의 중요성을 강조한다.
영감을 주는 비전	촉진자는 미래에 대한 설득력 있는 비전을 제시하고 미래에 대해 열정적으로 이야기하며 성장하는 하나님의 운동을 보기 위해 무엇을 성취하여야 하는지를 열정적으로 이야기하고 그 목표가 성취될 수 있다는 확신을 표현한다.

도표 20.6 효과적인 모든 촉진자의 80퍼센트 이상에 적합하도록 검증된 특성 및 역량

정서적인 안정감	효과적인 하나님의 운동 촉진자는 정서적으로 성숙하고 안정적이며 다른 사람과의 상호작용에 도움이 되는 방식으로 감정을 잘 다룰 수 있다.
주도성	촉진자는 무엇이 필요할 때 먼저 움직이고 새로운 사역 영역에서 주도성을 갖는다.
적응성	촉진자는 변화하는 상황에 맞게 행동을 조정하고 상황 변화에 따라 접근 방식을 조정한다.
구체적인 사랑	촉진자는 자신이 접촉하는 사람을 진정으로 배려한다; 그들을 사랑하기 때문에 그들의 삶과 복지에 대한 사랑과 진정한 관심을 표현한다.
성취를 향한 추진력	촉진자는 목표 달성에 동기를 부여하며 일을 완수하고 결과를 얻으려는 강한 추진력을 가지고 있다.
탁월성을 갈망함	촉진자는 그들이 하는 어떤 일에도 최선을 다하고 그들의 은사와 재능을 탁월하게 사용하려고 한다.
지속적인 중보기도	촉진자는 성장하는 하나님의 운동 가운데서 자신들이 섬기는 사람이 더 많이 구원받을 수 있도록 시간을 할애하고 정규적으로 기도한다.
전도의 열정	촉진자는 영혼구원에 대한 열정적이고 절박함 심정으로 그들이 섬기는 잃어버려진 종족의 사람에게 복음을 전한다.
현지인에 대한 확신	촉진자는 하나님의 운동을 진행하는 현지인을 강하게 신뢰하고 전적으로 믿는다.
끊임없는 학습	촉진자는 모든 상황에서 새로운 것을 배울 수 있을 것으로 기대하며 적극적으로 그러한 경험에 참여한다.
지성	촉진자는 상황을 이해하고 문제를 해결하기 위해 지성과 사고를 적극적으로 사용한다.
복합적 사고	촉진자는 정신 능력과 판단력을 사용하여 복잡하고 모호한 상황을 복잡하고 모호한 상황을 판단하여 복잡한 과정을 풀어 나간다.
혁신	촉진자는 상상력을 발휘하여 창의적인 아이디어 혁신적인 접근 방식 및 해결책을 제시한다.
하나님의 운동에 대한 지식	촉진자는 교회 개척 운동(CPM) 이론과 방법뿐만 아니라 하나님의 운동의 촉진시키는 것과 관련된 다른 지식 영역에도 익숙하고 이를 적용하는 방법을 알고 있다.

사회성	촉진자는 문화적으로 적절한 대인관계 기술을 보여주며 촉진자는 유쾌한 대화와 교제를 하는 이들로 특징되어진다.
담대함	촉진자는 위험과 위협에도 불구하고 복음을 전하는데 대담하고 용감하며 어려움과 저항에도 불구하고 자신의 신념을 고수하는 용기 있는 사람이다.
제자화	촉진자는 관계의 맥락에서 의도적으로 제자 훈련을 시켜서 마음으로 순종하게 하여 실제로 인격과 영적훈련에서 성장하게 한다.
코칭	촉진자는 다른 사람이 경험하고 학습한 것에 대하여 강력하지만 통찰력이 있는 질문을 능숙하게 사용하여서, 그들이 스스로 무언가를 발견할 수 있도록 돕는다.
협력	촉진자는 동역자와 신뢰 관계를 시작하고 구축 그리고 유지하며 이를 바탕으로 함께 더 많은 것을 성취하기 위한 협력을 촉진한다.
영감을 주는 인격	촉진자는 이타적으로 행동하여 다른 사람의 존경을 받고 그들과 다른 예수님의 제자와의 관계속에서 존중감을 갖게 하여 확신과 권위를 드러낸다.
추측들에 도전함	촉진자는 사람의 추측들에 도전하여 그들이 갖고 있는 추측들이 적절한지 재검토 하게하고 다른 사람으로 하여금 현실을 다른 각도에서 바라보게하며 문제에 대한 다른 관점을 찾게 하고 새로운 시각을 제안한다.
개인적인 고려 사항	촉진자는 한 개인을 그룹의 다른 사람과는 다른 필요와 능력 그리고 열망을 가진 대상으로 생각한다.

패러다임의 전환: 하나님의 운동의 방법론에서 인격으로

본 연구의 결과는 이전 간행물에서 살펴본 바와 같이 사도적 리더의 특성과 역량에 대하여 우리가 직관적으로 이해하였던 많은 부분을 실증적으로 확인시켜 주었다. 이러한 이해는 직관과 다양한 운동에 대한 노출 그리고 사례 연구에 기반을 두고 있지만 이전에는 엄격한 실증적 연구를 통해서는 입증되지 않았던 부분이다. 본 연구는 이러한 간극을 메우고 직관적 이해의 상당 부분을 실증적으로 견고하게 한다.

이 연구는 사도적 리더에 관한 문헌과 실제 하나님의 운동들 가운데서 지속적으로 반복되어 나타나는 대부분의 역량과 특성을 검증하였다. 문헌 검토를 통해 여러 출판물에서 어느 정도 동일하게 나타나는 리더들 특성과 역량을 확인했다. 이 중 한 가지를 제외하고는 모두 효과적으로 하나님의 운동을 촉진하는 것과 밀접한 관계가 있었다. 하나님에 대한 갈망과 신앙이라는 특성은 효과적인 하나님의 운동에 참여한 모든 촉진자들에게서 강하게 나타났다. 그들 대부분은 또한 복음에 대한 열정과 뜨겁게 중보기도에 참여하는 특성도 강하게 나타났다.[12] 이 연구는 또한 이전 문헌에서 주목받지 못했던 몇 가지 중요한 특성과 역량을 제시했다. 이 중 일부는 의외의 결과였는데 이러한 특성에는 정서적 성숙도와 신뢰성, 적응력, 탁월하고자 하는 열망, 지능 그리고 사교성 등이다. 이러한 역량은 도전적인 가정과 코칭 그리고 파트너십 등등을 포함한다.

사도적 리더십과 하나님의 운동 문헌은 올바른 방법론과 함께 결합된 사도적 리더의 영적 특성을 강조해 왔다. 개리슨(Garrison)은 그의 책 "교회 개척 운동"(Church Planting Movements)에서 방법론뿐만 아니라 하나님의 운동의 특성을 강조했다. 그는 사도적 지도자에게 중요한 역할을 부여하면서(2004, 255) "하나님께서는 이러한 하나님의 운동의 성공과 실패에 있어 그리스도인에게 중요한 역할을 부여하셨다"(2004, 26)고 말한다. 그러나 그는 그들의 특성이나 역량을 조사하지는 않았다.

교회개척을 위한 제자화 운동(DMM) 문헌에서도 올바른 방법론을 강조한다(왓슨-Watson(2011; 왓슨과 왓슨- Watson and Watson 2014)과 트루스데일(Troudale)(2012). 왓슨(Watson)은 처음으로 하나님의 운동의 과정을 촉발하는 사람이기 때문에 외부 촉진자의 역할을 중요하게 생각하였다(2011, 114). 왓슨(Watson)이 언급한 대부분의 특성과 역량은 본 연구에서 직접적으로 검증되었거나(예: 끊임없는 학습) 또는 이미 확인된 역량에 속하는 것으로 나타났다. 예를 들면 좋은 인성(영감을 주는 성격)과 한계를 넘어 잠재력을 개발하는 능력, 위임하는 능력(권한 부여) 그리고 경청하는 기술(개인적 배려) 등등이다.

스미스(Smith)와 카이(Kai)(2011)도 훈련자를 위한 훈련(T4T)에서 전반적으로 방법론을 강조하고 있다. 지금까지 이 연구의 주제를 정확하게 다룬 유일한 출판물에서 스미스(Smith)는 사도적 리더의 인격을 강조한다(2014). 수십 명의 선교 실행자에 대한 여러 사례 연구를 바탕으로 스미스(Smith)는 효과적인 촉진자의 특성들과 역량들을 요약한다: "이들 각각은 일련의 특성을 건강하게 조합하여 가지고 있다."(2014, 38).

이러한 특성의 대부분은 본 연구의 실증적 데이터를 통해 검증되었다. 하나님의 운동에 대한 지식, 급진적 학습, 기대하는 신앙, 기대하는 기도(열렬한 중보기도) 그리고 멘토링 등이 충분히 검증된 특성과 역량이다.[13] 이 연구의 데이터는 효과적인 하나님의 운동을 촉진하는 것이 거의 항상 하나님의 운동 사역 방법론에 기인하지만 특정한 하나님의 운동 방법론에만 국한되지 않는다는 것을 시사한다. 효과적인 촉진자는 각기 다른 하나님의 운동 사역 접근법을 사용한다. 과반수(53퍼센트)가 자신의 접근 방식을 교회개척을 위한 제자화 운동(DMM)으로 18퍼센트는 훈련자를 위한 훈련(T4T) 9퍼센트는 교회 개척 운동(CPM)이라

---

12) 본 연구에서 조사된 특성중 위의 목록에는 없지만 설명이 필요한 특성이 있는데 바로 기적의 은사에 대한 특성이다. 그 결과는 두 가지 분명하게 다른 모습으로(Bimodal) 나타났다. 일부 효과적인 촉진자는 기적의 은사를 받았다고 증언하고 기적이 운동을 촉진하는데 얼마나 큰 기여를 했는지를 강조했다. 그러나 다른 많은 효과적인 촉진자는 기적의 은사를 소유하지 않았다고 했다. 심지어 어떤 촉진자는 그들의 하나님의 운동에 어떠한 초자연적인 기적이 발생하지 않았다고 했다.

13) 스미스(Smith)가 제안한 몇 가지 다른 특성과 역량은 본 연구를 통해 검증된 특성들 안에 포함되어 있다. 예를 들면 성경에 대한 지식(성경의 가르침에 따라)과 끈기 및 인내(지속성), 성실성 및 영적 진정성(가장 요구되는 영향력이다), 하나님을 사랑하고 (하나님에 대한 갈망), 하나님의 인도를 받고, 하나님의 비전을 가지고, 믿음을 행사하며(믿음), 대담한 제자화 (제자), 무자비한 자기 평가(경험에 대한 개방성 및 끊임없는 학습), 훈련(성경 교육, 제자 훈련 및 멘토링), 지도자 개발(현지이들에 대한 신뢰감, 멘토링) 그리고 비전 캐스팅(영감을 주는 동기 부여) 등등이다.

고 설명했다. 효과적인 하나님의 운동 촉진자의 절반 이상이 두 가지 이상의 서로 다른 하나님의 운동 접근법을 혼합하여 각 상황에 맞게 적용하였다.[14]

그러나 전반적으로 사도적 리더십과 하나님의 운동의 문헌에서 강조하는 것은 사도적 리더의 역량과 특성 특히 영적인 특성에 주목한 올바른 방법론이다. 이 연구의 결과는 일반적으로 알려진 이해를 훨씬 뛰어넘는다. 이 데이터는 어떤 특정한 방법론이 하나님의 운동을 촉진하는 데 있어 예상과는 달리 훨씬 덜 중요하다는 것을 보여주는 반면 특정 개인적 특성과 역량은 효과적으로 하나님의 운동을 촉진하는 것과 밀접한 관련이 있음을 보여준다.

이러한 관점은 소수의 사람 특히 20년간 하나님의 운동을 연구한 후에 이러한 통찰력들을 공식화한 닐 밈스(Neill Mims)와 빌 스미스(Bill Smith)가 제시하는 것이다. "결국 하나님이 축복하는 것은 하나님의 남성과 여성이지 방법론이 아니다"(밈스-Mims와 스미스-Smith 2011, 8). 이 관점을 지지하는 또 다른 사람은 데이비드 퍼거슨(David Ferguson)으로 그는 "선교적 영향력이 클수록 선구적인 사도적 지도력이 더욱 분명해진다"고 결론지었다(애디슨-Addison 2015, 12에서 인용). 사도적 지도자의 인격이 하나님의 운동의 시작 여부를 결정하는 핵심 요소이지 그가 사용하는 방법이 아니다. 다시 말하지만 빌 스미스(Bill Smith)는 이전에 결론을 공식화한 몇 안되는 사람 중 하나인데: "누군가 나에게 방법을 알려달라거나 커리큘럼을 알려달라고 한다면 나는 그들이 이것[하나님의 운동을 촉진하는 것]이 방법보다는 사람을 통해 이루어진다는 사실을 이해하지 못했다는 것을 알고 있다."(애디슨-Addison 2015, 19).

간단히 말해서 올바른 리더는 자신의 특정 사역 상황에 맞는 올바른 방법론을 개발한다. 경험에 대한 개방성과 지성, 인지적 복잡성, 창의성 그리고 주도성 등의 특성과 함께 필요한 사회적 영향력과 변혁적 역량을 갖춘 사도적 리더는 자신의 고유한 상황에 맞는 가장 효과적인 방법론을 개발하고 팀과 함께 실행할 수 있는 유능한 리더이다. 그러나 특정 방법론을 전수받았지만 이 연구에서 확인된 리더의 특성과 역량이 부족한 사람은 이 방법론을 적용할 수 없을 뿐만 아니라 효과도 기대하기 어려울 것이다. 이는 촉진자 개인의 인격보다는 방법과 원칙을 중심으로 한 하나님의 운동에 관한 대다수 출판물의 결론과는 완전히 반대되는 것이다. 이 연구의 명확한 데이터를 통해하나님의 운동 선교학자가 방법론을 지나치게 강조하는 것에서 벗어나 촉진자의 성품과 역량에 초점을 맞추는 하나님의 운동 선교학의 패러다임 전환을 해야 한다.

실제적 유용성 및 전망

효과적인 하나님의 운동 촉진자에 대한 이 연구자료는 하나님의 운동을 촉진하기를 꿈꾸는 사람에게 성격 프로필과 역량 모델을 제공한다. 이 프로필은 엄격하게 실증적 데이터를 기반으로 개발된 최초의 프

---

14) 효과적인 촉진자가 사용하는 접근 방식은 특정 측면에서 다르지만 다음 사항에 유의하는 것이 중요한데 이들은 모두 재생산운동 접근법이며 모두 특정 원칙을 가지고 있다는 점이다. 즉 문화적 상황화와 순종 중심의 제자 훈련, 가정 교회, 재생산 그리고 증식자들 및 재생산 가능한 자원의 훈련(베츠-Betts 2014)이다.

로필이므로 하나님의 운동 촉진을 위해 헌신하는 모든 기독교 사역자가 이 프로필을 고려해야 한다고 생각한다. 이 프로필은 새로운 선교 후보자를 동원하고 선별하며 하나님의 운동 선교 실행자를 감독하고 멘토링하며 하나님의 운동 훈련을 개발하는 도구로 매우 유용할 수 있다. 프로필을 기반으로 훈련 프로그램에 가장 적합한 특성과 역량을 선택하고 학습 목표를 보다 정확하게 설정할 수 있다. 학습 목표가 명확해지면 더 나은 훈련 방법과 더 높은 품질의 훈련 커리큘럼으로 이어진다.

마찬가지로 하나님의 운동 촉진자가 되고자 하는 사람은 자신이 성장하고 싶어 하는 역량과 특성에 집중할 수 있으며 효과적인 하나님의 운동 촉진자가 되기 위한 로드맵 역할을 할 구체적인 학습 목표와 단계를 식별할 수 있다. 하나님의 운동의 돌파는 우리 손에 달려 있지 않지만 개인의 성장은 가능하다. 여기에 제시된 연구 결과는 우리가 어떤 사람이 되어야 하나님께서 우리를 하나님의 운동을 촉진하는데 사용하실 수 있는지 보여준다.

이 연구를 바탕으로 더 많은 연구가 진행되고 있다. 베다니(Bethany) 연구소 팀은 현재 이 연구를 무슬림 세계를 넘어 더 넓은 영역에 확대하기 위해 더 많은 표본을 대상으로 한 후속 연구를 진행 중이며 여기에 제시된 연구 결과의 보편성을 검증하고 추가 검증을 목표로 하고 있다. 작고한 스티브 스미스(Steve Smith) (여기에 제시된 연구 결과를 지지한)는 효과적인 하나님의 운동 촉진자들과 하나님의 운동을 촉진하지 않은 다른 선구자를 구별하는 특성과 역량을 파악하기 위해 통제된 그룹 연구를 실시할 것을 필자에게 촉구했다. 이 통제된 그룹 연구는 현재 동시에 진행 중이다.

이 연구의 자세한 결과와 문헌 검토, 연구 설계 그리고 여기에 제시된 여러 특성과 역량에 대한 모범 사례에 대한 자세한 내용은 윌리엄 캐리 출판사(William Carey Publishing)와 함께한 "하나님의 운동 촉진자"(Movement Catalysts)(프린츠-Prinz 2021) 출판물을 참조하라.

참고 문헌

Adams, Eric, Don Allen, and Bob Fish. 2009. "Seven Themes of Fruitfulness." *International Journal of Frontier Missions* 26: 75–81.

Addison, Steve. 2015. *Pioneering Movements: Leadership That Multiplies Disciples and Churches*. Downers Grove, IL: InterVarsity.

Allen, Don, et al. 2009. "Fruitful Practices: A Descriptive List." *International Journal of Frontier Missions* 26: 111–22.

Avolio, Bruce J. 1999. *Full Leadership Development: Building the Vital Forces in Organizations*. Thousand Oaks, CA: Sage Publications.

Avolio, Bruce J., and Bernhard M. Bass. 1991. *The Full Range Leadership Development Program: Basic and Advanced Manuals*. Binghamton, NY: Bass, Avolio and Associates

Bass, Bernhard M. 1985. *Leadership and Performance Beyond Expectations*. New York: Free Press.

————. 1990. *Bass & Stogdill's Handbook of Leadership: Theory, Research, and Managerial Applications*. 3rd edition. New York: Free Press.

————. 1993. "Transformational Leadership: A Response to Critiques." In *Leadership Theory and Research: Perspectives and Directions*, edited by Martin M. Chemers and Roya Ayman, 49–80. San Diego: Academic Press.

————. 1994. *Improving Organizational Effectiveness Through Transformational Leadership*. Thousand Oaks, CA: Sage Publications.

Bass, Bernhard M., and Bruce J. Avolio. 1990. *Transformational Leadership Development: Manual for The Multifactor Leadership Questionnaire*. Palo Alto, CA: Consulting Psychologists Press.

Bass, Bernhard M., and Ruth R. Bass. 2008. *The Bass Handbook of Leadership: Theory, Research, and Managerial Applications*. New York: Free Press.

Bass, Bernhard M. and Ronald E. Riggio. 2006. *Transformational Leadership*. Mahwah, NJ: Lawrence Erlbaum Associates.

Bennis, Warren G., and Burt Nanus. 1985. *Leaders: The Strategies for Taking Charge*. New York: Harper & Row.

————. 2007. *Leaders: The Strategies for Taking Charge*. 2nd edition. New York: Harper Business.

Betts, Trevor. 2014. "Different Views of Essential Factors in CPMs." Unpublished paper.

Blanc, Jean L. 2006. *Algérie, Tu Es à Moi!, Signé Dieu*. Thoune, Switzerland: Editions Sénevé.

Borg, Walter R., and Meredith D. Gall. 1983. *Educational Research: An Introduction*. 4th edition. New York: Longman.

Burns, James M. 1978. *Leadership*. New York: Harper & Row.

Caldwell, Larry W. 1992. *Sent Out! Reclaiming the Spiritual Gift of Apostleship for Missionaries and Churches Today*. Pasadena, CA: William Carey Library.

Chard, Andrew, and Rachel Chard. 2008. "The Gathering of Teams of Laborers." In *From Seed to Fruit: Global Trends, Fruitful Practices, and Emerging Issues among Muslims*. 2nd edition, edited by J. Dudley Woodberry, 173–92. Pasadena, CA: William Carey Library.

Creswell, John W. 2008. *Research Design: Qualitative, Quantitative, and Mixed Methods Approaches*. London: Sage Publications.

Dale, Laurent. 2008. "Team Building in Multi-Cultural Ministries. Unpublished Paper submitted to the Fruitful Practices Narrative Review Fellowship.

Dalkey, Norman C. 1972. *Studies in the Quality of Life: Delphi and Decision-Making*. Lexington: Lexington Books.

Dent, Don. 2011. *The Ongoing Role of Apostles in Missions: The Forgotten Foundation*. Bloomington, IN: CrossBooks.

————. 2012. "Apostles Even Now." In *Discovering the Mission of God: Best Missional Practices for the 21st Century*, edited by Mike Barnett and Robin Martin, 355–69. Downers Grove, IL: IVP Academic.

Downton, James V. 1973. *Rebel Leadership: Commitment and Charisma in the Revolutionary Process*. New York: Free Press.

Fish, Bob. 2009. IC Leadership Study: Survey. Unpublished paper.

Garrison, David. 1999. *Church Planting Movements*. Richmond, VA: International Missions Board.

————. 2004. *Church Planting Movements: How God Is Redeeming a Lost World*. Midlothian, VA: WIGTake

Resources.

———. 2010. *Leadership in Church Planting Movements*. Retrieved from https:// churchplantingmovements. com/leadership-in-church-planting-movements.

———. 2014. *A Wind in the House of Islam: How God Is Drawing Muslims around the World to Faith in Jesus Christ*. Midlothian, VA: WIGTake Resource.

Garrison, David, and Senecca Garrison. 2008. "Factors That Facilitate Fellowships Becoming Movements." In *From Seed to Fruit: Global Trends, Fruitful Practices, and Emerging Issues Among Muslims*, edited by J. Dudley Woodberry, 207–18. Pasadena, CA: William Carey Library.

Geisler, Wilson. 2012. *Rapidly Advancing Disciples*. Retrieved from https://churchplantingmovements. com/wp-content/uploads/2012/01/Rapidily_ Advancing_Disciples_RAD_Dec_2011.pdf.

Goldmann, Bob. 2006. "Are We Accelerating or Inhibiting Movements to Christ?" *International Journal of Frontier Missions* 28: 8–13.

Hogan, Robert, Gordon J. Curphy, and Joyce Hogan. 1994. "What We Know about Leadership: Effectiveness and Personality." *American Psychologist* 49: 493–504.

House, Robert J., and Ram N. Aditya. 1997. "The Social Scientific Study of Leadership: Quo Vadis?" *Journal of Management Yearly Review* 23: 409–73.

Hsu, Chia-Chien, and Brian A. Sandford. 2007. "The Delphi Technique: Making Sense of Consensus." *Practical Assessment, Research & Evaluation* 12: 1–8.

Johnson, Alan R. 2009. *Apostolic Function in 21st Century Missions*. Pasadena, CA: William Carey Library.

Judge, Timothy A., et al. 2002. "Personality and Leadership: A Qualitative and Quantitative Review." *The Journal of Applied Psychology* 87: 765–80.

Kirkpatrick, Shelley A., and Edwin A. Locke. 1991. "Leadership: Do Traits Matter?" *Academy of Management Executive* 5: 48–60.

Kouzes, James M., and Barry Z. Posner. 1987. *The Leadership Challenge*. San Francisco: Jossey-Bass.

———. 2012. *The Leadership Challenge: How to Make Extraordinary Things Happen in Organizations*. 5th edition. San Francisco: Jossey-Bass.

Larsen, Trevor. 2016. *Focus on Fruit! Movement Case Studies and Fruitful Practices: Learn from Fruitful Practitioners*. A Toolkit for Movement Activists: Book 2. S.l.: Focus on Fruit Team.

———. 2020. *Core Skills of Movement Leaders: Repeating Patterns from Generation to Generation*. A Toolkit for Movement Leaders: Book 7. S.l.: Focus on Fruit Team.

Lord, Robert G., Christy L. De Vader, and George M. Alliger,. 1986. "A Meta-Analysis of the Relation between Personality Traits and Leadership Perceptions: An Application of Validity Generalization Procedures." *Journal of Applied Psychology* 71: 402–10.

Love, Rick, and Greg Livingstone. 2005. *Apostolic Leadership: How to Influence Your Team to Fulfil God's Purposes in the Muslim World*. Frontiers.

Mann, Richard D. 1959. "A Review of the Relationships between Personality and Performance in Small Groups." *Psychological Bulletin* 56: 241–70.

Marsh, Daisy M., and George Verwer. 1997. *There's a God in Heaven: Life Experiences among North Africans*. London: Gazelle Books.

McCoy, Andrew P., Walid Thabet, and Ralph Badinelli. 2009. "Understanding the Role of Developer/ Builders in the Concurrent Commercialization of Product Innovation." *European Journal of Innovation*

Management 12: 102–28.

McGavran, Donald A. 1955. *The Bridges of God: A Study in the Strategy of Missions*. New York: Friendship Press.

———. 1970. *Understanding Church Growth*. Grand Rapids: Eerdmans.

Miley, George. 2003. *Loving the Church … Blessing the Nations: Pursuing the Role of the Local Church in Global Mission*. Waynesboro, GA: Authentic Media

Mims, Neill, and Bill Smith. 2011. "Church Planting Movements: What Have We Learned." *Mission Frontiers* 33: 6–8.

Nelson, J. 2009. "Fruitful Leadership Survey: First Glance Results." Unpublished paper.

Northouse, Peter G. 2010. *Leadership: Theory and Practice*. 5th edition. London: Sage Publications.

Patterson, George, and Richard Scoggins. 1993. *Church Multiplication Guide: Helping Churches to Reproduce Locally and Abroad*. Pasadena, CA: William Carey Library.

Pickett, J. Waskom. 1967. *Christian Mass Movements in India: A Study with Recommendations*. Lucknow, India: Lucknow Publishing House.

Prinz, Emanuel. 2016. "The Leadership Factor in Church Planting Movements: An Examination of the Leader Traits and Transformational Leadership Competencies of Pioneer Leaders Effective in Catalyzing a Church Planting Movement among a Muslim People Group." DMin diss., Columbia International University.

———. 2019. *Der Missionar, den Gott zu Großem Gebraucht: Eine Untersuchung der Persönlichkeitsmerkmale und der Führungskompetenzen von Pionieren, die Erfolgreich eine Gemeindegründungsbewegung Gestartet Haben*. Nuremberg, Germany: VTR.

———. 2019. *Exponential Disciple-Making and Church Planting: Practitioner Manual*. Nairobi: Bethany International.

———. 2021. *Movement Catalysts: Profile of an Apostolic Leader*. Littleton, CO: William Carey Publishing.

Sinclair, Daniel. 2005. *A Vision of the Possible: Pioneer Church Planting in Teams*. Waynesboro, GA: Authentic Media.

Smith, Steve. 2012a. "Getting Kingdom Right to Get Church Right." *Mission Frontiers* 4: 10–15.

———. 2012b. "The Bare Essentials of Helping Groups Become Churches: Four Helps in Church Planting Movements." *Mission Frontiers* 34: 22–26.

———. 2014. "A Profile of a Movement Catalyst." *Mission Frontiers* 36: 38–41.

Smith, Steve, and Ying Kai. 2011. *T4T: A Discipleship Re-Revolution*. Monument, CO: WIGTake Resources.

Stevens, M. 2008. "Focus on Next Steps … : Lessons from the Multi-Region Trainers Forum." Singapore. Unpublished paper.

Stogdill, Ralph M. 1948. "Personal Factors Associated with Leadership: A Survey of the Literature." *Journal of Psychology* 25: 35–71.

———. 1974. *Handbook of Leadership: A Survey of Theory and Research*. New York: Free Press.

Sundell, Jeff. 2014. "4x4 Movements Coming Soon to an Unreached People near You." *Mission Frontiers* 36: 7–9.

Terman, Lewis M. 1904. "A Preliminary Study in the Psychology and Pedagogy of Leadership." *The Pedagogical Seminary* 11: 413–83.

Travis, John, and Anna Travis. 2014. "Roles of 'Alongsiders' in Insider Movements: Contemporary Examples and Biblical Reflections." *International Journal of Frontier Missions* 30: 161–69.

Trousdale, Jerry. 2012. *Miraculous Movements: How Hundreds of Thousands of Muslims Are Falling in Love with Jesus*. Nashville: Thomas Nelson.

Watson, David L. 2011. *Gemeindegründungsbewegungen: Eine Momentaufnahme*. 2nd edition. Schwelm, Germany: Deutsche Inland-Mission e. V.

Watson, David, and Paul Watson. 2014. *Contagious Disciple Making: Leading Others on a Journey of Discovery*. Nashville: Thomas Nelson.

Woodberry, J. Dudley, ed. 2011. *From Seed to Fruit: Global Trends, Fruitful Practices, and Emerging Issues among Muslims*. 2nd edition. Pasadena, CA: William Carey Library.

Yukl, Gary A. 1998. *Leadership in Organizations*. 4th edition. Englewood Cliffs, NJ: Prentice Hall.

Yukl, Gary A., and D. Van Fleet. 1992. "Theory and Research on Leadership in Organizations." In *Handbook of Industrial and Organizational Psychology*, vol. 3. Edited by Marvin D. Dunnette and Leaetta M. Hough, 147–97. Palo Alto, CA: Consulting Psychologists Press.

Zaccaro, Stephen J. 2001. *The Nature of Executive Leadership: A Conceptual and Empirical Analysis of Success*. Washington, DC: American Psychological Association.

———. 2007. "Trait-based Perspectives of Leadership." *American Psychologist* 62: 6–16.

Zaccaro, Stephen J., C. Kemp, and P. Bader. 2004. "Leader Traits and Attributes." In *The Nature of Leadership*, edited by John Antonakis, Anna T. Cianciolo, and Robert J. Sternberg, 101–24. Thousand Oaks, CA: Sage Publications.

21장

하나님의 운동을 추진하기: 조직의 패러다임 전환

에릭과 로라 아담스(Eric and Laura Adams)

전통적인 교회 개척 선교단체가 본래의 소명에 충실하면서 패러다임을 전환할 수 있을까? 우리(필자의) 단체는 비전도(under-engaged) 무슬림 종족에만 초점을 맞춘 선교 공동체이다. 우리(필자의 단체)의 목표는 항상 복음을 전하여서 그 결과로 제자가 증식되는 예수 제자의 모임을 만들어 내는 것이다. 2017년 우리는 "교회 개척"에서 "제자와 교회를 증식하는 하나님의 운동을 추구하는 것"으로 우리의 신앙의 지평을 확장하기로 결정하였다. 이 결정은 10년이 넘는 기간 동안 리더와 현장 멤버가 함께 고민하고 5년 동안 제자 삼기 운동과 관련된 광범위한 훈련과 동료 지도를 진행했으며 전체 커뮤니티 대표가 컨퍼런스를 통해 의미 있는 과정을 거친 결실이다. 이러한 점진적인 패러다임 전환의 영향은 기관 전체에 걸쳐 분명하게 나타나고 있다.

이 장에서는 일부 현장 팀에 대한 간략한 소개를 제공한다. 우리는 그 팀이 하나님의 운동과 관련된 원칙을 실천하기 위해 노력하면서 최근에 경험한 것을 어떻게 설명하는지를 경청하였다. 이러한 관찰은 우리가 이러한 믿음의 지평을 추구할 때 필요한 통찰력을 얻게 하는데 지속적으로 도움이 될 것이다. 이 장을 발표하면서 우리는 역사상 이 시기에 무슬림 사이에서 진행되는 하나님의 추수 사역에 동참하고자 하는 다른 사람들과 함께 연결되기를 희망한다. 제자화 운동을 조직의 정신에 통합하고자 하는 다른 단체들도 우리의 경험에서 배울 수 있을 것이다.

상황 이해

이러한 변화는 어떻게 일어났나?

패러다임의 변화는 지난 15년 동안 점진적으로 진행되었다. 처음에는 각자의 지역에서 큰 반응을 목격한 현장 사역자가 자신의 이야기를 공유했다. 하나님의 운동에 대한 더 많은 선교 공동체의 보고는 이것에 대한 관심을 더욱 증가시키는 연료 역할을 하였다. 최고 지도자는 이러한 변화를 위한 시기가 무르익었음을 감지하고 의도적으로 현장 사역을 장려하고 지원했다.

1980년대에 소수의 미국인 팀으로 시작했던 우리 단체는 현재 천 명이 넘는 현장 사역자로 구성된 다민족 공동체로 성장했다. 현재 북미(North America), 남미(South America), 중미(Central America), 서유럽(West Europe), 동유럽(East Europe), 오스트랄라시아(Australasia, 호주, 뉴질랜드와 인근 섬들을 포함하는 지역, 역주), 동아시아(East Asia), 남아시아(South Asia), 아프리카(Africa)에 있는 지부에서 팀이 출범했다. 팀원은 주로 무슬림 민족에게 복음을 전하라는 하나님의 개인적인 부르심에 응답하여 합류했다. 이들은 무슬림이 다수인 도시와 시골에서 팀을 이루어 함께 사역하며 각자의 전문 기술을 통해 거주할 수 있는 신분을 유지한다.

훈련은 기관내에서 다양한 방식으로 이루어진다. 그 중 하나는 컨퍼런스로 현장 선교사와 외부 전문가가 협력하여 선교현장 상황에서 학습한 내용을 모두의 마음에 심겨지도록 (cross-pollination) 논의하고 학습한다. 이러한 모든 기관의 컨퍼런스는 영어로 진행되며 여러 언어로 동시 통역된다. 2005년부터는 보다 반응이 빠른 지역에서 일하는 현장 선교사가 주도하여 특정 형태의 하나님의 운동을 구체적으로 다루는 컨퍼런스 워크숍이 제공되기 시작했다. 2011년에는 2년에 한 번씩 열리는 메인 컨퍼런스에서 감독자와 인도자가 모여 하나님의 운동 원칙에 대해 더 깊이 논의했다. 이 무렵 우리의 국제 지도자는 제자 삼는 운동의 촉진자로부터 교회개척을 위한 제자화 운동(DMM) 원리에 대한 광범위한 훈련을 제공하라는 요청을 받았다.[1]

그 후 5년 안에 우리 선교 공동체의 60퍼센트가 이 훈련에 참여했는데 처음에는 감독이나 지역 지도자 역할을 맡은 사람이 그 다음에는 주로 현장 선교사들이 참여했다. 돌이켜보면 현장 선교사들은 이 교육이 영어로만 진행되었기 때문에 공동체의 중요한 부분이 통역을 통해서 정보를 처리하거나 또는 전혀 처리하지 못했다는 중대한 실수를 지적해 주었다.[2] 그 결과 일부 지역의 영어가 모국어가 아닌 일부 현장 선교사들은 패러다임 전환을 받아들이는 데 더 주저했다.

하지만 긍정적인 측면은 교회개척을 위한 제자화 운동(DMM) 교육과 함께 동료 지도 기술도 교육하여서 현장 선교사들이 서로를 격려하고 개발한 자원을 서로 공유하는 비공식적인 네트워크가 생겨났다는 점이다. 지난 10년 동안 많은 파송 선교단체의 훈련자는 열매 맺는 사역(fruitful practices) 연구 결과(우드베리-Woodberry 2008)와 하나님의 운동 지향적 원칙을 통합하여 선교지 입국 전의 준비 과정을 향상시켰다. 2015년 컨퍼런스는 기관의 사명 선언문과 핵심 가치를 재평가하는 데 있어 중추적인 역할을 했다. 이 모임에서 모든 참가자는 소그룹으로 나뉘어 먼저 기도로 하나님의 음성을 듣고 각 주제에 대해 토론하는 시간을 갖았다. 이를 통해 우리 모두가 제자화와 교회개척 운동을 향해 노력하자는 공감대를 형성했다.

2017년 컨퍼런스에서 모든 지역 보고서에는 하나님의 운동에 대한 그들의 노력에 대한 평가를 포함하였다. 많은 훈련 워크숍에 하나님의 운동 지향적 실천 항목들이 포함되었다. 행정 회의에서 국제 이사회(현장 팀장들로 구성)는 핵심 가치의 문구를 "교회 개척"에서 "제자화 교회개척 하나님의 운동 추구"로 변경했다. 그 후 2019년 컨퍼런스에서는 원탁 토론을 통해 지역 전체에서 하나님의 운동의 깊이와 넓이에 영향을 미치는 요인에 대해 더 깊이 조사했다.

이 점진적인 패러다임 전환의 수년 동안 토론과 평가를 위한 많은 여지가 주어졌다. 우리 회원은 하나님의 운동의 철학에 대한 반응과 회의론, 저항 그리고 그것이 사역 노력과 어떻게 관련되어 있는지를 공

---

1) 데이비드 왓슨(David Watson)과 공동으로 진행한 훈련. "전염성 있는 제자 만들기"(Contagious Disciple Making, 2014)를 참조하라. 초기 훈련자는 무슬림 지역에서 하나님의 운동을 지원한 경험이 있는 기관에서 나왔다. 매우 빠르게 우리 팀에서 12명의 훈련자가 이 훈련에 받아들였고 이들은 훈련가가 되었다.

2) 또한 비 서구 배경을 가진 몇몇 사람은 이러한 교육 방식이 새로운 아이디어를 처리할 수 있는 충분한 공간을 허용하지 않는다고 보고했다.

개적으로 표현했다. 이러한 대화는 현장 팀과 파송 및 지원 부서의 사고에 지속적으로 영향을 미치고 있다.

전체적인 공동체로서 우리는 기도하는 방식과 협력하는 방식 그리고 진행 상황을 측정하는 방법에서 변화를 발견했다. 기도에 대한 우리의 의존도가 높아졌으며 특히 하나님의 임재에 대한 우리의 반응을 깊어지게 하는 기도에 대한 의존도가 높아졌다. 모든 지역에서 현장 선교사는 하나님께 "많은 사람이 그리스도를 향해 나아가는 것을 보려면 무엇이 필요할까요? 우리가 그것을 위해 어떤 역할을 감당하길 원하시나요."라고 기도한다. 현장 선교사는 전보다 더 많은 지역내의 기존 신자들과 미전도 종족 인근 문화권에 사는 신자들 그리고 기타 기관과 협력하고 있다. 각 지역에서는 우선순위와 진행 상황을 관찰하고 보고하는 새로운 방법을 만들었다.

이 새로운 신앙의 지평으로 전환하면서 선교 기관으로 서의 우리의 희망도 커졌다. 우리는 지난 수십 년 동안 하나님께서 최근 그들의 역사상 처음으로 예수님을 경배하는 무슬림이 모이는 가정들과 그룹들을 인도하셨을 때 크게 기뻐했다. 이제 우리는 하나님께서 더 많은 일을 하시기를 원한다. 즉 신자의 움직임에 생명을 불어넣어 그들의 사회에 영향을 미치고 다른 문화 집단으로 퍼져 나가게 하실 것이다. 지난 10년 동안 우리는 이미 이 사실을 엿볼 수 있었다. 하나님께서는 몇몇 팀을 사용하셔서 새로운 하나님의 운동을 촉발시키셨다. 다른 팀은 이전에 진행 중이던 하나님의 운동(수십 년 전에 시작된 하나님의 운동 포함)을 지원하는 일에 동참했으며 많은 팀이 미래 운동의 토대를 마련하기 위해 사역에 대한 접근 방식을 바꾸고 있다.

왜 변화가 필요했을까?

거의 40년 전에 우리 단체가 설립되었을 때 무슬림 종족을 대상으로 한 교회 개척은 대담한 목표처럼 보였다. 우리는 복음을 전하고 신자를 제자화 하여 그 결과로 형성된 교제가 문화적 경계를 넘어 자발적으로 재생산되고 확산되기를 열망했다. 수십 년에 걸친 신실한 기도와 배움, 씨 뿌리기 그리고 희생을 통해 몇몇 신자들의 모임이 생겨났다. 일부는 실제로 확산되어 지역 사회에 영향을 미치고 다른 미전도 종족을 향해 전도를 시작했다.

그러나 많은 지역에서 신자 그룹이 생겨났다고 해도 복음이 그 사회를 변화시키고 다른 문화권으로 퍼져 나가지 못했다. 현장 선교사를 통한 하나님의 역사는 참으로 대담하고 놀라웠지만 우리는 이 역사적 시간 안에서 뭔가 더 필요한 것이 있음을 느꼈다. 다른 지역에서의 하나님의 역사에 대한 사례 연구를 들으면서 우리는 하나의 하나님의 운동으로 나아가기 위해서는 신자가 모이는 한 그룹을 만드는 것과는 전혀 다른 첫 단계가 필요하다는 것을 깨달았다. 우리가 '교회 개척'을 신앙의 지평으로 삼는 한 많은 현장 선교사는 지금까지 해오던 일을 계속할 것이고 그 결과도 역시 제한적일 것이다. 더 나쁜 것은 이러한 방식들 중 일부가 오히려 역효과를 낼 수도 있다는 것이다.

지금까지 어떤 영향이 있었나?

2018년 국제 대표(director) 팀은 선교사의 이야기를 들으면서 이 신앙 지평과 교회개척 운동을 위한 제자화 운동(DMM) 훈련이 팀에 미친 영향을 평가하고자 했다. 그래서 우리는 현장 선교사들의 이야기를 정리했고 세 가지 질문에 대한 답을 찾기 위해 그들을 경청하였다:

1. "하나님의 운동적 사고"가 어떻게 우리 공동체가 사도적 소명을 추진하도록 변화시키거나 형성하고 있는가?

2. 어떤 통찰이 기준점(benchmark)이 될 수 있으며 또한 우리를 고무시켜서 더 깊은 이해를 하게 할 것인가? 그 이해는 하나님이 우리를 통해 일하셔서 어떻게 건강하고 오래 지속되며 그리스도를 향한 하나님의 운동을 만드는가에 대한 것이다.

3. 우리 공동체가 "하나님의 운동 지향적인 삶의 방식"에 더 잘 부합하도록 변화하는 데 도움이 될 수 있는 것은 무엇인가?

우리는 "하나님의 운동에 적극 참여하는 것"에서 "하나님의 운동을 희망하는 것"에 이르기까지 다양한 노력으로 하나님의 운동에 참여하고 있는 현장 선교사들에 대한 30개의 인터뷰를 수집했다. 그런 다음 관찰한 내용을 질적 귀납적 그리고 비공식적 보고서로 정리했다. 이 보고서는 현장 구성원의 이야기를 바탕으로 작성되었기 때문에 '질적'이다. 이 보고서는 새로운 주제를 식별하고 이를 대표적인 진술로 추출했기 때문에 "귀납적"이다. "비공식적"인 이유는 다른 선교 실행자가 모두가 동의한 신념이라고 인정한 아이디어들을 확인할 수 있는 진술을 아직 갖지 않았기 때문이다.

또한 이 연구 프로젝트에는 다음과 같은 몇 가지 약점이 있다:

* 인터뷰 대상자의 80퍼센트가 미국인이었다. 향후 연구에서는 더 다양한 선교사 파송 국가의 현장 선교사를 포함해야 한다. 그러나 인터뷰 대상은 남성과 여성, 6개의 서로 다른 선교 현장 지역, 그리고 19개의 특별한 선교현장에서 진행됐다.

* 다양한 사람이 다양한 질문을 사용하여 인터뷰를 진행했다. 일부 인터뷰 대상자는 몇 달에 걸쳐 여러 차례 인터뷰를 진행했다, 많은 학습과 변화가 계속 일어나고 있음이 드러났다. 따라서 이 진술은 사역의 끝이 아니라 인터뷰 당시의 인터뷰 대상자의 인식만을 포착했다.

* 우리는 15년 전에 이와 같은 연구를 수행하지 않았기 때문에 비교하고 배울 초기 "기준점"(ben-chmark)이 없었다.

* 패러다임의 전환은 여러 단계에 걸쳐 매우 오랜 시간에 걸쳐 경험 및 기타 증거를 기반으로 이루어진다. 이러한 수준 중 상당수는 관찰할 수도 언어화 할 수도 없다. 이러한 약점에도 불구하고 이러한 관찰 결과가 우리를 중요한 주제를 탐구하도록 지도한다고 믿는데 이 주제는 하나님께서 우리 가운데서 그리고 우리를 통해 일하고 계시다는 인식에 우리 자신을 맞추자는 것이다.

질문 1. 하나님의 운동적 사고는 우리를 어떻게 변화시키고 있나?

이 질문에 대한 답변을 들으면서 이 하나님의 운동적 사고와 이전에 우리가 운영하던 방식 사이의 차이점을 분별하면서 우리는 하나님의 운동적 사고가 무엇인지에 대한 개념적 정의를 내려야 한다. 또한 인터뷰 참여자들이 자신에게 어떤 변화가 있었는지를 어떻게 파악할지에 대해서도 알아야 한다.

"하나님의 운동적 사고"란 무엇인가?

하나님의 운동을 실천하는 것은 선교 실행자들마다 상당히 다르다. 그러나 많은 선교 실행자들은 다음 목록의 실천이 하나님의 운동을 추구하는 사람에게 고유한 것은 아니더라도 중요하다고 생각한다.

1. 기도. 하나님의 운동은 하나님의 영에 의해 촉진되며 이 시대에서 하나님의 사역의 중요한 부분인 것 같다. 우리는 개인기도와 연합기도에 헌신하여서 모든 하나님의 운동의 근원자되신 분과의 관계에 철저히 의존하며 우리에게 붙여 주신 종족을 향한 그분의 계획에 우리 자신을 맞춘다.

2. 배움. 하나님의 운동은 외부인인 외국인의 과제가 아니라 종족내의 문화적 언어로 소통하면서 변혁을 이루고 화해를 이루시는 하나님에 의해서 추진된다. 그래서 우리는 지역사회에 대한 이해와 관여를 장기적으로 성장시키는데 헌신한다. 우리는 현존하는 신뢰관계속에서 사역하고 의사 결정을 하거나 혁신을 이루는 과정에서 지역 사회가 진행하는 과정방식을 존중한다.

3. 동역. 하나님의 운동에는 한 사람이 제공할 수 있는 것보다 더 많은 은사와 지혜가 필요하다. 우리는 개인적인 야망을 내려놓고 모든 면에서 다른 사람과 동역한다. 우리는 겸손과 은혜로 동역하며 지역 사회와 그 너머 다른 지역으로 영향을 미칠 하나님의 운동의 비전을 향해 서로를 격려한다.(딤후 2:2).

4. 평가. 하나님의 운동은 속도를 늦추거나 중단할 수 있다. 우리의 사역 관행 중 일부는 새 신자가 하나님께서 그리스도안에서 그들에게 주신 권세 안에서 걷지 못하게 할 수도 있다. (예를 들어 현지인이 필자를 리더로 세우거나 필자의 사역 방식을 쉽게 모방할 수 없을 때). 그래서 우리는 동역자와 함께 우리가 하는 모든 일을 평가하여 그것이 하나님의 운동의 성장에 기여하는지 또는 방해가 되는지 점검한다.

5. 공개적으로 신앙을 드러내기. 우리는 매일 자연스럽게 개인적인 영성을 표현한다. 이를 통해 지역사회 주민이 영적인 관심을 가지고 우리에게 다가오도록 장려한다.

6. 접촉의 폭을 넓힌다. 우리는 영적인 관심을 갖고 있거나 또는 그들의 가족이나 신뢰를 형성한 네트워크속에서 복음 메시지를 환영할 수 있는 더 많은 사람과 접촉하게 해달라고 하나님께 기도한다. 우리는 고립된 개인에게 주제를 가르치기 보다는 이러한 관계적 그룹안에서 공개적으로 영적 주제를 논의한다.

7. 하나님의 말씀에 경청. 다른 사람이 하나님의 말씀을 배우는 것을 도울 때 우리는 발견식 학습 또는 참여 학습을 사용한다. 발견식 학습은 그룹이 질문하고 반추적으로 경청하며 하나님께서 그들에게 무엇

을 요구하시는지 파악하도록 격려한다. 전문가에게 의존하여 무엇을 믿어야 할지 말하게 하는 것이 아니다.

8. 하나님께 순종. 우리는 말씀을 공부하는 사람이 하나님께서 요구하시는 것을 행하기를 기대한다. 여기에는 믿음을 향한 여정 중에 하나님께서 계시해 주신 것을 다른 사람과 나누는 것도 포함된다.

9. 지도자에게 권한 위임. 과정 초기에 우리는 그룹을 이끌 수 있는 적절한 은사를 받은 그룹 회원이 인도하도록 격려하고 권한을 부여한다. 우리는 그룹 회원이 신뢰를 기반으로 한 네트워크안에서 새로운 성경공부그룹을 시작하도록 권장한다. 이러한 실천은 타 문화 전달자가 쉽게 모방할 수 있는 방법으로 복음을 전하고 온 가족과 신뢰 네트워크가 말씀으로 하나님과 소통할 수 있는 많은 기회를 제공한다. 이러한 상호작용은 하나님께서 외국인과 그들의 문화에 대한 추가적인 장벽 없이 자신을 드러내실 수 있는 상황을 제공할 수 있다.

이 생각의 차이점은 무엇인가?

이 목록에 있는 많은 가정과 실천은 우리에게 새로운 것이 아니다. 일부는 지난 30년 동안 우리에게 영감을 준 핵심 가치와 일치한다. 일부는 선교 공동체 안팎에서 무슬림을 대상으로 사역하도록 부름 받은 여러 세대가 공통적으로 실천해 온 것이다(우드베리 – Woodberry 2008). 이 목록과 이전의 핵심 가정 목록의 가장 큰 차이점은 이 목록이 증식 가능성이 있거나 없는 단일 교회에 대한 비전보다는 빠르게 증식하는 제자 그룹이라는 하나님의 운동에 대한 비전을 향해 조직되었다는 점이다. 특별한 훈련을 받지 않는 한 현장 선교사는 기본적으로 자신의 제자훈련을 형성한 사역 방식을 따르는데 게으르게 된다. 이 목록에 있는 많은 실천사항이 본국(파송) 교회의 것과 같지 않다는 것은 중요한 점이다.

우리 선교 공동체에는 다양한 문화와 교회 전통으로 나오는 신입 선교사가 지속적으로 유입되고 있다. 따라서 위의 목록에 따라 형성된 훈련은 신입 선교사와 기존 선교사를 복음의 타 문화 상황에서의 전달을 위해 효과적인 실천사항이라는 공동의 비전하에 하나로 묶는데 중요한 역할을 할 것이며 이는 하나님의 운동의 성장을 지원할 수 있다.

현장 사역 초기에 인터뷰한 신입 선교사들의 이야기: 나는 어떻게 변했나?

하나님의 운동 사고의 새로운 것은 인터뷰 대상자가 '아하'라고 깨닫는 순간 그들의 이해가 깊어지고 새로운 사고방식과 생활 방식을 받아들이게 되는 순간에 나타난다. 선교지의 기존 선교사가 제시하는 새로운 것을 타 문화 사역 신입 선교사가 받아들여야만 하듯이 이러한 통찰력의 순간에는 예측 가능한 많은 교훈이 포함된다. 선교지에 도착한지 얼마 지나지 않아서 선교사는 고국에서 예수님을 따르는 법을 배웠던 많은 부분이 그들이 새로운 선교지 상황에서는 비생산적이라는 것을 깨닫게 된다.

인터뷰 참가자의 50퍼센트는 선교지에서 10년 미만으로 살았던 선교사들이었다. 다음은 그들의 이야기에서 드러나는 초기 학습 곡선의 몇 가지 예이다.

인터뷰 참여자들은 다음과 같이 말했다.

1. 저는 복음 메시지의 핵심을 구성하는 요소에 대한 가정을 버리고 그리스도를 따르고 교회가 된다는 것이 무엇을 의미하는지를 재발견했습니다.

2. 저는 사람들이 어떻게 행동해야 하는지에 대한 선입견을 버리고 다양한 종교적 문화적 층을 포함하는 세계관 안에서 어떻게 사랑과 존경을 갖고 의사 소통하는 지를 배웠습니다.

3. 저는 문서를 기반으로 하는 의사소통법에 의존하는 것을 그만두고 어떻게 구전 문화속에서 구전을 통해 학습하는 현지인과 의사 소통하는 방법을 배웠습니다.

4. 저는 규범적(전문가 주도) 교육 방식을 버리고 구도자가 예수님의 명령을 따르면서도 자신들의 문화적 정체성을 심화하며 그들의 문화적 필터를 통해 성경 말씀을 해석하고 성경을 통하여 하나님이 그에게 말씀하시게 하는 성경공부 방식을 사용하는 것을 배웠습니다.

5. 저는 개인주의를 버리고 강한 네트워크를 중시하는 사회에서 살고 의사 소통하는 법을 배웠습니다.

6. 저는 즉각적인 결과에 대한 기대를 버리고 세 걸음 앞으로 두 걸음 뒤로라는 패턴을 자주 경험하며 여러 문화권에서 복음을 전하는 데는 수천 시간이 걸릴 수 있다는 것을 배웠습니다. 깊은 수준의 복음에 대한 반응은 일반적으로 수년동안 분명하게 드러나지 않을 수 있습니다.

7. 저는 건강하지 못한 영웅주의 또는 '외로운 방랑자' 사고방식을 버리고 겸손과 존중으로 다른 외국인 선교사와 현지의 신자와 협력하는 법을 배웠습니다.

8. 저는 개인적인 맹점 또는 교만과 개인적 야망을 버리고 다른 사람들의 충고에 건강하게 반응하면서 자기인식을 성장시켰습니다.

9. 저는 공식과 전략에 대한 의존을 버리고 전적으로 하나님의 말씀을 듣는 법을 배웠습니다, 모든 것을 기도로 뒷받침하는 법을 배웠습니다.

10. 저는 개인적인 "밝은 아이디어"에 매료되는 것을 버리고 나의 혁신 가치를 테스트하는 법을 배웠습니다.

우리의 고국 문화와 기독교 전통은 우리에게 깊은 편견을 각인시킨다. 새로운 선교지 상황에서 복음을 효과적으로 전달하려면 이러한 편견을 인식해야 한다. 예수님이 말씀하신 한 알의 밀알처럼 우리는 우리의 문화적 가정에 대해 죽고 하나님께서 우리의 껍질을 벗기시도록 허용하며 새로운 토양에 우리를 심으실 때 기뻐해야 한다. 그래야만 하나님께서 우리를 부르셔서 함께 복음을 전하도록 이끄신 사람들 사이에서 독특하고 적절한 방식으로 복음이 싹틀 수 있다.

10년 이상 현장에서 사역한 선교사와의 인터뷰 이야기: 나는 어떻게 변했나?

우리 공동체의 패러다임 전환을 관찰하는 한 가지 방법은 10년 이상 현장에서 사역한 선교사들이 최근의 변화를 어떻게 묘사하는지 살펴보는 것이다.

다음은 인터뷰의 대표적인 문구이다:

* **우리는 이제 선교지의 기존 신자와 동역합니다.** 15년 동안 주 종족인 무슬림 대상으로 사역하면서 소수종족인 기존 신자와의 동역을 피해왔지만 이제 그들과 동역을 시작했습니다. 왜냐하면 현장에서 오랜 경험과 그 지역 주요 문화에 대한 깊은 이해를 갖게 되었으며 또한 하나님께서 그 지역의 기존 신자를 주요 무슬림 종족을 위한 하나님의 마음으로 이끌고 계시다는 사실을 알았기 때문입니다.

* **우리는 이제 무슬림 배경을 가진 신자들과 동역을 합니다.** 거의 열매가 없는 20년 동안의 사역을 한 후에야 다른 사역자에 의하여 수년 동안 제자 훈련을 받고 있는 무슬림 배경의 지역 신자를 만났습니다. 하나님은 그들을 우리와 같이 이 사역에 동역하도록 부르셨습니다. 지금에서야 우리가 수년 동안 뿌렸던 씨앗이 열매를 맺기 시작했습니다.

* **우리는 지시하는 선생이 되는 것을 피합니다.** 20년 동안 저는 설교하고 인도하는 나의 은사를 사용했습니다. 그 기간동안 현지 전도자도 나와 함께 동역하여 많은 사람을 믿게 하였습니다. 불행하게도 대부분의 새로운 신자는 나에게 제자 훈련받는 것을 거부했습니다. 이제 하나님께서는 내가 다른 역할을 맡아야 한다는 것을 보여주셨습니다. 저는 한 발 물러서서 옆에서 격려하는 법을 배우고 있습니다. 하나님은 예수님을 따르는 새 무슬림 배경의 신자를 주셨고 지역 신자에게 그들의 이웃을 제자화 할 수 있도록 성령의 기름과 은사를 부어 주셨습니다.

* **이제 우리는 모임의 중심이 되는 것을 피합니다.** 20년간의 사역 후에 (그 중 10년은 작은 모임을 양육하는 일을 하였는데) 우리가 그곳에 머무는 한 그들은 재정적으로 그리고 어떻게 사역을 하여야 하는지에 대하여 우리에게 의존할 것이라는 사실을 깨달았습니다. 우리가 떠나면 어떤 일이 일어날지 시험해볼 때였습니다. 그래서 우리는 떠났고 가끔씩 방문했습니다. 첫 방문에 신자는 더 이상 모이지 않는 것처럼 보였습니다. 하지만 2년이 지난 후 방문했을 때 그들은 계속적으로 모임을 하고 있었고 또한 다른 나라에서 살고 있는 같은 종족안에 생긴 신자와도 연결되어 있었습니다. 그들은 자기 사역에 대한 주인의식을 갖고 그들의 종족 가운데 복음을 전하고 있었습니다.

이러한 내용은 현장 선교사들의 오랜 투자와 성실함이 핵심적인 요인이고 이것이 깊은 이해와 사랑으로 이어졌음을 보여준다. 그들의 의견에는 하나님이 형성하신 겸손과 자발성이 보여지는데 이것은 그들이 사역하는 선교현장에서 복음에 반응하는 새로운 계절을 만드시기 위한 하나님의 계획에 부합한 것들이다.

큰 틀에서 ...

우리는 이 인터뷰 주제에서 하나님의 운동 사고가 타문화 선교사들에게 다음의 내용을 장려한다는 것을 알 수 있다.

* 선교현장에 깊이 그리고 오랫동안 투자할 준비를 하라.
* 경청하고 변화되기를 열망하는 적극적이고 진정한 제자가 되라.

* 기꺼이 변화하려는 평생 학습자가 되라.

* 자연스럽고 관계적이며 신뢰하는 네트워크안에서 복음을 전하라.

* 성경 중심이 되어 하나님께서 말씀을 통해 말씀하실 것을 기대하라.

* 하나님께서 다른 사람과의 동역관계를 통해 일하실 것을 기대하라.

* 앞장서기보다는 기꺼이 옆에서 동반자가되는 역할을 감당하라.

이러한 원칙들은 복음의 선교사를 가파른 학습 곡선으로 밀어붙여 그들이 시작하였던 선입견과 문화적 편견을 뛰어넘어 성장하게 한다. 이러한 성장을 통해 복음이 성육신적인 방식으로 깊숙이 뿌리내릴 수 있게 된다.

질문 2. 어떤 관찰이 우리를 더 깊은 탐험으로 이끄는가?

인터뷰 참여자는 하나님의 운동을 지원하는 능력에 영향을 미치는 것으로 보이는 요인들을 언급했다. 우리는 이러한 요인을 다른 사람과 동역 관계를 맺는 방식과 우리가 누구인지, 우리가 하는 일, 수용적인 환경, 제자를 양육하는 방식 그리고 리더십과 그룹 정체성을 키우는 방식 등으로 분류했다. 이러한 각 범주는 탐구할 가치가 있는 더 많은 질문을 제기한다.

하나님의 운동에 기여할 수 있는 동역 관계

인터뷰 참여자는 가까운 문화권뿐만 아니라 외국에서 온 다른 신자와 동역하면서 배우고 있는 다양한 것들을 진술했다.

저는...

* 전도의 일을 기꺼이 할 수 있는 사람

* 새로운 문화로 이사하고 적응할 수 있는 사람

* 이미 생계를 유지하고 있으므로 재정적 지원을 위해 나에게 의존하지 않는 사람

* 다른 선교사의 노력의 결실로서 이미 제자화 되고 성숙한 기존 신자

* 무슬림 정체성을 유지하면서 예수님을 따르는 무슬림과 동역하는 것이 중요하다는 것을 알게 되었습니다.

저는...

* 기존 신자와 새 신자를 이 사역의 핵심 참여자로 가깝게 대한다는 법을 배웠습니다.

* 동역자에게 은혜와 존중과 신뢰를 가지고 행동한다는 법을 배웠습니다.

* 사역 동역자를 내 목표를 달성하기 위한 수단이 아니라 전인격체로서 돌보는 법을 배웠습니다.

* 외부인으로서 훈련자의 역할을 하면서 내가 가져올 수 있는 잠재적인 독특한 문제에 대해 경계하는 법을 배웠습니다.

* 이미 일어나고 있는 하나님의 운동을 지원하기 위한 구조를 구축하는 법을 배웠습니다.
* 지역 교회가 이웃인 무슬림에게 전도할 수 있는 마음을 갖게 되기를 위하여 분열된 지역 교회 간의 화해를 장려하는 법을 배웠습니다.
* 사역 파트너(특히 문화 내부자)가 사역을 발전시키기 위한 통찰력을 제시해 줄 것을 기대하는 법을 배웠습니다.
* 무슬림과 대화할 때 가까이에 있는 이웃 신자를 대화에 참여시켜 그 대화의 분위기를 좋게 만드는 법을 배웠습니다.
* 공동체에서 오랜 세월 사역한 후 그 공동체로부터 거리를 유지하는 법을 배웠습니다.
* 신자들 모임의 구성원이 말씀을 접할 수 있도록 동역자와 함께 자료를 개발하고 (예를 들어, 그들의 모국어와 그들이 사용하는 휴대폰 웹들을 사용하는 것) 그들의 관심사에 대해 말하며 그들이 스스로 이끌도록 만드는 법을 배웠습니다.

첨가적으로 인터뷰 참여자는 동역자와 함께 일하면서 그들의 동역이 여러 가지 면에서 양측 동역자를 어떻게 만들어 갔는지를 설명했다. 여기에는 다음 두 가지 범주 즉 우리가 누구인지와 우리가 무엇을 하는지가 포함된다.

우리가 누구 인가에 따라 하나님의 운동이 강화될 수 있다.

인터뷰 참여자는 하나님의 운동을 추구하면서 하나님께서 내면을 어떻게 변화시키셨는지 다음과 같이 말했다.

저는...

* 금전적 이득을 사역과 연계시키지 않는 법을 배웠습니다.
* 특히 현장의 선교사를 지역 사회안에서 하나님의 운동의 촉진자가 될 수 있도록 허락해 주는 "문지기" 같은 지역 사회 지도자와의 신뢰를 구축하고 지역공동체의 환경안에서 성경말씀을 전하며 지역 공동체의 지도자에게 복음안의 축복이 전체 공동체를 위한 것임을 설득하고 그들의 공동체를 위해 공개적으로 기도합니다. 복음이 지역 공동체의 관심사를 다룰 수 있는 접촉점을 분별하는 법을 배웠습니다.
* 미래 성장을 위한 토대를 조심스럽게 마련합니다. 지금 당장 반응이 없을 때에도 인내하는 법을 배웠습니다.
* 선교지의 세계관을 발견하고 그들의 눈을 통해 보는 법과 이 공동체에 장기적으로 참여하면서 인내하여 언어적 능숙함을 높이며 그렇게 함으로써 처음부터 상황화 된 방법을 통하여 복음의 진리를 전달할 수 있는 법을 배웠습니다.
* 다른 현지인이 기도와 공동체를 통해 하나님의 인도하심을 분별하고 사람을 이끌 수 있도록 위임하며 핵심적인 현지인을 제자화하는 사람이 되어야 한다는 저의 야망을 죽이고 이 사역에서 지역 지도

자의 역할이 커짐에 따라 나의 역할이 줄어들어야 함을 인식하는 법을 배웠습니다.

* 우리가 하는 모든 일을 기도하는 마음으로 열매를 맺고 있는가? 다른 사람에게 가르칠 만한 가치가 있는가? 라는 질문을 통해 정기적으로 평가하며 신뢰와 책임감을 쌓기 위해 멘토링을 적극적으로 받아들이는 법을 배웠습니다.

* 의도적이고 자연스러우며 공개적으로 신앙을 표현하는 법을 배웠습니다. 대화를 성경 구절을 읽거나 들을 수 있는 기회로 전환하고 이야기를 통해 시간이 지남에 따라 조금씩 복음의 내용을 드러내며 영적인 대화를 끝낼 때마다 우리가 공통적으로 가지고 있는 진리로 마무리하는 하는 법을 배웠습니다.

* 영적 돌파를 위해서 금식과 기도하는 법을 배웠습니다.

* 종교가 아닌 예수님께 집중하는 법을 배웠습니다. 비전을 키우고 하나님께 "이 지역과 이 지역을 넘어서기 위한 하나님의 운동을 촉진하려면 어떻게 해야 할까요." 라고 하나님께 질문하며 하나님께서 다른 지역에서 어떻게 하나님의 운동을 일으키고 있는지 알아보고 하나님의 운동이 가능하다는 것을 믿으며 하나님께서 우리 일생가운데서 셀 수 없을 만큼 많은 무리를 보고 싶어하시는 것처럼 기도하고 살아가는 법을 배웠습니다.

* 개인적으로나 동역자와 함께 영적 공격을 식별하고 대항하는 법을 배웠습니다.

* 하나님이 요구하시는 것에 순종하는 모습을 보이는 구도자에게 더 많은 시간을 투자하고 전 생애에 걸친 장기적인 제자 훈련에 참여하는 법을 배웠습니다.

* 말하고 듣고 학습하는 자처럼 어떻게 구어적 의사소통을 할 것인지를 배우는 법을 배웠습니다.

* 선교지 상황 밖에 있는 사람들의 기도를 동원하는 법을 배웠습니다.

* 선교지 지역 공동체의 사람과 얼굴을 맞대고 그들의 필요를 위해 자주 기도하는 법을 배웠습니다. 하나님께서 초자연적인 기적으로 진리를 확신시켜 주실 것을 기대하는 법을 배웠습니다. 내적 치유의 기도와 복음 메시지를 통합하고 하나님의 적절한 때 또는 긴급한 때를 따라서 치유와 속박으로 부터의 자유함을 위해 공개적으로 기도하며 하나님께서 이미 선교지의 사람 가운데서 꿈과 환상을 어떻게 사용하고 계신지를 발견하는 법을 배웠습니다.

* 기도하고 울며 상처받고 희생하는 법을 배웠습니다.

* 평화를 추구하는 법을 배웠습니다. 구도자가 자신의 신뢰적 네트워크안에 있는 사람을 용서하고 화해하도록 돕고 우리 동역자 가운데서도 그것을 실천하는 법을 배웠습니다.

* 하나님의 말씀에 연결될 그래서 그것을 다른 사람에게 나눌 수 있는 새로운 신자를 찾는 법을 배웠습니다. 처음부터 그들의 가족과 신뢰적 네트워크 가운데서 하나님의 말씀을 나누고 개인적으로나 모임에서 질문-발견-경청-순종하는 DISCOVERY 성경 연구를 사용하는 법을 배웠습니다.

* 위험을 감수하고 새로운 접근법을 실험하는 법을 배웠습니다. 실수를 인정하고 잘 안 될 수도 있는 것들을 시도하며 이를 통해 배우고 함께 경청하는 기도를 통해 다음 단계를 분별하는 법을 배웠습니다.

수용적인 환경과 하나님의 운동의 상관관계

인터뷰 참여자는 선교지 사람이 복음 메시지를 받아들이는 데 영향을 미치는 요인들을 언급했다. 가장 수용적인 사람은 다음과 같은 사람을 포함한다.

* 트라우마를 겪었거나 난민이 된 경우.
* 학대받는 소수자와 빈곤층 그리고 이슬람에 환멸을 느낀 경우.
* 새로운 정체성이나 공동체를 찾고 있는 경우,
* 자신의 네트워크나 가족으로부터 거부당한 경우.
* 기독교 공동체와 도움이 되는 정치적 동맹을 찾고 있는 경우(지역 또는 외국).
* 기독교인(지역 또는 외국)으로부터 재정과 고용 또는 보호와 같은 실제적인 도움을 받은 경우.
* 꿈을 통해 예수님을 만나고 기도에 응답 받으며 기적과 치유를 경험하며 관계를 회복했거나 예수님이 누군가를 변화시키는 것을 목격했을 경우.
* 성경 공부 중에 하나님을 만나서 변화된 사람(또는 자신이 변화된 사람)을 아는 경우.

새로운 정체성과 가족 그리고 공동체를 찾는 것이 아니라 영적 굶주림을 경험한 사람이 있다. 선교지의 무슬림이 자신의 공동체안에 통합적으로 존재하면서 문화적으로 무슬림으로 남아 예수님을 따르는 그곳에서 하나님의 운동이 일어나고 있는 것 같다.

제자 훈련 방법이 하나님의 운동에 활력을 불어넣을 수 있다.

인터뷰 참여자는 각자의 상황에서 제자 훈련에 대해 배운 것을 다음과 같이 설명했다.

저는 구도자에게 다음과 같이 격려하는 법을 배웠다.

* 그들이 하나님의 말씀과 직접 상호 작용하여 하나님의 말씀이 그들의 종교적인 정체성과 삶의 방식을 포함하여 그들의 삶의 모든 문제에게 어떻게 적용하고 말씀하시는지를 발견하라.
* 다른 구도자나 신자와 함께 이 일을 하라(외국인과 일대일 제자훈련이 아니라) 가급적이면 가족이나 다른 기존 신뢰 네트워크 내에서 함께 하라.
* 현지인이 하나님께서 성경말씀을 통해 그들이 무엇을 해야 할지를 말씀하시는 사실을 믿고 있는데 이를 순종하라.(외국인에게는 직관적이지 않은 것처럼 보일지라도).
* 자신의 삶의 실제 상황을 다른 예수님의 제자들과 함께 투명하게 공유한다. 예수님이 가르치신 대로 서로를 위해 기도하고 격려하며 사랑하라.(예: 신약성경의 "서로 사랑하기" 실천)
* 하나님께서 공동체에게 주신 은사를 식별하고 활용한다.
* 기도할 때 적극적으로 하나님의 말씀을 듣는다. 하나님께서 어떻게 기도에 응답하시고 현지인들 가운데 그의 존재를 어떻게 보여 주시는지를 관찰하고 이야기한다.
* 성경말씀과 기도와 행동을 통하여 배운 것을 아직 예수님을 모르는 사람들과 바로 나눈다.

* 모임에서 어떤 성경 자료를 사용할지 정하도록 도와주라.

* 현지인을 위하여 현지인의 메시지로 복음을 소유하라. 복음은 현지인에게 그들의 지역 공동체를 섬기고 가장 어려운 곳에 복음을 전하도록 동기를 부여한다.

우리가 구원받는 것은 종교나 종교적 변화가 아니라 예수님에 의해 구원받는다는 것을 이해하라. 또한 인터뷰 참여자는 일부 성경공부 모임이 오래 지속되지 않고 여러 가지 이유로 해체되는 것을 당연하게 여겼다. 모임은 때때로 영적 관심 이외의 이유로 빠르게 성장하기도 한다. 구도자 그룹의 초기 성장(수와 성숙도)은 느린 반면 나중에 성장하는 구도자 그룹은 더 빠른 것처럼 보인다.

리더십 개발 및 정체성 선택이 하나님의 운동에 기여할 수 있다.

일부 인터뷰 참여자는 리더십 개발에서 자신의 역할에 대해 배운 점을 다음과 같이 말했다.

저는...

* 모임 지도자를 격려하고 존중하는 자가 되었고 그들과 함께 그리고 그들을 위하여 기도하는 법을 배웠습니다.

* 잘 경청하고 좋은 질문을 하며 그들이 결정을 내릴 수 있도록 격려하는 법을 배웠습니다.

* 지도자가 이미 소중히 여기는 것과 이미 배우고 있는 방법을 활용하고 발견-경청-신뢰-하나님이라는 모델을 사용하여 지도자를 성장시키는 법을 배웠습니다.

* 재생산이 가능한 리더십 실천 사항을 가르치고 모본이 되는 법을 배웠습니다.

* 지도자에게 복음의 능력으로 지역과 모든 열방을 변화시킬 수 있는 비전을 전수하는 법을 배웠습니다. 그 비전은 디모데후서 2장 2절 말씀처럼 4세대 재생산하는 것을 표준으로 삼는 것입니다.

* 특정 종교나 집단의 정체성 변화를 강조하거나 강요하지 않고 새로운 지도자가 스스로 어떤 정체성을 갖도록 하나님이 부르셨다고 느끼는지 스스로 결정할 때까지 그들과 동행하는 법을 배웠습니다.

마지막으로 매우 중요한 문제와 관련하여 일부 인터뷰 참여자는 다음과 같이 설명했다.

성경 공부와 기도를 통해 신자로서의 정체성 변화를 투쟁하는 서로 서로들을 어떻게 격려하는지를 배웠다.

모임은 다음과 같은 정체성 관련 문제에 대해 스스로 결정해야 한다:

* 우리가 예수님을 따르는 제자임을 알리기 위해 우리 자신을 무엇이라고 부를 것인가?

* 우리는 복음 진리를 전하기 위해 이전의 어떤 문화적 가치와 행동을 계속적으로 사용할 것인가?

* 우리는 그리스도께 순종하기 위해 이전의 어떤 문화적 가치와 행동을 거부할 것인가?

* 어떤 모임의 구조가 재생산을 용이하게 할 것인가?

* 우리는 문화적 정체성을 유지하면서 선교지의 기존 기독교 단체와 어떻게 관계를 맺을 것인가?

큰 틀에서 ...

하나님은 우리보다 앞서 가신다. 사실 그분은 하나님의 운동을 이루시기 위하여 준비시키신 환경안에서 우리가 그분과 함께 동행하시기를 초대하신다. 이러한 환경에 들어갈 때 우리는 예수님 안에서 우리가 누구인지가 그분의 이름으로 무엇을 하는 것만큼 중요하다는 것을 인식한다.

우리는 우리 자신이 예수님의 진정한 제자로 살아갈 때 복음이 진실하게 울려 퍼지고 하나님께서 우리를 통해 화해의 메시지를 전하기가 더 쉬워진다는 것을 알게 되었다. 우리는 상호 존중과 겸손의 맥락에서 다른 사람과 동역할 때 더 효과적이라는 것을 배웠다. 우리는 공동체 안에서 활동할 때 그리스도를 닮아가는 방향으로 더 쉽게 변화된다. 우리는 예수님께서 각 구도자를 각자의 조건과 문화적 상황속에서 만나신다는 것을 관찰한다.

예수님과의 관계 그리고 그분이 가져다주는 사랑과 능력은 진정으로 좋은 소식이기 때문에 자연스럽게 하나님의 운동에 불을 붙이고 이끌어 갈 것이다. 우리는 새 신자가 예수님을 따르면서 자신의 문화적 정체성을 유지할 수 있는 자유를 주고 변화된 정체성을 그들이 사는 주변 사회에 설득력 있는 간증으로 협상하는 방법을 배우고 있다. 우리는 출현하는 새로운 지도자들에게 위임하고 그들이 하나님의 일의 중심이 될 수 있도록 하는 것이 중요하다는 것을 발견했다.

질문 3. 어떻게 하면 우리 자신을 더 하나님의 운동의 사고와 실천에 부합하게 할 수 있을까?

하나님의 운동에 대한 이러한 신앙적 지평은 점차적으로 우리 선교단체의 선교현장 팀 그 이상을 재편성하고 있다. 선교 현장이나 선교지 입국 전의 감독자와 멘토는 하나님의 운동 실천에 맞춰 코칭을 조정하고 있다. 선교 동원가는 이러한 신앙적 지평을 모집 전략에 통합하고 있다. 우리는 크게 변화했지만 여전히 선교단체 내에서 이러한 신앙적 지평에 더 많은 조율이 필요하다는 것을 알고 있다. 선교적 공동체로 재편하는 데 어떻게 진전할 수 있는지에 대한 질문에 답하기 위해 우리는 선교 단체의 다양한 부분이 현장 팀에 어떤 영향을 미치는지 설명한 다음 각 이해관계자가 자신의 기여도를 평가하도록 장려할 것이다.

우리 선교 단체의 다양한 부분이 우리 현장 선교실행자를 어떻게 형성하는가?

우리 선교 단체안에서 일부 부서는 여러 가지 방식으로 기여하므로 선교단체를 부서별이 아닌 5가지 기능별로 분류했다. 다음은 각 기능에 대한 설명과 해당 기능이 선교 현장 팀에 미치는 영향이다.

도표 21.1: 현장 선교사에게 미치는 기능과 영향력

선교동원 및 모집에 기여하는 부분

선교단체가 하는 일: – 파송 국 내에서의 모집과 동원 그리고 비전 제시

　　　　　　　　　　– 후보자 선별 및 훈련

　　　　　　　　　　– 동원 담당자와 선교지 입 국전 훈련자가 국제대표에게 보고한다.

어떻게 이러한 활동이 현장 선교사에게 영향을 주는가?

– 우리 선교 현장의 현실에 부합하는 하나님의 운동 비전과 이야기들을 통해 후보생들을 모집한다. 이는 선교 후보생들이 건전한 기대치를 가지고 선교지에 입국하도록 준비하는데 도움이 된다.

– 파송 교회에 사역에 관한 종합계획을 전달하면 파송 교회가 합리적인 기대치를 가질 수 있고 파송하는 선교사들을 적절히 지원할 수 있다.

팀 빌딩에 기여하는 부분

선교단체가 하는 일

– 팀 리더 임명

– 비전 및 전략 문서와 팀 사역 결정 합의서를 평가

– 예비 팀원과 팀 리더 연결

– 팀 리더 교육

– 팀 리더가 감독자에게 보고

– 교육 및 코치

– 코치와 훈련자가 감독자에게 보고하기

이것이 어떻게 현장선교사에게 영향을 주나?

– 하나님의 운동의 비전에 부합하고 현장의 현실과 일치하도록 팀 리더의 기대와 기술이 강화된다.

팀 개선에 기여하는 부분

선교단체가 하는 일:

– 현장 선교사들 교육

– 지역 및 국제 모임

– 멤버 케어

– 훈련자와 멤버 케어 담당자가 선교단체에 보고한다.

이것이 어떻게 현장 선교사에게 영향을 주는가?

– 팀원들의 기대와 사역 기술이, 하나님의 운동 비전에 부합하게 하고, 선교현장의 실제에 일관되도록 강화된다.

선교 현장에서 동역하는 부분

선교단체가 하는 일:

– 주변에 있는 기존 신자들 동원 및 훈련

– 팀과 주변의 기존 신자를 지도한다

– 다른 선교단체와 기존 신자들 모임과 동역한다

– 이같은 현장의 동역들에 대하여 감독자에게 보고한다

이것이 현장 선교사에게 어떤 영향을 주는가?

– 선교지의 기존 신자들 및 다른 선교단체로부터 온 현장 선교사들과 하나님의 운동 확장 차원에서 동역관계를 강화시킨다

전체적인 방향을 제시하는 부분

선교단체가 하는 일:

– 비전을 향한 진행 상황 점검

– 자금, 인력 및 기타 자원들의 사용 결정

– 비전의 성장(깊이, 폭)을 전체 선교단체에 전달

이것이 현장 선교사에게 어떻게 영향을 주는가:

– 하나님의 운동 비전이 선교단체 전체에 전파된다

– 배웠던 교훈들은 선교단체 전체에 심겨진다

– 혁신과 열매 맺는 사역이 전체 선교단체를 통하여 격려된다

어떻게 하면 이 하나님의 운동의 지평을 계속 추구할 수 있을까?

우리의 전(全) 선교단체가 하나님의 운동의 실천을 더 많이 수용하도록 장려하기 위해 각 부서에 다음과 같이 제안한다.

1. 선교 현장의 선교사가 하나님의 운동을 추구하면서 무엇을 배우고 있는지 지속적으로 파악하여 이러한 교훈이 부서의 신앙과 비전을 재형성할 수 있다.
2. 하나님의 운동의 사고와 존재의 원리에 대해 계속 토론하면서 하나님께서 하시는 일에 대해 더 많이 보여달라고 기도한다.
3. 현재의 목표와 인적 자원 및 기타 자원의 사용이 원칙과 실천사항에 역행하는지를 평가한다.
4. 부서가 이러한 원칙과 실천사항에 대한 지원을 강화할 수 있는 영역을 파악하여 부서가 이를 나머지 전체 선교단체에 보고한다.

결론

우리가 선교단체 안에서 하나님의 운동적 사고로의 전환을 위해 상당한 진전을 이루었지만 일부 구성원은 여전히 하나님의 운동적 사고의 타당성에 대해 근본적인 의문을 갖고 있다. 이들의 질문은 중요한 토론을 일으키는 역할을 하고 최고의 사고와 혁신을 이끌어낸다. 현재 우리의 패러다임 전환은 영감을 주고 위임을 해 주는 리더십의 실천과 우리 단체의 선교지에서 이루어진 사역발전 이야기, 실패들과 변화에 대한 솔직한 나눔 그리고 배운 교훈을 실제적으로 일어나도록 심겨지는 등등이 복합적으로 작용한 것으로 보인다.

여기에 우리가 한가지 더 첨가하는 것은 하나님이 우리 안에서 우리를 통하여 우리 주변에서 무엇을 하시는지에 대하여 더 깊이 이해할 수 있을 때까지 솔직하게 이 토론에 자발적으로 참여하겠다는 것이다. 이러한 조직 패러다임 전환의 각 단계가 깊어질 때마다 새로운 이슈가 발생한다. 현재 우리가 스스로에게 던지고 있는 몇 가지 질문은 다음과 같다:

* 어떻게 하면 모든 파송 국가로부터 온 선교사 후보생을 효과적으로 모집하고 훈련시켜 운동에 동참하게 할 수 있을까?
* 선교 현장 선교사의 기대와 선교 현장 실제를 형성하는 요소는 무엇인가?
* 어떻게 하면 다문화 팀이 각 문화와 관점으로부터 오는 장점을 최대한 끌어낼 수 있을까?
* 우리가 복음을 전달하고 또한 동역하면서 어떻게 하면 서로 다른 문화 사이에 존재하는 권력 불균형에 대해 현명하게 대처할 수 있을까?
* 어떻게 하면 우리는 다른 권력 예를 들면 돈과 지위, 정치 그리고 교육 등등이 예수님이 전하는 복음의 진정한 능력을 대체하거나 소멸하지 않도록 피할 수 있을 것인가?

현재 출현하는 하나님의 운동의 일부인 예수님의 제자들 사이에서 특별히 다양한 무슬림 정체성에 대한 영역에서 어떠한 변화들이 일어났는가?[3]

　선교 공동체로서 우리는 무슬림 종족에서 제자와 교회의 하나님의 운동을 방해하지 않고 강화하기 위해 우리를 재교육하는데 어떤 것들이 필요한지를 모색하고 있다. 이러한 신앙적 지평의 변화는 현장 팀을 모집하고 훈련하고 코치하는 방식에도 계속 영향을 미쳐야 한다. 이번 인터뷰 프로젝트를 통해 우리는 현장 선교사들 나아가 우리 모두가 계속 씨름해야 하는 다양한 문제를 어렴풋이 볼 수 있었다. 우리는 우리 선교 단체가 실행하는 모든 측면을 계속 재검토할 계획을 하는데 이것은 우리로 하여금 모든 무슬림 종족 가운데서 하나님 아버지께서 그리스도를 통해 그분의 영광을 위해 행하시는 일에 점점 더 동참하게 할 것이다.

참고 문헌

Watson, David. 2014. *Contagious Disciple Making*. Nashville: Thomas Nelson.

Woodberry, J. Dudley, ed. 2008. *From Seed to Fruit: Global Trends, Fruitful Practices, and Emerging Issues Among Muslims*. Pasadena, CA: William Carey Library.

---

3) 지난 50년 동안 일어난 하나님의 운동에 대해 연구해야 할 필요성이 동시에 제기되면서 무엇이 남아 있는지 무엇이 사회에 영향을 미치는지 무엇이 건강한 성장을 저해하는지에 대한 질문이 촉발되었다. 존 와일더(John Wilder)의 논문 "무슬림 사이의 집단회심 운동 가능성에 대한 몇 가지 성찰"(Some Reflections on Possibilities for People Movements Among Muslims, Missiology: An International Review (http://www.asmweb.org/missiology.htm), 1977년 7월 1일, 5:3, 301-20쪽)을 참조하라. 와일더(Wilder)는, 그리스도를 향하는 운동이 무슬림 정체성을 유지하는 무슬림들에 의하여 일어날 수 있기 때문에 어떤 하나님의 운동은 무슬림이 중심이 되는 기독교인 모임을 형성할 수도 있을 것이라고 제안했다.

22장
제자훈련 운동에 대한 선교학적 담론의 성숙
리처드 그레이디(Richard Grady) 심포지엄 경청 팀

이미 있던 것이 후에 다시 있겠고 이미 한 일을 후에 다시 할지라. 해 아래에는 새것이 없나니(전 1:9)

인간 행동과 관련하여 지구상에 진정으로 새로운 것은 없다. 지속적인 학술 연구를 통해 우리는 항상 존재해 왔던 것에 대한 더 큰 통찰력과 이해를 지속적으로 얻고 있다. 하나님의 창조세계에 대한 우리의 이해가 커질수록 하나님의 창조세계에서 '새로운' 동시에 고대의 방식으로 효과적으로 사역할 수 있는 능력도 커진다. 따라서 학문적 연구는 독특한 예배의 한 형태이며 창조주와 그분의 창조세계에서 그분의 방식에 대해 더 깊이 이해할 수 있게 해준다. 그러나 영적 현실과 관련해서는 새로운 것 즉 하나님의 나라가 현재에 들어오는 것이 있다.

최근 몇 년 동안 전 세계 복음주의 선교계는 그리스도를 따르는 소규모 공동체가 작지만 빠르게 재생산하는 현상에 주목해 왔다. 그리스도를 따르는 이러한 공동체는 우리에게 익숙한 교회와는 다소 다른 모습일 수 있다. 그러나 이 공동체들은 괄목할 만한 성장을 거듭하고 있으며 현재 전 세계 인구의 약 1퍼센트를 차지하는 것으로 추정된다. 현재의 성장세가 계속된다면 머지않은 장래에 이러한 하나님 나라 운동은 전 세계 인구의 더 많은 비율을 차지하게 될 것이다.[1] 참으로 흥미로운 시대이다.

하나님 나라 안에서 그리고 하나님 나라 운동을 통한 주님의 사역을 더 잘 이해하기 위해 선교 연구자와 지도자 그리고 촉진자가 2020년 10월에 모투스 데이 네트워크(Motus Dei Network)의 하나님의 운동 연구 심포지엄을 위해 화상으로 모였다. 심포지엄의 한 기능으로 소규모 팀을 구성하여 가상 행사 내내 발표와 대화를 주의 깊게 듣고 네 가지 광범위한 질문에 대해 들은 내용을 더 넓은 커뮤니티에 반영하도록 위임받았다:

1. 하나님의 운동과 관련하여 여전히 혼란이 있다고 느끼는 곳은 어디인가?

2. 비평가로부터 무엇을 듣고 있으며 우리는 무엇을 배워야 하는가?

3. 더 많은 연구와 성찰이 필요한 미 답변 질문은 무엇인가?

4. 우리가 아직 알지 못하는 것들 중 우리가 안다면 하나님의 운동이 성숙해지고 전 세계에 복음의 진보를 가속화하는 데 도움이 될 만한 것은 무엇일까?

---

1) 심포지엄에서 저스틴 롱(Justin Long) 연구원이 발표한 연구를 기반으로 한다. 24:14 연구팀이 추적하고 있는 하나님의 운동은 현재 약 7,500만 명으로 추산된다. 이는 전 세계 인구의 약 1퍼센트에 한다. 연구팀이 이 하나님의 운동의 성장을 추적하기 시작한 이래로 연평균 성장률은 30~35퍼센트에 달했다. 이 성장률이 향후 5년 동안 지속된다면 이 하나님의 운동의 신자 수는 전 세계 인구의 약 4퍼센트에 달할 것이다

5개 대륙을 대표하는 남성과 여성으로 구성된 이 다양한 경청 팀은 관찰한 내용을 7가지 중요한 테마로 요약했다. 이 주제는 하나님의 운동에 대한 논의의 핵심을 포착하고 추가 연구를 위한 길을 제시한다. 이 작업의 목적은 오늘날 제자화 운동과 관련된 선교학적 담론을 성숙시키는 것이다.

- **하나님의 운동은 자기 결정의 자유를 가져야 하며 스스로의 발전과 신학을 키울 수 있어야 한다.** 이 첫 번째 심포지엄은 주로 외부에서 하나님 나라 운동을 관찰하는 사람이 제기하는 질문에 답하고자 하는 학문적 연구를 어느 정도 반영했다. 어떻게 하면 경험이 풍부한 학계 연구자가 이러한 하나님의 운동의 신생 지도자와 함께 강력하고 신뢰할 수 있는 연구를 할 수 있을까? 모투스 데이(Motus Dei)는 이러한 하나님의 운동 안에서 그리고 이러한 하나님의 운동을 통해 주님의 사역을 5~10년 동안 탐구하는 것을 목표로 하고 있다. 우리는 이러한 하나님의 운동에 속한 지역 지도자가 그리스도와 그분의 말씀의 권위 아래 주인의식을 갖고 지역사회에 합당한 방식으로 실용적이고 신학적인 질문에 답하고 세계 교회와 지속적인 사명을 풍성하게 하는 방법을 함께 배우기를 기대한다.
- **오랜 전통을 가진 교회와 신생 하나님의 나라 운동 사이의 관계와 이해가 개선되어야 한다.** 그리스도의 몸은 하나뿐이다. 예수님은 대제사장 기도를 통해 자신이 아버지와 하나이신 것처럼 제자도 하나가 되어 세상이 믿게 해달라고 기도하셨다(요 17:20-23). 획일성을 요구하지 않으면서 일치(unity)를 유지하는 것은 그리스도의 몸인 교회가 항상 직면한 과제였다. 어떤 상황에서는 오랜 전통을 가진 교회가 이러한 새로운 하나님의 운동의 성장과 지속 가능성을 촉진할 수 있다. 반대로 제도화된 교회는 오히려 성장에 방해가 되고 걸림돌이 될 수 있다. 하나님의 운동은 긴밀한 관계가 형성될 때 오랜 역사를 지닌 교회에게 활력을 불어넣을 수 있다. 이러한 하나님의 운동에 속한 신자의 그룹이 성숙해짐에 따라 이들을 전 세계 그리스도의 온전한 가족으로 받아들이고 포용해야 한다. 예수님은 새 포도주에는 새 부대가 필요하다고 말씀하셨지만 오래된 포도주의 맛에 익숙한 이들은 새 포도주를 받아들이지 않는 경우가 많다(눅 5:37-39). 이 끊임없는 문제에 비추어 볼 때 주님께서 역사 속에서 교회를 통해 행하신 일을 계속 존중하면서 이러한 하나님 나라 운동을 통해 주님께서 행하시는 일을 어떻게 공유할 수 있을 까? 기존의 그리스도의 몸 된 교회를 부끄럽게 만들지 않고 또는 기존의 그리스도의 구조를 위협하지 않으면서 우리는 어떻게 사역할 수 있을까?
- **관계를 개선하고 상호 이해를 증진하기 위해서는 일반적으로 사용되는 몇 가지 용어에 대한 보다 미묘한 이해가 필요하다.** 모투스 데이(Motus Dei-하나님의 운동)는 교회와 하나님의 운동, 제자도, 그리고 회심에 대한 이해를 성경적으로나 선교학적으로 더 깊게 하고 미묘한 차이를 두어야 한다. 때때로 이러한 용어는 서로 다르게 이해되고 사용되어 혼란을 초래할 수 있다. 일반적인 이해를 가정하기보다는 중요한 용어에 대한 이해를 간략하게 정의해야 한다. 또한 하나님의 운동 연구는 교회 개척 운동(CPM)과 관련하여 성경적 신학적 이해의 틀을 새롭게 하고 강화시키면서 이러한 현실을 더 깊이 이해하는 방향으로 나아가야 한다. 사회학 및 기타 학문도 그림을 완성하는 데 도움이 될 수 있다. 우리는 단순

히 하나님의 운동 패러다임에 대한 비판을 방어하려는 것보다는 이러한 현실에 대한 더 두꺼운 설명이 필요하다. 이러한 현실에 대한 건설적이고 총체적이며 다 학제적인(multidisciplinary) 이해가 필요하다.

- **우리는 하나님의 운동이 더 넓은 커뮤니티를 변화시키는 방식을 더 잘 관찰해야 한다.** 예수님은 우리에게 아버지의 뜻이 하늘에서 이루어진 것 같이 뜻이 하늘에서 이루어진 것 같이 땅에서도 이루어지기를 기도하라고 하셨다. 하나님의 운동에서 순종하는 제자의 커뮤니티가 지속적으로 증식하는데 이러한 기도는 어떤 의미를 갖는가? 이러한 하나님의 운동에 속한 제자가 순종으로 성장함에 따라 그들의 순종이 어떻게 그들이 속한 더 넓은 사회를 축복할 것인가? 선교학 연구자가 기존 교회가 사회에 끼치는 변혁적 영향에 대해 심도 있는 질문을 던지는 것처럼 비슷한 질문이 하나님의 운동 내부에서도 제기되고 있다. 개인적 가족적 교육적 사회적 재정적 정치적으로 하나님의 운동이 사회에 미치는 변혁적인 영향은 무엇인가?

- **하나님의 운동과 그 안에 속한 신자는 정체성과 지속성 그리고 제도화에 대한 지속적인 질문에 직면한다.** 그리스도 안에서 새롭게 형성되는 정체성은 초신자 자녀에 대한 사회적 압력으로 인해 도전을 받으면서 (재)협상된다. 이는 특히 비기독교적 맥락에서 문제가 된다. 신앙 공동체의 정체성은 사회적 관계와 신학적 사고에 영향을 미친다. 예식적인 패턴이 발달한다. 정체성은 하나님의 운동이 그 맥락에서 지속적인 성장을 유지하는 능력에 영향을 미친다. 이러한 맥락에서 볼 때 집단적으로 새로운 정체성을 형성하는 문제에 대해 말하는 데 있어 오랜 역사를 지닌 교회의 적절한 역할은 무엇일까? 이렇게 새롭게 협상된 정체성이 순종하는 제자 공동체가 더 넓은 그리스도의 몸과 그들 자신의 사회와 상호 작용하는 방식에 어떤 영향을 미칠까? 이러한 하나님의 운동의 불가피한 제도화는 어떻게 형성될까? 그리고 어떻게 하나님의 운동이 제도화하면서도 하나님의 운동 DNA를 유지할 수 있을까? 어떤 종류의 제도화가 하나님의 운동을 억압하고 어떤 종류의 제도화가 하나님의 운동을 보존하고 강화하는 데 도움이 될 것인가?

- **강력한 사회학적 성찰이 등장하고 있다.** 다른 주요 과학과 마찬가지로 사회학 연구는 주님께서 인간을 공동체 속에서 살도록 창조하신 방법을 더 잘 이해하는 데 도움이 된다. 오랜 세월을 견뎌온 이전의 사회 운동(신앙 기반이든 세속적이든)에서 우리는 무엇을 배워야 할까? 소셜 네트워크 분석, 사회 변화, 사회 협상, 문화 간 역량, 민족 연구, 세계화, 민족 음악학 등의 분야에서 진행 중인 학술 연구는 하나님의 운동에서 주님의 사역을 더 잘 이해하는 데 도움이 될 수 있다. 예를 들어 하나님의 운동 훈련에서 종종 강조하는 경계를 넘는자(Boundary spanners)와 같은 세속 사회학적 개념은 평화의 사람(persons of peace)과 어떤 관련이 있을까? 여러 민족 집단 간의 하나님의 운동이 일어날 수 있는 전략적 위치를 어떻게 식별할 수 있을 까? 새로운 지역과 새로운 민족 집단 사이에서 새로운 하나님의 운동을 탄생시키기 위해 자연스럽게 경계를 넘나드는 전략적 민족 집단을 어떻게 식별할 수 있을까?

- **하나님의 주권과 초자연적인 역사는 하나님의 운동의 성장과 변영을 위한 기초이다.** 최고의 방법론

만이 오직 하나님 나라 운동의 출현을 촉진할 수 있다. 우리는 심고 물을 줄 수 있지만 성장을 일으키는 것은 오직 하나님뿐이시다. 복음의 발길이 닿지 않았고 (복음에) 저항했던 종족들 사이에서 현재 빠른 성장이 일어나는 것은 많은 사람의 기도의 결과인 것 같다. 그러나 우리는 여전히 배울 것이 많다. 주님께서는 어떻게 꿈과 환상 그리고 기적을 사용하셔서 하나님의 운동의 증식을 지속하고 가속화하고 계실까?

사도는 어떻게 영적 분별력을 키워 하나님의 시간(kairos)에 주님의 음성을 듣고 하나님의 운동이 새로운 영역과 사회 부문으로 넘어갈 수 있도록 돕고 있는가? 영적 은사가 어떻게 나타나고 활용되어 이러한 성장하는 하나님의 운동을 강화하는 데 사용되고 있는가? 이러한 하나님의 운동 속에서 남성과 여성 그리고 어린이의 영적 형성과 변화는 어떻게 일어나고 있는가? 이러한 영역에서 우리가 관찰하고 있는 것은 특정 상황에 고유한 것인가? 아니면 여러 하나님의 운동에서 공통적으로 나타나는 것인가? 기존 사회 구조 내에서 새로운 그리스도 안에서 영적 가족의 출현은 어떻게 이러한 하나님의 운동에 힘을 실어주고 이러한 하나님의 운동의 성장을 촉진할 수 있을까?

지금은 흥분되는 날이다. 많은 믿음의 영웅은 현재 우리가 하나님 나라 운동을 통해 볼 수 있는 것과 같은 영적 열매를 바라며 평생을 기도하고 봉사하며 수고했다. 모투스 데이(Motus Dei)는 그들의 투자를 존중하고 그들의 파종이 계속해서 30배와 60배 심지어 100배 이상의 열매를 맺도록 하는 것을 목표로 한다(막 4:8, 20). 이러한 하나님의 운동은 열방 가운데 아버지의 명백한 진정한 역사하심으로 계속 증식하고 있다. 이에 대해 모투스 데이(Motus Dei-하나님의 운동) 네트워크는 주님께서 인간이 사회에서 어떻게 살고 상호 작용하도록 설계하셨는지 그리고 이 고대의 신성한 설계를 통해 그리스도 안에서 새로운 창조 공동체를 증식시키기 위해 어떻게 주님께서 일하고 계신지를 더 잘 이해하고자 한다.

우리는 오랜 역사를 지닌 교회에 속한 하나님의 백성이 이러한 하나님의 운동을 분명히 보고 이해하며 받아들일 수 있기를 바라고 이러한 추수를 위해 하늘에 계신 아버지께 찬양을 드릴 수 있기를 바란다. 탄탄한 연구를 통해 다른 종교적 배경을 가진 사람이 그리스도를 향해 나오는 하나님의 운동을 이해하는 데 도움이 되는 통찰력을 얻을 수 있을 뿐만 아니라 오랜 전통을 가진 교회의 신앙을 활성화할 수 있는 방법에 대한 실마리를 찾을 수 있을 것으로 기대한다.

우리는 기존 세대와 신세대 그리고 새로운 세대의 순종적인 예수 제자들에게 활력을 불어넣을 수 있는 믿음과 목적의 생동감이 일어나기를 바란다. 우리는 이러한 제자가 다양한 세계 사회에서 모든 사람의 유익을 위해 자신감 있고 담대하게 그리스도 왕국의 실체를 실천하는 모습을 보기를 갈망한다.

우리는 새로운 하나님 나라 운동에서 강력하게 진행하시는 하나님의 역사를 무시할 수 없다. 새 포도주가 적절히 숙성되기 위해 많은 시간과 노력, 고난이 요구되더라도 새 포도주가 나온 것으로 인해 기뻐하자. 세계 곳곳에서 출현하는 서로 다른 숙성된 포도주가 우리의 마음에 들지 않더라도 그 모두가 예수님이라는 같은 포도나무에서 나온 것으로 인해 기뻐하고 축복하자. 우리를 위해 자신의 피를 십자가에서 흘리시고 부활하셔서 지금도 서로 다른 우리 모두를 새 언약 안에서 하나되게 하시고 위대한 추수를 지속적으로 만드시는 그분, 예수 그리스도께 영광을 돌리자. 모투스 데이(Motus Dei–하나님의 운동) 네트워크는 이를 위해 그리스도를 존귀히 여기는 연구를 계속할 것이다.

후기

　어렵게 얻은 하나님의 운동의 지혜와 통찰이 가득 담긴 책을 읽게 되어 얼마나 흥분되는지 모릅니다. 저는 지난 30년 동안 주로 서구의 후기 기독교, 후기 기독교세계(post-Christendom), 그리고 포스트모던(post-modern) 맥락에서 하나님의 운동적 사고를 불러일으키기 위해 노력해 온 사람으로서 말씀을 드립니다. 저는 이 주제에 대해 진정으로 사려 깊고 신학적으로 풍부한 자료가 부족하다는 사실을 여러 차례 한탄해 왔습니다. 저는 교회에 대한 하나님의 운동적 이해를 구현하는 것이 서구에서 기독교의 쇠퇴를 되돌릴 수 있는 대체할 수 없는 열쇠라고 진심으로 믿습니다. 역사상 가장 원초적이고 가장 효과적인 교회 형태가 무엇인지에 대한 집단적 지혜가 거의 없다는 것은 어떻게 된 일입니까! 신학교 도서관을 방문하면 가장 모호한 주제(예: 18세기 뉴 잉글랜드의 장로교 정치 또는 유사 바울 문법에서 가정법의 사용)에 대해 쓰여진 수많은 책을 발견할 수 있지만 하나님의 운동 신학과 현상학에 대한 실질적인 가치를 담은 책은 거의 없습니다. 이것은 우리의 역사적 학문과 진리에 대한 우리의 명백한 사랑에 부합하지 않은 일입니다. 모투스 데이(Motus Dei)는 이러한 우리 사고의 결핍을 반전시키는 데 어느 정도 기여하고 있습니다.

　저는 선교 신학의 통찰력을 하나님의 운동 현상학(movemental phenomenology) 이라고 할 수 있는 것과 접목하려고 노력했습니다. 이것은 내가 "하나님의 운동적 사고"라고 부르는 중요한 패러다임의 전환 즉 진정한 하나님의 운동적 교회론(movemental ecclesiology)의 논리 안에서 사고하는 것을 통해 교회와 그 기능을 보는 것을 의미합니다. 하나님의 운동적 사고에는 (i) 예수님과 그분의 대의를 중심으로 활발하고 지속적인 교정/조율 (ii) 제자화 전략 및 프로세스의 설계 및 실행과 함께하는 제자 양육의 체계적 중요성 (iii) 하나님의 운동을 시작하고 지속할 수 있는 사역의 활성화 및 개발(에베소서 4장에 설명된 소위 APEST- Apostle(사도), Prophets(선지자), Evangelist(전도자), Pastor(목사), Teacher(교사)- 사역 유형론 (iv) 다양한 문화적 상황속에서 복음 메시지뿐만 아니라 교회 자체를 상황화 할 수 있는 진정으로 성육신적인 선교 형태를 개발하는 것 (v) 처음부터 확장성과 하나님의 운동 역량을 조직에 설계하는 것 (vi) 적응적 도전과 위험의 상황속에서 생존할 뿐만 아니라 번성하고 번영할 수 있는 능력이 포함되어 있습니다.

　이러한 요소들은 하나님의 운동적 교회론에 필수적인 차원일 뿐만 아니라 나는 이미 교회의 기본 공식에 포함되어 있다고 전적으로 확신합니다. 그리스도의 몸에는 하나님의 운동적 잠재력이 실재화 된 상태인 엔텔레키(Entelechy)가 이미 존재합니다. 즉 교회안에는 교회의 원래 방향과 목적에 대한 감각이 내재되어 있습니다. 예수님은 승천과 오순절에 이미 그의 백성에게 그 일을 완수하는 데 필요한 모든 것을 주셨습니다. 우리는 말 그대로 선교적 움직임을 위해 설계되었습니다. 하나님의 운동적 사고는 우리의 가장 깊은 본능의 일부입니다. 시간이 지남에 따라 모든 조직이 설립자와 창립 정신에서 멀어지면서 처음의 열정과 독특한 카리스마가 일상화되어 식상해져버립니다. 일상화되고 식상해져 가는 다양한 과정으로 인해 우리는 우리 존재의 핵심에 잠재된 이러한 잠재력을 잃어버리는 경향이 있습니다. 하나님께 감사하게도 이러한 잠재력이 실재화 된 상태인 엔텔레키(entelechies)는 잠재되어 있으며 활성화될 수 있습니다. 여러 환경에서 박해받는 교회에서처럼 하나님의 운동을 억압하는 역할을 할 수 있는 다양한 역사적 제도와 제도적 습관이 제거될 때 이러한 잠재력이 촉발됩니다.

이것이 바로 본 서가 교회에 주는 놀라운 은혜의 선물인 이유입니다. 본 서가 30년 전에 나왔더라면 하는 아쉬움이 남습니다. 이 책에는 하나님의 운동적 지혜 즉 우리가 수세기 동안(심지어 수천 년 동안) 교회 패러다임에서 거의 배제되어 왔던 잠재력으로 가득합니다. 우리가 천년 이상 갖고 있던 교회 패러다임은 주로 유럽적이고 하나님의 운동과는 상관이 없으며 기독교 세계(Christendom)에서 형성된 전통적 교회입니다. 이것은 비서구적 상황에서 전면에서 진행된 서구의 선교적 노력으로서 명백하게도 비(非) 성육신적인 것입니다.

본 서 "하나님의 운동"(Motus Dei)가 남반부에서 활동하는 선교실행자와 선교학자에 의해(그리고 대부분 그들을 위해) 쓰였다는 것을 알고 있지만 그들의 놀라운 통찰력이 서구와 후기 기독교의 상황에서 기독교 선교에 어떤 영향을 미칠 수 있는지에 대한 성찰은 거의 없었습니다. 아마도 우리의 다음 과제는 이러한 상황에서 우리가 배운 것을 모투스 데이(Motus Dei-하나님의 운동)의 다양한 토론과 함께 지속적으로 통합하여 가는 것입니다. 그때까지 이 책에 담긴 우리의 목적을 향한 학문과 헌신에 깊이 감사드립니다. 독자들도 마찬가지일 것입니다.

앨런 허쉬(Alan Hirsch)

감사의 글

본 서(compendium)는 4년에 걸쳐 이루어진 엄청난 노력의 결과물입니다. 본 서를 위해 수고하신 모든 분의 이름을 일일이 거론하며 감사 인사를 드리는 것은 불가능할 것입니다. 여기에 생략된 귀한 분의 이름에 대해서는 하늘에서 보상이 있음을 말씀드립니다!

본 서 "하나님의 운동"(Motus Dei)과 모투스 데이 네트워크(https://motusdei.network)는 2017년 동아시아에서 열린 컨퍼런스에서 탄생했습니다. 당시 저는 저의 상사인 마이클 콜리(L. Michael Corley)와 함께 이 모임에 참석했습니다. 하나님의 운동에 대한 더 많은 통찰이 필요하다는 이야기를 나누던 중 이 일에 꼭 필요한 사람이 바로 데이브 콜스라(Dave Coles)는 것을 알게 되었습니다. 저는 데이브(Dave)가 다른 선교 네트워크에서 보여준 리더십과 전 세계 하나님의 운동에 열정적으로 참여하는 모습을 보며 오랫동안 그를 존경해 왔습니다. 데이브(Dave)의 편집과 조직력(networking) 능력은 이 책에 지대한 영향을 미쳤고 그가 없었다면 이 책은 나오지 못했을 것입니다.

그리고 저는 그 컨퍼런스에서 데이비드 개리슨(David Garrison)과도 대화를 나누었습니다. 데이비드(David)는 하나님의 운동에 대한 더 깊은 선교학적 탐구를 위해 필요한 노련한 관점과 정서적 격려를 저에게 제공해 주었습니다. 저는 하나님의 운동 연구가 다른 청중에게는 위협적이거나 시간 낭비처럼 보일 수 있다는 사실을 금세 깨달았습니다. 데이비드(David)의 지속적인 격려가 가장 큰 힘이 되었습니다. 또한 이전에 함께 책을 공동 편집한 적이 있고 연구에 대해 잘 알고 있는 진 다니엘스(Gene Daniels)와도 즉시 연락을 취했습니다. 그 후 마이클(Michael), 데이브(Dave), 진(Gene)은 사무엘 케브랩(Samuel Kebreab)에게 우리의 실행팀에서 함께 일할 것을 열정적으로 추천했습니다(https://motusdei.network/team 참조).

"하나님의 운동 연구 심포지엄"에 대한 특별한 아이디어는 제임스 루카스(James Lucas)와 팀 마틴(Tim Martin)이 2018년 레바논(Lebanon) 베이루트(Beirut)의 아랍침례신학교(ABTS)에서 진행을 도왔던 "후원 심포지엄"이라는 행사에서 비롯되었습니다. 그 심포지엄이 너무 환상적이어서 나는 팀(Tim)과 제임스(James)에게 연락해 하나님의 운동에 관련하여 비슷한 도움을 줄 수 있는지 물었습니다. 다행히도 그들은 흔쾌히 동의해 주었습니다. 나중에 제임스(James)가 IVP(InterVarsity) 출판사에서 신학 서적을 집필하고 있다는 사실을 알게 되어 데이브 콜스(Dave Coles)와 함께 이 책의 부편집자로 참여해 달라고 부탁했습니다. 아랍침례신학교(ABTS)를 통해 조나단 앤드루스(Jonathan Andrews)도 알게 되었는데 그가 책 출판과 여러 기고자가 있는 책의 편집에 대한 방대한 경험으로 우리 편집팀의 업무를 완성하는 데 도움을 준 것에 대해 감사드립니다.

팀 마틴(Tim Martin)의 조직적 지혜와 선교 경험은 우리의 네트워크가 오늘날의 위치에 이르는데 많은 도움을 주었습니다. 2020년에 팬데믹 코로나 바이러스로 인해 온라인 모임으로 전환한 가운데, 처음 예상했던 것보다 훨씬 더 많은 관심을 불러일으킨 국제 온라인 심포지엄을 성공적으로 개최한 팀(Tim)과 다니엘 브라운(Daniel Brown)에게 축하를 보냅니다. 하나님의 운동의 다양한 측면에 대한 20개의 발표가 있었고 이 발표들이 본 서로 출판되었습니다! 하나님의 운동에 대한 독특한 선교학적 통찰력으로 저를 축복해 준 모든 저자와 기고자에게 감사드립니다. 저는 여러분 한 분 한 분으로부터 많은 것을 배웠고 그것에 대해 진심으로 감사드립니다.

이 프로젝트를 완수할 수 있도록 귀중한 지원과 격려를 아끼지 않은 원 컬렉티브(One Collective)와 아랍 침례신학교(ABTS)의 동료에게도 진심으로 감사드립니다. 마지막으로 아내와 아이의 끊임없는 격려가 없었다면 많은 사람과 네트워크를 형성할 수도 본 서를 편집할 수도 없었을 것입니다. 저의 가족은 매일 저에게 "예수님을 중심에 두라"는 영감을 주었습니다.

워릭 파라(Warrick Farah)
베이루트(Beirut), 2021

감사의 글

저는 지난 27년간 완벽한 희생양이신 예수 그리스도를 무슬림들에게 소개하는 사역을 하였습니다. 그러나 열매가 없어 보이는 이 사역을 하면서, 하나님은 진정으로 무슬림들을 사랑하시는 가라는 질문을 자주 하였습니다.

그러던 와중 평소에 존경하는 프론티어스의 이현수 대표님께서 2023년 5월 두바이에서 진행되는 비전 5:9의 선교대회를 소개해 주셨습니다. 비전 5:9은 무슬림 사역에 관여하는 전 세계 선교단체들의 연합체입니다. 그 모임에서 "Motus Dei"의 편집자인 워릭 파라 교수님을 통해 하나님의 운동을 알게 되었습니다. 그리고 저는 하나님의 운동을 통해 무슬림 사역에 대한 확신을 새롭게 하였습니다. 워릭 파라 교수님은 저에게 개인적으로 자신이 편집한 책 "Motus Dei"를 한국어로 번역해 줄 것을 요청하였습니다. 이슬람사역연구소 이사들은 이 요청을 만장일치로 받아 들였고 번역으로 동참까지 해 주셨습니다.

이슬람사역연구소의 문모세, 박스마엘, 박택수, 신재혁, 정빌립, 조이든, 한모세 선교사님께 감사를 드립니다. 김종일 선교사님께서 세계 곳곳에 계신 선교사님들을 소개하시고 초청하셔서 번역이 탁월하게 진행되었습니다. 번역과 교정으로 수고하신 김경래, 김경환, 김송식, 김종일, 양덕훈 선교사님께 진심으로 감사를 드립니다. 이번 번역과 교정에 큰 수고를 끝까지 하셔서 번역을 완성시켜 주신 이천 목사님께 감사를 드립니다. 최종 과정에서 독자의 심정으로 번역의 흐름을 부드럽게 만들어 주신 이복희 목사님께, 번역이 원문에 충실하게 도움을 주신 정재우 교수님께, 그리고 여성의 관점에서 문장을 다듬어 주신 한루디아 선교사님께 감사를 드립니다. Rabisa 출판팀과 함께 소중한 책이 나오도록 최선을 다하신 김종일 선교사님께 감사를 드립니다.

본서의 번역과 출판은 한국 교회와 한국 선교계 그리고 신학교가 함께 만들어 간 작업이었습니다. 분야를 대표하여 추천서를 작성해 주시고 여러모로 격려를 해 주신 김대환 목사님, 홍문수 목사님, 박인영 목사님, 신재혁 목사님, Joshua Jung 목사님, 박기호 교수님, 정재우 교수님, 정승현 교수님, 최형근 교수님, 한국일 교수님, 김종구 선교사님, 이현수 선교사님, 카멜 제이 선교사님께 진심으로 감사를 드립니다. 웨스 왓킨스 박사님과 데이비드 개리슨 박사님께서 한국어 독자들을 격려하시고 축복하시는 추천서를 써 주신 것에도 감사를 드립니다.

번역과 출판 그 이후의 모든 과정속에서 많은 분들의 기도로 하나님이 일하셨습니다. 일을 시작하시고 온전케 하시는 하나님께 모든 영광을 올려 드립니다.

진토롱

저자

에릭(Erick)**과 로라 아담스**(Laura Adams)는 거의 40년 동안 Frontiers 선교회에서 선구자적 역할을 해왔다. 팀 리더, 멘토, 번역가, 장비, 리더십 개발, 지식 관리, 연구, 현장 감독 등 다양한 분야에서 일했습니다. 현재 이들은 국제 디렉터 팀에서 선임 전략 담당자로 일하고 있다. 이들은 비전(Vision) 5:9의 프로젝트인, 더들리 우드베리가 편집한 "씨앗에서 열매로"(From seed to Fruit)의 "열매 맺는 사역"(Fruitful Practices) 부분 (2008)의 연구를 주도했다. 또한 에릭(Eric)은 해양 생물학자로, 로라(Laura)는 언어 전문가로 자문활동을 하고 있다. *

스티브 애디슨(Steve Addison, DMin)은 모든 곳에서 제자와 교회를 증식시키는 하나님의 운동의 촉진자이다. 그는 작가, 연사, 인터넷 방송제작자(Podcaster), 그리고 하나님의 운동 개척자의 멘토이다. 스티브 (Steve)는 미셸(Michelle)과 결혼해서 호주 멜버른에 거주하고 있으며, 네 명의 자녀와 손자 둘이 있다. 스티브(Steve)와 미셸(Michelle)은 선교 기관인 MOVE를 이끌며 제자와 교회를 번성시키는 일꾼을 훈련하고 파송하는데 헌신하고 있다. 스티브(Steve)의 웹사이트(movements.net)를 방문해보라.

조나단 앤드류스(Jonathan Andrews)는 중동(Middle East)과 북아프리카(North Africa)의 기독교 공동체에 관한 연구자이자 작가이다. 그는 "정체성 위기: 중동에서의 종교등록"(2016)(Identity Crisis: Religious Registration in the Middle East)의 저자이자 "종교적 타자"(The Religious Other)의 공동 편집자이다: "이슬람, 쿠란과 무함마드에 대한 성경적 이해"(A Biblical Understanding of Islam, the Qur'an and Muhammad) (2020) 등의 저서가 있다.

팸 알룬드(Pam Arlund) 박사는 제자 양성 및 언어학자이다. 그녀는 이전에 중앙 아시아(Central Asia)에서 복음을 듣지 못한 여러 미전도 종족 무슬림들 사이에서 하나님의 운동이 일어나도록 도움을 주었다. 현재 그녀는 모든 민족(All Nations) 선교회의 국제 지도자 중 한 명이다. 그녀는 다음과 같은 여러 기사와 책을 저술하거나 편집했습니다. "교회 개척 가이드"(The Pocket Guide to Church Planting) (2010), "열매에서 추수로"(Fruit to Harvest)(2018), "모든 것이 선교일 때의 대화"(Conversations on When Everything Is Missions) (2020).

스티븐 베일리(Stephen Bailey) 박사는 동남아시아 불교 국가의 기독교를 연구하고 있으며, 그 지역에서 종교적 자유와 평화를 구축하기 위한 훈련을 제공하는 비영리 단체 SANTI Corporation의 회장이다. 그는 "불교와 기독교의 죽음과 삶의 예식: 불교 의식과 기독교 의식에 대한 성찰"(Death and Life Rituals in Buddhism and Christianity, in Sacred Moments: Reflections on Buddhist Rites and Christian Rituals) (2018),의 저자이다.

"동남아시아 기독교인의 짧은 역사", "출현하는 신앙에 대한: 아시아 선교 역사의 교훈"("A Short History of Christians in SE Asia," in Emerging Faith: Lessons from Mission History in Asia) (2020) 를 저술하였다.

패트릭(팻) 브리텐든(Patrick(Pat) Brittenden) 박사는 교사, 트레이너, 신학과 선교를 이어주는(midwife) 사역자로서 무슬림 배경 신자(MBBs)를 격려하는 데 헌신하고 있다. 그는 여러 학술지에 논문을 기고하였으며, "무슬림 배경 신자를 위한 구약성서 소개"(the Introduction to the OT Designed for BMBs)(2014)를 집필했고, 다음의 논문들을 저술하였다. "이슬람의 가장자리: 다양한 무슬림 상황에서의 사역"(in Margins of Islam: Ministry in Diverse Muslim Contexts)에 기재된 "북아프리카 베르베르 문맥에서의 선교"(Mission in the North African Berber Context) (2018)와 "마그립의 라우틀리지 핸드북"(The Routledge Handbook of the Maghrib)에 기재된 "마그립에서의 기독교"(Christianity in the Maghrib) (2021)가 있다. 그는 연구, 저술, 홍보를 통해 무슬림 배경 신자의 목소리를 알리는 히크마 연구 파트너쉽(Hikma Research Partnership)을 이끌고 있다.

브래들리 코카너워(Bradley Cocanower)박사는 지난 11년 동안 유럽(Europe)과 중앙 아메리카(Central America)에서 다양한 다문화 역할을 수행해 왔다. 현재 그는 남유럽(Southern Europe)에서 아내와 두 자녀와 함께 살고 있으며, 스페인어 사용자들이 세계곳곳에서 개척적인 사역을 하도록 훈련하고 준비시키는 일을 돕고있다. 그는 테멜리오스(Themelios)나, EMQ 등의 저널에 기고했으며, 최근에는 "테라노바: 북반부의 망명 신청자들 사이의 왕국 운동의 현상학적인 연구"(Terranova: A Phenomenological Study of Kingdom Movement Work among Asylum Seekers in the Global North) (2020)*를 저술했다.

데이브 콜스(Dave Coles)는 미전도 종족을 위한 교회 개척 운동의 격려자이자 자원 제공자이다. 그는 24년 동안 동남아시아(Southeast Asia)의 무슬림을 섬겨왔다. 그는 다양한 주제에 대해 십여 편의 글을 가명으로 기고했는데, 상황화(contextualization), 무슬림에게 다가가기 그리고 교회의 본질(reaching Muslims, and the nature of the church) 등등이다. 그는 "보즈푸리 돌파': 증식을 지속시키는 하나님의 운동"(Bhojpuri Breakthrough: A Movement that Keeps Multiplying) (2019)의 공동 저자이며: 24:14의 "모든 열방을 향한 간증"(A Testimony to All Peoples)(2019)의 공동 편집자이다.

마이클 T. 쿠퍼(Michael T. Cooper) 박사는 루마니아에서 10년간 개척 교회 개척자로 활동했으며, 10 년간 트리니티 국제 대학교(Trinity International University) 교수로 재직했으며, 현재는 이스트 웨스트 국제선교회(East West Ministries International)의 협동 선교학자(missiologist-in-residence)로서 전 세계에서 교회 개척자 및 지도자들을 양성하고 있다. 그는 선교 인도 선교 신학교(Mission India Theological Seminary)에서 하나님의 운동 선교학 석사 과정을 지도하고 있다. 그의 최근 저서 "에베소서: 에베소인들 하나님의 운동 연구"(Ephesiology: The Study of the Ephesian Movement)(2020)는 윌리엄 캐리 출판사의 베스트셀러이다.

L. 마이클 콜리(L. Michael Corley)는 전략 발전 담당 이사로 교회개척을 위한 제자화 운동(DMM)의 실행 가능한 정보를 제공하며 다음 세대(New Generation) 선교회를 섬기고 있다. 그의 가족은 1993년부터 우크라이나(Ukraina)와 러시아(Russia)에서 팀을 이끌며 구소련 주민들을 섬겼다. 그는 결혼한 지 30년이 되었고, 슬하에 4 자녀가 있다.

진 다니엘스(Gene Daniels, 문학과 철학 박사)는 선교사이자 민족지학자(ethnographer)로서 그의 전문 분야는 무슬림 상황속에서의 질적 연구이다. 그와 그의 가족은 중앙아시아(Central Asia)의 미전도 무슬림 집단에서 교회 개척자로 12년을 보냈다. 그 이후 그는 무슬림 상황에 맞는 기독교 사역자 연구와 훈련에 집중하고 있다. 그는 여러 논문과 책의 저자 또는 편집자이며, 가장 최근에는 "열매에서 추수로"(Fruit to Harvest) (2018)를 공동 편집하였고, "이슬람의 가장자리"(Margins of Islam(2018)를 가명으로 공동 편집했다.

워릭 파라(Warrick Farah)는 선교학 박사 과정 학생으로 원 컬렉티브(One Collective) 선교회에서 선교학자 겸 중동(Middle East)의 신학 교육가로 활동하고 있다. 그는 "이슬람의 가장자리: 다양한 이슬람 상황에서의 사역"(Margins of Islam: Ministry in Diverse Muslim Contexts)(2018)을 공동 편집했다. 그의 연구 관심 분야는 무슬림 연구, 최전방 선교학, 통합적 선교 그리고 하나님의 운동등이다. 그는 EMQ, IJFM, Global Missiology 학술지에 다수의 논문을 기고했으며, 모투스 데이 네트워크(Motus Dei Network) (https://motusdei.network) 의 창립자이자 운영진이고, 옥스퍼드 선교 연구 센터(Oxford Centre for Mission Studies)의 연구원이다. 그가 본 책을 편집하며 만든 온라인신학 과정은 다음의 링크에서 볼 수 있다. https://masterclasses. ephesiology.com/courses/foundation-movement.

레지나 R. 포어드(Regina R. Foard)는 박사 과정 학생으로 북미 디아스포라 가운데서 진행되는 선교학 연구자이자 제자화 운동의 실천가이다. 그녀는 한 대형 교회에서 선교참여 담당 책임자로 섬겼으며 케냐에서 번역 인턴으로 일했다. 현재 그녀는 북미(North American)에서 디아스포라로 있는 원주민들을 구비시키고, 그들에게 교회개척을 위한 제자화 운동(DMM) 훈련을 하고 있다. 또한 그녀는 교회 지도들과 교인들 그리고 인근의 디아스포라들이 함께 동역하기 위한 기본역량 구축의 필수적인 요소들을 조사하는 박사학위 연구를 진행 중이다.

데이비드 개리슨(David Garrison) 박사는 Global Gates 선교회의 대표(executive director)이며, 이 선교회를 통해 세계의 관문 도시에서의 디아스포라 공동체 사역을 한다. 개리슨 박사는 지난 30년 동안 교회 개척 운동 연구의 선구자적인 역할을 해왔다. 그는 "교회개척 운동(Church Planting Movements)"(2004), "훈련자를 위한 훈련(T4T) : 제자 훈련 혁명"(Discipleship Revolution)(2011), "이슬람 세계에 부는 바람"(A Wind in the House of Islam)(2014) 등 여러 권의 책을 저술, 편집 및 출판했다.

리처드 그레이디(Richard Grady)는 주로 비(非) 서구 토착 교회 개척 단체들로 구성된 네트워크인 글로벌 교회 개척 네트워크(GCPN, Global Church Planting Network)를 섬기고 있다. 그는 30년 넘게 무슬림 세계에서 원 챌린지(One Challenge) 선교회와 함께 봉사해 왔는데, 특히 극단적 신앙이 강한 무슬림 사이에서 순종하는 제자 공동체를 촉진시키기 위해서 사역하고 있다. 그는 상황적 선교학(contextual missiology)의 다양한 측면에 관한 여러 편의 논문을(가명으로) 발표했다.

앨런 허쉬(Alan Hirsch)는 100 Movements 선교회, Forge Mission Training Network 그리고 미래의 여행자들(Future Travelers) 선교회의 창립자이다. 그의 "잊혀진 길: 사도적 운동의 재가동"(The Forgotten Ways: Reactivating Apostolic Movements)(2016)을 저술했다. 앨런(Alan)은 휘튼(Wheaton) 대학 선교적 교회 개척 운동 석사 과정의 공동 설립자이다. 그는 또한 풀러신학대학원(Fuller Seminary), 조지폭스 신학대학원(George Fox Seminary), 애즈베리 신학대학원(Asbury Seminary) 및 다른 신학교에서 겸임교수로 봉직하고 있다. 호주(Australia), 유럽(Europe), 미국(United States) 전역에서 자주 강연을 하고 있다.

빅터 존(Victor John)은 인도(India) 북부의 비하르(Bihar) 주에서 태어났으며, 그리스도의 나라를 세우기 위한 사역자(servant-leader)로 45년 이상 활동해 왔다. 그는 정치학 학사 및 신학 석사 학위를 받았다. 빅터(Victor)는 Asia Sahyogi Sanstha India 설립자이자 대표(president)이고, Asian Partner International(US)의 창립 위원이며, INTERACT(스웨덴)의 선교 컨설턴트로도 활동하고 있다. 그는 "보즈푸리 돌파구"(The Bhojpuri Breakthrough)(2019)를 공동 집필했다.

사무엘 케브랩(Samuel Kebreab) 박사는 제자 양육자, 훈련가, 교회개척을 위한 제자화 운동(DMM)의 연구자이다. 그는 이전에 뉴 제너레이션(New Generations) 선교회에서 아프리카 연구 책임자(director)로 섬겼다. 현재는 파트너스 인터내셔널(Partners International) 선교회와 아프리카 국가 주도의 하나님의 운동 (Movement for African National Initiative) 선교회에서 아프리카 지역 총무(coordinator)로 사역하고 있다.

폴 쿠이비넨(Paul Kuivinen) 박사는 민족음악학자(ethnomusicologist)이자 12개의 중앙아시아(Central Asian) 민족 악기 연주자이며, 음향기기 기술자(studio engineer)이며, 20개의 소수 언어 공동체를 위한 토착 노래 창작 워크숍을 이끌고 있다. 그는 제자 양성자이자 교회개척을 위한 제자화 운동(DMM) 훈련가이며, 교회개척을 위한 제자화 운동(DMM)에서 원주민 예술의 역할 연구자이다. 그는 12편의 논문(그 중 절반 이상은 러시아어)을 발표했으며, "전통 카잔 타타르 족 문화의 가르문(The Garmun in the Traditional Culture of Kazan Tatars)"(2020)의 저자이다.

트레버 라센(Trevor Larsen) 박사는 모든 민족을 향한 하나님의 열망을 확신하는 교사이자 "함께 사는(comealongside) 지도자(coach)"이다. 그와 그의 아내는 하나님의 운동에 관한 그의 책에 소개된 "열매 맺는 형제들"(Fruitful Band of Brothers)과 함께 삶을 살아 가고 있는데, 이에 관한 자료는 다음의 링크에서 열람할 수 있다. https://focusonfruit.org.

데이비드 림(David S. Lim) 박사는 세계적 변혁 발전을 위한 훈련프로그램을 제공하는 아시아 개발 및 교차 문화학 대학(Asian School for Development and Cross-cultural studies) (ASDECS)의 총장이다. 그는 네 권의 책을 저술했으며 특히 "아시아에서의 가정 교회 운동과 남반구 선교학"(on Global South missiology and house church movements in Asia)에 대한 여러 편의 논문을 국제 학술지에 기고했다. 윌리엄 캐리 출판사에서 출간된 다섯 권의 책과 "아시아 선교학 학회: 종교 다원주의 사회에서의 기독교 선교"(the Asian Society of Missiology: Christian Mission in Religious Pluralistic Society)(2017)를 공동 편집했다.

저스틴 롱(Justin Long)은 Beyond Global Research 선교회의 책임자(director)로, 빠르게 증식하는 전 세계의 교회개척을 위한 제자화 운동(DMM)의 자료(database)를 관리하고 있다. 그는 국제 학술지에 특히 하나님의 운동의 성장과 제자 삼기 운동에 접촉되지 않은 사람들과 장소들에 관한 논문을 기고했다. 그는 24:14 Network를 위해 하나님의 운동의 분기별 전 세계 현황을 제작하고 있다.

제임스 루카스(James Lucas)는 중동(Middle East) 지역에서 성경 자료를 개발하는 여러 프로젝트에 참여하고 있다. 제임스와 그의 가족은 중동 지역에 거주하며, 성경 및 문화 연구, 교회 개척, 빈민 돌봄, 타문화 사역 훈련을 한다. 그는 InterVarsity에서 출간된 문화와 신학에 관한 책 한 권을 가명으로 공동 집필했다.

드와이트 마틴(Dwight Martin)은 태국(Thailand)에서 태어나고 자랐으며 소프트웨어 업계에서 30년 동안 경력을 쌓은 후 태국으로 돌아왔다. 그는 10년 동안 태국 교회의 연구 책임자(coordinator)로 사역하고 있다. 그는 또한 예수 그리스도의 자유 교회 협회(Free Church in Jesus Christ Association's)(FJCCA)의 자문위원회 회장으로도 활동하고 있다.

주앙 모르도모(João Mordomo) 박사는 미전도 종족을 대상으로 2,300개 이상의 교회를 개척한 Crossover Global 선교회의 공동 창립자이자 부의장이다. 그는 로잔 대회의 세계 디아스포라 네트워크(the Lausanne Movement's Global Diaspora Network)에서 봉사하고 있으며 여러 대학에서 겸임으로 가르치고 있다. 주 (João)은 "테라노바: 망명자들 사이의 왕국 운동 사역에 대한 현상학적인 연구"(Terranova: A Phenomenological Study of Kingdom Movement Work among Asylum Seekers in the Global North) (2020)의 공동 저자이다. 또한 "남반구 기독교 백과사전"(the Encyclopedia of Christianity in the Global South) 의 수석 편집 자문(consultant)이며, "흩어졌다 모였다: 세계 디아스포라 선교학 개론"(Scattered and Gathered:A Global

Compendium of Diaspora Missiology)의 기고자이다.

라니아 모스토피(Rania Mostofi)는 파스 신학 센터(Pars Theological Centre)의 부소장으로, 전 세계 페르시아(Persian) 교회를 위한 지도자(servant-leader)를 교육하고 양성하는 사역을 하고 있다. 또한 케임브리지(Cambridge)에 있는 커비 랭 공공신학 센터(Kirby Laing Centre for Public Theology)의 객원 연구원이자, 히크마트 연구 파트너십(Hikmat Research Partnership)의 위원장(convener)이다. *

크레이그 오트(Craig Ott) 박사는 트리니티 복음주의 신학교(Trinity Evangelical Divinity School)의 선교학 및 다문화학(intercultural studies) 교수이고, 다문화학 박사 과정의 책임자(director)이기도 하다. 그는 독일(Germany)에서 21년 동안 교회 개척자이자 교육자로 봉사했으며, 40여 개국에서 강의 또는 자문을 해왔다. 그는 많은 책을 저술하였는데, 그 중 "글로벌 교회 개척: 증식을 위한 성경적 원리와 모범 사례"(Global Church Planting: Biblical Principles and Best Practices for Multiplication) (2011)을 진 윌슨(Gene Wilson)과 함께 저술했고, "선교하는 교회: 모든 열방들을 변혁시키기 위한 성경적 비전"(The Church on Mission: A Biblical Vision for Transformation among All People) (2019)을 저술하였다.

프랭크 프레스턴(Frank Preston) 박사는 Pioneers 선교회의 하나님 운동을 위한 미디어(Media to Movem -ent) 팀(mediatomovements.org)의 일원이다. 그는 하나님 운동을 위한 미디어(Media to Movement)의 지도자(coach), 훈련가, 교회개척에서의 미디어와 관련된 자료들을 저술하는 작가이다. 그는 기독교와 비(非)기독교 학술지에 종교 운동에서의 미디어에 대한 여러 편의 논문을 기고했다. 그의 선교와 세속 사회에 대한 연구는 미디어, 회심, 그리고 정체성이 강한 (high-identity) 사회 운동 등이 교차되는 분야이다. 위 사이트를 통해 그와 연락할 수 있다.

에마누엘 프린츠(Emanuel Prinz)는 목회학 박사이며 현재 다른 분야의 박사과정 학생이다. 베다니 선교회(Bethany)와 새로운 세대(New Generations) 선교회를 포함한 여러 선교 단체들과 네트워크의 하나님 운동 훈련가이자 자문(consultant)이다. 그는 베다니 연구소(Bethany Research Institute)의 부소장(associate director)이자 베다니 국제 대학교(Bethany Global University)의 다문학(intercultural studies) 교수이며, "하나님의 운동 촉진자"(Movements Catalysts)와 "기하급수적 제자화 와 교회개척"(Exponential Disciple-making and Church planting)(2019)의 저자이다. 그의 "촉진적인 리더쉽"(Catalytic Leadership)과 "기하급수적인 하나님의 운동 훈련"(EXPONENTIAL movement trainings)은 9개 언어로 번역되었으며, 이 자료는 www.exponential-training.com 에서 열람할 수 있다. 그에게 emanuel.prinz@gmx.net로 연락할 수 있다.

솜삭(Somsak) 목사는 24 살에 예수님의 제자가 되었다. 그의 태국 거주지 인근에는 교회나 다른 기독교인이 없었기 때문에 그는 혼자서 하나님의 말씀을 공부하고 성령의 가르침을 충실히 따르기 시작했다. 예수 그리스도의 자유 교회 협회(Free in Jesus Christ Church Association) (FJCCA) 하나님의 운동이 시작되기 전에 그는 열세 개의 "모 교회(mother church)"를 개척했다. 그의 목표는 마가복음 1:38를 근거로 하여 마을에 가정 교회를 개척하는 것이다. 예수 그리스도의 자유 교회 연합(FJCCA)은 사도행전을 훈련 매뉴얼로 사용한다.

아일라 타세(Aila Tasse, DMin)는 무슬림 배경 출신 신자이자 국제 라이프웨이 선교회(Lifeway Mission International)의 설립자 겸 대표(president)이다. 그는 또한 신세대(New Generations) 선교회 동아프리카(East Africa) 지역 책임자(director)로 활동하고 있다. 라이프웨이(Lifeway) 선교회는 동부 아프리카(East Africa)에서 동아프리카의 미전도 종족을 대상으로 제자를 삼고 교회를 개척하는 선교 단체이다. 아일라(Aila)는 전 세계를 돌아다니며 교회개척을 위한 제자화 운동(DMM) 훈련, 멘토링, 교회 개척자 지도(coaching) 사역을 하고 있다. 특히 그는 수단(Sudan)에서 콩고(Congo)에 이르는 동아프리카(East Africa)의 7개 국가에 가장 큰 중점을 두고 사역하고 있다.

* 가명으로 글을 쓰고 있다.

번역자

김경래

예성 교단 파송 선교사로 케이프타운 지역에서 신앙의 기초와 성령론을 중심으로 한 목회자 훈련 사역과 아프리카 선교 연구 기관인 Knowing Africa 대표로 섬기고 있다.

김경환

남아공 스텔렌보쉬(Stellenbosch) 대학 박사학위 (설교학 전공)

남아공 선교사(신학교 사역)

김송식

현 The True Light Mission Foundation 대표, 전 North American Mission Board, SBC 교회개척전략가, Gateway Seminary 목회학 석사, 객원 교수, Fuller Theological Seminary 목회학 박사

김종일

한국외대, 장신대 신대원, 터키 이스탄불대 역사학 석사 및 박사, 전 터키 국립 앙카라대 교수, 현 아신대 선교대학원 교수 및 한국외대 외래교수 현 터키선교회 및 종종선교회 대표,현 국내 이슬람권 선교사 네트워크 회장

문모세

합동신학교(M.Div.), 횃불트리니티신학대학원(상담학 석사), 호자에가상담코칭센타,

파키스탄 선교사(91~현재), 태국 무슬림 사역(24년 예정)

박 스마엘

아프리카 차드에서 23년간 지역사회 개발 사업을 하며, 개종자 교회개척 사역을 하고 있고, TRINITY INTERNATIONAL UNIVERSITY에서 신학석사를 하였으며 현재 차드 지역사회 개발 ccdmd의 대표를 맡고 있다

박택수

기독교대한성결교 신학대학원, 오엠선교회 둘로스 사역, 현 지피선교회소속으로 말레이시아에서 MBB가정 교회 인도, M들에게 직접전도와 관계전도 사역

양덕훈

GMS 태국 선교사(1997-현), CGN Thai 개척(2010) 현 이사, GO Thrive Coaching 열방 대표(2019-현), 전방개척저널 편집위원(2020-2023), 전도와 교회 개척 사역(2013-현)

이천

캐나다 리젠트 신학대학원(Regent College) 목회학(M.Div.), 횃불트리니티신학대학원대학교 선교학(Th.M), 선교학/다문화학 박사과정(Ph.D). 한국선교연구원(KRIM), 우드베리연구소, 앗쌀람선교회에서 사역. 데이비드 개리슨(David Garrison)의 저서 "이슬람 세계에 부는 바람"(A Wind in the House of Islam) 번역.

정빌립

1996년 GMTC(한국해외선교훈련원) 훈련 후 선교사로 헌신, 방글라데시 현지에서의 사역과 한국 본부에서의 선교사훈련사역 등을 거쳤고, 현재는 IMI(이슬람사역연구소) 부대표와 HOPE 국내권역대표로서의 사역 그리고 국내 이주민 사역과 외국인유학생 사역을 감당하고 있다

조이든

현 HOPE선교사(L국)

진토롱

IMI(이슬람사역연구소)와 GP소속 선교사로서 엠국에서 무슬림들 대화식 전도, 영어책 읽기방, 관계전도, 기도운동을 진행하고 있다.

한성호(Abu Karam)

현 마인츠중앙교회담임(독일), 2006년-2014년 북하슈미교회 담임, 키르벳 사랑의 교회 공동담임, 1999년-2015년 요르단 선교사, 1997년-1999년 영국 사역, 1997년 안양대학교 신학대학원 신학과(M.Div.)

색인